三国发明家马钧 上

孙群◎著

新世界出版社
NEW WORLD PRESS

图书在版编目（CIP）数据

三国发明家——马钧：全 2 册 / 孙群著. -- 北京：新世界出版社，2019.9

ISBN 978-7-5104-6659-5

Ⅰ. ①三… Ⅱ. ①孙… Ⅲ. ①马钧—生平事迹 Ⅳ. ①K826.16

中国版本图书馆 CIP 数据核字（2018）第 280062 号

三国发明家——马钧（全 2 册）

作　　者：孙　群
责任编辑：曲静敏
责任印制：王宝根
责任校对：宣　慧
出版发行：新世界出版社
社　　址：北京西城区百万庄大街 24 号（100037）
发 行 部：（010）6899 5968　（010）6899 8705（传真）
总 编 室：（010）6899 5424　（010）6832 6679（传真）
http://www.nwp.cn
http://www.nwp.com.cn
版 权 部：+8610 6899 6306
版权部电子信箱：nwpcd@sina.com
印　　刷：天津中印联印务有限公司
经　　销：新华书店
开　　本：710mm×1000mm　1/16
字　　数：560 千字　印张：33.75
版　　次：2019 年 9 月第 1 版　2019 年 9 月第 1 次印刷
书　　号：ISBN 978-7-5104-6659-5
定　　价：69.00 元（全 2 册）

楔　子

先跟着时光倒走——

公元226年初秋的一天，一个瘦弱的结巴少年结束了豫州的游历之旅，走进了荆州南阳郡涅阳县城东一座老旧的府第里求医问诊，这个时候的他还不知道自己身负令人匪夷所思的绝世奇巧，不知道自己将陷入一连串的阴谋陷阱，不知道自己将结下剪不断、理还乱的恩怨爱恨，更不知道他将在创造与毁灭、杀戮与拯救之间经受怎样的灵魂拷问。

如果不是魏晋文学家傅玄具有超脱世俗的眼光，用精准形象的语言真实记录下亲眼目睹的一切，也许我们永远也无法知道，在那个遥远的年代，曾经诞生过这样一位了不起的发明家，对后世生活有过怎样的影响，更无法揣摩在曲折的发明历程中，发生过怎样跌宕起伏、凄美悲壮、令人震撼的故事……

目录

上

目录

下

第 1 回 ‖ 结冤家：治结巴偶遇刁蛮女

1

尽管蜀国犯境还只是传闻，但魏国上下已经嗅到来自南边的战争气味了，敏感的人能从细微处察觉到形势的变化。

魏黄初七年（公元 226 年）初秋，荆州南阳郡涅阳县城东，一座斑驳的宅第默默混杂在深街窄巷之中，不经意的话，你几乎注意不到它的存在。但就是这样一座门脸儿普通得不起眼的老宅，当地官民却无不对它尊崇有加。南阳太守曾来拜会，每任涅阳县令都会对此处关怀备至。即便是梁上君子、山中匪盗，也从不对此处宅院下手。

更奇的是，平时这里静悄悄的，很少看到有人走动。但是每月的初一、十五，这里会立即热闹起来。天还没亮，这条巷子以及相邻的巷子就被人占了。如果不是宵禁的话，估计头一天晚上，就有人背着被窝守在这里了。他们大多是四乡八镇的平民百姓，也有专程从外地辛苦赶来的。手头宽裕的，头一天晚上住在客店里。穷苦人要么先投到城中的亲戚家，要么就算好脚程，在城门打开之前正好赶到，而初一、十五这两天，城门也开得特别早，这成了一条不成文的规矩。

今天正是刚入秋的头一个十五，秋老虎余威虽在，大清早却是清凉的，守在巷子里的人们还是不自觉地裹紧了单薄的衣衫。天刚发白时，巷子里就已经人声鼎沸了。巡逻的军士会来多转几次，却并不干涉，在这里已经成了习惯。

一位穿着灰色长袍的中年人带着一位十五六岁的瘦弱少年也守候在人群中，对眼前的情景似乎有些难以置信，自言自语道：“太守神医之名，竟然这般神奇。”又对少年道，“钧儿，看来这回是有希望了。”

被唤作“钧儿”的少年发髻半耸，插着一支铜簪，右手却翻转把玩着一支一拃长的蛇形小木簪，他两眼正看向空中，目光迷茫，似乎神游物外，被中年人扯了一下衣袖才醒过神来：“啊？希……希……希……”“希”了半天，右手紧紧握住蛇形小木簪，才说出后面的话来，“希望……每……每次都……都说……有……有希望，结……结果……还……还不是……失……失望……”少年站在人群里，仿佛一根竹竿挑着一件宽松的长袍，挺拔之余，又显得空荡荡的。

身后一个衣袍简朴的扶杖老者问：“先生，你们不像本地人。外地来的？”这老者长得松形鹤骨，古貌清奇，两腮精瘦，颧骨高耸，长眉微挑，目光炯炯，一把斑白的长须飘在胸前，藤杖上还系着一个酒葫芦，颇有几分仙风道骨。

中年人看上去宽和儒雅，回身一抱拳，恭敬道：“老丈，我们是扶风人，从豫州沛国谯县来。在下名叫马文，这是犬子马钧——”回身对少年道，“钧儿，见过老丈！”

马钧把蛇形小木簪交到左手握住，右手在左拳上一抱，长揖一礼：“晚……晚……”“晚”了半天没“晚”出来，一急，右手又把小木簪拿过，紧紧一握，才吐出来，“晚辈……见……见……见过老丈！”

“免礼，免礼！公子眉宇不凡，亦是读书人啊！”老丈连忙伸手将他扶起，眼睛里露出惋惜，问马文，“这是口齿有碍啊？到谯县华家去了？”

马文叹口气：“谁说不是呢。这两年我带他出来游学，长长见识，同时也遍访名医，看有无可治之法，但是两年了，跑遍豫州，寻访华家后人，花费不少，全无效果啊。这回到荆州来碰碰运气，听说这张家也是神医之后。”说到华家后人，他还是下意识地四下张望了一下。他说的华家自然是华佗了。因太祖武皇帝曹操之故，担心直接提华佗之名会惹麻烦。

老丈却不在意，道：“听说华佗死后，华家的医术没有留下来。华佗临死时想把医书托付给狱卒，狱卒怕获罪于武帝，不敢承受，华佗只好一把火将它烧了。唉——可惜啊，可惜！”他把黎杖在地上顿了一下，痛惜之情溢于言表。

“这么说，传言竟是真的？”马文也深有同感，“唉，若是华家医书还在，小儿之疾定可无忧！”

老丈安慰道：“马先生不必忧愁，这回可是找对地方了。如果这里还不能治的话，当今天下大约就没有人能治了——建安三神医之一的董奉董君异即便后继有人，可他属于东吴，而且远在南方侯官，可望不可及啊。”

“董家……”马文摇摇头，显然知道去他国根本不可能，便把话咽了回去，犹豫着问，“这张家真的这么厉害？”马文明显对自己信心不足，尽管有关这处宅院的传说已经听了不知多少回，他还是忍不住再问老丈，“老丈能否详细说说？”

前面门“吱呀”一声开了，巷子里欢呼起来：“开了，开了……”

门里传出一个悠长的声音：“都别急，五人一轮进来坐候，先生已经开诊了——”

一阵涌动之后，又恢复了平静。人们七嘴八舌地谈起宅院主人的种种神奇之事。反正是等，老丈就接着刚才话题说下去：“说起这张家，可是神奇。张公仲景，少年时就拜宗族医手张伯祖学得一手精妙医术，后来又自己研习《黄帝内经》，参悟圣医大道，其医术青出于蓝胜于蓝，没几年工夫，就远远盖过了他的师父张伯祖——张伯祖亲口说：伯祖之前，尚有扁鹊；仲景之后，无有伯祖。”

马钧忍不住道：“他……他……他当了……官，哪……哪里还……还会……再精……精研……医……医道。行……行医……哪里有……做官……尊……尊贵？”每说一句，都要握一下小木簪。

“别打岔，听老丈说。”马文怕他说出什么不恭的话，连忙拦下话头。民间百工，虽为贱业，那也不能当面这么说，何况这份活计还要看什么人做呢。

老丈看上去像个老学究，却一点也不迂腐，不以为然道：“小公子啊，世间百业，本无贵贱，人必自贱而后人亦贱之，贱人者人必亦贱之……”发觉自己在拽文，笑了笑，恢复原来的口气，“张公仲景当年贵为长沙太守，不能擅入民宅，无法替人看病，就贴出安民告示，每月初一、十五，大开衙门，让有病的百姓进来，他坐在大堂上，不断案、只问诊。日子一久，就成了惯例，四面八方患病的老百姓就都在这两天准时来了。张大人八年前仙去时，四乡八镇受过他恩惠的老百姓都来为他送行。现在张大人虽然不在了，张家为了继承家风，依然在每月的初一、十五开门问诊。在南阳地界，上到太守，下到平民，哪个敢对张家不敬？就是朝廷太医，关键时也来求教张家哩——你说，医之一道，何贱之有？”

马钧握紧小木簪，望着父亲道：“这……这……这位老丈……也……也……也是这么……说，世……世……世间万事……皆……皆……皆有可为，干……干……干吗……非……非……非得读书不……不可？”

马文心道：张仲景贵为太守，他为医当然不同。据说即使这样同僚中也有人瞧不起他。嘴上却不好说，斥道："你就是怕读书。记住，这个年月，只有读好书，孝敬父母，洁身自好，才能举孝廉，入仕途，为官才能为国，为国才能为民。就像张大人，做不了长沙太守，后代能有今天这样的荣耀吗？"

前面忽然传来叽叽喳喳的议论声："怎么张家今天叫个小孩坐堂问诊啊？"

马文、马钧的心一下子沉到了底。

2

涅阳县北十余里，有个很小的集市叫青牛邑，坐落在高低起伏的群岭狭长地带，地势平缓，是北边来涅阳县城的必经之地。往来商旅太阳落山前赶不到县城的，就只有在这个地方落脚，因而集市虽小，却大大小小有五六家客栈。两家大客栈一南一北，占居了最好的位置，把进出口的有钱人都抢先拢过去了。普通商旅想省钱的就挑散落在中间的小客店住。

昨天来了一行奇怪的过路客，让几家客栈大惑不解，到今天早上还在议论。

太阳要落山的时候，一辆马车急匆匆地冲进集市，北边守在四通客栈大门口拉客的伙计急忙上前迎住，马夫急拉缰绳，口中喝道："让开，找死啊？"

那伙计天天拉客，早有了经验，一侧身，让过马头，顺势抓住马嚼子，那马长嘶一声，前蹄高高抛起，刹住去势，马车停了下来。里面一个惊恐的声音问："又……又出……什么事了？"

那伙计上前殷勤道："先生，天晚了，住店吧！本客栈店大、榻宽、被厚、水热、酒好……"

车内那人显然惊魂未定，声音颤动地问："是……伙计？伙计，这里要到涅阳县城了吧？"

"先生，离涅阳县城还远着呢，二十多里毛三十里呢。"精明的伙计把路往远里说，跟着强调，"前阵子下雨，道冲垮了，马车不太好走，这会儿赶过去，城门早关了。就在这儿歇下吧。"

车内那人犹豫了一下，问："他说的是吗？赶不上进城了吗？"显然是和车内人商量。

车内有人七嘴八舌道："王县丞，恐怕赶不上了，还是住一晚保险。""是啊，这一路吓得不轻，好歹要到了，不要在最后关头出什么事。”显然车厢里不是一个人。

车夫也道：“看这道儿是不好走。万一赶到那里，城门关了，再回头天可就黑了。黑地里，就危险了！”

“王县丞，虽说离县城不远，但这路上常……”那伙计想吓他一吓，一听车上坐的是位县丞，也不敢把话说死，“偶尔也有山匪劫道，还是住一晚保险吧。”

车内那位王县丞在犹豫：“我可以让他们通报荀县令接我们进去，好歹进城安全，你们看如何？”

伙计一听口气，与荀县令熟识，不敢再啰唆。倒是车内其他人说了他想说的：“王县丞，可是天色已经晚了，万一这二三十里出问题咋办？到那里铁定摸黑了。”

这一说，王县丞就不敢走了：“那……那就在这儿住下吧。”

伙计心中奇怪：这王县丞怎么这么胆小，带着随从，要到县城了，又认识县令大人，居然这点路程都不敢走，估计一定是错过了前面官家的驿站。乐得接个大生意，掌柜的一准夸奖。就高兴地去帮着掀车帘，殷勤道：“县丞大人能住我们店，是我们的荣幸，小人一定伺候好大人和各位大爷。”

车帘动处，跳下一个带刀壮汉，看上去却有些傻头傻脑的。他紧握刀柄，四顾看了看，然后才道：“大人，没问题，下来吧。”

车内探出一只脚，仍旧微微有些哆嗦，一个人弯着腰探出头，左右看了看，确信安全，才落下地来。这人看上去四十多岁，方脸，短须，大耳，微胖，挺有福相，只是脸色蜡黄，眼圈发黑，心事重重，十分疲惫的样子，显然是多日没有睡好。

跟在他后面跳下一个人，腰间也佩着刀，是县衙捕吏的标配兵器。这人看上去比较精明、彪悍，下车眼睛四周一扫，便把所有情形纳入眼底。伙计看到他的眼神扫过来，心中就是一颤。那人道：“王县丞，我先到客栈里面看看，你在这里稍等。老吴，你保护好王县丞——伙计，前头带路。”

老吴道：“老周，放心，我看着呢。”

伙计连忙带他进去。老周走进客栈，掌柜的已经迎了上来，上上下下查看了一遍，见房间颇为宽敞，也很整洁，安全性也不错。尤其楼上朝北那间客房正在拐角处，街口和北边来路一览无余。很满意。便下楼请示王县丞。王县丞听罢，思虑片刻，就随着兴高采烈的掌柜走了进去，伙计拉着马车往后院去。

掌柜的原想这下逮着一个大主顾，谁知他们四个人，只要了一个房间，那王县丞进了房间就再也没出来。老吴、老周一个守在门外，一个守在后窗。只有那驼背车夫跑进跑出，听那语气，是个长工。王县丞叫他王贵。王贵让伙计安排晚食，伙计殷勤地奉上酒肉，请他们到客堂进餐。王县丞却吩咐送到房间里。

王县丞招呼老吴、老周坐下来，各据一案。王贵是长工，没有资格，就先侍候他们吃。

老吴、老周谢过王县丞，端起酒坛准备倒酒，见王县丞没动，又放下来看着他。王县丞迟疑了一下，看着他们道："老吴、老周，这趟差事真是辛苦你们了。我虽说是个县丞，可我是拿你们当兄弟看的。这一路，总觉得背后有个影子跟着我，看又看不见，甩又甩不掉。我怕……"

老吴憨憨地道："王县丞，我也这么感觉，好像是有一个人或是一伙人，始终在看不见的地方跟着我们似的。这一路总觉得有些事挺蹊跷。"

老周道："老吴，别吓着王县丞。管他是谁，有我们兄弟在，看哪个敢碰王县丞?!"

王县丞为难地看看他们案上的酒坛子，道："我和两位兄弟商量一下，咱今晚这酒……"

老吴、老周明白了王县丞的意思，对视一眼，爽快地道："那就不喝，不喝!""对，不喝，回去再喝!"嘴里这么说，却连续咽了几下口水。

王县丞歉意道："老吴、老周，再委屈你们一晚，明儿进了涅阳城，见了我那县令大舅子，我让你们放开了喝个够。"

老吴、老周道："没事，没事，南宫县令说了，这回出来，万事听王县丞吩咐。"

王县丞不无讨好地道："二位是冯县尉的左膀右臂，冯县尉又是南宫大人的心腹之人，南宫大人上面有刘中书、孙中书罩着，前程自不必说。日后南宫大人再回洛阳城，你们二位也定会跟着高升的。小小河南县不是二位待的地方。"

王贵撤下酒坛，端上汤饼，他们就着肉一面吃一面说。

"南宫大人以前见我们老哥俩有些武艺，这次才招来贵县，我们刚来不久，一切仰仗王县丞照顾。"老周撕了一块肉丢进嘴里，一边嚼一边抱抱拳，"听说令小姐不但貌美，而且手巧，织布提花，县里第一啊?!"

老吴也连连附和："是啊是啊，我一来就听县役们说了。王县丞生得两个好女儿，一文一武。大小姐是仙女下凡，不单织布第一，还会些武艺。二小姐熟读诗书，文采非凡，堪比前朝班昭呢!"

王县丞连连摆手："瞎传的，瞎传的。都是同仁们抬举。小女年幼，哪有什么武艺文采的。"

老周道："王县丞别谦虚，要不南宫大人这么着急忙慌地请您把令小姐召回去。朝廷这么大的差事，南宫大人还非得请动令小姐不可，可见了得!"

老吴也道："是啊，听说令夫人带着两个小姐前几天刚刚来涅阳县给荀县令做寿来，要不是兹事体大，南宫大人何忍这么着急差您来啊。"顿了一下，又道，"当然，这趟采办也很重要。看样子真要打了，朝廷这一征衣征粮，各地就都吃紧了。幸得王县丞有荀县令的关系，可以从这里调度些。可不敢有丝毫大意。所以王县丞不让喝酒也是对的，小心驶得万年船嘛。"

说到这个，王县丞下意识又摸了摸怀中，东西还在，心却依旧慌慌的，不踏实。站起来到窗口看了看，夕阳已经完全沉没，余晖把最后一些光亮留在半空。街口人也稀了，来路谷口显得深幽神秘。王县丞心中左右不得安宁，觉得背后寒飕飕的，似有个东西在暗处窥视着他，急转身道："这里不行，我们换个地方吧。"

老周、老吴诧异道："为什么？大人看到什么了?"

王县丞脸色煞白，道："老吴老周，我怎么想怎么觉得这里不安全。这里靠近谷口，倘若有人从后面上来，我们岂不是跑不掉了。"

老周见他神色，摇摇头，叹口气，望望老吴，老吴道："那……那怎么办?换一家?"

王县丞点点头，吃力道："换，换，换到最南面那一处，若是有事，我们可以跑向县城。"其实也就街南街北，相距没多远，看不出有什么两样。

看着王县丞蜡黄的脸色，老周老吴只好让王贵去算了饭钱，退掉客栈。掌柜的虽然不高兴，却不敢惹官家，何况听说他们还是来找涅阳县令的，只好恭送。

换进街南那家大客栈，躺在榻上，王县丞左右还是睡不着。到窗口看看，仍旧是谷口，一样的恐怖，又折腾起来，一定要退掉客栈，换到街中间的小客栈去。老吴老周没办法，南宫县令这次是下了死命令，必须听从王县丞吩咐，只好又去折腾。但是折腾来折腾去，王县丞始终觉得那双阴森可怖的眼睛在盯着他的后背，急得几乎要哭出来。

老周、老吴也不知怎么办了。王贵有些赌气道：“大人，干脆就在这马车上过一夜吧?!”

这倒提醒了王县丞，当下决定就夜宿在马车上。老周、老吴哭笑不得：深更半夜，马车停在空荡荡的街上，真有盗匪抢劫，不是送到虎口里去了吗?

王县丞几乎一夜没合眼，直到天光大亮，才松了口气，赶紧催着往涅阳县城赶。

3

涅阳县衙后院。县令荀豫正被两个外甥女缠着，夫人毌氏在一旁帮腔。两个女孩约莫十四五岁年纪，一看就是姐妹俩。大点的女孩身材匀称，面容绝美，秀如柳叶的黛眉下，一双率性明亮的大眼睛透着盈盈笑意，还未开口，要说的话就全在明眸里了。走起路来一阵风，说起话来如切葱，透着一股压抑不住的野性。小点的女孩虽然不像姐姐那么如天仙一样美，却也身形娇小，俏丽可人，总是文静地站在不起眼的地方，轻易不多说话，就是一笑也是浅浅的。

荀豫年过四旬，中等身材，四方脸，八字须，看上去老成持重，他对大点的女孩道：“王巧，你们刚刚跑了几百里地，走了这么些日子了，一定很累，抓药着什么急？等你们临走时再去也不急。就是你们不累，你娘也累了。先歇几天再说——你呀，我看你就是想出去玩。”

王巧抱住荀豫的胳膊撒娇道：“舅舅，我娘累了，让她歇着。我和王舒自己去，好不好？就让我们去吧!”一边使劲地朝妹妹王舒使眼色。

看着几年未见的外甥女，荀豫耐心地道：“不行，舅舅最近很忙，这几天要清点军户、百工户籍，郡里急着要。等忙完这阵子，舅舅亲自带你们去游玩南阳风物好不好？这些日子，你们就别乱跑，当心把你们当百工抓了，送作场去。”

王舒一直静静地站着，见姐姐不断地使眼色，便轻轻道：“舅舅，我们来的时候，河南尹那边好像也在清点户籍，爹爹也在忙这个，要不爹爹就亲自给您祝五十大寿来了。”

荀豫道：“对呀，你爹是县丞，管着县里的作场呢，这些日子肯定也忙起来了。所以你们要听话啊!”

王巧生气地瞪了一眼，道：“王舒，你怎么回事啊?”

王舒避开她的目光，不急不慢道：“所以啊，舅舅，估计我们在这里待不长，说走就得走。听说这张家铁定的规矩，只有初一、十五才开诊，凡事紧早不紧晚，把药抓了，心就定了，什么时候走都不妨。”

王巧这才明白王舒是在绕弯子，连忙附和道：“就是，就是，爹爹再三叮嘱我们到这里先抓药，您过好大寿我们就赶紧回去。”

荀豫一听这话，甚觉有理，不禁看了看王舒，正要说话，夫人毌氏和妹妹荀氏挽着手，从里间出来。毌氏笑道：“老爷，让安儿、定儿带她们去吧，不会有事的。在涅阳县，难道还怕有人抢了她们姐妹不成?”

荀氏也对荀豫道：“大哥，她们在家野惯了，到处跑的，不妨事的。”

荀豫这才点点头，道：“好，那就让安儿、定儿带你们去。记住啊，先去街上玩玩，下午我忙完事，和你们一起去张家抓药。”

王巧一跳老高，抱着舅舅的胳膊欢呼道：“好舅舅，就知道你心疼外甥女！下次我多织几匹好布带来。”

荀氏笑骂道：“死丫头，没个正形，将来看谁要你？学学你妹妹!”

“谢谢舅舅!”王舒冲着将要离去的荀豫浅浅一笑，对王巧道：“姐，我们去找安哥、定哥吧。”

王巧回头冲荀氏做了个鬼脸，道：“娘，我们去看看哪里有寺庙，然后让你去念阿弥陀佛!”

荀豫的背影刚刚从月亮门里消失，后院墙角里早转出两个半大小子，一个壮实、帅气、略显蛮霸，另一个矮瘦、精干、微带阴郁。他们是荀豫的两个儿子，大的叫荀安，小的叫荀定。只听荀安抢着道：“巧儿、舒儿，不用找，我们在这儿呢!”眼睛盯着王巧就转不开了。

荀定“嘿嘿”一笑道：“表妹，我们早在这候着啦!”

毌氏见了，笑骂道：“这两小子早候着这机会哩。平时他父亲管得紧，这下上天了!”叮嘱道，“好好带你两个妹妹，不许惹事，早早回来。”说着从袖里掏出一锭银子和一把五铢，“顺道去抓药，零钱给妹妹买点好吃的。”

荀安、荀定欢天喜地接过钱来：“好嘞，一定把两个仙女儿妹妹平平安安带回来。”

荀氏也拿出一锭银子和毌氏推让了半天，王巧抢了过来：“看你们客气的，先带着再说呗!”

荀氏见他们的样子，心中一动，话里有话地对毌氏道：“嫂子，这两对表兄表妹，一转眼都长大了。”

毌氏明白荀氏的话意，却装作不懂：“是啊，只愁养，不愁长嘛!”荀豫背地里和她说起过，去洛阳拜见大舅爷毌丘俭，听说陛下刚上任时，准备大兴土木，广选美女，被时任尚书郎的大舅爷多次上书给谏阻了。言下之意，王巧这丫头实在是太美了，又放在外面这么招摇，怕不是凡人能有福气消受的。王舒还小，看不出呢。因此并不接口。

她们说这话的时候，两对表兄妹早已经从后门走出，直奔大街上去了。荀安、荀定抢着说：“表妹，你们说，去哪儿玩？这里有老界岭、龙潭沟、石门湖……”

王巧兴奋得满脸红彤彤的，道：“表哥，你们说，哪里最热闹?”

王舒道：“姐，表哥，我们先去抓药吧。”

王巧嗔怪道：“王舒，抓药着什么急啊，好不容易出来，又没回老家呢。”

荀安道：“是啊，舒儿妹妹，那边抓药要等的，我们先去玩，父亲不是下午才去呢吗?”

王舒立足不动，依旧道：“不行，姐，我们说出来抓药就出来抓药，怎么好骗舅舅，等抓好药再玩也不迟。否则下次再出来，舅舅还会相信我们吗?”

见王舒坚持要先去抓药，王巧本来很生气，但听她后面说的话，觉得很有道理，便说：“是啊，我们要让舅舅高兴，明天还可以出来玩，要不然以后舅舅就不睬我们了。”

荀安一听，没办法，只好道：“好吧，那我们先去抓药吧。”

荀定“嘿嘿”一笑：“你们可要有耐心等哦，那边要排队等很久呢。”

王巧柳眉一竖：“等什么等，我们是堂堂涅阳县衙里走出来的，还等?!表兄，你们在涅阳县也白混了吧?”

王舒道：“等等怕什么，人多不是也热闹嘛!”

荀安顿时气血上涌，道：“谁说的，凭我们兄弟出马，张家再怎么着，也得给点面子吧?”

荀定则阴沉一笑，没吭气。

4

看看天色，临近晌午了，秋老虎慢慢发起威来，巷子里的人都感觉到一股闷热。马文的身上也有了黏糊糊的感觉，心却是凉的。为了这次问诊，他们放弃了豫州颍川一位名儒的拜访，赶到这里候在涅阳客栈快十天了，耳内灌满了张家的种种传说，对这次问诊充满期待，谁知刚刚听说今天坐堂问诊的竟是一个小孩。

人群中有人叽叽喳喳，将信将疑，有人淡定自如，仍旧充满敬畏。看看要排到自己了，马文的心更加忐忑。这时张家门内走出两个家仆，抬着一个大柳筐，叫道："各位乡亲，天中啦，张先生舍饭啦!"

大柳筐里盛满了煮红薯，伙计拿起红薯，给排队的人一人发一个，接到红薯的人连连说："谢谢张先生，谢谢二位小哥!"又连声赞叹，"张家真是积德，不仅看病，还供中饭。"那时底层百姓还是一日两餐，中午能有口吃的，当真是喜出望外，不少人悄悄把红薯珍惜地藏入怀中，打算带回去给孩子。

轮到马文、马钧时，他们推辞了。虽然他们觉得张家这是大善举，但仍旧感觉自己接受了这只红薯，就和讨饭的差不多了。他们既能游学豫州，自然不缺用度。

看到后面的老丈，那家仆吃了一惊，躬身道："单先生，您怎么也排在这儿？我去通报老爷!"

单先生连忙拦住他："小哥别去，老朽今天不是来访友，也是来看病，自然按照看病的规矩来!"让家仆继续去发红薯。

后面有人认出他来："这不是河南的单逊单进之先生吗？你和张先生不是好友吗？怎么也等在这里？"

马文大吃一惊，连忙深揖一礼："原来您就是单老先生，正拟去河南拜望您老人家呢!"见老丈身为张家老友，从司州几百里路赶来，也按规矩排队候在巷子里，顿时十分钦敬。

马钧连忙跪下，一个头叩下去："老……老……老先生……果……果……果真……不……不……不是俗人，晚……晚……晚辈拜见……"

单先生"呵呵"一笑，拉起他："使不得，使不得，老夫一介寒儒，不敢受此大礼。"

马文道：“今日权且见过，待他日亲到河南府上拜访！”说着话，就要排到门口了，马文谦让道，“单先生等会儿先请！”

单先生“呵呵”笑道：“那怎么可以，按规矩来，五人一轮，或许我们一起进去呢！”

说话间就到马文、马钧他们了，门内叫道：“下面五位进来坐候——”

马文正欲与单先生谦让，就见巷口走来一行人，十分招摇。两对少年男女，穿红着绿，神采飞扬地直走过来。起初大家以为是路过，一看领头那女孩，都惊奇地张大了嘴巴，纷纷议论：“天，这是谁家的小姐？不会是仙女下凡了吧！”都盯着看，并没有想到他们也是来张家的。这两对少年男女自然便是荀家兄弟和王家姐妹了。

王舒走在最后，不停地道：“我们到后面排队吧，我们到后面排队吧。”

王巧不听她的，对荀安道：“表哥，可就看你的了，客气点，求张家先给我们把药抓了吧。”

荀安和父亲来过张家，那是有一次生病的时候，张家人对父亲很客气。父亲是傍晚来的，已经没什么人了，所以也无须排队。这排队一说也只是耳闻，并未亲见，想来以父亲县令身份，哪里真需要排队。荀安信心十足：大不了抬出父亲的名号，张家这点面子总是要给的，又不少他钱。走到张家门口，正好听到里面有人叫：“下面五位进来坐候——”便抬腿就往里闯。

后面人登时就叫了起来：“这谁啊，后面轮着去！”“按规矩，先来后到！”

马文没想到这当口有人抢先，和声对荀安道：“小哥，现下轮到我们了！”

王巧见他像个读书人，“咯咯”一笑：“先生，我们正好走到这里，里面这是叫我们的，我们是预先约好的！”

马钧抢步上前，伸开双臂，拦住门，倔强起来：“你……你……你骗人！我……我……我不信！反……反……反正该……该……该我们……”

荀安正欲发怒，荀定上前抱拳道：“兄弟，我们的确是事先约好这个辰光的，请让我们进去吧！”不到万不得已，他还不敢真的耍少爷威风。

王舒在后面急得直拉王巧的袖子：“姐，别胡闹，到后面等着去，到后面等着去！”

王巧却笑得更欢了：“我……我……我的确……的确约好的，你……你……你不要……跟……跟……跟我抢……”

马钧最恨人学他结巴，气得说不出话来，怒目圆睁，要不是看在她是个女孩，真想一头扑上去。马文也怒气上冲，但这是外地，出门人还是少惹事，便不睬她，拦住马钧，道："不要多说，我们进去吧！"便推着马钧进了门。

王巧气得柳眉倒竖。从小到大，一般人见了她，惊其美貌，都会让她几分，偏偏这小结巴眼里一点没有她。她正欲发作，荀定冲着周围抱抱拳，"嘿嘿"一笑道："大家别误会，我这表妹爱说笑。我们不是来看病的，的确是奉家父荀县令之命拜访张先生的。不耽误你们，不耽误你们！"又对仍旧站在门外的单先生躬身道，"老先生，您先请，您先请！我们随后去拜访张先生。"

王舒一见单先生，顿时脸色煞白，恨不得有个地缝钻进去。但单先生好像没认出她们似的，笑了笑，进去了。后面又进去两个。荀定这才招呼三人跟着进去。王舒心中忐忑不安。早知道这样，她就不坚持先来抓药了。

门内家仆一见又进来四个，连忙过来拦住："一轮进来五个，请外面等候！"抬头一看王巧，也是怔了一下，被摄了魂似的，说不出话来。

荀安没想到来抓个药，真的这么麻烦，眼一瞪，就要急，荀定连忙挡在前面。他年轻一岁，却比哥哥稳当，知道弄不好，要是被父亲知道，少不得一顿家法。他早已计上心来，上前一步，稳稳当当道："小哥，我们不是来候诊的，从县衙大院来，荀县令让我们来问个事情，完了顺便抓服药。"他故意说得很含糊，轻描淡写的。

听说是县衙来的，家仆果然不敢多问，却不知如何是好！却听内堂一个稚嫩的声音道："既然是县衙有事来问，让他们进来吧！"

王巧听着一愣："怎么是个孩子的声音？"走入内堂一看，不禁一呆。但见刚才进去的人正跪坐在两旁的竹席上，侧厅里，一个十五六岁的少年正在捣药。当堂主案上，一个十一二岁的小孩正在为上一轮最后一位病人把脉。小孩双目微闭，一副老气横秋的样子。半晌，松开手，提笔开了处方，交给伙计，对病人道："按我刚才说的，吃了这三服药就没事了。后院拿药去吧！"病人将信将疑跟着伙计去了后院。

马文进了内堂之后，见真是个孩子坐诊，心中失望至极。再怎么着，他也不相信一个孩子能有多高明的医术。单先生看出他的疑虑，低声道："马先生不用担心，张公仲景也是十一二岁就学医就诊了的，此子既敢坐诊，便自有道理。"

马文听来心中稍微安定些，也只能抱着权且一试的心态了。见王巧等人进来，也不理睬。等那个病人走了，就拱手让单先生先去就诊。单先生拱手示意他带儿子先去。正谦让间，王巧开腔了：“哎，我说那小孩，你们家先生呢？我们找他。”

那小孩头也不抬，冷冷道：“先生不是坐在这儿吗？”

王巧笑弯了腰，手指着他道：“你……你……你就是先生——小……小……小先生？”

一旁马钧听了冒火，以为她是故意学他结巴，怒道：“学……学……学无先后，能……能……能者为师。什……什……什么小……小先生？”

那小孩这才抬起头来，只觉眼前一亮，突然从席上跳了起来：“哈哈，原来是个仙女姐姐，闷了老半天，憋死我了！”

王巧一见这小孩挺有趣，便问：“姐姐来看病的，你会看吗？”

小孩离开席位，跑过来，上下打量她道：“姐姐你真好看，你红光满面，怎么会有病？姐姐不会有病的。”

马文叹了口气，只觉自己今天来错了，考虑是不是趁早离开。

王巧听着舒服，看小孩好玩，却不信他真的会瞧病，倒不敢直接说他父亲的毛病。便逗他：“那你什么病都会看吗？你先替他瞧瞧——”用手一指马钧。

那小孩绕着马钧看了看，抓起马钧的手腕，食指和中指搭在马钧的脉搏上，马钧想缩回去，不欲为王巧戏弄。却感觉小孩手一紧，竟是缩不回去，只得伸出手不动，让他搭脉。马文也无可无不可地看着他。

小孩微微一搭脉，回头对王巧“嘻嘻”笑道：“姐姐骗人，他没有病，你也没有病，你们看什么病？”

王巧“咯咯”一笑：“小先生真是神人，我的确没有病，我不是来看病的。”转脸逼向马钧，“你没有病，跑来看什么？还跟我们抢！”

马钧涨红了脸，争辩道：“谁……谁……谁说我……没……没……没有病……”

王巧“哈哈”道：“难道你的病是结巴？从来也没听说结巴是病！”

小孩却收起嬉笑，认真起来，问马钧：“你是看结巴吗？”对王巧道，“姐姐休笑，这结巴还真是病！”

听到这话，马文陡然凝起神来。从马钧幼时起，就为他的结巴烦恼，找过多少郎中、巫师，都说结巴不是病，没法看。第一次听人说结巴就是病，而且说这话的人还是个孩子，不觉将信将疑起来，看了一眼单先生。单先生盘腿坐在席上，身板笔直，正笑眯眯地看着。小孩似乎也刚看到单先生，连忙正经起来，深施一礼："原来是单世伯，家父在后堂，待小侄请来相见！"

单先生笑呵呵地拦住他："贤侄不必多礼，继续看病，待会儿世伯也请你诊治！"

"小侄遵命！"转脸对王巧又恢复了笑嘻嘻的模样，"大凡口吃，有好几种。有的是先天舌短，有的是声腔纠结，有的是心思焦虑，有的是幼年模仿，有的是性情急躁，有的是自以为病……不一而足。不知他这是什么原因造成的？"这话又似在问马钧。

马文心中升起一线希望，连忙起身，恭恭敬敬地问："敢问小……"一时不知怎么称呼？

小孩"哈哈"一笑："没关系，就叫我小先生，我本来就小嘛！"竟是大言不惭。

马文这才道："回小先生，犬子性情急躁，有时心中紧张，又老怕自己结巴，不敢说话，谁知越怕越结巴得厉害！"

王舒本不肯进门，被荀安硬扯了进来，一直躲在后面，不敢看单先生。见这小先生一会儿嬉皮笑脸，一会儿又一本正经，张口又头头是道，忍不住插口问："小先生，请问这个毛病能治吗？"

小先生又收起笑容，示意马钧张开嘴，伸出舌头。马钧不欲在王巧面前露丑，扭头不理。小先生却不客气，小手按在他头顶上，用力一转，扭过他的头来，那手劲竟是马钧无法抗拒的，另一只手捏住马钧的下颌，不知怎么一弄，叫一声："伸出来！"

马钧竟然就乖乖地伸出舌头来。一旁的荀安、荀定不觉也暗自咋舌，对视一眼，他们都是习武之人，一看就明白，这小先生竟是有些武艺的。

5

荀豫一早上衙，见蒋县丞、郝县尉、众县役都到了，就把他们召集到一起，道："郡里下来文书，有几件要紧的事要办：一是核查军户，今年可能要提前征兵；二是核查工户，可能要派下大活儿；三是秋收将至，今年注定要扩仓储粮；

四是限购食盐，严防走私贩运；五是征集马匹，广收健蹄良驹。后面几件事可以慢慢来做，但是前面核查军户、工户比较紧，除了核查，还要看有无逃籍者，同时征召符合条件的新户入籍。”

郝县尉是个十分彪悍的壮汉，手扶腰间刀柄，大大咧咧道：“查，查——查出谁逃籍，抓！”

坐在侧案的蒋县丞一副书生气，提笔一边记一边问：“大人，这么说，真的又要打仗了？”

荀豫摇摇头，说：“具体我也不知道，郡里是这么说的。先皇新丧刚过，陛下接位未久，东吴、西蜀虎视眈眈，我想朝廷也是防患于未然吧。”

郝县尉雄赳赳道：“怕什么？我们大魏自太祖武皇帝开始，便横扫天下，无人匹敌，我们不去找他们的晦气，他们还敢先打上门来？若敢打到我们涅阳县，我这把刀好歹也要杀他几个！”

蒋县丞不急不慢道：“仁兄差矣，如今天下三分，我们魏国固然一家独大，但是东吴孙权、西蜀刘禅各据一方，当然也是有实力的。东吴和西蜀一向是合着一个鼻孔出气，他们若是联合起来打我们，没有什么不敢的！”

郝县尉不服气道：“以前他们是一个鼻孔出气，现在还是吗？你不知道孙权杀了关公，刘备起兵报仇，两家在夷陵杀得天昏地暗，陆逊一把火烧了刘备七百里连营。刘备皇帝没做几天，就把命送了。他们现在还联合得起来吗？再说现在西蜀是刘阿斗登基，又年轻，又没见识，哪及我们陛下圣明？他要有本事的话，该去找孙权报仇了！”

荀豫忍不住道：“你知道什么？刘阿斗虽然年轻，但是西蜀有诸葛孔明在。知道不，诸葛孔明还是我们南阳人呢？”说这话时，自己不知道该骄傲，还是该惋惜？继续道，“此人足智多谋，一心想恢复汉室。近来传言，他要起兵攻打我们大魏，并不是没有可能。去年东吴不是还打了我们石阳好久嘛！石阳离我们可不是非常远。”

正说着，门口有人道：“说的是啊，没有什么不可能啊！”

县役们吓了一跳，因为早上没有外人干扰，就都进来听县令训话，没有人守在衙门口，竟让人闯了进来，立即有人上前斥道：“什么人这么……”

话没说完，却见荀豫疾步奔上前去，拱手相迎：“哎呀呀，是贤弟啊，稀客稀客，快进快进！”

大门外进来了一行人，正是昨天夜宿青牛邑街头的王县丞和老吴、老周，王贵留在外面安顿马车。王县丞满面疲惫不堪，此时却有了些活泛，进门抱拳团团一揖，道："在下王策，司州河南县来，是荀县令的妹夫，大家好！"又对荀豫拱手道，"小弟特地赶来为大哥祝寿！"又转身介绍说，"这是小县的捕役老吴、老周两位英雄，都是一身好武艺。"

荀豫见他一个县丞这般夸奖手下，有些诧异，却不好多问，只是客气地向他们点点头。老吴、老周也抱拳道："见过荀大人，在下二人在南宫县令手下当差，这次奉南宫大人之命护送王县丞来给荀大人祝寿，好歹平安到了。南宫大人特地带了贺礼在马车上。"

荀豫谢过，请他们坐了，吩咐县役倒水，心中警惕起来：河南县令南宫嗣与大舅爷毌丘俭有些过节。听毌丘俭说，南宫嗣原先任将作长史，因与毌丘俭就是否大兴土木，在朝堂上发生争执，结果被迁为河南县令。而毌丘俭先迁为羽林监，现贬为洛阳典农。算来南宫嗣输得更惨些。这次他特地派人护送一个属下来给自己祝寿，不知用意何在？便问："不是说贤弟公务缠身，不能来么，何必这么多礼？"见王策脸色不好，又关切道，"贤弟脸色为何如此苍白，难道……难道身体有碍了么？"想到王巧、王舒急着去抓药，猜想这病大约不轻。

"不妨事不妨事。这几日路上奔波，睡不踏实，现在没事了。"王策喝过水，气色慢慢转了过来，"本来的确难以脱身，一来事情有些变故，二来也想亲自来为大哥祝寿。大哥生日过后，小弟便要带你外甥女赶回去。"

荀豫一边让座，一边关切地问："到底发生什么事了？这么急，幸好叫他们今天抓药去了。"

王策又喝了一口水道："也没什么大事。你知道小弟也做着县丞，管着仓廪、作场。小县靠近皇城，宫中常来采办宫物，要求又高，不好办事啊！"见荀豫疑惑地望着他，又道，"这次宫中要五百匹上等绸布，郡里要两千匹优质土布，限时三个月，县里都愁死了。这么多量，作场日夜不歇，也做不过来啊。你大外甥女天生灵巧，她织的布在小县是出了名的。"

荀豫点点头："这个我知道，我们都穿过她织的布呢，这次又带了两匹来，的确非常好——"等着他继续说。

"郡里的两千匹要求不高，但宫里的绸布要求非常精细，所以南宫大人要我迅速带小女回去，到作场指导一下那些女工。"他把"那些"这个词咬得很重，以便强调“那些”是入籍的女工。又从袖里摸出一封书信，“南宫大人知道你是我大舅爷，想请你帮帮忙，从你这里采办一批土布回去，以向郡里交差。这是他给你的信。”

荀豫拆开信，浏览了一下，不置可否，审慎地问：“你们河南县虽小，却与京都洛阳近在咫尺，消息自然很灵通。说说看，是不是蜀国真的要打来了？”

这个话题是众人最关心的。蒋县丞忧郁道：“蜀国是欺我们文帝刚去，陛下年轻，以为国丧刚过，人心未定，好欺负呢？”

王策抱拳向西北方向一揖，习惯性地给魏国新登基的皇帝曹睿行个遥远的隔空礼，道：“陛下虽然年轻，却不是他们想的那样！”

蒋县丞、郝县尉并不知道刚登基的新帝到底如何，一听这个话题，不约而同地问：“王大人来自都城，见多识广，且说说，陛下如何？”下面没有插嘴资格的县役们也伸长耳朵听。

见人叫他大人，王策提心吊胆了一路，此时放松下来，心情大好，不禁得意起来：“好，诸位想听，我就说说，也好让你们把心放回肚子里，好好为陛下办差。”

老吴、老周见他如此，对视一眼，微微一笑，知道自己身份，也不多嘴。荀豫示意一县役添水，王策喝了一口，滔滔不绝地说起来：“要说当今天子，得从太祖武皇帝那儿说起。陛下生于建安十一年，今年不过二十三岁，别看年轻，却是非常了不起。几岁的时候就会识文断字，聪明过人，武皇帝十分喜欢，就经常把他带在身边，耳濡目染，眼界自然就高了，说出的话常常让武帝很惊讶。十五岁就被封为武德侯。有一次他不知说了一通什么高论，武皇帝竟然脱口而出：‘有你我曹家江山至少可以传三代了！’你们说，武皇帝那是什么样的人？你们知道他说这话的分量么？这是说陛下绝非凡人。到了文皇帝，起初并不待见陛下，没有准备立他为太子，本来想立……”说到此间，猛然打住，这个可是皇室家事，不可以乱发议论的。

众人正听得起劲，连连催道：“王大人，后来呢，后来呢？”

王策再喝一口茶，想想，还是捡好的说吧：“陛下有一次随文皇帝到郊外打猎，一只母鹿领着一只小鹿从他们面前奔过去。文皇帝弓马娴熟，一箭就把母鹿射死了，然后转过身来，让陛下射杀小鹿。陛下望着那只惊恐的小鹿，眼泪落了下来，他跪下回文皇帝：‘陛下既然已经射死母鹿，我怎么忍心再射杀它的孩子？'文皇帝听了这话，觉得陛下真是个仁慈之主，才决定把江山交给他，立他为太子。所以啊，别看当今陛下年轻，却是有德明君。自古道，得道者昌。有这样的陛下，是我们臣民的荣幸。区区西蜀，即便有诸葛孔明在，又怎么敢犯我强魏？"

众人听得热血沸腾，都觉得前途一片光明。只有荀豫仍然不解地提出："既然如此，宫中要上等绸布能理解，郡里一下子要两千匹土布干吗呢？这只有战时征制军衣才有的量啊！"

一句话把王策问住了。他略一停顿，道："这叫未雨绸缪，有备无患，正是陛下圣明之处。"他很得意自己这话的圆滑，简直无懈可击。

荀豫点点头："怪不得我们南阳郡也下令核查军户、百工，怕是我们也会有大活儿派下来吧。贤弟，这事儿我们回头到后堂慢慢合计，我先把今天的活儿分拨下去。"

当下要郝县尉带人去核查军户，蒋县丞带人去核查工户。蒋县丞有些担忧道："大人，现在工户吃紧，作场里人手不多，平时县里金、石、竹、漆、土、木、盐、织……调度都很吃紧，一旦郡里派下大活儿，怕是难以如期完成啊！"

荀豫点点头："我也正担心呢。百工短缺，还好办，实在不行就摊工入户，让平户以工抵税，或者县里出钱征收，好歹能完成。只是这军户越来越少，不打仗还好，一打仗就是大麻烦。"

王策听着，担起了心思，怕是从这里采办调度要泡汤。

郝县尉道："这个我想过，现在我们对各处往来商旅严加盘查，看有无逃籍者，有无东吴、西蜀的奸细，有无蟊贼、盗匪。若有，便抓了来。有手艺的，充入百工；没手艺的，充入军户。"

蒋县丞道："逃籍的毕竟少数，哪有这么多正好被你逮住啊？奸细，有几个奸细脸上刻着字的？等你抓？"

郝县尉阴沉沉地一笑道："仁兄，这个就不劳你操心了，在下自有办法。"

荀豫见他不看场合，越说越不像话，立即正色道："不许胡来，魏国有魏国的国法，当年董卓可以杀良冒功，我们不能捕良入籍。当然，蟊贼盗匪、刑徒囚犯另当别论，符合条件的可以按律入籍。"

郝县尉诺诺连声，嘴角却忍不住露出一丝阴笑。

6

马钧不由自主地伸出舌头来，心中不觉十分气恼，尤其让那个漂亮的女孩要猴一样地瞅着他，又羞又恼，却又无可奈何，不知道这个不大点的“小先生”，怎么有这么大的手劲。最恼的是那小先生一边看他的舌头，一边口若悬河地对那女孩说：“姐姐，你看，他舌头软长，不是短舌；舌筋后缩，不是攀舌；舌根不肿，咽喉无病。故此说他病不在舌上，以指搭脉，不能度之。”

小先生说来自然，毫无卖弄之处，却听得一众人等目瞪口呆。听得马文越来越有信心。王舒听得仔细，敬佩地望着小先生，又见马钧一脸尴尬，暗自为他难堪。王巧见小先生滔滔不绝，似懂非懂，只看着马钧的苦相好玩，笑道：“小先生这一说，本小姐就明白了，这小子的病压根就没法治，只能结……结……结巴……一辈子。”

马钧见她又这般挖苦自己，挣扎着要去和她理论。小先生松开他下巴，却按住他肩膀，不让他动。只是回过头来急对王巧道：“姐姐这么漂亮，难道也想成结巴吗？”

王巧一愣，怒道：“小先生……你……你……你说……说什么呢？”这一急，竟真的结巴起来，心下不觉慌了。

小先生道：“刚才我说过，结巴有几种根由，其中一种就是幼年模仿。姐姐虽然不在幼年，也不可模仿，否则你也会变成结巴。”

王巧经他一吓，花容失色，着急道：“这……这……这下如何……是好？”

马钧幸灾乐祸地笑了起来。王舒、荀安、荀定不觉都急了。小先生忽然笑了，牵着王巧的袖子，让她到旁边的竹席上坐下，道：“姐姐别急，姐姐别急，小先生马上就给你治好。按照我说的做：闭眼，呼——气，吸——气，再呼——再吸，放松——睁眼，好了！”

王巧睁开眼，平静下来，道：“小先生，你吓死我了！”立马恢复原状。

单先生微笑嘉许。马文、马钧看傻了眼：这就好了？！

小先生“嘻嘻”一笑，叮嘱道：“姐姐，这是老天爷的惩戒，下次可不许再学这位公子哦。姐姐这么漂亮，要有怜悯之心嘛！”

王巧见他一口一个姐姐，言语间却来教训自己，又好气又好笑，愈觉这小先生可爱之极，寻思着怎么逗弄他，全然不去想外面还有那么多人等着就诊。

马文这下服气了，上前再对小先生深施一揖，诚心诚意地道：“小先生真是神技，恳请小先生替犬子诊治，在下愿奉厚金重谢！”

小先生“嘻嘻”笑道：“先生不必如此大礼。令公子病症与姐姐不太一样。姐姐是一时起兴，来得快，所以治得也快。令公子时日已久，若要治好，需有一段辰光，不能着急。”

马文已经看到希望，连连说：“不打紧，不打紧，我们就在这县里住下，看好再回去。”

小先生顽皮地歪头一笑：“住下倒也不必，回家该干吗干吗去，他这病症也无需吃药，我传几句‘咒语’给他，他照着念即可。”

马文刚刚燃起的希望又似被浇了一盆冷水：哪有念几句咒语就不再结巴的？

王巧刚才已经瞥见马钧幸灾乐祸的样子，盘算着怎样再拿他出气，却再不敢学他结巴了。又怕这小子回去了再也见不到，便没个出气处，寻思得留下他。眼珠一转，冲小先生甜甜一笑，拉着他的小手，柔声道：“小先生，你看他多可怜啊。常言道：医者，父母心啊！你干脆就留他在这里，一边做伙计，一边治好病，那不显得你的手段嘛！”又故意叹口气，激将道，“就怕啊，你到底是个小孩子，做不了这个主吧？”

“嘿嘿，姐姐还别激我，张家从来就是坐堂者为大，今天还就是我说了算。不过嘛——”小先生煞有介事地摇摇小脑袋，眨巴着眼睛看着王巧，“姐姐得答应我，你每天来陪我玩！”

王巧大喜，道：“当然，当然，姐姐也喜欢你，一定来陪你玩。只是你初一、十五才开门，姐姐如何来找你啊？”

小先生欢喜地抓住王巧的手：“姐姐真好，初一、十五我才真是没空陪你玩呢。平时我除了读内经、背药典、随父亲上山采药，一个玩的人也没有。仙女姐姐肯陪我玩，我就答应姐姐留下他，治好病再让他走。”他一口一个仙女姐姐，说得天真，一个孩子家，也没有人想其他的。

马钧却十分气恼，眼见他俩旁若无人地拿他当筹码，赌气地起身就往外走。马文赶紧拉住他：“人家为你说好话，算是赔你不是啦，权且一试，没准就看好了！”

小先生却不高兴了：“先生‘权且一试’是什么意思？信不过在下这个小小

的先生么？他还真就不能走！”

马文连忙道：“不敢不敢，在下不是这意思！”

小先生不理他，转脸对马钧道，“阿哥，你若想看好病，要答应我三桩事。若是胆小鬼，没胆子应承，你这病不看也罢！”

马钧最恨人瞧不起，怒道：“我……我……我胆小……吗？你……你……你摆……摆下……道……来！”

小先生指指侧堂一溜书柜和捣药的伙计，道：“看你也像读书人，却不像做活人。你每日到我这里诵经捣药，把这一堆草药捣完，这几本书都能背诵了，我包你病好！”

马文见他竟然夸下如此海口，信誓旦旦，不觉大喜，连忙应承。马钧握紧了手中的小木篰，恨恨地道：“好！君……君……君子……一言，驷……驷……驷马……难……难……难追！”

“姐姐，咱们这就说定了，我明儿等你！”小先生撇下马钧，转头又笑嘻嘻问王巧，“现在该说你的事儿了，说吧，县衙差你们来有何事？”

王巧“咯咯”一笑：“小先生，其实我是来替我父亲抓药的，他……”

不待她说完，小先生竟是把脸一沉，道：“姐姐，这就是你的不是了，张家初一、十五开门问诊，无论官民，一律平等，凡事总有个先来后到不是？”

王巧没想到他说变脸就变脸，一时有些懵，愣了一下道：“哎——真是夏日的天，孩儿的脸，你怎么说变就变啊？明儿我不陪你玩儿了！”

小先生回到主案后竹席上坐下，恢复到先前老气横秋的样子，淡定地道：“姐姐，桥归桥、路归路，姐姐既然已经答应明儿来，不来是你失信，过不在我。若是县衙有事相询，现在就问。若是问病抓药，就请一旁等着，待我看完外面病家再为姐姐效劳！”

王巧气结，一时说不出话，站在堂中下不来台。马钧心中大喜，对小先生陡升好感，立马刮目相看。马文也是大奇。一直未言语的单先生看在眼里，捻着山羊须，频频颔首。王舒觉得这个小先生简直和自己最佩服的河南县里那个远近闻名的“小夫子”有得一比，不禁满眼放出光彩。正欲劝姐姐退下，一直没机会插嘴的荀安火起来了：“喂——小先生，没说我们不是办差啊？好，我们就先办公差。我们是来……”是来办什么，一时却想不出合适的借口来。

还是荀定脑子转得快，抢过话头：“我们核查户籍，问问你们这里的伙计中有没有军户、工户逃籍的。”用手一指侧堂正在捣药的小伙计。

那小伙计自打王巧进了药堂，惊讶的眼神就没离开过王巧。此时见他一指，吓得连忙低下头，手忙脚乱地乱捣起来。小先生“嘿嘿”一笑：“张家家仆八人，奴婢四人，伙计二人，加上这位小阿哥，”一指马钧，“诸位，你看他们哪个像是逃籍的？是不是要仔细盘问盘问？不过请你们还是先出示一下县衙的文书吧？”

荀定没料到一个十一二岁的小孩竟是这么难缠，似乎没有他不懂的，一时张口结舌。正欲找出新的托词，后堂传来一个清朗的声音：“超儿，怎么这么吵啊？”

声音不高，却隐含一种气度，不怒而威。堂中顿时鸦雀无声。一个身着青袍的中年人慢悠悠地踱了出来，左手背在后面，右手持着一卷书。小先生马上从席上站起来，走到中年人前面，恭敬地道：“父亲，超儿没做好，请父亲教训！”

中年人道：“怎么这么久没有人到后堂抓药啊？是不是遇到疑难杂症了？”看到王巧，竟也微微注目。

王巧、荀安、荀定被这气场镇住了，一时不知所措。王舒左右手交叠端在右腰间，上前微微一蹲身，深施一礼，道：“小女王舒见过先生！对不起，我们从河南县来，不懂先生这里的规矩，冒犯了小先生，还请先生原谅——我们这就到外面去排队等候！”

马钧惊讶地望着王舒，似乎到现在才看到她的存在。原来这几人中还有这么一个文雅端庄的女孩。顿生好感！单先生也笑盈盈地看着王舒，王舒却不敢看单先生一眼。中年人宽容地笑了笑：“小姐免礼，不知者不怪。今天是小儿第一次单独试诊，我在后堂抓药把关。除非出现疑难杂症，前堂他说了算。还请几位公子、小姐多见谅！”

荀安来过张府，一见中年人，不敢发声。荀定连忙道：“打扰了张先生了，我们下次再来，下次再来！”

王舒拉拉王巧的衣袖，低声道：“姐，走吧!”

王巧不情愿地一边走，一边扭头瞪着马钧，又看看小先生，眼睛里已经留下了话。马钧毫不畏怯地迎着她的目光，挑战似地顶了回去。马文心中惊喜：原来张家在后堂抓药的地方把着关呢。连忙抱拳施礼：“在下扶风马文，带犬子来看结巴……”

中年人扫了一眼马钧，客气地拱拱手："马先生不必客气，小儿学过先父的《口齿论》，听他的就是。"快步迎向单先生，"哎呀呀，进之先生，怎么来了也不言语一声啊?！小儿不懂事，也不通报一声，快快里面请，里面请!"

单先生大笑："贤弟啊，你可是教了一个了不起的神童，大有张公仲景前辈的遗风啊！奇才，奇才!"拍拍马钧的肩膀，朝马文点点头，随中年人往后堂去了。

小先生重新回到主案竹席上，正襟危坐，用脆嫩的嗓音慢悠悠地喊道："下一个——"

第 2 回 || 初试巧：小玩意调侃“打笨妞”

7

一走出张家这条小巷，王巧的气就不打一处来，全冲着王舒去了：“都是你，非要先来抓药!”

王舒却不计较她：“姐，是我们不懂规矩，我们等到最后再去吧!”

王巧怒气冲冲道：“要等你等去，我不等了，离开他张家就不看病啦?!”甩下她，直往前冲，见荀安、荀定跟上来，没好气道，“还说你们是涅阳本地人呢，堂堂县令的大公子、二公子，一个小屁孩都不把你们放在眼里!”

荀安道：“都是那小结巴，非抢我们的先，要不我们进去也就看了。我们不是怕那小屁孩，实在是父亲护着张家，要是知道了，非得扒我们一层皮。”

提起那结巴，王巧更是恼羞成怒：“好你个小结巴，本小姐不把你‘治’好就不姓王。”

荀定阴阴一笑：“表妹别急，我们想个办法好好给他‘治’一‘治’。”

荀安一撸袖子，抢着道：“我们弄清他住在哪里，等他出来，把他堵在没人的地方，狠狠揍他一顿，也试试我们兄弟的武艺。”

“别胡说，打人算什么本事?”王巧连忙摆摆手，“你们别闯祸啊，当心舅舅知道了打死你们。”

荀定见哥哥被否了，心中一喜，赶上前去低声献计道：“表妹，这事不能强攻，只可智取。”他贴着王巧耳朵嘀咕了几句，只觉一股莫名的幽香使人欲醉。

王巧连连摇头：“不行不行，这招太阴损了，比打人还坏。”

荀安见荀定凑那么近，醋意顿生，有意挤上中间来，道：“荀定，别出馊主意，表妹心眼好，不过就是想逗逗那小结巴，不想害人——是不是？表妹!”

王巧一丝儿也没感觉到这兄弟俩的意思，只是喜欢他们围着自己转。想了想，还是按照先前埋下的伏笔做文章：“我有办法，不是和那小屁孩约好了吗？明儿咱们去，让他的结巴好不了，既惩罚了姓马那小子，又让那自以为了不起的小先生栽个跟头——让他神气！”嘴上不饶人，心中还是挺喜欢那小先生的。

荀安、荀定抢着赞道：“表妹真聪明，妙计，妙计！”

“你们等等我！”王舒气喘吁吁地赶了上来，隐约感觉到他们商量着什么，道，“姐，表哥，你们又想捉弄谁啊？脸还没丢够啊？”

王巧“哼”了一声没睬她。荀安、荀定笑道：“没啥，没啥，在说着玩呢。”然后岔开话题，说别的。终究是少年心性，说着说着就把这事给忘了，到大街上闲逛去了。

逛了个把时辰，正兴致勃勃玩着荀安买的风车，王巧突然立住脚：“糟了，舅舅说下午忙完事会去张家的。张家肯定会告状的，赶快回去堵住他。”

荀安、荀定登时头上冒出了冷汗，这事最怕父亲知道，那少不了一顿责骂，甚至责打。顾不上玩，赶紧往县衙方向赶。满头大汗地赶回县衙后院时，荀豫夫妇和王策夫妇正谈得热乎呢，几个人的心这才放了下来。王巧、王舒见父亲来了，喜出望外。王巧跑过去抱着父亲撒欢，王舒叫了一声，就微笑着立在一旁。荀安、荀定连忙上前拜见姑父，表现出前所未有的尊敬。他们知道姑父是个软耳根，不像父亲那么刻板，容易接近，既然个个心中都存了心思，就都想给姑父个好印象。荀豫看到他们，道：“刚才和你姑父说呢，等会一起去你们张伯父那里。你姑父既然已经来了，就亲自去请张伯父把把脉。”

荀安、荀定一听，面面相觑。王巧脑子转得快，道：“舅舅，我们刚从张伯父家里来，他说今天人太多，晚上亲自过来拜访舅舅。”

王舒一愣，见姐姐已经说出口，也不便纠正，只是忐忑不安地看着他们。荀安、荀定大喜，连忙附和。心想混过一时是一时，晚间不来，父亲肯定以为张家太忙，来不了了。再去问诊，便要等到下月初一，那时张家早就把这事儿给忘了。荀豫一听，张家晚间要来拜访，也不稀奇，以前也是有过。回头对王策笑笑：“这样再好不过了。”觉得大有面子，就顺势扯起了张家的种种传说。

申时将到，荀豫特地置酒招待了王策、老吴、老周，还让蒋县丞和郝县尉作陪。王贵是雇工，没资格上席，就由家人安顿了。王策将让他一路提心吊胆，片刻未曾离开身边的包裹交给夫人荀氏，亲眼看她藏到柜里，叮嘱她须臾不可离开。然后回到席上，尽情地劝老吴、老周吃喝个够。荀豫让蒋县丞安排他们歇了。

让王巧他们万万没有料到的是，天迎黑时，张家父子真的来拜访了。一起来的还有那位单先生。那时，他们两家除荀氏推说身体不适守在厢房之外，其余都在后院宽敞的堂屋里，就着满堂明亮的烛光，其乐融融地在叙旧，气氛十分融洽。这时门人来报："老爷，张先生、单先生来拜会！"

荀豫一听，站起身，问："单先生？哪个单先生？——快快有请！"

早已忘了这茬的王巧、王舒、荀安、荀定变了脸色：张家真来告状了！还没回过神来，家仆已领着张先生、单先生走了进来，老远就作揖道："荀大人，拜会来迟，恕罪，恕罪！"

荀豫迎了上去："张兄贵客，有劳屈驾——哎呀呀，这不是进之先生吗？稀客！稀客！"

王巧他们正傻眼，两位先生的背后又转出那个小先生，上前恭恭敬敬跪下作拜："晚辈张超拜见荀大人！"

荀豫愣了一下，惊讶道："这是张先生的公子啊？快请起！"

张先生道："这是我的小儿子，贱名张超，今日第一次独立试诊，日后请荀大人多关照！"

荀豫惊讶道："他这么小就能试诊了？了不起，了不起！"言语中颇有不信。

张先生道："此子随先父，颇有天分，六七岁就开始研习《黄帝内经》和先父的《伤寒杂病论》等遗著，一直随我坐诊，算学点皮毛，今日权且让他试试，我在后堂为他验方抓药，坐镇把关！"

单先生"呵呵"笑道："荀大人，你们县可是又出了一位神童啊！老朽今日亲眼目睹，此子不仅熟知医经，而且少年老成，办事公允。假以时日，前程不可限量啊！"见王策在，惊讶地拱手道，"哦，王县丞也在？幸会幸会！"

王策拱手回礼："单先生好，张先生好！"

荀豫一边把他们往里让，一边道："进之先生都如此说了，那定是了不得，这也是我县的荣耀啊！届时本县举孝廉可得其人了！"

张先生朝王策还礼，一边谦逊道："荀大人抬爱了，犬子不过假天分之聪而已，还需要大人这样的名儒多多提点——这位先生是？"

"哪里，哪里，张先生客气了。"荀豫谦虚了一下，转身介绍王策，"这是本县的妹夫，司州河南尹河南县的县丞王策，表字了呈。”又对王策介绍道，“这位便是建安三神医之一，太守神医张机张仲景前辈的长子张挈张先生。”

王策又作一揖：“久仰大名，如雷贯耳。幸会幸会！”

寒暄间，荀夫人退入后堂。其余人分宾主席上坐下，家仆奉上茶汤。小先生侍立在张先生后面，朝站在荀豫、王策后面的王巧偷偷做了个鬼脸。王巧又怒又怕地瞪了他一眼。

话入正题，张先生道：“听说是王县丞贵体有恙，需要抓药，今天令公子、令小姐光临寒舍，只因四方来者众多，未能效劳，特地过来拜会。正巧王县丞亲自来了，那是再好不过了，当面问诊效果会更好些。”

王策谢道：“有劳张先生了！”

王巧、王舒、荀安、荀定四人松了口气。小先生张超插话道：“禀告父亲，今天这几位阿哥、阿姐……”转着眼珠看了看王巧他们。

四人立即把心提到嗓子眼，有些惊慌失措地看着小先生。张先生回头道：“超儿，你要说什么？”

张超朝王巧他们微微一笑，对父亲道：“禀告父亲，孩儿今天因为忙碌，没能好好接待几位哥哥姐姐，没能帮他们尽了孝道。孩儿和他们有约在先，还是让孩儿给王大人把脉试诊吧？”

王巧他们这才暗暗长吁一口气。单先生笑道：“张贤弟，我看行，也让两位大人见见小侄儿的手段吧。”

荀豫也想见识见识，极力赞同。王巧眼珠一转，笑盈盈地对王策道：“父亲，这小先生真的神哎，我们今天亲眼看他坐堂把脉，看得那个准哦——”瞟了小先生一眼，适时还他一个人情。

王策拱手笑道：“张先生，就请令公子为在下一诊！”

张先生这才笑道：“那——就让犬子权且试一试，在下随后替王县丞把关验证。”朝张超点点头，“去，小心伺候王大人！”

“是！”张超走到王策案前，跪到席上，恭敬道，“请王县丞伸出右手！”

王策拉起广袖，伸出右手，放到案上，看张超不过是个十一二岁的孩童，心中着实猜疑，但有张先生随后把关验诊，倒也没有顾虑，权且一试吧。

张超左手拉起右边广袖，伸出右手，用食中二指轻轻搭住王策的脉搏，闭起眼睛，专心感应脉象。堂中诸人一声不吭，都在凝神关注。片刻，张超睁开眼，看了看王策的气色，恭请王策张开口腔，仔细看了看。然后道："小侄斗胆问王县丞，是不是有时彻夜不眠，惊惕不安；有时夜间抽搐，不能自主；有时口角流涎，言对困难；有时下泄不畅，不敢进食？"

王策见隐私被揭，有些尴尬，但还是忍不住连连点头："说得一丝不差，不知贤侄如何诊治？"

张超从容道："王县丞脉玄滑乱、舌苔薄黄、舌质暗红，这是肝阳浮越，内风扰动，痰浊上泛之状，属热盛东风之症。这是双夏之间，劳累过度所致，加上情志不畅，思虑过多，导致旧病复发。"

王策一下站起身，拱手道："哎呀呀，不得了，真是小神医啊。今年双夏，郡里压下许多工差，南宫县令急得团团转，就把这许多苦差压到我头上，弄得我吃不香，睡不好，多年不发的老毛病就又发作了。倘若不及时医治，怕是这县丞也做不长了哩。"恭恭敬敬问，"请问可有治愈之方？"

张超道："王县丞不必担心。此症宜平肝熄风，清热化痰。我给您开一方可以医治。"

王舒机灵，从旁边家用的案几上取了笔墨纸砚送过来，蹲下身为他研磨。王巧不高兴地白了她一眼。

"谢谢姐姐！"张超冲她一笑，瞬间露出小孩本性，立马又收敛起来，提笔写处方，口中道，"此病宜用羚羊角两钱，钩藤、茯苓、僵蚕、天竺黄各十二钱，生地三十钱，石决明二十钱，生白芍十五钱，象贝、竹茹、地龙各十钱，冬桑叶六钱，蜈蚣两条，用药二十剂，配合针刺即可！"写好之后，顺势跪转身，朝张先生拜道，"请父亲验诊！"

王策连声道："不用验诊，不用验诊！说得一丝不差，一丝不差！"

张先生还是起身踱过来，抓住王策的手脉轻轻一搭，凝神片刻，对张超道："你还需要告诉王县丞以后该注意什么？"又转回到自己席上。

张超道："王县丞以后一要注意劳逸结合，熬夜守更不可过子夜；二要注意不可思虑过甚，凡事要放得开，看得穿。"

王策连连应承，赞不绝口！荀豫赞叹道："真是有志不在年高，若非亲眼所见，如何能够相信。张仲景大人童年传说在此子身上得到验证了！"

单先生大笑道："古时甘罗十二岁为相，我生亦晚，未能亲见。当今之世，却有幸见得两个，此子算是其一！"

荀豫讶然道："难道这世上还有和他一样聪明的神童？"

王策猛然想起，接口道："单先生说的可是傅家'小夫子'？"

单先生一捋胡须，笑道："正是此子！"

8

躺在如归客店的榻上，马文、马钧各怀心思。

马文是喜忧参半，喜的是儿子的结巴毛病终于有希望医治，忧的是这小子一旦犯倔，不好好配合治疗，会前功尽弃。

这两年，自己带着他游遍豫州，一面寻访名医，一面拜师求学，就指望儿子能够治好结巴，得到名师指点和推荐，赚点名气，日后能图个一官半职，也就光耀马家门楣了。之所以选择豫州，是因为豫州历来多高贤，而且专出鉴人大贤。昔年汝南平舆高士许劭、许靖，每月与乡党共论人才，称为"月旦评"。凡经他们品评过的人，后来都成就一番功业。出生在谯郡的太祖武皇帝，当年也是得许劭一评，说"子治世之能臣，乱世之奸雄"而声名鹊起，开始走上仕途，最终平定北方，打下现在的魏国江山。儿子自小聪明，颇有文才，只是碍着这结巴的毛病，入仕就比登天还难。幸而自己有些家资，可以带他出来遍访名医、名师，试一试。荆州尽管也是高贤辈出，却乃是非之地，兵家你争我夺。这次到南阳，纯粹是冲着太守神医后人来的。想起今天遇到的单先生，马文心头盘算起来。这位单逊单进之先生是河南尹有名的高士，做过一任司金长史，多年前辞官归隐。自己闻名已久，没想到在这里遇见，若能得他评价举荐，钧儿必得世人另眼相看！但如何才能得他青睐呢？

马钧躺在榻上，也是心潮起伏，看着窗外风中微微摇晃的一盏灯笼出神。

自小以来，虽然没有像父亲期望的那样渴望仕途，但对结巴之症也是一样的烦恼。心中有好多想法就是没法表达出来，苦恼至极。今天遇到张家这位小先生，原本是件令人兴奋之事，奈何半路杀出一个蛮不讲理的丫头，把好端端的心情给破坏了。无奈有理也无法争辩，当时真想拂袖而去，不医了。但想想父亲那期待的神情，又不忍那么做，也不敢那么做。违逆父命，那是大不孝。现在又与那小先生定下约，自然不能失信。只是明天那丫头必然也到场，看那神情，必是冲自己来的。想到那女孩，就不禁一阵气恼，愤愤不平，却又没来由地冒出那个显然是妹妹的小女孩。那女孩给了他一种说不清道不明的感觉，就像是认识了许多年似的邻家玩伴，分外地亲切。这一想，竟又期盼起明天的约定来。就这样患得患失，连马文跟他说话，也似没有听见，目光又似往常一样，盯住那灯笼出神。

窗外那盏灯笼摇啊摇，竟摇到他的面前，慢慢地，灯笼转悠了起来，上面那画儿竟似活了一般，那个小女孩笑盈盈地站在面前，伸手向他讨要。他大方地送给她，不料，半路上跳出那刁蛮骄横的姐姐，一把抢了去……马钧一下子惊醒，呆呆地望着窗外的灯笼发愣。

次日一早，马钧按照往常习惯，悄悄起床，捧着书本找个僻静地方晨读去了。他只是默读，从不出声，免得结巴起来，被人听见笑话。做完早课，太阳已近隅中，便让店伙计送来早饭，侍候父亲朝餐。一切摆弄停当，已经日上三竿了。看看时辰差不多了，马文就要送他去张家。马钧坚持自己去。马文想想，今天又不是开诊的日子，自己上门的确多有不便，将马钧送到张家巷口，便转身回去办别的事去了。

马钧走入巷子，就思谋着来早了，还是来迟了？如果张家没开门，如何叫门？从正门叫，还是从侧门叫？这一想，还都是问题。且行且想，还没拿定主意就到了张家大门口了。大门紧闭着，正犹豫间，只见相隔数十步远的侧门探出一个脑袋张望一下，看到大门口的马钧，轻快地跳出来，冲他直招手。

马钧疑惑地走过去，认出那人竟是昨天在侧堂里捣药的少年。虽然衣衫简陋，却掩不住面容俊秀，尤其一早起来，刚洗涮过，更显得眉清目秀。见马钧走过来，说道："是马兄吧？知道你今天来捣药，我一早就在这儿等你了！"

马钧抱拳道："谢……谢……谢小阿……阿……阿哥，可……可……可是小……小……小先生让……让……让你等……等……等我的？"

少年道："不是，我怕你一早来不知怎么进门，就在这里候着你啦，免得你尴尬。"

马钧心中一热："谢……谢……谢谢！我……我……我正在……犯……犯……犯愁呢！小……小……小阿哥贵……贵……贵姓？"

"我叫李牧，也是扶风人，与你同乡。"李牧爽快地自报家门，又道，"知道你也来捣药，又是老乡，我真是欢喜得紧。快进来，先跟我捣起药来，一会儿表少爷看见你准保开心。"

马钧听说李牧也是扶风老乡，更生亲切之感，又见他这般热心，连连点头，随他进去了。穿过两道月亮门，一处甬道，一处回廊，才知道张家外面看着不起眼，里面院落很大，果然不是寻常人家。走近侧堂，李牧指着一处库房对马钧道：“这是药材廪，我们把这里的药材都要捣出来，才算了事。”

马钧凑近窗棂往里一瞧，只见偌大的仓里，立着几排大木架，木架上层层叠叠堆满了各式药材。心中也不觉惊呼了一下：“这得捣到猴年马月啊？”他昨天注意看了一下侧堂里捣药的情形，就一个比粗陶碗深些的大小差不多的石臼，用小石杵一下一下捣，半天也捣不了一小箩。心中感觉上了小先生的当，至少要在这里屈身当工一年半载了。

走进侧堂，马钧接过李牧倒给他的一碗水，喝了一口问：“李……李……李哥，怎么会……会……会在这……这……里?”

“说来话长。”李牧从柜子里又拿出一套石臼和石杵放到作案上，一边整理着作案上的东西，叹口气道，“我从小在家淘气，家父逼着我读书，我读不进。喜欢练武，结果练了几天，也没练出个名堂来。后来得知父亲有一本藏书，就偷了出来，一时好奇，跟着那本书自学了点手艺，差点被官府征到作场去。后来父亲打仗死在战场上了，母亲也得了重病去了。张太守原是我母亲的远亲，我父亲又曾在他手下做过小官，算起来我得叫张先生表舅公。母亲留下话让我投奔到这里来。所以我就来了，张府收留了我，在这里做个药童。这里好是好，可是捣药的就我一个，闷也闷死了。你来了就好了，我也有个说话的人儿了。”

马钧心道：“我就是想和你说话，也不能够。你至多就是有了个伴儿。”心中有好多话，只是说不出来，只好挑重要的说：“李……李……李哥，小……小……小先生……真……真……真能治……治……治好……我……我……我的病?”

说起小先生，李牧露出崇敬的神色道：“马兄，表少爷可真神，行事像个小大人似的。不但医道高，而且心眼好，我相信他不但能治好你的病，你有难处他还能帮你。其实我能留在这里，也是表少爷向张先生求的情。”

听李牧这一说，马钧心情顿觉清朗多了。便在李牧的示范下，从写有“生紫贝齿”的货柜上抓了一把放入石臼，用小石杵一下一下捣起来。捣了十几下，看看石臼内，生紫贝齿不见碎，只一块裂成几块而已。又用力捣了几十下，才有些碎的意思，摇头叹道：“这……这……这要捣……捣……捣到哪……哪……哪一天？”

李牧道：“捣这个不能急，反正一天没其他事，你就闭着眼睛捣，一天自然也会捣出一箩半箩的。”

马钧问：“他……他……他家一……一……一个月才……才……才开两……两……两次诊，要捣……捣……捣这许……许……许多药干……干……干吗？”

“他家一个月只开两次门，这么大的家业，不坐吃山空啊？”李牧笑道，“其实他家现在是卖药材为主，这些药材加工好，都会被豫州、司州、荆州、扬州、徐州、冀州、雍州这些地方的大药铺买了去，这里加工好的药材价钱比别处要高好几倍，凭的就是‘太守神医’这块招牌。他每月开诊两次，我说也是为了这招牌更响吧。”

李牧说得神采飞扬，马钧却听得心惊胆颤，道：“这……这……这要捣……捣……捣到猴……猴……猴年马月？那……那……那我几……几……几时是……是……是个头啊？”

李牧笑道：“马兄也别担心，张家并不只有这一处地方。总之，我总归不能老赖在这里，等学了本事就回老家去。你呢，看好了病就走路。最好呢，我们一起走。”朝外面看了看，见没有人，又凑近马钧耳朵低声道，“再说，到时你看好了病，想走了，悄悄一溜，谁拦得了你？”

马钧摇摇头，道：“大……大……大丈夫顶……顶……顶天立地，岂……岂……岂能溜……溜……溜之乎……也！”看着石臼，心中晃过大车的车轮，又闪过打谷场上的石磙，不觉一动。

李牧吃他这一噎，不高兴地白了他一眼：“那你就在这里捣一辈子吧，做你的顶天立地大丈夫吧！”把小石杵狠狠往小石臼一捣。

马钧没想到无意中伤了他，连忙赔话：“李……李……李哥别……别……别生气，我……我……我有办法捣……捣……捣得快。”

李牧哪里相信：就这么个小小的捣药臼，能有什么办法捣得快？他看了看马钧，忍不住问：“你说，今天那仙……那小姐会来吧？我去看看吧。”

一提到那刁蛮小姐，马钧的头就大了起来。李牧忍不住丢下小石杵向门外跑，却被小先生张超堵住了。

9

太阳升起老高了，王巧还在和王策夫妇磨着，要在这里多待些日子。王策再三说明县里的情况，做完舅舅的寿，办好这里的差，必须马上赶回去。特别是王巧，等着她去给县里作场的织工们指导呢。王巧怏怏不乐，就提出要去外边玩，说顺便到张家把药抓回去。

王策夫妇原本不想让一个女孩家在外面乱跑，但是想到没几天就要走了，也让她开心开心吧，就同意了。他们膝下无儿，所以对女儿就比较溺爱，尤其是会撒娇讨好的大女儿。

得到父母首肯，王巧把早就候在这里的荀安、荀定招呼来，一起出去，原想丢下王舒，但想了想，又舍不得抛下她一人，就又叫上她。王舒怕再碰见单先生，犹豫着不肯来，被王巧拽了就走："叫你去，你倒拿起架子来了！"

几个人一起往张家小巷而来，一路上，王巧与荀安、荀定言来语去，就是如何捉弄小结巴，只是有些避着王舒。王舒没他们走得快，总会落下一节，待跟上去，他们又换了话题，隐约觉得他们的言谈仍与昨天的事有关。问他们，一个个嘻嘻哈哈就是不说，只好闷在肚子里。

正走着，见一个眼熟的人影从远处街口走过，王巧眼尖，道："咦——那不是小结巴的父亲吗？怎么小结巴没去张家？"

荀安立即提议："走，跟上去看看！"

荀定马上来一句："表妹不但手巧，还眼尖。我先追上去，别丢了！"话没说完，就快步跑到前头去。

王舒气喘吁吁跟上来，道："你们追人家干吗？吃饱没事干啦？"

王巧笑道："我们关心小结巴嘛，也希望早日治好他，可以斗斗嘴，耍耍乐嘛！"

王舒没好气道："姐，表哥，你们真是，人家都结巴了，你们干吗非要和人家过不去？"

荀安回过头来，逗她一句："吆，舒儿妹妹，心疼啦，莫不是喜欢上小结巴了吧？"

王舒羞红了脸："臭贫，不和你们说了！"扭头不看他们。

荀安、王巧哈哈大笑。只见荀定在前面招手，就快步赶上去。荀定一指，只见马文独自一人在街市上闲逛，看那样子，是在打听行情。

荀定道："小结巴没和他在一起，看样子是去了张家啦。"

荀安见荀定献了殷勤，连忙道："巧儿，那我们赶紧去张家吧。看看小先生到底怎么治小结巴，咱搅了他。"

王巧点点头："走！"她现在的心情很好，荀安、荀定都围着自己转，王舒是妹妹，只有跟着的份，她很享受这种感觉。

他们折回头，带上王舒，直向张家而去。涅阳县就那么大，转过几个街巷，没过多久就到了。见张家大门紧闭，侧门半开，就走了过去，直接往里闯。王舒拦住了："我们还是礼貌一些，叫一下门吧！"

王巧白了她一眼："就你事多。"却也知道她是对的，便对荀安摆下头，"叫门吧，客气点！"

荀安上前，站在侧门口，高声叫道："里面有人吗？我们小姐应邀来会小先生。"

一个家仆闻声从里面跑出来，谦卑地道："是小姐和公子啊，我们家小少爷吩咐过，说你们来了就请到里面去。"

王巧等人见家仆如此谦恭，很受用，比昨天的感觉好多了。也不和家仆客气，便昂然而入。只有王舒朝家仆浅浅一笑，算是谢意。那家仆便受宠若惊，连连朝她弯腰，做出请进的手势。

几人转过月亮门，走过甬道，踏上回廊，绕向正门那里的前堂时，就听到里面小先生的声音响起："……按我刚才所言，每日晨读、晚读各一个时辰，诵读时一定要出声，不要快，要慢。先是一字一句，然后两字一句，再后三字一句，到四字一句能连贯而读时，再慢慢加快语速。切切牢记，与人讲话，心要静、气要平、胆要壮、语要匀……好，现在你先从《皇帝内经·上古天真论篇第一》开始诵读——"

就听马钧声音一字一句抑扬顿挫地响起："昔——在——黄——帝，生——而——神——灵，弱——而——能——言，幼——而——徇——齐，长——而——敦——敏，成——而——登——天……"

荀安道："嗬——这就治上了？"

王巧连忙示意，停下脚步，道："听听，听听。"心中在打着主意。

马钧声音依然悠悠地传过来："……虚邪——贼风，避之——有时，恬淡——虚无，真气——从之，精神——内守，病安——从來。是以志闲——而少欲，心安——而不惧，形劳——而不倦，气从——以顺，各从——其欲，皆得所愿……"竟是越读越连贯。

又听小先生道："好，很好，你一边诵读，一边还要领悟：我为啥让你先诵读此经？你刚才所诵，心中便要做到：志闲少欲，心安不惧，形劳不倦，气从以顺。慢慢做到这点，就能'各从其欲，皆得所愿'了。"

只听马钧慢慢道："小先生说……说得是，在下已有……体会，除早晚……依法诵读，平时……独处时也……也会练习。谢谢……小先生！"

王舒惊奇道："咦，这小先生真是灵，大见成效哦。"

领路的家仆插嘴道："我们小少爷说，老主公写的医书里，有一本《口齿论》专门有治结巴的妙方。小少爷得到真传了。"

"好你个小结巴！"王巧"哼"了一声，"练好口舌好对付我么？"心中的火气毫无道理地就直往上冒。

"姐，你真是奇怪。"王舒奇道，"人家和你互不相识，就是看病而已，怎么就练好口舌对付你了？"

"你懂什么！"王巧瞪了她一眼，抬脚就往里闯，人未进门，声音先到，"小先生，小先生，我来陪你玩了，你怎么不来迎接我？好没礼貌！"

正在前堂给马钧讲治疗之法的张超一下子就跳了起来，拍手跑了出来，刚才那一本正经地先生样全没了："哎呀——仙女姐姐，你来啦！闷死我了，正等着你呢！"跑过来就拉王巧的手。

正在侧堂一边捣药，一边看张超教马钧的李牧看到王巧来了，眼睛一亮，想迎上来，又不敢。

王巧故意道："小先生，你真不够意思，你明明有人玩了，干吗还叫我来？"

张超惊讶道："没有啊，谁跟我玩了？"

王巧一指马钧："小结巴不是陪你玩吗？"

马钧一见是她头就大，一急之下，又话不成句了："你……你……你不……不……不许……乱……乱起……外……外……外号！"

"你……"王巧刚要学他结巴，想起昨日情形又吓得缩了回去，装作不解的样子歪着头问，"你不是结巴吗？我没叫错啊？"

“不要急——”张超并不阻止王巧，却对马钧做着手势道，“心要静、气要平、胆要壮、语要匀！”

马钧平静了一下，闭上眼，呼了一口长气，眉宇之间一股傲然之气隐现，慢悠悠道：“小姐，你我……往日无怨，近日无仇，在下……不知你干吗……老和我过不去？”果然大有不同，登时信心大增。

王巧怒道：“往日虽无怨，近日却有仇。谁叫你昨天抢我们的先？”

荀安、荀定附和道：“对，昨天要不是你和我们抢，小先生也就顺势替我们看了，都是被你挤兑的——小先生是不是？”转而讨好张超一句。

张超却微笑不语，笑嘻嘻地看着他们斗嘴。

王舒难为情地又去拉王巧的衣袖，低声道：“姐，人家何时抢你先了？明明是我们抢人家的先嘛。别说了！”

王巧气恼地甩开她的手：“你帮谁说话啊？！”

“天下事……抬不过一个……‘理’字。”马钧淡淡一笑，不慌不忙道，“不过我也有……过错，还是要……向你道歉——对不起！”正儿八经向王巧作了一揖。

这倒轮到王巧发愣了：“你……你有什么错？道哪门子歉？”这话让王舒和张超忍不住发笑，让荀安、荀定反应不过来。这分明就是承认自己没理了嘛。

马钧正色道：“在下……堂堂须眉男子，却与一个女孩……斤斤计较，得理……不饶人，这是……心胸狭窄，非……君子气度。”

王巧觉得血直往脸上冲，认定马钧是戏耍自己。冷笑一声，连珠箭一样地反击回去：“你别做出一副无辜的样子，再来装好人，充君子。你若是谦谦君子，昨天那么多病病殃殃的老人、孩子，你干吗非要排在他们前面？为何不发扬你那君子气度，把那方便让给别人？你应该待大伙儿都看完了再进来嘛。”说到这里，真的找到感觉了，越说越顺溜，“论远近，你虽从扶风来，却住在本县客栈，离此几步之遥，排在你后面的，都是半夜就候在城门口的四乡百姓；论穷富，看你衣装，便知非贵即富，吃穿不愁，排在你后面的，你看看便知，大多是吃上顿、愁下顿，勉强度日的贫苦人家；论轻重，你这结巴又不是什么大毛病，早一刻、晚一刻也死不了，排在你后面的穷苦人，若不是病得不能再拖，哪个舍得来花钱看病？你说，你是哪门子须眉男子？哪来的君子气度？”

马钧不觉张口结舌，额上沁出汗珠，脸涨得通红。李牧望着王巧出了神。荀安、荀定愣在那里，都忘了叫好。王舒也是一阵阵发愣，觉得姐姐这一席话的确言之成理，又觉得哪里不妥。究竟哪里不妥，却说不出来。只有张超高兴地跳起来，拍手嘻笑道："好姐姐，好口才，好聪明。"又对呆呆发愣的马钧道，"小阿哥，你也不错，刚才静下心来，就大有进步了。就这样，慢慢来，今天表现很好了！"

10

王巧也没想到自己竟会找到这样一番歪理，说得对方哑口无言，心情顿时大好，见张超这一说，"扑哧"笑了起来，想也没想就在张超头上敲一下："臭小子，敢情你在拿本小姐给他治病啊?!"

张超平时总须端着成熟的架子，家仆、伙计又没人敢和这个小少爷没上没下，当真无聊至极，忽然有人这么给自己敲一下，顿觉十分亲昵。恢复了孩童本性，做了个丑脸，道："姐姐就当是帮我做个试验嘛！"

李牧不失时机地端着一杯水上前递给王巧，乖巧地道："小姐真会说话，昨天你们走后，表少爷一个劲地夸你——夸你们！后悔没给你们先抓药。请喝水。"他这话是突出王巧，又讨好了那三位。

王巧听了心下舒服了许多，这才注意到堂里还有这么一个人，就看了他一眼，心中微微一震：这人怎么这么俊俏！顿觉脸上发烧，立即掉过头去，问张超："他说的是真的?"

张超"嘻嘻"一笑："姐姐说是真的就是真的啦。今天姐姐是先抓药，还是先陪我玩，听姐姐的！"

"那好！"王巧转了一下眼睛，道，"不过，我们单独玩没意思，要他……小结巴和我们一起玩。"

马钧道："你们玩，我还要捣……捣药呢。"他巴不得他们快点离开这里，可这刁蛮的鬼丫头却揪住他不放。

张超对马钧道："小阿哥，答应姐姐吧。捣药不急。你不是说有办法可以一个人顶五个人吗?"

马钧平心静气地控制着语速："当然，得给……我时间，把它……做出来。既好玩……又顶事。"

王巧见他们说得稀奇，好奇地问：“你能做出什么东西来？还既好玩，又一人顶五人。你有这么大本事吗？”

李牧看了一眼马钧，抢先道：“小姐，他说可以做一种碾药的玩具，既好玩，又可以碾药。不过具体是什么样，我们也不知道。”

荀安、荀定老是插不上话，此时显得不屑道：“瞧他那样，笨嘴拙舌的，还能心灵手巧怎么着？”

王舒看不过，呛了一句：“你们怎知道人家心就不灵、手就不巧了？”

张超道：“小阿哥，你到底要做个什么玩意，不妨说出来嘛。”

马钧摇摇头道：“我还没完全想好，这个不能说。要不，我先给你做个玩具吧，很好玩的玩具，下次你就有得玩了。”言下之意，有了玩具，也不必去找这位刁蛮小姐陪你玩儿了。

“好啊！”张超拍手道，“什么东西？你且做来，看看好不好玩！”

“你家有……斧头和锯子吗？”马钧指着院中几棵桑树道，“我只需……一节小……小树棍，立马给你做个……好玩的。”

家仆一旁听得稀奇，连忙道：“有有有，少爷，柴房有现成的桑树棍，我去拿了来。”见是哄小少爷开心，他跑得飞快。

“要胳膊……粗细的，像……小先生胳膊……那般粗细的——”马钧冲他背影喊道，然后左右四顾，“再找……一根细绳。”

家仆不在，这张超可不知道哪里有细绳。马钧想了想，撩起布袍，“刷——”撕下一条宽布带，又把宽布带撕成细布条。

王巧见了，知道他要搓绳，道：“这个我在行。”伸手要了过来。就坐到竹席上，起好头，压在屁股下面，两手就着布条灵巧地搓动起来，一根均匀细细的布绳就在腕底慢慢出来了。

张超盯着她的手看，叹道：“姐姐的手好巧哎，这绳又匀又细，真是漂亮。”他平时也看过家仆搓绳，却没在意过，这时认真一看，顿觉这手工之活也真的好玩。

荀安、荀定不适时机炫耀道：“知道不？我们表姐在河南尹那可是有名的织布巧手。”他们故意把河南县夸张成河南尹。

王舒很想纠正一下，又觉得姐姐被人夸，哪有妹妹拆台的？就默言不语。张超惊讶道：“姐姐原来在河南尹这么有名啊?!”

王巧得意地看了马钧一眼，见马钧也露出敬佩的神色，立时春风满面。

说话间，家仆果然拿来像张超胳膊那般粗细的桑树棍、一把斧头和一张俗称“扁脸子”的小截锯。马钧走到院中，找到一处有石块的地方，将桑树棍踩在石头上，用手量了一下，拿起扁脸子，锯下一截两寸左右的木段。几人都围了过来观看。

马钧用斧头轻轻砍削，很快把木段下面小半端砍成锥状，然后慢慢用斧刃去修，把锥部修匀、锥端修尖。然后又把锥尖在石头上磨来磨去，将锥尖磨圆。荀安、荀定横竖看不出这东西有什么好玩，嘟囔道：“这有什么好玩的？瞎耽误工夫。”

王巧早已搓好布绳也围过来看，看不出所以然来。王舒、张超、李牧、家仆也看不出有什么好玩的，只是疑惑着并没言语。只见马钧将这东西递给张超，又去树上砍了一根细枝，斩头去尾，修成一根尺把来长的细棍，伸手从王巧手里要来细绳，斩成尺半长短，一头系在细棍上，一头再搓细了打成细节，用斧背锤成细梢，然后甩了一下，试试手感，觉得挺满意，道：“好了，可以……玩了！”

王巧揶揄道：“这不就像个马鞭子吗！”

张超拿着那一头锥状的木段，有些失望道：“小阿哥，这就是玩具啊？这有什么好玩的？”

王舒也看不出所以然，但相信人家既然说了，又费力做了，一定有它的好玩之处。李牧看着，心中不以为然，觉得这个木工活也太过简单了，在自己手中，三两下就好了，却也猜不透这有什么好玩的？马钧笑了笑，见那边场院比较平整，走过去。只见他把那细绳一圈一圈绕到锥状木段上，绕有六七圈，然后放在地上，握住鞭杆，回头冲众人笑了笑。

大家凝神静气，盯着那东西，看有什么稀奇发生。

马钧握住鞭杆往左前方猛一提，鞭梢抽了出去，那锥状小木段竟在地上急速地旋转起来，煞是好玩。张超一声惊呼：“好玩哦！”跑上前去，蹲下身子看。

大家也一起围过去，那东西却越转越慢，看看要停了。马钧道：“让开，让开！”竟是一点也不结巴。大伙散开。马钧举起鞭子，轻轻一抽，鞭梢准确地抽在那东西上，那东西向前跳动一下，竟又急速转动起来。

张超欢喜地拍手大喊：“好玩，好玩，再打，再打。”他不知道那是在抽，看上去像在鞭打。

王巧也觉新奇，跟着叫：“快打，快打！莫要停了，莫要停了！”

荀安、荀定、李牧也觉好玩，都跟着叫。家仆叫得最起劲。只有王舒比较沉静，也觉得这东西是挺好玩，马钧这人更有意思。

马钧娴熟地抽打着那东西，那东西就满场地旋转。见大家高兴的样子，也很开心。看着张超兴奋得两眼发光，就把鞭子递给他。张超一把抓过，见那东西已经转慢，立即学着马钧的样子举鞭“打”去，却一鞭把那东西给打飞了。立时傻眼。

王巧“哈哈”大笑。李牧机灵，立即跑过去，捡了来，递给张超。张超按照先前马钧的方法，将鞭子缠绕在那东西上，马钧见缠得不对，又指导了一下。然后握住小先生的手，手把手教他，鞭杆一提，甩了出去。那东西就转了起来。张超高兴地跳起来：“我会啰，我会啰！”又要去打，却被王巧一把抢了鞭杆去。

王巧握住鞭杆，依照马钧的手势，用鞭子抽过去，却怎么也抽不着。一鞭、两鞭、三鞭，鞭鞭落空，急得王巧连连挥动鞭杆，越抽越急，却无济于事，眼见得那东西越转越慢，最后晃晃悠悠地倒在地上，无力地转了两圈，死了。大家“哈哈”大笑。王巧一气，把鞭杆往地下一扔。荀安、荀定忙上前去抢。王舒不好意思上前。家仆不敢抢。李牧动了一下，又觉得不妥，停住了。张超没抢，就想看看谁能把它打转。

荀安抢到手，依法炮制，不成。荀定要过来，还是不成。这时王舒伸过手来，道：“我试试行吗？”

荀安看了一眼王巧，把鞭杆递给王舒。王舒有些紧张，缠绕好，甩了出去，那东西转了起来。王舒拿着鞭子，不知怎么抽？看了一眼马钧。

马钧道：“小姐，别急，用鞭梢……前端……轻轻抽……它的腰——快抽！”马钧忽然想到这个“腰”字，觉得那就是腰。

王舒鼓足勇气，举起鞭子，轻轻一抽，正好抽在那东西的腰上。那东西听话地又急速旋转起来。张超欢呼一声：“这个小姐姐真棒！”

王巧瞪了他一眼，心中愈加气恼。气恼小结巴刚才没有教她，风头倒让妹妹抢了，叫她这个姐姐脸往哪搁？

王舒得到鼓舞，有了体验，一鞭一鞭接着抽，越抽越娴熟，那东西越来越听话，转个不停。王舒心道：“这东西原来也好学。”见大家都兴奋地跟着跑，王巧冷着脸，知她心意，就把鞭杆塞到她手里，“姐，你来，刚才他没说方法，现在你试试，照它的腰轻轻抽。”

王巧不情愿地接过来，这回特别小心，举鞭比画了一下，然后轻轻一抽，果然灵，欢呼一声，继续抽动，很快就熟练了。

张超一旁跳上跳下叫个不停：“姐姐真厉害，抽，抽！转，转！”

王巧开心了，把鞭杆塞到张超手里，拿着他的手教他。一下，两下，三下，很快也学会了。于是荀安、荀定、李牧也来尝试。很快就都会了，只有家仆眼馋地看着它，不敢讨要。

马钧这时却立在一旁，看着满场旋转的东西发愣。他在想：这东西为啥会转？而且一抽会再转。眼前晃动着昨夜客店窗口的灯笼。

大家玩得正开心，王巧忽然叫道：“喂——小结巴，这个东西叫啥名字啊？”

王舒低声埋怨道：“姐，你又叫人家小结巴！”

张超抽得满头大汗，也道：“对对对，叫啥名啊？”

荀安、荀定也附和道：“对对对，小结巴，这玩意总有个名字吧？你们那里的吗？”

李牧道：“扶风没有这东西，没见人玩过。”

见马钧在沉思，没反应，王巧提高了声音：“喂！小结巴，耳朵聋啦？问你这叫啥名儿啊？”

马钧回过神来，听清王巧又叫他“小结巴”，气恼地瞪了她一眼。随口道：“这东西……叫‘打——笨——妞’！”

王巧听了，“哈哈”一笑：“对对对，好名字”抢过小先生手中的鞭子，一边抽，一边叫，“打笨牛，打笨牛，打你这个小笨牛！”她口中的小笨牛一听就是指马钧。

众人高兴地跟着喊：“打笨牛，打笨牛……”

马钧听来，大家就是一齐在喊“打笨妞”，不禁偷偷一乐，嘲弄地看着王巧，心中出了一口气。

王舒听大家喊，也忘了情，跟着喊，喊了两句，觉得不对劲，看了一眼马钧，正好看到他偷笑的表情，忽然明白了用意，“哈”地笑出了声。因为她一向文雅，难得失笑，因而王巧、荀安、荀定都奇怪地看了她一眼。她立即收敛起来，掩饰道：“好玩，好玩！”

这是马钧前阵子无聊时琢磨出来的玩意，今天派上了用场，哄小先生开心，也为感谢他给自己治病。没有料到的是，他这个小小的发明，立即从这里风行开来，成为后世儿童经典玩具之一，流传数千年，还远传日本和欧洲，至今已开发出无数新品种。他随口调侃王巧而起的名字，却并没有流传开，反倒是王巧误听成“打笨牛”的名字讹传了出去。其后数百年间，又衍生出许多叫法，有的叫“独乐”，有的叫“千千”，有的叫“干乐”，有的叫“冰尜”，也有叫“老牛”的……流传最广的就是我们今天熟知的“陀螺”，大约在明朝时期出现，逐渐成为定名。

马钧一生许多重大发明无不与旋转有关，其实就是从这件事发轫的。

11

王策昨天见了张家父子，诊断了毛病，王巧他们今天已去抓药，这个病也就放下了许多。让他烦心的是南宫县令交办的事情仍然没有着落。安排老吴、老周回去交差后，他唉声叹气地对荀豫说：“大哥，我都不好意思说，兄弟在县里日子不好过啊。”

荀豫安慰道：“自家人，有什么不好说的，你且说说看，大哥帮你参谋参谋。”

王策道：“小弟担着的这个县丞，也就屁大的八品官，可是惦记的人不少啊。原先那个县令是外来户，倚仗着我给他打理本地事务，对我很好，有什么好处也都想到我，着实让小弟风光了好几年。小弟也没有其他想法，就想安安稳稳在这个位置上养家糊口，过个小康太平日子足矣。可是年前换了这个南宫县令来，就不一样了。听说他原本是朝中的将作长史，不知因为什么事被贬下来了。虽然是贬官，但他的根基深厚，一般人不敢轻易触犯他。他老思谋着把县里的人都换了。一来就换了主簿，上个月又寻个短处把县尉拿了，眼看着就轮到我了。小弟是小心翼翼，丝毫不敢马虎啊。他一直没有抓到我的把柄，所以小弟才苦撑到今天。唉——”说到这里，一声叹息，眼中竟是泪花闪动。

荀豫给他杯中续了水，安慰道：“不急，慢慢说来，我们再商议。”

王策平静了一下情绪，道：“这回他借口尹里派下大活，把这两千匹土布、五百匹上等绸布的苦差压在我身上，明显就是要给我设套啊。若是完不成，他肯定要借此换下我，我是一点回旋的余地也没有。那样我一家老小可怎么办啊？所以我没奈何，只好把巧儿揪回去。这么大的闺女了，其实我哪里舍得让她去作场里抛头露脸，让人耻笑啊？没办法啊！还有更重要的一点，他让我把巧儿带回去，是有其他用意的。陛下登基，迟早要广选美女充入后宫。你外甥女有几分模样，南宫县令言来语去，早有这意思了。就等着朝廷动静呢。”说到伤心处，忍不住老泪纵横，“他这是拿我闺女去邀宠啊。可怜我都不敢跟你妹妹说啊，怕她受不了啊。我膝下无儿，只有两个闺女啊！”

荀豫心中有数，南宫嗣知道王策和自己的关系，有些顾忌。其实也不是顾忌自己这个小小的县令，而是顾忌迁任洛阳典农的大舅爷毌丘俭罢了。这样一来，明里请他帮忙，暗里却深藏用意。帮他解决问题了，他乐得自己邀功。如没帮他解决问题，他拿掉王策是无可奈何之举，你无法怪罪他。哪天真的遇见了，他还会很无辜地惋惜几句，你什么也不好说。真是高明！

王策哽咽道：“他从县里拿出三百两官银让我带来采办，这么远的路，要是路上有个差池，丢了，我采办不到布匹回去，岂不就是个死罪？吓得我一路吃不敢吃，睡不敢睡，总觉得有人暗里盯着我，背上冷飕飕的，心惊胆战，总算熬到你这里了。”

荀豫这才知道他为啥脸色那么蜡黄难看，像害了大病似的。原来病在这里。见他这般伤心，心中也不好受，起身走过去，拍拍他的肩膀：“贤弟且别伤心，好歹已经到这里了。我们商量一下看有无好办法。”在堂中来回踱了几步，道：“你看这样行不行：我这里贴出布告，到各家各户征集一批，再将集市上所有的布匹都购来，你先带回去染色，能凑多少是多少。你回去赶紧让木工打制一批织机，我再从作场里借一些织工给你，帮你赶三个月的活。”

王策从袖中掏出汗巾，擦了擦泪，感激道：“大哥，你真是我的好大哥。小弟真的谢谢你了！”说罢伏下身，深施一礼。

荀豫连忙道：“贤弟这是哪里话，自己人，何必见外！”他后面一句又立马让王策的心提了起来：“不过，有句话也得先和贤弟讲好。我这是万不得已，私自调拨人手给你。去年东吴就在石阳搞了一阵子，没打得进来。现在形势这么吃紧，万一蜀国或者东吴打来，估计我们郡里也会派下大活，那时我就不得不及时把人手调回，否则愚兄也没法向上面交差啊！还望贤弟多做几手准备。”

王策一下子又沮丧起来。荀豫暗暗叹口气，知道他这妹夫性情懦弱，却又极好面子，怕他再流下泪来，决定带他出去走走，散散心，顺便自己还有点事，便道："贤弟放宽心，我说的不过是万一。这样吧，我带你看看我们的作场，然后再到集市上看看土布行情。"

王策正中下怀，也好估量一下能从这里借多少织工、调多少布匹。马上站起身，连连说："这样最好，这样最好！"

荀豫叫上一队随从，带着王策就往作场而去。

作场在涅阳县城西北一处水荡里，四面环水，只有一条狭长的土堤与岸上相连。作场很大，十几顷地，按照工种建有好几个很大的工棚，作场四周竖着木栅栏，一是防盗匪抢劫，二是遇到紧急时期警戒用。平时这里也就派几个寻常军士站岗巡逻而已。百工们活少时轮流出工，日出而至，日落而归，虽然没有平民自由，倒也没有太大折磨，能够填饱肚子，也就知足了。

有一类百工就需严加看管了，因为那是一些刑徒、盗匪、战俘，进来前本身就是平民工匠。刑期较轻的就到此服役，期满释放后就入了百工户籍，后代世袭，贱同世代为兵的军户。稍比军户强一些的是百工不用去打仗，性命可保无忧。他们有时也会觅准时机逃跑，特别是一些被冤枉抓来的，想尽办法要逃出去洗刷冤屈。对于这些人，平时由专门人押来，专门人监管，做完工后再带回牢里。有的甚至要戴着刑具干活。正是他们的加入，使得原本地位就很卑贱的百工更加低人一等了，弄得自己也像囚犯一样。

不过现在作场里，这一类百工不多。今年五月曹睿登基，大赦天下，不少人因此躲过一劫，让子孙后代都幸运地避免成为贱民。但荀豫、王策他们就不这样想了。看着作场里的百工没有自己期待的那么多时，王策有些失望道："大哥，原来你这里人也稀得很啊。"

荀豫道："是啊，今年大赦嘛，放了不少。不过还有一些轮班的平户在家歇着呢。金场、石场、砖场、窑场、盐场不在这里，分散在别处。"

荀豫带他到木场、漆场、竹场转了转，然后就去了位于作场西边的织场。织场不小，十好几间工棚，几十位织工捻线的捻线、纺纱的纺纱、织布的织布，有十几岁的未嫁少女，有二三十岁的青壮少妇，也有四五十岁的中老年妇人。有的女人还带着孩子，背在肩上的，放在篮里的，拴在柱上的。满场吱吱呀呀的纺车声里，夹杂着叽叽喳喳的闲聊声，正家长里短地拉呱。看得出，她们早已习惯了这样的生活。织场左边相对隔离的一处，却是几个用破旧汗巾扎住嘴的男人，背上插着的长竹片杆上，一根细丝吊着手中的弹弓，各占一方，正跪坐在席上弹棉花。棉絮在“蓬蓬蓬”的闷响中渐渐松软成一体。

这些场景对于王策来说，并不陌生，但这个小县作场有这样的规模还是令他吃惊不小。半是恭维半是由衷地叹道：“大哥，没想到你把这作场弄这么大。我们沾靠近洛阳的光，也比你这儿强不到哪里去。都是你治理有方啊。”

荀豫虽然听得舒畅，却也怕他借此狮子大开口，笑道：“别看人不少，真正能做事的没几个。”指着几个破衣烂衫的八九岁小女孩道，“你看，她们也就只能捻捻线，绕绕锭，摇摇轮子了，多数是给她奶、她妈、她姐打下手，混工的。”

王策道：“不过学得早，以后当工也早。”

荀豫点点头：“就是，所以作场里也不限制她们来。”

王策正盘算着这里可以借多少织工，蒋县丞带着王贵匆匆赶来，老远就喊道：“荀大人，王夫人请王县丞赶紧回去。”

王策忽然有种不祥的预感，只觉两眼发黑，双腿发软，竟是挪不开步子。

12

秋老虎又发起威来，张家院里，几个人玩得浑身大汗，依旧兴犹未尽。只有马钧依旧沉浸在遐想中。他心中又有了新的巧思。许久以来，他常常会冒出许多新想法，只是怕父亲责他不务正业，不敢说出来，也没有条件尝试。现在见这小先生这般爱玩，家境又好，要什么有什么，心不觉就野了起来。反正是为了哄小先生开心，好尽心给自己治病，纵然父亲知道了，也有了说辞。想到此间，忍不住道：“小先生，好玩……吗？我还有许多……更好玩的，要不要？”因为心情放松，又得小先生指点，他说话尽量地慢、平、稳，现在已经好了不少了，更有信心了！

张超跳起来，拍手道：“好啊，好啊，还有什么好玩的，你都弄出来。”

其他人听说还有好玩的，都住下手，期待地看他。就连王巧也不像先前那样敌视他了。马钧拿过“笨妞”，走进前堂，拿来小先生开处方的毛笔，沾着墨汁，在“笨妞”的上面画了细细一道圈，又用手指蘸了点朱砂点在中间，一边道：“小先生，我想到……一个可以……动的灯画儿，晚上看……保准好玩得……不得了。不过……需要……找地方做。”

张超道：“没问题啊，需要什么和他讲。”朝家仆一指。

家仆连忙道：“要啥你说，我去办。”

马钧道：“我今儿……晚上回去……想好图样，明天……你们找个竹木……匠去做。”

张超道：“前面那条巷子李老伯家就是木匠，就找他做，给他钱就是。”

“这个……”家仆迟疑了一下，“小少爷，李老头家是工户，他不敢在家做的，也不敢收钱的。”

张超点点头：“哦，是听大人讲过，他们只能在作场做。”

马钧道：“要是有一套……木匠……家什，我们自己……也可以做。”

家仆道：“这个倒好办，李老头不能做，但是可以借他的家什。”

张超道：“那你去借。”

王巧不耐烦了：“到底有什么好玩的，先说出来。”上前从马钧手里抓过“笨妞”，“你在上面瞎画什么呀?”

马钧见她就烦：“你这个……‘笨妞’……打了就知道了!”

这回王舒特别注意，听懂了马钧的话，也不说穿，只冲马钧意味深长地一笑。马钧见她懂了，有些慌，连忙岔开，对家仆道：“还要一些……干竹……皮纸……蜡烛……细丝……这些明天要，今天……先给我几根……芦粟杆儿。”

家仆有些犯难：“好，其他都没问题。就是这芦粟杆儿……”他们家不种芦粟，这得到农家去找。

“就是什么就是?”张超却不管，耍起少爷脾气了，“快想办法去!”

家仆连忙道：“好，好，好，我到城郊找去。现在就去。”说着拔脚就跑了。

马钧指着李牧道：“明天要他……跟我……一起做，一个人……不好做。”

张超很干脆：“好，你明天不用捣药，听他的。”

李牧大喜，感激地看着马钧。却听王巧欢呼一声：“哎呀，真好看哎，小结巴，你真有两下子!”

张超闻声看时，只见王巧、王舒、荀安、荀定围着“笨妞”看。那“笨妞”旋转出细细黑圈，中间一个红红的圆点，煞是漂亮。张超也欢呼着跑过去，要过王巧手中的鞭杆，一下一下打起“笨妞”来。

马钧拉过李牧低声道：“你会点……木工手艺，我们再去……做几个‘笨妞’……一起玩。”

李牧高兴道：“好，你说，我做。”

两人一起过去，一个用扁脸了锯、一个用斧头砍削，很快又做出两个来。用先前王巧剩下的细绳，做了两根鞭杆。

张超见了，高兴道："又做了两个啊？太好了，一起玩更热闹。"

马钧见王巧、王舒头上扎着的丝带，道："你们的……丝带能……剪一点……用用吗？"

王巧、王舒玩得兴致正浓，有啥舍不得的。立即解下来。没有剪刀，就用斧头。两根寸把长的红绿细丝带被分别粘到两个"笨妞"上。在地上一转，果然好看。红绿丝带像飘起来的小辫子，还沙沙作响。大家更是兴奋。王巧抢了红的去，荀安、荀定围着大叫。王舒抽原来那只画了黑圈红点的，李牧跑着喊好，眼却不时地看向王巧那边。张超则抢了个绿丝带的，马钧跟着鼓劲。

马钧看了看，忽然道："小先生，我又……想到个……新玩法。"

现在张超对马钧是言听计从，见马钧伸手，把鞭杆交给他。马钧道："你看我……去撞她们。"抽着"笨妞"向王舒那里去，喊道，"新玩法，新玩法，对对碰，看谁死！"心无阻碍，竟然一点也不结巴，自己都没注意到。

王巧、王舒听到叫喊，立时眼睛一亮，也把"笨妞"往这边赶。只是没有马钧这般熟练。马钧的"笨妞"转到王巧的"笨妞"附近，马钧轻轻一抽，朝它撞了过去，王巧的正好也在势头上，两下一碰，两只"笨妞"蓦然跳了起来，又在空中分开，众人皆惊呼一声，张大了嘴巴。两个"笨妞"猝然落地，依然各自旋转起来，众人皆欢喜得大叫。

一道灵光蓦地从马钧心头闪过，一纵即逝，马钧想要抓住它，却没来得及。这以后，他时常想起它，寻找它，再次找到它时，已经是几年后了。

一有了比赛的性质，就更加有趣了。王舒兴致倍增，也把"笨妞"往这边赶，马钧一鞭抽了过去，眼看与她的也撞在一起。这一鞭抽得有些急，那"笨妞"跳起来，无巧不巧偏逢巧，竟然一下子落在了王舒"笨妞"的上面，两个一上一下一起转，就像变戏法似的，奇妙至极。众人看得呆了，忘了叫好，连马钧也有些发傻，待那"笨妞"从上面掉下来，大家才想起喝一声彩。只有王舒觉得有些脸红，怕人看出，赶紧抽着"笨妞"往王巧那里去。

王巧见了，也把"笨妞"朝王舒这儿赶。马钧察觉到什么，不敢想，把"笨妞"赶到她们边上，却不再去和她们相撞。正要把鞭杆朝跳跃着的张超手里塞，就见两只"笨妞"已经靠得很近，王巧、王舒都不知道该抽还是不该抽，正犹豫间，两只“笨妞”已经轻轻地撞上了。因为旋转已到中途，势头弱了许多，碰了一下，立时分开，晃晃悠悠地就要歪了，众皆大叫：“要死了，要死了！”

马钧一步上前，鞭梢准确地抽在王舒的“笨妞”上，力度拿捏得恰到好处，正要歪倒的“笨妞”又站直了身子，急速旋转了起来。王舒感激地看了马钧一眼。马钧再想救王巧那一只时，为时已晚，扭了几扭，终于倒在地上，“死”了。

王巧跺脚道：“死结巴！死结巴！你偏心！你偏心！”扬起鞭子，作势要抽马钧。

马钧连忙往后退开。不知为啥，这回王巧骂他，心中竟然没有怪她的感觉。倒是荀安、荀定心中有些不舒服。究竟为啥不舒服？却也弄不清，反正各自心中已打定主意，要拿这小结巴好好出出气。

第 3 回 ‖ 惹大祸：走马灯闹翻涅阳城

13

王策瘫坐在县衙后院下榻的厢房里，面如死灰。

夫人荀氏自丈夫把这个贵重的包袱神秘地交给她时，她就一直不敢离开厢房半步。包袱沉甸甸的，王策低声告诉她这是南宫县令交给他来采办军布的三百金，要是出了差错，整个身家性命都要受到牵连。荀氏本就胆小，连称“阿弥陀佛”，赶紧把这个包袱塞到榻边的柜子里。包袱比较大，柜子本来就有衣服，勉强塞了进去，就有些挤，盖子就顶出来些许。荀氏总觉得不舒服，一会儿朝它看几眼，一会儿用手摸一摸。今天实在忍不住了，就把铜锁打开，想把里面的衣服腾出一些来。

谁知刚把铜锁打开，那包袱就从柜子里掉了下来，砸在榻上，发出一声闷响。里面的硬物竟然刺破包袱，露出黑黝黝的尖角来。荀氏先是吓了一跳，跟着觉得什么地方不对劲。再细看那黑黝黝的尖角，疑惑起来：金子不是黄色的吗？难道这就是传说中的乌金？

荀氏想想不对，大着胆子把包袱打开，里面竟然全是铁锭和石条。她懵了，搞不清这是什么宝贝，是不是自己不认识的。但铁总是见过的啊。搓着手在厢房里来回转，越想越觉兹事体大，就把包袱重新包好，塞到柜里，锁上铜锁，然后开门，站在门口叫来王贵，要他火速去找老爷回来。

王贵一打听，得知王策和荀县令去了作场。正不知作场在哪里，就碰到蒋县丞，便求他带到作场，说荀夫人有急事找王县丞回来。

王策当时就预感到塌天祸事来了，当场软了脚。荀豫半拉半架着把他弄上王贵赶来的马车奔回府。到了府中，荀豫机警，让蒋县丞和王贵在院外守着，自己拉着魂不守舍的王策进了厢房。

荀氏哆哆嗦嗦地说了事情经过，王策的脸唰地就白了。急忙打开柜子，拿出包袱，解开一看，登时吓飞了魂，瘫坐在地上。荀豫也大吃一惊，仔细翻看，确是铁锭无疑。看到丈夫瘫坐在地，荀氏吓得哭了起来，口中不住道："这怎么办？这怎么办？菩萨保佑，阿弥陀佛！菩萨保佑，阿弥陀佛！"

王策瘫在那里，语无伦次道："怎么会这样？怎么会这样？"

到底荀豫经历的多，想一想，怀疑这里面有问题。他冷静下来，道："事已至此，急也没用。我们看看问题到底出在哪里？有什么办法补救？"

王策像没听到似的，眼睛空洞地看着半空。荀氏抱着他一边哭一边摇："死鬼，你别这样，快跟大哥说说，商量个法子啊。"

荀豫默默地等了一会儿。半晌，王策才似还过魂来，眼巴巴看着荀豫。荀豫拿起一块铁锭把玩着，皱着眉头问："贤弟，你确信你拿到手的不是这个吗？南宫嗣给你的真是金锭？"

王策木然道："我在县衙亲手从南宫县令那里验收的，确实是真真实实的金锭。"说罢又要哭了，"怎么会变成铁的呢？"

荀豫作势止住他，问："那这一路，包袱可曾离开过你的视线？"

王策摇摇头："我从县衙领了三百金，直接就上路了，家也没回。南宫县令怕出意外，特地派了武艺高强的老吴、老周护送。这一路，我吃不好，睡不香，时时提防，处处谨慎。连睡觉都抱着它睡。老吴、老周、王贵片刻也未曾离开过我。我不知道怎么变成了铁的？"

荀豫也想不透："那就怪了？问题出在哪儿呢？"他身为县令，平时也要审案破案，还是有些经验的，心中隐约感觉到什么，不能肯定，又问，"那你路上遇到什么奇怪的事没有？"

"要说特别怪的事好像也没有。"王策想了一想，道，"但老是感觉背后有双眼睛暗中盯着我，寒森森的，让我毛骨悚然，但又看不见，摸不着。"咽了一口唾液，又道，"熬到你这里以后，我以为自己是疑心生暗鬼，也就放松了。"忽然抓住荀氏问，"你……你可曾离开过这里？"

荀氏哭道："你个死鬼，打你把这害人的东西放到这里，我连吃饭也没敢出门啊。昨晚你不是也睡在这里吗？"

王策哑了，又瘫下身。荀豫道："你再想想，路上真的一点奇怪的事也没遇到过?”

王策这才沉下心来细细想了想，慢慢有了头绪：“好像，好像是有几件事挺奇怪的。我们出了河南县，倒是什么情况也没有。尔后从陆浑山边上过去，遇到一伙读书人问路，说是进山向胡昭老先生求学去的，老吴、老周怕是强人化妆找借口，愣是没让他们靠近。现在想来，那些读书人似乎又不像读书人。当时天要晚了，我们不敢到小地方，就绕路到新城。住在新城驿馆里。出城时，巡逻的军士盘查过。对了，他们当时要搜查行李，碰到过我，被老吴、老周挡开了，我们拿出县里文书，说是要为难我们，就去找新城太守孟达告他们，他们这才走了。现在想来，也很可疑。”他现在想起谁都犯疑，但又想不出哪里出了纰漏，“第二天我们没什么事发生。后来就到了阳人。阳人，对了，出阳人地界时，遇到一群打架的，打着打着，就打到我们马车跟前，还要我们评理，我怕有诈，喝令他们离开。他们就迁怒我们身上，转而合起来跟我们争执，还动了手，幸好老吴、老周武艺好，把他们打跑了。现在想来，这是有意的。可是，可是，他们是怎么调包的呢?”

荀豫见他又要急了，端了一杯水给他：“别急，继续想!”

荀氏接过水，给他喝了一口。他继续道：“再下来到哪里了呢?对了，接下来到了梁县驿站。那天我特别困，一路上我也不敢好好睡，每晚也就眯一会儿。晚上我们都是要的一个房间，老吴、老周、王贵轮流守护着。一路上，不但我没敢喝酒，连老吴、老周我也没敢让他们喝。那天夜里，我实在熬不住，就迷糊着了。半夜里听到外面有人喊抓贼，抓犯夜的。我被吓醒了，老吴值守，老周、王贵也都惊醒了。后来巡夜的兵丁还到驿站里查过我们的文书。这样看来，那……那犯夜的蟊贼大约就是冲着我们来的。可是包袱我一直抱着没撒手啊?”无奈地望了望荀豫，继续道，“再下面就进入了荆州地界了，下榻在鲁阳……”

荀豫仔细听了他在鲁阳、雉县、南郡，特别是青牛邑的情形，也想不出什么地方出了纰漏，对他们在青牛邑马车露宿大街的情形啼笑皆非，不觉埋怨道：“你这不是生怕人家不知道你身上带有重金吗?真是此地无银三百两。”

王策颓丧地无言以对。

“这下怎么办啦?”荀氏拉着荀豫的衣襟哭泣道，“他大舅，你得救救我们一家老小啊……”

14

父母在这里无力地顶着塌天大祸，女儿却正玩得开心异常。过了晚食时辰都不知道。直到张府家仆拿着芦粟杆儿回来，急急忙忙告诉张超，夫人催他去吃晚饭了，大家才恋恋不舍地结束了这场忘乎所以的玩耍。

路上，王巧香汗淋漓，兴犹未尽地道：“小结巴还真聪明，居然想出这么个玩意来。明天再来，看他的跑马灯是什么东西？估摸着也会很好玩。”她对马钧的印象有了改观，不像先前那样看成冤家对头了。

荀安酸酸地道：“这有什么，不就是好玩东西嘛。我估计他不知从哪里看来的，拿来骗骗我们的。”

王舒反驳道：“你怎么知道人家就是别的地方拿来的？你见过？”

荀定虽然也觉得那东西好玩，心里还想着，但却不忿小结巴成了大家的话题中心，阴阴地道：“就算是他想出来的，又有什么稀奇，不就是个玩儿嘛。哪及得巧儿的织布之巧、舒儿的文采之美、大哥的武艺之强？”他一股脑儿把三人都恭维了一下，让王巧、王舒不自觉地跟着自己的意思。他武艺没荀安好，但书读得倒比哥哥强些，因此一直以文武双全自居。岂能让一个外乡的小结巴在表妹面前抢了风头。

王巧听了舒服，果然就顺着他的话往下接：“那是，论文论武，小结巴哪里及得二位表哥？不过就是看他好玩而已。”想起了“打笨牛”，不觉又好笑起来，“他就是个‘小笨牛’—— 打笨牛，打笨牛，打你这个小笨牛！哈哈，起个名字都笑死人，看他还像个读书人呢！”

荀安、荀定哈哈大笑：“就是啊，就是一头小笨牛！”

“哈——”提起这个，王舒不觉失口笑出了声，“姐，你们还说人家笨呢，我看你们才笨呢！”

王巧奇怪地看着她，就想起先前王舒失笑的一幕，追问道：“王舒，你说，怎么回事？”

王舒道：“人家说的是‘打笨妞’，妞儿的‘妞’，是说打你这个‘笨妞儿’！”立住脚，笑弯了腰。

王巧这下想起来了，当时小结巴说的就是“打笨妞”，是自己歪缠成“打笨牛”的。怪不得当时小结巴 脸坏笑。顿时气得七窍生烟：“死结巴，臭结巴，竟然这么消遣本小姐，明天去看我不扒了他的皮！”

荀安、荀定这下心中暗喜，巴不得马钧和王巧冲突大起来，便挑唆道：“这个死结巴，就是看你不顺眼，捉弄你。你也咽得下这口气？”

王舒后悔说破，道：“你们也真是，你们不住口地喊人家小结巴，人家不过开了个小玩笑，至于吗？”

王巧嗔怒地瞪了她一眼：“王舒，你胳膊肘怎么总是往外拐?!”

荀定“嘿嘿”坏笑一声：“舒儿表妹，你莫不是看上小结巴了吧？”

荀安“哈哈”大笑，在他们眼里，王舒就是个啥也不懂的小女孩。

“你，你，你，你们胡说八道……”王舒涨红了脸，一跺脚，顾自往前跑去。

王巧、荀安、荀定看着她的背影，开心地笑起来。

王巧道：“表哥，别管她。你们说，明儿怎么整治小结巴。”这个问题其实早上就讨论过，结果玩得高兴，都给忘了。

荀定道：“我们不如先去哨探一下，看小结巴落脚在哪里，然后见机行事。”

这个提议得到王巧的同意，荀安也没反对。于是三个人就截向马钧昨天排队走来的那方向。果然，他们穿过一条巷子时，就远远看见马钧和李牧边走边谈的背影。看得出，那李牧挺在乎马钧，特地跟在后面送他，帮他扛着那束芦粟杆儿。他们远远地跟着，转过一条街，见马钧在如归客店门口站住了，和李牧说了什么，李牧将芦粟杆儿递给马钧，抱抱拳转身就往回走了。他们闪在一边，防止马钧瞧见。

李牧送了马钧往回走，心下为得了个玩伴开心，正哼着小曲，冷不丁街口跳出三个人来，喝一声：“大胆李牧，哪里去？”唬得李牧一哆嗦，掉头就跑。

王巧、荀安、荀定本来也就是开个玩笑，吓他一吓，倒没想到他竟然撒腿就逃，就跟在后面一边追，一边喊：“李牧，站住，别跑——”

李牧头也不敢回，只顾没命地奔逃。荀安到底练武好些，腿脚快，越过王巧、荀定，风一样追过去。李牧原也练过武艺，只是心慌，脚下被街边一只箩筐绊了一下，跌翻在地，爬起来时，荀安已追到近前，这才看清。也看到后面跑上来的王巧和荀定。索性不再起身，坐在地上大口大口喘气。荀安跑上来，一把抓住他，喝道：“我们和你开玩笑，你没命地跑什么？”

李牧喘息未匀，道：“我……我以为……是官……是山匪呢……”

说话间，王巧、荀定也跑到近前。王巧道：“嗨，小伙计，你跑啥啊？这么禁不起吓啊！”

李牧看着微微娇喘的王巧，苦笑道：“你们冷不丁的，吓死我了！”

王巧看着他这张俊俏的脸，惋惜这样的一个小伙子，竟然去当伙计。道：“李牧，你刚才去哪儿了？”

荀安、荀定喝道：“快说，刚才干吗去了？”

李牧道：“没干吗啊。就是送马兄回客栈去。”

王巧道：“你和马钧才认识，就这么要好了？小结巴有什么好？”

李牧道：“我一个人在这里捣药，平时也没个人说话儿，难得有马兄做伴儿，就是和他玩玩嘛，也没别的。”

荀安冷笑道：“最近盗匪有动静，县里正在注意生面孔。这小结巴来路不明，我们正在调查他！”

李牧吓一跳：“他，他，他怎么会是盗匪呢？”

“你怎么知道他就不是呢？或者他是逃籍的军户、工户也未可知。”王巧见荀安这一招很管用，便接口道，“人不可貌相不知道么？我们找你，就是因为你这阵子要天天和他在一起，看看你是不是和他一伙儿的？”

李牧顿时脸色煞白，急忙道：“我昨天才见到他，今天才算认识他，我怎么会和他一伙儿呢？”

荀安也唬道：“我们又不知道你们是不是先前就认识，说不定你们还是同乡呢。”

这话虽然说得无意，李牧却听得心惊肉跳。他们的确是扶风同乡。一时不知说什么好？王巧觉得好笑，顺势说：“要想证明你自己，那就老老实实把你知道的都说出来？每天还得注意他的一举一动。他是好人，我们不会冤枉他。他是坏人，县里就不会放过他。我们会如实禀报县尉大人。如果你真是他的好朋友，就应该用事实证明他的清白！”

“好，好，好！我说，只要知道的都说。”李牧道满口应承，“他的确是来看病的。”

王巧问：“你怎么知道？”

李牧道：“是他告诉我的。他父亲两年前带他到豫州游学，一边寻访名医治结巴。到谯郡找华佗后人没找到，就找到这里来了。”

工巧又问：“那刚才你送他，说了些什么？”

荀安喝道：“一定是嘀咕晚上去哪儿打劫。”

“不是，不是。”李牧忙道，“马钧说，他晚上用芦粟杆儿试试跑马灯、药碾模子，明天好照着用竹、铁做真的。”

“竹、铁？”荀定心中一动，阴沉地问，“用铁做灯？”

李牧道：“不是，灯用竹子做，药碾用铁做。”

荀定又问：“他怎么用铁做？他又不是铁匠。”

李牧道：“他说请他父亲去铁匠铺子定制。”

荀定点点头：“哦，知道了！”

王巧不知荀定把这个问得这么仔细作甚，觉得好玩，忍住笑继续吓李牧：“记着，今天问你的话不准对小结巴讲，否则你就是通风报信，我们就报官府抓你。”

李牧连连道：“小姐，不敢！小姐，不敢！”

王巧又道：“你还得留意他的行动，每天要告诉我们！”

这话正合李牧心意，这样就可以每天见到王巧了，连连点头应承。三人才放他走。李牧一边走，一边不住地回头看王巧。等李牧走远，三人不禁“哈哈”大笑。王巧觉得好玩极了。荀定低低地笑道：“小结巴，这回你算完了！”

15

马钧拿着芦粟杆儿走进客栈房间，马文正在里面看书。见他才回来，还拿着一束芦粟杆儿，就问：“钧儿，怎么回来这么晚？你拿这么多芦粟杆儿回来干什么？”

马钧把芦粟杆儿倚墙放了，然后恭恭敬敬给父亲施了一礼，道：“父亲，小先生……要我帮他……做玩具，我用芦粟杆儿……先做模型……试试。”

“咦——”马文惊奇地看着他道，“你果然好多了嘛！”

马钧牢记小先生教他的法子，不急不慢道：“是啊，小先生……的确……有些灵验，所以他要我……帮他做玩具，我不好……不答应。”他一直想动手试验一些自己想象的东西，但总是不敢，怕父亲责骂。这回借小先生之口，总算可以痛痛快快做一回自己想做的事了。

“好，好，好！”马文见儿子只一天，结巴就大见好转，欢喜道，“那你就帮他做，算是感谢人家了。不知完全看好了，要花多少钱，他说了没有？”

马钧道：“小先生说……不要钱。就每天去……帮他捣捣药，就算……抵了。”

马文道：“不要钱怎么行？那人家会尽心给你治么？”

马钧迟疑了一下道：“不过捣药很慢……很慢，小先生……和我商量，要我做个……铁碾子，一个人……好抵五个人呢。”他不说是他想出来的，仍旧借小先生的名头。

马文道：“这个好办。什么铁碾子？怎么做？我明天去铁匠铺里做一个，算是给他治病的钱吧。”那时买卖治病，除了货币，给东西也可以。

马钧道：“晚上……我做个模子……给你，就……知道了。”

“好！”马文点点头，从高兴中平复下来，叮嘱道，“但是有一点，治病归治病，做模子归做模子，学业是不能耽搁的。”

“是，孩儿不敢！”

“玩物容易丧志。这次仅为治病，下不为例！好，快去吃饭吧，饭在案上搁着呢！”

“是，孩儿谨记！”

马钧这才转身去吃饭，心中着实高兴，许久以来的梦想，没想到这回可以一了夙愿了。赶紧到案上，拿起父亲留给他的汤饼，三口两口扒完，就急不可耐地去拿芦粟杆儿，猛然想起不能让父亲觉得自己这么着急地“不务正业”，强忍着，拿起书本，到客栈后面无人处，大声朗读起诗经来：

“子——曰：学——而——时——习——之，不——亦——说——乎？有——朋——自——远——方——来，不——亦——乐——乎……”

马文听窗外传来马钧诵读之声，侧耳听了听，既觉奇怪，又觉欣慰。以前要他读书，一直不肯出声，只是默诵。这回见了一次小先生，回来就变了个样子。张家一个小孩都如此了得，看来“太守神医”之名可真不是虚的。

马文在外面跑了一天，有些累了，迷迷糊糊就睡着了。马钧耐住性子，诵完功课，回到客房，见父亲已经睡了，帮他掖好被子，然后轻手轻脚地凑到窗口，借助窗外清冷皎洁的月光，开始动手雕琢他的梦想。

他把从张府家仆那里拿来的小刀、剪子、皮纸等工具拿出来，放在手边，先把芦粟杆结轻轻剐净，截成一段一段待用，再细心地把芦粟杆儿外皮破开，揭成一根根手指宽的细片条儿，又把富有弹性的瓤子取出来，寸把长一段段截好，然后就按照心中的构想，开始做模子。

先做的是药碾模子。他用片条做架子，用瓤子做榫头，模子要弯曲时，将片条插入瓤子里，相互连接，可以任意做成各种形状。按照设想，他先做成一个船状架子，底部是平的，上部是半月形的凹槽。然后又做了一个轮状架子。一段瓤子做圆心，一根长片条穿了几段瓤子，然后弯成一个圈，用一段瓤子两头插入接上。穿进去的瓤子均匀地分布在圈上，然后再用几根片条分别与圆心瓤子插入连接，一只轮子就做好了。再将一根筷子从圆心穿过，一根带轴的轮子就做好了。

把轮子放在船状的凹槽上，两手手指轻轻拢住轴一推一带，轮子就在凹槽里来回滚动了。马钧高兴起来，这正是他要的效果。回头看看父亲，父亲睡得正香。他把这个药碾模子小心翼翼地捧起来，放到旁边。这是正事，弄好了心就安了。接下来，他就要弄会跑的灯画儿。在他心中，这的确是“不务正业”，所以心中不那么理直气壮，总有一种偷偷摸摸、欺骗父亲的感觉，但又实在按捺不住这种冲动。

马钧按照刚才的原理，用芦粟杆片儿和瓤子做成一个灯笼架子，花去了不少时间。他看过人家做灯笼的，看一眼就明白结构。现在他要做的就是在人家灯笼的基础上，增加一个别人从来没做过的玩意儿。他用芦粟杆片条为骨架，将一根竹筷刮成长长的细轴，然后穿上皮纸裁剪折叠的风轮，竖立在灯笼骨架中间，并使它有活动的空间。

他将灯笼架子高高地拎起来，悬在头上，仰起脸，用嘴对着风车轻轻一吹，那风车果然转了起来。他欣喜若狂：第一步试验成功了。

他又将细轴穿上两截芦粟瓤子，然后用皮纸剪了两个小马，用片条儿穿过细轴的瓤子，一头一个，粘上纸马。然后再举起来，用嘴吹，那风车一转，两个小纸马也跟着打起转来。马钧高兴极了，就剩下最后一步了。他把油灯拿过来，灯笼架里，细轴边上，风车下面，等待奇迹出现。但是等了很久，风车纹丝不动。他的心一下子沉了下去。这是最关键的一步。

他无数回观察过灯笼。他发现，灯笼亮起时，灯笼上方，泛起毛边的纸或绢会轻轻飞动，像是有风在吹。他探究过多次，看过灯笼内蜡烛火头的跳动，影响着灯笼口翘起的纸或绢拂动的节奏——他断定这股“风”来自蜡烛的燃烧。

如果翘起的纸或绢是一只风车，会怎样？风车一转，固定好的轴是不是也可以跟着转？剪几个人马图影什么的，是不是也可以跟着动？这样一推究，马钧断定这是个很好玩的东西，是个会动的灯画儿。未曾想在这最关键的一步卡住了：灯在下面点着，风车却不转，意味着先前的想象都没有了意义。

马钧望着灯笼架中的油灯，十分沮丧。自己今天夸下海口，明天让小先生他们看会动的灯画儿，这下可就泡汤了。明天一定要被那刁蛮丫头笑死。

不行，不能让她笑。一定要做成。

马钧的倔劲上来了，习惯性地拔下那支小木簪在手中慢慢翻转把玩着，一边全神贯注地盯着灯笼架子里的油灯看。不知过了多久，他偶一抬头，看到客栈外挂着的灯笼，左手一拍脑袋，豁然洞开，右手指间的小木簪快速地翻转了几下，然后丢下小木簪，赶紧把油灯取出，把皮纸拿过，按照灯笼大小裁好，然后仔细粘贴到芦粟杆片儿做到骨架上，一个灯笼就做好了。再把油灯朝里面一放，心骤然吊起来。那风车还是没动。

慢慢地，动了，动了，风车慢慢地转了起来，粘着纸马的轴也跟着慢慢地转了起来，灯光把纸马的影子映在灯笼上，真像在走动一样。马钧高兴地差点跳了起来，喊道："成功啦!"原来刚才只是灯笼架子，没有糊上纸，灯火的热气散了。现在一聚拢，燃气无处可去，只有往上跑，自然就把上面的风车带动了。

马文陡然从梦中惊醒，听远处更夫已经敲了四更，翻身坐起，叱道："你抽什么风？都四更了，还不睡?!"

16

张超已经习惯一早起来，背诵医经药典，雷打不动。这个时候，是任何人也打扰不得的，他也不理睬任何人。

这个时候，单先生和张先生也在园中散步，他们听到张超脆嫩的诵读声，相视一笑，避开他，转身登上假山。秋露甚重，假山的石板上也不宜入座。二人就站在那里，贪婪地呼吸着清晨新鲜的空气。

单先生虽然扶着杖，身板却笔挺，与其说那藤杖是倚扶之物，倒不如说是个性的象征更恰当。听着那边传来的脆嫩的诵读声，单先生笑道："贤弟，这娃儿调教得这么好，倒要请教你有何高招?"

张先生"呵呵"一笑："哪有什么高招啊？还不是你当时一语提醒我，才因势利导。"叹了一口气道，"大儿子就是我管得太紧，倒是循规蹈矩，却把天分都泯灭了。所以还是单兄说得对，他既有这天分，我只需他不把天资用到伤天害理上，其他任由发挥，我只在后面助力罢了。他爱怎么着就怎么着。"

"是啊，这不是普通的孩子，过于束缚，就会扼杀了灵性。"

"谁说不是呢。昨天我们出去拜访大贤，听他母亲说，一群孩子玩疯了。"

"孩子的灵性往往就是玩乐中诞生的。"

"只要该做的做好，其余随他去。"张先生道，"你前天提到那小夫子，日后必也是个大才。"

"是啊。"单先生点点头，"他和令公子一样，天资独厚，不同之处，他性情刚直急躁，不能容人之短。别看他才十一二岁，县里的乡绅官吏见了他都头疼，日后怕是御史、谏大夫之流，但注定仕途起伏，多历风险的。"

张先生奇道："他一个十一二岁的孩童，乡绅官吏就这么忌惮他？"

单先生笑道："这有两个原因。一是他父亲曾为扶风太守，后来避难隐居本县，虽然他去世后家道中落，但朝中故旧甚多，余荫仍在，别人还是要顾忌几分的；二是他为人早熟，像个小大人。且文笔犀利，辩才无碍。他的'悬书代言'很有名——只要抓住谁的把柄，他就不管不顾地写成诗文，公开悬挂。别人有什么不平之事告诉他，他也公然捉刀代言，悬于城门口，影响很大。还曾托老夫转给朝中故交，上达天听过呢，那时他才九岁。"

"这也过于早熟了吧?!"张先生张大了嘴，儿子十一二岁坐堂问诊已经让自己骄傲不已，没料到强中还有强中手，不禁叹道，"真是有志不在年高，无才空活百岁。前晚听你一说，犬子就闹着要去见见这位神童呢。"

"惺惺相惜嘛。"单先生"哈哈"大笑道，"他们还真的应该见见，两个小天才到一起才不孤单。人以群分，物以类聚，他们相聚了，又是一个层面的交流。有道是读万卷书，莫如行万里路。游学交友，更能大开眼界。"

张先生认真道："那等个机会就托付给单兄了。"

"也不必等什么机会，这番回去，就让他随我去了吧。"单先生干脆道，"过几日，我访完那几位老友，就来带他走。"

"那就有劳单兄了。"张先生拱手道，"犬子若知道这个讯息，又要高兴坏了。"忽然想起什么，随口道，"对了，还听说你收过一个女弟子，挺奇的。有这回事吗？”

“我也不知道她算不算我的弟子。”单先生摇头叹息，惋惜之情溢于言表。

“这话怎么讲？”张先生好奇起来。

“说来话长。”单先生见张先生兴致勃勃的样子，就细细说来，“这女娃就是荀县令的妹夫河南尹河南县丞王策的小女儿，叫王舒。王策有两个女儿，大女儿貌若天仙，心灵手巧，王策视如掌上明珠，小时候就为她请了师父教她读书。小女儿相貌平平，生性也比较文静，周岁算命时道士说她的八字与父犯冲，所以王策仕途一直不顺，就归咎于她，打小就不喜欢她。只让她织布，不让她读书。谁知她却时常悄悄溜出去，站在窗外偷听，回来就埋头苦读，学得反而比大女儿扎实。后来觉得在先生那里学不到新东西了，就跑到我的学馆外偷听。起初我也没留意，有一回，我问学生们一个问题，结果连问三遍，没一个人答对，她却在窗外脱口而出。我这才惊觉，走出门外一看，她已经吓跑了。我一了解，才知道是王策家的，还真想收她为徒。可惜跟王策一说，他却支支吾吾，要我收下他的大女儿，我也没同意。后来我才知道，他就是怕小女儿学有所成，对他仕途妨碍更大。从此，这个女娃再来偷听时，我就装作不知道，怕惊了她。所以啊，我都不知道，她算不算是我的弟子。”

张先生连连慨叹：“也算是奇事一桩。可惜了，若是你能正式收入门下，没准又是一个蔡文姬。”

不觉就到了朝食时间了，家仆来请，两人这才下了假山。不知什么时候，已经不见了张超的身影。吃饭的时候，也没看见他。家仆禀告道：“小少爷白天约了前天来治病的小结巴和荀县令的公子亲戚，弄什么药碾子去了。”聪明的家仆有意把张超的活动与草药问诊扯紧些。

张先生奇道：“什么药碾子？”

家仆道：“那个小结巴说，他能做一套什么药碾子，捣起药来，一人顶得上五个人。小少爷就让他试试。正好再给他把结巴治治好。”

“哦，还有这等事。好，知道了。”张先生点点头，摆摆手，让家仆退下，对单先生笑了笑，“随他折腾去吧！”

单先生随口笑道：“前天那个姓马的扶风少年，我看虽然有些口齿不便，但看他眉宇举止，倒也有些风骨和聪明，日后说不定也会有些造化的。”

张先生没往心里去。他对马钧没有什么印象。

张超却对马钧十分上心。早课做完后，匆匆扒两口饭，就到前堂去等马钧了。马钧早就到了，正和李牧在看芦粟杆儿做的灯笼模子。见到张超，恭恭敬敬问候过。

张超虽然心中痒痒的，但仍旧按着既定的程序来。让马钧诵读《黄帝内经》。其实马钧一大早已经做完早课，见小先生这么认真，心中顿生敬意，依言捧书诵读起来："……秋三月——此谓容平。天气以急——地气以明。早卧早起——与鸡俱兴。使志安宁——以缓秋刑。收敛神气——使秋气平。无外其志——使肺气清。此秋气之应——养收之道也……"诵读数遍，已能四字一句，不作间断，句中之理，也渐渐参悟，心更静，气更平，口齿愈见利落起来。

马钧在诵读时，张超就在那里围着灯笼模子看，左看右看，看不出其中奥妙。心中痒痒的，只是按捺着。好不容易时辰到了，张超迫不及待地招呼道："快，你说这灯笼怎么回事？有什么好玩的？"

马钧正要走过来解说，一阵杂乱的脚步声夹杂着叽叽喳喳的说笑声传了进来，头立时就大了。门外人未到声音先到："小结巴，今天那个什么灯画儿可是弄成了么？"

张超欢叫道："姐姐快来，小阿哥弄出来了，就等你一起来看呢。"

王巧、王舒、荀安在家仆的带领下，已经快步走了进来。王巧走起路来就似一阵风，那就是一个"闯"。闯到近前，歪头盯着马钧一脸诡谲的笑，笑得马钧身上直发毛。马钧躲开她的眼睛，不理她。王巧"嘿嘿"了几声，问："小结巴，今天这玩意打算起个什么名儿啊？"

马钧一听口气，就知道她已经识破昨天起名"打笨妞"的恶作剧了。用倔强的眼神盯了过去，不卑不亢地一笑："这个嘛，还没想好呢。高兴怎么起就怎么起。"

王巧被他的眼神微微激怒了："好，待会儿看你高兴起个什么名儿？"

李牧见二人一见面又掐上了，连忙跑过来和稀泥："大小姐，马兄昨夜弄了一晚上，就为了等你们来了，看个新鲜。别看他当面和你掐，背后净说你好呢。"

荀安心里酸了："是么？他在说她好话？谁要他说？!"

张超叫道："姐姐，你们别说个没完，快来看看他这灯笼怎么弄的？"

王舒也赶紧岔话解围："姐，看那灯笼，芦粟杆儿也能做这样的东西？"走过去，问马钧，"小阿哥，你说说这个有什么好玩的？不是说画儿会动吗？"

马钧对王舒印象不错，见是她问，便道：“会动的，我给你们做一下看。”示意李牧把门关上。堂内登时暗了下来。马钧拿过先前要来的蜡烛点上，放在灯笼里，灯笼立时亮了起来。马钧把它悬起来。众人全神贯注盯着灯笼看。烛光把马的影子映在壁纸上，有些意思了。

王巧不屑道：“小结巴，它怎么没动呢？”

王舒“嘘”了一声：“别吵，快看！”

慢慢地，随着烛光跳动，里面渐渐开始转了，那马影子在灯笼壁上起伏向前，王巧拍手道：“动了，动了！走了，走了！小结巴，你真神了！”全然忘记刚才还在和马钧作对。

灯笼正常转动后，不急不慢，马儿也似信步而行。马钧听王巧叫“小结巴”的语气没有多少恶意，倒是习惯成自然了，也不像先前那样气恼。只是还不愿对着她说话。便看向张超道：“小先生，这还只是模子，不结实，不能当真的用。画也简单。要想做个真的，得花时间，得有称手的家什才行。”

家仆早凑上来，道：“小少爷，你昨天让我到李木匠家借家什，李木匠把他家不用的先借了几件给我们。放在杂物间呢，我去拿来。”见小少爷首肯，连忙跑去拿。

马钧道：“真的灯画儿，用竹木做架，细绢或薄纸做面子，上面画云、画山、画水，里面放上人马飞鸟什么的，那样一转起来，保准和活的一般。”

王巧忘了今天来，就是准备捉弄小结巴的，一投入，就不自觉地出起主意来：“小结巴，我们一起做。你做骨架，我糊面儿，王舒会画，让她动笔……小先生，东西就管你要了！”

张超跳起来，拍手欢呼：“对对对，一起弄有意思，东西我们家都有，没有让人去买。我们多做几个，晚上在园子里一挂，多好玩！”

荀安看着王巧的高兴劲儿，心中说不出的酸。心道：小结巴，看你神气，过两天就叫你哭鼻子。

17

涅阳县逢集时还是比较热闹的，每逢三、六、九，周边四乡八镇的人都会到城中赶大集。市场在四个城门口。有的来卖东西，有的来买东西，也有来逛着玩的。

城东门口比较大，来摆摊的自然也就多。一大早，那里就摆满了地摊：卖柴火的、卖香油的、卖梳子的、卖星称的、卖纺车织机的、卖草鞋席子的、卖锅碗瓢盆的……还有各式现场做手工的：小炉匠、小木匠、雕竹刻瓦的、破石凿眼的，等等。

马文过了朝食时间，就往这里走来。他已经打听到今天这儿逢大集。马钧一早把药碾子模子交给他，他看了看，试了试，觉得按这个东西弄出来，碾药什么的是挺方便的。因觉得儿子好不容易遇到一个能治他口吃毛病的，花点钱也值当，就端着这个模子来了。他东逛逛、西逛逛，在一处铁货摊儿前面停下来。不知道有个人正远远地看着他。

摊上就地铺着一张草席，席上摆着菜刀、剪子、斧头、镰刀、刨刀、锯条、凿子、小锤之类。摊主为了证明他的铁器锋利，不时地当众做实验。伸出一条长满长长汗毛的粗腿，用刀刃逆着汗毛而上，嘴迎着刀刃一吹，汗毛纷纷断落，这叫“吹毛立断”。围观者哄然叫好，于是纷纷伸手试用，然后购买。马文也饶有兴致地驻足观看片刻，待他人买好离去，摊主收好钱后，问：“老人家，你这里订做活计吗？”

摊主问：“先生，你要订做什么东西？”

马文伸出手上的芦粟杆模子，把这个东西的功能简要介绍了一下，问：“怎么样？能做吗？”

摊主翻开覆去，在手中掂量，反复问：“你这个真是药店里用的吗？”得到肯定后，思索良久，仍然摇摇头，道，“我们是小手艺，只做农具，其他不做。你还是拿到城中铁匠铺去做吧。”

马文原本想在这里做会便宜些。父子在外游学，能节约一点是一点。见他不肯做，只好回转身去城中找铁匠铺。

铁匠铺在客栈去张家宅院的路上。前天早上去候诊时就路过那儿，所以马文不再找其他地方，直接就去了。只见铁匠铺也不大，门前搭了个敞棚，打铁烘炉支在棚下。一个铁架支撑着一个槽行的炉膛，旁边支起橐龠（风箱的前身），一个少年用力朝炉中鼓风。掌钳的老丈左手持铁钳，把炉膛里烧红的铁块钳出来，放在铁砧上，右手拿起小锤，在砧上“叮叮”敲两下。那持大锤的大汉便抡起大锤，紧跟着小锤砸起来。小锤敲到哪里，大锤就砸到哪里。因而总是发出

“叮——砰——叮——砰”有节奏的锤击声。通红的铁块捶打起来，火星四溅，铁匠都围着兽皮围裙，脚面上也系着兽皮片儿，以免被火星烫伤。掌钳的老丈一管火候，二管成型。虽是秋天了，他们却满头大汗。

马文站在敞棚外看了片刻，见识了他们纯熟的手法，觉得打制这个药碾子，应该没有问题。待他们停下擦汗时，招呼道：“老丈，你这儿订做铁器吗？”

一个身影跟过来，踱到敞棚一侧的木柱旁，背过脸去，听着他们的谈话。

老丈见生意来了，连忙过来承揽：“先生，你要订做什么东西？只要说出样儿来，小店都能做。”

马文拿出芦粟杆儿模子，细细解释了一遍。

“这个……真是药铺里用的？”老丈有些疑惑，“我打了一辈子的铁，也没见药铺来打过这个东西。”

马文原本是读书人，很少过问家里生活上的事，这些铁制用品他也没买过，不知道刚才那摊主、还有现在这老丈为何都是一副同样疑惑的表情。再次强调：“的确是药铺里用的，碾药草用的。怎么，有问题吗？”

老丈道：“先生，看你是读书人，怎么连这个都不知道。铁是国家管制的，打铁的只打简单农具和生活用具，其他一般是不打的，尤其是刀剑兵器，要官府同意才行，用铁量大的器具也是不行的。不像以前战乱没人管，现在私自做了，要吃官司的。”

“哦——”马文这才明白，怪道刚才那摊主不肯订做，敢情怕这是兵器啊，不觉笑了，“老丈，你看这哪像兵器啊？实话告诉你吧，就是给前面张家做的。小先生为我儿子治病，我们没啥感谢他，我儿子就想出这个药碾子，订做了送给他家，图个回报呗。”

老丈这才点点头：“原来是这样，好，那就好。那就可以做。”

既然好做，那就谈价钱。一番简单的商讨，因为用铁量还是比较大的，最后以二两五钱银子成交。马文咬牙答应了。马文身上没有散银，就先付了二十枚五铢钱做定金，交货时再付清。

订好货，马文就寻思着把身上的一锭银子破开，否则，没有钱零用了。就问了老丈，哪里有兑散银的。老丈平时哪里用到过银子，摇头说不知。马文一时倒犯了踌躇。

他一点也没有想到，站在旁边一直偷听他们谈话的苟定，阴阴一笑，走了。

昨天他们回到家中，姑父姑妈身体不好，连王巧、王舒也没见，只把他们抓回来的药拿去煎了，说吃了药早早睡。虽然感觉家中气氛有些异样，但也没朝别处想。今天早上吃完早饭，父亲主动让他们出来玩，倒是大出他们意料。他们巴不得，也没多想，赶紧往外跑。只有王舒有些疑惑，被王巧拉了就走，生怕大人们改变主意。

按照他们昨天商定的，王巧带着王舒去张家看马钧的灯画儿，荀安、荀定去哨探一下马钧父亲的行踪。荀安临时改变了主意，让荀定一个人去。说是怕两个表妹是女孩容易吃亏，好有个照应。荀定知道荀安那点心思，也不和他争，就独自去了。他想为王巧具体做个事儿，替王巧出口气，讨她的欢心。听完马文与铁匠的对话，荀定暗自得意。目的已经达到，便转身离开，往张家赶去。没走多远，看到郝县尉带着几个兵丁前面走过，心中一动，喊道："郝大人，郝大人——"

郝县尉停住脚步，见是荀定，奇怪道："二公子，你怎么在这里？"

荀定跑过来，神秘兮兮地道："郝县尉，我请教你一个事。私自打制兵器犯法吗？"

郝县尉道："当然，不要说私自打造兵器，就是滥用重铁也是要罚的。怎么了，二公子，你发现有人私造兵器，还是滥用重铁？"

荀定道："现在还不敢肯定，没有证据，过几天，我给你人证物证如何？"

郝县尉大喜："好，二公子，我若是立功，定忘不了你的好处。"

荀定作出犹豫的神色道："郝大人，这事儿可别告诉我父亲，他只要我们读书习武，不让我们干其他的。知道了，一定会罚我们。那样，我就不敢去取证了。"

郝县尉道："二公子这是哪里话？你是维护法纪，何错之有？就是荀大人知道了，也是不会责罚你的。"

荀定心中有鬼，当然不敢明言，道："郝大人这么想，我父亲他不会这么想，只会说我们不务正业，乱管闲事的——那我还是别管了吧。"作势欲走。

"好好好，我不让荀大人知道就是了。"郝县尉连忙拦住他，"我也没说告诉他啊。我是说，他即便知道了，也不会罚你的。"又追问，"你说的线索到底在哪里？"

"我也吃不准。"荀定凑上前，附在他耳边低声道，"不过如归客栈有个外来人很可疑。几天后，可能有东西会送到‘太守神医’张家府上……”

提到张家，郝县尉一愣，有些犯难。人生在世，哪个没大病小灾的？所以没人会和张家过不去。

荀定见他神色，知他心意，道：“他是把这个送给张家做看病谢礼的，和张家没关系。即使收了他的赃物，倒是帮张家洗脱了干系呢。”

郝县尉一听大喜：“这就无妨了。我这就派人盯着他。”

18

马钧这回除了遇到刁蛮小姐略有不爽外，其他真是遂心如愿。可以借机放开手做一回自己早就想做的事情。难得这里又是要什么有什么。

几个人按先前分工，全身心地投入到灯画灯笼的制作中，就连荀安也被好奇心驱使，跑前跑后地拿东西。

李牧这回也出了风头。马钧毕竟没有亲手做过木工，连他自己都不知道原来自己的手竟是这般灵巧，心中能想到，手中就能做，但也总有操作不对的地方。而李牧身上有些木工手艺，据他暗地里告诉马钧，他父亲原本就是木匠，只是后来改行了。李牧一边教马钧使用木工工具，一边讲解这些工具的来历，半是卖弄，半是讨好：

“……再说这锯子吧，你们知道锯子是怎么来的吗？有一次，鲁班奉命建造一座宫殿，就和徒弟们带了斧头，去南山伐木。那么粗的树，用斧头砍，又累又慢，砍了十几天，也砍了没几根，离需要的量差远了。完不成任务是要被砍头的，所以鲁班心中十分着急。那天，他天没亮就去一处陡峭的山崖上找木材，用手抓住茅草往上爬，突然觉得手指一痛，看时血都流了出来。他心想，我没碰到别的东西啊，就是抓了一下茅草啊。茅草有这么快吗？他忘了伤口疼痛，坐下来，借着晨光细细探究起茅草来。这一看才发现，原来茅草边上长着又密又锋利的细齿。他用那些细齿在手指上又拉了一下，果然又划出一道口子，他心想，要是这一下一下划下去，岂不是能把这根手指给划断了？他高兴地跳起来，立即反身下山，找铁匠仿照茅草的样子打了一根有细齿的铁条，然后拿它去锯木头，果然很快就锯断了。就是锯的时候总往一边斜。鲁班再仔细看看茅草，又让铁匠把细齿往两边交叉倒，再用它锯木头时，真是又快又省力。后来他给这种铁条装了个手柄，只用几天就把木料都伐齐了。这就是我们现在用的这个锯子。”

他口才甚好，说得很是生动，说着说着，把王巧、张超他们都吸引了过去。

大家听入了神，马钧将锯子伸出去远看，果然锯口像茅草。锯好竹竿、木段，马钧先用刨子将竹节刨平，然后破成竹条、木片备用。破木头时，李牧拿起墨斗，教马钧怎么用，他让马钧握住墨斗，自己将墨斗前面的小竹勾捏住，拉开，勾住一端，然后拉起丝线一弹，一道笔直的墨线就出现在木头上，马钧道：“这个墨斗……也真奇，要不这道线……怎能这么直?”

王巧刚才听得有趣，忍不住追问：“哎——小伙计，这个墨斗有什么好听的古奇?”民间说法，故事叫“古奇”，说故事叫“讲古奇”。

“有有有，听我说来。”李牧总忍不住朝王巧看，又不敢看，见王巧这么爱听，更是高兴，道，“鲁班刚开始做木匠活的时候，要画线，老是画不直。有一次看到母亲缝衣服，那线一拉笔直，就忽然想到以线画线。就把线沾了水，与母亲各拉住一头，然后拎起中间弹了一下，地上果然有一条笔直的水印。他又沾了墨在木板上试弹，果然有了笔直的墨线。为了收好线，他看到母亲的线是绕在一小段木棍上的，好放好收。但是沾了墨的线团却不好放，放到哪里就把哪里弄脏了，于是母亲就叫他放在碗里。他想，要是做个专门盛放墨线团的木盒子多好，随用随收。经过几次试验，就做成了墨斗。”

马钧叹道：“古人真是……聪明……”

王巧揶揄道：“再聪明哪有你聪明?”

马钧白了她一样，不睬她。

“还有呢。”李牧连忙道，“鲁班做好墨斗，但是有个问题，一个人不好弹线。每次弹线都要母亲帮着拉住墨线头。时间一长，母亲别的事老被耽误，就说，儿啊，你不能弄个钩子钩在前面吗?鲁班听了，对啊，何必老是要人拉住呢。”李牧指着这个墨线钩子道，“后来就有了这个，所以这个钩子，木匠行里又叫它班母。因为是鲁班母亲想出来的。”

王巧道：“是啊，这东西谁想出来的，就该叫谁名字。好让后来人记得他。”又朝马钧道，“就像他，想出个‘笨牛’，真是活脱脱的像。以后一玩起‘笨牛’，大家就想起他，就一起叫‘打笨牛’‘打笨牛’……”话没说完，又忍不住“咯咯”笑起来。

马钧毫不示弱，道：“你——听错了，那叫——‘打笨妞’!”

王巧像连环炮一样回击过去："又不是我想出来的，是你想出来了。要不你就是个'妞'啊？你承认你是'妞'它就叫'笨妞'好不？小伙计，谁想出的叫谁名，你说是不是？"

吵架斗口马钧哪里是她对手，只好干生气，不理她。拿起刨子刨竹节，李牧帮他顶住。

"是的是的，谁起的叫谁名。"李牧连忙岔话，"实际上刨木头时，木头老是跑。每次鲁班刨木头时，鲁班的妻子就像我这样帮着顶住。后来他妻子替他想了办法，在前面，喏，就这里，钉了一个顶住木料的卡口，代替妻子顶住木料。你们知道这个叫什么？"

一直没吭声的张超道："那个是他母亲想的，叫班母，那这个当然就叫班妻了。"

李牧一拍大腿："表少爷，你真聪明。这个就叫班妻！"

张超得意地拍手笑了："我说对了，我说对了！"

说话间，竹条、木板等都已破好。大家都不知道下一步骤是什么？只管看着他做，一边听李牧口若悬河地说。马钧在做灯笼的上下两个木框，需要凿卯锯榫。他看过不少木具，有的凭想象就知道怎么弄，有的得问李牧。李牧教他如何用凿，拿起一个细凿一边演示，一边教他口诀："木匠行里有行话，叫'前打后跟，越凿越深'，'凿子扶稳，斧背敲准'……"

安装时，李牧拿起鲁班尺教他怎么量，一边又开始"讲古奇"："鲁班先前画直角时，要徒弟帮忙，自己拿一根尺横放，徒弟拿另一根尺直放。老这样很麻烦，就把两根尺摆成直角固定一起，就再也不用徒弟扶了。你们说这个叫什么？"

王巧一听与徒弟有关，抢先道："当然叫'班徒'了，或者就叫'班弟……子'！"

李牧差点笑出来，但马上忍住，将错就错道："小姐真是天资聪明，它既叫班徒，又叫班弟子。"

张超拍手叫道："姐姐说对了，姐姐真聪明！"

王巧得意地望了一眼马钧。马钧扭过脸去，不理她，继续埋头做活。

他们一边说着话，一边干着活。王巧虽然处处和马钧作对，但做事却不含糊，抢着找东西、递材料。一个上午，灯笼架子就做了好几个，而且是不同样式的。王舒在一旁画灯笼纸，有些是绢的，有些是纸的。大家不时跑过去看，对王舒的画也是大加赞赏。张超则跑过来跑过去，欢叫不已。

这时荀定也来了，见这里热闹，也来看稀奇。王巧见他来了，使个眼色，走到一边嘀咕起来。荀定只告诉她马文的行踪，却并没有把实情告诉她。留个悬念，打算到时给她一个大惊喜，让她刮目相看。

马钧开始做灯笼骨架上的风车了，做了两个纸的以后，他忽然想到，纸的容易坏，又尝试着用竹片、木片做，尽量把竹片、木片打磨得薄薄的，很轻，吹一口气就能让它转。

准备工作差不多了，开始裱糊，就到了王巧大显身手的时候。她纺纱织布、刮浆染色之巧，远近闻名。又想在马钧面前露一手，压他一头，就格外地下功夫。将王舒已经画好的纸、绢裱糊到灯笼架上，真是做工精致，美不胜收。马钧竹木做得有瑕疵的地方也多被她一一遮掩补救了过去。每逢这时，她就把马钧喊来看：

“你看看，你这里怎么弄的？毛刺刺的，本小姐替你遮盖过去了。”

“怎么样，这么一弄，你那个毛病看不出了吧？”

“这里，这里，还说自己手巧，看你笨的，就是个‘大笨牛’！”

……

马钧真是气恼，却又拿她一点办法也没有。但心中还是挺佩服她的灵巧。灯笼经她一裱糊，真是漂亮极了，就像她的人一样。

19

涅阳县的历史上，从来没有过这样一个炫丽夺目的夜晚，却因为一个叫马钧的结巴少年的到来打破了多年的静寂，令满城因之躁动。

马钧在张家和李牧、张超、王家姐妹、荀家兄弟忙了一天，做了七八个灯笼，一人一个，式样各不相同。他们关上堂门，在黑乎乎的堂内点亮了蜡烛，把它们悬挂在横梁下。一盏盏五颜六色的灯笼亮了，一个个真的转动了起来，在黑暗中特别的炫丽夺目。王舒画的人物车马、走兽飞禽以及王巧的剪纸图影，相互映衬。一时间车驰马骤，团团不休，仿佛活了一般。他们几时见过这等好玩的东西，又是自己亲手制作，都欢呼雀跃，欣喜不已。尤其是张超，一个劲儿地拍手叫好。就连荀安、荀定也看得目不转睛，心中爱煞，这一刻全然忘了对付马钧的心思。

王巧欢喜地拍手叫道："小结巴，你真神哎！真的好聪明！你怎么想到的？"她此时心无芥蒂，脱口而出，那是真心赞赏。只是这"小结巴"已经叫顺嘴了，一出口就是它。

马钧已经习惯了，见她是赞赏口气，也就没有顶她，只是不理她。王巧却不放过，拉过他，道："哎——你说啊，这个该叫个啥名儿？"马钧正要答，她又警告道，"不许再沾上我啊！"

张超一旁拍手跳着："对对对，起个名儿，起个好听的名儿，好叫出去。"

李牧道："叫灯画儿可好？"

王舒摇摇头："灯画儿好听是好听，但是没把动的意思说出来。"

王巧看着那上面人走马驰的画儿，道："叫'人走马飞灯'可好？"

李牧想讨她欢喜，道："这个名字好，都说到了，可不是'人走马飞'嘛！"

王巧满意地看了李牧一眼，觉得他挺解人意。马钧却连连摆手："不好……不好，太长……太长，拗口……拗口。"

王巧气了，打了他一巴掌，怒道："小结巴，你怎么总和我过不去？人家说好，你偏说不好。你说叫什么？"

这东西本是人家马钧想出来的，她却反客为主，教训起人家来。而且那名字也的确太长太拗口。王舒觉得姐姐真是蛮不讲理，又不好说她。马钧倔强道："不好听就是……不好听，我干吗要……奉承你啊？！名字大家……一起想，我也想不出……好听的。"

王巧嗤笑道："我就是说嘛，一个小笨牛能想出什么好听的名字。看你那'笨牛'名字起的，就像你的人一样。"她牙尖嘴利，损人想都不用想。

"大家再想想，再想想。"王舒连忙岔话，"我看叫跑马灯如何？那马不是在跑吗？"

张超拍手道："对对对，叫跑马灯好，叫跑马灯好！"

马钧故意气王巧，也拍手道："跑马灯……好，跑马灯……好！"

王巧气道："好什么好？你看那马儿是跑吗？转的这么慢，都是你小结巴没弄好，你让它跑啊？！我看顶多也就是个走。"为证明所言不虚，她围着灯笼，跟着灯内影画转的速度走，一边道，"你们看，这算走，还是跑？我看就是个'走马灯'，什么'跑马灯'？！"

王舒知道她不是故意驳自己，就是跟马钧过不去。连忙和稀泥："对对对，我姐说的对，应该叫'走马灯'，'走马灯'！"黑暗中扯扯马钧的衣袖，示意他不要再和王巧抬杠。

马钧被王舒一拉衣袖，心中骤然一醉，立即收敛心神，却也听话地闭上嘴。荀安、荀定马上肯定王巧的话，附和道："'走马灯'好，'走马灯'好！"

不管怎么说，张超虽然最小，却是这儿的主人，又是大家敬重的小先生，便一锤定音："姐姐这名起得好，就叫'走马灯'吧！"

王巧夺得了起名权，心中大喜，道："小结巴，还是本小姐起的名字好吧？！"

一阵喧闹后，众人兴犹未尽。到了晚食时间才想起来，该回去了。张超兴致正浓，哪里肯让他们走，提议道："姐姐、哥哥都别走，今天我请你们吃晚饭。等天黑了，我们一人一个，提着走马灯到大街上晃一圈，你们想，那该是何等的风景？"

这一说，众人都有一种要与人分享喜悦的冲动，连荀安、荀定也不例外。王巧第一个赞成，抑制不住激动道："好好好，这样好，小先生，你真是聪明绝顶。"欢喜地在张超头上叩了一下，"这到大街上一转，还不是满城轰动？"

王舒生性文静，做事稳当，担心道："回去晚了，父亲、母亲会生气的。再说了，晚上上街，会犯夜的。"

荀安道："宵禁要到星星出来以后，宵禁前没人管的。再说了，在涅阳县城，我们几个就是偶尔犯回夜，又怎么的？难道郝县尉还能差人抓了我们去？"

荀定也正在兴头上，道："今天我们兄弟俩也豁出去了，大不了让父亲责打一顿，只要表妹……小先生，大家开心，能玩上这一晚，也值。"他本意是向王巧表达，为了她，豁出去了。但毕竟这么多人在场，就又模糊过去。估计王巧应该是听明白他的意思了。

荀安当然听得懂，连忙道："豁出去了，豁出去了。为了你……你们豁出去了！"

偏偏王巧不解风情，一点也没听出他们的意思。

遵从张超之命，家仆从厨房里拿来早上的剩饭，又临时煮了一些汤饼，杂七杂八就对付了一顿。他们一心只在玩儿上，对饭食已经没了兴趣。

天刚擦黑，他们就每人提溜着一个走马灯从侧门出去，沿着巷子上了大街，就连张府家仆也提了一个。张超一马当先，举着走马灯，一路走一路高兴地叫："看灯啰，看会跑会转的走马灯啰!"

王巧紧随其后，高高举着走马灯，也高兴地喊："快来看稀奇啊，有人有马的走马灯啊!"

荀安、荀定提着走马灯，一左一右地护卫着王巧。你一声我一声地叫喊起来。

王舒提着灯，也是兴高采烈，却坚决不肯喊。王巧回头对王舒道："王舒，你不是会写诗吗？编几句歌谣让我们说。"

王舒见大家这般开心，就随口编了几句歌谣，教给他们。她小声说一句，他们就跟着大声学一句。马钧提着灯走在最后面，他也不喊不叫，只是满意地望着七高八矮的走马灯，心中荡起一股自豪的情怀。毕竟这些都是出自他的手笔。他很感激小先生，给他治病的同时，还给他提供这么好的条件，做了这么好的尝试。他以前只是一直闷在心中想想而已，也不知道自己原来竟是这般心灵手巧。

一出巷口，他们兴高采烈的叫喊声就引起了人们的注意。王巧他们早已把王舒编的歌谣念熟，一边提着灯走，一边有节奏地又喊又唱，数那张超喊唱得最凶。那些五彩缤纷的走马灯果然吸引了不少人观赏。先是三三两两，接着是三五成群。每走过一处，就引来一批人跟着。其中一半是少年儿童。小孩们看稀奇，看着就跳着、叫着、唱着。很快歌谣就唱成一片：

天上星、亮晶晶
地上灯，转不停。
星星落入涅阳县，
变作满城走马灯。

走马灯、洛阳城，
洛阳城、帝王庭。
帝王庭前点千盏，
照得四面八方明。

大人们一边看，一边指指点点，一边好奇地探究这个咋会动的?

“哎——这灯笼真好看，还会转！”

“咋会转呢?”

“里面的人还会动呢，好象在云里飞一样。”

“这一转，人像跳舞一样哎！”

“看看看，这个灯，两个武将骑着马一前一后追着呢，哈哈，就是永远追不上”

……

他们走过的街道，每处都有人跟来。到了一处广场，人更是越聚越多。打铁的老铁匠老少三代甚至都来了。街面也有一些阁楼，听到外面动静，也纷纷推开窗户看稀奇。见楼下彩灯飞旋，人头攒动，也指指点点，说个不停。他们无法再往前走，就把走马灯高高悬挂起来，早有热心的大人把广场一处活动木架搬过来，叠架得高高的。围观的人都能看得到这一溜七八盏走马灯。

张超见人这么多，看得这么起劲，高兴得一跳老高，大声解说着这个走马灯的制作经过。

王巧是个爱热闹的主，又爱出风头，此时更是兴高采烈，大声说着走马灯的种种新奇处。有问必答。问到其中诀窍，她答不上来的，就喊“小结巴”。马钧躲得远远的，不理她，李牧就代马钧作答。荀安、荀定一左一右地紧紧护卫着王巧。

几个人都那么忘情，只有王舒看人越聚越多，有些害怕。扯扯王巧的衣袖道：“姐，我们走吧，我怎么感觉要出大事啊！”她的声音被嘈杂的人声淹没了，已经忘情的王巧哪里注意到了这些。

第 4 回 ‖ 被栽赃：药碾子险些遭夭折

20

王舒的担心很快就被证实了。

先是一队巡逻的兵丁跑过来看究竟，被吸引了。然后郝县尉得到急报，不知城里发生了什么事？他是维护治安的，出了事可不得了。急急忙忙带了一队人马赶了过来。见一大群人聚拢处，七八盏灯笼高高悬挂着，远远可见，那灯笼还在动。说是灯会吧，又没有那么大规模。说不是灯会吧，又像灯会上的场面。再说灯会一般都在正月十五上元节，平时哪有？真要开灯会，荀县令一定会事先通知自己取消宵禁的。

郝县尉一边派人急报荀豫，一边指挥兵丁围住人群。自己在左右随从的护卫下，抚着腰刀，杀气腾腾地闯入人群，大声喝道："你们是干什么的？想聚众造反啦？"

人群一下子静了下来，自动让出一条通道。

王巧、荀安、荀定这才意识到可能要闯祸了。王巧看了看荀安、荀定，荀安、荀定脸色有些发白，见是郝县尉，微微松了一口气，上前道："郝大人，是我们，是我们在放灯玩儿。"

郝县尉见是荀县令的公子和外甥女，诧异道："你——你们这是干什么？"

刚才吓了一跳的张超，跑出来，"嘻嘻"笑道："大人，是我们几个小孩子做了几个走马灯，觉得好玩，就想在宵禁前拿出来让人看看稀奇的。"他刻意强调"几个小孩子"和"宵禁前"，就是提醒郝县尉，他们并未违法。

王舒暗自喝彩：这个小先生的确绝顶聪明。

早有人认出他来，叫道："这不是'太守神医'的孙了，张府的小先生嘛？！"

郝县尉见是张府的人也在，一边寻思，一边问："什么灯，这么稀奇，惹得这么多人上街看热闹？"

荀安白天见过郝县尉，此时近乎起来，道："这叫'走马灯'，是我们几个今天花了一整天时间做出来的，古人都没有过。名字还是我这表妹起的呢。灯一点，它就转，人就动，马就走。"他顺便把发明权归为大家所有，突出了王巧，隐去了马钧，讨好一下表妹。但现在最担心的就是父亲知道这事儿，打算先哄得郝县尉高兴了，再请他不要告诉父亲。

郝县尉挨个儿看灯，心中也甚觉新奇。一边看，一边问个没完。荀安、荀定此时就巴不得他赶紧把人群遣散，早些结束，怕父亲听到风声，也带着一队人赶来查看究竟，毕竟父亲是一县之长。他们现在醒过神来，看到眼前这阵势，才觉得可怕。

郝县尉一点也没有驱赶人群的意思，就是看着这个灯，表现出浓厚的兴趣，问个没完。兵丁们围着人群，没有郝县尉下令，谁也不敢让围观的人离开。

马文也在这人群里。马钧晚上没回来，他就着急地到张府去找，张府门关着。再到街上，就看到那么多人跟着几盏灯笼走。听来听去，是那灯会转，很好玩。马文就想到昨夜马钧做的灯笼模子，怕是他在惹祸。赶紧过去找。谁知马钧一直躲在人群里，人又多，马文一时没看到。待看到时，郝县尉已经带了兵丁把人群围了。心中暗暗叫苦。

人群中还有两个神秘的人，也是看稀奇的，没曾想也被堵在人群里走不脱，就低下头，遮住脸，躲在人群后面，生怕郝县尉看到他们。

荀豫接到急报，不知大街上发生了什么事，急招蒋县丞，带上一队随从，携刀执杖，举着火把，匆匆忙忙赶到现场。远远见这么多人挤在广场上，兵丁已经团团围住，不知发生了什么事，心中一阵紧张。在他的治下，纵使前方传来战事，这里也是秩序井然，从来没有过这样的事。这要是传到郡里，一定会要自己说个明白的。

王巧、王舒、荀安、荀定见荀豫真的来了，都慌了神。王巧一向天不怕、地不怕，但毕竟这事儿做得鲁莽，一个女儿家不仅抛头露面，还惹出这么大的阵势，怎么收场？

荀豫寒着脸走过来，郝县尉迎上前，低声道：“大人，没什么大事，是一场误会，就是两位公子和小姐还有张府的小先生放灯玩儿。只是这些刁民可恶，借此聚众，恐有图谋。大人看怎么办?”

荀豫一听就知道他的用心。他一直觉得这郝县尉为人阴狠，不是同道，早想换掉他，却也抓不住他的错漏。没曾想今天倒让他抓了把柄，看自己笑话。当下毫不犹豫道：“郝县尉，放灯的无过，观灯的有罪，天下哪有这个道理?明明是这几个畜生惹事，你按律处置，不可徇私。”朝围观的人群挥挥手，“马上宵禁了，各自散了，不许无故犯夜。”说罢拂袖而去。

郝县尉没想到荀豫把这烫手山芋扔给了他，接也不是，不接也不是。难不成真的把堂堂县太爷的公子、外甥女都抓了不成。再说荀豫刚才扔下的话里也很明白，现在还没到宵禁时间，不算犯夜，你能怎么着?但若是就这么算了，倒让自己下不来台。荀家公子和王家小姐是无法碰的，张家小先生也是不能轻易得罪的，谁知道哪天犯了急病就求到张府。一瞥之下，看到了站在一旁的马钧，明显是和他们一道的。便把满腔怒火都发到他身上：“今天放灯我看就是你的主意吧?他们都是被你蛊惑的吧?!来人，带走!”

马钧一急，想辩解：“我……我……我没有……”顿又结巴起来。

张超却神色淡定，提醒道：“心要静、气要平，有话慢慢说!”

荀安、荀定不敢吭声。王舒有些着急，却不知怎么办?王巧不知哪来的勇气，上前一步挡在马钧前面，道：“郝大人，这事是我们几个不懂事的做下的，他一个小结巴哪配和我们一道?要抓要杀，小女扛着。”她心一横，索性豁了出去，“这是我的主意。”

出乎意料的是李牧上前一步挡在王巧的身前，道：“这个跟她没关系，是我……”

荀安一想，反正回去这一顿打是免不了了，索性在王巧面前做回男子汉，一把推开李牧，低叱道：“走开，有你什么事?”就挡在王巧前面，一副死猪不怕开水烫的样子：“郝大人，反正这回我们也躲不过了。这事和我表妹也没关系，是我带的头，你把我带走吧!”

李牧感激地看着荀安，只道他不想把自己牵连进去。

荀定见哥哥在表妹面前出了头，自己如何还能缩在后头，也走上前，抱拳道：“郝大人，晚上放灯，是我提议的，他们不知道我的真实用意，其实是我发现了新线索，想要引蛇出洞，让郝人人立功的。”

王巧他们不知荀定所言是何用意，只道他有什么法子可以糊弄郝县尉。

“好，好”郝县尉“嘿嘿”一笑，“都是好样的！”俯身凑近荀定，阴笑道，“好，你发现了什么？”

荀定把眼睛向人群中看过去。马文正站在那里着急，刚才看见郝县尉下令要带走马钧，他就要冲过来求情，却被兵丁拦住了，正急得不知怎么办是好。郝县尉顺着荀定的目光看过去，就看见了马文，气不打一处来。原本按说好的，等着人赃并获的，现在没奈何，先借你下台再说，便虎着脸一步一步走过去，一股寒森森的杀气立时就笼罩过去。

马文感觉到一股危险直向自己逼来，茫然无措。忽然后背被人猛推一记，一个火团抛上半空，又落在人群中，险些就落在马文身上。人群顿时大乱，就见两个敏捷地身影舞着两把寒光闪闪的短刀，冲开人群，向外逃去。有人被砍伤，哭爹叫娘。场面更加混乱。事发突然，警戒的兵丁一时没反应过来，那两人已经冲出包围，向外飞奔。郝县尉毕竟久经阵仗，立即大喊：“抓住他们！”拔出腰刀，越过马文，率先追了过去。

包围人群的兵丁“哗”地一下撤了，都追人去了。人群立时四散奔走，急忙回家。王巧他们一时也不知发生了什么事，站在原地没动。马文爬起来，冲过去，拉起马钧就跑。马钧回头看了看王巧他们，替他们担起心来。

郝县尉率领几十个兵丁喊叫着追捕前面两人。那两人没命地奔逃。看那身影，有些似曾相识。

那两人正在奔逃，迎面又匆匆走来两个人，正是单先生和张先生。

正在和单先生闲聊的张先生也是听到街上喧闹，不知发生了什么事，见张超久久不归，怕出什么事，就和单先生一起匆匆上街寻找。迎面看到两个遮了面的人奔逃，后面一群官兵在追赶。郝县尉见前面有人，喊道：“抓盗匪，拦住他们！”

单先生一把将张先生推到边上，自己扶杖当街而立，拦住了去路。那两人挥着刀冲过来，见一扶杖老人横在前面，恶狠狠骂了一句：“老东西，你找死！”也没在意，随手一刀挥了过去，人还是往前冲。看似不想伤人，就想把他吓退。

单先生身子似乎晃了一晃，手中的藤杖也跟着晃了一晃，挥刀的那人便一个跟头跌了出去。另一个“咦——”了一声，也一刀刺了过来，却顺着单先生的藤杖飞了出去，外衣被挑了下来，人跌出数丈开外。外衣落下，藤杖上竟挑了一个包袱。那二人明白遇到了高手，也不敢打照面，顺势爬起，打个唿哨，分头翻过两边的墙垣不见了。

单先生正欲去追，张先生拉住他，道：“单兄，官军来了，让他们追吧！”

转眼郝县尉带人举着火把追到。见是张先生，道：“张先生，来找令公子吧？他们在那边。”看见单先生，问，“这位是……”

张先生沉稳地介绍道：“郝大人，这位是河南单家单逊单进之先生！”

郝县尉惊讶地抱拳道：“原来是大名鼎鼎的单先生。听说御史中丞徐庶徐元直先生当年和单先生是师兄弟？怪道身手如此了得！”

单先生笑了笑，道：“郝大人过奖了。还是让两个蟊贼跑了。这是他们的包袱，不知是什么？”说罢将藤杖的包裹取下来，交给兵丁，递给郝县尉。

郝县尉在兵丁手上打开包袱。包袱里赫然尽是金锭，竟有一百五十两之多。抱拳道：“看来这二人确是盗匪无疑。张先生请带公子回府，我们去追查贼人踪迹，改日再请教单先生！”

火把中，单先生微笑着拖杖挺立，拱手回谢，斑白的胡须在秋夜的凉风中微微拂动！

21

荀豫在县衙后堂怒气不息地走来走去。夫人毌氏站在一边不敢吭声。荀豫想起来就骂两句：“都是你惯的，两个小畜生，不安心在家习武读书，到处给老子惹祸。”

荀氏扶着神情惨淡的王策也闻讯来到后堂，问明事情的经过，一个劲儿地骂王巧、王舒不争气，给她舅舅惹麻烦。毌氏眼泪汪汪，怯生生地道：“老爷，终归是孩子啊，你真让姓郝的把他们关起来啊？”

“自作自受，关他们几天就长记性了！”荀豫吼了一句，又冷笑，“关？他凭哪条王法关？这回我倒要看他怎么收这个场？”

正说着，家人来报：“老爷，郝县尉求见。”

荀豫恢复了沉静，冷冷道：“有请！”

不多时，郝县尉人未到声音先到：“大人，令公子此番立了一大功啊——”

荀豫一愣，不知郝县尉葫芦里卖的什么药，寒着脸不吭声。郝县尉已经拎着包袱笑着走进来，抱拳施礼道："禀报大人，现已查明，有两个盗匪混入城内行窃，令公子放灯是引蛇出洞，可不是立了一功么?!"

荀豫疑惑地看了他一样，冷冷道："怎么回事?"

郝县尉把包袱朝地上一扔："大人请看，这是单老先生从盗匪身上挑下的赃物，还是官封的金锭，可惜让他们跑了!"蹲下身，打开包袱，露出里面黄灿灿的金锭。

王策"啊"了一声，上前蹲身，抓起金锭一看，失声道："这个……这个……就是这个——郝县尉，还有呢？还有呢？三百两呢，三百两呢!"

郝县尉疑虑地看向荀豫："大人，这是……"

荀豫看到王策那样，就知道这的确是他丢失的金锭。可是这个又怎么向郝县尉说得明白呢，弄不好他还以为是自己这边见财起意，要吞了这赃物呢。叹口气道："你有所不知。南宫县令派王县丞带了三百金到此采办些土布交差，谁知到了这里金锭变成了铁锭，也不知什么时候被人掉了包？这里才是一半，贼人身上应该还有一半。"对荀氏道，"你去把那些铁锭拿来让郝县尉过目。"

荀氏赶紧去了。郝县尉道："大人不用拿，属下还能不相信大人所言么!"心中却很狐疑，看那王策不像作假。

荀豫叹道："王县丞一家性命都押在这趟苦差上，正在愁眉莫展呢。你看他那样子!"拍了拍郝县尉肩头，"这回多亏了你，总算能找回一些。救了他一家老小。"对王策道，"还不谢谢郝县尉!"

王策连连打躬作揖："谢谢郝县尉！谢谢郝县尉！请郝县尉帮帮忙，帮我把那一半也找回来，我会重谢郝县尉!"

郝县尉道："我已经派人全城搜查了，估计两个贼人逃不掉。看那贼人身影，好象有点熟悉，但想不起来是谁?"

荀豫心中已经暗暗猜到是谁了，只是当着郝县尉的面不好说。说话间，荀氏已经拿着包裹进来了。摊开一看，真的尽是铁锭。郝县尉也彻底打消疑惑，口中只道："何必拿来，何必拿来，荀县令、王县丞所言岂能有虚。"

郝县尉和荀豫之间暗中的紧张关系终于缓解了下来。家人来报："老爷，张先生、单先生护送公子、小姐回来了!"

荀豫连忙道："有请！有请!"

郝县尉一拍大腿道："大人，真对不住，只顾缉拿盗匪，没顾上送公子小姐回府。"

荀豫早已和缓了面色，客气道："郝县尉已经立了大功啦，真的谢谢你呢！"

单先生、张先生快步走了进来，后面跟着小先生张超，还有迟迟疑疑、满脸惧色的王巧、王舒、荀安、荀定。张先生一进来就抱拳道："荀大人、王大人，草民特来请罪！犬子不懂事，肆意妄为，连累了令公子、令小姐。"又对郝县尉抱拳施礼，"感谢郝县尉的包容！"

荀豫、王策、郝县尉客气回礼。张超上前跪拜在地，道："各位大人，在下年幼顽皮，一时起兴，不干姐姐哥哥们的事，请大人责罚在下，不要为难姐姐和哥哥。"

荀豫见误打误撞，找回王策失窃的一半金锭，心情大好。见这小先生抢着担责，奇道："小先生，有担当，好！好！起来，起来！"

王巧、王舒、荀安、荀定怯生生地上前，叫道："舅舅！""父亲！"

荀豫脸一冷，没有发作，轻轻斥道："下次不许胡闹，下去！"几个人如逢大赦，赶紧随荀氏、毌氏退了出去。

郝县尉抱拳道："荀大人、王大人、张先生、单先生，你们聊，我去街上看看搜查情况。"转身走了出去。

荀豫请张先生、单先生坐下，道："我平时管教不严，让两位见笑了。想我这一县父母官，不能正己，何以正人啊。惭愧！惭愧！"

单先生挺直着身板席坐着，捋捋胡须，微笑道："恭喜荀大人，贺喜荀大人！"

荀豫一愣："喜从何来？"

单先生道："荀大人今天可曾看了几个孩子放的灯么？"

荀豫道："我只看了一眼，没有细瞧。怎么了？"

单先生道："荀大人可想过，为何几盏灯笼，就吸引了那么多人围观，闹出这么大动静？"

荀豫凝了神："倒是……没有想过。"

"我让孩子们带了几盏来。"单先生对张超道，"贤侄，你去拿了进来。"

张超应声跑到外面，一手一个，提了进来，吊在一边。灯已经熄了，张超从怀里掏出蜡烛，两个灯笼都放了，然后用火点亮。一会儿，走马灯慢慢地转了起来，两只走马灯各有特色。一盏外面是花丛，里面蝴蝶转动翻飞。一盏外面是山川，里面是武将骑着马，举刀追逐，团团不休。煞是好看。荀豫、王策都看得出了神，这才明白，这几个孩子为啥闹出这么大动静。这个东西别说孩子们了，就是大人看了也觉新奇。但还是没明白单先生所言。

“好看，好玩，难怪——”荀豫击节赞叹，“不过，单先生，这喜又从何而来啊？”

张先生、王策也是不解。张超更是疑惑。单先生悠然道：“自汉以来，每逢太平盛世，一到上元佳节，便开放宵禁，燃灯庆贺，已成惯例。从皇宫到民间，普天同庆。如今新帝初登大宝，便有此能动会转的彩灯问世，岂不是大吉之兆。我料此灯必然流传出去，光耀天下，就连宫中必也采用。那时究其源头，荀大人治下乃是发源之地，岂不是一大喜事？我问过了，这个东西出自小侄张超医治口吃的一位少年之手，几位公子、小姐能参与其中，岂非也是天意？”

荀豫一听，细细一想，欣喜地起身拱手道：“听先生一言，茅塞顿开。这真是一个大吉之兆啊！实是陛下之光，普照万民！”他心思灵敏，一点就透。看着那转动的走马灯，顿觉亲切无比。又道，“明日便请小先生和那位少年来此，画出图形，注明原理，让作场依样仿制，呈送郡里，上报朝廷，推广天下，以让万民同乐。”

一弯秋月明朗地挂在天上，清辉洒向人间，不分贵贱，万家同享。走出县衙大门，单先生仰天望月，大笑道：“河南傅玄小夫子曾云：天工开物，皆借人掌。灵性之器，天下同享。倘若埋没，罪过难当。推而广之，功德无量。哈哈，荀豫也算是个好官，应该到更高处为民所用，没准就送他一场富贵了！”

张先生叹道：“如此看来，那个口齿有碍的少年倒也是个怪才呢！”

22

马文拉着马钧跌跌撞撞地跑回如归客栈。喘息未匀，关上房门，灯也没点，转身一个巴掌扇在马钧脸上，怒责道：“跟你说过多少次，玩物丧志，玩物丧志，这回倒好，险些丧命！”

马钧低着头，不吭声。他哪里会想到就发明区区一个走马灯会惹出这么大的祸事来？横竖理亏，只好低着头挨训。

“你读书没读出什么名堂，捣鼓这些稀奇古怪的东西倒是一套一套的。”马文见他不吭声，更来气，“知道不知道？这些机巧之事历来都是奇技淫巧，不登大雅之堂的，是被人鄙视的。你怎么就一点雄心抱负没有呢？我蚀本舍财带你出来游学，就巴望你能学有所成，能为国所用，能入仕登台。可是你呢？心里想的都是啥？……”

马文一通数落。马钧心中甚是不以为然。倔强地暗想：什么叫奇技淫巧？我们吃的，穿的，用的，没有这些奇技淫巧造出来东西，能享受得到么？但是对走马灯除了好玩好看，到底有什么用？却怎么也想不出来。觉得这一点，他是没有理由驳倒父亲的。不过他知道，就是理由再充分，此时在父亲面前也是不能说出来的。

马文数落了半天，就是希望他能低个头，认个错。谁知他一声不吭，用沉默来抵抗，更是恼火，怒道：“我明天去把那什么药碾子退了，别又给我惹什么祸事！”

一听这个，马钧急了：“不……不能……退……退……退，和……小……小……小先生……说……说……说好的，张……张……张先生……也……也……”他这一急，又恢复到先前状态。

马文一下泄了气，不敢再激他，叹口气，无奈地道：“罢了，罢了，只要他给你看好这毛病，不退，不退。看好这毛病，我们马上离开此地回扶风去。”

马钧这才平静下来。见父亲伤心的样子，默默地上前，跪了下来。马文搂住儿子的头，心疼地抚摸着他的脸，低声呜咽了起来。马钧也抱着父亲失声痛哭起来，这才道：“父亲，我听你的话，再也不做这些东西了！”

父子俩正在抱头痛哭，大街又响起了杂乱的脚步声。只听四下里喊道：

“刚才好像往那边去了，快去看看。”

“当心他们有刀，他们有武艺。”

“一家家查，尤其是客栈，要特别仔细地查。”

“……”

马文竖起耳朵，听听外面动静，对马钧道：“睡不安稳了，不要脱衣服，一会儿肯定进来盘查。”

果然外面响起了乒乒乓乓的敲门声：“开门，快开门，搜查可疑人等。”就听到掌柜哆嗦着出去开门的声音。

马文透过门缝看去，只见一队兵丁举着火把，闯了进来。领头的执着腰刀恶声恶气地问："掌柜的，有没有看到可疑人进来？"

掌柜的连忙道："没有，没有，小店就几个常住老客，没有生面孔。"

领头的道："光说没用，叫他们都出来，一个一个看看。"

掌柜的打躬作揖，求道："军爷，客人们都安睡了，您就高抬贵手吧。"说着摸出一把五铢钱塞到他手里，连连道，"军爷辛苦，军爷辛苦，小店可得各位军爷照看着。"

领头的道："那好，他们不用出来，不过把房门都打开，弟兄们得上去看一看。放心，不弄坏你的东西。"手一挥，"弟兄们，掌柜的不错，手脚轻一些，别碰坏店里的家什。"又对楼上楼下高喊，"各位客商，本部奉命盘查可疑人等，请把房门打开，站立验证，违抗者以疑犯论处。请各位配合！"

楼上楼下的房门都陆续打开了，兵丁们举着火把，蹬蹬蹬跑上楼，一个个房间晃一晃，看一看，查一查，问一问。马文拉着马钧也站在房门口待查。两个兵丁闯进来，用火把在他们脸上照了照，又到房间里仔细看了看，没看出什么可疑之处，冲他们说了句："关好门，别乱跑！"就匆匆走了。

楼上楼下响起了一片回复声："没发现嫌犯。""没有可疑情况。""楼下没有""楼上也没有！"

一阵纷乱的脚步声出去了，掌柜的松了一口气，关上门。马文也松了口气，觉得这下该安稳了，对马钧道："睡吧，睡吧！总算折腾完了。"

父子俩刚刚睡下，听着街上渐渐远去的声音，各怀心思。忽然窗帘一动，两个黑乎乎的影子翻了进来。马文马钧大骇，还没叫得出声，已经分别被捂住嘴，脖子被寒光闪闪的利刃逼住。捂住马文的黑影低声道："别声张。我们不想伤人。昨天就注意你了。你是扶风马文。我们也在扶风待过，认识你。这里刚查过，他们不会再来，借你这里躲一宿。给你二两银子。若是敢声张，先宰了你儿子。"

马文连连点头，不敢反抗。那人慢慢松开手，用利刃指着马文的咽喉，看马钧还在一个劲儿地挣扎，低声喝道："叫他别动，我们不想伤人！"

马文低声道："钧儿……别动，听他们的！"

马钧气狠狠地停止了挣扎。一个黑影看着他们，一个黑影贴近窗口朝外观察动静。虽然没点灯，但月色相当好。透过窗子映进来，能够看清两个黑影的身材，都是十分强悍的那种。只是都蒙着脸，看不到面容。马文心中暗暗叫苦，平白无故地招惹上这些麻烦。这二人还一口叫出他的名字，自己却怎么也听不出他们的口音。正在思虑间，却见窗口的那个黑影一摆手，道：“不会呀，怎么又朝这里来了?”

只听大街上又传来了脚步声和嘈杂声。一个人威严地问：“这里都搜过了?”

“报告郝大人，搜过了，没发现可疑人。”

“这家客店呢?”

“也搜过了，每个房间都看过了，没有!”

“奇怪，全城都搜过了，难道他们长翅膀飞了?”

“……”

“房顶上，房顶上搜过没有?”

“禀大人，房顶……房顶没搜……”

“为什么不搜? 别处都搜了，你们这里为什么不搜? 再搜!”

“是，郝大人!”

随着脚步声四散开去。两个黑影有些惶急。监视马文马钧的黑影担心道：“不会……不会再到这里搜吧?”

窗口那黑影自信道：“不会，里面搜过了，还能再搜?”忽然低叫一声，“嘘——小心，别说话，他们上房顶了。”

马钧想要出声，马文连忙按住他的手。监视他们的黑影一挺利刃：“敢出声，立即捅了你!”

就听楼下拍门声骤起：“开门，开门，快开门，郝县尉要来检查!”

两个黑影和马文马钧骤然紧张起来。马文心中暗暗叫苦：“真是越怕鬼越招鬼。”

掌柜的点亮灯，哆嗦着去开了门。一群人举着火把正要涌进来，有人来报：“城南发现火光，有叫喊声!”

郝县尉说了声：“走，去城南，快!”

房上房下踢踢踏踏一阵响动过后，人声渐渐远去。房间里的人这才松了口气。窗口那个黑影道：“娘的，那个火引子到现在才着，吓死老子了。”

23

雾是后半夜才起的，特别大，直到朝食时分才渐渐散去。马钧醒来时，马文正坐在榻上发愣。那两个神秘黑影不知什么时候已经不见了。想来是乘着大雾逃遁了。

昨天夜里，搜查的兵丁走后，两个黑影分别在他们脖子上劈了一掌，他们就什么也不知道了，直到现在，脖子上还隐隐作痛。马文沉思着，好像在做一个艰难的决定，半晌，以商量的口气问马钧：“钧儿，你看，我们是不是先离开一段时间，下次再来找小先生看吧？”

马钧看着父亲凝重的表情，实在不忍拂逆父亲的意愿。勉强道：“听……听凭父亲——做主！”想了想，又道，“只是，那……药碾子……能不能让铁匠弄好……给小先生送去，下次……好再来找他看。”

马文听出儿子的勉强。这个要求也不过分，点点头：“自然，做人得守信，我这就去把钱付了，让铁匠弄好给送过去就是了。”怕马钧后悔，立即起身出去送钱。

马钧心中有些难受。虽然这两天老是受那姓王的大小姐刁难，但还是挺开心的。因为自己想做的事有机会做了。只是没想到最后闹出这么大动静。反过来说，也挺受鼓舞。毕竟自己想出的东西这么引人瞩目，说明没有白做。唉，只怕以后再也没有这样的机会了。马钧就这么患得患失，坐在榻上。直到马文端了碗进来，才想起早饭还没有吃。

马文看着儿子这样，心中也挺难受。但是他真的不敢再冒这个险。谁知道那两个强人今晚会不会再来找他们。决心既然已经下了，就坚决离开。他和声地对马钧道：“钧儿，吃吧，我已经把钱给了铁匠了，他弄好会送到张府去的。我们吃了饭就走，今晚住到南郡去。别难受，过阵子，我们再来！”

客栈掌柜的昨晚也是吓得不轻，被折腾了两次，到现在还心有余悸。他若是知道昨晚马文房间的情形，怕是要吓死。见马文父子打好包袱，下楼来结账，歉意道：“先生，一定是昨夜受了惊扰吧？这就走了？抱歉抱歉，下次再来住。我少收你半晚房钱。”

马文抱抱拳：“没事，没事，这个怎么能怪您掌柜的。官家办差，正常的，正常的。给您钱，如数收，如数收!”

掌柜的再三打招呼，客客气气送他们出门。就听门口一阵嘻嘻哈哈的说笑声，一个让马钧头大的声音响起：“小结巴，小结巴，今天怎么不去啦?”

正是王巧。后面跟着王舒、荀安、荀定、李牧。门旁一下跳出张超，笑嘻嘻地叫道：“小阿哥，这就走了？病也不治了?”

马钧感觉非常奇怪。小先生能够出来，不稀奇。张家的家风本就特立独行。但按照昨天那阵势，这王家小姐和荀家兄弟今天是万万不可能再被允许出来的。可是他们不但出来了，还欢天喜地。连马文看了也觉得不可思议。转而一想，他们是官家子女，任性惯了，谁能把他们怎么样呢?

其实王巧、王舒、荀安、荀定已经忐忑不安了一宿，估计昨晚碍着客人的面子轻饶了他们，今天这一顿仍然是逃不了的。一大早荀豫、王策着人召他们到后堂来时，两盏走马灯就挂在那里，又点起来了，正在转。荀豫和王策在指指点点地说着什么。他们最害怕的时刻终于到了。谁知正胆战心惊，荀豫笑呵呵地转过脸来，王策气色也好了很多，似大病初愈，只是眉间仍见隐忧。

王巧、王舒、荀安、荀定相互看了看，有些发傻。还是王巧胆大，鼓起勇气上前叫了声：“舅舅、父亲……”

荀豫上下打量着她：“嗯，不错，巧儿，听说你昨天挺身而出，敢为一个小结巴遮挡，很有担当啊。”对王策笑道，“别人都瞧不起女娃，我看呀，你这女儿比个小子还强！哈哈”

王策苦笑道：“这死丫头就是野惯了，胆子大，在家就无法无天。她舅见笑了。”

荀豫摆摆手，道：“我是说的真话。我没那么迂腐。”又对荀安、荀定道，“你们两个臭小子也不错，敢上前护你表妹，像我荀豫的儿子!”

王巧、王舒、荀安、荀定这才回过神来，原来父亲说的不是反话，是真话。没有遭到责打，已是万幸，竟然还大受褒奖，真是喜出望外。一时不知说什么好？荀豫后面的话更让他们惊愕：“我听说这个叫走马灯的，就是那个扶风来看病的小结巴发明的？你们去把他找来，请他画出图纸，注明原理，我让作场多做些。”

王巧惊异地问：“舅舅，这是真的?”

王策道：“当然是真的，你舅舅还能和你们戏言!”

“为什么？”王舒不敢相信，“舅舅不责罚我们，还让我们再去？”

荀豫拨弄着走马灯，赞叹道：“真是巧夺天工啊。巧儿，这裱糊是你的手艺吧？舒儿，这上面的画儿是你的杰作吧？你们都很心灵手巧啊。听说，这走马灯的名字还是你们姐妹起的?!”

“是的，是的！”荀安、荀定连忙道，“其实那小结巴也就是做个架子，其他都是表妹弄的。”他们都不欲把马钧抬那么高，已经感觉到小结巴的严重威胁。

“两个臭小子，你们懂什么？”荀豫脸一冷，“发明造物贵在那点灵思，你们想得出来吗？读书习武都是一个道理，关键在一个悟字。你们只会读死书、练死艺，要多去想。”

荀安、荀定没想到一句话挨了这么多批，当着表妹的面，大感丢脸，低着头再不敢吭声，把心中的愤恨都迁移到马钧身上。同时他们也实在搞不懂，为何父亲态度大变，竟然让他们去请小结巴来弄这个走马灯。不过恨归恨，能继续出去玩，也是意外收获。

王巧、王舒可是高兴坏了，这下可冠冕堂皇地去玩儿了。他们领了荀豫的命，匆匆吃完早饭，就一头扎进还没散尽的雾里。到了张家，见到了小先生张超，叙说昨日情形，才知道荀豫态度为何大变，不禁对单先生的超人见识崇拜不已。等了半天，却不见马钧前来。估计是昨晚吓着了，不敢再来了。怎么办？王巧道：“到客栈去把他揪来！”

这群孩子里，王巧已经隐然成为头领。她这一说，都赞成，立马就来了。把李牧也带来，以备木工之需。正撞见马钧背了包袱要走。王巧叫道：“死结巴，真不仗义，招呼不打一个，就走了？”

马文没见到人就听到叫“小结巴”，甚觉不快。待看到王巧一阵风似的闯进来嗔怪马钧，一看，认出是昨晚挡在马钧身前，为他开脱的女孩，又觉得有几分感激。昨天那场面他亲眼目睹，知道这几个男娃女娃都是官家子女，那县尉不可能拿他们怎么样，要找人发泄，就只有儿子了。这也是他今天决意要走的原因之一。

马钧也一样，昨天王巧挺身护在他前面的那一刻，他对她的感觉骤然有了改变。觉得她挺讲义气的，其实人也不坏。但叫他小结巴，始终不快。也不理她，只对张超道：“小先生，谢谢你……给我看病，那个药碾子……铁匠会送到……府上的，我以后……还会再来。”

张超扯住他的衣襟，仰着头，歉然道：“都怪我，昨天乱出馊主意，让阿哥受惊了！阿哥别走好么？”知道马钧做不了主，又去求马文，“马先生，阿哥的口齿刚刚有点起色，你忍心就这样带他走了？”

马文抱拳道：“小先生，谢谢你给他看病，我……我们是真的家中有急事……”心中其实也很矛盾。

王巧直截了当地道：“马先生，你不就是怕我们连累他嘛。你放心，有什么事，我们替他担着。”

荀安、荀定也很矛盾，他们既想马钧赶紧退出王巧的视线，又怕失去了整他泄恨的机会。加上父亲之命，也勉强挽留。还是王舒举止稳当。她上前微微给马文施了一个万福，轻声道：“前辈，请听小女子一言。马公子聪明有才，荀县令十分欣赏，要我们几个请他过去，画出走马灯的图纸，要大力推广。单先生说，这是上天借马公子的手开了一个了不起的新物事。”

张超道：“是啊，是啊！单先生是河南名士，他也很器重小阿哥呢。他要小阿哥去见见他。”

马文一听荀县令和单先生都这么看重这件事，心中甚觉惊奇。既然这么说了，看来官府是不会找他们麻烦了。再说能得单先生看重，指点一二，定然对马钧有好处。便道：“既然几位小姐、公子和小先生都这么抬举，那就去吧。”特别向张超抱抱拳，“有劳小先生费心了！”

张超欢呼一声，跳起来，拍手道：“谢谢马先生，我一定把小阿哥的病看好！”

王巧也高兴起来，拿下马钧肩上的包袱，塞到马文手中：“谢谢马先生！”和张超、荀安、荀定一起，簇拥着马钧向外走去。

只有王舒依然端正文雅，不急不慢地再向马文微微一礼：“谢谢马先生，我们先去了！”

马文心中对王舒陡生好感，觉得这才是个女儿家模样，那个做姐姐的太疯了。

24

荀豫今天的心情特别好。这几年，他一直想挪挪地方。在涅阳县他已经待了快十年了，政绩、官声应该说都不错。从太祖武皇帝曹操称魏王的那年开始，他就在涅阳县做县丞了，后来短暂地到南阳郡当过一年半主簿，偶然机会，得迁涅阳县令，后来就被人忘了似的，直到如今。即便汉魏改朝换代，人事更张，他也没再挪过窝。在纷繁的战乱时代，这种情形是很少的。往好里说，这官做得平稳。往差里说，是仕途已到顶。他很明白，朝廷根本就注意不到这个芝麻小县。不像与吴蜀接壤的郡县，兵家必争之所，始终牵动着朝廷的敏感神经。涅阳县要进入朝廷的视线，就须有什么特别的事发生。

涅阳县能有什么事？叛乱、瘟疫、天灾、人祸……这些都不是他荀豫希望发生的，他希望自己治下的军民都能乐享太平。退一步说，就是发生了这些大事，引起朝廷注意，那他也只有打板子的份。现在天上掉下一个机缘，起先没有考虑到这一层，是单先生点醒了他。他马上就想到了这个小小的新奇玩意的作用。若是千百盏走马灯悬挂在高台深宫之中，那宫中会是一番什么样的景象？陛下一定会注意到，会问起它的来处。只要涅阳县进入陛下视野，凭我荀豫的官声，就还能有一番作为。我荀豫不是想为自己升官发财，就是希望能有个更大的舞台，多为老百姓做些事。

他心中所想并没有完全和王策说，因为王策的烦恼还没有完全解决。

单先生无意中截获的一半金锭，让王策的心病好了大半。这样至少可以减轻一半压力。他在盘算自己能有多少家底凑上。荀豫的兴奋他看得出来，自己也想为他高兴，但实在高兴不起来，又不能扫荀豫的兴，强作笑脸道："大哥，这确实是一件好事，用好了，没准还有一个好前程。"又讨好地出主意道，"到时写一封奏表，呈一批走马灯，送到宫里做宫灯，陛下一定会眼前一亮。"

荀豫心中患得患失，其实也没有多少把握，道："权且一试吧。到时我向陛下奏请中秋十五开灯会。"想了想，慎重道，"不过此时不宜，要等待时机。若是吴蜀犯境，此时就不宜行事了。"

王策道："如果打了胜仗，举国欢欣，那时锦上添花最好。"

荀豫点点头："我会把握的。"见王策隐忧难解，宽慰道，"贤弟且宽心，好歹这金锭已经找回一半，我先安排人去采办布匹，把临近城镇的土布都给买了。其他的慢慢再想办法。我已经准备好了，我家还有点积蓄，到时也借给你暂过眼前这一关，你自己再凑一点也就是了。再说，县里正在缉拿盗匪，很快就会有消息。"荀豫右拳一砸左掌，"在我治下，也不容许盗匪如此猖狂。"

等了半天，见王巧他们还没来。郝县尉已经带人到了。荀豫让他们在外等候，暗里对王策说："我亲自带人去搜捕二贼，等会巧儿他们来了，你替我安排，刚才所言，是我们兄弟的心腹之言，可别让外人知道了当笑话。"

"这个不消说，我有分寸的。"王策识得轻重，拱手道，"有劳大哥了！"

荀豫走后，王策就在堂内踱来踱去，想着心思。约莫又过了半个时辰，门外喧哗声起，王巧他们回来了。王巧老远就喊："舅舅，舅舅，小结巴请来了，小结巴请来了！"一阵风似的跑进来。

王策轻轻地呵斥道："疯丫头，能不能稳重点。你舅舅出去了。"

王巧抱住王策膀子撒起娇来："父亲，舅舅都没说我，你倒嫌女儿疯了！"

"去去去！"王策拨开她的手，"真拿你没辙。你们的图就在这里画，我陪着你们。"

荀安、荀定、王舒、张超、马钧、李牧一起进来了。上前叫过王策，见过礼。王策朝张超抱抱拳，对他真是另眼相看。对马钧就轻描淡写得多了："你就是小……小马钧啊？"李牧更不在眼中。

马钧拱手道："在下就是……扶风马钧。"虽然王策半路上改了口，但马钧已经听出他正要叫出"小结巴"来，心中就没了好印象。本想说，"听大人吩咐！"就咽下不说了。

王策见他貌不出众，神色倨傲，先有几分不喜。指着悬着的走马灯淡淡道："听说你很聪明，这个东西是你想出来的？说起发明可不是一般平民百姓能做的，你这是哪里学来的吧？"

走马灯已经熄了。马钧看了看，也淡淡道："偶来……兴致，随手为之……没啥，是为感谢……小先生治病的！"他牢记小先生的方法，尽量让自己平静下来，心中有气也不敢激动。不想让他们因为口吃瞧不起自己。

王策见他话虽平淡，却隐含冲撞之意，更是不喜。他在县衙，一直受同僚挤兑；在路上，要看属下脸色；在这里，又要巴结舅爷。觉得好没尊严。现在一个小小的结巴也不把他放在眼里，心中的火腾地就上来了。脸上便有不虞之色，话里也就带出来了："哦，偶来一下兴致，随手就能发明个物事，真不简单啊。要是用心为之，那就是第二个张衡张平子了。"

马钧茫然了一下，问："什么张衡……张平子？张衡……张平子是谁？"

王策不屑地哂笑道："亏你还是读书人，连前朝太史令，大名鼎鼎的发明家张衡张平子都不知道。”

荀安、荀定见马钧难堪，暗暗出了一口气。马钧神色一凛，立即跪拜在地，肃然道：“为学以……无知为耻，在下无知……当耻，烦请……大人指点！”适才倨傲之色，顿然不见。

张超像个大人似的摇头晃脑道：“知耻而后勇，孺子可教也——大人不妨教之！”

王策一愣，重新打量了一下马钧，微微点点头，口气缓和了下来：“嗯……看你还算可教，我就跟你说说。这位张衡张平子，出生在前朝建初年间，就是南阳人。与小先生算本家呢。他家是名门望族，他祖父叫张堪，就像小先生一样，家学渊源，是个神童。”对张超一笑，以示敬重，“当时人家都叫他‘圣童’，可见是神得不得了。”

“乖乖，还是‘圣童’！”张超伸了伸舌头，神往地问，“怎么个‘圣’法？”

王策有些尴尬，含糊道：“具体怎么个‘圣’法，我没听说，反正当时的读书人都佩服他。尤其是他的品格。”

王巧拍了一下张超：“别打岔，听下去。”

张超笑了笑，不响了，听王策继续说下去：“张衡小时候也是个神童，非常善于写文章，曾游历三辅，就是你老家扶风那些地方，后来入太学观摩，通五经，贯六艺，才高于世，而无骄尚之情。”说到这里，朝马钧看了一眼，似在说他。见马钧神色谦恭，继续道，“张衡生性淡静，不喜欢多交朋友。永元年间，县里保举他做孝廉，他不要，公府征辟他做官，他不去。后来回到南阳，只做了个主簿，在这里研究天文、阴阳、历算……”

王巧叫道：“父亲，快说他的发明，他的发明！”

“哦，扯远了，扯远了。”王策“呵呵”一笑，“说他的发明。张衡研究了很多东西，有过很多发明。他发明过指南车、水转浑天仪、候风地动仪，都是了不起的大发明。就说这地动仪吧，据说它是精铜铸成，圆口八尺，合盖隆起，状如酒尊，上面刻上篆文、山龟、鸟兽之形，十分精美。中间有根都柱，旁边开了八条暗道，内藏机关。外面铸有八条龙，头下尾上，衔着铜丸，下面蹲坐八只蟾蜍，张口向上。所有的巧妙都藏在圆樽里，没有人知道究竟如何制造。如有哪方地动，那圆樽一动，龙就震动，里面机关就动，龙嘴就会吐出铜丸，掉到蟾蜍口中，人就听到了，就能知道哪个方向发生了地震。”

大家听入了谜。马钧忍住不插嘴道："怎么证明……他这个地动仪……灵验呢？验证……过吗？"

王策不屑道："怎么没验证过？听说当时京城里没有人相信这个东西有这么神。有一次，西边那条龙嘴里的铜丸掉下来了，但当时没人感觉到地震。京城那些人都嘲笑张衡吹牛。没几天，快马报奏朝廷，说是陇西发生了地震，这下大家才真的服了。"

王巧看了一眼马钧，想起他刚才冲撞父亲的神情，忍不住接口敲打他："所以啊，虽然说发明没有贵贱之分，但要想让人服你，就得拿出事实来验证。"她这话有一半还是在维护着马钧，令王策不满地看了她一眼。

王巧不知道，她这句挤兑人的话，让马钧受到多大的震动。这以后，他常常因此想起这个专门和他作对的刁蛮丫头。

25

之后的几天颇为平静，未起什么波澜。马钧画出走马灯图纸后，依然每天到张府找小先生治病。张超除了教他调治口诀，还特意调制了一些中药，调理马钧舌头，企图使它更加柔软些。王巧他们也很少再有机会到张府来了。只有荀定溜出来找过两次李牧，打探马钧的情况。

从那天开始，马钧和父亲就换了家客栈，住到城南张记车马店里去了，和那些行旅商贩睡在大通铺里。开始还一直提心吊胆，后来也没见那两个强人来找过。估计要么是逃出城去了，要么是不知道他们会换到这么低档的地方了。因为他们无事尽量少上街。就是上街也是尽量低着头，遮了面——这是父亲特意叮嘱他的。

几个人都不知的是，王舒即兴编的那首童谣已在涅阳县儿童中间广为流传。

这天，马钧诵完医典，正和李牧一边捣药，一边闲扯，就听张超在院外大叫："马阿哥，李牧，你们看谁来了?!"

一个声音"嘻嘻""哈哈"地叫道："小结巴，忘了我们了吧?"果然是王巧、王舒、荀安、荀定他们来了。

张超拉着王巧的手道："姐姐，好几天了，大家都念叨你们呢，说你们咋不来了呢?"

王巧瞟了一眼马钧道：“不会吧？有些人就生怕我们来吧？你看，我们来了，吭都不吭一声。”

马钧勉强一笑，见王舒站在后面，笼统地道：“你们来了，来了就好！”他的语速不急不慢，竟然没有结巴。

“咦——”王巧道，“几天不见，你的结巴就好了?！小先生，你真神哎！”

马钧把手中的药杵往案上一掷，怒道：“你来就是为了小结巴小结巴叫着……过瘾是不是?”这一急，中间又打了个愣怔。

张超道：“姐姐，你干吗老这样叫人家嘛?”

王巧“咯咯”一笑：“哟，生气啦？你生气的样子蛮好玩哎！”

荀安、荀定坏坏地笑起来。王舒气得直瞪他们。马钧拿她没办法，只好扭过头去不理她。

李牧一见王巧到了，眼睛一亮。这些天，他满脑子都是王巧那时而咯咯大笑，时而娇嗔薄怒的模样，心中像着了魔似的。但自己身为伙计，总也凑不上去。那天大大卖弄一回木匠手艺，潜意识里也就是为了引起她的注意。要不然，他是不会显露自己已经掩盖了很久的手艺的。这几天，王巧他们一直没来，他心中这个折磨啊，自己也不知道咋回事。忍不住在马钧面前提到过两回，都被马钧冷冷淡淡地挡回去了。他知道王巧一直挤兑马钧，老叫马钧“小结巴”，马钧恼怒，所以不愿提到她。自己只得按捺在心中，暗暗熬煎着。蓦然见王巧出现，心中狂喜，险些叫出来。谁知王巧一见面，又和马钧掐上了。连忙上前打岔：“大小姐，怎么几天都没见你来了？我和马兄经常说起你呢！”

“是吗?”王巧歪着头看着他，笑问，“说我什么?”

李牧道：“说你手巧，走马灯被你一裱，真是巧夺天工。”

王巧“哈哈”大笑：“是吗？那是人家小……小马儿的心灵。没人家的心灵，哪轮到我们手巧？小马儿，你说是不是?”她临时改口，又不想就这么放过马钧，顺口溜出个“小马儿”的叫法，心中很得意。

马钧叹口气，摇摇头，还是不理她。故意冷落她，对张超道：“小先生，今天铁匠铺会把药碾子送来，回头捣药就快了！”不过心中舒缓了许多。毕竟她还是改了口。这“小马儿”虽然还是戏谑，到底比“小结巴”好听多了。

李牧道：“其实，马兄说过，没有你的裱糊、没有二小姐的画，就没这么好看。他说你……你们就像这悬挂起来的灯画，不，比灯画还好看！”

“对对对。”张超道：“姐姐就是比灯画儿还好看！两个姐姐都好看！”

王舒抿嘴一笑。荀安、荀定心中醋海翻波，阴阴地盯着马钧。听说药碾子今天就送来，荀定看了看王巧，心里犹豫着，拿不定主意。

“就你会说！”王巧脸一红，瞪了李牧一眼，“他不骂我就好事啦，我还不知道？”心中却甜甜的。

李牧道：“马兄真的说你好。我和他讲鲁班的故事，他还说非得等你来一起听呢。”他尽量把话题往这上扯，以便多找些话和王巧说。他不知道，他越这样说，那荀安、荀定就越吃醋。荀定一咬牙，悄悄地退了出去。

王巧对鲁班的故事已全无兴趣，也不再理会李牧，转脸冲着张超：“今天我舅舅五十大寿，晚上在院里放灯——就放我们的走马灯，你去不去看？”话却是对马钧说的。

张超跳了起来：“去去去，当然去。都去，马阿哥、李牧，我们都去。”

李牧也是喜出望外。马钧没吭声。

“爱去不去。”王巧瞪了一眼马钧，冲李牧叱道，“你道哪个都能进得了县衙大院啊？我们是来特地带你们去的。”

王舒微微一笑：“那天画了图以后，我舅舅让作场赶制了几十个，今天做寿，晚上在院中放灯，图个喜庆，也是试试走马灯的效果。所以，姐姐求舅舅请小先生和大家一起去。我们说是让你们帮着看看，还有什么地方可以改进的，舅舅就答应了。”

马钧看了一眼王舒，点点头：“好，我听小先生吩咐。”

张超欢喜起来：“我就说嘛，其实姐姐对马阿哥很好的，就是喜欢跟他闹，好玩是不？”他童心无忌，想到就说。却让李牧听了心头一震。荀安虽然早就感觉到，但被小先生无意中说破，还是不能接受。

王巧却毫无意识，“哈哈”一笑：“就是嘛。小马儿，你怎么这么不识逗呢?！来来来，我们帮你们一起捣药，等会儿看那药碾子来了，怎么个快法？小马儿想出的东西，总是稀奇的。”

张超拍手道：“好好好，我们一起捣药，我也捣，看几个人一起捣能捣多少？回头好试试药碾子的功效。李牧，快，再去找几个药杵药臼来。”

一会儿，李牧拿来几套药杵药臼，这下轮到李牧大显身手了。指导这个，指导那个，跑前跑后，当然，指导得最多的是王巧。他们一点也没有发现荀定何时不见了。到荀定又悄然出现在他们中间时，他们已经每人都捣出不少药来了。荀定也不动声色地加入捣药行列中来。

晌午时分，家仆带着两个抬东西的人进来，一个壮汉、一个少年。抬着一个塞满麦秸秆的柳条筐，看上去蛮沉重。家仆禀报："小少爷，铁匠家送药碾子来了。"

张超最先跑出来，一边道："姐姐，药碾子来了，药碾子来了！"在他心中，这个药碾子一定也是个很好玩的东西。

王巧也飞快地跑了出来，李牧紧随其后。王舒、荀安也跟着围过来。荀定看了看慢腾腾的马钧，道："马兄，你的杰作，快去看看吧！"拉着他就走。

壮汉和少年放下筐，见大家都围过来，对张超道："你是张府小先生吧？这是扶风马文马先生让我们送来的药碾子，说是酬谢你给他儿子看病的。你验收一下吧。"

张超道："对对对，就是我，就是我。快拿出来，拿出来。"

壮汉弯下腰就去扒柳条筐里的麦秸秆，只听院门口传来一声断喝："且慢！"声音非常地威严，带着一股不可抗拒的气势，伴随着一阵急促的脚步声闯了进来。

大家惊骇地回头一看，只见一群兵丁气势汹汹地闯了进来，为首的正是郝县尉。大家张大了嘴巴，不知又发生了什么事？

王巧、张超正要发问。郝县尉手一挥，兵丁们围了一圈，然后道："大家别害怕，我们在抓捕一个嫌犯，冒犯了张府。"对张超道，"小先生，麻烦请张先生来一下。"

张超已经镇定了下来，官兵直接闯到家里来还是第一次，拱手不卑不亢地问："郝大人，敢问张府做了什么违法乱纪的事，劳您大驾到此？有啥事先跟我说，我做不了主再请我父亲大人。"

郝县尉一挑大拇指，赞道："好，小先生真是名不虚传。"他对张家小先生早有耳闻，自前几天晚上放花灯见过后，还真不敢轻视，道，"那就先跟你说，回头再禀告张先生。"顿了一下，从各人脸上扫了过去，对小先生道，"张府岂会做违法之事，我们是接到举报，有人要陷害张府，故此来捉拿嫌犯，为张府除害的。"

张超不解道："我们张府跟别人只有恩、向无仇，谁会来陷害？"

郝县尉拿眼在马钧和李牧脸上来回打量，冷笑道："难道这世上就没有恩将仇报之徒吗？"

王巧奇怪道："郝大人，难道说，是我们几个孩子来陷害小先生？"

郝县尉摇摇头："我可没说一定是你们小孩啊。我只是循着赃物追来的啊。"

"赃物？"张超、王巧都很奇怪，异口同声问，"什么赃物？赃物在哪？"一指筐里的药碾子道，"你不会说这就是赃物吧？"

郝县尉朝荀定看了一眼，荀定点点头。郝县尉围着柳筐转了一圈，故意问："这是什么呀？"

张超道："药碾子啊！怎么啦？"

郝县尉阴笑道："什么叫药碾子啊？世上有叫药碾子的东西吗？"

王巧嘴快："什么东西不是人造的？那走马灯不也是我们……"一指马钧，"他新造出来的吗？"

郝县尉道："走马灯是什么造的？"

"竹子、木片、皮纸、蜡烛……怎么啦？"

"这个什么药碾子，是什么造的？"

"铁的啊，铁的怎么啦？"

"这么大的家伙，铁造的，我看不但能碾药，还能碾人吧？"

"你，你这不是……它怎么会碾人呢？"

"这么大个铁家伙，碾不死人，也砸得死人吧？能砸死人就是兵器，私铸兵器就是谋反，就是死罪。"

26

马钧心中一沉，暗叫：这下麻烦了。他要硬说这是兵器，你还没法辩驳。因为这世上根本就没有个叫药碾子的东西。不禁冷汗直冒。难怪父亲那么谨慎。

王巧不服气，举起手中的药杵道："哪有这么说话的？砸得死人的东西多了去了，石头也能砸死人，你怎么不说这个也是赃物？"

郝县尉从王巧手中拿过药杵，在手中把玩着，慢悠悠道："这个东西么？用石头做，它就是药杵，若是用铁铸，那就不一样了，还真是兵器。你们没听说过，江湖上有一种奇门兵器，就叫铁杵么？有长有短，短的就叫铁药杵。"

王巧一下愣住了，自己虽然也练过一些花拳绣腿，对江湖事却所闻甚少，问荀安、荀定："你们听说过么？"

荀安、荀定相互望了望，点点头。王巧立时头就大了，望着马钧。马钧脸色煞白，说不出话来。送药碾子的壮汉想插嘴："可是……"

"没问你——"郝县尉对他没什么客气的，手一指他鼻子，喝道，"一会儿给你交代的时间。"

张超道："郝大人，这个马阿哥和我们一样，不就是一个小孩吗，他怎么会造兵器？他真是造的药碾子给我碾药用的。"

"我没说是他啊。"郝县尉道，"我只是来现场拿赃，然后循着赃物追查谁做的？谁订做的？自然谁出的钱就找谁，谁订制的就找谁！"他找了一个让张超、王巧都无可辩驳的理由，"再说了，秦汉以来，生铁就是国家管控之物，除了锄头、镰刀、爬犁、菜刀之类稼穑之事、过活之用，民间不许滥用生铁，更不许私自锻造兵器，难道你们都不知道？"

王巧、张超望了望，这个他们还真不知道。王巧辩解道："我们小孩哪里知道这个？你把它收回去也就是了。"

郝县尉道："若真是你们几个孩子所为，本官倒也可以网开一面。但若是大人明知而故犯，你们说该不该依法严惩？"

马钧这时已经听出郝县尉的意思了，是要循着这个"赃物"去找父亲的麻烦。大急，道："郝……郝……郝大人，这……这……这是我……订……订……订做的，跟……跟……跟他们……没关系……"他这一急，立马又结巴起来。

郝县尉不理他，转脸用审问的口气问送药碾的壮汉："你是铁匠？"

壮汉点点头，指着柳筐里的东西道："是的，我家就在前面那条街上。这个东西……"

"我问什么，你答什么。"郝县尉举手打断他的话，又问，"这东西是谁在那里订的？"

"是先前住在如归客栈的扶风马文先生，说他儿子马什么……马钧在张府看病……"壮汉有些急了，"可是这东西……"

"多少钱订的？"郝县尉根本不容他分说。

"二两五钱银子。可是我们……"

"给你定钱了吗？"

“先给了二十文五铢钱作定钱，东西好了再给全部。可第二天他又把银子都送来，说是家里有事要赶回扶风，让我们做好了直接送来张府。其实我们……”

“好了，你的话问完了。”郝县尉朝兵丁一摆手，“回头把他们带走一齐处理。”

兵丁奉命把壮汉和少年俩铁匠押到一边。壮汉还想申辩，被兵丁拦住，一跺脚索性蹲在地上，扭过头去气呼呼地不再说话。那少年铁匠倒不见害怕，顾自发笑，嘴角流露出一丝嘲弄之意。郝县尉把脸转向马钧：“这个东西是你让你父亲订做的？”

马钧已经从惊骇中冷静下来，索性一个人揽着：“是我想……出来的，也是我……去订做的。”冷静下来之后，口齿就又顺溜了许多。

郝县尉只顾往下问：“你今年多大了？”

“十四。”

“属什么？”

“属……猴”

“属猴？丙申年生。应该是建安二十一年。怎么会十四？虚岁都十六了嘛。”

“我是丙申年……腊月二十八生，最年末了……虚十五，足十四。”

“哼哼——”郝县尉冷笑道，“十五成丁，十六成人，都该服丁役了，还叫小孩？”

马钧道：“我们本来……就打算今年……看好病，回去……服丁役的。”

“不用了，就这里服刑役吧。”郝县尉一挥手，“把他连同赃物一起带回去。再到城南车马店缉拿嫌犯马文。”

立即有两个兵丁抖着刑具上前，欲扭住马钧。马钧悲呼：“父亲……孩儿……害了你……”

王巧挺身挡在马钧前面，王舒也护在一旁。张超急忙叫家丁去喊张先生来。王巧道：“郝大人，小马儿明明才十四，你凭什么抓他？”他们几人这阵子在一起玩的，在王巧心中，就已经成为自己人了。她不能看着自己人就这样被带走。

荀安、荀定上前去拉王巧、王舒：“表妹，这是犯法的事儿，你们掺和什么呀？”

郝县尉瞧着王巧越发红扑扑的脸蛋，向她一步步走来，不阴不阳地笑道：“王大小姐，你可真够胆啊！他是你什么人？你几次三番护着他？”

李牧一见，想不了许多，冲上前，张开双臂，挡在王巧面前，急切地道：“你们……干什么？你们不许动她！”

郝县尉奇了：“哎，你这小子前几天晚上就见你也要出头儿，你谁啊？噢——与他同伙儿吧？好，一起带走。”心道：老子拿县令的外甥女没辙，你敢出头冒尖就让你自讨苦吃。

王巧见李牧第二次为她勇敢遮护，心生一丝感激，拨开他，低声道：“没你事，一边去，找死啊?!”

李牧道：“不行，我不能让他们对你咋样！”

荀安、荀定不乐意了，上前挤开他：“你添什么乱？我表妹自有我们呢！”

郝县尉渐渐怒起，不再和他们纠缠，想了想，还是放过李牧，毕竟是张府的人。朝马钧一指，对手下兵丁吼道：“还愣着干什么？把赃物和嫌犯带回去！”

兵丁们得令，冲上来，推开王舒等人，将刑具朝马钧头上一套，扯了就走。王巧挣扎着被荀安、荀定死死拉住，王舒急得哭起来。张超也是束手无策，不住地向院外张望。

院外匆匆走来一行人。正是得到家仆急报的张先生和护卫。张先生稳稳当当地走了进来，慢悠悠地抱拳道：“我说院中怎么这么热闹，原来是郝大人到我这里办公差来了。”

郝县尉一见张先生，连忙上前回礼：“张先生，得罪。在下得到举报，有人要栽赃陷害张府，在下特地赶来为张府护卫。”

“哎呀呀，郝大人这不折杀草民了。”张先生将手背到后面，一股气度隐隐而生，笑道，“那真是有劳郝大人了，不知到底是什么样嫌犯栽赃张府，又是什么样的赃物啊？”

郝县尉把经过约略说了一遍，道：“毕竟私造兵器，其罪非轻。”

张先生笑了笑：“噢，我想郝大人怕是误会了吧？这个药碾子是我订制的，和荀大人也说过，郡里也报备过，不算兵器吧？”

郝县尉见他搬出荀豫和南郡太守，心中有些犯难，他不是不知道张府在县里、郡里的声望。他也的确不是有意来和张家为难，原以为这只是一个看病的结巴，拿了他，也算不让张家受牵连。现在倒弄成骑虎难下了。若是就这么收场了，不但在下属中跌了面子，而且在荀豫、张先生面前以后也都不能直起腰来说话了。心中掂量了一下，道：“张先生，在下职责所在，即便这个不是兵器，也是滥用生铁，过了分量。传出去，在下不好交代啊。既然是张先生所用，我岂敢驳您的面子。这样吧，东西你留下，嫌犯我带走。”

张先生微笑道：“郝大人，且莫急，张府受先父家规所约，一向奉公守法，不敢越雷池一步。岂能做违法之事。这样吧，如果真如郝大人所言，犯了滥用生铁之罪，郝大人就依法严办，草民绝不会有半点为难大人之处。”

郝县尉道：“这个……这个不是明摆着嘛？刚才我都审过了，嫌犯都已经承认了。”

张先生看向马钧：“是吗？”

马钧倔强地点点头：“一人做事一人当，我不知道生铁过量会犯法，这罪过我承担了，请别为难张府和我父亲。”

张先生拍手道：“好好好，好一个有担当的男子汉！”又看向被押在一旁生闷气的壮汉和看笑话的少年，“你们呢，怎么不申辩呢？”

壮汉腾地站起来：“郝大人……郝大人他不让人讲话！”

郝县尉怒道：“我什么时候不让你讲话了？你不都承认了吗?!”

壮汉道：“我想说的是，其实这个药碾子不是铁铸的，是石头凿的。”

所有人都大吃一惊。马钧不敢相信自己的耳朵。郝县尉疑疑惑惑地看向荀定，荀定也莫名其妙，赶紧跑上前，扒开柳筐的麦秸秆，一个沉甸甸的家伙露了出来。李牧大喜过望，连忙上前和荀定一起，把这家伙抬了出来，却见真是一个石头做的药碾子。

荀定直了眼，道：“这，这，这怎么回事？”

王巧、王舒也是大喜，跑过来，抚摸着石头家伙，叫道：“原来真是石头的，真是石头的。”王巧回头冲马钧道，“小结巴，它怎么就成了石头的呢？”

27

铁匠家在接到这份活计之后，就一直颇犯踌躇。照约定做吧，担心弄出事情来，因为他们还没有过一次性用这么多实打实的生铁，而且不敢断定这物件的性质。回断这桩生意吧，实在舍不得那二两五钱银子，这辈子他们还没见过这么多银子呢。平时劳心费力也就赚几文五铢钱，勉强维持生计罢了。反复合计，少年铁匠倒是想出个好主意。他建议到张府核实一下，如果张府认为这东西的确是碾约用的，那至少这东西的性质可以认定，不违法。至于生铁用多了，只要是张府用的，想来官府也不会为难。

做了决定之后，李铁匠就带了模型来求见张先生。谁知张先生却陪着单先生到白牛邑拜访隐士欧阳先生去了。李铁匠常到这里向山民收购铁石，回去冶炼，量不大，够用就行。反正也就一二十里地，不算远，正好家里铁石也快用完了，真要做那药碾子，铁料还差一些，李铁匠便转头赶到白牛邑。在欧阳先生家里，果真见到了张先生。

正在和单先生、欧阳先生谈天说地的张先生，见李铁匠特地赶到这里来见他，就为了一个客户给他做药碾子的事，心中很受感动。

看着马钧用芦粟杆儿做的药碾子模型，单先生、欧阳先生都赞叹它的巧思。欧阳先生道："张兄，有了这东西，可比捣药轻松多了。可以随用随碾，立等可取。想出这个东西的人，心思可真是巧！"

"这是个少年，还有些口碍。"单先生笑道，"起先没在意他，后来一看啊，此人倒是别有才具，或许他日又是一个张衡张平子呢。"

张先生也笑了，就向欧阳先生说起那天放灯风波来。欧阳先生听了神往不已。李铁匠直了眼，那天他也在场，被兵丁围了好久，心中直打鼓。这下才知道，想出这个药碾子的，就是那天造出会转的灯笼的少年。不禁道："那天我也在那儿看灯，也被围在那儿了。看来我今天来对了，会不会再惹出什么乱子来？"不觉身上来了冷汗。

"你还真是来对了。"张先生道，"要不然啊，说不准真会惹出一场风波来。"又对单先生、欧阳先生道，"听说盐铁生丝官府可是严控的。进之先生参与过律法编制，你说这物件能做吗？"

单先生沉吟道："要说做呢，只要是捣药之用，并非兵器，即便多用了些铁，以张府之名望，郡县都不会为难仁兄。但问题是，想出这东西、订做这东西、打制这东西的人，就说不准了。"

张先生叹道："谁说不是呢。人家好意为我做一个好东西，却因此吃了官司，我这良心如何过得去？只是可惜了这东西。"他恋恋不舍地端起芦粟杆模子，退给李铁匠，道，"李师傅，还是退了吧，多一事不如少一事啊。"

李铁匠既庆幸自己多问一声，没有惹出麻烦，又懊恼二两五钱的银子成了泡影。失望之情溢于言表。施了一礼，微微叹口气，就要退出去。

单先生陡然道：“张兄，难道不用铁，就不能做药碾子了么?”

张先生疑惑道：“不用铁，用什么？铜？铜也不行啊!”

欧阳先生道：“不管用什么，能碾药就行。”

李铁匠蓦然心头一亮，立住脚，回转身，试探着小声道：“其实，这个东西，用石头凿一个也成哎。”

单先生一挑大拇指，赞道：“李师傅到底是行家!”

张先生与欧阳先生对视一眼，都击掌赞叹：“果真是好主意!”张先生对李铁匠道，“李师傅，就麻烦你找个石匠打制一个，我当铁的收了就是。至于马家父子，我领他们这份情，会尽心治好他儿子的病。”

李铁匠大喜，连连作揖：“谢谢张先生，谢谢张先生，我一定找人把它凿好。”与贵重的铁相比，石头做那真是便宜多少倍，而且还不用自己动手，这回可赚大发了。

张先生微笑道：“你做好，麻烦你给我送到鄗府去。”

李铁匠自然满口应承：“那是当然，那是当然。小老儿这就去了。”

这事儿过后，张先生又陪单先生到其他地方访贤会友，也就忘了。今天荀县令五十大寿，他昨天特地赶回来，准备今晚赴宴祝贺。他不像单先生那般闲云野鹤，了无牵挂。张府毕竟在涅阳地盘上，县里、郡里这般敬重他，他总得给人面子的。没想到今天李铁匠就把石药碾子送来了，听到家仆急报，才想起这档子事，所以胸有成竹地来了。

既然不是铁的，自然也就不存在所谓嫌犯了。郝县尉觉得自己今天过于鲁莽，没有核实清楚，就带人冲到张府来，面子实在有些下不来。张先生看了张超一眼，张超立即嘻嘻哈哈地上前对郝县尉施礼道：“郝大人，这事儿可不怪您。您秉公执法，令人敬重。只怪举报之人没弄清楚就指鹿为马，可真的不怪您!”

张先生一笑道：“是啊，犬子说得不错。这事不怪郝大人!”

郝县尉一抱拳：“真是冒犯了张先生。在下回头找那举报之人问个明白。”他虽然心中恼怒，终究不便当众质问荀定，让他难堪。

张先生继续给他搭梯子：“说来说去，就是个误会。今天是荀县令大寿，改日请各位到我府上，同饮一杯。”

郝县尉勉强一笑：“岂敢叨扰张先生。既是误会，这里揭过不提。在下安排好今晚巡逻事宜，也会去荀大人那里讨一杯酒喝，届时敬敬张先生。这就告辞了！”转身一摆手，带着众兵丁大步离去。

马钧像是做了一场梦，直到张先生向他走过来，李牧推推他，才回到现实中来。急忙上前跪下，施一大礼：“晚辈马钧，拜见……张先生！多谢张先生……解救在下！”

“起来吧。”张先生第一次认认真真打量着他，最近，关于这个口齿有碍的少年引发的一些风波，让他感受到这位少年的不寻常之处，加上单先生的赞赏，越发有了兴趣。见这少年虽然口齿有碍，举止却颇有气度，不卑不亢，礼数周全，微微一笑道：“你就是马钧？谢谢你的小发明。也回去替我谢谢你父亲的好意。药碾子是我让李铁匠换成了石头的，我当铁的收了，这份心意我领了。”

马钧道：“谢谢张先生！”

张先生对张超道：“既然是马先生父子的一片心意，你就试试这药碾子如何？”

张超一跳几个圈。王巧、王舒也欢喜地抢着上前搬，哪里搬得动。还是马钧和李牧分别把石槽和石轮搬到堂里，大家都跟了进去。放置好后，抓几把药材放进半月形的石槽里，然后把石轮压上槽，搬了一个案几放在边上，马钧按照自己的设想，坐在案几上，然后两脚分别踩在石轮中心的圆形木轴上，先用一下力，石轮晃了一下没动。大家紧张地望着。马钧觉得用力方向不对，将双脚脚心朝前，用力往前一推，那石槽底部前后高、中间凹，像个山谷，石轮被马钧的脚一推，便一下子就滑到石槽的前端，脚一松，石轮便落下来，滑到谷底，借着惯性，向后端荡起，马钧再用脚踩向前端，石轮便又从谷底滑过，推向前端，踩动越快，惯性越大，用力越小，人越是轻松，只来回几下，一槽药材已经碾成，看那粗细，按需求碾制就可以。大家看得起劲，张超也上去碾了一槽药材。继而王巧、王舒、李牧都上去碾了一槽药材。连张先生也忍不住上去试了试，果然轻松自如，不禁叹道：“真是灵思一点，便得功效百倍。如此巧手，也是奇才。”

马钧没有想到的是，这个小小的发明从此流传开来，后来还有了陶制、木制、铜制、铁制等不同材质和大小的药碾子。一直到今天，药碾子仍然是中药房里必备的碾药器械。

第 5 回 || 吃官司：遭押送难改琢磨癖

28

要说郝县尉今天心里窝得慌，荀定的心中才最窝火呢。好好一个赶走马钧的绝佳机会，生生地被意外变故毁了。王巧、王舒姐妹俩回来后，就一直兴高采烈的，为今天的有惊无险、转危为安庆幸。他和荀安还不能表现出来，只好强作笑脸。荀安不知其中关节，只是为失去这次机会暗自惋惜。

今晚县衙内张灯结彩，这“灯”可是非比往常。偌大的后院，成了今天的主场，荀豫五十大寿的宴席就摆在这里。廊下是主席，案前连接而成的长长草席代替红毯，由阶上到阶下一直铺向院中，为寿宴壮色。院中以草席为界，两边分别排列了三排案几，每个案几后也是草席，案几前却插着一个高杆，上面悬着一盏华丽的灯笼，廊下和四周每隔一二十步也悬挂一盏。草席与灯笼映照一起，颇不协调。一个显得简朴低调，一个又显得豪华张扬。涅阳县数得上的显贵名流、乡绅三老，基本都到了，就连邻县也来了不少要好的同僚。不过客人刚到的时候，灯笼没有点起。

这场面难免让一些有心人犯嘀咕。

荀豫在涅阳县前前后后近十年，素来比较简朴，有着不错的官声，从来没有搞过这么大排场。说是排场大吧，也不妥当，只是人多而已。酒菜也很俭朴，重礼也不肯收，连本该铺的红地毯也被草席代替了。说是没讲排场吧，四周廊下的灯笼却倍极奢华，那是只有正月十五放灯时候才能见着的。最奇怪的是，天色已经渐渐暗下了，这些精致奢华的灯依然没有点起，只是主席台前的两只大灯笼照着明。

现在酒过三巡，菜过五味，天越发暗了。众人见“张灯”而不点灯，觉得奇怪，有人就高声问："荀大人，天都晚了，这许多灯笼挂在四周，怎么不点起来呢?"

座中只有张先生、郝县尉、王策、蒋县丞明白缘由，都笑而不语。

荀豫这才起身抱拳，朝院中团团一拜，清清嗓子道："各位大人、各位嘉宾，今天是在下五十初度，本不想惊动诸位，但今朝有一喜乐之事，欲与诸公分享。诸位一定很奇怪，天色已暗，在下为何'张灯'而不点灯，就是特意给诸位一个新鲜。"

大家闻言非常奇怪，不知一个灯笼有什么新鲜的。有几个城里的客人听说过前几晚发生的事情，便猜测着向身边人解说。

荀豫吩咐："点灯!"

早已候在院外的王巧、王舒、荀安、荀定、马钧、张超、李牧鱼贯而入，按照事先讲好的顺序分别去点亮里面的蜡烛。霎时，院中灯火通明，五颜六色的走马灯一起亮了起来，十分耀眼。不过众人还是没看到有何稀奇之处，也就是正月十五灯会而已。但渐渐地，每个人案前那盏造型别致、画面精美的灯就发生了变化。院中慢慢地响起了惊呼声，先是"咦——""啊——"然后是"动了，怎么动了?"再然后就是一片的惊奇声，很多人都站了起来，仰头观看已经旋转的走马灯。后来就开始离开案几，不自觉地串到其他宾客案前观赏，整个宴会立即就成了赏灯会。

马钧也和王巧他们一起看灯。他们这次看到的走马灯，造型更加丰富、画面更加精美、做工更加精致，毕竟当时他们做出来的是试验品。这次调集作场工匠专门制作，其精致程度要比马钧他们的好出几倍，何况荀豫再三要求按最高标准制作。

荀安、荀定心情比较复杂，又喜又烦。喜的是，毕竟这个走马灯当初他们也参与了试验。烦的是看到走马灯就想起了马钧，何况这个小结巴还一直在眼前晃来晃去，甩都甩不掉。尤其是荀定，想起郝县尉恼怒的神情心中就不是滋味。他在人群中瞧见郝县尉和客人指指点点说着什么，转头望了一眼，见王巧、马钧他们都在观灯，无人留意他，就悄悄穿过去，走到郝县尉身边，轻轻一扯他的衣袖。郝县尉见是他，淡淡地道："二公子，又有什么事?"

荀定把他扯到一边，背过身，低声道："郝大人，今天真的不知道他们暗中换成石头的了，让你白费心血，真抱歉。有一个新情况，不知对你有没有用?"

“嗯，什么情况？”郝县尉似乎不太感兴趣，望着眼前一盏西施浣纱走马灯，漫不经心道，“你说吧。”

荀定不觉有些失望，还是道：“有人告诉我，我们放灯那天夜里，那两个盗匪在如归客栈躲了一夜，就藏在马家父子住的房间里。”

灯影在郝县尉的脸上转动，浣纱的西施似在搓洗他的眉峰。他没有流露出心中所想，一句“我知道了。”淡淡地打发了荀定。

荀定失望地离开他，寻王巧看灯去了。郝县尉略一沉吟，悄悄退出灯会，走到外面，把站岗的兵丁叫上几个，直奔如归客栈而去。

如归客栈，掌柜正在盘算一天的账目，就见郝县尉带着几个兵丁，大步走了进来，连忙迎上前去：“大人，这么晚了，您还办差？辛苦了，我去准备点酒食。”

郝县尉手一挥：“不必了。本尉例行公事，搜索嫌犯，请予配合。”

掌柜连声道：“配合，配合。一定，一定。”

“前几天有对扶风来的马家父子在你这里住吧？”

“是有一对父子姓马，扶风人，来张府看病的，儿子结巴。”

“听说他们搬出去了？”

“是啊，那天闹灯，动静大了，第二天就走了，说是回扶风了？”

“知道他们为啥要走啊？”

“听说那天闹灯，他儿子也有份，一吓就走了。”

“没有其他原因？”

“没有，没有。不知道，不知道。”

“见他们和什么可疑人来往过吗？”

“没有啊，也就第二天几位公子、小姐来找过他们。”

“唔——他们住的房间能看看吗？”

“能能能，当然能，正好今天来的客人刚刚走了，房间正空着，还没来得及收拾呢。”

“刚刚走？”郝县尉觉得有些不对劲，“天晚只有投宿的，哪有退房的。客人什么时候住进来的？”

掌柜的道：“我也奇怪呢。客人天擦黑时住进来的，在里面没有一会儿，又要走了。不过他给了两天的房钱。”

“嗯，带我们上去看看。”

郝县尉本也没指望能搜查出什么来，也就是来看一看。进来房间一看，其他没啥异样，只有被褥凌乱散在榻上，而那凌乱又绝不像是睡觉起身后的情状。郝县尉感觉哪里有些不对劲，又说不上，就上前把被子掀开。这一掀开，掌柜惊叫一声。只见木榻被利刃挖开一个洞，显示里面曾藏过什么东西。郝县尉掌灯凑近一看，茬口上挂着几根布丝，捡起一看，与前几天单先生截获的那包袱的布丝是一样的。他办案多年，心中立即雪亮。也不管掌柜的惊诧，转身面对心腹手下，快速而简洁地下达命令：

“你，留在这里看守现场。你们四个各去四个城门查看有无身带深蓝粗布包袱的嫌犯。我到城南张记车马店拿住扶风马文。快!”

一声令下，几个小头目各自带一两个助手直扑四门。郝县尉带剩下的人直奔城南车马店。

此时县衙的寿宴刚刚从高潮恢复到平静。众宾客都回到自己的案前坐下，一边举杯庆祝，一边延续着刚才的议论。荀豫在一片赞叹声中，再度站起，抱拳道：“诸位——”场面立时安定了下来，听荀豫演讲，“诸位，今天请大家来，祝寿是假，观灯是真。大家一定感觉很新奇，自古灯笼只是照亮，何曾会动？有道是世道昌明，必降祥兆。我大魏自太祖武皇帝奠基，文皇帝开朝，国力日强，震吴撼蜀，如今陛下继承大统，天工开启新物，借孩童之手，成此走马灯，实是太平盛世之兆。”

有人忽然大悟：“荀大人，怪道最近涅阳小儿都在流传一首歌谣：天上星、亮晶晶，地上灯，转不停。星星落入涅阳县，变作满城走马灯。走马灯、洛阳城，洛阳城、帝王庭。帝王庭前点千盏，照得四面八方明。原来应在这里。果真是国家大兴之兆，可喜可贺！应当上奏朝廷，必能振奋大魏人心!”

王舒暗笑，这不就是我当时随口编的几句唱词吗？怎么就被当作谶语了？荀豫心头一动，上天果真是借这几个孩童之手，把这份吉兆降临到我的治下？

29

一连几天，虽然没见那两个强人来找，住在城南张记车马店内的马文还是感到心神不宁。不像以往，总要到外面去转转，寻个学馆之类的地方，找个抄写讲读的替差，赚点盘缠。一直以来，他就是靠这种方式补贴游学的费用，尽量少用身边的银两。这一次在涅阳县，遇到这档子事，是他没有想到的。为了儿子，他勉强留了下来，却觉得右眼皮一个劲儿地跳。这几天，他尽量少出门，以免让那两个强人碰见。尽管猜测他们应该早就逃了，哪里还敢再回来？但还是做好各种打算。

现在他决定，等儿子今晚回来，明天还是要带他走。可就是今晚，儿子左等也不到，右等也不回。迎黑时，他去张府找过，说是马钧和小先生一起被县衙的公子、小姐邀去看灯去了。不禁暗生闷气。气马钧招呼也不打一个，就擅自随别人去了。又不便到县衙去找他，只好回到车马店里等。

看看已经要到了宵禁时刻，马钧还是没有回来，马文有些坐不住了，在简陋的大通间里转来转去。大通间里睡的都是经常来此的商贩。马文选择和他们住在一起，也是想让那两个强人无从下手。几天下来，也就混熟了。他们对一身文人衣袍肯和他们住一起的马文很是敬重。知道情况后，都劝马文不要着急。既是县衙里公子小姐邀请的，便是宵禁，也不算无故犯夜，不会有事的。马文也只好这样安慰自己。

正踌躇间，只见大街上一阵嘈杂声，门缝里瞧见一群火把直向这里跑来。不知为什么，马文陡然汗毛直竖，本能地感觉到这就是冲自己来的，一时没了主意。大通铺的人也都涌到门前观看，果见那队官兵直奔这里而来，个个大惊失色，不知自己犯了何罪。

郝县尉来的路上，又将几对巡逻的官兵分别指派增援四门，自己带了一队人赶到张记车马店。立即指挥兵丁把这里团团围定。带了几个亲随直闯进去。年过四旬的张掌柜已经迎了出来，哆嗦着问：“郝……郝大人，有何……贵干？”

郝县尉一脸严肃，直截了当地问：“有个扶风马文的，住在这里。他人呢？”

马文听郝县尉指名道姓，直接叫到他，心中一沉：祸事到了。顿时脸色煞白。后悔那天没有走成。到了此间，怕也没用，只得大大方方地打开大通铺的门，走了出来，拱手道：“在下便是扶风马文，见过郝大人。不知找在下何事？”

郝县尉盯着他，冷冷地问：“你不是一直住在如归客栈么？怎么又移到这车马店来住了？”

马文估计有此一问，已经想好了说辞：“回禀郝大人，在下因替小儿看病，盘缠有些紧张，不敢再住客栈，只好省些钱住到车马店来。”

郝县尉阴阴地看着他："真的是这样吗？"

马文被他的眼神盯得发毛，短了底气："是……是的。"

"你说谎。"郝县尉左手扶在腰间的刀柄上，右手一指马文，"你说，那天夜里，你房间除了你们父子，还有谁？"

马文心中一惊：他怎么知道这个？难道那两个强人落网了？立时不知所措起来："郝大人，没有谁……谁啊？"

郝县尉的双眼像两道寒光直逼马文："还敢抵赖。怪不得那天夜里，搜遍全城也抓不着贼影，原来被你窝藏了起来。"

"郝，郝大人……"马文额头大汗淋漓，"在下不该隐瞒实情，我说，我说。那天夜里，军爷们走后，有两个强人从窗口翻进来，用利刃逼住我们父子，威胁我们若是出声，就……就杀了我们……后来把我们打晕了，天亮时他们就不见了。"

郝县尉冷笑道："谁能证明你说的是实话？谁能证明你和他们不是同伙？"

马文叫了起来："冤枉，大人，我们真的是被逼无奈，所以不敢住在那里，才转到这车马店来。"

郝县尉不听他解释，逼问下去："你说，他们在如归客栈藏下了什么？又是怎么拿走的？"

马文茫然道："没有啊，没看见他们藏下什么啊？"

门外又一阵踢踏的脚步声。一个心腹快步走了进来，禀报道："郝大人，刚刚有人用绳索偷爬城墙，被城上巡逻的人发现，打伤了我们三四个人，没有拦住，坠下城外去了，还有一个人在城下接应。打斗时，此人身上的一个包袱被刀划破，散落不少财物，都拿来了。"

郝县尉走出门去，见几个巡逻兵丁身上鲜血淋漓，相互搀扶着，其中一个用袍襟兜着金锭。正与前几天截获的一模一样。应该就是荀豫所说的王策那一半了。看来荀豫所言不是假的。王策的确是奉命携金购置土布的。

郝县尉拍了拍几个兵丁的肩膀，以示安慰，让他们先回去休息。转身命令手下："来呀，把扶风嫌犯马文带走，押进大狱，等候处置。"

马文大呼冤枉。兵丁哪管这些，一涌上前，用绳索将马文绑了，向外拖了就走。这一幕正好被刚刚回来的马钧看到，大急："父……亲，父……亲，怎么……怎么回事……啊……你……你……你们凭什么抓……抓……抓我父亲？"

喊叫着冲过来，一把抱住马文。兵丁迅速上前把他拖开。

郝县尉一见马钧，道：“正好，你也有嫌疑，一并带走。”

马文大叫：“冤枉！郝大人，冤枉！你们别碰他，他还是个孩子！”

郝县尉绷着脸，睬也不睬，带着亲随拿着截获的金锭直往县衙赶去。路上遇到几个散了宴回去的宾客向他问好。他已经按照荀豫的命令给巡逻的兵丁打过招呼，今晚这些客人不算无故犯夜。

到了县衙，见到荀豫时，荀豫还沉浸在灯会寿宴的氛围里，和王策在叙说着。见郝县尉来了，他点点头，眯着眼睛笑问：“怎么宴会还没结束，你就不见了？”

郝县尉道：“荀大人，属下接到报告，发现那两个盗匪的踪迹，所以悄悄退出场，带人去缉拿了。”

荀豫神色一凛：“拿到了吗？”

王策更是紧张万分，期盼奇迹出现。

郝县尉道：“人跑了，只发现这个。”把城墙上的情形叙说了一遍，道，“看这金锭，分明就是那两个盗匪。”

王策拿起金锭一看，道：“是的是的，就是那一半里面的。”跺脚道，“抓住就好了，抓住就好了。”

荀豫道：“别急，郝县尉会抓住他们的。”这几天，荀豫其实一直没闲着，私下也在安排人手查访，心中已经明镜儿一般，只是没有证据，不便讲出来。他已经有了计策，所以比较从容淡定。

郝县尉道：“禀大人，虽然那两个盗匪暂时逃了，可是我已经抓住了他的同伙。那天夜里，盗匪被他窝藏在客栈里，难怪我们怎么都搜不到。这一半金锭就藏在这个客栈的榻下，今天盗匪大概感觉没事了，又回来取走包袱，白天害怕过城门被查，所以晚上爬城墙逃跑。这个同伙却躲到车马店，被我们抓个正着。已经关到狱里去了。”

王策道：“那快审，快审……”他眼下最急的就是找回剩下的那些金锭。

郝县尉道：“你们道那同伙是谁？说来你们不信。”说到这里，卖了个关子，见荀豫、王策都吊起了胃口，才指了指墙壁上挂着的一盏走马灯，道，“就是弄出这个东西的结巴少年和他的父亲。”

30

这几天，王策都不知道怎么熬过来的。找回一半失金，让他勉强振作了起来。见荀豫忙里忙外的，公务特别多，也不好意思老是催他想办法。眼看回去的日子越来越近，事情不知怎么个了结？好在荀豫已经让县里三老找各乡三老，给他们金子采办土布去了。荀豫自己也倾其所有，把积蓄都拿出来，给妹夫先垫着应急。几天里，也采办了不少土布。这两天，又陆续送来了很多，该收的差不多都收了。世面上一时布匹紧缺，仍然远远不够所需的数量。王策十分犯愁。数量不够，金锭丢失，这下回去怎么交待呢？

中秋一过，天气一天比一天冷起来。日子到了，王策听从了荀豫的安排，心怀忐忑地上路了。由两辆厢式马车、十几辆平板马车组成的车队，浩浩荡荡出了涅阳县城。前后几辆马车上都坐的人，二十几个女织工，七八个木工，还有两个戴着刑具的犯人，正是马文和马钧父子。押送车队的也就是四个兵丁。两个坐在前面马车上开道，两个坐在后面马车上殿后。两辆拉着土布的马车走在中间。王策夫妇坐在第二辆厢式马车里，一路上沉默不语。王巧、王舒、荀安、荀定坐在第三辆厢式马车上。

王巧、王舒正在生父亲的气，也在生马钧的气，更在生荀安、荀定的气。

舅舅寿宴的第二天，她们又兴致勃勃去了张府，却没看到马钧。没了马钧，似乎陡然间就寡味了许多。几个人玩了半天“打笨牛”，又去碾药，虽然也很开心，但总觉得缺少了什么。在王巧的建议下，便一起去城南客栈找小结巴。到了客栈一打听，才知道，昨夜马文马钧父子都被下了大狱。一时都傻了眼。只有荀定心知肚明，表面却装得和她们一样吃惊。

张超当即提出要荀安、荀定回去问问荀县令怎么回事？荀安推脱道：“这种下大狱的事，我们哪里敢问？父亲不打死我们？”

荀定道：“我们也想不到他们会和盗匪勾结啊，这样的人还是离得远一点好。”

“怎么会呢？”王巧根本不相信，“小结巴虽然可恨，可他怎么看也不像是盗匪啊。”

王舒也道：“这一定是有什么误会。表哥，你们去求求舅舅吧，把他们放了。”

李牧心中想到什么，看着荀定，不敢多嘴，只附和道：“是啊，是啊，前几天还在一起玩的，怎么就成盗匪同伙了呢？”

荀安望着王巧娇俏而又愁眉深锁的面容，心一横，道：“走，我回去问问，大不了被父亲打一顿。”

荀定见他出头了，自己也不好落后，道：“好，要挨打一起挨打，只要表妹说句话，刀山火海都闯了。”一副义无反顾的样子。

他们立即就回去了，荀豫在前堂处理公务，完了就和王策去作场办事去了。他们只好在后堂等待。王巧、王舒、张超、李牧焦躁不安，荀安、荀定心中有数，表面上装得很忐忑。一直到了午后，荀豫、王策才回来。见他们都在，奇怪地问：“你们在这里干什么？”

荀安、荀定刚要上前，王巧已经连珠炮似的开口了：“舅舅，小结巴他们犯了什么罪？郝县尉怎么把他们父子俩给抓了？”

没等荀豫开口，王策就叱道：“死丫头，官府办案，也是你能随便问的吗？”

王巧从来没被父亲这么责骂过，眼泪立时滚滚而下，一跺脚，抱着荀豫的胳臂摇。荀豫也觉奇怪，问：“咦——舅舅倒要问你：他一个外乡人和你有什么关系？你对他的事怎么这么上心？”

荀安、荀定暗自喝彩，这话正是他们想说的。

王舒及时开口道：“舅舅，这阵子，舅舅的走马灯、小先生的药碾子都是这个小……马钧弄出来的，大家在一起做了好几天，小先生还有东西想请他帮忙，我们又请小先生帮父亲抓药，所以……所以就想问问他的事情嘛。”说着求救似的看了一眼张超。

张超连忙道：“是啊，荀大人、王大人，我那里还有东西要请小阿哥帮忙，你把他放了吧。”

王巧连忙擦了眼泪道：“就是嘛，关我什么事嘛，不就是为了小先生嘛。我们不是求小先生抓药呢嘛。我们又帮不了小先生什么忙，只好找小结巴帮忙了。”

荀安、荀定想说什么却说不出口。

荀豫冷着脸，道：“你们知道什么？贤弟，你告诉她们吧，不用再瞒了，也让她们死了这条心。”

“死丫头，你们就知道疯，平时把你们都惯坏了。”王策道，“你们知道为父这次来担了多大的风险吗？这次南宫县令给了我三百金，来采办土布，半道上被两个盗匪给掉了包。那天你们放灯闯祸，盗匪就在现场，被单先生半路撞见，夺回了一半金子。两个盗匪那夜躲到哪里去了，你们知道吗？躲到他的同伙那里去了。他的同伙是谁知道吗？就是那个扶风来的马家父子。”

王巧、王舒、张超几乎同时叫道：“不可能的，这怎么可能？”

“这有什么不可能？”荀豫道，“现有确凿证据证明，这个马钧和他父亲马文，串通盗匪，盗取你父亲的金锭。你们知道吗？你父亲若是完不成这趟差，脑袋是要搬家的！”荀豫有心要教训教训这个成天疯疯癫癫的丫头，故意往死里吓她，“你还知道不知道？你父亲若是完不成这趟差，你就要选入宫中，再也出不来了！”

“什么？什么选入宫中？”王巧、王舒同时惊呼。荀安、荀定、李牧全都傻了一般。

“你父亲一直不敢告诉你们。你们只知道一天到晚疯，哪里知道父母担着多大的干系？”荀豫发觉自己说脱了口，索性把话挑明，“陛下登基，迟早要在全国选美充入后宫，他身边的人早已准备开啦。底下人为了拍陛下身边人的马屁，已经开始物色人选。河南人不知道你疯，但知道你美，你已经是待选之人，是你父亲一直扛着，没松口。这次派你父亲来办差，就是给他挖坑的。三月之内，如何织得出两千匹土布、五百匹丝绢？完不成，你父亲就是死罪，那时呢？怎么办？明摆着逼你父亲答应选你入宫。”

王巧像听天方夜谭一样，脑袋轰轰隆隆的。王舒也愣愣地看着父亲，见父亲脸上煞白，才知道这阵子为何父亲总是病快快的。按道理，老毛病没有这么重的。

荀豫的话触及了王策的痛处，王策不禁老泪纵横，呜呜咽咽地哭泣起来。荀豫继续敲打她们：“成天和一个半大小伙子混在一起，知道不知道你们已经多大了？一个十五、一个十四，在寻常人家，早已出嫁了，当大人了，还能成天这么疯疯癫癫的？”

这句话让王巧、王舒浑身战栗了一下。王策没有儿子，就一直溺爱着她们，尤其是爱撒娇的王巧，因而她们从来就没有意识到自己已经长大。舅舅脱口而出的话，让她们猛地警醒了。一下子从混沌中体会到在别人眼中，自己早已是个大人了。

尽管成天挤兑马钧，不过是寻一个斗嘴发泄的对象取乐罢了。现在却觉得小结巴其实挺有趣，能做出那么多好玩东西。得知他真的与盗匪牵扯在一起，王巧心中不觉痛恨起来。而王舒心中却一千个不相信、一万个不相信。这么一个心灵手巧、倔强自尊的人怎么会去勾结盗匪？但人证物证俱在，她也无从反驳。她求救似的朝王巧看了一眼，希望她这位敢想敢说敢做敢当的姐姐，能再有什么杀手锏，让舅舅放了马钧父子，却看到姐姐眼底深处透出的一股恨意，不禁打了个战。

王策一旁插话数落女儿："你们得多向两位表哥学，这次若不是他们提供线索，郝县尉如何能查出盗匪踪迹？这才是正道。"

王巧蓦然把目光射向荀安、荀定，透着从未有过的寒意。然后一言不发，拂袖离去。王舒也不满地瞪了他们一眼，跟着走了。荀安、荀定猝不及防，没想到姑父突然间抖落出他们的隐私，知道这下把表妹得罪得不轻。后悔不迭，急忙追了出去。张超、李牧没了辙，也跟着走了，寻思着回去找张先生和单先生想办法。

王巧从那一刻起，就坚决不理睬荀安、荀定。直到临走了也没搭他们一句腔。只有王舒忍住怒气，勉强和他们告别了一下。荀安、荀定急了，去找荀豫，说姑父一家带着这么些土布，还有这些女工，只有四个兵丁，一路肯定不安全，他们两个多少有点武艺，愿意护送他们到家。荀豫盯着他们看了半天，道："也好，你们也该去历练历练。把你姑父一家平安送到河南后，玩几天就赶快回来。"

就这样，荀安、荀定挎着兵器，如愿以偿地跟着车队出发了。一路上寻思如何获得表妹的原谅。但王巧始终绷着脸不搭理他们。

31

张超、李牧跑回张府。李牧一路给张超出主意："这事儿只有找张先生和单先生，也许荀县令会买他们的面子。"

张超担忧道："只是我父亲和单先生能肯为一个外乡人去求情么？何况他只是一个来看病的人，又卷到盗匪的案子里了。"

李牧道："张先生和单先生都是爱才之人，何况马兄刚做了药碾子，张先生那么喜欢，一定会出手相救的。"

张超道："不管怎么样，死马当活马医吧。"

情况比张超、李牧想的要好得多。张先生、单先生听说了事情的经过，都觉得很意外："马家父子不可能和盗匪有瓜葛啊。"

仔细问问情况。李牧把马钧当日告诉他的情形细细讲述了一遍，单先生道："这就是了，马家父子冤枉了。"

张先生奇怪道："这里面的漏洞是明显的啊，以荀县令多年办案的经验怎么会看不到呢？"

单先生道："天降一人不易。这小伙子虽非经世之才，却有奇巧之处，如此糟蹋了可惜。我们不妨见见荀大人，看看到底什么情况。若真是与盗匪有染，我们倒也不能干预律法，妄加插手了。"

张先生、单先生倒是说做就做之人，立即去了县衙，面见荀县令。张超、李牧看到希望，在堂内焦急地等待着。直到晚食时分，张先生、单先生才回来。

张超、李牧急忙迎上去。张超问："父亲、单先生，怎么样？荀大人肯放人吗？"

张先生叹口气道："我们去问了，马家父子恐怕有些麻烦。人证物证俱在，虽然有些地方不充足，还需勘察，但暂时还放不出来。因为这事与河南县采办土布的金锭失窃有关，马家父子过两天就交给王县丞带回河南审讯了。"

单先生微微一笑道："荀大人自有安排，能不能洗清冤屈，就看他们的造化了。"

张超、李牧登时泄了气。晚食过后，天近黄昏。李牧悄悄把张超拉到一边，道："小先生，我们去找王家大小姐吧。既然马家父子交给王县丞了，放和不放还不是他一句话？"

张超摇摇头："你没看那天王县丞的态度，不会放的。再说了，仙女姐姐真的知道马家父子交给王县丞带回去，不用我们说，她们也会做的，只是做了肯定也没用。我们毕竟是小孩子。"

李牧没了辙。第二天，他们无精打采地在药房里待着。李牧有气无力地碾着药。张超捧着书和药材研究药性，但根本沉不下心来。晌午时分，王巧、王舒来了。见到张超、李牧，一点笑容也没有。她们是来告别的。来到涅阳县，她们没有其他熟人，也就和小先生、马钧、李牧认识了，还在一起疯玩了几天。想想要走了，心中颇有几分不舍。就来向他们道个别。

张超明知说了没用，还是忍不住道：“姐姐，听说小阿哥要交给你父亲王县丞带到河南审讯，你……能不能让你父亲半路上把他放了？”

王巧恨恨道：“他自己作死，好好的人不做，偏要和盗匪牵扯在一起。谁要管他？”

王舒无奈地道：“我相信他们是被冤枉的，但是我们的话父亲也根本不会听的。”

李牧听说王巧他们要走了，十分失望，又不好吐露什么，便就着马钧的话题道：“王小姐，你一定是误会了。马兄不是那样的人，他们是被盗匪祸害的。”当下把马钧告诉他的，那夜如何被盗匪逼迫打晕的情形细细讲述了一遍。

王巧、王舒张大了嘴。王舒长舒一口气道：“我说他是冤枉的吧？怪道第二天他们要走，原来是被吓的！”

王巧惊愕之余，却猛地想到一个问题，质问李牧：“你这话可是跟谁说过？”

李牧惊了一惊，低下头，不敢看王巧的眼睛。王巧急了，拍了他一巴掌：“你个死人，是不是和我表兄说了？”

李牧点点头，越发惭愧。

“都是你，你告诉那两个宝贝干什么？”王巧跺脚道，“这不无缘无故把人害了，现在说都说不清。我告诉你，小结巴要是被砍了头，我就回来砍你的头！”

她说的原本是气话，谁知李牧却黯然道：“这辈子要是能被小姐砍了头，也不枉活一世。”他这话脱口而出，说出来自己都吓一跳。

王巧惊异地看着他，第一次认真地重视起这个寄人篱下的少年来，发现他真的很英俊。不敢多想下去，拉着王舒急急地告辞走了，临走时却低声丢下一句让李牧心惊胆战的话：“我看你倒像个逃籍的工户，就该抓了你去！”

看她走了，李牧像丢了魂似的。张超和他说话也聚不了神。好半天，才听清张超道：“你发什么傻？再想想办法啊。”

李牧这才回过神来，心中一转，道：“现在最好的办法，就是跟着他们一起去。见机行事。”他的目的只要能看到王巧就行。

张超丧气地道：“我们又有什么办法跟着一起去？”

李牧有了主意：“你不是一直说要去河南会会小夫子吗？直接去河南，不就有机会了吗？”

张超摇摇头：“简直异想天开，父亲怎么会让我一个小孩到外面去呢？”

李牧道："我陪你啊，我都十七了，大人了啊。我还会些武艺，能保护你的。"张超仍旧没信心。李牧急了，"行不行总得试试吧，大不了被骂一顿。"李牧此时已经暗暗打定主意，要是此计不成，他就不辞而别，单独上路，只要能看到王巧，哪怕给她家做奴仆，他也愿意。

事情大大出乎张超、李牧的意料。张超刚一提出要到河南去会会小夫子，父亲居然笑呵呵地一口答应了，而且要他做好准备，明天和单先生一起走，说是已经把他托付给单先生了。张超大喜。李牧既欢喜又着急，赶紧扯扯张超的衣襟。张超未及开口，父亲居然又道："李牧，也陪小超一起去，照应好他。"

李牧大喜，连忙跪倒磕头："谢谢舅公，我一定服侍好表少爷！"

32

秋风飒飒，秋山空寂。车队行进在山道上，很少有人说话，只听车轮吱吱呀呀地碾压着山道，挤在一起的人随车摇摆，有的无聊地打量着荒芜的山野，有的眯着眼睛打盹，有的在扳着手指头盘算着什么。

马钧戴着镣铐，坐在车上，也是百无聊赖。开始两天，还在为平白无故地吃了官司气恼、愤怒、吵闹，到最后筋疲力尽，知道这场冤枉官司是吃定了，也就安静了下来。他不敢看父亲的眼睛。一看到父亲那空洞无神的目光，他的心就针刺一样难受。要是那天听父亲的话，一走了之，也就不会有这样的事了。他感觉都是自己连累了父亲。

王策还是按照来时的路线返回的，已经走了好几天了。从青牛邑、南郡、雉县、鲁阳、梁县、阳人、新城，一路还算平稳，没有发现什么异常情况，但王策依然能够感觉到有一双眼睛在远处时时窥视着他。他希望该来的早些来，可一直没有来，又不禁大为失望。过新城时，原本有一条近路直通河南县，但王策牢记荀豫的叮嘱，仍然绕一个大圈子，从陆浑山原路返回。

王巧、王舒有时会悄悄掀起窗帘看一眼隔着几辆车的马钧，心中十分复杂。她们回来求过父亲，被父亲狠狠骂了一通，也不允许她们再接近马钧。父亲从来没有这样对她们疾言厉色过，她们满腹委屈地上了路。王巧就此一声不吭，吃饭睡觉也不理人，整天阴着脸。让同车而坐的荀安、荀定如坐针毡。幸好王舒有时还和他们搭个一两句，让他们多少免除了些尴尬。这才注意起，这个二表妹其实也是挺可爱的。

晌午时分，车队进入了陆浑山那条狭长的山谷。马钧坐在车上，戴着镣铐的手拿着小木簪无意识地把玩着，眼睛一直盯着车轱辘看，聊以打发孤寂无聊的时光。大车的轱辘在高洼不平的山道上滚动，车轴跟着一起转动。马钧看着看着又出了神。他一直很奇怪，这个东西怎么会转的？“走马灯”有蜡烛燃气，燃气上冲，形成风力，吹得风车转了，风车因此带动中轴转动。“笨妞”有鞭子抽打，施加动力，它才转了。马车呢？是马拉着它，一直向前，才让它转了。那为什么这个车轴一定要在车轱辘中间呢？如果在边上会不会带着它转？想了想，又觉得不可思议。哪有车轴在轮子边上的？再想一想，为什么就不能呢？就想起了芦粟杆片儿，在心中把它弯成一个圈，如何让这个圈转起来？他在心中演示：把它抛在地上，向前一推，那圈儿就一直向前滚，滚着滚着，动力没了，倒了。再滚。要是给它不断施加一种推力呢？用那个打“笨妞”的鞭子抽？不行。“笨妞”是实的，有腰，好抽。这圈子没腰，往哪儿抽呢？对了，如果不抽，用长杆儿推呢？长杆儿前面尖尖的，没法抵住它。那么，在长杆前面做个月牙儿的槽呢，就像药碾子的石槽……渐渐的，又一个玩具在马钧的心中形成。他叹了一口气：再也没有在小先生家里的那种机会了，想怎么试验就怎么试验。

正想得出神，忽听很多人惊叫起来。只见山崖上凭空落下很多粉状物，正向车队砸来，其中大部分落到装满布匹的马车上。跟着两支火把落下，装满布匹的大车烧了起来。车上的女工吓得大声惊叫，四散奔逃。两个黑衣人从山崖跃下，蒙着面，举起大刀，向试图救火的木工砍去，意在吓退他们。谁知这几个木工竟是勇敢至极，不退反进，不知从哪里抽出刀来，迎上前去，与两个蒙面人格斗在一起。那四个兵丁也各持利刃加入战团。

一听惊叫声，王策心中就道：“来了，到底来了！”急急忙忙跳下车，见布匹烧着了，急忙叫道，“快救火，快救火。”

谁知这两个蒙面人武艺高强，一人敌住几个，竟是毫无畏惧，不见丝毫退缩。谁去救火，他们就截住谁厮杀，但他们也是只伤人，不害命。看样子，他们唯一的目的就是把这些土布都烧了。

荀安、荀定、王巧、王舒也跳出车外。荀安、荀定犹豫着是冲上去，还是守护在这里。王舒吓得直哆嗦，王巧胆子却出奇地大，抢过荀定手中的腰刀就要冲过去拼命。被王舒死死地抱住，叫道：“姐，你别去，你别去！”

王策紧张地叫："拦住她，拦住她！"荀定夺过刀，和荀安死死地护在王巧、王舒前面。

马钧一眼就认出这两个蒙面人就是当初在客栈里逼迫自己的人。顿时气往上冲，大叫一声："恶贼，你们……害我不浅。我跟……你们拼了！"不顾手上戴着铁链，丢掉小木箸，捡起路边一根树枝，直向最近的蒙面人冲去。马文拦阻不及，也从地上捡起一把打落的刀，冲上去助阵。

这个蒙面人身材壮实，举止有些憨。见马钧抱着一根树杈冲过来，想去格挡，无奈这树杈枝丫太多，无从格起，竟一连被逼退好几步。马钧怒极拼命，不管不顾地挺着树杈直往前冲。这东西虽然不能致命，但是那乱七八糟的树枝也是尖利无比，就这么戳到脸上也够喝一壶的，尤其是眼睛，最容易戳伤。

王巧、王舒看得真切，紧张地大声叫："当心，当心，戳他，戳他。"

那蒙面人退了几步，定下神来，舞起刀，护住周身，那树杈到了近前，便被刀锋削得七零八落，只几下，马钧手中便只剩一节树棍了。马钧犹不退让，疯了一般举着那节树棍向蒙面人捅去。马文已经赶上，一刀砍向那人，但手上戴着镣铐，不甚便当。那蒙面人扬手一格，就将马文的刀格飞，再一脚踢翻他。右手反旋，一刀劈向马钧，势不可当。王巧、王舒惊骇地闭上眼睛，心中只一个闪念：完了！

就在这时，一个苍劲的声音喝道："休得伤人！"

王巧、王舒睁开眼，只见单先生不知何时出现在当场，右手藤杖一挥，左手往后一带，就把对方的刀格开，将马钧从刀下拽了出来，随手扔到马文身边。马文死死抱住马钧，不让他动弹。

单先生宽袍大袖，看似漫不经心的甩动，却见杖影翻飞，没几下，蒙面人就没了招架之功。王策这时才定下神来，看着蒙面人的身形，果然是他们，叫道："老吴、老周，是你们，何故害我?!"

老吴老周见已被王策喝破行藏，心中顿时慌乱起来，就要逃跑。与单先生缠斗的正是老吴，一慌神，被单先生拿住右手，夺下兵刃，一脚踢在腿弯上，将他踢得单腿跪下，后面几人一拥而上，用绳子将他缚了。老周一看情形不对，见布匹也烧得差不多了，急忙抽身而退。与他缠斗的几人，哪里肯放过，也是脱身不得。单先生纵身越过马车，像一只大鹏，呼地一下落在老周面前。老周一见单先生，心更慌了。竟是扑通一声跪倒在地："单先生，我也是有命在身，放过我们吧！”

王策跑过来，抢过一把刀，架在老周的脖子上，喝道：“老周，我何时跟你们有过仇？你们这样把我往死路上逼？”

老周惭愧地低下头：“王县丞，不关小的……小的事。小的也是奉命行事，身不由己。”

王巧冲过来，喝道：“奉谁的命？谁要害我爹？”

王策拦住了王巧：“算了，别问了！”他已经完全相信了荀豫的分析，觉得说破了，也就与南宫嗣撕破了脸，只得下令，“把他们带回去，交给南宫县令处置。”

几个兵丁和木工跑过来，将老周老吴押在一起。王策这才抱拳对单先生施礼：“多谢单先生出手相助，要不然缉拿这两个恶贼，还真不易呢。”

单先生道：“都是荀大人判案高明，布置得当。老夫也是受荀大人之托，暗中助你们一臂之力的。”

王巧他们都围了过来。王巧惊奇地问：“单先生，你怎么会出现在这里？父亲，那些木工怎么也变成兵丁了？”

王策“呵呵”笑道：“死丫头，其实你舅舅早就怀疑是老吴老周搞的鬼，我还不太相信。他特意派些兵丁装成木工，一路跟来，就是为了缉拿这两个恶徒的。单先生也是你舅舅请出来，远远跟着我们，有个照应的。”

夫人荀氏也走了过来，与单先生见过礼，望着被烧掉的土布车，忧虑道：“布被烧掉了，回去可怎么交差啊？”

单先生笑道：“夫人请放心，荀大人早有安排，这车上的布是假的，真的布在后面我的车上放着呢。我让他们先去城门口等我们了。”

荀氏真是惊喜万分：“太谢谢先生了，我们家可得救了。”

王舒怯生生插上来道：“哪那……那个马……马家父子该洗脱罪名了吧？该放了吧？”

“别乱管闲事。”王策不悦道，“一码归一码，他们是他们的事，等查清了自然会放他们。”

王巧叫道：“还用查吗？你没看刚才小……小结巴和恶贼拼命的样子吗？”

王策叱道：“官府有官府的规矩，你一个女孩家，少掺和，让人笑话。”

33

河南县是司州河南尹治下的一个小县，与洛阳接壤。县城坐落在洛阳城西南三四十里处，与西边的谷城、东边的偃师、东北的平县一起拱卫京城，而河南县最近。虽是小县，却因临近京都，得天独厚，各种消息十分灵通。洛阳城里高官云集，一抓一大把，甚至不少要员在河南县置地建房，所以一个小小的河南县令在这里既荣耀，又憋屈。荣耀的是比偏远小县要高出一头。憋屈的是，做人做事难免束手束脚，一不留神，就不知踩了谁的尾巴，所以行事得处处谨慎小心。但反过来也有好处，就是可以结识许多朝中权贵，找到可以依附的高枝。

河南县令南宫嗣情况不太一样。南宫嗣年过四旬，长眉细眼，薄唇短须，颇有几分儒雅之气，只是前胸有些扁凹，后背就显得微弓，无论是走路还是盘坐，看上去就总像是低头含胸，一副永远在沉思的神态。他原本就在京都里任职，做过黄门侍郎、骑都尉，一步步做到将作长史，上下左右的关系自然十分清楚。前番因上书魏主曹睿，建议大兴土木，与闻讯前来进谏的毌丘俭当朝掐架，被曹睿打发到这里来当个小小的县令，心中颇有不甘，决心哪里跌倒哪里爬起来，就从这小小的河南县闹出些响动来，让曹睿重新发现自己，何况自己还有中书监刘放、中书令孙资帮忙讲话。这么多年，自己老家那边在他们二人身上下的功夫可不是白费的。

一来到河南县，就发觉这里的人际关系错综复杂。想做什么事，感觉这边也是眼睛，那边也是眼睛，哪一个也不好随便动，就连一个小小的主簿、县尉、县丞都各有来头。费了好大劲才换掉主簿，前些日子两个县尉自己内斗，揭发出收赃放盗的丑闻，才得以拿掉一个，换上自己的旧部。县丞管着仓狱钱粮，不是自己人也不行，自己想在钱粮上活泛些，也是碍手碍脚，放不开。

这个王策是这里的老县丞了，虽然为人勤勉低调，不争权利，好使唤，但是胆小怕事，有些事根本不敢拉他进来。有他，有些事就不好做。要换掉他，也挺为难。王策为人和顺，是个老好人，比较有人缘。县内大大小小的乡绅官员，他都熟悉，而且与在这里购置产业的洛阳京官也多有来往。后来查出，王策的大舅爷是涅阳县令荀豫，而荀豫的大舅爷正是毌丘俭，这就更加不能轻易摆弄了。刘放也告诫他，新帝登基，现在到底什么特性，还没人知道。你已经妄言被贬，就消停些，一切要循规蹈矩，不要弄出乱子来。所以，要换掉王策，唯有一个办法，就是让他自己知难而退。

南宫嗣想了好多办法，都觉得不成熟。这次，刘中书传话给他，蜀国可能要来犯境，估计朝廷要广征军衣、军粮，要他提前做好准备，做出一些成绩来，到时好给他说话。再一个，新帝登基，不久肯定会选美充宫，现在就可以物色人选，以备一时之需。这一刻，他忽然就有了妙计。将这个差事派给王策。他是县丞，正管着这一摊。完不成或者出差错，那你就自己滚蛋吧。

王策家有两个如花似玉的女儿，特别是大女儿，自己亲眼所见，若说前朝貂蝉有闭月之貌，那是传说，自己没有亲眼见过。而王策的女儿，是自己见过的女孩当中最让人掉魂的一个，而且织布之巧，全县闻名。他隐隐约约把朝廷将要选美的意思透露给王策，看他反应。那王策真要是一口答应，自己还真就不敢动他了，还得和他搞好关系，说不得哪天他女儿就在皇宫得势了。谁知，没几天，王策就把他女儿送到荆州涅阳去了。

果然没多久，河南尹就下来任务，要河南县三个月内完成一千匹土布、二百五十匹丝绢。南宫嗣把这个数字翻了一番交给了王策。心中拿定主意，若是他完成了，自己正好超额上缴，可以邀功。若是他完不成了，或者中间出什么纰漏，对不起，自动走人。这是一个不可能完成的任务，王策被逼得愁眉苦脸。南宫嗣就给他出了主意，让他把女儿叫回来指导百工织布。同时给他三百两金子，去采购些土布回来充数。却把心腹老吴、老周派给他护卫。但这两个笨蛋做事不小心，居然在涅阳县差点露了马脚，调了包的东西又被夺回去一半。他们已经快进入河南县境内了，不知情况怎么样了？

黄昏时分，南宫嗣在后堂转来转去，县尉丁九过去就是他的心腹，正在一旁侍立着，小心安慰道："大人，不必担心，万一失手，我已经安排了后招，保管他们不会开口说话的。"

南宫嗣皱眉道："丁九啊，你不知道啊，这河南县靠近天子脚下，出头冒尖的人多，闹出一点点动静都会惊动上面的啊。"

丁九道："是啊，大人，刚才那个讨厌的小夫子又在城南门口悬书代言，有人说河南尹医曹椽史李厄在本县私开药铺，滥用庸医，假药坑民，小夫子吟诗作文，呼吁驱逐，弄得又有许多人围观。"

南宫嗣扬起头："哦，好啊，那个姓李的医曹把手伸到下面来，在此间开了多家药铺，本地药铺叫苦连天，已经几番具状上来，我正为这事为难呢。他仗着在尹里，朝中又有人罩着，不把我放在眼里。哼，小夫子要悬，就让他悬吧。”

丁九会意：“只要小夫子的悬书传开去，河南尹知道了，怕是他的官位也不保。”

南宫嗣点点头：“现任河南尹裴潜裴大人可是有名的清峻严苛之人，可别犯在他手里。”想了想，道，“你去把这个小夫子叫来，我有话跟他说。”

丁九道：“大人，你不是见了他就讨厌吗?”

“那是。他仗着父亲做过扶风太守，朝中故旧甚多，又是个小孩，别人不好拿他怎么样，就肆意妄为，我是见了就讨厌。”南宫嗣话头一转，“但有时这种毛还没长齐的愣小子，也是一枚好棋子。”

丁九明白了，一挑大拇指：“大人高明!”转身走了出去，让人去叫小夫子。

南宫嗣在堂内继续踱来踱去，想着王策那边可能出现的种种状况。丁九又折来了，一听脚步急匆匆的，就知道又出了什么稀奇事。要不就是王策那边的事，心中忐忑不安，抬起头看向门口。

果然，丁九快步走进来道：“奇了，奇了，南门差人来报，小夫子在城门口和一个外地来的小先生对上阵了，围了很多人在看。”

第6回‖立赌约：河南县初会小夫子

34

张超、李牧按照单先生的吩咐，带着两个家仆，驾着两辆装满土布的厢式大马车从另一条道上直奔河南县城。未时，秋阳西移，照在身上有一丝暖意。远远地看到黑魆魆的女墙了，张超兴奋地从马车上站起：“到了，看到城门了。”

“表少爷，当心。”李牧扶住张超，“马上到城门口了，大小姐他们不知怎么样了?”

张超道：“放心。有单先生在，万事大吉!”

李牧问：“对了，我才知道这单先生本事好大！你肯定知道得很多?”

“当然。”张超得意道，“我听父亲说过，这单先生原是一位江湖人，和当今御史中丞徐庶徐大人是师兄弟。前朝中平末年，徐大人还是一位和我们差不多大的少年，就学了一身好武艺。他的一个朋友因与当地豪强结怨，被害得家破人亡。徐大人就白垩涂面，只身闯入豪强家中，将那仗势欺人的恶徒，一剑毙命。后被官兵捕获，因怕牵连朋友和母亲，始终不肯说出自己的姓名。官兵就将他绑在刑车上，击鼓游街，让百姓指认。据说当时人山人海，认识徐大人的很多，可就是没人肯说出来，因为大家都认为他为当地除了一霸，是行侠仗义之举。后来单先生联络了一帮江湖朋友，劫了牢，把他救了出去。他才隐姓埋名，弃武从文。他满腹经纶，先投在刘备那里，西蜀的丞相诸葛孔明还是徐大人推荐给刘备的呢。后被太祖武皇帝设计收拢，现就在洛阳城里。曾几次请单先生再出来做官，单先生都辞了。”

李牧惊讶道：“原来单先生还有这么一段故事?真了不起!”

张超道：“他的故事多了去了，我父亲最佩服他，以后慢慢讲给你听。”说着话，就到了城门口，远远就看见一堆人围在那里，手一指，“李牧，你看，那里在干什么？”他生性好动，哪有热闹往哪儿跑，挥手让马车停下，“李牧，你在这里守着，我过去看看。”跳下车就跑。

李牧拦阻不及，急忙对家仆道：“你们看着马车，等单先生他们来。我去看着表少爷，别出什么事！”

城门口西墙根，一大群人拥在那里，看不清在围观什么。急得张超团团转。见李牧跟上来，急忙道：“我看不到，看不到，你扛我，扛我！”

他们跟张先生上山采药时，遇到高处够不着的，李牧常常用肩头把他扛上去。一听这话，熟练地蹲下身，让张超骑在肩上，然后直起身，把他扛起。张超这才看到人群里，有一张简陋的案几，案几上放着笔墨纸砚，一个比他还小一两岁的孩童，正站在案几后面。城墙上贴着一张纸，上写：悬书代言。这个孩童看上去很瘦弱，衣袍也很陈旧，但很整洁，朝那儿一站，就显得气宇轩昂，一脸正气。他捧着一张纸，大声诵读，又快又急，连珠炮一般，但口齿清晰，嗓音脆嫩：“……医者父母心，药者天之赐，医曹国之吏。今有尹中之医曹椽史，不通岐黄之术，不辨药草之性，不体民生之苦，而肆意妄为，擅开药铺，置病家生死于不顾，只知道卖药敛财，到处伸手。在下多次听到李记分号以假当真，以次充好，扰乱本地医界。近来李记分号还轻率开发新药，不尊黄帝内经，有违圣人之道。如此庸医奸商，根在尹中曹椽，在下今日悬文代言，通达四方，呼我民众，共同驱逐……”

围观的人齐声喝彩，那个请他代言的看上去是个药店掌柜，连连作揖道：“谢谢小夫子仗义执言，谢谢小夫子仗义执言！”说罢掏出一把五铢钱，放在案几上。

小夫子神色凛然道：“在下悬书代言，只为正义，不为钱财，敬请收回。”

张超骑在李牧肩上，就比人群高出一头，对那孩童的口才和正气也是欣赏之至，一听人称小夫子，不觉大叫：“啊哈——你就是小夫子？！”眼前这孩童正是他此行要来拜访的小夫子，不觉大喜，脱口呼出。

他本不过一个孩子而已，原本就没引人注意，正好众人也在叫好，他的声音就被淹没了。一时急了，待大家叫声方停，猛地大声插进一句：“庸医当逐，奸商可恶。但圣人之道，不废开新。小夫子，你的话只有一半对。”

这一声来得突兀，满场安静下来，大家这才发现，又一个十一二岁的孩童骑在一个少年肩上，看上去也是一副满腹经纶的早熟模样。小夫子见是一个和自己差不多大的孩子驳斥自己，一抱拳道：“小先生既有高论，敢请赐教?”他见对方出口文气，便习惯地以礼相待，呼为先生，见他年幼，便自然加了个“小”字。

张超却大奇：“咦——你怎么知道我叫小先生?”人群自动闪出一条通道，张超拍拍李牧，“放我下来，放我下来。”李牧蹲下身，张超跳下来，走进场中，拱手对小夫子道，“你嫉恶如仇，揭露庸医奸商，我大是佩服，但你说圣人之道不可违，不能让人信服。”

那瘦弱孩童第一次听有人公然说圣人之道亦可违，十分惊奇，道：“上古圣人参天地之造化，悟万物之大道，寓之文字，刻之竹帛，布之于世，以启民智，以化民心，以医民疾，以利民生，后人安可违之?”

张超笑嘻嘻道：“圣人之道，着眼大处。民用之本，在于细微。大道不可违，细微应出新。比如《黄帝内经》，为医者必读、必通、必悟之典，的确浩繁广博，奥妙无穷。但它只是阐述病理、病因、养生、摄生、益寿、延年之法，真正于细微处诊病者极少。又曰不看已病，只看未病。倘若世上只有一部《黄帝内经》，世间多少病便不能医。未病当然看，预防在先。已病亦须看，救治在后。大凡病魔，历代更新，医之一道，也须时时对应，才能察之、防之、治之、除之。圣人已往矣，后人当继之。怎么能说圣人之道，就不可违呢?”他本伶牙俐齿，这一通说来，流畅之至。

围观众人见这外来的孩童，说得头头是道，不禁侧目，饶有兴致看两个不同寻常的孩子拽文。

那瘦弱孩童听他出口不凡，不禁刮目相看：“听你口气，好似颇通医道。敢问小先生贵姓?”

李牧忍不住插嘴道：“这是涅阳‘太守神医’张公仲景嫡孙，人称‘小先生’的张超张公子。”

小夫子惊讶道：“早听说涅阳有个神童张超，原来就是你?怪不得如此了得。幸会，幸会!在下傅玄。请指教!”

张超“哈哈”一笑：“在下此番随单先生专程前来拜访你这个大名鼎鼎的小夫子的。”

“岂敢岂敢，欢迎欢迎!”傅玄惊喜地问，“单先生回来了?在哪?好久没见他了!”

张超道："单先生去帮人缉拿盗匪了，随后就到，我们就在这城门口等他。"

"缉拿盗匪？"傅玄诧异地问，"单先生何时重入江湖了？"

张超道："小夫子，听说你文才出众，悬书代言，神怕鬼厌。我有一个不平之事，借你文才，伸张一下如何？"

傅玄客气道："小先生乃是有名的神童，哪里用得着我，正要领教你的文采。"

张超认真道："我于岐黄之术略知一二，文章定然不及小夫子你了。"

"好，"傅玄爽快道，"既然如此，你且说来，果真正义在手，我便尽力而为。"

张超道："有个县丞，奉上司之命，当面点验三百金揣到身上，到异地采办。县衙有两个武艺高强的亲兵一路贴身保护，沿途未有半点闪失。到了目的地后，县丞亲手将包袱交给夫人藏进柜中，夫人从此寸步不离，亲兵这才离去，可是次日发现这个包袱里却是一堆铁锭……"

未待张超讲完，傅玄脱口说道："那两个亲兵最为可疑！"

张超一挑拇指："小夫子，你真厉害，一句就说中，我猜也是。"其实他叙述之时，已经带了倾向性。赞了一句后，继续道，"有个少年，本是口齿有碍，到我这里看病，与其父住在县城客栈里，有天夜间，两个盗贼被官兵追捕，就窜入这个少年房间里，打晕了他们，在那里躲了一夜。少年和其父第二天便搬出那家客栈。隔天，官府从那家客栈的房间里搜出曾经被掉包的一半金锭，官府便认定这位少年与其父亲勾结盗匪，把他们抓了起来。"把那天事情细细说了一遍。

傅玄怒道："这个官府审都不审，就把人抓了？这不草菅人命嘛！"

张超道："这事烦你代言成文，悬书申冤如何？"

傅玄跺足道："你那里的事，在这里悬书，如何管用？"焦躁地转来转去，以拳击掌，性情之急，顿形于色。

张超道："因为他们父子已经被押来贵县，车队就在后面。"

傅玄道："好，那我立马就写，干脆让守卫直接呈送南宫大人，请他明断。"

35

南宫嗣在县衙里接到南门守卫送来的“悬书”，令他十分震惊。这才知道与小夫子对阵的小先生是涅阳神童张超。

傅玄将张超所言以乐府形式写成诗，交给南门守卫立即呈送南宫县令。守卫们都认识这个有名的小夫子，对他十分敬佩，有事都爱跟他说。见小夫子要把悬书直接呈送南宫县令，二话没说，马上分出一人奔到县衙。因为南宫嗣也吩咐过，小夫子每次悬书代言，都要及时抄送一份给他。

每次送来的“悬书”，只要没有给自己添麻烦，他都没有过问。偶尔还会在人前赞赏一两句，以示爱贤之心。整个河南县，乃至洛阳，神童小夫子的大名非常之响。每次河南尹裴大人召集议事，都会问起小夫子，赞不绝口。这时南宫嗣就会“兴致勃勃”地讲起小夫子的“悬书”逸事，裴大人听得津津有味。临了，会说：河南县出此神童，到时举孝廉，贵县就得天独厚了。南宫嗣心中也十分明白，这个傅玄，日后一定是位不得了的人物。因此种种，南宫嗣从不干涉傅玄出格之举，相反，还多予鼓励。

但今天这份题为《代拟携金行》的“悬书”让他吃惊不小，再细细读了一遍：

县吏携百金，领命东南去。
贴肉藏衣深，盗贼焉能取。
护卫两相随，力能磐石举。
……

这不分明讲的就是王策、老吴、老周的故事吗？此事倘若传到尹里，稍一深挖，后果如何，当真不堪设想。南宫嗣倒吸一口凉气，后背沁出冷汗。赶紧吩咐丁九：“走，去南门，我要亲自接见这两个小领袖。”

丁九不解其意：“大人，再怎么着，他们也不过是两个毛孩子，值得您折节相向吗？”

南宫嗣把“悬书”塞到他手里，气急败坏道：“你看看，老周、老吴这两个笨蛋干的好事。”丁九没太读懂，南宫嗣又简单解读了一下，道，“你想想，这份悬书要是传到裴大人那里，还得了吗？还有那个毌丘俭正虎视眈眈盯着我呢！”

丁九也慌了：“那怎么办？”

“怎么办？主动把这事大事化小，小事化了啊！把那个什么马家父子的冤申了，他们也就罢了。”南宫嗣没好气地道，“都是你给我选的这两个能人啊！”

南宫嗣再也顾不得多说，立即赶往南门口，怕夜长梦多，不知王策他们进城会弄出什么祸事来。

此时的城南门口，又是另一番景象。得知张超是来自荆州南阳的小先生，“太守神医”张仲景的传人，都不敢置信。有的试探着请他诊病。张超也不推辞，借着傅玄的案儿，就地把脉，现场给人看起病来。围观的人，大病没有，小病不少。平时舍不得钱，就拖着，见小先生现场就诊，也没谈钱，都请他把把脉，讨一个简单的方子。张超一一告诉众人如何调理。真有大病，就叮嘱他们及时医治。傅玄对他十分佩服。两个小领袖正聊得热火朝天，李牧朝南面大路一指：“表少爷，单先生、王小姐他们来了。”

只见大路之上，一队马车粼粼而来，前头车上坐着的正是单先生，陪他的是王策。见这么一长溜车队来了，围观两个小领袖的守卫们都各归原位。人群也散开，一旁看热闹去了。

张超、傅玄、李牧连忙迎上前去，一起给单先生施礼问好。见单先生、王策均面色凝重，张超问：“单先生，王大人，出什么事了？盗匪没有抓住么？”

单先生摆摆手，道：“这里不是说话的地方，回头再说。”

后面马车上，车帘一掀，王巧、王舒、荀安、荀定跳下车来。王巧、王舒一见张超，惊喜地叫了一声：“小先生，你怎么来了？”随即又叹了一声，脸色黯淡下来。

张超“呵呵”一笑，一蹦老高，上前拉住王巧的手：“仙女姐姐，我来了，你们没想到吧。”

傅玄惊愕地望着张超，不敢相信这个天真活泼的小孩就是刚才那个老气横秋的涅阳神童小先生。

王舒勉强微微一笑：“小先生，你怎么这么巧，一到这儿就碰到小夫子了？”

张超“嘻嘻”一笑：“这叫有缘千里来相会嘛。咦——”望了望，没见着马钧，问，“马阿哥呢？”

王舒朝后面指了指。张超跑过去，在中间的大车上，看到马钧面无表情地坐在马车上，满身的尘土。张超叫道："马阿哥，马阿哥!"

马钧惊讶地抬起头来，问："小先生，你……你怎么来了?"

马文也看见了张超，道："小先生，你也来了?"

张超道："马先生、马阿哥，我见到小夫子了。他已经帮我'悬书'代言，直呈县衙南宫大人，为你们申冤!"

马文连连作揖："谢谢小先生，谢谢小先生!"

马钧问："什么……小夫子?"

张超笑道："这里有个很厉害的神童，叫傅玄，文章特别好，人称小夫子。"

马钧心中冷了一下，一个小孩，文章再怎么好，又有什么本事为自己洗得了冤屈?但他不忍拂了小先生一番好意，感激地挤出一丝笑容，朝他点点头。

张超道："我刚才看到姐姐她们了，她们也会帮你的。"

马钧摇了摇头，淡淡道："我……不要……她们帮。"他隐隐约约地感觉到，这次吃的冤枉官司，就是和她们有关。到底是什么关联，却说不清楚。

只听李牧在前头喊道："表少爷，要走了，到县衙去。"

张超连忙扬扬手，跑到车队前面去。又和傅玄说到一起去。一到傅玄身边，他又摆出一副少年老成的样子，迈起四方步，端起身板来，和他谈经论文。守城的见是王县丞打的头，没多问，就放行了。正欲启动，一辆马车从城里奔出来，在城门口停住，后面跟着一队兵丁。丁九从车头上跳下来，迎向王策："哎呀呀，王县丞久日不见，这是满载而归啊!"他一走动，满脸横肉直抖。

王策一见是丁九，心中就一凛。这丁九是南宫嗣特地调来的心腹，心狠手辣。老吴、老周就是他安排的。但目前并没有任何证据说明，老吴、老周就是他指使的。他只有敷衍道："哦，丁县尉，您这是去哪公干啊?南宫大人的车都给你坐了。"见他乘的是南宫嗣的马车，有些奇怪。

"迎接你啊!"丁九用手一指马车，笑道，"你看，南宫大人都亲自来接你了!"

车帘一掀，南宫嗣从马车上下来了。稳稳当当地、不急不慢地走过来。王策连忙迎上去："哎呀——南宫大人，您怎么亲自来了?"

南宫嗣平静的脸上，略显一丝严肃："王县丞，你辛苦了!告诉我，路上出了什么事?"一眼瞧见单先生，立时换了一副表情，上前一步，拱手为礼，故作诧异道，“咦，这不是单先生吗？您怎么和他们一路？”

单先生微微一笑，略一回礼：“路上正好碰到王县丞遇险，就搭了一把手。”

王策看着南宫嗣，试探道：“大人怎么知道会出事？正要赶去县衙向大人汇报呢。”

南宫嗣听出王策的话意，从袖中摸出刚才的“悬书”递给他，先发制人道：“刚刚接到小夫子递上的‘悬书’，这分明说的就是你们嘛。遇到什么事了？怎么有人喊冤？”

王策一看“悬书”，急忙道：“回大人，此番奉大人之命，去涅阳采办布匹，不料老周、老吴竟然包藏祸心，暗中将官银掉包，幸好被单先生遇见，夺回一半。属下才得以采办了一些土布，孰料二贼今天不知何故，又在陆浑山中劫道，将土布烧毁，幸好荀县令有所防备，派人化妆保护，又得单先生援手，才擒住二贼。”

“竟有这等事？”丁九故作惊讶，然后大骂道，“这两个家伙，竟然财迷心窍，敢打官银的主意，在哪？看我不扒了他们的皮！”

南宫嗣肃然道：“这事竟然是真的？人呢？把他们押到县衙，即刻审问，看他们到底是见财起意，还是受人指使？”又对单先生再次拱手，“辛苦单先生了！”

单先生淡淡一笑：“举手之劳。”

王策叹口气道：“不知何故，二贼在马车上绑得好好的，山上突然滚下几块大石头，不偏不巧，单单就把他们砸死了。”

站在一旁的傅玄急躁地道：“哪有这么巧？这里刚抓住盗匪，那里就滚下了石头？”

南宫嗣立即道：“是啊，小夫子说得对，不会是他的同伙杀人灭口吧？”转身对丁九道，“你立即带人去勘察现场，弄清楚到底是事出意外，还是故意谋杀？！”

丁九答应一声，问清地方，吩咐备马，带上几个人，奔陆浑山去了。

南宫嗣又问：“小夫子的‘悬书’里提到的，马家父子冤屈一事是真的吗？既然盗贼已经确认，就把他们放了吧。”

王巧、王舒眼前一亮。荀安、荀定暗暗泄气。傅玄十分平静。张超欢呼一声：“哦——南宫大人，你真是个好官！”

南宫嗣这才看到张超，脸上浮起笑容，问："你就是涅阳神童小先生张超吧？"

张超奇道："咦——南宫大人，你也知道我？"

南宫嗣笑了笑，和蔼地道："太守神医的后人嘛，何况是神童。"

36

王策从来没有享受过这样的礼遇，简直有些受宠若惊，以至于对先前遭受的排挤，怀疑是不是自己的错觉。南宫嗣今天特地在县衙后堂设下晚宴，为他压惊，自然特别邀请单先生、小先生、小夫子。在座的还有勘察现场回来的丁九、另一个县尉郑七、主簿卫笠。

单先生原本不愿留下，但抵不过南宫嗣的再三邀请，加上王策的极力挽留，且小先生、小夫子都在场，也就客随主便了。

主席有两个案儿，两边排着客席。单先生被请在主席的宾位就坐。让其他人很意外的是，两边客席的首位一左一右，安排了小先生张超、小夫子傅玄。张超在左，傅玄在右。张超的下面是王策、丁九。傅玄的下面是卫笠、郑七。按照正常排序，应该右边为主席、左边为客席。那么客席上顺序就应该是张超、傅玄、李牧。但这样就不能突出傅玄。所以，南宫嗣实在是用心良苦。

张超虽然有时顽皮，却很讲究礼数，极力推辞，道："晚辈虽远来算客，但毕竟年幼，能上席面已是高抬，岂能在上首就坐？"一定要到最后一席上去。丁九、郑七、卫笠虽不知南宫嗣为何如此抬举两个孩童，但既然这样做了，必是有因，便连推带拉请他入席，他仍然不肯落座。他在旁边一站，丁九、郑七就感觉这小先生好大的劲道，竟是拉他不动，暗暗惊奇。

南宫嗣对单先生道："单先生，他随你来，一定听你的。"

单先生看在眼里，笑道："这个么，别看他们小，都自有主见，老朽可不干预。"

傅玄走过来，却不拉他，只半开玩笑道："小先生，你我虽是孩童，但既然南宫大人如此爱贤，诸位大人如此好客，你若再固执，就有负南宫大人礼贤下士的美意了。你看我就不推辞，你若不肯落座，岂不是让我也无法入席了么？"

南宫嗣听了连声称是，他正要让人知道他的敬贤之名，傅玄这一说，等于领了他的美意，正中下怀。日后传出去，虽然更增添傅玄神童之誉，但也成全了他县令大人的爱贤之名。这下让张超无法拒绝了，只得勉强落座，却觉得浑身的不自在。再看小夫子，坐在对面，神情自若，仿佛理所当然。一下就觉得还是这小夫子厉害，三言两语，不仅让自己无法拒绝，也心安理得地坐在了上首，高居县尉、主簿之上。

落座已定，酒菜上齐，南宫嗣举杯道："单先生、小先生、小夫子，今天王县丞出差归来，不仅为本县采办了不少土布，而且识破内贼，清除败类，也着实受了惊吓。还幸得单先生出手施援，小先生、小夫子'悬书'直言，让本县及时了解真相，实在是劳苦功高。今晚特设薄酒，一来感谢诸位相助，二来为王县丞压惊。来来来，请共饮此杯。"

三杯门面酒过后，王策主动举杯，先敬南宫嗣："属下办差不力，大人非但不责怪，还设宴压惊，属下真是受宠若惊。敬敬您！"

南宫嗣举杯道："王县丞客气了，外出办差已备受跋涉之苦，哪能再受不白之冤。干！干！"

二人遥遥举杯，王策一饮而尽，南宫嗣抿了一口。王策又敬单先生："单先生，幸亏您仗义出手，否则这回采办的布匹就都完了，不但在下完不成南宫大人交办的差事，还要连累南宫大人完不成朝廷的差事。那我可真的对不起南宫大人了。我先干为敬！"举杯倾入口中。

单先生轻轻品了一小口，微微一笑："吉人自有天相，恶人终遭天谴，老朽刚巧碰到而已，天意如此吧，不足挂齿。"

主簿卫笠尖嘴猴腮老鼠眼，唇下有一颗黑痣，黑痣有一根长毛，说话时喜欢一边捻动一边说，以示儒雅，他叹了口气道："王县丞，幸好你这趟弄回来这些土布，要不然南宫大人压力太大了。就这样，还不知道这次能不能过关，南宫大人能不能继续在咱们县干下去呢。"他擅长揣摩上意，总能恰到好处地补台。

果然，南宫嗣听得卫笠这样说，似乎情绪也突然低落下去，显出忧心忡忡的样子，却举盏道："说高兴的，说高兴的，喝酒，喝酒！"

单先生、小先生、小夫子一齐停下筷子。王策惊讶地问："这话从何说起啊？这次土布虽然量不多，我们又借回来一批人，赶他两个月，再想想其他办法，一定能完成的。"

卫笠道："朝廷征收的布匹、粮草又加码了。比原先多出两倍。土布要四千匹，丝绢要一千匹。”

王策一听，脸色刷地一下白了，跌坐在席上，喃喃道：“怎么会要这么多？怎么会要这么多？”

小夫子问：“朝廷要征这么多土布丝绢干吗？”

南宫嗣叹了口气道：“单先生，诸位，风闻吴蜀都要犯境。有道是兵马未动，粮草先行，朝廷也是未雨绸缪，防患未然嘛。本县离京都最近，理应比别处承担更多的责任。来来来，王县丞，不必多想，虽然仓狱归你所管，但本县绝不推到你一人肩上。完不成任务，要贬要罚，本县陪着你！”这话当众明白地告诉王策，你是县丞，直接责任人。完不成，要贬要罚，你首当其冲。他的“本县陪着你”说得委婉，听着让人感动。

王策听出话音，无言以对，酒也喝不下去了。跪坐着的傅玄挺直腰板，不解地问：“朝廷征集军布倒也应该，不知征集这么多丝绢干什么？战场厮杀用得着丝绢吗？”

卫笠、丁九、郑七觉得他这话问得好笑，相视一眼，流露出“到底是个小孩，这都不懂”的嘲笑之意。卫笠道：“小夫子有所不知。征集土布是做军衣用的。丝绢却是宫中用的。新帝登基，必然要有新气象，宫中用度自然大些。”

傅玄正色道：“既然吴蜀虎视眈眈，魏国两面受敌，陛下就该励精图治，把钱粮布匹用到刀刃上，却不该大肆征集奢靡之物，充当宫用之物。我这就写一篇悬书，细细分析此事，托人上呈天子，冒死进谏。也为本县减轻一些负担。”他性情十分急躁，当场就讨要笔墨，立马挥写。

南宫嗣这次真的吓了一跳。这翻倍增加出来的数字，原本是他们私下商量好，专门压给王策的。小夫子这一悬书，捅到尹里，立马就穿帮。有道是初生牛犊不怕虎，他一个小孩，当真是不知天高地厚，敢说敢做。以他现在的名气，没准就给他捅下塌天大祸。连忙拦住道：“小夫子，小夫子，别急，别急，听本县说，听本县说……”重复了好几句才想出劝说的理由来，“当今陛下是勤政廉明之主，不是奢靡享乐之君。征集上等丝绢其实不是为了宫用，而是为了奖励军功，激发将士。你想啊……这个……啊，打仗是吧？打仗就需要勇士，勇士需要鼓舞。打仗就会立功，立功就该受奖，是吧？奖赏将士这土布总是拿不出手吧？重赏之下，必有勇夫嘛！所以啊，你这一悬书，岂不是让天下误会陛下了吗？”

他这一番急中生智的高论勉强自圆其说。卫笠、丁九、郑七连连附和。张超也觉说得有理，只有单先生微笑不语。傅玄听了，倒也难以辩驳。他是实在之人，知错立改，立马抱拳道："南宫大人，恕小童无知，的确没有想到这一层。冒昧了，冒昧了！请大人责罚！"

南宫嗣暗自心惊，心道：这小子真是块烫手的糯米饼，怎么偏巧就摊在本县这口锅上了？见傅玄收口，松了一口气，道："无妨，无妨。小夫子敢说敢做，真是爽快！来，本县敬你一杯！"

37

王巧的家在城东石板街上，前后两进的院子，六间正房，东西侧各有一排偏房，加上院门过道两边的耳房，算不上大，却也是小康人家的模样了。

王巧和王舒平时不住在一排。王巧喜欢热闹，住在前院，平时在房间里织布，累了就从前面溜出去找邻家的姑娘们玩去了。邻家姑娘们也喜欢到她房间里学织布。王舒呢，喜欢清静，房间里也有一架织机，每天织完母亲下达的尺数，便躲在房间里看书、写字、画画，很少出去跑，除非王巧拉着她。但只要逢到单先生讲学，她就会想方设法溜出去，潜到学舍的窗外偷听。王策原本给姐妹俩请过私塾先生，学过两三年，后来王巧迷上了织布、习武，厌烦了读书，经常捉弄先生，先生一气走了。王策见女儿都渐渐大了，王巧又出落得天仙一般，也就不再请其他先生了。王舒没奈何，只好经常溜出去偷听单先生讲学，回来就闭门苦读，人就越发娴雅贤淑了，只是王策更喜欢心灵手巧会撒娇的大女儿。大约是膝下无子，王巧的性格脾气更像男孩，聊以弥补王策的遗憾吧？

回到县城，父亲被南宫县令留在县衙喝压惊酒去了，王巧、王舒和母亲在王贵的伺候下回家了。母亲一回来赶紧去观音像前烧香叩头，觉得这回逢凶化吉、遇难成祥全是大慈大悲、救苦救难的观世音在保佑。王贵打扫完庭院就回家去了。王巧、王舒就去做饭。她们心里还在记挂着那个马钧。王舒在灶台下烧火，一边添柴，一边道："姐，不是说盗匪抓住了吗？父亲怎么还不把马……马家父子放了？"

王巧用干丝瓜瓤将铁锅擦了一遍，试了试热度，将和好的面顺着四周倒了下去，一边摊动一边道："就是啊，明明小马儿和那盗匪没干系，怎么还把人家扣着？会不会明天就放了——对了，大约是要到县衙录个什么供……"

“口供。”

“对，口供。毕竟那两个盗匪莫名其妙死了，小马儿有嘴说不清嘛。”

“姐，你说明天放了他们，他们会去哪里啊？”

“我哪知道？肯定回扶风老家呗。”

“唉，那就再也看不到他了。”

“呵——你想他了？”

“姐，看你，说什么呢？我是说他会做那么好玩的东西，如果走了，就再没有好玩的东西了。”

“哎——你这一说倒提醒我了。”王巧将饼翻了个身，用锅铲轻轻拍了拍，道，“对了，让他走了还真就看不到他了哎。该死的小马儿，这不便宜了他？不能让他走。”

“那人家明天被放了，能不走么？”

“想办法啊。”

“能有什么办法？”

“嗯……对了，找小先生，他要找小先生治病，病没好，他不会走。”

“对啊，小先生也喜欢玩，一定有办法留住他。”秋天的傍晚已经有些凉意了，王舒被灶膛里的火烘得暖暖的，不禁可怜起其他随车一起来的人，“傍晚起风，有些凉，那些织工和马家父子不知怎么样了？他们不知在哪里？”

王巧铲起饼放在食箩里，开始做汤，一边道：“听说表哥、李牧和涅阳兵丁被请到酒店里喝酒去了，小马儿父子和织工被送到作场去了。”

王巧说得一点没错，马钧他们的确被临时安排到作场去了。

河南县的作场分置在几个地方，城内城外都有。冶铸场、石场、煤场、陶场、砖窑、盐场等大型作场都分散在城外，竹木场、漆场、织场等小型作场都在城内。这些作场按职责都归王策直接管理，但实际上有油水的城外那些大作场，基本都被南宫嗣及其心腹直接插手管上了，只有城内的竹木场、漆场、织场暂时还是王策主事，但也须时时向南宫嗣汇报。

织场就在城东北角上，一个很大的土墙院子里，占有十几亩地。几十间工棚像井田一样整齐有序。织工们每天就在这里日出上工，日落下工。在这里干活的基本都是工户，也有按时服役的平户和极少数女刑徒。下工之后，除了看守，就各自回家去了。刑徒也回到狱中。这个织场是独立的，不像涅阳县的那个作场，儿个工种混杂在一起。从涅阳借来的那二十个织工一进这个织场，就不禁十分惊叹：到底人家是靠近洛阳的，这作场真是大！

马钧、马文也被暂时送到这里来。一看这里是专门的织场，都是女工所在地，就赖在门口不肯进去。送他们来的人说，是临时安排你们在这里一起吃晚饭的，过后会把你们送到竹木场去。他们这才勉强进去，寻了一个角落席地而坐。

马文这回觉得真是流年不利，命中有此一劫。好好地带着儿子游学看病，没来由趟上这一摊浑水，两个该死的盗匪偏偏找到自己头上。那郝县尉就是个不分青红皂白的家伙，跟他说什么都是白费功夫。那个荀县令人不错，三言两语就辨出其中有不少漏洞，把自己交给王县丞带回河南县，看样子也是为了缉拿内贼，当面对质，为自己父子洗清冤屈。可明明那盗匪已经被单先生抓获，偏偏又莫名其妙地被石头砸死了。这下可怎么办？

马文看着儿子马钧，下午那惊险一幕再度浮上心头，多亏了单先生及时相救，要不，儿子可就没命了。想想真后怕。看了看马钧，又颇感欣慰：这小子拼起命来，还真像个男子汉。第一回觉得儿子长大了，比自己强多了。看样子，光要他读书还不行，还是得练些武艺防身。

马文看着马钧，马钧却不敢看父亲。他坐在一张草席上，望着工棚里一溜排的纺车、织机呆呆发愣。他也想不通，怎么会平白无故地弄到这步田地。自己成了嫌疑犯不说，还连累了父亲。今天下午一见那盗匪，心中只有一个念头，就是不顾一切地想杀了他。要是当时那手中的树杈是一件可以发射的兵器多好？手中攥住树棍，一按机关，那些树杈就一齐脱开树棍，同时射了出去，定能将那恶贼全身射成马蜂窝。对了，树杈不能，箭能吧？箭不是射出去的吗？一次一支箭，身手好的，可以躲，可以接，还可以打落。要是一次射两支、射三支、射四支、射很多支会怎么样？那一定让对手猝不及防，防不胜防。马钧的眼前，幻化出自己手持连发利箭，独自冲向两个恶贼。两个恶贼自恃武艺高强，舞着大刀，前后夹攻，恶狠狠地朝他扑来。他手一抬，十余支利箭已经穿出，将前面那恶贼射成无数个洞孔。又一反身，回头一按机关，十余支利箭将后面那恶贼牢牢的钉在树上……这样想着，心中畅快了许多。嘴角不禁流露出一丝笑意。

这真是一个好主意。那怎么样才能让一张弓射出很多箭呢？对，用弩，箭弩有槽，槽中可以多放箭，槽做得越深，箭就放得越多。可是箭多了，弦就一根，又如何同时发射呢……马钧又像以往一样，想到这些事就会沉迷下去，迷迷瞪瞪，似傻似痴。连差役喊他吃饭都没听见，直到马文把一碗汤饼塞到他手上，他才回过神来了，才想起自己玩惯的蛇形小木簪丢了，不禁沮丧起来。

汤饼是王巧、王舒送来的，织工们吃的都是粗粮白水。她们服侍母亲吃好饭，就盛了一瓦罐汤饼，用篮子提着送到了织场门口，对守门的差役说："这是我父亲让送来，给扶风姓马那家父子的，不要亏待了他们。"

差役见是王县丞家的千金，自然不敢怠慢。王巧、王舒将瓦罐递给差役，站在门口远远看一眼坐在工棚里出神的马钧，就悄悄地回身走了。刚走到家门口，荀安、荀定不知从哪儿冒出来，叫道："表妹，你们去哪儿了?"

王巧瞪了他们一眼，没好气地往里走。王舒看不过，道："表哥，你们不是去酒店吃酒了么?"

荀安、荀定道："吃了一半，放不下……放心不下表妹，就溜出来了。"

王舒道："进来吧，家里坐。"

荀安、荀定觍着脸跟在王舒后面进去，眼睛却一直盯着王巧的背影。街角处的暗影里，李牧直直地站在那里，看着王家的大门缓缓地关上。

38

朝廷征收丝绢被南宫嗣一席话解说得入情入理，傅玄连忙先端起杯："南宫大人为官公正，小童先敬你，先干为敬!"

卫笠见王策脸色煞白，心中有点幸灾乐祸，举杯道："王县丞，王县丞，天大的事先放在一边，今晚就是陪单先生、小先生、小夫子喝酒。"

丁九已经喝得脸上的横肉一块块涨红起来，道："对对对，喝他娘，一醉解千愁，明天的事明天再说。"

郑七瘦得尖嘴猴腮，酒量却很大，也劝道："王县丞，别犯愁啊。你女儿是本县闻名的织布巧手，她不是也回来了嘛，又带回那么多织工，明儿让她指点一下，日夜赶工，总归完得成的。"

王策强笑了一下，比哭还难看："诸位同仁啊，就是这些织工全部趴在上面，不吃不喝，日夜不停，三个月也赶不出这许多布匹啊。"起身从席上走下来，对南宫嗣抱拳道，"大人，你干脆今天就免了在下的县丞之职吧，省得到时完不成任务，连累了大人。我想大人一定有办法找到高人替代属下，完成这个不可能完成的任务。”

“王县丞，你这是什么话？”南宫嗣看了平静不语的单先生一眼，脸一沉，不快地道，“本县说过，会和你同进退、共担当的。你现在就知难而退，让本县到哪里去找人啊？你不是把本县单独架在火上烤么？喝酒，喝酒，我们从长计议，从长计议。”

王策哭丧着脸回到自己的案几后面坐下，哪里还喝得下去？

小先生张超忍不住起身提醒王策：“王大人，我看你不如找马阿哥试试？他或许有什么办法？”

王策眼前一亮。临行前，荀豫把马文、马钧当作嫌犯交给他时就跟他说：“郝县尉一说马家父子的事，我就知道是冤枉的，因为漏洞太多。我之所以先压下，就是找个借口让你带回去。我观马钧这个少年很有灵性，你回去，想办法让他在织机上动动脑筋，看能不能织得快些，织得好些。不过我也不敢确定，只是试一试。要是弄成了，别忘了告诉我，我也试试——你回去不要亏待了他们。”他虽然亲眼看到了走马灯的神奇，但认为那不过是小孩子好玩，偶然想出的，哪里能真的派上什么大用。但荀豫一番好意，又这么帮他，总归要拿他的话当话。

南宫嗣一听，诧异地问：“什么马……阿哥？他有什么办法？”

张超道：“就是小夫子‘悬书’中所写那个受了冤屈的马家父子，儿子马钧。他能想出各种稀奇古怪的好玩东西，让他在纺车、织机上想想办法，没准就能纺织得快些，好些，就能完成朝廷的重差了。”

“这个马钧多大了？”

“虚十六。属猴。”

“十六？才十六？”南宫嗣不以为然道，“纺车、织机都是前人传下来的东西，我听说，商周时候就有了，要是有更好的，早就有了，他一个……”刚要说“他一个少年”，想到小夫子、小先生也是孩童，半路改口道，“他一个今人能有什么办法？”

“不不不，”张超叫道，“马阿哥一定有办法的。”他把马钧发明的打笨牛、走马灯、药碾子简要地说了一遍。

许久没有说话的单先生，微笑道：“我观此子虽是个少年，心思却灵得很，手也巧得很，说不准可以试一试呢。”

南宫嗣听说这马钧不但是个少年，还是个结巴，差点没笑出来。

王策显然一点信心也没有："那都是些小孩子玩的东西，上了正场可不行。要是前朝的张衡张平子还活着，或许有这个可能。"

张超道："这打笨牛、走马灯是玩的，那药碾子可不是玩的，的确一个人抵得上五个人。"别人越怀疑，他的口气越坚定。

王策道："你说的这药碾子，一听也就很简单，又没啥稀奇的。这纺车、织机可不是药碾子。"

张超没法使他们相信，马钧又不在场，否则就问问他了。

傅玄接口道："问题不在简单不简单。再简单的东西也要人发现才行。药碾子说起来简单，千百年来，怎么就没有人发现呢？"

"对对对——"张超拍手道，"小夫子这话说得才在理上。没准让这纺车织机快些、好些其实很简单，就是你发现不了，而心灵手巧的马阿哥偏偏就能灵光闪现。"

王策苦笑道："他若真能帮我解决这个难题，我就是赔上老本，嫁个女儿给他也值！"

南宫嗣故作吃惊地看了看王策，认真道："王县丞，你此话当真？"又惋惜地叹了口气道，"你……你这是婉言谢绝上面的美意啊！"

王策本是信口赌气之语，没想到南宫嗣会追上一句，暗暗生气，干脆就此断了他的念头，决绝地道："那当然。他当真帮我解决这个难题，我便把女儿许给他。"

南宫嗣"哈哈"大笑："单先生、小先生、小夫子，王县丞可真是爱惜贤才啊，没准真会成就一段佳话呢。"口中不无揶揄之意，把"贤才"二字咬得特别重，"他女儿美貌闻名河南，原本上面有意思遴选入宫呢，若真的如此，上面由本县给你挡了。"乐得先做好人，然后再道，"可那少年要是不成，本县可就没理由给你遮掩了，否则那可是欺君之罪。"他料定改进纺车织机只是妄想之语，到时你王策就再也没有推挡之辞了。

王策心中想的却是，推一时是一时，到时再想别的办法。实在不行，把女儿往涅阳她舅舅那里一送，就说已经嫁出去了，待过了选美，那时女儿总归真的找到合适人家了。现在最难的，是南宫嗣把这天大的担子当众压在他身上，他是有苦说不出。

“好好好！”张超一听，这个好玩！露出孩童本性，拍手笑道，“仙女姐姐嫁给马阿哥，那才是郎才女貌，天生一对！”

傅玄一听，也觉得这事儿蛮新鲜，也是好事，便急不可耐道：“哎，那何不把那马什么钧叫来，当着大家的面敲定此事，成就一桩佳话也好。”

这话正中南宫嗣下怀，他正要把王策顶上死角，那时无论这纺车、织机改得成改不成，你也无话可说。他的如愿算盘是：纺车、织机改不成，你王策无话可说，乖乖把女儿献上。纺车、织机改成了，难不成你还真的要把一个如花似玉的女儿嫁给一个外乡来的结巴？你没路走，还是得求我。巴不得大家再把话往死里说。

卫笠故意道：“单先生、南宫大人，我想王县丞不过是开个玩笑而已，哪能当真?”

单先生还没说话，傅玄已经急了：“傅某虽小，却能一言九鼎。王县丞也是八品官员，岂能自食其言。”

南宫嗣“呵呵”看着小夫子，头一次觉得这小夫子实在是太可爱了！王策急了，道：“诸位若不相信，王某愿立约为凭，绝不食言！”

傅玄道：“就是。堂堂县丞哪有食言之理。不过这立约你应该和马家立，我们大家做个见证。”

事到此间，王策再也没了退路，按照打定的算盘，心一横：立就立，能怎的?!

39

马文、马钧吃完饭没多久，一辆厢式马车飞快地来了。马文有些奇怪：以我们现在的身份，送我们去竹木场不用囚车已经很客气了，顶多就一辆大马车吧，怎么着也不会有这么高规格吧？这可是县衙的厢式马车哦。但他不好多问。来人去了他们的镣铐，让他们上了车。他们只好闷着头上。直到马车停下的时候，才发现，这里是县衙，不是竹木场。

此时天色已经昏暗下来，县衙内外已经燃起了灯笼。马文、马钧被人从侧门引进后院。衙役进去禀报，稍顷，差役出来，让马钧留下，引着马文进了后堂。

一入后堂，马文立时愣住了。这里正举行着宴会。他是见过世面之人，这样的场面虽然不多见，寻常之时，自然也能从容应对，但他现在是嫌犯之身，忽然置身其间，就有些恍惚了。站在门口正不知所措，张超跑出席位迎了上来，笑嘻嘻道：“马先生，找你来，有好事，有好事!”

马文茫然地作揖道：“小先生，在下仍旧是嫌犯之身，不知好事从何而来?”又对堂上诸位作了一圈揖，“草民见过各位大人、见过单先生……”见一个和小先生差不多大的孩童在首席，十分诧异，想必不是凡人，也顺带一礼，“见过小公子!”

小先生赶紧介绍道：“马先生，这就是河南有名的神童，小夫子傅玄!”

马文暗自惊奇。怎么这么多神童。想到马钧，犹在结巴，便暗自叹息。南宫嗣端坐在主席上，盯着马文，心中闪过老吴老周的影子，一丝恨意从眉间闪过，随即换上微微笑意：“你就是扶风马文?”

“是……见过南宫大人。”

“来人，给马先生看座。”

“不敢不敢，草民乃是嫌犯之身，岂敢落座。”

“呵呵，马先生，小夫子、小先生悬书传文，说了你们的冤情。王县丞也细说了你们的经过，本县自会一一核查，还你清白，但是这需要时间证实。”

“谢谢南宫大人，大人真是明察秋毫。”

“今晚请你到这里来，是想请你帮本县一个忙。”南宫嗣指着搬上来，排在末座的案几，和气地道，“先请坐!”

“谢谢大人!”马文惴惴不安地到案后坐下，问，“不知……不知草民能为大人怎么效劳?”

南宫嗣看了王策一眼，微微一笑道：“朝廷给本县压下四千匹土布、一千匹丝绸的重任，王县丞掌管仓狱，算来算去，以现有的人力物力，三个月时间，估计无法完成。所以呢，想请马先生帮忙。”

马文一惊，站起来，道：“大……大人，草民一介布衣，又不会织布，这……这个忙如何帮得上?”他如梦初醒似的：原来把我叫到这里就是为了戏弄我啊?

“坐坐坐。”南宫嗣“呵呵”一笑，抬起手示意一下，“别急，听本县跟你说。本县不是要你帮忙织布，而是要你儿子帮忙。”

“我儿子?”马文抖了一下，“大人，天大的冤屈草民一人承担，不关我儿子的事。"

南宫嗣"哈哈"大笑，正要解说，傅玄抢过话头："马先生，你误会了。听说你儿子马钧心灵手巧，能发明不少好玩东西，什么打笨牛、走马灯、药碾子。南宫大人的意思是请你儿子帮帮忙，把纺车、织机改进一下。这样呢，纺纱、织布就会快很多。"

马文一听，松了一口气。但随即心又提了起来，道："大人，犬子那些东西都是些孩……"看了小夫子和小先生一眼，道，"都是闹着玩的东西，登不了大雅之堂的。这纺车、织机都是老祖宗传下来的，他又不懂纺纱织布，哪有这个本事啊？"求救似的看了看单先生。

单先生一捋胡须，笑了笑："马先生，我看不妨让令公子试一试。"转向南宫嗣道，"试不成也不打紧嘛。南宫大人，你说是不是？"

"这件事呢，看你的态度了。要是明明试得出而装作试不出，那就不成了。"南宫嗣故意朝单先生和小夫子眨眨眼，暗示自己只是激将法，其实心中已经把老吴老周的失利迁怒到他们身上，但不能让单先生、小夫子他们看出来，见他二人会意一笑，便板起面孔对马文道，"马先生，假如本县能够还你清白却故意核查不清，你会怎么想？当然，本县不会这样做。但是本县查明案情也得需要辰光不是。要不，待本县完成朝廷任务再帮你查，你看如何？"

这话说来只是假设，但在马文听来，却是天大的压力。透露给他的意思就是：你若不能答应，或者试不成，你这不白之冤也就查不清了。是啊，唯一能证明自己清白的两个盗匪已经毙命，现在给他这个机会，他还拒绝，不是自寻死路吗？可是，可是答应下来，儿子又如何能把那老祖宗传下的东西改进？这不是白日做梦吗？

座中同样迁恨于他的丁九、郑七、卫笠都用幸灾乐祸的眼神看着他。等着这出戏往下演，一心要出王策的丑。老吴、老周之死让他们哑巴吃黄连，有苦说不出，对心中有数的王策只能佯作同情和声援。

马文正额头冒汗，不知如何回答，小夫子又开口了："马先生，南宫大人自然不会真的因此为难你。但改进纺车、织机乃是利国利民之举，何乐不为？你儿子既然有此本领，试试又有何妨？你也是大魏人，吴蜀犯境在即，难道你就不能为国家出一把力？刚才听说，若是这次完不成征布差事，南宫大人、王县丞官位都不保，换了一个县令，天知道是什么样的，那时谁能给你洗清冤屈？"南宫嗣暗自喝彩：这小夫子真不是盖的，把本县想说而不便说的话都说了。哈哈！

见小夫子把这个差事上升到利国利民的高度，上升到爱不爱大魏的层面，马文冷汗直流，也结巴起来："我……我……我当然想……为国出力，可是……可是……"

小夫子离开案几，走到席前，向王策一拱手，继续对马文道："你看人家王县丞，一心为国，不计个人得失。王县丞刚才说了，若是令公子真的能够改进纺车、织机，他愿意把女儿许配给他。"

又是石破天惊的一语，把马文震晕，只觉得喉咙发干，什么话也说不出。小夫子问："难道令公子已有婚约了？"

马文下意识地摇摇头，要张口，却不知怎么说。

小夫子道："难道王县丞的女儿配不上令公子？"

马文额头冷汗涔涔而下，只好继续摇摇头，好不容易挤出几个字："不……不是，可是……"他不敢去看王县丞的眼睛。这件事若是在扶风老家，他马家也是书香门第，也没什么可以自卑的。只是眼下这情境，嫌疑之身却与县丞攀亲，岂不是异想天开么？

南宫嗣此时插话了："王县丞，马先生大约是不相信这话，你说吧！"

王策也觉得此事有些荒谬，但话赶话赶到这份上，他就是想反悔，想回避，也已经不可能了。南宫嗣这话明显就是把他的退路断了。一咬牙，上前一步，冲马文一抱拳道："马先生，南宫大人、小夫子所言，句句属实，令公子若真能改进纺车、织机，在下愿把小女许配令公子！"

马文已经从震惊中回过神来，急忙抱拳："岂敢岂敢，改进织机小儿全力一试，但是许婚之事就不用了，草民不敢高攀，不敢高攀！"

卫笠唯恐王策顺势收回话去，捻动唇下那根长毛，连忙插嘴道："马先生，你这分明是看不起我们王县丞嘛，他一言既出，岂能收回，你这不是陷他于不义嘛！"

南宫嗣微微一笑，对王策道："王县丞，马先生是心有顾忌，怕你耍他啊。能理解，能理解，毕竟人家身在难处嘛！"又对马文道，"当年太祖武皇帝谋董卓不成，陷身中牟县，县令陈宫弃官相随，成为佳话。今天马先生虽处境尴尬，王县丞却为国许婚，也是美谈。"

丁九跟着起哄："马兄，不用怕。王县丞说了，他愿意立约为凭。"

郑七顺势叫道："来人，给王县丞侍候笔墨。"

衙役迅速将笔墨纸砚送到王策案上，王策已经没了退路，坐下来，一气呵成，写了立约，签上大名。大家齐声叫好。小先生、小夫子叫得最欢。

南宫嗣笑道："王县丞真是爽快人，马先生，你也签个字，小夫子、小先生、单先生和本县也签字做个见证，这样你就不用担心了！"

张超欢喜地上前拿过立约，提起笔走到马文案前，道："马先生，你看这样多好，马阿哥凭空娶个仙女姐姐回去。"

众人不禁哄堂大笑。这一切已经由不得马文了。他机械地接过笔，几乎被张超小手拿着他的大手，在立约上签了字。张超欢呼一声，道："南宫大人说了，要我们也签字做见证，我先签。"也不看内容，一签而就，又递给傅玄，"小夫子，你也签。"

傅玄也正情绪高涨，想也没想，提笔就签，然后送到南宫嗣手中。南宫嗣先以欣赏的姿势细细看了一遍立约，朝王策看了一看，意味深长地道："王县丞思虑周密，这立约写的，真是文采斐然，滴水不漏啊！"笑着签了大名，双手递给了单先生。

单先生听南宫嗣笑得含意颇深，接过立约也从头到尾看了一遍，心中"咯噔"一下：本想这也是一桩美事，成全了它，没想到可能会把马家父子给害了。

第 7 回 ‖ 思改进：滚筒箍权且先热身

40

一场大雾过后，天气骤然凉了起来。天地间一派萧索的景象。司州河南尹河南县的织场里，空荡荡的工棚下面，因平添了二十个涅阳织工而人气倍增，一下子活泛了起来。让这孤寂阴凉的深秋有了一丝暖色。

一年到头闷在织场里的本地人，乍见这么多外地织工，既觉新鲜，又觉亲切，很快就三三两两地凑到一起，成了朋友，工间休息就扎成一堆拉呱，工曹也不干涉她们。王策安排竹木场连夜赶制十架纺车、十架织机，第三天辰时，这批涅阳织工就上机开工了。

马钧和马文也在这里溜达。他们被安排在竹木场居住，一大早，马文却要求监管他们的衙役带着他们到净是女人的织场里转悠。最让马钧纳闷的是，一向反对他“不务正业”的父亲，一反常态，和他研究起纺车织机来。问他有没有办法使纺车纺纱更快，织机织布更多？

见父亲认真的样子，马钧说：“在家的时候，看我……隔壁三婶纺纱织布，曾经想过，但是没有想到底，不知道……能不能行？”他不着急的时候，口齿已经利索多了，基本上不太结巴了。

马文说：“一定要行。前阵子你不是能得很嘛，又是走马灯，又是药碾子的，这回你能把本事显出来，我以后就不管你了，随便你摆弄什么？”

“真的？”马钧心中一喜，随即又疑惑道，“那你倒是说说原因啊，为啥要……做这个东西？”

“都是你能出来的。”马文一口怨气无处出，又不便说明，“南宫大人、王大人说了，你若要能改进纺车织机，他们就还我们清白。”

马钧气道："我们本来就是清白的。"

马文道："我不知道吗？可是有什么用。两个天杀的死了，死无对证，谁能证明我们和盗匪没有勾连？毕竟那包金锭是藏在咱们房间里的。"

"我就不做，"马钧犯起倔来，朝地上一蹲，"看他们安我个什么罪？还能把我杀了？真是天大的……冤枉。"

马文缓下口气："钧儿，人在矮檐下，不得不低头啊。这算是给我们一条出路呢，要是不给呢？难道真的就一辈子背着嫌犯的罪名待在这里？"他没有把立约的事告诉马钧，因为前晚小夫子特别提出，不能把立约赌婚这事说出来，怕马钧听了有压力，更想不出改进的法子来。单先生也特意叮嘱，这事要随孩子的性子。发明这东西是随心随性的事，有时就是在轻松玩耍之间来了灵光的。上次在涅阳的走马灯、药碾子，让单先生很有感慨。单先生对小先生、小夫子道，你们最好抽空陪马钧一起"玩"去。但马文放不下心，还是自己将马钧带到织场，想探听探听他的口气，看有没有可能做出来。见马钧什么表示也没有，不禁十分着急，却又不敢逼他。

天有些阴沉，灰蒙蒙的，秋阳像一个圆圆的小镜子悬在天边。刚到巳时，织场门口传来一声脆嫩的叫声："马阿哥，马阿哥，我和小夫子找你玩来啦。"

马钧抬头看去，却见张超跑了进来，后面跟着傅玄、李牧。马钧积满阴霾的心好似开了一条缝，一丝阳光射了进来。站起身来，问："你们怎么来了？"

张超道："小夫子没见过你做的东西，特地过来看看。"回头对马文道，"马先生，你也在啊？"

"我带他来看看织机。"马文想起单先生的话，道，"你们玩，我先回竹木场去。"说着就要衙役带他走。

衙役已经得到嘱咐，只要看住马文一个就可以了。至于马钧，随他去。就顾自带马文走了。

傅玄背着手，上下打量着马钧，问："你——就是那个发明走马灯、药碾子的马钧？"

马钧很不习惯被他这样打量。见他也是个孩子，却和小先生一样，扮作一副大人腔，又好气又好笑，故意不拿正眼看他："那算什么，不过是给你们……小孩子随便弄的玩具。"

傅玄"哼"了一声："有志不在年高，能言不在嘴利。两小儿辩日，圣人尚不能决也，小又如何？何况你比我才大几岁，就敢充老？”

马钧见他才一见面就板着脸训人，不像小先生那样活泼可爱，很不喜欢，又听他提到“能言”“嘴利”等语，犯了他的忌讳，便直统统地呛他道：“能言未必有才，有才未必有能，有能未必有德，有德必知尊长——不知尊重比你大的，能言又有何用？”

李牧见二人一见面就掐了起来，连忙上前打岔：“马兄，马兄，两天不见，我们都想你了。表少爷特地找你玩来了。”

张超也笑嘻嘻道：“马阿哥，你再弄个什么好玩东西让大家见识见识。”

傅玄被他一呛，有些恼怒：“哼，原来你专会弄些玩具让我们‘小孩’玩物丧志。”

马钧原本不想做的，被他一激，气不过，对张超道：“小先生，我们到竹木场去，我再弄一个好东西。我们去‘玩物丧志’，让‘老夫子’在这里‘志向高远’吧。”他故意把“小夫子”叫成“老夫子”，已示揶揄，转身就往外走。

张超跳起来，拍手道：“好好好。”来拉小夫子，“小夫子，走吧！”傅玄迟疑着，不肯动。张超连拉带拽，“走吧，一起去玩，去了你就知道多好玩了。”

李牧也上前帮忙劝说，傅玄才勉强跟在后面。

竹木场在城西北，过去有几条街。走过去也无须多久，很快就到了。转过最后一条街口，走在前面的马钧差点和一个风风火火的人撞了个满怀，只觉软玉温香，触手发烫。马钧吓得直往后退，那人气势汹汹地叫道：“你走路不带眼啊?!”

张超却高兴地跳起来：“哈哈，仙女姐姐，是你啊！”连忙跑上去拉她。

李牧更想不到在这里看到她，定住身子，一动不动。

41

来人正是王巧，后面跟着王舒。王巧一见是马钧，“嘿嘿”笑道：“怪不得走路不带眼，原来是小马儿啊，怎么今天走路连缰绳也不戴啊？就这么闷头乱闯！”

马钧一见王巧，登时头就大了：“你……你……你怎么又来了？”一急就结巴起来。

“什么叫‘我又来了’？”王巧瞪着他，“很讨厌我吗？你真是恩将仇报。前晚刚吃了我的汤饼，今天就讨厌起我来了？”

“什么？”马钧瞪大了眼睛，“前晚……前晚的汤饼是你送的？”当时只顾吃，并没有问。只是看那些织工吃的都是粗粮，觉得有些奇怪，并没有放在心上。哪里会想到是王巧她们送的。

王舒道：“是啊，我和姐那天怕你们冷，做了些热汤饼送来给你们吃。我们家离织场很近的。”

李牧听了，心头不知是羡慕还是嫉妒，觉得那汤饼的味道一定鲜美无比。

王巧对傅玄、张超道：“小夫子、小先生，你们说，他这人是不是忘恩负义？”

“正是，正是。”傅玄乐得看马钧狼狈的样子，一本正经道，“就像我好心去看他，他非但不领情，还呛我一顿。我看哪，你该好好管教管教他。”拿眼睛不住在马钧、王巧身上逡巡。

张超也“嘻嘻”笑道：“就是，仙女姐姐做汤饼给你吃，是你福气，都没给我吃呢。”

马钧当然不知道傅玄、张超话里都有深意，只得抱拳道：“谢谢两位小姐，谢谢两位小姐！”

张超道：“姐姐，那就罚他给我们再做个好玩的东西。”

王巧道：“小马儿，怎么样？你认不认罚？”

马钧见了她一点办法也没有，只好道：“行，到里面去吧。不过，不知道他们……让不让我用他们的东西。”

张超道：“南宫县令、王县丞说了，只要你做东西，要什么给什么?！要人也给?！”

王舒问：“啥？要人也给?！”

傅玄道：“就是他要什么木工、竹工、漆工、织工什么的打下手，都给他——就是需要我们陪他玩，我们也陪。”

马钧奇道：“咦——哪来的好事？还能要什么……给什么？”这才相信父亲早上的话。原来县衙这么重视纺车织机的改造。他原本犯倔，认为他们欺负人，现在看他们居然提供这么好的条件，顿时心动了。

“噢——”王巧恍然大悟道，“我说呢，父亲一向不让我们随便和男孩玩，今天我们出来说找小马儿，他居然一句话也没说，原来是指望着你做事啊?!”

马钧道：“只要工具物件随我用，我不要下手，嗯——”看到李牧，改口道，“要是李兄能陪我一起最好，我们配合默契。不知小先生可舍得?”他心气一顺，说来顺溜，这么长的句子，竟然非常流利地出来了。

张超已经察觉他的口齿变化，暗喜，却不提醒他，顺其自然，接着话头往下说：“没问题，没问题。”回身对李牧道，“你就住在这里跟马阿哥打下手吧。”

李牧正要在王巧面前表现，连声道：“好，好，木工活我懂的。”

马钧过来揽住李牧的肩膀道：“李兄不是给我打下手，是给我当师傅，我和他学木工活。”

李牧很感激马钧这样抬举他，顿觉在王巧跟前有了面子，兴奋得脸都红了。

能得这么好的条件，做自己想做的事，马钧非常高兴，一时忘了自己目前还是疑犯的身份，道：“走，我路上想到一个好玩的，先给你们做出来。”

大家高兴地一起进了竹木场。正坐在工棚里一边看竹木工们干活，一边犯愁的马文见他们来了，忙站起来。他们一起过来和马文见礼打招呼。工曹走了过来，对小夫子、王巧、王舒点点头。马钧迟疑了一下，试探着问：“大人，我可以用这里的东西吗?”

工曹早已得到吩咐，很和气地道：“用，你用，随便用。看见什么可以用你就拿，需要什么跟我说。”

马钧在工棚里转了一圈，看到一个竹工在编竹席，拿起一根竹片弯成圈，试了试，觉得太轻，放下来。又看到一个箍桶匠在箍桶，身边放了一堆铁箍。就走过去，问：“大爷，我拿一个桶箍行吗? 用完了还给你。”

箍桶匠看了看工曹，工曹道：“拿，拿，拿什么都可以，只要不出作场大门就行。”

马钧谢过，把桶箍交给张超。张超不知他拿一个桶箍干什么。就跟着他继续看个究竟。马钧到竹工那里，截取了一根细细的竹竿，手臂那么长，又要来一根铁丝，弯成一个带柄的钩，将柄绑扎在小竹竿上。握住小竹竿，像钓鱼似的试了试，觉得不错。对几个人道：“好了，可以玩了。”

张超、傅玄、王巧、王舒、李牧均觉稀奇，就这个东西怎么玩啊?

马钧见大门口有块不小的空地，朝那儿一指：“走，到那儿去，我教你们玩。”拿过铁箍和钩子跑过去，大家一起跟了过去。马文见了，也过来看。

到了空地，马钧左手拎着铁箍，右手拿着钩子，轻轻把铁箍往地上一放，右手用钩子往前推，这个情景在从涅阳来河南的路上，就反复在脑海里演示过，此时付诸实施，虽然一开始不太适应，但那铁箍歪歪扭扭就往前滚去，马钧右手握住竹竿，用钩子一边往前推，不断给予动力，一边左右调整，不断平衡方向，慢慢地，那铁箍开始听话了，直直地往前滚动，越滚越快，马钧跟着它一路小跑。张超欢呼一声："啊——滚了，滚了，真好玩，真好玩。"

王巧、王舒、傅玄、李牧也跟着跑。

马钧试着让钩子离开铁箍，只跟着它跑，没有了后续动力的铁箍在惯性的作用下，依旧向前滚动，只是渐渐地慢了下来。马钧又立时跟上去，铁钩准确地从底部钩上，继续往前推动。看看要到墙边，马钧试着用钩子慢慢地改变方向，果然，那铁箍听话地拐了一个弯，绕着空地，滚起圈来。张超忘乎所以地大声叫好，其他几人也兴致勃勃跟着跑，马文也觉得好玩，兴致勃勃地注视着。工曹、竹工、木工也都被吸引了，纷纷围过来观看。

马钧觉得自己已经熟练了，就把钩子塞到张超手里："小先生，你来试试!"

张超欢喜地接过钩子，如法炮制，去钩那铁箍。谁知那钩子却并不听他使唤，在铁箍下面一拌，铁箍歪歪扭扭地滚几步，就"咣"的一声倒下了。众人一齐"嘘"一声，惋惜不已，随后又哄笑起来。

张超涨红脸，他已经有了经验，就像上次打"笨牛"，一开始总是不行的，慢慢就顺手了。叫道："你们别笑，我练几下就会啦。马阿哥，你来教我一下。"马钧手把手教他试了试，跑了几步，张超就找到手感了，铁箍慢慢就听起话来，张超兴奋地一边跑一边叫。

傅玄也看得兴起，道："小先生，给我试试，给我试试。"等不及，就到张超手里去抢。张超"嘻嘻"一笑，让给他。他在一旁看时，已经看出点门道，所以上手比较快，只滚了几十步远就找到了感觉，越滚越顺。

一旁王巧按捺不住了，叫道："该我了，该我了。"傅玄正滚得兴起，还没跑几圈，哪里肯给她，就跑动几步，推着铁箍躲开她。王巧不答应，紧追不舍。于是一个男童推着铁箍在跑，一个少女跟着男童在追，一群少年在嬉闹哄叫，一群成人在笑着围观，在这阴冷的秋天里，形成了一道独特的风景。

这次，马钧仍然没有想到：他这一偶然发明，惠泽了后世儿童千百年，让人们的童年多了一份快乐。铁箍从马钧手中滚起，一直滚出作场，滚到河南县外，滚遍魏国大地，又滚至东吴西蜀，最后一路滚下去，滚了将近两千年，一直滚到人类进入电脑游戏时代，它才渐渐地滚到人们的怀旧记忆中去。后世的人们给它重新取了个名字，叫“滚铁环”。

不过，这个时候，站在围观的人群中，看着跟在后面追逐小夫子的王巧，马文却暗暗地摇头叹息——这个丫头太疯了，谁家用得了这样的媳妇啊?!

42

南宫嗣一直有种不安的感觉，到底是什么不安，却也说不清楚。

为了不动声色地拿掉王策，换上自己的心腹掌管仓狱，又不想在这纷繁复杂的京都边上弄出事情来，自己是小心翼翼，煞费苦心。但每一次谋划到最后总是功亏一篑。这次老吴老周之事，差一点露馅，波及自己，幸好丁九采取措施，及时做了处理。想来不禁有些后怕。这回就着朝廷征布之事，将他逼入死角，王策竟然慌不择路，不惜许婚来求人改进织机，渡过难关。

主簿卫笠怀疑道：“我看王策也没有那么傻吧？单单为了改进织机，就把女儿赔进去，总觉得不可思议。”

南宫嗣道：“我明白他的心思。他是怕女儿被选入宫，想借此脱身呢。”

卫笠诧异道：“那你怎么又同意了呢?”

南宫嗣道：“河南这地方虽小，关系复杂你是知道的。万事不可强为，最好在别人看来是自然而然的。何况这王家那头搭着荀家，荀家搭着毌家。这就是为什么我当着单先生、小夫子的面这样做的原因。在河南，一个小夫子、一个单老头是很讨厌、很麻烦的人，惹不起，躲不掉。那干脆就利用。嘿嘿，那小夫子毕竟是个小孩，容易对付，给他穿双高木屐就可以了。只是那单老头精明得很，那天签字就很犹豫，估计是看出什么来了。这事儿他们全程参与的，到时也挑不出什么刺儿来，即便发现什么，也无法开口。”

卫笠一挑拇指：“大人就是高明。小夫子再厉害，也是个孩子。呵呵。那马家儿子也只是个大孩子。一群孩子，成什么气候?”

南宫嗣得意道：“织机是上古流传的东西，凭他一个毛还没长齐的半大孩子，真能改进吗？他改不了，布匹自然也完不成。完不成，他只有求我。那我只给他两条路走：一是他自动卸职，让出位子，我保他没事；二是答应献女，保送入宫，继续留仕——他女儿入宫，我也就犯不着再和他结怨了。”说到这里，南宫嗣又咬牙切齿道，“还有，王策的立约上写了：如果马钧改进不了，马家父子充入百工，永为工户——嘿嘿，老吴老周的仇就着落在他们身上报了。老吴老周地下有知，也无须找丁九索命。”

卫笠心中一寒：“这王策也够阴的，倒需提防呢。”

南宫嗣道：“他这是逼马家一定要把织机改成呢。”

卫笠担心道：“要是那小子万一真的改成了呢？”

南宫嗣诡谲地问：“是做东西容易，还是毁东西简单？”

卫笠压低声音问：“大人是说……”

南宫嗣止住他：“我说的是万一……不到万一，不可轻动。你要时时盯住那里的动向。”

卫笠会意地一笑，点点头：“放心，我会时时去‘关心’他们的。”

经过这样一番梳理，南宫嗣那种不安的感觉消失了，顿时轻松地一抖身子：“不知我们的王县丞现在怎么样了？”

王策当然没有南宫嗣这么轻松。从南宫嗣上任之后，压抑的心情就没有好过。这次涅阳之行，他感到对方为了拿掉他已经不择手段了。但苦于没有任何证据，无法到尹里去告他。荀豫也叮嘱他，要学会巧妙周旋，有些事不能说破。不说破时，对方尚有所顾忌。一旦撕破脸皮，难免就孤掷一注。以自己目前的力量，根本不堪一击。现在想来，老吴、老周这样悄无声息被除掉，于自己未尝不是一件好事，至少说明他们多少心存顾虑。若是老吴、老周当面指认南宫嗣，届时会是什么后果？南宫嗣怕是当场会杀人灭口。每每想到这里，王策就不寒而栗。

在南宫嗣与卫笠谋划于密室之时，王策和夫人荀氏正带着荀安、荀定在白马寺焚香祷告呢。这座建于前朝永平十一年的第一座寺院位于邙山和洛水之间，距离河南县只有数十里，乘着马车一天就可来回。荀氏生王巧时难产，差点亡命，后来听人说信佛可以保佑太平，就在家里供了观音大士，还时不时去白马寺朝拜祷告。结果在生王舒时，果然十分顺利。荀氏坚信这是佛祖保佑。每年都会过来还愿。这次涅阳之行，有惊无险，再次证明了佛祖灵光普照。她便坚持要王策陪她前来还愿。同时为莫名砸死的老吴、老周超度，祈望他们往生极乐世界，重新投胎做人，不再纠缠自己一家。也保佑马家改进织机能够顺利成功。

荀氏刚得知王策立约许婚时，气恼地哭道："你这个天杀的，你弄不过人家，就拿我女儿去下赌啊？佛祖啊，你睁开眼看看吧！"王策再三说明此举的无奈和好处。荀氏哭到最后，也感觉这其实倒是一个不错的主意，便一门心思地希望马家能成就此事。所以当王巧提出要去作场看马钧他们试验时，她立马答应了。她是希望他们之间多熟悉了，到时也免得哭闹。

既然与兄长荀豫那边没戏，荀氏也就不希望荀安、荀定成天围着女儿转了，怕转出事情来。就借口要他俩保护，顺便带他们出来玩玩，把他们带到白马寺来了。

这次立约许婚，说到底也是一种退而自保的策略。但王策心中还是有点隐隐作痛的。

王策膝下无儿，将女儿视若掌上明珠，指望她们招婿养老。他也是饱读诗书之人，对文史典故，十分熟悉。古来选入宫中的女子大多命运悲惨。不受帝王宠幸，便孤寂一生，多数沦为宫婢。即便万幸受到帝王恩宠，也会遭到后宫嫉妒倾轧。汉末、魏初，死于非命的宫女、嫔妃乃至皇后，多了去了：董贵妃、伏皇后、洛贵妃以及不知数目的宫婢，都是过去没多少年的事，好多最后株连九族。所以皇宫一朝选美，民间匆匆嫁女，几成惯例。

还有一个令他尴尬的是，女儿已到婚嫁之龄，按理媒婆早该把门槛踏破了，可愣是到现在一个提亲的人也没有。自己若是个儿子，倒可以请媒人说合。这女儿家怎么好主动托人呢？这次送女儿到涅阳，其实也有另一层用意，希望在那里成就一桩姻缘。说白了，他是看中荀豫的两个儿子。年龄相仿、门户相当，那可是亲上加亲的好事。偏偏荀豫好像一点这个意思也没有，自己又不好主动提出。还没过几天，南宫嗣又急着催他带女儿回来指导百工织布。反正说来说去，这事成了一团乱麻。

立约许婚之事，其实也不是一时的心血来潮。即便许配个寻常百姓之家，也好过女儿入宫沦为婢女。他把这事当众弄大，又有名士见证，谅那南宫嗣也无法反悔。最重要的是，这马家小子若真的能改进成功，自己既避免献女入宫，又躲过南宫一箭。而且自己因此也拉上了单先生、小夫子，让那南宫嗣有所顾忌。自己在立约最后注明改进不成，马家征为工户的条款，一是以此逼迫马家用心，二来心中也多少有点不平衡。自己以女儿做赌注，马家没有赌注怎么成？自己没有儿子，能因此赢得一个上门女婿，那也值了。

43

马钧一旦认真起来，就会全身心投入其中。眼下他要做的就是深入了解纺车、织机的构造。又一天早晨，他和李牧从竹木场灶间要了几个生山芋，一边啃一边往城东北的织场走去。到了织场，看门的见是他，就放了进去。织工们还没有上工，暂住在织场内的涅阳织工还在自己做饭。马钧就和李牧查看起纺车来。这是一个由木架、锭子、绳轮和手柄组成的物件。看上去十分简单。马钧在老家时常见邻居三婶纺纱，也摸过。只是现在才认真研究它。

一团棉花放在旁边的箩筐里，线头还连在锭子上。马钧按照三婶纺纱的样子，左手拿起棉团，右手轻轻扶住曲柄，摇动绳轮。绳轮一转，就带动了锭子，锭子一转，那线头就从左手的棉团里捻伸出来，使他不得不把手往后拉，让线捻长。手臂伸到最后，却不知道怎么办了，愣在那里。只听“咯咯”一声娇笑：“小马儿，说你聪明，傻了吧？不知怎么办了吧？”

不用抬头，就知道最让他头疼的姑奶奶驾到了。

李牧欣喜地叫道：“王小姐，你来了?!”

马钧只得抬起头，招呼王巧：“你……你来了！”想起这个她最在行，便问，“正好向你请教，这个东西怎么用?”

跟在王巧后面的王舒冲马钧、李牧一笑，对王巧道：“姐，你纺给他看。”

王巧正欲大显身手，挥手道：“让开，让开，一旁学着。”

马钧起身让开。王巧盘腿坐到草席上，左手轻握棉团，右手摇动曲柄，绳轮轻巧地转动起来，锭子便飞速转动，线从王巧的左手心里绵绵不断地捻伸出来，又飞快地绕到锭子上。马钧注意地看着王巧的左手。只见王巧的左手随着锭子的转动，不断地平行后拉，线如同被她的手引出一般。这个时候，她的手和锭子是平的。手拉到最长时，便向上扬起，纺好的线便随着锭子的转动，自动绕上去，手便跟着送到锭子跟前，然后再放平向后引拉。如此反复，锭子上的线便不断累积增加。原来纱线就是这样纺出来的。

王巧纺纱的姿势十分优美。右手摇动得轻盈，左手配合得起伏悠长，身子不时随着左手的平拉、上扬、低送而微微前俯后仰，像舞蹈一般，只把个一旁的李牧看呆了，一颗心完全陶醉在王巧身上。王巧无意中抬头看到他痴痴的神情，嗔怪地瞪了他一眼，吓得他连忙躲开她的目光。

马钧的心思却完全在纺车上。他看王巧不时停下摇动，右手来刮动线纱上的棉疙瘩，忽然问：“王小姐，你会捻线吗??”又四下逡巡，“这里不知道有没有捻线陀?”

王巧停下摇动，奇怪道：“现成的纺车，要捻线陀干吗？那是捻纳鞋底的索线用的。”

王舒脸一转，手一指：“咦——那不是捻线陀吗?”只见不少竹箩里都有捻线陀。估计是织工休息时一边拉呱，一边干私活用的。

王舒跑过去拿了一个来。捻线陀就是一根和筷子差不多的细竹杆子插在一个小手心大的圆陀上。王舒左手拿着棉花，引出的线头在捻线杆顶端的凹槽上打了个扣，右手捏着细竹筷子的顶端轻轻一捻，捻线陀便快速转动起来，线也就从左手心里不断捻伸出来，捻伸到一定长度，王舒便将捻线陀拎起来，把线扣剔开，再捻动，而左手放低，使线与捻线杆基本垂直。随着捻线陀的转动，线便迅速绕到捻线杆上。在捻线陀落下之前，线便都被绕到捻线杆上去了。反复动作，这线就捻出来了。马钧注意到，王舒每捻一节线，再绕到捻线杆上之前，都要用右手拇指、食指的指甲轻轻刮动线上的棉疙瘩，与王巧纺线时一般无二。

王巧见他出神的样子，大声道：“喂——小马儿，你呆啦？想什么呢?”

马钧已经看出点门道来，恍然大悟道：“原来纺车其实就是从捻线陀来的。”

王巧睁大了眼睛：“你胡说什么？纺车怎么是从捻线陀来的?”

王舒既会纺纱织布，又喜欢博览群书，倒是关心过纺车织机，道：“纺车古人叫軠车、纬车、繀车，就是收丝、收线的架上轮，纺车应该是从那里来的。但没有听说过纺车是从捻线陀来的啊。”

马钧反问：“那軠车、纬车、繀车又是从哪里来的呢?”

王舒被问住。王巧叫道：“你这个小马儿，车就是车，为啥要从哪儿来的呢？你说从哪儿来的?”

马钧匀住呼吸，语速平稳地道：“我想軠车也好，纬车也罢，繀车之类，不过是古人对纺车的不同叫法，其实都一样。但它们却应该都是从捻线陀来的。你们看——”他拿起捻线陀学着王舒的样子捻线，“线都是从左手心的棉花里被捻线杆转动引出来的，这捻线杆就相当于那锭子，不同的是：这个捻线杆是竖着转动的，而锭子是横着转动的；捻线杆是手直接捻转的，而纺车是摇轮子带动的。纺车是大绳轮带动小锭子。大轮子转一圈，小锭子转好几圈，所以它纺线快。”他这侃侃而谈，竟然一点也不结巴了。

王巧、王舒被他这一说，再一想，齐声道：“咦——这是真的哎，纺车真的是从捻线陀来的哎。怎么就没有人想得到？”

李牧插嘴道：“马兄这一说，的确是这么回事。不过，这个能说明什么呢？”

王巧还在想，王舒已经豁然开朗：“小马哥的意思就是，古人既有办法做出比捻线陀快的纺车，我们为啥不能做出比它更快的纺车呢？”

马钧露出了笑脸：“二小姐就是聪明。”

王巧不乐意了，叫道：“小马儿，你什么意思？她聪明，我笨是不？!”

李牧连忙圆场：“马兄的意思是说二位小姐都聪明。”

“对对对”马钧忙不迭地点头，生怕再惹翻这位姑奶奶，“二小姐就是二位大小姐。”

王巧“扑哧”一声笑了，白了李牧一眼，嗔道：“你倒是真聪明，会打圆场啊!”尽管知道这是狡辩，见马钧急忙承认，等于向她臣服了，也就不再追究。

李牧心里甜滋滋的，巴不得王巧再骂他几句。

44

马钧对这位任性的大小姐脾气已经有了几成了解，便不无讨好地问：“大小姐，你这么聪明，又是有名的织绫巧手，那么我就请教你，这个织绫是怎么个织法？”

王巧心中得意，道：“你是问直接织，还是全过程？”

马钧道：“当然是全过程，从开头到最后。”

“那……从哪儿开头？”

“我怎么知道从哪开头？”

“好吧——”王巧沉思了一下，道，“我就从蚕丝讲起。纱是从棉花中来的，丝是从蚕中来。丝线和纱线不一样，丝线亮滑、柔软、性韧，当然织出来的布就华丽、高贵。棉花、麻、葛都是土里长出来的，所以织出的布叫土布；丝、毛、皮都是活物抽出来的，所以织出的布叫丝布、锦布，也叫绫布、绢布、锦缎。就说丝吧。先得有人养蚕。养蚕知道不?”

“知道。”

“知道就不多说了。从择茧缫丝讲。缫丝这一关很重要，丝布织出品相好不好，就在它。走——”王巧站起来，指着已经陆续上机的织工说，“这个光说没用，得亲眼看，那边就有缫丝的。”

马钧大喜，有东西亲眼看多好。连忙跟着大家一起去。缫丝的在单独一个工棚里，女工三三两两地在一起上工，里面有大锅、大桶、缫车以及一些叫不上名称的器具。女工们见了王巧，叫声“大小姐”，赶紧低头勤快地忙碌。

一个女工在择茧，王巧走过去，抓起一把蚕茧给马钧看：“这里的蚕茧一般两个用途，一是造丝绵，一是缫丝线。丝绵就是用来造丝绵袍、丝绵被用的。丝线就是用来织丝布的。但用造出丝绵后再打成线，这个丝线更好。择茧很重要。”她拿起一个漂亮的茧道，“你看，这枚单茧形端品正，用它缫丝，条理就不会乱。你看她手中那个——”

对面女工的手中抓了一把茧在择。她把单茧放到一个箩里，两个茧或四五条蚕在一起结成的茧放到另一个箩里。王巧道：“那种两个或四五条蚕在一起结的茧，做丝绵最好，缫丝的话，丝就太粗。顶多就是中等人家用。富贵人家用上等丝，都是单茧缫的。”

李牧贸然插了一句嘴：“那皇上用的呢?”王巧看了他一眼，他立即红了脸。

王舒接口道：“给宫里织丝布，当然都是挑的单茧里上品的上品，每个单茧，不但品相好，还要晴天对着太阳照，玲珑剔透、色泽和润的才合格。”

李牧伸了伸舌头：“乖乖，这要织一匹宫里丝布，得要多少蚕茧啊?”

马钧也暗暗咋舌。对王巧这么熟知此道，也觉惊讶。先前对她就是个疯丫头的感觉，不知不觉有了改观，脱口道：“你懂的还真不少。”

王巧得意道：“那当然，你当本小姐是绣花枕头啊!”又转到另一边看缫丝。

一个女工在一架缫车前缫丝。缫车前有一口大锅，一把蚕茧在锅里刚煮开，那女工用竹签在拨动水面。看到一根丝头露了出来，王巧迅速伸手拉住。

李牧脱口而出：“小心，别烫着!”真切之情溢于言表。

王巧感激地又看了他一眼，这一眼波光竟是异常温柔，看得李牧心都快要跳了出来。王巧拉住丝头，颇有眼色的女工急忙让开位置，让王巧把丝头穿入竹针眼，绕上用竹棍做成的筒状滚轮，然后把丝上送丝杆，再连接在手摇关车上。示意一下，女工就轻轻地摇动关车，丝便均匀地缫了出来。

马钧佩服地看着王巧灵活而熟练的手，又想起一个问题，见王舒站在旁边，觉得有些冷落了她，便问："这个丝这么细，要是万一拉断了怎么办？"

王舒微微一笑："断丝是经常的，不是万一。断了就再找一根起头的丝接上去，不一定要绕接在原来的丝上。"

女工在灶膛里添了一把柴，灶膛里倒出一缕白烟。王巧急叫道："怎么回事？怎么回事？"

那女工赶紧把柴掏出来，用火剪夹着跑出工棚。王舒过去拿起柴看了看，挑了把干的塞进去。女工回来了，王巧板着脸道："怎么回事？不知道湿柴煮茧，冒出的烟会损害丝的成色吗？"

那女工吓白了脸，道："对不起，大小姐，前些天下雨，工棚漏雨，大概淋了几滴雨，我没在意。下次不敢了。"

王舒安慰道："下次注意就好了。别怕，我姐不会告诉我父亲的。对吧，姐？"

王巧瞪了女工一眼，道："下次注意！"

女工连忙鞠躬，连连道："谢谢大小姐！谢谢二小姐！一定注意！一定注意！"

王巧不再管她，对马钧道："你看，要让丝好还有六个字的口诀。一叫'出口干'。"见那女工惶恐的样子，缓下口气对她说，"你说，什么叫'出口干'？"

女工连忙殷勤地道："就是结茧时用炭火加温烘干。"不待王巧吩咐，又指着缫车旁边的火盆主动说下去，"还有一个叫'出水干'。就是把火盆放在缫丝边上，不能太近，也不能太远，四五寸左右。当关车转起来时，生丝就会一边抽出，一边被烘干。要是天气好，放在透风的地方，不用火盆也能马上干。"

马钧见王巧虽然疾言厉色，但能主动缓解女工紧张心情，不禁递过去一个赞许的眼色。王巧感受到了，微微一笑。又带他们走进一间木屋内。木屋四面开窗，光线清亮。一个木架铺在地上，木架上插着四根竹竿，王巧道："这叫络笃，调丝用的。"

一个年纪稍大的女工正把丝绕在竹竿上，见到王巧、王舒一行，忙道："大小姐好！二小姐好！"

王巧显然对她印象颇好，道："张婶，最近要辛苦了啊，朝廷要征丝绢啦！"

张婶道：“听说啦。还听说特地把大小姐请来指导呢。大小姐千灵百巧的，大家都想多学些。”嘴里说着话，手里不闲着，把丝悬挂到柱梁离地八尺上下的一个半月形挂钩上，手中拿着绕丝棒旋转绕丝，准备牵经织纬。

王舒低声对马钧和李牧道：“张婶家就在我们街头住，人可好了。”

马钧指着小竹竿的另一端垂着的一个小石块，问：“那个做什么用?”

王舒道：“那个叫活头，要是断丝的话，一拉小竹竿，挂钩就下来了，方便接断丝。”

张婶听到这话，就把小竹竿一拉，朝他们笑一笑，演示了一下。张婶显然善解人意，知道下一步该做什么，就把绕丝棒取下来，先用水浸透，然后摇卷纬车带动锭子转动，把丝绕到小箭竹做的竹管上，王舒见马钧兴趣盎然地看着，道：“这叫纬络。”

王巧已经在那里摸弄经具，准备投梭织造了。正在这时，织场大门口传来了激烈的争吵声。似乎有人在高叫王巧的名字。

45

荀安、荀定这些天郁闷坏了。自父亲无意间说漏了荀定告密之事后，王巧就没给过他们好脸色。爱答不理的，还处处躲着他们。更让他们郁闷的是，姑父姑妈似乎也不再纵容他们和表妹成天泡在一起玩了，像是有意要把他们隔开似的。不是带他们上白马寺烧香，就是带他们去衙门里帮忙。晚上回来，再想去找表妹时，一个个关上闺门，说是休息了，不方便进。急得两人抓耳挠腮。倒是王舒有时看不过眼，搭理他们一两句，算是给个台阶下。

他们住在前院东侧的客房里。往常在家，黎明时分，他们就起来练武。这几日离了荀豫管束，乐得睡睡懒觉，不到辰时不起床。今儿一大早，二人听见院中有动静。悄悄掀开窗户一看，天才蒙蒙亮，灶间亮着灯，些许薄雾中，一个婀娜娇俏的身影在院中挥拳弹腿，闪转腾挪。定睛一看，正是王巧。顿时看直了眼。他们虽然听说过表妹也喜欢舞刀弄枪，却没有真的见过，知道她心灵手巧，织布一流。现在一看，更加惊羡。

兄弟俩也不点灯，穿衣起身，结束停当，悄悄打开门，溜到院中。正在舒展身姿的王巧，陡然察觉有两个人影，悄无声息地逼向自己，吓了一跳，跃到墙边，顺手抄起靠在墙上的大扫把，摆出架势，喝道："谁?!"

荀安、荀定直起身，道："是我们，是我们。"

王巧一见是他们，"哼"了一声，扭头就走。王舒围着围裙，听到喝问声，连忙从灶间跑出来，见是他们两个，道："表哥，是你们?！干吗悄没声儿的，人吓人要吓死人的。"

荀安道："二表妹，你起这么早啊？我们没有存心吓她，就是看她练武，好玩，没想惊动她。"

荀定有些不快道："在我们家，我们带你们到处玩。怎么到你们家，就成天摆一副脸来给我们看?"

王舒白了他一眼，拎起围裙擦擦手，道："瞧你们，还有脸说呢。看你们那事做的!"

荀定嘟囔道："她干吗老要护着那小结巴啊？小结巴是她啥人啊?"

荀安也道："她不是也老损人家，怎么又护着人家，真想不通?"

王舒道："我姐那是义气。别看她是个女孩，比你们男孩还义气。你看看你们，像个男子汉不?"王舒严肃的语气中透着几分嗔怪，短衫薄袄下隐隐隆起两座微峰，随着呼吸，轻微起伏，在晨光薄雾中另有一番动人韵致。

荀定忽地心中一动，突然发觉二表妹也将长大成人了，不觉笑嘻嘻地讨好道："还是二表妹好，懂得待客之道。我们来此好歹也是客人吧，哪有她那样的?"

荀安却乘机大声说给王巧听："能怪她吗？谁让你告密去的?"

荀定怒道："你好？你不也……"荀安在他后背狠狠扭了一下，把他的话扭了个方向，"二表妹，你真勤快，一大早就起来在灶间忙活了，今天有什么好吃的啊?"

王舒其实从心底里看不上这两个表兄，但她性情柔和，不像王巧那样，事事摆在脸上。再怎么说人家也是大老远来的，那就是客人，总要表现几分热情的。便笑了笑，道："今儿母亲吩咐了，做汤饭，摊鸡蛋饼。表哥远来是客，要招待好嘛。"

荀定笑了："二表妹做的鸡蛋饼，那一定是美味无比。"

王舒不想和他们多说，道："表哥，我做饭了，你们练武去吧。"

荀安对着王巧的窗户叫道："王巧，你出来，我们一起练武吧，我们教你一套新剑法。”

王巧隔着窗子没好气道：“我练不起你们那‘箭’法，没练好就会暗箭害人了，练好了还得了?!”

荀安、荀定面面相觑，唉声叹气，不知到底怎么样才能让王巧不再冷对他们。直到朝餐的时候，王巧也没出来过。王舒叫她吃饭，磨磨蹭蹭地盛了一碗，端回房里吃去了。王策问夫人：“她这是怎么啦?”

荀氏道：“我哪知道啊？回来就一直这样。莫非……”猜想不会是她知道立约赌婚的事了吧？看到荀安、荀定在座，把话咽了回去。

荀安、荀定唯恐王舒说出真相，让姑父姑母瞧低了自己的人品，抢着道：“表妹一定一早练武，累了。”

王策已经明白夫人的意思，也猜想王巧是不是从哪听到了风声？也就不再追问。慢慢让她知道也好。就随口道：“女孩家家的，练什么武?”

荀氏夹了块鸡蛋饼给丈夫，笑了笑：“还不都是你惯的!”又和气地对两个娘家侄子道，“你们吃，多吃些，吃好跟你姑父到县衙帮忙去，正好多学点东西。”

荀安、荀定一听，生怕又把他们支开。荀安暗自着急，荀定随口编起瞎话：“今天我们和小夫子约好，去拜访单先生的徒弟，请教武艺。”

王策一听，点点头，笑道：“单先生的徒弟也都是有本事的人，你们多学点，回去你父亲一定高兴。我正好有事路过小夫子那条街，回头我的马车顺便捎带你们一程。”

等他们吃好早饭，再寻王巧时，连王舒也不见了影子。他们一猜，就知道王巧、王舒去竹木场找马钧去了。他们不好吱声，耐着性子坐着王策的马车来到小夫子那条街。等王策走了，才折返身回到竹木场。一问，王家小姐根本没来。马钧也不在。一拍大腿，王巧回来是为了指导织工的，肯定去了织场。该死的小结巴，肯定也追到织场去了。

这一想，荀安、荀定便掉头就往织场赶。谁知守门的已经得了王巧吩咐，拦住他们不让进。荀安、荀定便和守门的吵了起来，说自己是王县丞的内侄。守门的倒也不敢太得罪，但就是不让他们进，说大小姐吩咐了，织场正在上工，闲人免进。荀安、荀定便冲里面大声叫王巧。

王巧一听，气不打一处来：“这两个活宝，还寻到这里来了。”她现在躲避这两兄弟，不仅是因为瞧不起他们的告密行为，而且已经觉察到了他们对她的那层意思。她心里从来也没拿他们当回事，原先只是把他们当亲戚，两小无猜，才喜欢一起玩。

王舒劝道：“姐，不管怎么说，人家也是客。我们到涅阳，人家那么热情。到了这里，你这样冷淡他们，以后怎么去见舅舅、舅母啊？再说，他们这样狂喊大叫，人家不知以为怎么了呢？”

马钧也道：“让他们进来吧。”他对荀氏兄弟没感觉，也不知道告密这一节，见这样叫着总是不妥。

王巧瞧了他一眼，叹了一口气，这才松了口：“王舒，你去叫他们进来吧。”

46

荀安、荀定跟着王舒走进织场。走到缫丝间，只见王巧在张婶的配合下，正用一根笔直的竹竿横架在两个大柱子中间，竹竿上有二三十个小孔，孔内穿着小竹圈做的溜眼，丝穿过溜眼，再下拉穿过竖着的掌扇，然后缠绕到套在地桩上的经耙上。一根根牵好，就用印架捆卷、系好，中间用两根交棒把丝分成一上一下，然后插入疏筘内，王巧和张婶手不够用，王舒赶紧示意马钧上前帮忙，把经轴与印架相对拉开五六丈。

王舒道：“如果经要浆的话，就在这里浆。要是不浆，就直接卷到经轴上，那就可以投梭织造了。”

王巧正将丝卷到经轴上，拍拍手，坐下，像没看见荀安、荀定似的对马钧道：“好了，这就好织了。”

马钧见荀安、荀定进来，王巧也不搭理，过意不去，主动抱抱拳：“二位荀兄好，你们来了?!”

荀安、荀定看到马钧，心底一股怨恨直往外冒，但他们已经达成共识，此时万万不可再得罪马钧，否则王巧更难接近。便一齐拱手回礼：“马兄好！前番无意间多有得罪，惹得表妹对我们多有误会，这里给你赔不是啦！”

马钧诧异道：“此话从何说起？”

王巧白了他们一眼，总算给了一个好脸色：“他们啊？鬼迷心窍，自己知道。”

“王巧，表哥就是想看看你怎么织布的?”荀安讪讪地岔话，“王舒说的经要浆，怎么浆啊?”

“浆经嘛——”王巧虽在回答，话却是说给马钧听的，“就是用糊将做经线的丝过一下，让它更柔韧。织纱、罗一定要浆，绫和绸不一定要浆。”

虽然如此，毕竟王巧还是顺着荀安的话答了。荀定便故意装作傻乎乎地又问：“浆、糊……是什么东西啊？上次糊走马灯的那个浆糊吗?”

“糊你那个头。”王巧忍不住一笑，对马钧道，“浆丝用的糊，是揉面筋沉淀下来的细粉。”

荀安长吁一口气：“笑了，你总算笑了。咱们这就算过去了哈?”

王巧道：“你们下次再这样，我一辈子都不理你们了。”

荀安、荀定连连道：“不敢，不敢，再也不敢得罪小姑奶奶了。”

王巧、王舒都笑了起来。马钧也笑了一下。李牧看着王巧且怒且嗔的样子直发呆。

王巧已经坐到织绫机上开始动手织造。这架织绫机比外面工棚里的织布机要大得多，构造也复杂得多。但原理是一样的。马钧仔细琢磨着，问王舒：“你们用过腰机吗?”

王舒道：“就那种踞织机吗？刚开始母亲教我们学的就是这种，让我们织带子、垫子用的。”

马钧看着王巧手里的梭子在左右抛接，马上就明白了它的原理，道：“我小时候看过邻家老奶奶打席垫用过，很简单。就把卷布轴的一头系在腰上，两脚蹬住另一头的经轴，把它绷紧，再用分经棍将经纱按奇偶数分成两层，用提综杆提起经纱形成梭口，以骨针引纬，打纬刀打纬。现在你姐用的这个织绫机，最基本的还是提综杆、分经棍和打纬刀。不过它变得复杂多了，比腰机打出来的绫布头面也宽了好几倍。”

这架织机很大，有一丈六七。下面是机架，也是踩蹑提综、穿梭打纬的地方。对面高出的部分是花楼，用来控制经线起落的。中间托着衢盘，用来调整经线开口部位。下面垂吊着瞿脚，那竹棍已经磨得十分光滑。张婶在花楼上或坐或站，挽花提综，王巧则在门楼下面的梭口前灵巧地抛动梭子，那梭子仿佛一只活泼的小鸟，左跳右跳，十分灵动。女工都陆续地围过来，看着王巧灵动的纤手指指点点，低声赞叹。王巧一边抛梭，一边向女工们解说：“……上面和下面要配合默契，不能你等我，我等你。挽花的要提前一点，抛梭要紧紧跟上。打纬用力要匀。力大了，绫罗丝眼太紧，不透气；力小了，丝眼太松，不结实。关键是布面不均匀。尤其提花之时，会影响到花纹的精致，导致错位、漏综……”

李牧看着王巧出神，王舒也细心聆听，佩服地看着姐姐。荀定捅了捅荀安，朝他努努嘴。荀安看去，不禁窝火，忍不住喝道：“你……你看哪儿呢？”他这一声很突兀，惊得所有人都抬起头看他，然后目光一起向毫无意识的马钧看去。只有马钧似乎没有听到，还是紧紧地盯着王巧的脚看去，下意识地将头上的铜簪拔下来拿在手里翻转，那发髻立时松了，头发就披散下来。

王巧的脚踏在机床下面的蹑上，两脚上下踩动，很有节奏。李牧也朝王巧的脚上看去，只见那双脚穿着精致的绣花鞋，显得十分秀气、香软。心一悸，觉得亵渎了心中的女神，急忙收回，见马钧仍旧没回过神来，赶紧拉拉他。

马钧抬起头，见大家都盯着他，有的羞、有的恼、有的恨、有的妒、有的鄙……一时不知所以，茫然道：“你……你们怎么啦？看我干啥？”

王巧恼怒道：“是啊，看你干啥啊？你想干啥啊？”见他披头散发的样子，“噗嗤”又笑出声来。

只有王舒看出马钧的无辜，道：“都干什么呀？小马哥是看这机蹑怎么回事。对吧？小马哥——咦，你头发怎么啦？”

马钧道：“是啊，大小姐，你再踩踩我看。”马钧这才发觉自己的发髻散了，窘迫地慌忙挽上，用发簪插好。

“踩你个头！”王巧也明白了马钧并非想看自己的脚，却又觉得十分失望，再看这么多人围观，她再怎么泼辣，毕竟也是一个少女，还是觉得难为情，一气之下道，“你自己看去，我们走！”

马钧见她说翻脸就翻脸，猝不及防，也气道：“走就走，走了清静。”

荀安巴不得两人翻脸，挑唆道：“唉，这下知道了吧？你再对他怎么好，他也不拿你当朋友的。翻脸了吧？还气你。”

王巧怒道：“要你说？你好人！”

荀安被噎得一口气堵在嗓子眼，半天道：“你……怎么又冲我来了?!”

王巧甩下脸，气嘟嘟地往外走去，走了两步，突然回转身，从袖中摸出一样东西，腾腾地走回马钧身前，拉起他的手，朝他手中一拍，也不说什么，掉头就走。荀安不敢再吭声，只紧紧尾随其后。王舒不忍，回头看了看马钧，荀定推了她一下：“二表妹，走吧，走吧。”

李牧想都没想，自然而然地跟在后面一起往外走。只留下马钧一个人愣愣地站在原地，看着手中，赫然竟是自己丢失的那支蛇形小木簪。

王巧气冲冲地走到织场大门口，回头一看，不见马钧跟上，却见李牧贴在后面，冷冷道：“你不跟着他，跟着我们干什么？”

第 8 回 ‖ 各定计：怀心思都想毁织机

47

城东南角有一个大池塘，池塘周围是一大块菜地，有三五户人家散落在池塘边上，东边那间篱笆夹成院子的茅屋显得格外地清疏、淡雅、隐逸，这就是单先生的修身之所。平时就在这里读读书、种种菜、钓钓鱼。北边有几间破旧但收拾得很干净的茅屋小院，便是小夫子傅玄和他母亲相依为命的地方。这地方在繁华的河南县城算得上是最荒僻的角落了，却隐居着一老一少两个最有名的人。时常能够看到有人骑着高头大马或乘坐八抬大轿，未到池塘边上，便驻马停轿，整束衣冠，然后恭恭敬敬地沿着池塘边那条小路款步而入，在单先生的院外通报求见。一席闲谈之后，有些人还会再去敲开傅家的院门，入内与小夫子傅玄交谈一番。有时，单先生也会应来人之请，呼上傅玄过来一起座谈。

涅阳小先生张超住在单先生家里，这几日，几乎天天和小夫子傅玄泡在一起，谈古论今，相见恨晚。每天天没亮，单先生在院中的石磨上打坐，张超到池塘边的空地上练武，傅玄在池塘边的田埂上晨读。除了打个招呼外，二人各做各的事，并不影响。待得辰时到了，太阳升起，二人才结束早课，走到一起说笑一会儿，然后各自回去吃早餐。

今儿吃罢早餐，母亲到街上卖菜去了，傅玄就拿起锄头到菜园里挖地。张超一见，也过来帮忙。这块地原是种秋茄子的，刚刚收完拔掉，现在想翻一下土，种比较耐寒的趴趴菜。好长时间没下雨了，土比较坚实，挖起来有点费劲。傅玄越挖越有劲，不一会儿就已经浑身是汗了。张超也挖得不亦乐乎，还把手磨出了几个大水泡。傅玄见了，“哈哈”大笑：“亏你还是个习武行医之人，咋这么细皮嫩肉的?”

张超不解道：“真是奇怪，我经常上山采药，只有脚上磨过泡，未曾见手上磨出泡来的。”

傅玄道：“隔行如隔山吧。你采药我不懂，我种菜你不懂。就如同马钧搞机巧，我们都没那点灵性吧。”

张超点点头，担心道：“不知马阿哥对那织机是否找到下手的地方了？”

正说着，一个头戴竹冠、身着青袍的人从池塘边的小路上健步走来，口中吟咏不绝：

池中平且静，水底隐潜流。
未见秋痕涨，鱼儿不上钩。

傅玄随口答道：

眉峰平又淡，心底有深流。
一朝抬巨手，满场鬼见愁。

那人“哈哈”大笑：“好气魄，不愧是小夫子。”

傅玄扔下锄头，疾步上前，纳头跪拜：“见过徐先生！”

徐先生和蔼地笑笑，拉起傅玄：“小夫子，不必多礼。今日得闲，特来访单先生。单先生在家吗？”看到张超眉宇不俗，便问，“这位是？”

张超见傅玄如此大礼相待，正猜想这人是谁？就听傅玄介绍道：“这位是单先生故交、当今御史中丞徐先生。”

张超一听，也纳头便拜：“原来您就是鼎鼎大名的元直先生，请受晚辈一拜！”魏国上下知道徐庶的，大多与他走马荐诸葛有关。随着诸葛亮的名头越来越大，人们谈论诸葛亮时就自然而然想到徐庶。很多人都说，当年如果不是元直先生太重孝道，今日蜀国丞相的位置就是他的了。

傅玄将张超介绍给徐庶：“徐先生，这位是昔日‘太守神医’张机张仲景大人之孙、涅阳神童人称小先生的张超。”

徐庶急忙拉起张超，惊奇地打量着他：“哦，你就是那个小先生？听单先生说过，了不得，了不得！走，我们一起去访单先生。”

傅玄、张超领着徐庶到了单先生竹篱小院前，高声通报道：“单先生，元直先生来访！”对徐庶道，“徐先生，单先生在家，容晚辈更衣后再来相见。”

徐庶点点头，微笑道：“好吧，一会儿过来相叙。”

“哎——”张超冲着他后面叫道，“一早上更什么衣啊?!”傅玄头也不回地走了。

单先生早已快步迎了出来，拱手道：“元直兄，哪阵风把你给吹来啦?”

徐庶笑道：“是西南风，近来西南风紧啊。我来看看你，躲进龙门山没有?”又对张超道，“小先生，随他去。”

张超不解地指着傅玄的背影道：“他这是怎么啦?”

单先生笑道：“小夫子虽然家境贫寒，却从来不受人馈赠，有骨气着呢。我平素有心帮衬一点，他也从不接受。这不，元直来了，我们总要喝两杯的，除非事先郑重约请，否则他绝不在这个时候来的。”又对徐庶道，“有些俗事还没了却，不过龙门山已经搭好几间茅草屋啦，你有兴趣，我领你先去看看风景。”

张超敬佩地道：“怪不到小夫子身上有股子让人凛然不可侵犯之气。”听他们说到龙门山什么的，正要问，却给徐庶岔开了。

徐庶在单先生的邀请下，一边往院中走，一边对张超道：“你说得对。海有容乃大，山无求自高。小夫子身上的确有股子正气。”又对单先生道，“这小夫子啊，河南尹裴大人正拟破格提前举他为孝廉呢，正拟知会河南县里。”

进入草堂之内，分宾主坐下，单先生吩咐家人上来酒菜，张超机灵，抢过酒壶给徐庶和单先生上酒。徐庶也不客气，和他二人便喝边聊。单先生道：“元直兄，你说这西南风紧，当真要刮过来吗?”

“当然，不仅会刮，而且会很猛，势不可挡。而且会暗风先吹。”

“暗风?”

“呵呵，是啊。近来一股暗风在邺城吹起，说仲达手提雍凉重兵，意图造反，告示都贴出来啦。”

“我也听说了。有几个徒弟从外面回来，说起过这事。元直，你怎么看?”

“还能怎么看，明显是孔明的反间之计呗。告示已经送到陛下的龙案上了，仲达这雍凉提督怕是做不成了。”

“你，没有提醒陛下一二?”

“曹家嫡系见不得外人掌兵权，说了也是白说，不如不说。昨天在朝上为这事吵得厉害，我嫌烦，今天就换了便装，轻车简从，到你这里躲清静了。”

“哈哈，你是孔明旧友，怕是不想说穿他的计策吧。”

徐庶喝了一口酒，笑道：“呵呵，朋友归朋友，国家归国家。我现在是魏国大臣，当然得替魏国着想。只不过现在不是时候。陛下虽然年轻，却很睿智，到时自有处置。”

张超插话道：“怪不得最近都在征集布匹钱粮，看样子是真要打仗哩。”

徐庶道：“有孔明在，这仗是断然要打的。恢复汉室是他毕生的心愿。但以魏、蜀两国目前的国力来说，孔明怕是只能尽人事吧。打仗打的是钱粮，蜀国立国未久，哪有这么多的储备啊?!”

张超突然冒出一句：“眼看秋深，天渐渐冷了，布匹是钱粮中重要一环。这样说来，马阿哥改进织机还真的事关重大哈。”

“什么马阿哥？什么改进织机?”徐庶被他没头没脑的一句说懵了，不禁转头问他。

张超“嘿嘿”一笑：“徐先生，这是有点儿新奇，单先生在成就一桩美事哩。”

48

一连几天，王巧再也没到织场来。马钧带着李牧在那里研究织机。没了王巧、王舒的讲解，有些东西还就真的费工费时。那些女工只知道做，却不知为啥这样做。马钧就亲自上机操作，每个环节都去操作。几天下来，马钧基本把纺车、织绫机、提花机、缫车的运作原理都搞清楚了，而且也看出它们的症结所在。

回到竹木场，就跟工曹要了一套木工工具，跟李牧学起木工来。马文见他兴致勃勃地忙碌起来，问他想到了改进的办法没有，他点点头，说基本有数了。马文悬着的心总算放下了一些。

李牧这几天像掉了魂似的，无精打采。马钧跟他说话，常常要叫好几声，他才回过神来。马钧有时没办法，就去向竹木场里的老师傅们求教，主动给他们打下手，没几天，基本的木工活就能上手了。从拉大锯破原木，到拉手钻钻虫眼，都能做个大概了。

这天，马钧觉得心中的想法差不多成熟了，可以试试了。就要来木料开始做纺车，李牧没精打采地给他打下手。刚做成两根直料，顶在班妻上刨光，李牧陡然精神抖擞起来，道："马兄，你看谁来了！"

马钧抬起头，就看见王巧笑眯眯地看着他，后面还跟着王舒、小先生张超、小夫子傅玄、荀安、荀定。

王巧笑眯眯地道："小马儿，几天不见，有什么进展没有？"好像之前什么不愉快也没发生过。

马钧淡淡一笑道："大小姐，托你的福，有点想法啦。"向张超、傅玄、荀安、荀定抱拳施礼，"小先生、小夫子好。二小姐、二位荀兄好。"

张超好几天没见到马钧了，欢喜地跑上前来道："马阿哥，怎么样？想到办法了没有？"

马钧道："这几天一直去织场看各种纺车、织机，已经明白了它们的运转之理，想来也没有什么难的。"

荀安道："嗬，口气不小哦，到时看你能把它弄得一天抵两天，一人抵两人。"

傅玄道："马兄，你真的有把握吗？"

马钧没理荀安，对傅玄道："应该不成问题。我想提高一倍甚至两倍的功效都有可能，眼下我正在做纺车试试。"

"刨得挺直哈。"王巧拿起他刨光的直料，用眼瞄了一下，又问，"纺车纺纱，自古以来就这样。你说，你能改成啥样的？"

李牧抢着答道："大小姐，马兄想，纺车既然是要手摇绳轮，带动锭子转动，那么带动一个锭子是转，带动两个锭子也是转。如果两个锭子同时转，不是可以同时纺两根纱了吗？"

王舒叫道："哎——这个想法好哎！"

荀定马上附和："二表妹说得对，这个想法好。"他的心已经不知不觉跑到王舒这儿来了。

张超、傅玄也觉得这个想法儿不错。王巧冷冷道："问题是，你只有一个绳轮，怎么带得两个锭子转？再说了，一只手摇轮，一只手引线，难道还要伸出第三只手来？"

荀安附和着嘲笑道："那不成三只手了？"

王巧白了他一眼："怎么哪句话都离不了你？显你能是不？要不你来试试？"

荀安被她一骂，不敢吭声，但觉得周身舒坦。荀定刚要笑出来，被王巧这一骂，也连忙忍了回去。李牧觉得王巧不管是笑是怒，都各有神韵，那种美妙感受直入到他的骨髓里。他很羡慕马钧，也羡慕荀安。一个能被她冷嘲热讽，一个能被她呵斥喝骂。

只有马钧牢记小先生的方法，不急不怒，语调平静："一个绳轮如何带动两个锭子，这就是我要想的。一只手如何引两根线，手巧之人，自然不是难事。大小姐之巧，可是有'名'的。"他拿王巧的名字做文章，不无揶揄之意。可惜这句王巧没听出来，倒是王舒意味深长地看了他一眼。他的目光一接触，知道王舒听懂了，微微一笑。

王巧不服气道："小马儿，你还别将我的军。你能做出来，我就能纺得起来。你有本事把织机也弄出两个轮子、三个轮子的，我一样用。"

马钧怕王巧听出来，又跟他斗嘴斗个没完，连忙把话题顺着扯开去："我觉得纺车是太简单，可以加零件儿。织机是太复杂，可以减零件。"

王巧吃惊地抬起头："减零件？你胡说什么？织绫机能到今天这样，肯定是老祖宗一代代累积下来的，只有越改越复杂，性能才越高，哪有越改越简单的。简单了性能不是也降低了吗？"

傅玄笑了："大小姐，性能高低和简单复杂有关系吗？"

王巧呆了一呆："没有关系吗？"

马钧道："有时候越简单，性能越高。比如织绫机吧，有花楼、铁铃、老鸦翅、衢盘、衢脚、叠助木、综框、蹑板……有些吧，必不可少，有些吧，我觉得可以简化。你看那综框，一综对应一蹑，现在的六十综要踩六十蹑，效率太低。要是六十综三十蹑，人力是不是省去一半？效果是不是增加一倍？"

王巧道："你吹牛呢？六十综怎么可能三十蹑？"那织绫机在她心中完美无比，怎么也想象不出，六十综怎么可能只须三十蹑？又叹道，"真要六十综只需三十蹑的话，那就不是省去一倍的力气，提花、束综、穿梭、打刀都大大省时省力了，那可是增加两三倍的功效啊。"

傅玄不懂这些，只知道若是增加数倍功效，那可是件了不得的事。道："既然如此，那你赶快加紧改吧。"

张超一高兴，拍手笑道："马阿哥，我相信你，你一定能改成功。到时不但能还你清白，还能赢一个漂亮媳……”傅玄急忙拉他一下，他赶紧把后半句咽回肚里去，偷偷看了王巧一眼，调皮地伸了伸舌头，改口道，“还能娶个漂亮媳妇织布赚钱。”

马钧当是玩笑话，因是从小先生口中出来，淡淡一笑，也就没当回事。但细心的王舒看见了小先生的表情，就觉得这话有异，似乎是和姐姐有关。回去的路上，王舒忍不住把这个猜疑悄悄告诉了王巧。王巧一听就炸了：“什么意思？跟我有关系？不行，得抓住小先生问个清楚。”

王巧性子上来谁也拦不住。就直奔城东南单先生家里而去。追到池塘边上，傅玄已经回家了，张超正往单先生家里走，见王巧带着王舒、荀安、荀定气势汹汹地来了，就知道不妙，叫了声：“姐姐……”

王巧勾起手指在张超头上敲了一下：“小先生，你好啊，来来来，跟我到那边去。”不管三七二十一，拉了张超就走。

张超笑嘻嘻道：“姐姐，你这是干吗啊？这么多人，也就你敢欺负我。”

王巧把他拉到僻静处，抓着他的小手，笑道：“小先生，姐姐待你好不好？”

“好，姐姐当然好！”

“姐姐漂亮不漂亮？”

“姐姐当然漂亮！”

“你喜欢姐姐不？”

“当然喜欢。”

“那你有什么事该不该瞒姐姐？”

“不……该……”

“是‘不该’，还是‘该’？”王巧突然冷下脸，“你今天在织场说小马儿研制成功了，赢什么媳妇儿？”

张超知道她追来终究要问这个，脑子里迅速转动，到底该不该告诉她。一想，这事儿，瞒得了初一，瞒不过十五，最后终究要让她知道的，不如就告诉她吧。

49

午后，秋阳透过窗棂洒在案儿上，映着一幅墨迹未干的隶书，南宫嗣提着毛笔得意地自我欣赏起来，主簿卫笠哈着腰左看右看，手指捻着唇下黑痣上的长毛，摇头晃脑地品鉴起来：“大人这幅隶书，拙中藏巧，稳健有力，又不乏灵动之感，真乃妙手，妙手啊!”

南宫嗣笑了笑：“在河南尹，论书法一道，除了陆浑山的胡昭先生，我还真看不上其他人的墨迹。”

卫笠把这幅字拿起来，用手悬着，伸向远处，再歪头细品，一挑拇指道：“人怕近看，字怕远观。大人这字朝高处一悬，犹能这般耐品，实属上乘。我看与胡昭先生并称河南双绝也不为过！这幅字就送给属下如何?”

南宫嗣轻轻一笑：“信笔涂鸦，自娱而已，你若真的喜欢，就拿去吧。”

“谢谢大人！谢谢大人!”卫笠显出惊喜的神色，“我这就把它装裱起来，挂到我的书房里，定能蓬荜生辉啊。”举着墨迹，用嘴吹干。

南宫嗣站起身，舒展了一下腰身，道：“书法贵在传承创新——保留传统的精华，创出自己的新路，这样才能让人信服。就像王策要改进织机一样——咦，怎么又扯到他了?”南宫嗣本来今天就要找卫笠来询问此事，不知不觉就扯上了王策，“对了，找你来，就是问问这几天作场那边有什么动静？这几天只顾忙县里的事，没来得及过问。”

卫笠见墨迹已干，小心地把它卷起，一边道：“属下按大人吩咐，一直让人监视他们——那边管作场的有些人听我们的。据报，扶风那小子这几日天天去织场待着，跟王策的女儿还有织场女工学纺织。”

“这么说，王策还真想把女儿下嫁?”南宫嗣皱眉道，“那织机改了没有?”

“看那样子，好像有什么想法了。今天在做纺车，说是能够将单锭改成双锭。”

“这么说，他还真能改出来？你说，我们是让他改得成呢？还是让他改不成?”

“那要看大人怎么想了?”

“说说看。”

“大人是想看他笑话呢，把一个如花似玉的女儿下嫁一个外地结巴，就顺水推舟，让他改成。大人要是想献他女儿入宫呢，就让他改不成。”

“是啊，我也正为这拿不定主意呢。”

“大人，我有一个想法。既要看他的笑话，又要他献女入宫，还要他主动让出县丞之位，最重要的是要把这改进功劳拿到我们手里。”

“哦？”南宫嗣来了兴趣，“你有什么妙计？”

卫笠低声道：“我们现在要让他好好改进，提供一切条件让他成功，然后我们悄悄让人把图样画下。待到成功之时，我们设法暗中毁掉它。到时我们先不说破，要王策依约嫁女，先看他笑话一场。然后要那结巴拿出成品当众验证，小结巴提供不出成品，那便是违约，那时把他父子征入工户，有小夫子、小先生、单先生见证，料旁人也无话可说。织机既然改不成，王策就完不成织布重任，他就只有让出县丞之位，以求大人保全。那时再让他献女入宫，他何敢不从？”卫笠咂咂嘴，道，“这些其实都不是最重要的。”他停下来，等着南宫嗣发问，已示这点的重要程度。

“好个一箭三雕之计！”南宫嗣一击掌，大赞，见卫笠说得郑重，问，“哪个最重要？”

卫笠捻着唇下那根被越捻越细的长毛，故作深沉道：“这织机倘若真的改成，便是大功一件。你想想，这等先进技术谁先得到会怎样？”

南宫嗣猛醒：“谁得到它，谁的纺织业就会大大推进，那是何等功劳？对了，到时我们把发明权抢过来，悄悄地送往辽东，那时辽东的军需就会实力大增……”

卫笠“嘿嘿”一笑：“那时公孙氏真的有心逐鹿中原，岂不是添了一个强有力的助手吗？也不枉大人改名换姓在朝廷隐忍这么多年。”

“听说辽东近来内斗得很厉害，公孙太守这几年有些颓废了，倒是他的侄儿公孙渊野心勃勃，觊觎着大位呢。”南宫嗣叹了口气，“不过，不管谁当家，都是我们的主公，我们只管做好自己的事就行了。”他拍拍卫笠的肩膀，“你这下也提醒了我。这样看来，这个事情还不宜张扬，等他改进成功了，我们把图纸画出来，再把织机毁了，不要在这里留下样品。过后按立约将马钧入工户，他要想脱籍，只有一个办法……”用手向东北方向一指，“嘿嘿”一笑，“到那边去，为我公孙氏效力。这小子，倒也是个异数呢。现在其他都不重要，先让他改进出来才最重要。”

“就是，所以他要什么给什么，县衙全力支持。”卫笠阴笑道，“王策还以为我们的鼎立支持是让他安稳了哩。”

南宫嗣兴奋地在堂内来回走动，遐想公孙家族见到织机时高兴的情景。忽然想起一件事，敛起笑容道：“小夫子、单先生那里还得注意，这事儿还不能让他们看出破绽，否则就适得其反了。”

卫笠道：“那小夫子再怎么也是一个小孩子，就怕那单老头有些麻烦。他朝中故旧多，山野弟子广，确实要提防。”

南宫嗣认真道：“你可不要小瞧了这个小夫子，尹里有人说，裴大人已经要破格举他为孝廉了，连陛下都知道河南神童悬书代言之事呢。”

卫笠咋了咋舌：“这倒真得小心。”

南宫嗣道：“我在想，我们不如先向尹里举荐他。要不然，这么一个人才我们没举，倒被尹里举了，岂不是我们有眼不识贤才吗？”

卫笠惋惜道：“三年才等得一个孝廉名额，就这样给他了？大人原先不是与邻县宋大人说好了，私下互举人选吗？”

“有什么办法呢？”南宫嗣叹口气道，“他名气这么响，早晚要出头的。这个人情现在不做，就让他人做去了。何况尹里先举荐了，名额也是算在我们河南县的。”转了两圈又回到原来的话题上，“总而言之，关于那织机的事儿得小心，最好我们不要直接插手。”

卫笠低声道：“大人，这事不用我们动手，到时有人替我们做。”

“谁？”

“据报，跟王策一起来的涅阳县令荀豫的两个儿子荀安、荀定，钟情于王策的大女儿王巧，而那个王巧好像看上了那个改织机的扶风小子马钧，所以荀安、荀定心中恨死了马钧。现在若是马钧真的改好了织机，王策就得按立约将王巧嫁给马钧。大人，你说，这荀安、荀定会甘心吗？”

南宫嗣明白了卫笠的意思：“你是说，我们假荀氏兄弟之手，暗中毁掉织机。如果没有人发现，我们就说姓马的小子根本没有发明出来，故意毁之而找借口。如果有人深挖，挖到最后，顶多也是荀安、荀定因情生恨。反正左右和我们无关。好，好，这个办法好——如何利用荀氏兄弟，你去安排吧。”

卫笠狡黠地一笑：“属下已经和他们交上好友啦。”

50

王巧得知父亲竟然立约作赌，把她就这样当作赌注许给了马钧，如闻晴天霹雳，顿时呆住了。她不相信那个从小就疼她、宠她，把她当儿子一样养着的慈父，竟然做出这样的事来。伤心得一句话也说不出，眼泪像雨一样成串地往下淌。

王舒也十分惊异，半天说不出话来。见姐姐那么伤心，不知如何安慰。张超看着王巧伤心的样子担心地叫道：“姐姐……”

荀安、荀定犹如当头一棒，被砸晕了。他们马上把满腔愤怒倾泻到马钧头上。荀定骂道：“该死的小结巴，他竟然玩出这一手，卑鄙、下流！”

荀安怒吼一声：“我去宰了他！”拔脚就走。

王巧呆了半天才一下爆发出来：“天杀的小结巴——我恨你……”拔足狂奔而去。

王舒惊叫一声“姐——”紧追了上去。荀安、荀定一见慌了，急忙跟着追过去。只留下吓呆了的张超站在原地不知所措。

这当儿王策忙完其他作场的事务，正在竹木场巡视。他对马钧能否成功改进织机，很是担心。如果改不成功，不仅无法完成朝廷压下的征布任务，保不住县丞位置，而且还闹出个立约嫁女的笑柄于世，最终恐怕还摆脱不了献女入宫的命运。这段时间，他时常来织场转悠，不管马钧改成改不成，织布活是不能停下来的。他严令工曹加紧督工，又延长每天上工的时间，拼命地抢活。同时密切关注马钧的进展，知道他这几天一直泡在织场里摸弄织机，又在竹木场要工具、要材料，估计是有点眉目了。他不直接去找马钧，怕给他压力太大，吓着他。到了竹木场，就把马文叫来询问。

马文道：“犬子这几日一直在琢磨，看样子，是有点门道了，问他，只说先改进纺车，可以增添一倍功效。”

“嗯，你要加紧督促，这关系到你我的身家性命。”王策心中稍安，对马文比较客气，毕竟说不定，以后就可能是亲家，又特别叮嘱道，“立约赌婚的事可不能先让他知道了，知道了压力就大，就怕影响了他。”

马文道：“那是自然。怎么敢让他知道啊。”又道，“这两天大小姐常来，这个……”不知道怎么表达是好。

王策愁道：“这事儿她也不知道呢。她要来，我就让她来了。一来呢，她对织机很熟悉，可以多给令公子讲讲；二来呢，让他们多接触接触，以便能水到渠成——唉，我正犯愁到时怎么跟她说呢？”

马文道：“王大人请放心，我会督促犬子加紧改进。改成了，大人也不必把立约的事放在心上。我们不会为难大人和小姐的。”

王策脸一沉道：“你以为这事是闹着玩的吗？南宫县令、小夫子、小先生、单先生都出面见证了，你难道让我当众毁约，失信于世，我以后还要做人不？”

马文诺诺连声：“不是，不是，我是不愿为难大人。”

王策看着正在工棚里和李牧忙活的马钧，道：“让你儿子把织机改好，就是帮我了……”王策话没说完，只见王巧气呼呼地闯进作场大门，王舒跟在后面一个劲儿地叫：“姐，姐……”荀安、荀定气势汹汹，摩拳擦掌地跟着王巧直奔马钧而去。王策与马文对望一眼，同时道：“怎么啦？”疾步往那边赶去。

纺车的绳轮、木架已经做好，马钧正将底座的木板压在屁股底下凿榫眼。他左手握住小凿子，右手举着斧头，用斧背在凿背上点两下敲一下，他已经能够把握这个节奏了。开出的榫眼中规中矩，不偏不倚。正干得起劲，就听李牧一声惊叫：“大小姐？”

马钧觉得李牧叫声有异，抬起头来，只见王巧已经旋风一般冲到自己面前，一手掐腰，一手指着自己鼻子怒喝道：“死结巴，你讨不着媳妇就讨不着媳妇，用这种下三滥手段算什么意思？本小姐就是一辈子嫁不出去，也不会嫁给你这小结巴、臭结巴、死结巴！”

马钧完全被她说懵了，看李牧。两人面面相觑，不知所以。荀安、荀定拿起已经做好的绳轮、木架摔在地上，用脚乱踩。马钧一看自己的心血莫名其妙地付之东流，气得浑身发抖：“你……你……你们……太……太……太欺负人……人……人了。我……我……我什么地……地……地方……得……得……得罪你……你……你们了？”他这一气一急，顿时又结巴起来。

李牧不知道到底出了什么事，见王巧愤怒的脸上满是泪痕，顿觉心疼起来，却又不知怎么安慰她，也结结巴巴道：“大……大小姐，到……到底出了什么……什么事了？”

王巧却只顾哭，不肯说出来。荀安指着马钧道：“什么事？你问问小结巴，他做了什么好事？癞蛤蟆想吃天鹅肉？”

李牧看着马钧，马钧依然一头雾水：“我……我……我怎么知……知……知道……”

“装，再装！”荀定阴沉沉地道，“你仗着会点机巧，就打什么赌，立什么约，想把我们表妹赢回去做媳妇。你这不是癞蛤蟆想吃天鹅肉是什么？”

马钧傻了："什……什……什么打赌？什……什……什么立约？"隐约觉得这事与父亲有关。

荀安怒气不息，拔拳冲向马钧，手腕却被人攥住了，暴怒地转脸看去，却是王策。王策喝道："干什么你们？都给我回去！"

竹木场里的工匠不知发生什么事，都围过来看。王巧抬起头，一见是父亲，气恨恨地道："你……"看到围了不少人，质问的话就一句说不出来，脚一跺，掉头就往外跑去。荀安、荀定急忙追出去。

王舒愣了一下，看了一眼莫名其妙的马钧，也扭头追了出去。王策深深地叹了一口气，也不理马文，起步往大门口走去。他不知道回去怎么面对这个从小被自己宠溺的闺女。

51

"你……你……你们……怎……怎……怎么可以这样？"

从父亲口中得知真相的马钧，吃惊地睁大了眼睛。这太出乎他的想象了。虽然在他的观念里，婚娶大事，乃父母之命，媒妁之言，也没想到过自己做主，但这种立约打赌的方式在他有限的见闻里，还从没听说过。他只质问了一句，就收了口——父亲再怎么样，那也是父亲，他没有任何理由指责父亲的。父亲一直寄希望的"举孝廉"里，"孝"可是排在前面的。可是……可是这让我怎么面对王家大小姐啊？马钧懊丧地跌坐在地上，埋下了头，流下了痛苦而又无奈的泪水，双肩因抽泣而不住地颤动。

马文见工匠都已下工走了，只有李牧在，就坐在马钧身边，慢慢道："钧儿，为父也不想这样，这事由不得我们做主。"

马钧恨恨道："我……我……我不弄了，随……随……随你……随他们怎……怎……怎么样去！"

见马钧又结巴起来，马文不禁心痛如割。他也不知这阵子怎么倒霉的事接二连三地盯上来。见马钧负气地说出这样的话，马文有些急了："钧儿，你现在可不能撒手啊。你难道想一辈子就在这里当百工了吗？"

"当……当……当就当！"

"你……"马文急得站了起来，"你愿当不要紧，父亲也得跟着你当，我们家世世代代就得改籍入户，永远低人一等，成为贱民了，知道不知道。”

李牧也道：“马兄，事已至此，我们不做怕是不行的。”想了一想，出主意道，“我们做归做，到时你不应承这门婚事不就是了?”他内心不愿任何人娶了王巧。这一说，也是本意。

马钧从激动中渐渐平静下来，没有再说赌气的话。马文见了，心中稍安。觉得这下说透了也好，迟早是要公开的。怕就怕因此影响了马钧改进织机的灵感。那织机他也看了半天，希望能看出点端倪，帮儿子出出主意。但看来看去，只弄明白它是怎么织出布来，已经非常巧了，还要弄出比它更巧的，实在不可想象。

这时的马钧，心思已经回到王巧身上了。这下他是深深理解王巧了。一个女孩家，突然被当作赌注许婚，对于一个自尊心极强的人来说，怎么也受不了的。他在想象王巧这个时候不知该多伤心呢。这都是因为自己。不觉愧疚起来。

其实，王巧内心也知道这根本怪不得马钧，但她就是无法原谅马钧。因为如果没有这个马钧，根本就没有这个赌约。说到底，一切因他而起，不怪他怪谁?

王巧一路狂奔，回到家中，“砰”地关上房门，一头扑到榻上，放声大哭。王舒、荀安、荀定都被关在了门外。

荀氏听到动静，连忙赶过来，着急忙慌地问：“出什么事了?出什么事了?王舒，你姐这是怎么啦?”

王舒抱着荀氏的胳膊道：“母亲，父亲把姐赌婚，许给了扶风马家了！他怎么这样啊?”

“原来为这事啊?”荀氏松了一口气，“我还当出了什么大不了的事了呢?”

王舒惊道：“原来母亲你知道啊?这还没啥大不了?你看我姐都伤心成什么样了?”

荀氏道：“男大当婚，女大当嫁。你姐都十五了，迟早要嫁人的。嫁谁不是嫁啊?”

王舒叫道：“那也不能打赌输给人家啊?!”

荀氏提高声音，让王巧听到：“这怎么叫赌啊?这叫婚约，立约为凭嘛。”

荀安叫道：“姑妈，表妹就是要嫁人，也不能嫁给一个小结巴啊。”

荀定也跟着道：“表妹花容月貌，就这样赌给一个外乡的小结巴，这不是一朵鲜花插在牛粪上嘛?”

王舒道：“这叫什么婚约，明明就是赌约嘛。”

荀氏一时被他们吵得晕了头，不知道该怎么说好了。看到王策正好从门外跨进来，连忙求救："老不死的，你回来了，你看你干的好事！"

王策其实已经回来一会儿了，站在外面听动静。里面七嘴八舌的话都听到了。荀氏随口一句"婚约"之语提醒了他，心想，就拿这当说辞了。连哄带压吧。他走近王巧的房门，荀安、荀定都气哼哼地别过脸去不理他。王舒上前抱住父亲的胳膊摇了摇道："父亲，你看我姐多伤心啊？这事怎么办啊？"

王策从来没见王舒这样抱着他的胳膊摇，亲昵地拍拍她的手，平静地道："这有什么？女娃嘛，总要谈婚论嫁。父母之命，媒妁之言，是古来之礼。何况这次是县太爷做媒，单先生加二位神童见证，我王家的面子可大了。"

王巧在里面听到了，叫道："你面子大了，我里子焦了。原来你就是拿你宝贝女儿的终身去换你的面子去了！还拿我去赌呢，还立约呢，你真是好大的面子！"又扑在榻上作天作地地大哭起来，拼命地捶打着木榻。

王策道："这怎么叫赌呢？你母亲说得对，这叫婚约，立约为凭嘛。立约上约的就是婚姻嘛。"他极力把这个"赌"的性质淡化掉，"你们说的那些，不过是激励马家上进的说辞。你读过书，书上不是常有这样的故事吗？"

王舒奇道："是吗？我怎么没有读过？"

王策道："过去小姐鼓励公子读书求官，不是也说：你若觅得封侯，我便嫁你为妻。照你们这么一说，也是赌约了？我看就是婚约嘛。"

王舒觉得匪夷所思，却又无法辩驳。房间里的哭闹声也小了下来，显然这句话有些触动了她。王策继续道："既然是婚约，对方成功了才践约。公子觅不得封侯，小姐也就不必嫁了嘛。公子觅得封侯，嫁他不就幸福了吗？所以啊，你们不要再瞎想了啊。休息休息，起来吃饭。"

见事态逐渐平息，王策赶紧拉着荀氏回房去，以免再触怒王巧。示意王舒好好劝劝姐姐。荀安、荀定见王策态度坚决，恨得牙痒，却也知道，婚姻大事，历来就是父母做主，他们也无可奈何。这次父亲让他们到河南来，原以为是有意撮合他们的。现在看来，是竹篮打水一场空了。但王策最后的话，又给了他们希望。如果"公子觅不得封侯"那"小姐也就不必嫁了嘛"。

好，那就让该死的小结巴"觅不得封侯"！

他们这样想，趴在榻上渐渐收住哭泣的王巧也是这样想的。

52

荀安、荀定心中的郁闷可想而知。尤其是荀安，一肚子的话没处说。赌气拉荀定出去喝酒，打算一醉解千愁。

荀定还好些，因为他明白，即便王巧肯嫁到荀家，也只能是他哥哥的。自他忽然发现二表妹身上也有一种不可言说的诱惑之后，他的情愫就已经转移到王舒身上。虽然如此，得知王策要把曾经的“女神”许给自己曾经的“情敌”，心底深处的那份敌意就忍不住冒了上来。荀安拉他去喝酒，他也正有此意。他有一个想法要和哥哥合计。

叫不开王巧的门，也不想到饭案上看见姑父。他们就满腹惆怅地出了门，到那家他们曾经去过的东街周记酒楼去。太阳要落山了，喝酒还得赶快。他们出门没多久，刚过一条街，就听街口有个人招呼道：“荀家兄弟吗？去哪儿啊？”

二人闻声一看，一个尖嘴猴腮老鼠眼的人走了过来，唇下黑痣上非常显眼地戳着一根长毛，正是和他们喝过两次酒的河南县主簿卫笠。

在河南，他二人初来乍到没有什么熟悉的人。难得这个自称与父亲神交已久的叔叔辈热情地待他们，让他们很感动，觉得在这个陌生的地方多了一份依靠。表示回去一定告诉父亲，领他这份情谊。见是卫笠叫他们，二人连忙立住施礼：“是卫叔啊，这么巧，遇见您！”

卫笠打量着他们道：“你们怎么啦？像霜打的茄子似的，这么没精神。晚饭吃了吗？”

“没呢。正准备去喝酒。走，卫叔，今天我们哥俩请你！”

“说什么呢？到河南这地界，卫叔能让你们请吗？走吧，卫叔正好也没吃饭，请你哥俩喝个痛快去。”

周记酒楼很宽敞，因天色已晚，不少食客开始结账走人，留在这里的人酒兴正酣。卫笠在楼上临窗雅座亲切地让荀氏兄弟坐下。然后要来一盘牛肉、一碟花生米、一盘炒猪肝、一碗青菜豆腐，就给他们倒酒。

荀定抢过酒坛殷勤道：“卫叔，我来斟，我来斟。”将三人酒碗倒满，端起碗对荀安道，“哥，我们到了河南来，卫叔这般待见我们，我们做小辈的应该先敬他老一碗。”

荀安端起碗，立起来，对着卫笠敬道："卫叔这么瞧得起我们兄弟，以后到了涅阳县，一定好好回报。我们习武之人，讲的是个义气。日后凡是用得着我哥俩的，您就吩咐一声，赴汤蹈火，在所不辞。"

二人说罢，一干而尽。卫笠一挑大拇指："好，二位公子果然豪气。卫叔没有看走眼。坐，坐，吃菜，吃菜。"卫笠夹了两片牛肉放到二人碗中，将话题引向设定的方向，"凭你们的人品武艺，日后定然大有前途，高官厚禄，娇妻美妾，都不在话下。"

荀安叹了一口气，道："还娇妻美妾呢，我连一个表妹都守不住。"

"怎么啦？"卫笠故作诧异道，"你表妹王巧、王舒吗？那可是河南尹出了名的巧手、才女啊。啧啧啧，要我说啊，论人品武艺，王家姐妹就该找你们这样的才般配。可惜……"他露出十分遗憾惋惜的神色不往下说。

"要是许给一个好人家倒也罢了。"荀定把一碗酒倒进口中，重重地朝案几上一顿，"偏偏许给一个外乡的小结巴，还是一个勾结盗匪的嫌犯。卫叔，你说，我们哥俩好歹也是县令公子吧，难道就不及一个流浪的小结巴？"

"说起这事儿啊，我当时也在场。"卫笠叹了口气道，"当时我们也想拦着啊，可马家口气大啊？要他把那什么织机改进成功，就一定要立约许婚。你姑父也是没有办法，才不得已出此下策啊。我都替你们冤得慌啊！"

荀定已经有些醉意，道："卫叔，您是主簿，脑子灵，帮我们出个主意，怎么才能毁了这婚约呢？"

卫笠道："哎呀呀，两位贤侄，卫叔是官府中人，怎么好毁人婚约呢。不过呢，严格地说来，这不是婚约，是赌约。既然立约为凭，又有见证人，那也是毁不得的。"

荀安道："这么说，就没办法了？"

卫笠捻了捻长毛，老鼠眼笑得更小了："贤侄啊？既然是赌约，就有输赢。他马家要赢才算数。他凭什么赢？凭的是改成织机是不是？要是他改不成呢？他非但娶不了你表妹，还得改籍入户，永为工户，世代沦为贱民。那样，不也出了你兄弟心中这口恶气了么？"

荀安拍案叫道："对啊，他若是改不成不就输了？"迅即又泄了气，"可是那小子实在鬼灵得很，大半能改得成的。"

卫笠淡淡地来了一句："不管怎么说啊，这个织机改进是个好东西。你们啊，要提醒你姑父，对改进成功的织机要进行防护，万一有个墙倒屋塌、火烛不慎、盗匪抢劫什么的，毁了就麻烦啦。”

荀定“嘿嘿”笑道：“那样好啊，小结巴夜里睡觉怕冷，碰翻了油灯，一把火烧了。他就输定啦。说不准他一弄出来，夜里就起火。”

卫笠似乎也喝得迷糊了，口齿有些不清起来：“贤侄啊，那个不怕，大不了人家再做呗。老天真要帮你们夺回表妹，那一定在赌约到期的前一天夜里出事儿。我猜啊，那小结巴有可能根本就改进不出来，自己点把火烧了，然后推在不知名的人身上，企图蒙混过关。这个不可不防，别坏了你姑父的好事儿。”

荀安、荀定对望一眼，道：“卫叔，我们再敬你一杯。”

又吃了一会儿酒，天已经完全黑了下来，店伙计也开始收拾打烊了。卫笠睁开醉意朦胧的双眼，朝窗外看了看，道：“贤侄啊，叔都有些醉了，刚才你们说什么来着？”

“什么也没说啊。就是陪您喝酒啊，唠唠家常啊。”

“好像说你表妹什么来着？王县丞把两位女儿许给你们兄弟啦？”

“卫叔，您喝多了。我表妹已经被姑父立约为凭，赌给人家啦！”

“啊……赌给谁家啦？谁赢啦？你们赢啦？恭喜啦，到时别忘了请我喝杯喜酒。”

“他醉了，我们送他回去吧。”

“我没醉，对，我们回去吧。我告诉两位贤侄啊，这晚上喝酒啊，不能太早，太早了睡不着觉；太晚呢，宵禁一到，要犯夜。所以啊，这事儿，它不能早，也不能晚，要掐着辰光刚刚好，那觉才睡得踏实。”

卫笠在荀安、荀定的搀扶下，到了自家门口，家人接他时，他还在喃喃自语：“我回来得不早不晚，是不是？”

荀安、荀定把卫笠交给家人，赶紧转身回去。卫笠看着他们的背影，醉意朦胧的眼睛忽然清澈了起来，甩开家人的手，走进院中。

53

一连几天，再也不见王巧到竹木场来。李牧知道经此一闹，王巧再也不会来了，心中不禁十分失望。马钧垂头丧气，沉闷了两天，抵不过父亲的好说歹说，怏怏不乐地拿起工具继续改进织机来，只是不像前几天那么投入了。李牧一边给他打下手，一边跟他有一搭没一搭地讲讲木工工具的使用。

被荀安、荀定砸毁的纺车架子重新做了出来，这个比较简单。马钧在装锭子的轴上，加了一个小轮子。又在原轴的上方，加了一个轴，两个轴用绳带套起来。当绳轮带动原先的锭子时，原先的锭子再带动增加了的锭子。这样两个锭子就同时转动了。

马钧做着做着，慢慢就专注进去了。李牧陪着马钧做实验，有人轻轻地叫了一声："马阿哥！李阿哥！"李牧头一抬，眼睛一亮："二小姐？"惊喜之下冲口而出，"咦——大小姐呢？大小姐没来吗？"

王舒淡淡一笑："这么想见我姐啊？"

李牧脸一红，自嘲地笑了笑："不是，以为你们一起来的。"

马钧闻听"大小姐"，惶恐地抬起头，见只有王舒一人，暗暗松了一口气。他现在最怕见的人，就是王家大小姐。他忐忑不安地招呼道："二……二小姐好！"

王舒见他神色不安的样子，盈盈一笑："马阿哥，你别内疚，我知道这事啊，不是你的本意。那是大人们的主意。你和我姐一样，都是蒙在鼓里的。我姐呢，也不是怪你，是一时半会儿接受不了。你别怪她。"

马钧松了一口气，连忙道："不……不怪她。这事我也很生气。"王巧不在场，马钧说话就渐渐顺溜起来。

王舒看了李牧一眼，道："我姐找李阿哥有点事，说是关于小先生的，她自己不肯来，就叫我来了。"

李牧高兴道："大小姐叫我么，她在哪儿？"

王舒白了他一眼："看把你高兴的。"在她心里，觉得李牧这人比较浮，马钧要比他踏实得多。心中也暗暗羡慕姐姐，有那么多人喜欢她。当然，她心中的"喜欢"概念仅仅是"喜欢"，跟婚嫁无关。用现在的话说，跟爱情无关。见李牧有些尴尬，心又不忍，笑道，"你往我家走，自然就看到她了。小心啊，她正在气头上，别惹她啊！"

"当然，我怎么敢惹他。"李牧按捺不住欣喜，连忙向外奔去。

马钧见王舒没走，有些诧异，道："二小姐，你……还有事吗？"

王舒歪着头看着他："怎么，没事我就不能待这儿了？"

"不是，不是。"马钧连忙道，"我不是这个意思。我是问有什么可以……可以效劳的?”

王舒“咯咯”娇笑起来：“马阿哥，效劳这话我一个小孩子怎么担待得起啊?”见马钧窘迫的样子，越发觉得他憨厚，道，“我就是想看看马阿哥改的纺车织机怎么样了?”

马钧这才从尴尬中解脱出来，拿过即将做好的纺车道：“织机还没开始动手，先改了架纺车试试。就差底座了，已经可以试试了。”

王舒见这纺车上安装了两个锭子，让马钧扶住没有底座的架子，用手摇动绳轮试了一试。只见绳轮一转，原先的那个锭子转了，又带动了后增加的锭子，大感新奇，叫道：“真好哎，两个锭子同时转哎。我纺一下试试。”跑到一个女织工的身边，要过一摞棉花回来，用手捻出两根线头，分别粘在两个锭子上，开始摇动绳轮。

马钧紧张地看着。因为没加底座，还没有完全做好，没试过，到底成不成不知道。马文远远看到，也走了过来。忐忑不安地看着王舒试验。

王舒轻轻一摇，两个锭子同时转了起来，两个纱线从掌心绵延而出，还没来得及高兴，两根线就缠绕到一起去了。马钧登时脸色煞白。马文也暗暗叹了一口气。

王舒见了，歪头想了一下，笑道：“马阿哥，我知道怎么回事了，不是你纺车的问题，是我操作的问题。”

马钧摇摇头道：“别安慰我了。”又自言自语道，“应该不会这样啊。”习惯性地拔下头上的小木簪在手中翻转起来。

王舒笑了笑，不说话。将线头拆下，重新起了两根。不过这回她把两根纱线不从一个地方出来，而是一个从手心里，一根从小指缝里牵出，这样就避免了两根纱线的触碰纠缠。右手再次轻轻摇动起绳轮来。这回两根线均匀地从王舒的掌心和指缝间引伸出来，王舒的左手平平地向后拉去，拉到最长时，把手向上举起，只见两个纱线自动缠绕到同时同速转动的上下两个锭子上，然后再放平引线往后拉……马文的脸色开朗起来，马钧也长长嘘了一口气，小木簪在指间飞快地转了几圈。

王舒欢呼一声：“哦——成功了！马阿哥，你真棒!”看着快乐的王舒，马钧开心地笑了。这是他几天来第一次露出笑脸。趁马钧高兴，王舒眨巴着眼睛道：“马阿哥，我来还想求你件事，不知你肯不肯帮忙?”

马钧想都没想："二小姐，你说，只要我能做到的，豁出命都帮你做。"

"没那么严重。"王舒抿嘴一笑，"就是我的纺车和织机有的地方坏了，想请你和李阿哥帮我修修。"

马钧一听，就这事啊，很干脆地道："这个没问题啊。你拿来，我帮你修。"

王舒笑道："你看我拿得动吗？要不你去我家修吧？"

马钧一听这话，头大了："这……这个……去你家啊？"

王舒暗暗发笑："你呀，就是怕我姐把你吃了。"

马钧被她说中心思，不好意思地笑了："我……我是不敢面对你姐呢。那……那怎么办呢？"

王舒道："其实也很简单的，就是一个小部件坏了，我把尺寸告诉你，你帮我重新做一个，我回去换上就是了。"

马钧听说不用去她家，松了一口气，道："行，这样最好。你的纺车和纺机哪儿坏了，就跟我说一声。我做好让李牧送过去——咦，你姐找李牧干啥啊？"

王舒道："说是找不到小先生，找李牧问点儿事。"其实王舒心中隐隐约约觉得姐姐找李牧，不会单是问小先生的事，似乎和马钧有什么关联。

她的这个感觉很准。王巧找李牧的确另有用意。这个时候的王巧，在半路上把李牧拦下，带到一棵大树旁边，正在独自和他进行一场绝密的谈话。

李牧第一次被王巧单独约见，心中别提多甜美，感觉这真是上天的眷顾。他望着面若桃花却很沉静的王巧，虔诚地等待她发话。这个时候，只要是王巧的话，让他做什么他都愿意。哪怕让他上刀山、下火海，他眼睛都不会眨一下。

王巧静静地盯着他，直截了当地问："你喜欢我吗？"

李牧想到过无数王巧的问话，却绝没敢想到这一句。他的额头冷汗马上下来了："我……没……"

王巧面无表情："那是不喜欢我了？"

李牧紧张得结巴起来："不……不是……喜欢……当然喜欢……是不敢喜欢……"

"你怎么也结巴了？"王巧居高临下地看着他，"你难道也想我许给你？"

李牧连连摇手："不不不，大小姐，我哪有那个妄想。我喜欢你，能经常看见你就行了！"李牧缓过劲来，慢慢流畅了。

"哦，就这么简单？"

“是啊！”

“那你能为我做一件事吗？”

李牧大喜：“那更好了，要是能为大小姐做事，那我……那我真是三生修来的福气。”

王巧步步深入：“做什么事都愿意吗？”

“当然，”李牧想都没想，“这辈子只要能常看见大小姐，为你做牛做马做奴隶都愿意。”

“是吗？可惜我们家用不起家仆！”王巧露出了一丝笑脸，这笑意像一缕春风，立即融化进李牧的心底里。

李牧忽然单膝跪地，低头道：“若是大小姐真的愿意，李牧愿意入王家为奴，终生侍奉小姐。”

王巧吓了一跳，朝后退了一步，喝道：“你……你干什么？”

李牧跪地不起，道：“大小姐要我证明给你看。反正我孤身一人，无家可归，为奴为仆都是我真心话。”

王巧从惊诧中平静下来，从李牧的语气中感觉到他是真诚的，不禁十分感动。又试探着诈了他一句：“你真有诚意，为何还对我隐瞒身份？”

李牧道：“我不是存心隐瞒的。现在就告诉小姐，我的确是一个逃籍的工户。”李牧不想对王巧有任何隐瞒，毫不犹豫地把自己最大的秘密说了出来，“我连表少爷一家都没说，就告诉了你。”

王巧道：“你就不怕我告给官府去？”

李牧道：“李牧是小姐的奴仆，小姐便是要我死，也是我的福分。”李牧又一头拜了下去。

王巧连忙道：“你起来，你起来，我相信你。”待李牧站起来，诚挚地道，“我不要你为奴为仆，能真心做我朋友就好了。你放心，这辈子我一定想办法帮你脱籍。”

李牧也听出王巧话中的真诚，不禁心花怒放。于他而言，为奴为仆，已是一种莫大幸福，何况王巧真诚地拿他当朋友待。幸福之情，溢于言表：“大小姐，从现在起，无论你接受不接受，在我心里，你就是我的主人，我就是你的奴仆。你让我干什么，我就干什么。”

王巧感动地拉住他手道：“李牧，好，以前没注意你，现在你就是我的朋友了！”

李牧烫了一般急忙抽回自己手，他觉得王巧的手是那样圣洁，他这样身份的人，碰一下就是亵渎。能在她身边侍候着她，就是万幸了。道：“大小姐，你有什么事，请吩咐。”

王巧也意识到自己过于感动了，也欣赏李牧的知情识趣，道：“那个……那个小结巴的事，你也知道了。”

李牧点点头，实话实说道：“知道，他也是被蒙在鼓里的。”

王巧眼中泪光闪闪：“李牧，我不管他是不是被蒙在鼓里，反正这事跟他有关。再怎么着我也不能就这样当作一个赌注输给人家做媳妇吧？你愿意我嫁给一个小结巴吗？”

见王巧含泪，李牧的心都快碎了：“我……我当然不愿意。大小姐要嫁，也要嫁一个有功名的如意郎君。马兄人虽然不错，配大小姐却是不成的。”其实在他心中，就没有人能配得上王巧的。

王巧道：“所以我要你帮我，毁了这婚约。”

李牧道：“只要能做到，万死不辞——只是，只是我能做什么呢？”

王巧早已胸有成竹：“如果他的织机改不成功，这个赌约不就失效了吗？”

“对啊。”李牧一击掌，可立马又担心起来，“可是，可是听说立约上讲，要是马兄改不出，就要征入工户，永为贱民了。”他虽然忘情其中，却没忘记这一层。

“我不管。谁叫他这么能，他自己能出来的事。”王巧气道。平静了一下，把想了几天的计划说出来，“这个我也想过，先把这事躲过去再说。我想，先让他把织机改出来，你悄悄告诉我，我把它画成图收着。然后你找个机会，在限期到了之前，偷偷把它毁了。让他先在作场待着，等我有了人家之后，再把这个图纸拿出来，请单先生找人帮他脱籍。”

李牧更加崇拜地看着王巧：“大小姐，你真是好聪明啊！”他们没有想到这个计划的种种破绽，一厢情愿地认为这样就天衣无缝了。李牧又有一个疑问，“那……那我怎么才能毁了他的织机呢？”

王巧粉脸一寒：“这个还要我教你啊？是劈是烧，你自己想办法啊！”

李牧一见王巧发怒，立时单膝跪地，低头道：“大小姐，别生气，我想办法就是了！”

王巧感动地望着李牧：“你，你真的对我这么好？！”

第 9 回 ‖ 大逆转：妹代姐下嫁践赌约

54

马钧一投入到机巧研制中就什么都忘了。纺纱车的改进成功大大鼓舞了他，尽管这个改进很简单，却提高了一倍功效。

马文也喜出望外，对儿子改进织机增添了信心。只要能比原来的效率提高了就行，至于提高多少，立约上又没有具体规定。他不指望真的迎娶一个县丞家的大小姐，能够平平安安返回扶风就行了。

这天早上，吃罢早餐，马文就和马钧、李牧一道儿去了织场，继续研究织机。看着织机的庞大身影和复杂结构，马文心中又忐忑起来。这可不像纺车那么简单易改，但他不敢说出自己的担心，怕影响了儿子的信心，所以还在不停地鼓励。

马钧和李牧一边商议，一边用笔把织绫机画下来。经过这一阵子研究，他心中已经找到了突破口。织绫机上，两位女工一个坐在花楼上挽花提综，一个坐在门楼下踏蹑抛梭，丝绢上花纹就慢慢地出现了。马钧发现，其实织什么花纹，下面的织工根本不知道，全在花楼上的挽花工。而挽花工本人呢，只管把画师画出的图样悬挂在花楼上，按照图样的精密尺寸提起纹针就可以了。这样，当线来回穿梭织造后，图样自然而然就呈现出来了。

李牧跟着马钧看了好几天，总算看明白织机的操作原理了，觉得它的每一个环节设置得都那么巧妙，想象不出哪个地方可以改动，便试探着问：“马兄，你看这个还可以改吗?”

马钧悠然地翻转着指间的小木簪，点点头：“当然。”

“怎么改?”

马钧用小木簪指着花楼提综杆、衢盘上的铁铃和老鸦翅道：“你看这些提综吊经的，每提一综，就要踩一下蹑板。这架织绫机是六十综的，就要踩六十下蹑板，一个轮回才完成。如果两综为一束，一束踩一下，速度是不是可以提高一倍?”

李牧没有想通：“这个六十综不是规定死了的么?这一改不是把经纬线都搞乱了么?”

马钧耐心地道：“两综为一束只是为了提综方便，并不改变分经杆……算了，这个问题用话很难说明白，到时你看效果吧。”他不知道怎么表达能让李牧明白这个，索性就不说了，看实物。

李牧也不追问，因为这个东西看着就绕人，也不想去动脑筋了。他现在要动的脑筋就是，如何完成王巧交给的任务。

马钧把六十综的织绫机画了图，带回到竹木场，就开始选料。工曹要了他的图纸，仔细看了看，尽量满足他在材料、工具方面的一切要求。马钧又提出到石场去，工曹诧异地问去石场看什么?

马钧说：“石磨应该是石场凿的吧，我想看看磨拐。”

工曹道：“看磨拐，用不着去石场啊。石场的磨拐都是在这儿做的。正好，那个杂物间有对石磨，原就是放在这里做样子配拐的，你们去把它架起来就好用了。”

马钧大喜，立即带李牧随工曹去了。杂物间的角落里果然有一对小磨，底座也是现成的，马钧和李牧把它搬出来架好，工曹找来一副拐，正好配对儿。马钧在工曹的指导下，用绳子吊在二梁上，就开始拐起磨来。马钧让李牧拐磨，自己站在一旁观看。一会儿又站到高处往下俯视，一会儿又把头歪过来侧看。李牧和工曹都不知道他看这个有啥用。

王舒也来了，找到杂物间，见马钧站在高处歪着头看拐磨，颇觉稀奇地看着他。马钧见王舒来了，跳下来，跟她说了一会儿话。王舒看了马钧画的六十综蹑织绫机图，还交流了一会，就拿着马钧为她做的纺车零件走了。

王舒走后，马钧和李牧又去选料。李牧一边选料，一边向马钧介绍各种木材的质地、材性，有不知道的，一起询问竹木匠，很快就选好一堆料，按照马钧的要求开始破料。为了试验，每根料都多做了备料，准备随时试验作废后补充备用。这算是马钧正式动手制作新织绫机的第一天。

次日，马钧将破好的料开始标注尺寸、画出样式，然后开始和李牧一起动手，刨光、打直、锯卯、凿榫、截角，忙得不亦乐乎。下午，王舒来了，没啥事，就来看看新奇，待马钧他们将织绫机的衢盘、称桩、叠助木、的杠、眠牛木基本做好了，才悠然离去。

这是整个织绫机的底部框架，也是基本结构。李牧看不出和原先的有什么不同。马钧没说，他也不问，只管埋头做。看到王舒，就想到王巧，心中装满了她娇俏的面容和婀娜的身影。

第三天，他们开始着手制作织绫机的上骨架。这个比底盘框架要细巧一些，锯卯、凿榫要精致一些，有的地方甚至要钻眼。不过这个也比较顺利，一整天的工夫，就把门楼、花楼包括衢盘下面的衢脚做好了。李牧仍然看不出有什么不同。

晚上，马钧燃着灯，用小木簪在地上写来画去，算来算去，马文也不打扰他，只管看自己的书。马钧直到子夜时分才躺下入睡。

在另一间屋里，李牧独自一人住着。晚上也点着油灯，把白天做好的织绫机框架结构图画出来，标好尺寸。这三天，他都会找借口出去一趟，到织场去，把草图悄悄交给在那里指导女工织布的王巧。每天能看到王巧一次，还能为她做事，李牧的心中充满了甜蜜的感觉，觉得自己是这个世界上最幸福的人了。

第四天，马钧开始制作最关键的部件了。他综合研究了铁铃、老鸦翅、提综杆、蹑板后，取其基本结构不变，通过一系列细节上的变化，将两综归为一束，减少部分零件。这些部件做起来比较精细，不似前两日那么大刀阔斧，很快能弄好，而是要细细打磨，逐个试验，才能最终算准尺寸。这其中有个重要部件，就是踏蹑板连接的木杆顶端轴上加了个拐弯件，李牧看了半天，才发现，这个东西很像磨上的拐。问马钧这是什么？马钧想了想道：“这是新加的，没有名字。它是弯曲的，连在轴上。要不，就叫曲轴吧。”

这几日，小夫子也来转了几次，见马钧他们忙得不亦乐乎的样子，没有多打扰就走了。

王舒依旧每天来看看，转转，见马钧正忙，想说什么，又不好意思的样子。马钧再三追问，才知道她房间里的那架织绫机又出了点问题，想请马钧去修修。马钧仍然害怕碰见王巧，不敢去，只好抽空按照王舒说的尺寸，做好零件让她回去自己装上去，若是有啥不对，第二天再回来换。王舒很是乖巧，从来不在他们最忙的时候提要求，总是静静地看着他们做这些部件，等他们差不多好了，休息的时候，再请他们帮忙。

第五日，一些细节部位的零件也差不多做好了，王舒也越来越有兴趣，每天下午早早就来了，一心想看着他们试验。正好马钧他们也缺一个人协助试机。李牧只能做死活儿，细活儿不成。第五日下工时，一架新的织绫机就完全好了。它到底行不行，一切要等试验结果才知道。马钧、李牧、王舒都很兴奋，约定明天一早来牵经引线，开始试验。

55

王巧每天都从王舒的口中套问一些情况，又从李牧手中得到图纸，每晚在自己房间也悄悄地完善这个图纸。

卫笠的手中也有一张草图，每日也在不断更新。这幅图是工曹每日画了送给他的。虽然有了这图纸，但这架织机到底行不行，没试验过，大家心中都没底。

荀安、荀定是从卫笠、王巧、王舒那里打听得马钧改进织机的进展的。他们也以找王舒为借口，到竹木场来看过两次，顺便把这里的地形看熟了。见到马钧的时候，荀安、荀定一反常态，对马钧异常亲热，称他为“马兄”，这让马钧浑身不自在，但也不得不虚于应付。

第六日，王巧知道今天是马钧新织机试验之日，一早就睡不着，坐立不安，不知自己是到底希望这织机成，还是不成？王舒也是一早就起来忙早饭，洗衣服，早早吃完饭，要王巧跟自己一块去竹木场，看马钧的试验。王巧一甩袖子，到织场去了。王舒本来也没想拉得动她，正准备一个人奔竹木场。荀安、荀定却追上她，要一起去看新奇。有人捧场，王舒当然是高兴的，就欣然与他们结伴而行，一起到竹木场去了。

马钧、李牧早早就起来了，马文今天也破例歇了晨读，看儿子试验织机，心中在祈祷能一举完成。根据工曹的建议，新织机放在一个独立的工棚内，马钧不想在试验没有成功之前过于张扬，当然求之不得。他们啃了两个山芋，算吃了早餐，就上机开始穿经引线。李牧弄不清这些纷繁复杂的经线，只好给马钧打下手，马文更是一点忙也帮不上。看着这架崭新的织机，马文怀疑儿子是不是天生就是个木匠，而不是个读书的料，心中真是五味杂陈。

正忙着，王舒、荀安、荀定到了。王舒一见他们已经忙活上了，连声懊悔：

“哎哟哟，说早点的，紧赶慢赶，还是晚了。来来来，这个我在行，我来帮你们牵经穿线。”

马钧道：“不晚不晚，是我们太激动，早早就起来了。你看，木匠、竹匠还没上工呢。”

荀安、荀定看着还是觉得几分新奇，也殷勤地道：“我们能干什么？我们也帮帮忙。”

王舒笑道：“去去去，你们大男人笨手笨脚的，一旁待着，不碍事就行。”

荀定玩笑道：“呵呵，你这不是说，我们马兄不是大男人了吗？”

大家哄地笑了。王舒这才发觉说漏嘴，不好意思地一笑：“马阿哥啊，是男人中的男人，巧男人，当然不像你们这些笨男人。”她一边说着，一边熟练地登上花楼，为提花杆牵综。

这个提花杆与以前有些不一样，按照马钧在下面的指点，王舒很快就明白机巧所在，两综一束两综一束灵巧地穿了起来。马钧在下面连接着蹑板。这些事说起来容易，做起来复杂，上千根经线要一根一根牵出来、穿起来，还要辨别颜色、位置，做的人投入，看的人无聊。

荀安、荀定很快就看得疲倦了，跑到作场里四处转悠。李牧、马文稍好些，但也觉得枯燥，就干别的事去了。李牧找了个借口，悄悄出去了一下，跑到织场向王巧通报进展情况，然后又悄悄地折回来。

整整摆弄了一上午，总算把提综杆、铁铃、老鸦翅还有一些叫不上名字的竹木杆上的经线、丝线、穿拉牵引，全部搞好，就等着提花织布，开机试验了。

忙了一个上午，他们也着实感觉有些饿了。王舒吩咐荀安、荀定回家拿些豆饼、山芋干来，破例加一餐，以示犒赏。吃了些干粮后，大家的周身又充满了干劲，特别是王舒和马钧。

秋天的午后，太阳清亮亮的，从窗棂里照射进来，让王舒和马钧心头感觉特别爽。按照王舒提议，马钧做挽花工，爬上花楼，挽花提综，因为只有他知道怎么束综提花。王舒踏蹑抛梭，原是本行，所以就坐在门楼之下，打纬织布。大家的心都提得高高的，不知道会出现什么样的结果。尤其是马文和马钧。工曹也不再到作场里转悠，一门心思跑到这里看稀奇了。

第一杆提上来的时候，王舒左脚踏下，分经口自动张开，马钧朝下看去，让王舒抛梭后停一下，看看有无异样，然后打纬刀。再示意她左脚抬起，右脚踏下，分经口换过经线，再次张开，提综杆落下，王舒将梭抛向这边，复打纬刀。就这样一上一下，先是配合有点生疏，织得很慢，慢慢地就默契起来，渐渐加快速度。原先踏一蹑，分经棒推出去，需要再踏一蹑，让它复位，才可以进行下一个动作，现在王舒踏一蹑，那连杆带动曲轴转一圈，就完成了推出、复位动作，比先前快了一倍，而曲轴转动又灵巧，速度更快，踩踏熟练之后，速度快得就不止一倍了。开始踩踏不习惯，曲轴转不过去，试了几下之后，马上就轻巧起来。

起先马钧还不时地下来，这里看看，那里摸摸，和王舒交流什么，其他人也听不明白。后来马钧就坐在花楼上和门楼下面的王舒一声不响地织起来，越织越快。围观的人谁也不吱声。整间工棚里，只听“哐——哐哐，哐——框框”的声音有节奏地响起来。几寸方格花菱的丝绢慢慢在王舒的腹前展开，菱纹细致，精美无比。王舒越织越兴奋，灵巧地抛梭踏蹑，越发显现灵动之美。看得一旁的荀定眼睛有些直，一颗心更加飞向了她。

马文看了半天，不知道效果到底如何？小心翼翼地问了一句：“二小姐，怎么样？成吗？”

“成，成，成！”王舒兴奋得脸上红扑扑的，“真是太成了！我以前织这么长的布要两三个时辰，现在一会儿织这么长了。马阿哥，太了不起了！天哪，这不一个人抵过去三个人啊！”

马文一听，喜出望外：“二小姐，你说的是真的？太好了，太好了！”欢喜得直搓手。

李牧也是非常高兴：“弄成了，弄成了，终于弄成了！”

荀安强挤出一张笑脸，道：“好，好，真好。这下马兄遂愿了！”

荀定见王舒兴奋的样子，煞是可爱，倒不似原先那样憎恨改进织机了，有了几分由衷之意：“哦，这东西，还真不错。”但是王舒对马钧饱含赞赏的语气，却让他心里生出几丝不爽。

站在一旁的工曹，见这织机竟真的这般神奇，也流露出敬佩的神色，想起卫笠交给的任务，悄悄退了出去。

56

这些日子，单先生带着张超走访了河南尹、洛阳城一些高贤大隐、硕儒名医，着实让张超长了不少见识，也使“小先生”的名气在京都响了起来，人们常把他与“小夫子”并论。单先生虽然人在外面，心中却一直记挂着那场立约打赌的事，张超更是隔三岔五念叨起。这天，拜访完陆浑山中的大隐士胡昭后，张超又提起马钧打赌之事，说明天就到限期，也不知马阿哥的织机改没改成功？单先生微微一笑，没有多说什么，就带着张超直接返回河南县城了。

这一说已是秋末冬初了，天气骤然冷了起来。他们回到河南家中时，天已经晚了。张超本想直接去竹木场找马钧的，但看天已经黑了，又不好让单先生独自回去，只好耐住性子，等到明天。偏巧走到半路上，看到一个熟悉的身影从前面巷口闪过，脱口叫道：“李牧——”

李牧刚刚见过王巧，正想着夜里如何行动，陡然听人一叫，以为被人窥破心事，吓了一跳。急转身，摆开一副格斗的架势。

张超道：“李牧，你怎么吓成这样？”

李牧见是张超，长吁一口气：“表少爷，是你？吓我一跳！”赶紧向单先生问好。

张超问：“你急慌慌地干什么去？马阿哥呢？”

李牧有些支吾：“没干什么去。就是，就是小夫子问织机的事。”他去找王巧暗递消息时，半路上遇到小夫子，被小夫子拦住问了一番情况，现在正好拿小夫子做借口，却心中有鬼，不敢提到王巧。

提到织机，张超急问：“怎么样？改成了没有？”

李牧有些心虚，道：“改，改成了，改得非常好。”

张超喜道：“改成了？改成了好，快说说，好玩不好玩？”

单先生也放下一颗心，笑问：“不是好玩不好玩，是效果怎么样？”

李牧已经定下心来，把织机的效用详细说了一通。张超啧啧赞叹，真恨不得马上就去看看。单先生听说一个人可以顶得上三个人，也是啧啧称奇，觉得这个马钧也真是个奇才、异才。说了半天，天已经黑了，张超这才恋恋不舍地跟着单先生回家了。李牧也忐忑不安地回竹木场去，一路上想着如何不动声色地毁掉织机，又觉得对不起马钧。但想到王巧所言，事情过后再救出马钧，又自我安慰了一番。

这一晚，李牧很难熬。这几天，马钧一直处于亢奋中，每天都把织机的细节部分再进一步完善起来，晚上睡不着，常常起来，点上蜡烛，又到那间放织机的工棚里转悠，这里摸摸，那里弄弄，一捣鼓就是半天。李牧一直关注着马钧的一举一动，见马钧没日没夜围着织机转，心里担心限期前最后那一晚，找不到机会下手，那样怎么给王巧交代？

入夜了，宵禁已经开始，除了巡逻的军士，偶尔有郎中、抓药人、官差等路过，大街上空荡荡的。只有打更的声音在小巷深处不时的响起："梆梆梆——三更啦，天气干燥，火烛小心啦——"

这个时候的马钧仍然在工棚里转悠。明天就是见证立约的日子，他的心情既激动又紧张。这次立约打赌，非他所愿，却无法拒绝，无论输赢，都不是他愿意看到的结果。输了，全家沦为贱民，这当然万万不能。赢了，要娶那个刁蛮任性、专门捉弄他的小姐，却也是他一千个不乐意的。他为织机改进成功而激动，也为所娶非所愿而紧张、苦恼。他回到自己的工棚里，父亲已经睡了，他患得患失地躺到草铺上，合上眼睛，想着心事。

四更时分，两个黑影顺着墙根悄悄地接近竹木场。工曹早已在一处围墙边上堆放了些木料，让这两个黑影很顺利地翻了进来。他们蹑手蹑脚地从这个墙根，溜到那个墙根，悄悄摸到存放新织机的那个工棚。透过工棚的木板缝往里看去，只见李牧正在织机前忙活，不知他在干什么。两个黑影嘀咕道："哥，李牧这小子怎么这个时候还不睡，这不坏我们的事嘛？"

另一个黑影道："先看看，等他走了再烧。"说罢，将身子隐蔽到月影里，贴着木板缝监视着李牧的一举一动。

只见李牧轻巧把织机的曲轴用手弓子轻轻锯了大半，又把束综等改动过的关键部件做了手脚，这样一来，明天只要上机一试，曲轴就会断，束综就会散，一些小部件就会不听使唤，到时不要说提高功效，根本就无法使用了。但这一切，躲在外面的荀安、荀定不知道，只道李牧在帮马钧做最后修理呢，恨得牙痒。好不容易等李牧忙定离去了，又等了好久，估计李牧睡着了，才开始动手将硫磺、硝石洒到工棚上，然后又轻手轻脚地爬上围墙，点燃几支火把，扔向工棚，不待旁人发觉，他们就跳到围墙外，猫下身子，乘着夜色遁去。

马钧正躺在草铺上想心事，也不知到什么时候，王巧推开房门，满脸怒气地走到马钧的草铺前，用力踢了他一脚，叱道："小结巴，谁让你把织机真的改成功了？你是诚心要坑我是不？"

马钧腾地跳起来，盯着她道："我怎么坑你了？难道你非要让我沦为工户你才甘心吗?”

王巧怒道：“谁让你那么逞能，打什么赌，下什么注，难道你非要让我嫁给你这个小结巴吗?”

“你……你又骂我小……小结巴……”马钧一气，又结巴起来，“又……又不是我要赌的，是……是你父亲要赌的，我……我才不愿娶你这刁蛮丫头呢。”

王巧一听，更是怒不可遏，顺手从墙上拽下油灯，向他砸来：“小结巴，姑奶奶还没看上你呢，你倒嫌弃起我来了!”

马钧下意识地一让，却觉得两腿如灌满泥浆一般，挪不动步。那油灯砸在身上，掉在草铺上，立时着起火来。草铺干燥，见火就着，再加夜风从门外吹入，火借风势，越烧越大。马钧顾不得与王巧争执，急忙上前扑火，却跌倒在地，站不起身。王巧看着他，竟得意地笑起来。马钧想喊，却张不开口，似乎胸口被什么东西堵住。就听有人在工棚外呼叫：“失火啦，救火啊——失火啦，救火啊——”火烧到跟前，泼洒上油污的衣服也跟着烧了起来。马钧大急，用力一挣，猛地坐了起来，原来是南柯一梦，吓出一身冷汗。

却听窗外果然传来阵阵喊声：“失火啦，救火啊——失火啦，救火啊——”急忙站起身，见父亲也醒了，正在手忙脚乱找水桶，一时又找不见，父子二人便赤着脚奔出门外。起先不知什么地方着火，再顺着火光看去，顿时心中一沉：天啊，是放新织机的工棚!

只见那工棚火势冲天，作场里的人拿着扫把、木棒、水桶七手八脚地在扑火，马钧、马文奔过去时，人已经无法靠近了，李牧拿着一个扫把，惊恐地站在工棚外，带着哭腔对马钧道：“马兄……织机……完了……”

马钧大叫一声：“我的织机……”就往火海里冲去，被李牧死死地抱住，马钧哭喊，“织机，我的织机啊……”

马文只觉眼前一黑，一头栽倒在地。

57

这把火持续的时间很短，因为这间工棚相对独立，所以没有殃及其余，现场工匠都觉得这是不幸中的大幸，没有人知道这其实是工曹的刻意安排。

马文、马钧呆呆地坐在满是烟灰的废墟边上，不知道今天的践约见证这一关怎么过。

最先来到现场的是王策。工曹按照程序，第一时间报告给正在睡梦中的王策。王策听说作场失火，急急忙忙爬起来，胡乱地套上衣裳，一边系带，一边往外走，一边询问事情经过。听说只烧掉一间工棚，略感心定。工曹再报告说，是存放新织机的那一间烧了，急忙问："织机烧了没有？"他已经听说了新织机的情况，正喜忧参半，就等着明天揭晓了，谁知道竟然出现了这样的岔子。

站在充满焦味的废墟边，王策一时脑袋有些发懵。他无心查问这把火是怎么烧起来的，只担心天亮以后，南宫县令、单先生、小夫子、小先生他们来了之后，这出戏如何收场？他必须思谋一个对策出来，就把现场交给了工曹，自己回家冷静筹划去了。

工曹见王策没有追究失火原因，微微悬着的一颗心放了下来。只要王策没有看出破绽，县衙那里自然不用担心的。

王巧一夜没睡，五更天时听到作场方向隐隐传来嘈杂声，估计是李牧得手了，但不知用的什么法子。后来听到有人匆匆来把父亲叫走，知道一定是此事，又高兴又害怕，暗暗为李牧担心起来。

因为只烧了一间工棚，影响并不大。单先生、小先生、小夫子都不知道夜里发生的事。一早就积极准备着去县衙见证赌约揭晓。辰时刚到，他们就一起步行来到了县衙，衙役通报过后，将他们引入大堂。小先生张超人未进门，就兴冲冲地叫道："马阿哥，马阿哥来了吗？咦——"里面悄无声息。他们已隐约觉得有些不对。

入得大堂，却见南宫嗣端坐案前，卫笠、王策、丁九、郑七等一干人都在两边站着，人人面色凝重。马文苦着脸蹲坐在角落里，马钧木然地站在一旁，李牧神情不安地睃来睃去。王巧、王舒、荀安、荀定站在王策的后面，也是满脸痛惜不安。工曹也在，一脸失职愧疚的样子。

单先生、小先生、小夫子不觉心猛地一沉。正欲见礼，南宫嗣已经直起身，拱手道："单先生、小先生、小夫子，你们来了！来人，加座！"特地给他们在左右上首加了座。

三人回礼谢过，落了座，单先生诧异地问："大人，这是出什么事了么？"

南宫嗣叹了口气，摇摇头，没言语。卫笠道："单先生还没听说？昨夜作场莫名其妙地失了一场大火，独独把存放新织机的工棚烧了。你说奇怪不奇怪？"

“啊？”张超惊叫起来，“烧了？你是说马阿哥的织机被烧了？”

卫笠道：“是啊，烧得一干二净。”

傅玄也惊讶地叫了一声，皱起了眉头：“你是说其他都没烧，单单就把新织机烧了？”

卫笠把傅玄话里的潜台词直接挑明了：“是啊，这事好生奇怪。要说天干气躁，失把火不稀奇，稀奇的是什么都没烧，单单把织机烧了。而且是在赌约揭晓的前一夜烧了，你说奇怪不奇怪？”

单先生捋着胡须思索着，没有说话。

“这么说，这把火很会挑日子啊！”傅玄顺着卫笠的思路走下去，“也就是说，这把火不是天火，是人火，对吗？”

卫笠继续引导道：“小夫子心思缜密，帮我们分析分析。如果真是人火，放这把火的目的是什么？什么人才需要放这把火？”

傅玄在堂内踱起了步子，略一沉吟，便理出了头绪：“假如——我说是假如啊。假如有人需要这把火达到某种目的，我认为无外乎三种可能：一是王县丞不愿输了赌约，把女儿嫁给马家，见马钧真的改成了新织机，就把它毁了。”

王策大怒：“你胡说什么？我是那样的人吗？”

“王县丞别急，我只是假设几种情况。”傅玄摆摆小手，又道，“或许不是你，是你女儿不愿下嫁马钧，叫人烧了它也不是没有可能。”

王巧心中一悸，没想到这小夫子真的眼毒，一句话就点中要害。压住怦怦乱跳的心，笑道：“是啊，这个说到点子上了，我就是不想嫁给一个小结巴，所以昨夜本小姐翻墙进去，一把火烧了它。”

王策瞪了她一眼：“胡说什么？也不看看什么时候了！”

荀安、荀定正欲护上去，见王策神情，只好闭了嘴，也乐得小夫子把水搅浑。

傅玄淡淡一笑，不理王巧，走到马家父子跟前，细细打量了一下，道：“第二种可能是，马钧的改进没有成功，自觉今天无法交差。赢不了赌约娶不了王家小姐事小，没入工户永为贱民事大，所以无奈之下，自己一把火烧了，没了对证，想让这赌约不了了之。”

王策睁大了眼睛：“我怎么就没想到这一层呢？”他心中已经觉得很有可能，别的没有解释。

马文急忙站起来，道："不不不，这怎么可能，夫子的确已经把织机改进成功了。不信你可以问问工曹大人、问问二小姐。"

工曹没吭声，不知道怎么证明是好。王舒急忙站出来道："是的，我证明，马阿哥的确把织机改进成功了，是我和他一起上机实验的，你们说对不对？"她急向荀安、荀定、李牧、工曹一干当天在场的人求援。

卫笠道："听说倒也听说了。但耳闻是虚，眼见为实。按照赌约，今天只以实物为凭，不以证言为据。"

张超一旁叫道："等等，小夫子说还有第三种可能呢。"

傅玄道："第一、第二种可能是赌约双方出于有利于自己的考虑，把织机烧了。第三种可能是第三方，出于某种我们不知道的目的，烧了织机，使双方都受损害……"

卫笠急忙打断傅玄的话："我认为小夫子所言第三种可能根本不存在。赌约双方为了赢，使出手段倒是可能的。"怕王策循着小夫子的思路想下去，赶紧把线索指向马钧，"王县丞一心想获得新织机，完成朝廷任务，不可能一把火烧了它。要不，他当初就不会主动提出赌约了。"

王策感激地看了卫笠一眼，现在他最怕纵火的罪名落到自己头上，那样跳进黄河也洗不清了，不但县丞职位不保，大约牢狱之灾也难免。

张超叫了起来："小夫子，你什么意思？你这一说，只有一种可能，就是马阿哥自己烧了？这怎么可能？马阿哥不是那样的人。而且我坚信以他的机巧，织机肯定是改造成功了。"

"我说的只是一种可能，并没有肯定是马钧所为啊。"傅玄微微一笑，"小先生，你别急啊！"

李牧见事情弄成这样，不仅马钧会输掉赌约，沦为工户，而且可能会惹上牢狱之灾，急得不知如何是好？看向王巧。王巧也有些急了，她是知道内情的，如果马钧因此背上纵火的罪名，她会良心不安的，便急忙从父亲背后站出来，道："我虽然不愿输了赌约嫁给小结巴，但我也不相信小结巴会干这样的事。其实他有没有改进出来，很简单，给他几天时间，再做一个出来不就可以验证了吗？那个什么荒唐赌约就不要再提了嘛。"

"好好好，大小姐好见识。"傅玄拍手笑道，"这正是我下面想说的话。"

卫笠一看，这不对，得套住他们。道："王大人是县丞，自然是知道大魏律条的。任何立约一旦认可，就必须严格执行。究竟是何人放火，姑且不谈，单是这赌约，就必须以今日为限。马钧今日拿不出新织机，他就必须罚入工户，以明律条。”

王策心念电转，这样一来，虽然自己不担纵火的罪名，也不用践约嫁女，但是女儿却又难以逃脱被选入宫的命运。两害相权取其轻。急道：“南宫大人，我相信马钧已经改出了新织机，这么多人可以为证。马钧也不会自己纵火焚烧，自寻绝路的。”

大家有些诧异地看看王策。只有南宫嗣、卫笠他们心中明白，王策在躲避什么。

南宫嗣看情形差不多了，叹了口气道：“王县丞，马钧是不是涉嫌纵火，可以另案查证。但今天既是见证立约，一切以立约为凭。马家须拿出实物才可，不然就只有罚为工户了。”转头问单先生，“单先生，你说是不是?”

单先生正在思谋如何化解马家的这场危机。他知道，一旦沦为工户，要想脱籍那是难上加难，这对马家太不公平了，而马钧也只能永远在作场里做个工匠，这般人才便是可惜了。但南宫嗣、卫笠搬出大魏律条，一时倒也难以辩驳。皱着眉头没吭声。

听南宫嗣口气，这纵火犯一时是不会扣在马钧头上了，王巧松了一口气，扫了李牧一眼。神情不安的李牧极力镇定下来。小夫子、小先生一时也面面相觑，没了主意。王舒涨红了脸，欲言又止，一时鼓不起勇气。

南宫嗣见时机成熟，一拍惊堂木，正襟危坐，正欲宣判，一直呆立无语的马钧突然上前跪倒，道：“大人，在下认输便是。此番赌约赌的只是小民改进织机成与不成，恳请只判我一人入籍，不干我父亲及家人的事。”

马文醒过神来，眼见马钧就要被判入籍，大叫一声：“钧儿……”顿时昏倒在地。

小先生、小夫子惊得猛地站了起来，王巧、王舒、李牧等也惊悸起来。马钧抱起马文连声悲呼：“父亲，父亲……”小先生急忙上前掐住马文的人中，马文这才悠悠醒来，抱着儿子失声痛哭。

南宫嗣看了看单先生、小先生、小夫子，怕再起什么反复，拿着那张立约，极力显出一副悲天悯人、通情达理的样子，叹息道：“马钧，本县再看这张立约，确有从权之处，念你一片孝心，就成全了你。只没你入籍，不及你的家人。”

转脸吩咐卫笠，“你帮他办理吧。”

卫笠得令，拿出早已准备好的户籍文书，填上马钧的名字，南宫嗣示意拿给马钧签字。马钧放开父亲，接过毛笔，看着文书，泪如雨下，心一横，眼一闭，落笔就写。

58

“马阿哥且慢——”就听一声惊叫，王舒突然不顾一切地从王策身后冲出，一把抢过马钧手中的毛笔。

堂中诸人皆是一惊，不知发生了什么事。王巧惊讶地看着王舒。王策喝道：“死丫头，你干什么？”

南宫嗣脸色猛地沉了下来，对王策道：“王县丞，你怎么说？”

王舒上前跪倒，急道：“县令大人，民女斗胆禀告，马阿……马钧的确已经改出了织机，民女亲手试过，功效可提高三倍。若用此织机，一人可抵三人。本县织布之术将独步天下，也是大人的功绩啊。”

南宫嗣已经得到工曹送来的图纸，知她所言不虚。他的如意算盘是先将马钧入籍，然后将他查成纵火犯押起来。先让王策没有新织机完不成任务自动去职，然后再以脱籍为条件将马钧送到他指定的地方去为己所用。今天的好戏岂能让她给搅了。沉下脸道：“方才已经说过，大魏有大魏的律条，一切按律条行事。马钧今天拿不出实物，就只能没入工户。没将他全家籍没，本县已经是法外开恩了。看你父亲的面上，本县不与你计较，退下吧！”

王舒情急之下冲出来之后，已经豁出去了，道：“大人，如果拿得出马钧实物，马钧就不能没入工户了吧？”

南宫嗣不假思索道：“这个当然，如果有实物验证，这场赌约自然是马钧赢了，又怎么能判他入工户呢？单先生、小先生、小夫子和在下都是见证人。”

单先生眼睛一亮，连忙道：“王舒，南宫大人是一县之长，岂能戏言。只要能拿得出马钧的实物，南宫大人岂能拿大魏律条当儿戏？”他已经察觉到什么，先用话拿住南宫嗣，不给他退路。

张超、傅玄见事情似乎有了转机，急叫：“二小姐，马钧实物在哪里？你拿得出来，南宫大人定会为你做主，我们都是见证！”

南宫嗣看看卫笠，卫笠微笑不语。又看看马钧，马钧也是一脸茫然。南宫嗣暗笑，这一把火已经烧了的东西，难道还能还原么？当下斩钉截铁地道："王家二小姐，不用多言。你说，马钧的新织机实物在哪里？"

王舒看了看四周，想了想道："南宫大人、单先生、小先生、小夫子，不是民女心眼小。这把火实在奇怪，应该是坏人所为。民女若是说出马钧新织机所在，只怕没等搬来，就又被哪个顺风耳听了去，抢先去烧了。"

南宫嗣越听越奇，失笑道："听说王家二小姐书读得不错，你不是在编故事吧？"不觉调侃道，"那你带我们过去看看如何？"

张超跃跃欲试："对对对，这样保险。"

傅玄一脸严肃地道："二小姐，这可是开不得玩笑的，若是真有，我们都愿意陪你前去，做个见证。单先生，你说是不是？"

单先生虽然猜不透其中奥妙，但见王舒一脸认真的神情，相信必有缘故，便欣然道："老夫认为宁可信其有。这样，若有奇迹，也是南宫大人治下的一段佳话啊。"他宅心仁厚，处处留有余地，不忘给南宫嗣一个台阶下。

南宫嗣站起身，笑道："那就请马家大少爷、王家二小姐一同带我们去看个奇迹吧！"其实他并没有要走的意思，只是看王舒下面的戏怎么唱。

王舒站起身，作了个万福，道："谢大人！那就请各位辛苦一下，跟我走。"说罢转身就往外走。

"真去啊？"卫笠呆了一呆，和南宫嗣面面相觑。

单先生"哈哈"一笑，上前拱手道："大人，你先请！"

南宫嗣苦笑道："单先生请！"只得迈动步子，带头向外走去。小夫子、小先生也紧随其后。王策、王巧不知王舒搞什么名堂，见大家都跟着王舒走，只得跟上去。

卫笠示意丁九、郑七领上马家父子，莫要让他们乘机逃了。然后故意留到后面一些，低声问工曹："怎么回事？"

工曹也是一脸茫然："不知道啊！"

卫笠又暗暗挨近荀安、荀定，问是怎么回事？他们同样如坠五里云雾之中。卫笠不知道王舒的葫芦里到底卖的什么药？只好跟着她向前走，以判断她到底往何处去？好及时做出应对之策。

王巧也有些慌了神，悄悄挨到李牧身边，问他怎么回事？李牧同样一头雾水。

王舒鼓着一口气，不敢让它泄了。她隐约觉得这是有人故意跟马钧过不去，跟她父亲过不去。

南宫嗣一边走一边貌似悠闲地和单先生聊着，不经意地回头扫了一眼卫笠。卫笠见王舒行走的方向还是竹木场，寻思着马钧肯定是留了一手，另做了一架织机藏在作场的哪一个角落里。不动声色地挨近工曹，低声询问。工曹低声道："不可能啊，我每天盯着他呢，他若是做了备品，我不会不知道啊！再说，你看马钧那样子也不像有啊。要是有，他还不早说了？"盯着王舒的背影小声嘀咕道，"不知道她要搞什么？"

卫笠百思不得其解，仍旧低声交待："不管怎么样，你快去看看，万一有发现，立即把它毁了。"

工曹不敢怠慢，趁人不注意，悄悄折入一条小巷，抄近道直奔竹木场去。他一路小跑，不一会儿就赶到了，进了作场，从大门口那间小屋查起，一个工棚一个工棚地看，一个角落一个角落地查。工匠们不知道他在找什么，问他又不说。他用最快的速度把整个作场翻了个个儿，连个织机的影子也没看见。自己也觉得根本不可能还有一架马钧改进的新织机在这世上。那这王家二小姐到底发了什么魔怔，要把县太爷和这一大堆人往这里领啊？

正想着，远远见一群人就要到了大门口，工曹急忙转到工棚后面，绕到大门口去，不能让他们发现自己先行一步回来了。等他们进门后再悄悄插入人群中。

南宫嗣见已到了作场近前，瞟了卫笠一眼，见他神色淡定，知道他已经抢先派人回来了，有什么变故应该也已经处理好了，便轻松地对单先生笑道："好久没到作场转转啦，今天正好来看看。特别是新织机，竟然能比以往快两三倍，真是本县民生之幸啊！"

单先生笑道："这织机果真改进成功，马钧那可是一个难得的异才啊，大人可要好好珍惜哦。"

南宫嗣道："那是自然。所以本县才极力成全这桩良缘嘛！"又转头笑着对王策道，"恭喜王县丞得此佳婿。"他的语气倍显真诚，几乎让王策听不出嘲弄。王策只好苦笑了一下作为回应。

马文此时已经清醒过来，见事情居然有了转机，问马钧怎么回事？马钧茫然地摇摇头，他也不知道怎么回事。

众人都准备随着王舒进竹木场，谁知王舒只在竹木场大门口停了一下，朝大门里看了一眼就走了过去。南宫嗣愣了一下，看了一眼单先生。单先生倒没觉得意外，知道王舒既然站出来，必有让人意想不到的缘故，就朝南宫嗣笑了笑，跟着王舒继续往前走。所有人都以为此行的目的地就是竹木场，此时都觉诧异，只好跟着往前走。

走着走着，前面就是王策的家了。南宫嗣笑道："王县丞，莫非你在家里打了埋伏吧？"

王策摇摇头："我不知道什么时候家里有过新织机。不知这丫头搞什么鬼？"转头问王巧，"王巧，怎么回事？"

王巧正纳闷，道："我哪知道啊？"她这几天常去织场，难道是王舒把个织机偷偷搬回来了？那么大个织机她搬得动吗？再说，就是请人搬运，那么大个织机作场那么多人会看不见？李牧天天在那看着呢！

59

说话间就到了家门口，王舒果真推开门，率先走了进去。众人各怀疑虑地跟进去。王舒穿过前院，径直把大家带到后院去。荀氏听到动静，也急忙出来。见来了这么多人，不知出了什么事。就拉住荀定问个究竟。

后院比较空旷，等大家都进来了，王舒停下脚步，转过身来，静静地道："南宫大人、单先生，各位，马钧改进的新织机就在我房间里，请小先生、小夫子、两位表兄还有李牧小哥跟我进去，一起把它抬出来，让大家验证吧！"

众人面面相觑，小先生张超喜出望外："啊？小姐姐，真的有啊！快快快，我们去抬出来。"

张超带头跟着王舒进了闺房。傅玄、荀安、荀定还有李牧也跟着进去了。不一会，几个人"哼哧哼哧"果真从里面抬出一架织机来。王巧脸色发白：妹妹的织机何时变成这个样子了？狠狠地瞪了一眼李牧。李牧望着王巧，不知说什么好。

荀安、荀定更是哭丧着脸，不敢看卫笠。南宫嗣一干人都傻了眼，还不得不强作笑脸。只有小先生、小夫子和单先生由衷地高兴。马文更是惊喜万分，连连问马钧："钧儿，这不就是那种织机吗？你什么时候做的？怎么到现在也不说？"

王策的脸色也变得很难看，从女儿的闺房里搬出一台马钧的新织机，不知会让人联想出什么来？南宫嗣朝王策意味深长地一笑：“王县丞，没想到马公子的新织机都搬到令小姐闺房了，你还蒙在鼓里？真不简单啊！”

王策像被人打了一巴掌，脸上血红，正欲怒问王舒，一直茫然的马钧看着放在院中的织机，突然叫道：“我明白了，我明白了，二小姐，你真是太聪明了！”

王策冷冷地道：“姓马的，你说，到底怎么回事？”

“二小姐真是冰雪聪明。”马钧无限敬佩地道，“我改进织机时，二小姐每天都来给我出主意，帮我做实验。她说自己的织机坏了，顺便请我配一个部件，我没想那么多。原来，她要的都是改动的配件，每天拿回来，往织机上一换，渐渐地，旧织机就成了我改进的新织机了。”

单先生“哈哈”大笑：“南宫大人，这可真是一段传奇佳话啊！简直可以入书了！”

张超拍手大叫，傅玄也绽开欣喜的笑容。南宫嗣只得“开朗”地大笑：“是啊，真是一段佳话啊！怎么样？那就让我们一起见识见识这个新织机的神奇吧？”

织机上纬线已经牵好，王舒大大方方地朝门楼下一坐，招呼马钧道：“马阿哥，来吧，南宫大人要检验一下你的织机效果。”

马钧欣喜之余，陡然来了精神，手脚灵便地登上花楼，开始换花提综，王舒在门楼下踏蹑抛梭。二人之前已经有过配合，这时轻车熟路，毫不生疏。上下一心，竟是十分默契。院中静悄悄地，没有一个人说话，只有织机的声音“哐——哐哐——”有节奏地响起。很快，王舒的身前就织出一片花纹精细的绫布来。

大家都见过织布的，但从没有见过这么快的。当真是一个人顶得上过去三个人的速度。单先生叹为观止，南宫嗣也不由得露出佩服的神色。小先生、小夫子更是喜上眉梢。王策的面色也逐渐和缓了下来，竟是有些惊喜。

王巧的神色最为复杂，先是愤怒，后是好奇，再是羡慕，忽然又显得惶恐不安。王巧正担心着，就听南宫嗣转脸对单先生、小先生、小夫子道：“这个织机我们是见识了，的确如马钧所言。三位也是见证人，觉得这个赌约怎么个算法啊？”这个结果摆在眼前，他只得把握主动了。

张超抢着道：“这还用说吗？当然是马阿哥赢了。”傅玄也随声附和。

单先生捋着花白的胡须笑道：“南宫大人一向秉公好断，就请宣布结果吧？”

南宫嗣对王策道：“王县丞，这个赌你可是输了哦，可是你赢得一个好女婿啊！本县宣布，这场赌约，马家赢。按立约条款，王策之女王巧许配马文之子马钧，择日完婚。不得反悔……”

不待王策、马文开口，王巧跺脚抱住母亲荀氏大哭起来：“我不嫁，我不嫁，我死也不嫁小结巴……”

这一下出乎所有人意料，更让王策无地自容。盛怒之下，一个巴掌就要掀了过去，被马文上前一把抱住。马文急道：“王大人息怒，请听我一言。”一边对南宫嗣道，“南宫大人，在下外乡人士，怎敢冒昧高攀县丞大人。为大人改造织机，是小民父子的荣幸。只请大人开恩，放小民父子回乡，结亲之事，万万不能算数。”他见织机仍在，已经逢凶化吉，哪里奢望真的与县丞家结亲，连忙告白。

南宫嗣脸色一沉：“马先生，你当我大魏律法是儿戏吗？白纸黑字，双方画押，多人见证，岂容亵渎！”

王策脸色苍白，立住身，低沉地对马文道：“马先生，王某不是个言而无信之人。你这样说，分明是看低了在下。”

马文这下不知怎么说是好。马钧也愣在那里，他万万没想到会真的要娶这个让自己头疼万分的刁蛮小姐，一时手足无措。

王巧一听，见事情已经无可挽回，心灰意冷，不再哭闹，静静地从母亲怀里直起身，往王策这边走来，目光空洞地直视前方，神情说不出的灰败。院中静静地，没有人说话，大家都看着她。走过丁九身边，谁也没有想到，她以极快的速度顺势抽出丁九腰间的佩刀，刀柄一横，架在自己的脖子上。荀氏、王舒、张超、李牧同时惊叫一声，李牧就要扑过去。

王巧喝道：“你别过来——”李牧赶紧收住脚。王巧直视着王策，“恕女儿不孝，女儿宁死不作赌注。”又转脸对王舒道，“王舒，你真厉害，居然用这一手把你姐输出去！”荀氏大哭，欲扑上前，被荀安、荀定抱住。王巧凄然道，“娘，以后就由妹妹孝敬你了……”心一横，眼一闭，就要自刎。

只听王舒叫道：“姐——慢着，我有话说！”

王巧睁开眼，凄然道：“王舒，事到如今，还有什么话说？我不怪你，你好好照顾二老吧。”说罢又要动手。

王策哆嗦着说不出话来，单先生正欲出手解救，只听王舒快速地说道：“姐，谁说你必须嫁给马阿哥了？立约上写王家输了嫁女，又没有写明一定是你。我……我……我愿意嫁给马……马阿哥！”

这句话当真是石破天惊。在场诸人一时没有反应过来。王巧惊讶地睁大了眼睛，这一愣，单先生身子一闪，王巧手中的佩刀已经落到单先生的手中。王巧凄然道："王舒，你配合得真好！可你拦得了今天，拦得了明天么？反正我死也不嫁小结巴。"

王舒急道："姐，我说的是真的。"转脸对南宫嗣道，"南宫大人，小女听说立约上只写了我父亲如果输了，就把'小女'许配马家，并没有说哪个女儿。再说，论长幼，我才是真正的'小女'。我情愿嫁到马家，不算违反立约吧？"

南宫嗣这一下还真的就找不出反驳的理由来，踌躇了一下问单先生、张超、傅玄："你们也是见证人，王家二小姐所说，你们的意见呢？"

王舒走到单先生面前，双膝跪下，含泪下拜："虽未正式拜在先生门下，但小女子早就认先生为师了——请老师成全！"

张超一时还没反应过来。单先生早觉得眼前一亮，看着王舒，不禁大为赞赏，脱口叹道："好啊，我一直认为王舒若非投错胎，必是奇男儿，果然是个奇女子也——"转脸对南宫嗣说，"如此美事，南宫大人理当成全。"坦然受王舒三拜，双手将她扶起来，欣慰道，"从今天开始，你就是老夫门下正式弟子了。"

傅玄原本见王巧刁蛮任性，就不是很喜欢，也觉得与马钧不是很般配，只是立约如此，无法更改。忽然间，王舒提出践约，不觉又惊又奇，觉得马钧娶王舒比娶王巧更好，也欣然道："古人云，良缘前定，这真是天作之合。"他自己还是少年，却像大人一般议定他人姻缘。但他是出了名的小夫子，他这一说，也没有人觉得有什么不合适。

马文有些喜出望外，不仅喜欢而且打心眼里感激这个王家二小姐。若不是她，自己的儿子将要没入工户，永为贱民。只是此时他不敢言语。

南宫嗣当场拍板："好，就这样，依照立约，王策二小姐王舒许配马家大公子马钧，择日完婚！"转脸对王策一拱手，"王县丞，恭喜恭喜！"

王策勉强一拱手，却从南宫嗣笑容里读出一丝隐蔽的嘲弄，心一寒：如此，王巧岂不是又要备选入宫了？

60

县令南宫嗣走了，却丢下一片阴云笼罩在王策的心头。与马家结亲，原本心中有准备，只是最后许配给马家的是王舒，有点出乎意外。但也无可无不可，说不上喜欢不喜欢。王舒生性内敛，相貌平平，不似漂亮、会撒娇的王巧讨他喜欢。当初准备将王巧许配马家也是无奈之举，借以避开备选入宫。现在这个问题重新摆在了面前？南宫嗣临行时那阴险的一笑，不禁让他毛骨悚然。

晚间，王策把无精打采的荀安、荀定打发去睡觉后，把荀氏、王巧、王舒叫到内堂，郑重地进行家庭议事。王舒上前跪下，道："父亲，母亲，今天孩儿情急妄为，请父母大人责罚！"

荀氏到现在也好像在梦中，望了望丈夫。王策叹了口气道："罢了，你今天也算解了为父的难题。这桩婚姻可是你自己选的，日后过不好，可别怪了我们。"

王舒垂泪道："便是火坑，孩儿也跳了，绝不怪罪父母大人。"又对王巧道，"姐，你也别怪我，我是见不得马阿哥被无缘无故地没入工户。"

王巧扭过脸去不搭理她。她现在心中十分别扭。自己虽然不愿作为赌注嫁给马钧，但也不愿别人抢走了他，何况还是自己的亲妹妹。可是王舒又是为自己解围才这样做的，可也是拿一生的幸福作赌注的。可以说，她是代姐下嫁的。

王策叹了口气道："你起来吧，你的事就这样了。明天我和马家商量，择日完婚吧。现在你姐的事情又成了麻烦。"

荀氏紧张起来："巧儿又怎么啦？"

王策道："你怎么忘了，当初与马家赌约，就是为了逃避选美入宫。现在许给马家的是舒儿，巧儿不是还得准备这一劫吗？"

荀氏合掌道："阿弥陀佛。早知如此，还不如……"想到王舒已许配马家，这话就说不出来了，只连声道，"这可怎么办啊？"

王策忧心忡忡道："巧儿过了年就十六了，再不嫁人，即便朝廷暂时不选美，按照大魏律法，明年也得由官府指定，许配人家，南宫嗣正等着呢。"王策心中清楚，大魏沿用汉末律法，凡女子年过十六仍待字闺中的，则由官府强行婚配。

王巧脸色煞白，秀眉结成一团，似乎在做一个重大决定，又犹豫不决。荀氏看了看王策，想起一桩心事，试探着问："老爷，你看她表哥……"

王策看了看王巧，道："我让他们去休息，就是想问问巧儿的意思。为今之计，只能在他们兄弟中选一个了。巧儿，父亲也不逼你，这兄弟俩你中意哪一个？你选定了，我就叫他们回去，让你舅舅找媒人来提亲。"

王巧猛地一抬头，吃惊地看看父母。王策看着王巧的神情，心中忽地一痛，叹气道："巧儿，这也是没有办法的办法。"

王巧一声不吭，忽然站起身，疾步走到门口，猛地打开门。两个人影兔子般一溜烟惊走了，看那身影，正是荀安、荀定。王策大怒，气得一时说不出话来。王巧凄然一笑："父亲，这样品行的人能托付终身吗？"

王策气恼地连连摇头，闭上眼睛，喃喃道："怎么办？怎么办？"

王巧似乎下定了决心，上前跪下："父亲、母亲，孩儿知道你们一向很疼我。自古以来，婚姻都是父母之命，媒妁之言。但今天孩儿斗胆自己看中一人，若是父母大人不同意，孩儿绝不违背。就依父母之命，备选入宫也罢，表兄表弟也罢，父母愿意把孩儿嫁给谁就嫁给谁。"

荀氏见女儿说得可怜，先自忍不住泪下，哭道："巧儿……我苦命的女儿啊……"

王策猛地睁开眼："你……你不会是和谁有了苟……"

王巧急忙打断父亲的话："父亲想到哪里去了？女儿也是迫于无奈，还不知人家看得上看不上女儿呢！"

王策道："那……你说，你说，他是谁？哪里人？什么家世？"

王巧悲苦道："他也是清白人家出生，父母双亡，在亲戚家学本事……父亲你，你也是见过的。他那个亲戚就是……就是张家，小先生张家。"

王舒惊道："姐，你是说李牧？"

王巧道："是的。就是他。"

王策恨声道："你居然要嫁给一个伙计？还是个孤儿？"

王巧话既出口，自然已有准备，道："父亲，女儿也不是随意这么说的。女儿就是看中他的身世。你想，我和王舒都是女儿，以后总要有一个留在二老身边照顾你们吧？马家父母健在，不可能招赘进来。李牧无父无母，让他倒插门，你们不是平白无故地得了一个儿子吗？这样的好事，你哪儿找去？"王策一听，倒是有几分道理，一时沉吟不语。王巧继续道，"这李牧要人品有人品，要手艺有手艺。其实小……"看了一眼王舒，把"结巴"二字咽了回去，"小马儿的手艺还是跟着李牧学的呢，这织机改进其实有李牧的一半功劳。"

王舒连忙讨姐姐欢心，证实道："是的，是的。改进织机，其实是李牧和马钧一起做的，小先生特意让李牧住到作场里，教他手艺的。"

王巧一点也不领情，顾自说下去："何况，李牧虽然父母双亡，却有张家这层关系，也不矮了咱家的门户。要论起家世，他还比咱王家高呢。他祖父原是前朝张衡张平子大人的首席匠师，后来在将作府担任过主簿。张平子大人的许多发明，都是由李家祖父协助完成的。张平子大人有一本匠作秘籍就由李家传下来的。李牧算来还是第三代传人。一身本事不输马钧。只是父母亡故，家道中落，暂时寄居在张府罢了。若非如此，我们王家还高攀不上呢。"她把李牧祖父犯律没籍的事隐去不提。

原来李牧还有这般身世。怪不得看上去眉清目秀，不像出身平民之家。王策早已在心中盘算了好多次，权衡之下，觉得这倒是一步好棋。特别是招赘入门这一条让他怦然心动。这样一来，自己最疼爱的巧儿就永远承欢膝下了。可是，可是，这只是女儿一厢情愿的话。这下又担心起李牧有没有这意思？怕贸然开口，人家倒不愿意，传出去就更丢人了。想了想拍拍案儿，怒道："自古只有男方主动上门提亲，哪有女方在家议嫁？难道我女儿嫁不出去了？"

王巧听出父亲其实已经松口，跪行几步，趴在父亲的膝盖上，辛酸地道："父亲，那就等他着人来提亲吧，女儿也好一辈子伺候你！"不觉眼泪扑簌簌往下落，打湿了王策的衣襟。王策疼爱地抚摸着女儿的秀发，重重地叹息着。

61

李牧被这个突如其来的好事惊呆了，怀疑自己是不是耳朵出了毛病。梦游似的望着眼前十分憔悴的王巧，不敢答话。原来他真正的身世并不是以前说的那样。他原本姓张，姐姐当年因美貌被曹丕征选入宫，不久便在宫斗中惨死，家族因而受到株连，李牧侥幸逃生，被一个李姓工户收养，从此入了贱籍，而李姓工户的祖上原本就是张衡的首席木师。李牧在李家学得一手木工。养父母去世后，李牧才辗转找到张府，张府悄悄收留，却也时常担心留了祸根。李牧心思细密，常常夜间偷偷习武，打算有朝一日张府待不下去就投军去。初见王巧时，惊异地发现她竟与自己的姐姐长得十分相像，所以他对王巧的情愫十分复杂，说不清，道不明。此时王巧突然要他提亲，竟是觉得十二万分荒谬。

王巧逼视着他，问："你不是说，甘愿为奴为仆，一辈子伺候我么?！原来你说的都是假话！"

“大小姐，李牧愿终生为奴，侍奉小姐，若是假话，天打雷劈，不得好死。”李牧连忙单膝跪地，对天发誓，又惶恐道，“小姐打我骂我都成，就是别开我玩笑了。李牧哪敢心存妄想，亵渎了小姐。”他寄人篱下，从没想过这辈子还要讨媳妇成家，此时哪敢把王巧的话当真。

王巧感动地把他拉起来，道：“李牧，我一生有这样一个朋友，也值了。刚才是试探你的，既然你真心对我好，我也对你实话实说了。你听着，我并不是要真的嫁给你，只是要你帮我渡过眼下这个难关，否则我要么由官府强行许配人家，要么被征选入宫。眼下之计，我假嫁，你假娶。待日后有机会，我帮你重娶一门媳妇。”

李牧惊异地看着王巧，这样的主意怕只有王巧才敢想。结结巴巴道：“李牧……李牧不敢……坏了小姐的名节。”

王巧凄然一笑：“一入宫门深似海。选到宫里还不如死了好。随便嫁一个，若非自己喜欢的人，又有什么意趣。欲待终生不嫁，律法又不允许。事到如今，只有如此，至多也就是个终生不嫁而已。你若真的拿我当朋友，就这样做，算是帮了我，行么?”

李牧见王巧如此说，心疼至极。自己的姐姐就是死于宫斗，再让王巧被选入宫，那比杀了他还难受。在他心里，这世上没有人能配得上仙女般的王巧。自己却有这般幸运，即便是假嫁假娶，那也是人生莫大的幸福了。王巧不再说话，只静静地看着他，等待他的决定。李牧后退一步，郑重地双膝跪下，给王巧一拜，道：“大小姐，李牧是你的奴仆，照你吩咐办就是。我……我这就去找表少爷提亲。”

“此事天知地知，你知我知，可不要让小先生看破了。”

“那是自然，我一定守口如瓶。如有违背，愿被雷劈。”

王巧又强调一句：“李牧，你可想清楚了，我们可是假嫁假娶，成亲之后，人前你我是夫妻，人后你不得近我三尺之内。”

李牧转动双膝，面向太阳，对天发誓：“苍天在上，这一生，我只是大小姐的奴仆。若对大小姐有丝毫不敬，天诛地灭！”

王巧泪流满面。

一旦做了决定，立即付诸行动。王巧怕夜长梦多，又生出什么变故来。要李牧马上去找小先生提亲。李牧不再犹豫，直奔城东南角单先生隐居之处。单先生不在，张超正和傅玄在院中下棋。听李牧说，请他去王家提亲，吃惊地看着他，半天才失笑起来："李牧，你没病吧？大白天说梦话呢！"

傅玄也觉得不可思议："你怎么突然生出这个心思来？你想那王家能同意吗？"

李牧吞吞吐吐道："能不能，试过才知道嘛！"

张超和傅玄对望一眼，不知如何答复他。张超想了一下，道："再怎么说，我们也还小，这提亲之事得大人去办啊。"

李牧急得直搓手："那……那怎么办啊？"

张超、傅玄看着滑稽，心中没当回事，故意戏弄他道："不如等单先生回来了，你去央他做媒吧。"说罢"哈哈"大笑起来。

院门外传来爽朗的笑声："你们两个小家伙，又打老夫什么主意，要我给谁做媒啊？"正是单先生。

张超跳起来，笑得打跌："单先生，李牧请你去王县丞家里提亲呢，他看上王大小姐了！"

李牧被他笑得涨红了脸，搓着手，窘迫地站在一边。单先生问明缘故，淡淡地笑了笑："好，我给你做媒去。"

这下轮到张超、傅玄瞪大了眼睛，齐道："单先生，你真的帮他去提亲？"

"有什么不妥吗？"单先生笑道，"你们号称小先生、小夫子，见识应该超越尘世，看来还未免俗啊。说到底心中仍有贵贱之分。李牧就没有权利谈婚论嫁了？"

傅玄肃然道："单先生说得是，是在下见识浅薄。"

张超脸也红了，一拜到地："惭愧，惭愧！就请单先生代我表兄提亲了。"

单先生又对李牧道，"这个亲晚间我就去提，成与不成却不敢保证。"

李牧连忙跪拜："只要单先生肯帮忙，就是大恩了。成与不成，自有天意。晚辈父母双亡，孤身一人，王家只要肯接纳，在下情愿入赘为婿，终生侍奉二老。"

单先生点点头："有这一说，或许更有把握些。"

看看到了晚食时辰，单先生吃罢晚饭，趁天色还没晚，就拿起藤杖去了王策家。王策今天一天没有出门，托人告了假。昨天这一出戏，现在看来实在有点荒唐，一时不知道怎么面对同僚，就在家里窝着。荀安、荀定早饭没吃，打了个招呼辞行了。他也没留他们，备了些土特产让他们带给荀掾。他当然不知道，荀安、荀定是因为昨天偷听了一半谈话，不知道王巧最终会选他们兄弟中的哪一位，又被看破行藏，不好意思再待下去。说好回去等着姑妈来说合亲事，人人都希望这份美缘落在自己头上。

荀安、荀定一走，王策也算去了一桩心事。他何尝不知道两位内侄的心思。不说女儿看不上，自己也看不上他们。何况，女儿说的招赘一事让他心动不已。只是如何圆了此事，又不丢面子，却是个难题，终不能自家主动提亲吧。窝在心里一天，晚饭也没有吃好。正在堂中和荀氏沉闷相对，门口有人高声叫道：“王县丞在家吗？单逊特来拜访。”

王策一听是单逊先生来了，急忙起身迎出门来，拱手道：“哎呀呀，单老先生，什么风把您给吹来了？快请，快请！”

单先生一边往里走，一边笑呵呵道：“王县丞喜事不断，老夫特来道喜啊！”

王策老脸一红：“单先生见笑了，都是尴尬事，喜从何来啊?!”

“此言差矣。”单先生摇摇手，“马钧改进织机，朝廷征布可以如期完工，王县丞不必受累，此为一喜。”

王策点点头：“这个倒是，这个倒是。”

到堂上坐下，荀氏上了茶退下。单先生又道：“王舒慧眼择婿，代父解围，代姐践约，是一个奇女子。马钧机巧无双，实为异才，日后必成大器。王大人奇女配佳婿，岂不又是一喜?!”

王策心中不以为然，嘴上却很客气：“托先生吉言！在下膝下无儿，平素溺爱了些，以致家教不严，先生见笑了。”

单先生乘机引入正题：“膝下无儿也不妨，可以招婿入门嘛。你不是还有一个大闺女嘛，干脆一起办了！”

王策苦笑道：“儿子多金贵，谁家愿意把养大的儿子白白送给别人啊？”这是实话，再穷的人家，一般也不愿让儿子倒插门的。那样在人前是抬不起头的。

单先生“哈哈”大笑：“所以啊，我说王县丞有福气啊。就有人愿意入赘府上，托老夫提亲来了。王大人若是满意，便是第三喜了啊！”

王策已经预感到什么，听单先生这一说，仍旧有些惊讶，拱手道：“愿闻其详！”

单先生道：“我先把话说在前头：我是受人之托，前来保媒。合适不合适，王县丞仔细斟酌。不必看老夫薄面，不能有丝毫勉强。”

王策道：“单先生尽管说来，无妨无妨。”

单先生道：“这个少年你也认识，便是涅阳张先生的远房内侄李牧。他心仪你家大小姐已久，又是孤身一人，情愿入赘王家，终身侍奉二老。不知王县丞意下如何？”见王策沉吟，又道，“王县丞也不必急于答复，不妨考虑一两天再回话也不迟。”

王策一听，果然便是女儿所说的那个李牧。心知必是二人已经说好，只请单先生做个现成的媒人。有单先生出面保媒，王家也算有了大面子。何况，能招赘一个女婿，也算十分有脸。立即站起身，拱手道：“既然是单老先生做媒，在下岂有不允之理。到时好好请先生喝杯喜酒。”

单先生“哈哈”大笑：“如此最好。不过，此事你还得征询一下大小姐的意见。我见大小姐性情刚烈，她若不愿意，怕又生出变故，到时反而不美。”

王策道：“无妨。小女只是因为赌约一时怄气。其他，还是听父母之命的。”

单先生笑了笑：“还是把她叫来，当面一问。老夫才敢去回话。”

王策点点头：“也好！”向内室叫了一声。王巧、王舒扶着荀氏走了出来。王巧、王舒一齐给单先生施礼。王策把单先生的来意说了一遍，征询王巧意见。

王舒一听真的要将王巧许配给李牧，惊异地睁大了眼睛，冲口道：“这，这，这怎么可能？”

王策道：“这要看你姐姐的意思。”

王巧盈盈一拜，毫无表情地道：“女儿全凭父亲做主。”

王舒急道：“姐，婚姻是终身大事，你可草率不得，赌气不得啊！”

王巧冷冷道：“你不也是仓促之间决定的吗？”

王舒一时无语。

62

这几天，南宫嗣忍不住老发火，弄得谁都不敢靠近他，连卫笠也时时赔着小心。卫笠没有想到事情最后会变成这个样子，远远地脱了他们的掌控。看样子，要把王策的县丞拿掉，一时半会儿还找不到借口。下午，南宫嗣处理完县里的公务，将卫笠唤到书房，商量一下如何处理手头一桩棘手的案子。完了，放下卷宗，问卫笠："王策这两天在干什么？"

卫笠道："王策这几天在竹木场调派工匠，安排打制新织机。织场女工也增加了人手，看样子，这征集军布、宫绸之事是难不住他了。"

南宫嗣"哼"了一声："那就让他赶吧，我们增加出来的活到时你安排好，超额上交一部分到尹里，其余悄悄送到东北去，也算他替我们公孙氏做了好事嘛。"

卫笠恭维道："那是，还是大人看得远。一举两得。这改进织机既然藏不住了，倒不如主动上报朝廷，岂不是大功一件，朝廷定会重用大人。"

"我们想到一起去了。"南宫嗣点点头："我虽然因为奏请陛下大兴土木被贬，但我觉得不是陛下本意。我还要赌上一把，继续上书朝廷，请求大兴土木，选美入宫，壮大魏国气象。我就不信陛下如此年轻，真的就不喜欢享受？"

卫笠道："有道理。大人再从刘中书、孙中书那里探探口气，看陛下喜好什么，好有的放矢。"

南宫嗣道："说到刘中书、孙中书，我从他们那里听到一个消息，说涅阳荀豫上书朝廷，把一个什么'走马灯'献了上去。这不就是这马钧发明的吗？据说陛下很喜欢，要在宫中大肆悬挂呢。哼哼，这说明什么？说明咱们这个年轻有为的陛下，还是喜欢奢靡之物的。据说陛下有意提拔荀豫呢。你说，若是这织机出自我们之手，会怎么样？这可是于国于民有利的东西啊，比那'走马灯'强多了吧？两者相比较，看那毌丘俭怎么说？"南宫嗣话锋一转，"这个马钧可不能留在这里了，得让他赶紧回扶风去。"

卫笠心领神会："对，现在织机的图纸在我们手里，等他滚回扶风去，日子一久，我们再在织机上添加一些小部件，这个织机就跟他一个外乡人无关啦。那时，这发明权可就是您南宫大人了！"

"那就督促他们快些完婚吧，我们也算把好事做到底了。"南宫嗣心里稍微舒坦些，露出一丝笑意，"还有啊，他那个宝贝闺女王巧现在可是无主之花，朝廷一旦遴选，我们就报上去，看他还有什么推脱之辞？"

"就是。"卫笠搓搓手，遗憾道，"你说这朝廷也是，陛下登基都几个月了，眼看就要入冬了，怎么还不下旨选美呢？"

南宫嗣分析道："最近东吴孙权在围攻江夏，蜀国诸葛亮也一直准备动手犯境，陛下才登基，地位还没稳，这些事要先有个定夺，才能想后宫之事吧。"

卫笠阴沉地道：“这一说，当今陛下虽然年轻，倒也是个明君呢。”

南宫嗣道：“我估计也快了，顶多开春吧。按照以往经验，朝廷一定会颁布旨意，不准民间嫁娶，待选美之后方可重开风俗。”

卫笠点点头：“大人说的是，所以不少人家趁着这个时候，忙着把女儿嫁了呢？”继而有些担心道，“你说，王策会不会也在这之前匆匆忙忙把王巧嫁了？”

“不会吧？”南宫嗣道，“他毕竟也是个县丞，又没有儿子，王巧那么漂亮，他就指望这个宝贝女儿了，能随随便便找个人家嫁了？他与马家赌约，那是看中马钧的机巧。”踱了几步，又道，“过几日，我再去找刘中书、孙中书打听一下，朝廷哪怕有一丝动静，我就立即封了河南县的婚娶，把他的后路给断了。”

正说着，衙役来报，王县丞来了。南宫嗣与卫笠对望一眼，挥手道：“请他进来。”

不一会儿，王策走了进来。他的脸上又恢复了往日谦恭的样子，看不到前几天又恼又羞又气又急的神态了。南宫嗣早已换上一副笑容挂在脸上：“王县丞，日子定了吗？是来请我们吃喜酒的？”

王策春风满面道：“南宫大人这么关心小女婚事，真是太感谢了。小女嫁娶就定在三日以后，到时请南宫大人和各位同僚大驾光临！”

寒暄一阵以后，王策推说督造新织机，又走了。看着王策的背影从大门外消失，卫笠对南宫嗣“嗤”了一声：“我看他是高兴过头了，也是读书人，出嫁就是出嫁，有女无儿，还‘嫁娶’?!”

这个时候的马文、马钧父子也忙得不亦乐乎。赌约揭晓之后，马钧赢了。自然恢复了自由之身，不再住在竹木场。先前被涅阳县没收的盘缠一直交由王策封存，此时也自然物归原主。他们搬到离王家不远的郑记客栈里住下。经过与王家一番商议，决定把洞房就设在客栈里，完成结婚仪式后，再带着媳妇回扶风。

马钧还不知道王巧同一天将“娶”回李牧。这是王巧执意不让告诉马钧的。李牧就随小先生张超寄居在单先生家里。关于这件事，他们也说好一点不声张，生怕南宫嗣他们又节外生枝。外人只知道王家打扫院落，披红挂绿，忙着女儿出门。男方是外地人，在客栈那边布置的新房。

一切就这样紧张而有条不紊地进行着。

转眼就到了结婚的日子了。这日王家张灯结彩，高朋满座，所有的亲戚朋友，街坊邻居，上司同僚，都请到了。远在涅阳县的荀豫也接到了请帖。因江夏正在抵抗东吴的围攻，涅阳作为后方之一，牵涉到许多事务，荀豫不敢擅离职守，就派夫人和两个儿子来了。还带来了一个喜讯，荀豫被提拔为南阳典农，治所淯阳，毗邻涅阳。

王家偌大的前院，以过道为界，东西摆了几排酒席，有的一个案几坐了两三个人。东边几排大多是亲友，前排上首坐的是祖党亲，挨着的是母党亲，第二排是妻党亲，再后面是远亲近邻。西边几排是为上司、名士、同僚、下属、朋友准备的。前排，单先生已经到了，被请入上座下首，往下是小先生张超、小夫子傅玄，上首给县令南宫嗣留着。申时过后，宾客已经基本到了，南宫嗣、卫笠、丁九、郑七一干人也来了，按照尊卑大小被王策一一请入座位。

南宫嗣与单先生为上下首谦让了一下，单先生已经在下首坐了，南宫嗣客气一番，也就在上首坐了，然后与单先生寒暄起来："今天这杯喜酒啊，喝到可真不容易啊"

单先生笑道："那是。经过一番曲折，这酒喝起来就别有滋味啰。"

司仪出来了，朝王策娘舅家的人致意，又向南宫嗣、单先生一一致意，然后开始婚典仪式。先前的程序按照当地风俗一环不少，到了宣布新人行礼之时，宾客中出现了一阵骚动，所有人都大出意外，南宫嗣等人也惊异地发现，王家内堂竟然出来两对新人。荀安、荀定更是差点惊掉了下巴。

司仪高声宣布："王巧、李牧，马钧、王舒两对新人行礼：一拜天地——二拜高堂——夫妻对拜——"

南宫嗣惊异地转脸问单先生："这——怎么回事？"

单先生"呵呵"一笑："南宫大人，今天王县丞可是双喜临门啊！老夫保媒，太守神医张家的内侄入赘王府，做上门女婿啦！"

南宫嗣脸色陡然变得十分难堪，但只是一霎间，就掩饰了过去，故作惊奇地问："什么时候的事？我们怎么一点风声都没听到？"

单先生道："就是几天前的事啊。张家托我保媒提亲，你知道的，那是我世交故友，我不能驳这个面子，就厚着脸皮来了。好在王县丞真想找个半子，老来也好有个依靠，这一说啊，还就真成了。呵呵，这叫千里有缘一线牵啊！"

在一旁照料应酬的王策，一直暗暗注意南宫嗣的反应，适时走过来，双手捧杯，恭敬道："小女姻缘，还得感谢南宫大人的成全，来来来，属下敬您一杯！"

南宫嗣忍住怒气，玩笑似的道："王县丞，你口风可是真紧啊，弄得我们措手不及。要不，我们这贺仪礼应该准备两份了。”

王策连忙道：“南宫大人肯赏光，属下已是荣幸之至，怎敢劳大人破费！再说，那日，属下可也是禀报过大人的。”

“禀报?”南宫嗣一愣：“王县丞何时提起过?”

王策狡黠地一笑：“小女嫁娶，一嫁一娶。那日，我可是特别去县衙禀报，三日后，小女要嫁娶的哦。”

南宫嗣这才想起来。自己竟然被这个平时瞧不上眼的唯唯诺诺之人给耍了。

63

马钧怎么也不会想到竟然会遇到这样一幕。王家姐妹竟然会在同一天举行婚礼，更没想到的是，王巧嫁的竟然是李牧。

夜深人静之时，在客栈洞房里，他还是忍不住要问问王舒到底怎么回事。

对于王舒，马钧是由衷的感激。自那日王舒不顾一切地阻挡他签字，又神奇般地拿出一架新织机之后，他对王舒突然就有了一种信赖加依赖的感觉。

王舒坐在榻边，顶着红盖头，红红的蜡烛摇曳着光亮，把洞房映照得喜气洋洋的。这情景，马钧感觉像在做梦。这几天，他一直如在梦中。从嫌犯差点沦为贱民，又神奇般成了新郎，这一切竟是那么的不真实。但眼前新娘，明明白白就坐在跟前，等着他去掀开红头盖。他掐了自己一把，疼！是真的！

马钧稳住神，伸手揭开红头盖。王舒的脸霎时通红，低着头不敢看他。马钧转到王舒正面，整了一下衣冠，恭恭敬敬地跪了下来。

王舒吓了一跳，不觉低声惊呼起来：“马……阿哥，你，你，你这是干什么?”

马钧正色道：“二小……不，妹，妹子，我父亲说了，你是我们马家的恩人。父亲要我洞房之夜，一定拜你一拜。若不是你，我可就没入工户，沦为贱民了，也辱没了马氏一族，马家自我而后，将永为贱民了，想想也是可怕。舒妹，马钧谢谢你了！”说罢一头磕了下去。

王舒慌得连忙也跪拜下去：“阿哥，阿妹担当不起。现在都是一家人了，还讲这些干吗，都是应该的。”

马钧拉着王舒的手，正色道：“舒妹，你对我的恩情，我永世不忘。我会对你好一辈子的！今后我若有做错的地方，你说，我改！”

王舒感动地看着马钧，庆幸自己的选择没有错，轻轻地叫了一声：“阿哥……”缓缓依偎到马钧的怀里，幸福地闭上了眼睛。

半晌，马钧扶起王舒，轻轻问：“舒妹，我……我有个事想问你，不知道当问不当问？”

王舒从幸福中仰起脸，轻轻道：“我知道你问什么？是问我姐的事么？”

马钧在她脸上轻轻一吻，怜爱道：“你真是太聪明了！”

王舒幽幽道：“我也不知道姐到底那根筋搭错了，怎么忽然之间，就想到嫁给李牧了？听我父亲的意思，是南宫大人一直打主意，要把我姐选美入宫。父亲跟你家打赌，其实多半也是为了躲开选美。加上李牧愿意入赘我家，父亲、母亲、姐姐也就都同意了。可我，可我总感觉他们……”想到李牧已经成为她的姐夫，“不般配”三字就不便说出来了。

马钧叹了一口气，从涅阳认识李牧，他们就一直在一起。他的木工手艺大半还是跟着李牧学的呢。他倒不觉得李牧与王巧不般配，王巧长得漂亮，李牧也很标致，只是双方家世相去太远，而且事先毫无征兆，仿佛硬生生扯在一起似的。给他的感觉是那么的别扭，不自然，却又说不出什么理由来。

王舒抚摸马钧的脸颊，有些撒娇道：“钧哥，你已经娶了我了，可不许再喜欢姐姐了！我知道她比我漂亮！”

“你胡说什么呢？”马钧生气道，“她是你姐，也是我姐，我怎么会再去喜欢她呢？”

马钧声音有些高，王舒吓了一跳，连忙道：“钧哥，你别生气，我是说着玩的！”

马钧见她受惊的样子，紧紧搂住她，怜爱地道：“舒妹，我既娶了你，这辈子就铁定只喜欢你一个人了！”

王舒又惊又喜地把头埋进马钧的怀里，幸福地直点头。

在王家的洞房里，另一个新娘此时一点幸福感也没有。有的只是悲凉。

进入洞房之后，李牧就一直傻站着，不知该怎么办了。王巧坐在榻边，红盖头早已自己取下扔在一边。她的脸上像结了一层冰。看也不看李牧，就这样呆呆地坐着。足足有一个时辰，王巧才冷冷道：“李牧，还记得你说过的话吗？”

李牧连忙单膝跪地：“小姐，李牧记得。李牧只是小姐的奴仆，终身侍候小姐。”

王巧道：“那今天晚上你打算怎么办？”

李牧前后看了看，犹豫道：“我……我坐到门外守护着小姐。”

王巧道：“新婚之夜，新郎坐在门口，你是想让全河南人都知道你娶了个泼妇吗？”

李牧吓了一跳，连忙道：“不不不，不是这意思。我……我就坐在这门内，坐在门内……”

王巧冷冷地看着他：“是待我睡着了，你有机可乘是吗？”

李牧冷汗直流，叩头道：“小姐，李牧对你发过誓，若有半点亵渎，天打雷劈。”转眼看见房间里有做喜带用的红绳子，起身去取了来，双手呈现给王巧，“小姐若还不放心，请把我捆起来，然后小姐可以安心入睡。”

王巧的面色缓和了下来，声音也不再那么透着寒意，幽幽道：“对不起，李牧，是我心情不好，不该迁怒于你。我相信你。”

李牧如蒙大赦，见王巧悲苦的样子，心中一疼：“只要能为小姐分担一些，怎么对我都行。”

王巧的眼泪下来了。见李牧这么真诚，着实感动。但要自己真的对他心动，却是万万不能。这一霎，她甚至对自己的荒唐做法后悔起来，却又不得不接受这样的现实，一下子扑到榻上，伤心地大哭起来，怕声音传出，用被子紧紧地捂住嘴，低低地呜咽。李牧慌了神，不知所措，又不敢上前抚慰王巧，急得没办法，一巴掌抽在自己的脸上，恨道：“我真没用，不能让小姐开心。”

王巧听到响动，猛地抬起头，见李牧在抽自己的耳光，又心疼又生气，低声喝道：“李牧，你干什么！作死啊?!”

李牧跪在地上道：“小姐，你别伤心。等风头过去了，你找到如意郎君了，再嫁也不迟，那时……那时李牧还给你当奴仆！”

王巧感动地上前拉起他，哭道：“李牧……”泣不成声。

李牧任由她拉着手，一动也不敢动。半晌，王巧止住泪，恨恨地道：“李牧，你记住，是小结巴把我害到如今这个境地。这辈子，我一定要让他不得安生！”

她的泪光里透出一股深深的恨意，让李牧不禁打个冷战。

第10回‖传贤名：新媳妇感动小槐里

64

这是扶风入冬以来的第一场雪。雍州扶风郡治所槐里县，位于八百里秦川腹地，其西南不远处有个小槐里。小槐里北面是成国渠，南面是渭水河。平原之上，分布着低山丘陵，距离蜀国边境不过数百里。这里冬季天气干燥，十分寒冷，雨水不多，但逢下雪，都为喜兆。刚刚平息不久的战乱阴云，自今年五月新帝登基以来，又笼罩在这片土地的上空。马文、马钧父子的归来，在这个寒冷干燥的冬天，为小槐里带来了一团喜气。人们踏着瑞雪，涌到马家门前，争相目睹来自京都大尹的新媳妇。马文笑呵呵地散发着小食，回答着邻里乡亲的各种询问。

马文携马钧外出游学，一去数年，今日归来，虽未衣锦还乡，却带回来一个端庄贤淑的媳妇，在这小镇上可算是个大事了。须知雍州之地，偏僻贫瘠。好在这里距离东面的长安不过二三百里，沾旧都之光，比雍西之地要好很多。长安在他们心中已是繁华世界，远在千里之外的京都洛阳就更令人神往了。出生在县吏之家的王舒，虽不如姐姐那般漂亮，却白白净净，文文雅雅，在这个山野乡村，也无异于仙子了。

男人们肆无忌惮地开着马家父子的玩笑，女人们更感兴趣的是马家新媳妇身上的衣服。那是王舒为了第一次到婆家留个好印象，特地精心织制的嫁衣。布纹精细，花纹精美。女人们用手摸一摸，啧啧称赞，纷纷探问："咦，这是什么布啊？怎么这么细，这么好看啊？怎么织出来的啊？"

王舒落落大方地道："各位阿婆、阿婶、阿姐、阿妹，这个布是新织布机织出来的，以后我和你们一起织吧，我还要跟你们多学些呢！"

女人们七嘴八舌道：“织布机我们都有啊，我们的机子怎么就织不出来呢？”

王舒道：“这个织布机是马钧做的，他改进的织布机织出这个很容易！”

“马钧会做织布机？哎呀，马家这伢子不是读书的吗？什么时候改学木匠啦？”

“学木匠好啊，有个手艺好，荒年饿不死手艺人。”

“学什么木匠啊，马家伢子不是去读书求官了吗？咱们还指望他当了大官照顾一下咱们呢！”

“啧啧啧，出去时还是个毛娃子，回来就成了个小伙子了，连媳妇都娶了。”

……

一通的叽叽喳喳，弄得王舒也插不上嘴，但话题归到最后，还是回到女人的本行上来了。就一定要求新娘子教她们织这种布。王舒只好说：“等得了空，让马钧做一架新织机出来，教你们做。”大家才满怀希冀地陆续散去。

王舒的到来，让马家上下十分开心。特别是婆婆听说了王舒代姐下嫁的故事以后，更加另眼相看，疼爱有加。王舒也温顺孝敬，勤快贤惠，很快就赢得一家人的尊重。王舒没有忘记邻里阿婆大婶们的话，叮嘱马钧做一架新织机出来。马钧兴致正高，立即借来一套木匠家什，征得父亲同意，把屋后一棵大槐树放倒，晾干、削皮、破料，只用了四五天时间就打成了一架新织机。

这是马钧第一次独立做木工活，仿佛天生就是这块料，竟也中规中矩，有模有样，虽然不及和李牧一起做出的精细，但也一点不影响使用。制作期间，邻里乡亲天天挤满院子，看着他忙活，小伙子们还自告奋勇，抢着帮他打下手。扶风不少人家也有织布机，都是那种简陋的，只能织单色土布的那种，有的还是腰机，像这种带有花楼的大型织机，还从来没有看见过，都觉得很稀奇。

这日一早，王舒就起身，忙好了朝餐，洗好衣服，就和马钧一起上机去牵纬引线。为了让邻里乡亲看个尽兴，马文按照王舒所言，特地在院中靠墙位置搭了个敞开式的简易草棚，将织机安放在这里。早上十分寒冷，婆婆心疼王舒，特意让马文弄个火盆放在边上，让王舒冷的时候烘烘手。

吃完早饭，邻居已经陆陆续续到这里看稀奇了。两个手脚利索的女人也是织布能手，自告奋勇上来帮忙，速度一下子就快了，一上午就把纬线全部穿好。下午时候就正式开始织布了。

今天的太阳不错，为寒冷的冬天增添了一丝暖意。人们挤在草棚内外，看马家新媳妇织布。

马钧登上花楼，挽综提花。王舒坐到门楼下面，踏蹑抛梭。织机“哐——哐哐——”地就响了起来。也有少数女人见过提花织机的，但没见过这一种的。在一旁惊奇地道：“咦，这个织机好奇怪啊！我娘家那个提花机，要踏六十下，才纺得六十综。她这个才踩二十四下，就纺得六十综，快多了，一个差不多顶三个哎。”

再看王舒腹前很快延伸出来的彩色绫布，布纹又细又密，花纹变化百端，登时一片惊奇之声。这样的绫布，她们只偶尔到槐里城时在布店里见过，王舒的布比她们见过的还要精美。一个下午，王舒就织出了尺把长，这种速度让围观的女人们更是目瞪口呆。精明的女人早就盘算开了：按照这样的速度，织布去卖，真个比陇上种麦子的收成还大。这些女人回家之后，就忙着找男人商量，也要做一架这样的织机。

东头的余二婶是个很有主见的女人，不像别的女人，什么事总是在心里盘算很久，让她付诸实施就患得患失，拿不定主意。余二婶的丈夫比较木讷，家里余二婶说了算。她说干就干，先问了王舒，能不能照她家的这个织机做一个？王舒说，当然可以。余二婶本想开口请马钧做的，但话到嘴边又咽了回去。因为这里有个规矩，虽然马文也有田有地，但马钧从小就是读书的孩子，不是干农活的，请他做木匠活，那是真把他当作手艺人了，这很伤马家的脸面。马钧自己做织机，那是兴趣，给人做那就成了木匠了。这是万万不行的。

余二婶自有主意，立即回家让丈夫伐了两棵中不溜秋的槐树。又去请了西头的谭木匠去看马钧织机的样子。谭木匠看了半天，担心做不好。余二婶就顺便对王舒说：“大妹子，你看，到时能不能请你家马钧帮着指点指点。”

王舒一口答应：“行，回头我跟他说！”等马钧下午回来，王舒把这话跟他说了，怕他不愿，还道，“乡里乡亲的，你能帮帮就帮帮吧！”

一见有木工活儿做，马钧手就痒了起来。不待余二婶来请，就跑到她家去，主动给谭木匠打下手。谭木匠的手艺在这方圆数十里那是小有名气的。他做出来的木工活儿哪怕是一个小小的案几，也会十分精致，线直、角正、面光、色润，无论观感、手感，都十分惬意。他还会在一些细部进行美化装饰。那东西做出来，不像是个普通的物件，而是个观赏把玩的妙品。这一点，马钧小时候就十分佩服，经常到谭木匠家玩，他喜欢上木工活儿，最初还就是因为谭木匠给他做过的一个会动的小玩具。因为迷恋木工活儿，他经常偷偷溜出家门，到谭木匠家玩，为此，没有少挨父亲责骂，甚至责打。也正因为这一点，马文才决意带他出去游学。

树段子被架起来了，谭木匠站在高处，马钧蹲在低处，配合谭木匠拉着大锯破料。谭木匠和蔼地道："马钧啊，你出去几年，什么时候学得这木工手艺了？不读书了？"

马钧道："谭叔，书还在读啊。也没有正儿八经学木工活，就是闲来和朋友在一起玩的时候，瞎摆弄呗。好玩！谭叔知道的，打小，我最喜欢你给我做的玩具了。"

谭木匠慈祥地笑道："你看，现在你都会做织布机了。还是新式样的。我只会做老的。回头你跟我说说，这新式样是个什么道道？"谭木匠只会师傅传给他的那些固定样式，不会出新活。他可以把物件做得非常精致，但要他捣鼓个什么新玩意，却是不行的。

马钧道："没问题，你一边做，我一边说。"

谭木匠道："听说这新式织机就是你造出来的？一台能抵得上老式的三台？"

马钧道："那也是小侄没事瞎捣鼓的。其实，我现在想想，还可以改进得更好一些，一台可以抵得上五台。"

谭木匠惊讶地道："还能快?!"

65

王巧与李牧的"夫妻关系"从最初的尴尬别扭中走了出来，已经慢慢习惯了。从决定与李牧"成亲"那一刻开始，王巧就再也没有露出过真正的笑脸。

转眼便到太和元年（公元227年）。朝廷果然开始全国选美，民间一律暂停嫁娶，王策一家额手庆幸，总算躲过了这一劫。过年时，王巧也只是强装笑脸，哄父亲、母亲开心一下。一晃又是大半年过去了。大半年里，她只想着一件事，就是如何出心中这口怨气。但马钧远在千里之外的雍州扶风，够不着，捞不着，想骂他一声"小结巴"也听不见。每每想到这一层，她就十分地苦恼。她的苦恼也是李牧的苦恼。眼见王巧一天天消瘦下去，李牧心疼至极，想方设法伺候她，让她高兴。但终究没有效果。王巧对他说："不能就这么便宜了那个小结巴，李牧，你给我想个办法，把小结巴弄回来。”

李牧道：“我也想过。这样，就说夫人想王舒了，传个信，让王舒回来看看，他自然也就跟着来了。”在房间里，他始终注意自己假夫婿的身份，只在外面随王巧叫母亲。

王巧气恼地说：“你当是她嫁在十里八里啊。她在扶风，三年两载回来一次就不错了。”

这个李牧也想到了，只是一时想不出更好的办法。只好道：“小姐，你容我慢慢想想吧。”

李牧现在县衙当差。织机风波过后，王策一直小心翼翼，不给南宫嗣找到借口，如履薄冰地在县丞的职位上坐着。好在超额完成了军布和宫绸任务，南宫嗣受到了河南尹的特别嘉奖，风传要高升，心情总算有了好转，一时也没有再难为他。跟着南宫嗣的卫笠、丁九、郑七等都受到褒奖，他们乘机把很多自己人安插到县里各个有油水的地方去。县里的工曹、令史、狱椽、厩驺、仓吏、治狱吏、文无害等凡有名堂的不是他们的儿子女婿，就是他们的舅子侄儿。为了堵住王策的嘴，也给了李牧一个差事，安排在丁九手下做一个捕役小头目，让他领一份公粮。李牧因此对外面的消息也能听到许多，回来就没话找话地告诉王巧。

这天回来，见王巧正百无聊赖地坐在窗口发愣，就告诉她一个消息：“小姐，听说了吗？雍凉那边传来消息，过年前才封为骠骑大将军的司马懿要反了，安民告示都贴到邺城、洛阳门口了。”

王巧原本对这些话题也没有兴趣，只是李牧说着，她就听着。今天忽然听到雍凉二字，就凝起神来。问：“你是说扶风那里要打仗了？”

李牧忧心忡忡地道：“不知道。有人说，司马懿要是反了的话，就会向洛阳进攻，废除陛下，另立新君。那这个仗恐怕就得到这里打了。”

王巧本来眼前一亮，一听这话又黯淡了下去。吃晚饭时，王策也提起这个话头，王巧忽然道：“父亲，要是真的话，我们不如到扶风妹妹那里避避吧？”

王策叹口气道：“傻女儿，这多半是谣言。即便是真的，为父担着县丞，这个时候反倒离开河南，跑到扶风去，人家不说我跟着谋反啊？真是！”

王巧泄了气，欲待说自己去，又怕父亲说自己怕死，扔下他们不管。于是不高兴地低头吃饭，一声不吭。李牧则陪着王策说话。一会儿，王策吃完回书房整理账册去了。李牧也佩上腰刀去了县衙。看他们都走了，王巧正要起身收拾锅碗，荀氏拉住她："巧儿，坐下，等会儿再收。我问你啊，这李牧怎么天天出去啊？"

王巧漫不经心地答道："娘，他是捕役，每天要去巡夜的。"

"那也不能天天往外跑啊，我就没见他在家住过几回。"荀氏压低声音问，"是不是你们出现什么问题了？你怎么到现在还是一点动静都没有？我们等着抱孙子呢。人家老问我，我都不敢出门啦。"

一提这话王巧就烦得要命。假成亲什么都好掩饰，就是这一关难过。街坊邻居也时常问荀氏，荀氏总是顾左右而言他，就一遍遍催王巧。王巧不知道怎么应付。问烦了，就道："我怎么知道？你问他啊！"一甩袖子，就回到房间里去了。

荀氏不禁眼泪汪汪地回房，跟王策诉苦，言下之意，莫非李牧有点问题。这事王策也疑惑，只是李牧入赘以来，家里家外，勤勤恳恳，对他们的关心也无微不至，实在挑不出什么毛病来，还庆幸找了个好女婿呢。就是女儿的肚子迟迟鼓不起来，让他们暗自着急。又见李牧每天晚上都往外跑，不禁疑虑起来。他身在县衙，情况都是知道的。暗暗打听了一下，李牧的确每天晚上都和丁九的手下在一起。每天当值到半夜，就在当值房里睡了。有一次丁九还拍拍王策的肩膀，道："王县丞，你可是招了个好女婿，当差可真是认真啊。以后有机会一定提拔提拔他。"王策百思不得其解。

过了一阵子，王策夫妇发现，李牧每天当差过后，半夜开始回来睡了。王巧经常半夜起来给他开门，两口子还在房间里低低地说着话。有几次荀氏轻手轻脚地跑到房门外面听了听，里面立即把灯吹了，似乎怕人发现什么。荀氏暗暗欢喜，只道是女儿面皮薄，赶紧离开。天明装作没事人一般，只是早餐之时，有意无意给李牧炖个鸡蛋，烧个肉汤什么的。荀氏暗暗对王策说："看来他们也着急啦，这下就好了，这下就好了。"悄悄给观音菩萨多上了几柱香。

果然，没有两月，王巧的身子就有所不适，吃饭挑挑拣拣的，又时常皱着眉头，吃了一半就回房了。织布时也无精打采，半夜听李牧回来时，时常到灶间给她烧些吃的。荀氏便悄悄问女儿是不是有了？王巧也不正面回答。

又个把月过去了，王巧的衣服看上去已经遮掩不住渐渐鼓起来的肚子。王策、荀氏大喜。王巧要做事，也不让她做，荀氏内内外外一把手包了。李牧显得更加勤快，当差之余，把家里的粗活、重活全包了。晚上也渐渐的不出去当差了，而是在家陪着王巧读书解闷，而且越读越投入。王策、荀氏两口子看在眼里，喜在心上。愈加欢喜这个倒插门的女婿。

又过了几个月，快到年底了，进了腊月门，家家户户就准备着过新年了。马钧、王舒又托人捎来很多礼品和书信。信中说，王舒也身怀六甲，暂时不能回来看望二老，等外孙出世了，再抱他回娘家侍奉二老。同时还说，马钧现在一边在学馆做先生，一边在攻读，打算明年去洛阳考博士。

王策、荀氏看罢十分高兴，把书信给了王巧，道：“你不是天天想你妹妹吗？瞧，他们明年要回来了，抱着我的外孙回来了。哈哈，到时你们也生了，我们孙子、外孙都有了。今年实在是个开心年啊！”

一片阴云飞上了王巧的眉梢：王舒抱着孩子回来了，自己是不是也该好好算算日子了？

过年的时候，惊人的消息就接二连三地在县城里炸开了：又打仗了——新城太守孟达造反，先前因传闻造反而被夺了兵权的司马懿又官复原职，从宛城出发，直奔新城，已经斩了孟达。蜀国丞相诸葛亮率数十万大军从陇西那边压过来了。这是魏太和二年（公元 228 年）正月的事。

王策一家不禁担心起王舒来。扶风靠近长安。诸葛亮从陇右压来，目标必是长安，而攻长安，必然先取扶风。虽说魏国大军已经调往陇右，蜀军想跨过渭水也是不易，但战局的发展谁也说不清。王巧乘机提出来：“我和李牧去扶风把王舒、马钧接回来吧，这里安全些。”

荀氏担心道：“按日子推算，你妹妹快要临盆了，千里迢迢的，怎么走啊？要是半路上生了，该咋办啊？”

王策也忧心忡忡道：“蜀军的最终目标是洛阳。诸葛亮又用兵如神，我担心河南也不会太安全，没准过不了多久就打到这里来了。”看了看肚子已经挺得很高的王巧，用商量的口吻道，“你舅在淯阳做典农，家还在涅阳。我看啊，不如让李牧辞了差事，带你去涅阳，到你舅家待半年，把孩子生了再说。到时看情形，你们自己在那里租个房子，把你妹妹他们也接到涅阳去。”

王巧难得地抱住王策的臂膀，幽幽道：“女儿怎么能在这个时候离开你们呢？”

王策已经许久没有感受到女儿的这份依恋了，疼爱地说：“巧儿，父亲身不由己，现时没法走。再说了，我不过一个小县丞，就是蜀军打来了，也不会对我们怎么样。叫你去涅阳，是怕这里乱糟糟的，会影响你生孩子。你生完孩子这里如果太平了，再回来就是了。”

王巧默默地点点头：“孩子一生下来，我就回来。我们到那里租个房子吧，不是一天两天，住久了不是个事。靠近舅舅就行，到时也好接王舒他们过去。”

66

进了二月，陇上开始播种了。按日子算，王舒差不多该生了，婆婆坚决不让她下地去，让她就在家好好待着。见家人都到地里去了，王舒仍然闲不住，把家里收拾停当，就坐到织布机上继续织布。一个人的时候，她就织家用的土布，不用花楼。这天正织着，有两个乡民匆匆推开院门跑了进来，风风火火地问：“马先生在家吗?”

王舒赶紧下机，问：“你问的是我公公还是我丈夫?”

来人急道：“就是教书的马钧马先生。”

王舒微笑道：“他不是在乡学馆里吗?”

两人看看王舒不便的身子，想说什么，又忍住了，转身就往外跑，王舒急叫：“大叔，出什么事了？到底出什么事了?”疾步追到门口，人已经跑得没影儿了。王舒走得急了，感觉肚子有些痛，赶紧停下来，扶着院门，担心地朝学馆方向看去。

中午，天色阴沉下来，就像王舒的心情一样。申时将至，下起了雨，下地的人赶紧往回跑。马家的人也都回来了，看到王舒叫了一声就赶紧回到屋里去。王舒觉得他们一定有什么事瞒着自己，问婆婆，婆婆笑道：“没啥事啊，就是今天地里的活多，人有些累。”

王舒把白天的事说了，问：“是不是马钧出了什么事了?”

婆婆拍拍他的手，安慰道：“他能有什么事？没事，可能谁有急事找他写啊画的呗。”

“算了，别瞒媳妇了。”一直不响的马文，沉着脸叹口气道，“媳妇，你是我们马家的恩人，马家对不起你，没有教好马钧，委屈你了。”

王舒心中一颤，急问：“公公、婆婆，马钧到底怎么了？出什么事了?”

马文气不打一处来：“从小就教他好好读书，他贪玩也就罢了。辛辛苦苦把他带出去游学，指望拜师求学，能有些长进，反倒越来越迷恋这些奇技淫巧了。

让他去学馆教书，指望他便教边学，能把书读得更深些。他倒好，每天教学生，教了几句，就让学生自己读、自己写，他跑到后堂又去摆弄那些个鬼东西。今天更好，把学生教了一半扔下，自己跑到林子里砍树去了。学生没了先生管哪里成，都跑开四下玩去了。玩水的玩水，玩火的玩火，打架的打架，有的都跑没影儿了。幸好这都找回来了，要是哪家的孩子找不回来，怎么得了啊……”

王舒正听得心惊胆战，马钧失魂落魄地回来了，马文的话像一声声震雷敲击着他的耳鼓，站在门口淋着雨不敢进来。王舒转头看见了他，伤心地叫了一声：“你……你怎么会这个样子？”

马文越说越气，见马钧回来了，忽地站起来，顺手拎起一把砍刀，叫道：“你这个不上进的败家子……”婆婆吓得急忙去抱他，没抱住。马文直奔织机而去，“今天我就劈了他这个什么新织机，省得他玩物丧志。”

王舒急忙上前一步：“公公……”

见王舒拦在前面，马文立住了脚，怒气不歇，冲马钧喝道：“你给我滚进来。”见马钧低着头慢慢挪进院子，吼道，“跪下，朝你媳妇跪下！”

马钧愣了一下，缓缓地在王舒面前跪向雨地里。王舒让开身子，并不拉起他，拎起裙裾，一声不吭地走入雨中，也缓缓与他并排跪下，跪在公公婆婆面前。

婆婆急了，上前去拉王舒：“媳妇啊，你这是干什么啊？下雨了，别淋着，快起来，快起来！”

王舒拉着婆婆的手，垂泪道：“公公、婆婆，马钧迷恋机巧，不好好读书，辜负了二老的期望。俗话说，家有贤妇，男人不走歪路。马钧不走读书正途，都是媳妇不贤，没有规劝好他，是媳妇的错。让媳妇陪着他一起领受公公责罚吧！”跪在雨中不肯起来。

婆婆一只手抱着王舒大哭：“好媳妇啊，这怎么能怪你啊？都是这个东西自己不上进啊。”一只手没命地捶打着跪在一边的儿子。

马文也含了泪，指着王舒对马钧激动地数落道：“你看看，你看看。多好的媳妇啊。自从进来咱们这个家，事事抢着做，下地、洗衣、做饭、织布，就是怀身带孕也没一天闲过。邻里乡亲谁不说咱马家祖上积德，娶回这么好个媳妇。你就不想上进求读，给她一个好日子过？你成天在那里捣鼓那些玩意儿，能有什么出息，你对得起你媳妇吗？”

马钧跪在雨中，低声地陈述：“我……我不是不想上进，我研究机巧也……也是想学前朝张……张平子……”

“你学谁不好，非要学他？从古到今，能有几个张平子？”马文气得不知说什么好，扬起手上前一步就要打他。

“公公且息怒，待媳妇劝他几句。”王舒含泪劝住马文，转脸对马钧泣道，“夫君，你成今天这样，都怪我没有及早提醒你。去年在涅阳，我曾听单先生和张先生说起你时有议论。单先生说：无学，其巧终不能名；无名，其巧终难为世所用；无用，其巧无益于世也。那时我没有领悟到这些话的深意，也没在意。在河南，你改进织机，成全了你我这段姻缘，我还暗自庆幸你天赋机巧，有夫如此，更有何求？回到扶风，你日夜沉迷此道，我早感受到了。你睡觉都在念叨这些事。现在想想，单先生的话真是至理名言啊：你没有学问，再机巧也难求功名；没有功名，你再机巧也不能为国所用；你不能为国所用，你再机巧又于世何益呢？难道你就甘心一辈子只做几个木工活计？这些天我早想和你谈谈，总不知如何开口，圣人有云：夫为妻纲。世上只有丈夫教导妻子的，妻子哪能责难丈夫。所以我始终忍住没有开口。今天出了这事，归根到底，还是为妻不贤，没有及早提醒你。你……你责打为妻吧！”王舒说罢，捡起地上一根藤条，双手递给马钧。

马文和老伴都惊呆了。马钧惊讶地看着王舒，一霎间，眼中充满了懊悔与愧疚，愣了半晌，猛地接过藤条。马文怒道：“不成器的东西，你真敢……”

却见马钧举起藤条，猛地抽在自己脸上，哭道：“父亲、母亲，孩儿对不起你……你们，对不起王……王舒……”大家没反应过来，马钧又连抽了自己几下，脸上登时暴起几条血痕。

王舒没命地扑过去，抱住马钧，夺住他手中的藤条，哭道：“夫君，你别这样，你打我吧！”

马钧挣扎着欲继续抽打自己，却被王舒抱着，藤条抽在了王舒的背上。王舒哭道：“夫君，你只要好好求读上进，不惹公公、婆婆他们生气就行了，别作践自己……”忽然腹中一阵剧痛，身子一软，倒了下去，一股殷红的鲜血从裙中渗出，融入雨水、泥水里，惊心怵目。

马钧傻了，吓得急忙丢掉藤条，一把抱起王舒，急叫：“王舒，你怎么啦？王舒，你怎么啦？”

马文也傻了，手足无措起来：“媳妇这是怎么啦？媳妇这是怎么啦？”吓得哆嗦起来。

马文的老伴却有经验，慌得只叫：“媳妇这是动了胎气，要生啦！快，快，快抱进去。他爹，快，快，快请接生婆。”马文回过神来，着急忙慌地奔出去。

67

传闻已久的仗终于打起来了。蜀国出师北伐、谋取中原的消息得到了证实。扶风的天一下子变了似的，这阵子老是阴云密布。刚刚抱了孙女的马文，心中也布满了浓云。考虑了好几天，下定决心把家人召集起来正式商量个事。

晚饭过后，已经满月下地的王舒给孩子喂完奶，就抱着孩子，挨着马钧，坐到堂屋一旁的细席上，听公公安排家事。

马文清了清嗓子，表情严峻，语气凝重：“今天商量个事儿。王舒自到我们家，已经一年多了。还从来没回过娘家呢。主要是路太远，身子又不方便。现在孩子也生了，又满月了。也应该回去孝敬孝敬父母了。钧儿，你这几天就把学馆辞了，准备把你媳妇和孩子送到河南去。也让亲家看看外孙女。”

马钧正要说话，王舒道：“公公、婆婆，我现在还不想回去，过阵子再说吧！”

婆婆急了：“媳妇啊，这么久都没回娘家了，那时你有身子我们不催你。现在抱着孩子回去多好啊！再不回去，亲家可要说我们马家一点不讲道理啦。”

王舒道：“公公、婆婆，其实我知道你们为啥这个时候让我回家。外面都传开了，这里要打仗了，蜀国人要打过来了，你们是怕我有个闪失，所以要我这个时候回娘家。可我不能光顾自己，扔下你们在这里担惊受怕的。”王舒来到扶风就一直很想回家看看，但是来了没多久就怀孕了，千里迢迢的，又没法走。打算等孩子大些，就回去一趟的。没想到蜀国打过来了。这个时候，她怎么能扔下一大家子，自己回娘家避难去了呢。

“既然你也听说了，我就明说吧。”马文叹息一声道，“蜀国几十万兵马已经从汉中出动，要攻打我们大魏。汉中在我们西南，离这里不过几百里地。蜀军要打长安，必定从我们这里经过。听说蜀国诸葛亮这个人很厉害，当年太祖武皇帝都被他打得缚手缚脚，现在这一路上各个关隘的守军，没听说谁比武皇帝还厉害的。现在啊，不少人已经到内地投亲靠友去了。你河南现成的家，就不要陪着我们在这里担惊受怕了。钧儿，你听着，一定把你媳妇送回去。到那里，你要好好孝敬你岳父岳母，就像你媳妇孝敬我们一样。”

马钧望了望已经须发斑白的二老，又望了望王舒，道：“好，我把王舒和孩子送回去之后，就回来侍奉二老。”

婆婆急了：“你还回来干什么？你就在那里给我待着，找个教馆谋个差事，照顾好她们母子，孝敬好亲家。”

王舒道：“公公、婆婆，你们别劝了，要走大家一起走，要留大家一起留，反正我不会自己走的。”

马文一见王舒倔上了，又感动又着急，急中生智，道：“媳妇啊，我其实还有另一层打算。你听完觉得行，你就回去，觉得不行，你就留在这里。”

王舒抬起头，看着马文：“公公不就是想方设法让我回去吗？那是让媳妇做个不义之人啊。”

马文摇摇头：“媳妇，我知道你识文断字，是单先生最得意的女弟子，读书比钧儿还好，识得道理。你且听我说。眼下这仗打起来，到底会怎么样，谁也不知道。我们也没有其他地方可以去。这样，你和钧儿先回去。到河南地方寻寻看，有什么合适的店面好租的，有个挣钱吃饭的地方，到时我们全家迁过去，就不怕打仗啦。”

王舒一听这话，倒是愣了愣，想想挺有道理的。又问：“公公真的是这么想的？”

马文一见她动了心，连连点头：“当然啦。要不我们一家去了，总不能老待在亲家家里过日子吧？”

王舒沉思了一下，道：“那好。公公这个考虑倒是个办法。”转脸对马钧道，“我们就尽早赶回去，先看看我父母，然后我们就去靠近洛阳的附近租借个房子，安顿好，把大家都接过去。慢慢找店面，就是靠织布，我们也能养活自己的，总比在这里等打仗强。你在那里继续攻读，听小夫子说，那里离朝廷近，经常有征辟、招考什么的，机会多，等你学成了，好歹考个功名，也就不负公公、婆婆的厚望了。”

马钧点点头：“这也正合我意。这一阵攻读，我也有些心得体会，正想试一试。”

马义一听王舒想得有条有理，处处为马家上下着想，心中着实欣慰。觉得真是上天眷顾，在涅阳、河南经历了那一场变故，因祸得福，竟娶回来这么贤惠的一个媳妇。连忙道："好，还是媳妇想得周全，就这么定了。我已经准备好马车，你们过几天就上路吧。"

转眼间几天过去了，外面传言满天飞：

有人说蜀军已经朝斜谷关逼近，先锋大将乃是当年长坂坡七进七出的常山赵子龙。守关兵将一见是赵子龙，先自怯了。朝廷已经紧急调派大都督曹真前往抵抗。

也有人说，蜀军兵分三路，其中一路精兵由大将魏延统率，经子午谷险道直奔长安而来。这一路就像一支利箭，一旦越过子午谷，攻入平原，槐里就首当其冲。

还有人说，蜀军真正的兵力大部分绕到陇西去了。诸葛亮要从祁山、西县、天水那个方向先收陇右，再图关中。

……

情势越来越紧迫，驿道上每天都看到传递军情的快马，一站接一站地向长安、洛阳传递。人们向驿者打听情况，也语焉不详。但是透过驿者紧张严肃的神情，自能感受到时局的严峻。马文便一个劲儿地催促马钧、王舒快些动身。

又过了几天，马钧终于驾着马车，带着王舒，哭别了家人，踏上了东去司州的旅途。临行的前一天晚上，马钧拿起藏在壁间的一套特意定制的木工小工具，摩挲良久，两眼泛着泪光，想到王舒的殷殷劝告，一狠心，拔下头上那支陈旧的蛇形小木簪，和它们包在一起封存起来。那心情，就像与一个心爱之人永别一样，永远把它封存在记忆里。

68

雍州那边一片紧张的战争气氛，司州这里虽然也消息满天飞，但人们的生活秩序似乎一点也没受影响。谈论起前方的战况，就好像在说一个遥远的故事一样。与此相比，辽东太守公孙恭被侄儿公孙渊夺位的消息就无足轻重了，朝廷只顺水推舟承认公孙渊为太守，还拜他为扬烈将军，辽东传言很快就归为平静。而大家最关注的，还是抗蜀前线的战事。这是马钧、王舒回到河南县的第一感受。

王策正在作场里检查事务，忽然王贵报信：“王县丞，快回去看看吧，二小姐和二姑爷回来了。”

“你说的是真的？”王策不敢相信，“没说回来啊，怎么忽然就到家了呢？”

王贵兴高采烈地道：“真的，夫人差我来报讯。二姑爷赶的马车，二小姐还给你抱回一个外孙子呢。带了好多礼物，快回去喝酒吧。”

这阵子，蜀兵进攻陇右的消息传来，王策就一直担心着王舒。虽然打小不喜欢她，但毕竟是自己亲生女儿。听说王舒真的回来了，立即放下手中的活计，交待给身边的县役，就三步两步地往家里赶去。

远远地看到家门口果然停着一辆马车，轮子上、车厢上沾满了泥巴，一路风尘的样子。心中一喜，女儿果然回来了。匆忙走进院子，老远就喊道：“舒儿，舒儿——”

“父亲回来了。”正在和母亲抹着泪说着话的王舒，赶紧起身迎出来，“父亲——”上前抱住王策的胳膊，眼泪扑簌簌地往下滚。从小到大，王舒还从来没有对父亲这样亲昵过，这种亲昵一直是王巧的专利。

王策好久不见王舒，王巧又不在眼前，一腔父爱顿时都倾注到王舒身上，双手扶住王舒的双臂道：“让父亲看看，瘦了没有？瘦了没有？”

王舒抹着泪道：“女儿好着呢，父亲还好吗？”

“好好好。”王策连连道，“我很好！”转脸看到马钧，刚要说话，又装作没看见似的端详着王舒，心中已自有了一丝不快：难道还要我先喊你？

马钧站在一边，这才插上话，深施一礼道：“岳父大人，小婿有礼了！”

王策这才掉过脸，点点头：“哦，来了?！来了好，来了就好！”

荀氏抱着孩子站在门口，欢喜道：“老爷，快看你家外孙女啊。看，长得像谁啊！”

王策匆忙上前，抱过孩子，端详起来，心中也是充满欢欣：“是啊，长得像舒儿，像舒儿。”

进得屋中坐下，又逗了一阵孩子。王舒示意马钧把带给父亲的酒献上。荀氏乐呵呵地道：“女婿还带了许多亲家捎来的扶风特产呢。”

王策点点头，随口问：“马先生还好吧？”

马钧便陡然觉得生疏起来。

荀氏嗔怪道：“什么马先生，那是亲家！”

王策道："哦，对，是亲家，亲家还好吧？"

马钧恭敬地道："谢谢岳父，我父亲还好，要我向您问好！"

王舒抱着王策的臂膀撒娇道："父亲，你们咋这么生分呢？他是你女婿哎！"

王策笑了笑，拍拍她手臂："没生分，没生分，一年多没见了嘛。"回头对马钧摆摆手，道，"你坐下，坐下吧。听说你在家教学馆，机巧什么的还做吗？"

马钧刚跪坐下，听到王策问，又直起腰，看了一眼王舒，回复道："一边教学馆，一边在读书，机巧……现在不做了，认真读书呢。"

王舒见马钧不自在的样子，赶紧把话岔开："父亲，你怎么让姐姐去涅阳了？都一年多没见我姐了，我想她了。"

王策叹了口气道："有传言蜀国进攻，会从子午谷直接取长安，然后打洛阳。那么这里就不安全了。你姐也有了，怕她到时跑不方便，就先去了涅阳。你们在家待一阵子，然后也去你舅舅那里找你姐吧。"

王舒幽幽道："我不去了。出嫁一年多了，还没好好孝敬你们呢。我看，还是把姐姐接回来吧。听说朝廷已经派了大军去抵抗蜀军了，没那么容易打到这里的。"

王策沉吟半天，点点头："那，那你们过几天就去涅阳看看吧，把你姐、你姐夫接回来。"

王策特地提到李牧，"你姐夫"又说得那么自然，王舒不觉看了马钧一眼，心中有些失落。便道："父亲，我留在家里侍候你和娘，让你二女婿去接姐姐、姐夫吧。"

王策道："也好，那就辛苦马钧吧。"

夜里，王舒见马钧翻来覆去睡不着，便问："你怎么啦？是不是有什么心事？"

马钧坐起身，犹豫了半天，才道："王舒，雍州那里我不放心，还是想回去看看。"

王舒也坐起身，看着马钧道："不是说好了么？过阵子我们去洛阳租个安身之地，就把公公、婆婆、弟弟、妹妹他们都接来。"

马钧想说："其实他们就是为了让你回来，根本不会到这里来的。"话到嘴边又咽回去，怕王舒又要跟着回去，便低着头不吭声。

王舒依偎进他的怀里，伸手抚着他的脸，体贴地道："夫君，其实我知道你是怕见我姐。以前我们都是孩子，瞎闹的。现在我们都成亲了，是大人了，而且是一家人了，你还怕什么?”其实王舒让他去接，也是为了让他和王巧消除一下隔阂。

马钧被说中了心事，微微叹了一口气，转开话题：“不知道单先生、小先生、小夫子他们怎么样了？一年多没见，很想他们呢。”

王舒道：“小先生肯定早就回涅阳了。你去涅阳之前，我们一起去拜见一下单先生和小夫子吧。”

次日，马钧急不可耐地拉着王舒携着礼品去看望单先生和小夫子。到了城东南大池塘，却听说单先生已经隐居到龙门山去了，小夫子也不知所踪，只好闷闷不乐地归来。晚上问王策，王策道：“前些时，大司农府来人，将小夫子带走了。不知道去了哪里？有人传说，是陛下听说了他的名气，召他入宫陪读去了。”

王舒道：“他还是个孩子啊?”

“可他不是个普通的孩子，今年也虚十二了。陛下也不是普通的陛下，小时也是个神童，所以特别爱才，尤其是少年才子。”王策道，“还有比他更小更厉害的呢。”

“谁?”

“河东望族裴家的裴秀。今年才 5 岁，已经才名远播了。他也是原来的河南尹、现任大司农裴潜裴大人的儿子。”

“怪不得裴大人那么器重小夫子啊，原来他家就有一个神童啊!”

69

当所有人视线被西部陇右的战争传闻吸引过去的时候，涅阳的老百姓似乎感受不到来自东吴的威胁，他们天天在谈论蜀国犯境的各种传闻。只有应征服役的人，才切实感受到自己有可能被征去打仗。荀安、荀定目前就是这样的心态。

今年的征兵比较早，人员也比较多。按照两丁抽一的规定，荀安、荀定之中必须要有一个应征入伍。已经升任南阳典农的荀豫为了以身作则，要儿子带头入伍。一向一唱一和的两兄弟这回你推我、我让你，哭着、闹着谁也不肯去。他们害怕这回服役就是去陇右前线，是不是回得来，很难说。手心手背都是肉，到底让谁去，让荀豫很犯难。

荀豫在淯阳当官，一箭之地，也就没有把家搬过去，反正脚一抬也就到了，不忙时经常回来过夜。他搬出县衙，自己在城里置了一所宅院。这一天晚饭时，荀安、荀定正为这事争辩，家人来报荀豫夫妇："老爷、夫人，河南的亲戚从县衙那边来了！"

荀豫一愣："是我妹夫王县丞吗？"就准备迎出去。

家人道："不是，是王家二姑爷！"

荀豫止住脚："二姑爷？"

荀安、荀定一头跳起来："啊——是小结巴，那个该死的小结巴来了！他还敢到这里来，看我不揍死他！"

荀豫喝道："休得无礼！他是你姑父的女婿，就是你们的表妹婿。上门是客，你们这是做什么？"对王策将女儿许配给别人，荀豫并没有太介意。他原本也不希望有一个王巧这样的媳妇，对年纪尚小的王舒又没注意。知道两个儿子贪图王巧的美貌，这下死了他们的心也好。没想到他们还惦念着这档子事。他对马钧还是心存好感的，因为他这南阳典农从根上说，还是马钧发明走马灯带来的好运。但他是长辈，又是朝廷命官，自是不能出门相迎，当下吩咐道，"让他进来吧。"

不一会儿，马钧提着礼品走了进来，进门就给荀豫夫妇施了个大礼："舅舅、舅母大人在上，请受晚辈一拜！"

荀豫轻轻一摆手："好，起来吧！你岳父、岳母还好吧？"

"他们都很好，托晚辈向您问好！"马钧随即朝荀安、荀定作揖行礼。

荀安、荀定冷冷地回了礼，恨恨地盯着他。马钧心中有些打鼓。成家了，他才知道荀安、荀定当初对王家姐妹的心思。心道：李牧不知在这里受到怎样的冷眼呢？不想多耽搁，早些说明来意："舅舅、舅母，姐姐、姐夫在这里给你们添了不少麻烦，岳父、岳母让我来接他们回去。"

"姐姐、姐夫？"荀豫一家起先没回过意来，"什么姐姐、姐夫？"愣了一下，才反应过来，"你说的是王巧和那个张府的什么李牧吗？怎么回事？什么添麻烦？接回去？"竟是听得一头雾水。

马钧也诧异起来："晚辈前几日从扶风回河南，听岳父、岳母说，过年的时候王巧和李牧就到涅阳投奔舅舅、舅妈，怕蜀国打来，到这里生孩子的。"

荀安、荀定跳了起来："你是说，你是说，王巧在涅阳？"

荀豫夫妇也惊诧莫名："王巧他们什么时候到涅阳来过？我们根本不知道啊？"

"怎么……怎么会这样？"马钧吓一跳，"他们都来两三个月啦！"

荀豫夫人毌氏惊叫道："不会路上出什么事了吧？"

"不会吧？"马钧疑惑道，"前阵子岳父还收到过他们的书信呢。说在涅阳很好，说舅舅、舅母很照顾他们的。"

荀豫夫妇对望一眼："这……这是从何说起啊？"

荀安似乎明白了什么，咬牙切齿道："我明白了，定是姓李的那小子，不敢带表妹到我家来，把她藏起来了。走，我们到张府要人去！"荀定也认定这是李牧害怕他们兄弟俩算账，把王巧藏到张府去了，就要和荀安一起去。

"干什么？！"荀豫喝住两个儿子，"就忘不了你们那点心思。李什么牧现在是你们的表妹夫，就是带你表妹回张府，也是理所当然的。你们瞎起什么哄？"他心中也已相信王巧夫妇一定是住到张府去了，不禁怒气丛生：这两个小辈太不像话，到涅阳不但住到张府去，自己门上都不来一下。这个张府居然也吭都不吭一声，岂不是太目中无人了？这一想，就更不准自己家人先去张府询问了。转头对马钧道，"你看到了？我们根本不知道这事，他们到涅阳两三个月了，我们还没见着人影呢。你明天回去对你岳父岳母如实禀报吧！"荀豫一气之下，连留客住几天的意思也没有了。

毌氏倒是不停地圆场："孩子一定是有什么缘故吧。侄女婿，来了就别急着走，多玩两天吧。"

马钧憋住一口气，缓缓道："舅舅、舅母别生气，其中一定有什么缘故。我这就去张府看看。"说罢，也没落座，就转身退了出去，带上给张家的礼物，直奔张府而去。

与王家姐妹的渊源是从张府就诊开始的，这条路很熟悉了。马钧在来涅阳的路上时，还在顾忌着与王巧的见面，现在不但担心王巧和李牧的下落，也想早点见到小先生张超。

到了张府，通名入见，老远就见小先生张超欢跳着惊喜地迎了出来："啊哈——马阿哥，马阿哥，哪阵风把你给吹来啦?"上前来一把抱住马钧。

马钧受到感染，也抱住张超，道："小先生，想死我啦！"想到若非遇到小先生，自己这口吃的毛病怕是一辈子也不会好了，心中是由衷地感激。

张超拉着他进去，不停地道："马阿哥，你现在怎么样？你是从扶风来，还是从河南来？小夫子还好吗？单先生还好吗？仙女姐姐还好吗？李牧这小子，也不给我来个信，娶了媳妇忘了表弟……"

他一句不停地说下去，马钧连回答的机会都没有。直到问出最后一句，着实让马钧吓了一跳，抱住张超的臂膀急问："小先生，你说什么？王巧、李牧不在这里？"

"他们怎么会在这里？"张超见马钧的神情，惊异地问，"谁说他们在这里的？"

马钧焦急地道："王巧和李牧两三个月前就来涅阳了，说是投奔王巧她舅舅荀大人。可是我刚才从荀大人家里来，他们也说王巧和李牧根本没有来过，所以猜想莫非是李牧把王巧带到你们府上来了。"

张超也急了："啊？竟有这样的事？不会路上出什么事了吧？"

"前阵子王巧还写信回去，说在这里很好的，怎么会不见踪影了呢？"马钧这下急得团团转："这可咋办啊？这下我回去可怎么向王舒她父母交代啊？"

张超又像个小大人似的道："马阿哥别急，别急，我们想想看，他们能在哪里？我和你一起去找。走，问问我父母知道些消息不？"

马钧见过张先生夫妇，呈上礼物，转达了王策夫妇的问候，便说起来意。张先生夫妇显然也很诧异，说："若是李牧携王巧到这里来，我们断断不会让他们对荀大人缺了礼数的啊。"

张先生心思缜密，马上就想到荀豫一定会因此对张府产生误会的。便立即和张超、马钧一道，赶去荀府，拜会荀豫。荀豫这才知道王巧他们根本就没有去过张府，心中那一腔怒气顿时烟消云散，这下才真的担心起来了。

70

马钧的到来重又勾起荀安、荀定两兄弟渐已淡去的心思。王巧俏丽的脸蛋、娇怒的神态、婀娜的身段在他们心中活跃起来。若非荀豫喝止，他们连夜就去寻找了。荀豫呵斥道："涅阳这么大，你们去哪里找？做事一点脑筋不动。"

荀定脑子转得快，想了一下，道："父亲，只要表妹在涅阳，你请各乡三老、有秩、啬夫、游徼、亭长查一下不就得了。虽然你现在不直接管他们，但这点面子总会给的吧?”

荀豫背着手踩了几步，道：“这是家事，岂能动用官家查找。”

“荀大人此话差矣。”张超却一本正经道，“王巧、李牧到本县来，便归本县管辖。若真在本县地面失踪，官家便有责任查找，岂能因避嫌而误公事。”

“真不愧是小先生啊，说得有理。”荀豫看了看张先生，道，“明天我就请秦县令吩咐下去，如果他们在涅阳，那就一定找得到。”

次日，马钧、张超、荀安、荀定等不得下面的消息，就结伴先在城里一条街道一条街道地问过去。一整天下来，毫无消息。第三天，他们决定出城下乡，由西到东，一个乡村一个乡村地问过去。每到一个乡村，就去询问三老、有秩、啬夫，有时就直接跑到庄上问亭长。荀安、荀定打着原县令公子的牌子，而张超是很多人认识他的。不认识的也知道“小先生”的大名，听他们来找人，便知无不言，把村中游方郎中、串村货郎、走亲戚的、贩商品的一一提供核对，大半天下来仍旧是一无所获。

傍晚时分，他们正要垂头丧气回县城的时候，一位游徼想起来一件事。说有一次听附近白牛邑的游徼无意中提起，他们那里来了一对夫妇，自己做了一架织绫机，夫妇俩一起织布卖。他们那织机跟别人家的不同，织起布来又快又好看，花纹变化百端。特别是小媳妇，不仅人美，而且手巧，挺着个大肚子还能织得那么快，白牛邑不少女人都跑去跟她学呢。听说，这个小媳妇最近可能生了。

马钧他们一听游徼描述的这织机，不约而同道：“对对对，就是她，就是他们!”当下不顾天色将晚，驱着马车，直奔白牛邑而去。

好在白牛邑就在邻近，不消一个时辰就到了。很容易就打听到了王巧他们的住处。他们租住在一处偏僻的山坡上，周围零零星星的散落着几户人家。马钧他们将马车停在坡下，一起朝最北面那一间草屋走去。那间草屋里隐约传来人声。

张超仍旧是少年心性，老远就大喊：“仙女姐姐——仙女姐姐——，李牧——李牧——”直往坡上奔去。荀安、荀定也跟着向上跑，高声叫：“王巧——王巧——”生怕张超抢了人似的。只有马钧心怯起来，落在后面。不知道即将到来的一刻该怎么面对王巧，王巧又将怎么样对他?

草屋先是瞬间静寂下来，然后屋门缓缓地打开，一个抱着孩子的俏丽身影出现了。晚风拂动裙裾，在夕阳余辉里显得分外清冷、单薄，别有一种超于尘世的清美。荀安、荀定看得呆了，不觉停下脚步，仰面欣赏。张超也停下脚步，掩饰不住的脱口道："仙女姐姐真美！"

马钧也远远地认出站在草屋门口的就是王巧，见那抱着孩子的样子，心中没来由地微微一颤，不知何时折了一段树枝握在手心里，以抵消一阵阵袭来的紧张。潜意识里他从来没有把王巧和李牧联系在一起，即便王巧真的嫁给了李牧，他们是夫妻的印象在自己心中仍旧是模糊的。但这一刻，抱着孩子的王巧让他清醒地意识到她真的已为人妻了，成了自己的大姨子。

荀安、荀定此时也从欣赏中回过神来，不觉心中一阵的酸。王巧抱着孩子的身影彻彻底底击碎了他们的梦。不觉怒吼起来："李牧——李牧——"

李牧已经走了出来，就站在王巧的身后，看着王巧。王巧不发声，他不敢说话。王巧冷冷地看着坡下的几个人，冲着荀安、荀定道："你们这是冲我夫君发威呢？还是冲我发威啊？"

荀安、荀定醒过神来，咽了口唾沫，讪讪地笑道："李牧这小子成了我们的妹夫了，都有孩子了，还躲着我们，不请我们喝喜酒，不找他算账找谁啊？"

王巧面色缓和了一下，对张超微微一笑："小先生，好久没见到你了。"回头对李牧道，"还不见过小先生和两位表哥！"

李牧赶紧上前抱拳施礼："见过大表哥、二表哥！"又对张超一抱拳，"见过表少爷！"就不再多话。

王巧老远就认出坡下缓步向上的马钧，心中一震，说不出什么滋味，冷冷地向众人发问："坡下是哪一位啊？跟你们一起来的吗？"

张超笑道："仙女姐姐，那是马阿哥啊，你认不出了吗？"

马钧一步一步地走着，像蜗牛似的慢慢往上挪。听到王巧冷冰冰的声音，更是一种煎熬。荀安道："小结巴你也认不出了？"

"什么小结巴？"王巧瞪了他一眼，"他是我妹夫。你们以后再敢叫他小结巴，就永远不要理我！"

荀定伸了伸舌头。荀安赶忙道："不叫了，不叫了，他是我们的表妹夫了，开玩笑的嘛！"赶紧招呼马钧，"哎——我说二妹夫，这几天你急得跟什么似的，怎么找到了，倒像蜗牛爬一样？"

王巧一听马钧这几天都在焦急地找自己，心中微微颤动了一下，依旧冷冷地站在那里等马钧，也不吭声。马钧终于走到坡上，走到王巧面前，愣愣地看着她，不知道说什么好。王巧也冷冷地看着他。半晌，马钧冲王巧身后的李牧点点头，终于开口：“大……大姐、姐夫，你们还好吗?”

王巧听到马钧口中叫出“大姐”，心中一痛，抱着孩子就冲到草屋里，扑到榻上失声痛哭起来，李牧就紧跟着冲了进去，立在身边道，“小……小……你别伤心了，他……他……他们这不是来了嘛!”

张超、荀安、荀定也都跟着走了进去，见王巧伤心的样子，赶紧好言劝慰。只有马钧默默地站在草屋外面，手中握着树枝，心中一阵茫然。

第 11 回 ‖ 渐脱颖：居京师苦读成博士

71

春天一天比一天远了，天气一天比一天闷热起来，人们的心情却一天比一天好起来。各种小道传闻依旧满天飞扬，但最靠谱的消息还是王策由官方渠道获得的。曹睿御驾亲征，坐镇长安，指挥抵抗蜀军。蜀军先锋在陇右一个叫街亭的狭小之地，被魏军尽数围歼，诸葛亮被迫往汉中退去，被蜀军占领的南安、天水、安定三郡重又回到魏国的怀抱，只是那里的老百姓都被诸葛亮迁回汉中去了。

今天不单是前线报捷之时，也是王策一家的大喜之日。王巧终于被说动，抱着孩子，和李牧一起，坐着马钧的马车回到了河南。推开院门那一刻，王舒、王巧各自抱着孩子，四目相对，一时激动得不知说什么好。

王舒转身把孩子塞到荀氏怀中，迎上前叫道："姐——总算等到你了！"泪水忍不住簌簌而下。

王巧尽力控制住自己的情绪，不让自己哭出声来，眼泪却不争气似的一个劲地往下淌，一句也叫不出，半天才道："王舒，你……你看我的孩子……"说罢忍不住啜泣起来。

王舒从王巧怀中抱过孩子，看着孩子欢喜道："姐，这孩子好清秀哦，男孩女孩啊？叫什么名字？"

"男孩，叫王了，随咱王家姓，咱王家也有后了！"

"王鸟？哦，真像个小鸟儿。"

"不是鸟儿的鸟，是了却的了。"

"怎么叫了却的了？小鸟儿的鸟多好听啊。"

"王了王了，就是忘了忘了，不当回事才好养。"

荀氏这才插得上嘴，上前看王巧的孩子，道：“对对对，小孩子起个贱名好养活。”

王巧叫过母亲，着急地从荀氏手中抱过王舒的孩子，打量道：“哦，一看就是个丫头。”欢喜之情溢于言表，用手指头刮一下孩子的小鼻子，笑道，“丫头像爹，看这眉眼，活像你爹那小子。叫啥名儿啊?”

王舒心中轻松起来。原本十分担心王巧与马钧这道坎过不去，听她这话，放心了许多，连忙道：“叫马缘，缘分的缘。”

王巧脱口道：“马缘啊，不如叫马怨……”随即又转口逗弄道，“‘愿’你马上长大……”抱着马缘高高举起，又转了一圈。

见王巧这么喜欢自己的孩子，王舒赶紧抱着王了逗乐。荀氏招呼他们赶紧进屋。马钧、李牧卸下行李，向荀氏问过好，就一起去县衙通报王策。

母女三人正逗着孩子，王策得报兴冲冲地回来了。看到王巧带回来一个孙子，真是开心至极，抱着王了乐个不停，道：“我这乖孙子怎么能‘忘了’，改一下，改一下。”

王巧不愿拂了父亲的美意，笑道：“了儿是小名，大名等爷爷起呢。你给起一个吧。”

王策想了想，道：“不如叫王归吧。王道惠民，天下归心。怎么样?”

王巧无可无不可地笑道：“行行行，就叫王归了。王归，叫爷爷!”

王策把王归和马缘放在一起比较了一下，对荀氏道：“你瞧哦，按日子算，巧儿孩子是后生的，倒比舒儿的孩子大许多了呢。这哪像个把月的孩子啊。”

荀氏道：“男孩嘛，就比女孩见长。”

王巧道：“是啊，生下来的时候，接生婆就说这孩子比人家的都重，结实。”

话未说了，孩子哭闹了起来。跟着王舒的孩子也哭了起来。荀氏道：“快，孩子这是饿了，快给喂奶吧。”就把手中的马缘递给王舒。

王策也把王归递给了王巧，转身走了出去。王舒接过孩子，背过身去，给孩子喂奶。王巧却抱着孩子往外走，一边叫道：“李牧，孩子饿了，快喂孩子。”李牧应声而回，从王巧手里接过孩子回房间去了。

荀氏诧异地问：“咦，怎么叫李牧喂孩子啊?”

王巧叹了口气道：“孩子一生下来，奶水就没有，催了几次也没用。接生婆就叫用米汤喂——就一直用米汤了。我倒也省事了。”

孩子在房间里一个劲地哭，李牧在哄着，大约备用的米汤还在温。王舒道："姐，我奶水足得很，缘儿一个人吃不完，你把归儿抱过来吧。"

王巧道："好啊，这倒是办法呢。"就去把王归又抱了来。将安静下来的马缘换过来，逗笑道，"小闺女，弟弟把你的奶水抢吃了。让你爹……你妈心疼死！"

晚上，全家人聚在一起，倒也其乐融融。说起王巧、李牧为何到了涅阳躲起来不去舅舅家，王巧自有说辞："我们到了涅阳，本想去舅舅家的，但思前想后，怕此时去了不好。因为两个表哥那德性你们知道的，怕他们记恨李牧，就在白牛邑租了个房子。反正在涅阳县内，万一有什么事，再出来找舅舅他们也不迟。你们放心，回来时我们去了舅舅家，还有小先生家，都说清楚啦。他们不会生气的。"

王策放了心。马钧、王舒却总觉得这其中有什么异样，但到底是什么不妥，却又说不上来。聊着聊着，话题就扯到日后的生计上来了。李牧还想到丁九手下当差，马钧刚要说什么，王舒抢先道："我们回来前就有过打算，过几天我们就到洛阳附近租个铺面，我在前面开个布店，马钧在后院开个教馆。朝廷每年都有学官可考，马钧准备试一试。"

荀氏着急道："舒儿啊，这刚回来，就跑那么远干吗。要开布店学馆，不如就在这里开吧。"

王舒道："娘，洛阳离家也不远啊。三四十里地，大半天的路，想回家看看就回来了啊。"

王策对马钧能考学官根本没当回事，在他心中，马钧也就是个机巧之人，有几分灵思，一个原本说话也结结巴巴之人，做学问能做到哪里去？想到李牧已经招赘为婿，又勤勉孝顺。看王舒、马钧的意思是不打算回扶风了，那么住在家里终究不是长久之计，而且马钧似乎总和他们隔着一层，不似李牧那般乖巧，讨人喜欢。当下便道："舒儿这是长远之计，也好，洛阳毕竟是天子脚下，靠近那里机会也许会多些。到时，我们想你们了，就去洛阳看看。"

王巧好不容易等回了马钧，正思谋着来日方长，慢慢想办法出一口怨气，没想到他们很快就又要离开身边了，便嗔怒道："我刚回来，你就要走，什么意思嘛？"

王舒抱着王巧的臂膀道："姐，不是你回来我就走，这么一大家子，总要过日子的嘛。俗话说，亲戚故旧远来香，天天待在一起，你就不想我了。呵呵，洛阳又不远，你啥时想来了，就来啊！再说了，姐你织的布以后就拿到我店里来，我帮你代卖。”

王巧见她心意已决，似乎是无法逆转的，瞪了马钧一眼：“一定是你的主意?”

马钧摇摇头，道：“以我的主意，我们还是回扶风去。蜀军已经退回汉中了，仗不打啦。”

王舒道：“今天他退了，你道明天他不会再来啊?既来之，则安之。先在洛阳安定了，留个退路，然后再回去也不迟。”

马钧倒没深想，见王舒想得这么深，爱怜地看了她一眼。这一眼恰好被王巧看到，立时在她的内心激起万丈波澜，她恨恨地暗道：死结巴，你想远远躲开我，门也没有！转脸对李牧道：“李牧，你看妹夫多有出息，一个劲儿地往京城钻。你也给我长点出息，别去干那个什么捕役了，好好读读书，练练武，也到京城谋个差事去!”

72

洛阳到底是京城，要想在城中租一间铺面，租金比河南县城要高很多。王舒、马钧来到洛阳，转了好几天，也没有找到一间合适的铺面。总住在客栈里，就有些急了。正巧城外近郊有户草屋出租，主人连带草屋后面的一块菜地也一起奉送给他们，商量之下，便暂时住了下来。收拾停当，马钧便去城中学馆里谋事，寻了几天，终于在一家规模不大的学馆里说成了，为几个富贵人家的幼儿开蒙。

王舒在家一边带孩子，一边拿起铁锹、锄头开垦屋后那块菜地。她一直在县城里居住，从来没有跟地打过交道。到了扶风之后，好歹下地干过一阵子，多少学会了些地里的活。马钧虽然生在扶风乡村，但从小一直读书，也很少下地干活儿，懂得也不多。傍晚散学回来，就趁着余晖，到菜地里帮一把手。

遇到不懂的，王舒白天就去邻居家求问。她为人温婉，来了没多久，就和邻居们混熟了，大家都很喜欢她，手把手地教她种菜。很快，地里就长出了葵、韭、葱、姜、芸、蒜、荠、芜菁、襄荷、芜荑、茱萸等十多种蔬菜。她就背着孩子，每天趁露水采一担挑进城赶早集。马钧要帮她送去，她不让，让马钧安心晨读。

马钧见王舒如此付出，再也不敢懈怠，教馆之余，心思全花在读书上。觉得过去那些艰涩深奥的四书五经、诸子百家著作，一下子就向他打开了神秘的大门，似乎有无穷的智慧等着他去汲取，越往里走诱惑越大，越发觉深得不见底，研读的兴致也就越发高涨。夜晚，王舒在房间哄着孩子，马钧在外堂挑灯夜读，领悟妙境之时，忍不住跑到房间来，与王舒分享。王舒见他已渐入佳境，十分高兴。夫妻俩就这样逐渐安定下来。这期间，王巧、李牧也来过两次，帮着收拾了一通。王巧始终找不到机会出这口怨气，见他们恩恩爱爱的样子，更增幽怨，只好把它强压心底。

说着话，就已是夏天了。傍晚的凉风让炎热的天气有了些凉意。这一日散学回来，还没走近篱笆小院，远远就见一个瘦小的身影背着手，焦躁地在院中案几前来回走动。马钧眼前一亮，疾步走近篱笆小院，隔着篱笆高声叫道："小夫子，小夫子，怎么是你啊？"

那瘦小少年正是久违了的傅玄。一见马钧，快步迎上来，也不作揖为礼，就一把拉住马钧的手："哎呀呀，马阿哥，不不不，现在应该叫你马先生。你怎么这么晚才回来，可等死我了。"

王舒端着菜从屋里走出来，笑道："小夫子的急性子一点都没变，我说你马上会回来的，他还是坐不下来。我做了几个菜，你陪小夫子喝两杯吧。"

"还是叫我马阿哥比较习惯呢。"马钧笑呵呵地请傅玄在凉席上坐下来，就着案几，一边斟酒一边问，"小夫子，你是怎么知道我们住在这里的？"

傅玄道："我前几天回家去了一趟，听说你来了，又在洛阳城外租了房子，教书种菜，今天就一路问过来了。正巧，我有好事找你。"

"谢谢小夫子！"马钧敬过一杯，问，"有人说你被陛下招到宫里陪读去了，是吗？"

"喝酒我不成，意思意思。"傅玄抿了一小口，不答他的话，却问，"马先生，你现在学什么？到洛阳来不会没有打算吧？"

马钧沉吟道："不瞒小夫子，在下到洛阳来，当然不会仅是谋生。这阵子苦读百家经典，刚刚读出些味道来。越读越觉才识浅陋，本想年底去考个什么，现在看来，还需苦读啊。"

“这就对了。”傅玄道，“看来你是真的读进去了。我再问你，你那些机巧还做吗?”

马钧红了脸，羞惭道：“以前不懂事，迷恋机巧，耽误了许多读书时光。父亲多次管教，我也是不能醒悟。亏得王舒用单先生的话当头棒喝，我才如梦初醒，现在我再也不去碰它了，一门心思做学问。”

“单先生的什么话？让你一下子就从痴迷中惊醒过来了?”

“单先生曾和张先生说起在下：无学，其巧终不能名；无名，其巧终难为世所用；无用，其巧无益于世也。”

“错!”傅玄将酒杯往桌上一顿，断然道。

“什么?”马钧惊讶地抬起头看着傅玄，连一旁抱着孩子的王舒也吃了一惊。

“不是单先生的话错了，是你理解错了。”傅玄悠悠道，“有学无巧，你就不能以巧名于世。不以巧名于世，何言以巧为世所用？不以巧用于世，何言使其巧益于世?”

王舒接口道：“是的，单先生就是这意思。”

马钧低下头：“这个意思其实我是明白的。”

“你是为了我。”王舒爱怜地看着他，“你怕我怪你放不下机巧，所以才一点不敢碰?”

马钧点点头。王舒抱着孩子起身走入草屋。一会儿，从草屋里拿出一个包裹，放在马钧席前。微笑着看着他。马钧、傅玄都好奇起来。傅玄示意他打开。马钧打开包裹，里面还有一层羊皮包裹。马钧激动起来：“这，这，这……你把这个带来了?”

羊皮包裹打开了，傅玄看到里面整齐地放着一套精致的微型木工工具，还有那枝须臾不能离手的蛇形小木簪。正是马钧在家时偷偷定制的那套。他时常梦见它，却从来不敢在王舒面前提起它，以为这一生都会和他喜欢的机巧无缘了。没想到王舒竟然悄悄把它带来了，真是惊喜异常，拿起小木簪，在指间娴熟地翻转起来。

傅玄笑道：“马先生，看来嫂子是早已领悟了单先生的意思，只是怕你没能理解。其实我也担心呢。这样就好。今天来，就是告诉你，当今陛下虽然年轻，却是别有抱负的贤明之君。马上要下旨扩增太学，招考博士，广纳各类人才为国所用。我把这个消息告诉了单先生，单先生听说你到洛阳了，就让我赶紧告诉你，说你是奇才异才，就是不知道你除机巧之外，书读得如何了？如果把读书和机巧结合起来，你会成为魏国的张平子。书读得好的人很多，所以单凭才学去考，竞争很强。若是读书之外，别有奇学，则可出奇制胜，比常人就多出一分胜算了。我还要写封信告诉小先生，他也是异才，过两年，让他也来投考太学。”

马钧直起腰，改坐为跪，将小木簪插于发髻，抱拳一揖，感激道：“在下何德何能，劳单先生如此用心，劳小夫子特地来告。请小夫子代单先生受我一礼！”

“既是拜单先生，我且代领，见单先生时代你转拜。”傅玄坦然受之。见马钧又要谢他，连忙拦住，“我年纪尚小，马先生就不要折我的寿了。”

73

小夫子傅玄的到来给了马钧更大的鼓舞，苦读经典之外，又开始找来张衡的书钻研起来。王舒说，该找机会把公公婆婆他们接来了。但眼下谁也走不开，就写了一封信，介绍了这里的情况，说一切已经安定下来了，请马文把一家人带过来。

王舒又和马钧商量，仅靠眼下教书种菜这点收入，一家三口勉强度日，要是一大家子都来了，生活就紧巴了，必须另想法子。王舒说，那么一点菜地，每天侍弄一两个时辰也就好了，白天和晚上有大把时间就都白白浪费了。不如还是做一架织布机，空闲时织些布批发给布店里吧。马钧正读着张衡的《灵宪》《应闲》《七辩》《巡诰》《悬图》等著述，惊叹于张衡学识的渊博和文笔的精美，尤其是《灵宪》一篇对于天文方面的阐述让他迷醉，更对与之相匹配的浑天仪发明十分神往，又动了机巧之心。听王舒这一提，兴奋地连连允诺。他对王舒道：“我读周易，再读《灵宪》，似乎渐渐领悟万物变化之道，机巧不过是万物变化时借人手生成而已。天之变化，张平子以浑天仪出之；地之震动，张平子以地动仪出之，这些都是机巧中的极致。我今初悟机巧之道，不及先贤万一。但愿意从此起步。先前的织机改进，由六十蹑六十综，改进到二十四蹑六十综。我现在琢磨，应该还可以改进得更好些。”

王舒惊讶道：“还可以更快？”在她看来，改进好的织机已经非常完美了，她无法想象再快，能快到什么程度。

“磨刀不误砍柴工。你且别急。”马钧道，“待我想想，改进个更新的织机，争取十二蹑六十综。”

“新织机已经一个人顶三个人了。”王舒屈指一算，惊叹道，“要是真弄成了，功效又增一倍，岂不是一个人顶过去六个人了？”

“所以机巧之事，还是有大用的。”马钧怕王舒担心他重走旧路，又跟了一句，“不过你放心，我不会耽误读书的。我会把所读之书用于机巧之中，再以机巧之道参悟书中之意的。”

王舒欣慰地看着他，感觉自己真的嫁对了男人。

接下来的日子，马钧教书、读书之余，就开始研制最新的织机。与先前不一样的是，他不做织机实物，而是做微缩模型。他特意定制的微型木工工具派上了用场。他先是用小木簪在地上画草图，计算数据，成熟之后，再在纸上画下来，然后就从路边折些硬木树枝回来，伏在案几上就可以进行模型制作了。王舒看着很有趣，常常抱着孩子，在灯下一看一个晚上，还不停地给他出主意。马钧每有心得，就记录下来，以便验证、推理、深究。日子虽然不怎么富足，可是夫妻俩却自得其乐，陶醉其中。

扶风来信了，马文写来的。信中说，得知他们已在洛阳城外安家，马钧又有考太学的机会，十分高兴。自蜀军退去后，扶风现在很安定，暂时就不过来了，家里的田地房产丢不开。要他们自己好好保重，不要挂念家里。让王舒感动的是，信中再三叮嘱马钧要好好待王舒，不要委屈了马家的恩人。

西边的确安定了，倒是魏国和吴国在东边又打起来了。不过这回是魏国攻打东吴，倒没啥要紧。所以马钧、王舒也就没当回事，没再坚持让马文他们一家都过来。

中秋节前，马钧向学馆告了假，和王舒回去了一趟，给王策荀氏送节礼。王舒说今年的洛阳城里，中秋之夜迎寒祭月，传说要放灯，不如请他们都过去赏灯去。王巧一听这话，想起当初在涅阳县城放灯的情景，紧锁的愁眉舒展了一半，就先跟着王舒、马钧来到了洛阳。叮嘱李牧中秋当日告假，带着父母一起来。

八月节到了，洛阳城特意开了宵禁，全城放灯祭月。那时中秋还没形成固定的节日，但八月节迎寒祭月早已成习俗。今年先退蜀军，尽占上风；再攻东吴，小有折损。总体来说，是大胜而小败，值得庆贺，于是朝廷恩准，着河南尹负责，在洛阳城内放灯祭月，官民同欢。这是多少年也难得一遇的事情，所以四面八方的人都早早进了洛阳城。洛阳城内人山人海，一派盛世景象。马钧、王舒领着工巧和上午赶来的李牧、王策、荀氏一起，走入热闹的洛阳城中。

夜幕降临，一轮皓月如银盘镶嵌在夜空中。洛阳城主街道上，家家户户高挑出来的檐口下，都吊着一排各式各样的灯笼。灯笼透着五颜六色的光亮和图案。最引人注目的是，其中有不少灯笼是会转的。王巧眼前一亮，脸上露出惊喜的笑容。抱着王归的李牧手一指，叫道："咦，走马灯——这不是马钧做的走马灯吗？"他现在不好叫马阿哥了，妹夫也叫不出口，就干脆直呼其名了。

王巧原本很兴奋，听他这一叫，看了抱着女儿的马钧一眼。马钧正牵着王舒的手，怕她走散。王巧登时触动心事，朝李牧叱道："什么他的走马灯，就他能做，别人就不能做么？"

李牧不敢吭声。马钧装着没听见，转头去看一款新式的走马灯。王舒隔着马钧，没听清，问："姐，你说什么？"

王巧说："没说什么，说你姐夫少见多怪。"

王策和荀氏也难得来到洛阳来看夜景，这时倒也兴致勃勃的，没有留意王巧的话。正走之间，王舒突然一指前面人群中一队维持秩序的官兵道："咦，那不是表哥他们吗？"

众人顺着她的手势看过去，果然便是荀安、荀定兄弟俩，十分诧异。荀氏赶紧拉着王策走过去，其余人也跟了过去。荀氏老远就隔着人群叫道："荀安——荀定——"

正在一边维持秩序，一边看稀奇的荀安、荀定听到叫声，转过脸来，见是王策夫妇，高兴地叫道："姑父、姑妈——"跟着就看到后面的王巧他们，兴奋地举起手，"王巧——王巧——，王舒——王舒——"

王巧走到近前，诧异地道："你们两个活宝，怎么到这里当兵来了？不是说你们两个你推我让的都不肯当兵的吗？"

荀定"嘿嘿"一笑道："那时蜀军正在打陇西，当兵了说不准就上那里去了。现在蜀军被打败了，这一批军士都是戍卫京都的，我们就赶紧一起把这几年兵役服了吧，反正总要服的。再说，这洛阳多好玩啊，就来了呗。"

荀安不顾王策夫妇在，抢过话头："关键是表妹你靠近这洛阳啊。"

王策叱道："越说越不像话。你表妹已经成家啦，还开这样的玩笑。"

荀定趁势下台："姑父，自家兄妹，玩笑开惯啦。王巧、王舒，是吧？"

王巧瞪了他们一眼，他们却觉得挺舒服。王舒这才插上嘴："既是玩笑，开过就算了。改天来家里坐，我就在这城外不远。”

荀定道：“听说你在这城外租了房子，我们前几天刚来，还在操练，等几时可以告假了，就去你那里。”

一见到荀安、荀定，李牧总好像欠了他们似的。面对他们隐藏在眼底那深深的嫉恨，常常上前也不是，退后也不是。此时硬着头皮上前道：“大表哥、二表哥，几时得空，到我们家去玩玩。”

荀安好像这个时候才看到他似的，故意夸张地叫道：“哎呀，这不是我们的表妹夫嘛，哎呀呀，慢待了慢待了。”上前一拳擂在了李牧的胸口上，看似亲热，用的却是真力。

李牧胸口一痛，血气上涌，脸色一变，见王巧狐疑地望向他，强咽了下去，一笑，吃力道：“没事，是我……慢待了大表哥……”

荀定见王巧眼神不对，连忙转移话题：“咦，我们的二妹夫呢？怎么不见他啊？”

大家这才发觉，马钧不知什么时候不见了。

74

马钧抱着女儿挤在人群里看灯，五颜六色的花灯让他目不暇接。尤其是那些走马灯，更是新颖别致。他没想到才一两年的工夫，走马灯就传到京城来了，而且比他先前的发明多了许多款式，更花哨更好看了。有一个走马灯引起了他的注意。那走马灯比较大，十分奇巧，内里一个柳树画面在转，左上角一个喜鹊也在原地转着飞，好似欲落又飞的样子。他觉得奇怪，就驻足细瞧，要看它是如何反方向在转的。凑近一看，原来那灯架内主轴转时带动了一个副轴自转。他脑海里突然就跳出一个画面来：现在改进的织机是一个曲轴利用惯性转动，踩一蹑织两综半，如果一根连杆带动两个曲轴，踩一蹑不是就可以织五综了吗？这样一来，功效不是又可以翻一倍吗？他生怕这个灵感来而复失，死死地抓住它，立即转身怀抱着女儿直往家里奔去，天大的事也忘在了脑后。

到了家里，把孩子朝榻上一放，拿出织机模型，找来几根小木料，跪在案儿边上，就开始忙碌开了。这个织机的基本结构仍旧是先前那一版，现在他要做的改进就是如何踏一蹑织更多综？他按照刚才突然得到的灵感，做成两个曲柄，安装在同一根连杆上，然后用手指代替脚掌，按动一下踏板，踏板带动连杆，连杆带动两个曲柄，两个曲柄带动两个转轴，果然转了起来，速度果然又提高了一倍。马钧欣喜若狂，跳起来想与妻子分享，这才想起她们还在城里看灯呢。抱着女儿就往外跑："乖乖，不得了，你妈她们不知哪去了——"

还没冲到院心，院门口传来一声冷笑："你还管我们哪去了？你心里哪里还有我们啊？幸好外孙女没丢，王舒，带上孩子，回家去。"却是王策夫妇、王巧夫妇涌了进来。

王舒冲在最前面，一眼看到马钧抱着的女儿，奔过来，一把抱过女儿，埋怨道："你回来也不打个招呼，吓死我了，我还以为女儿丢了呢。"

马钧一时不知怎么解释，傻傻地站在院心里。

王策见他这样更来气，对王舒道："他这是不欢迎我们在这儿啊，掼脸色呢。好，我把女儿带回河南去。王舒，跟我走，现在就走。"

马钧一见王策生气了，更是不知所措："岳父大人，我不是……我是……你们别走……"一着急就又结巴起来。

王巧道："哼，我爹我娘第一次到你这里来，你有多大的理由，抱着个孩子就先回家了？王舒，他这是给你样子瞧呢。"过来拉王舒。

荀氏想要为马钧说句好话，看着王策却又不敢开口。李牧面无表情，只看王巧脸色行事。王舒急了："父亲、母亲、姐姐，马钧他……他一定有什么不得已的缘故。"急对马钧道，"你……你倒是说啊！"

马钧嗫嚅道："我……我是……回来……回来……弄……弄织机，有新……新……"越急越说不顺溜。

王策一听织机，勃然大怒："好啊。我们都抵不上一架织机在你心里重要。你什么时候不能摆弄这个，偏偏在我们来的时候找这个借口。王舒，你今天不跟我们回去，以后就永远别进我那个家门了。"说罢转身就走。

王巧看着马钧手足无措地样子暗暗地幸灾乐祸，扶着荀氏往外走。李牧迟疑了一下，有意落在后面，低声对马钧和王舒道："你们明天赶紧回去赔礼！"就匆匆追了出去。

王舒跟在后面哭喊："父亲——母亲——姐姐——"脚下绊了一下，一跤跌倒在门口，孩子也滚落到地上，顿时"哇哇"大哭起来。王舒爬起来，抱起孩子，再追出门去，一行人已经消失在夜色里。王舒抱着孩子跪倒在门口。良久，一双手揽住了她的肩头。她泪眼朦胧地看着满脸愧疚、怜惜的马钧，腾出一只手来，捶打着他的胸口，哭道，“为什么？这是为什么？”

马钧慢慢地扶起她，把她扶到草屋里。草屋里的油灯摇曳着火花，案几上乱七八糟地散落着小木块和小工具，一架新的织机模型已经成形了。王舒抱着孩子，在榻上坐下，盯着织机模型抽泣着。马钧低声道：“对……对不起，我……真不是故意的。”

王舒半晌才停止了抽泣，她知道马钧绝不会故意冷落自己的娘家人。一半是怕他们，一半是忽然想到什么灵感。她慢慢地偎进马钧的怀里，幽幽道：“我知道你不是有意的，但你也总不该在这个时候……”

马钧点点头：“是……是不该，是我不好。”

王舒问：“明天，我们上门赔礼去？”

马钧道：“应该的。明天……我去负荆请罪。”

马钧是诚心诚意准备第二天去河南县登门向岳父一家负荆请罪的。但事与愿违，第二天，他没能走得成。因为刚收拾好要出门时，小夫子傅玄匆匆来了。一见面就问：“马先生，你这是要去哪里？”

马钧愧疚地道：“昨天岳父、姐姐一家来洛阳观灯，怠慢了他们，这就去河南负荆请罪去。”

“等等，等等。”傅玄夺下他的行囊，急道，“太学今天报名，三日内就要开考，你哪里也别去，赶紧随我报名去。”

马钧为难道：“我这回不上门赔礼，以后怕是岳父再也不认我啦！”

“事有轻重缓急。”傅玄扯住他不放，“赔礼以后有的是时间，太学自文皇帝重新开办以来，至今只有九名博士，如今陛下增招，优异者，不但入太学，还有直接选为博士的机会，真是千载难逢啊。过了这个村，就没这个店啦。”

王舒听得此言，知道这是大事，便道：“夫君，还是报考重要。我先抱着孩子回去，向我父母禀明情况，你考完后，再过来，只要真心赔罪，想来我父母会谅解你的。”

马钧感激地看着王舒，点点头，一步三回头地跟着傅玄去了。王舒看着马钧向城内走去，这才抱着女儿向河南县城步行而去。

三四十里地，王舒背着包袱，抱着个孩子，走走歇歇，整整大半天，下半晌才到家门口，老远就看到李牧在院门口站着，看到王舒，连忙迎上来，接过孩子，悄声问："二小姐，怎么只有你一个人啊，马钧呢？"

听李牧叫他二小姐，王舒愣了一下："你叫我什么？"

李牧才回过神来，道："哦，忘了，以前叫习惯了。马钧呢？"

王舒道："他本来和我一起来的，朝廷太学报名开考，小夫子一早把他拉走了。"

"哦——"李牧明显有些不相信，"这么巧……岳父大人气还没消呢，你进去当心点。"

王策回到家呢，经过荀氏的劝解，又过了一夜了，气也消了不少。但见王舒竟然是一个人回来的，登时怒道："你还回来干什么？"

王舒跪下道："父亲息怒，马钧知道错了，本来和我一起回来，给您赔礼道歉的，但是一早被小夫子拉走了。今天朝廷太学报名，三天后开考，怕错过这个机会，待考完之后，再回来负荆请罪。"

王策火道："瞧他那德行，一句话都说不顺溜，还想考太学，我看他天生就是个木工的命。还是好好做他的木工，弄他的织机太平得多。"

王舒觉得心底的血直往上冲，脸腾地就涨得通红。父亲再怎么责骂马钧都可以，但这话就瞧低了他，也伤了自己的自尊，到底夫妻共着一张脸皮。一时气得浑身发抖，道："父亲，你怎么可以这么瞧不起人？"

王巧站在一旁道："哎，王舒，你怎么和父亲说话呢？"

荀氏在一旁不停地拦着。王策一句出口，本来自觉过分，心中有些懊悔，却见一向柔弱的王舒居然顶撞他，再被王巧一挑，勃然大怒："人说女生外向，一点都不错。你个死丫头，还没咋样呢，胳膊肘就向外拐了。我说错了吗？他一个小结巴，话都说不周全，不好好读书，成天摆弄那贱民家什，还想入太学，走仕途，做他的春秋大梦去吧。"

王巧平时叫马钧小结巴，有几分玩笑戏谑成分在里面，倒也罢了。王策这一说，让王舒觉得特别刺耳。她愣愣地盯着王策，忽然一头叩了下去，连叩三个，然后悲愤地道："父亲，人不可貌相，海水不可斗量。谁说结巴就不能入太学，不能入仕途？自古嫁鸡随鸡，既然嫁给了他，他就是做一辈子木匠，女儿也只好跟他了。既然只有当官父亲才瞧得起，如果马钧一辈子不能入仕途，女儿再也没脸进这个家门了。"说罢，又给荀氏叩了三个响头，站起来，哭着一头冲了出去。

荀氏急道："王巧，快拉住她啊！"王巧把脸撇了过去，装作没听见。

王策吼道："滚，让她滚，永远不要回来！"一脚把几案踢翻。

75

王舒回家的这一幕终究没有告诉马钧。回洛阳城郊之后，王舒把痛苦埋在心底，一句都没和马钧提，只说父亲一时生气，过后就好了。马钧忙于应考，也就没再多问。太学考试揭晓后，马钧果然考中，成为太学生，进入高等机构学习了，并获朝廷恩准，免去徭役，专心治学，以备大用。马钧把这个消息告诉王舒时，王舒平静地道："难道夫君就满足于做一个太学生么？"

马钧霎时冷静下来，道："不，我的目标是博士。我要用我所学证明，机巧也是一门学问。"他要王舒随他一起去河南负荆请罪，并向王策报告这个喜讯。王舒淡淡地道："等你成了博士再说吧。"

此后，马钧辞去教馆生计，一心一意到太学里读书，家中全靠王舒种菜织布维持生计，马钧晚间要帮忙织布，王舒也不让，让他专心读书。

九月，陇右那边战事再起。蜀军第二次北伐中原，蜀丞相诸葛亮亲督大军直取陈仓。陈仓在槐里正西数百里处。马钧、王舒再度为小槐里的白发父老担心起来。一面写信让马文带家人前来，一面准备向太学府告假，回扶风接他们过来，但假一直告不下来。马文回信让他们放心，说魏国大都督曹真亲统大军，在前线御敌，想来蜀军想打到槐里取长安，不是那么容易的。答应一旦蜀军破了陈仓，逼近扶风，一家老小立马就投奔洛阳来。马钧、王舒这才稍微定了心。

蜀军这一次北伐依然没有尺寸之功。

魏太和三年（公元229年），孙权在东吴称帝，建立吴国。蜀军第三次北伐，这一次只到了祁山，根本就没能深入魏国境内。马钧、王舒更加相信马文的信中所言，不再像以往那样一打仗就提心吊胆了。更让马钧振奋的是，这一年过去没多久，就从傅玄那里听到一个鼓舞人心的消息。魏主曹睿诏令：

……世之质文，随教而变。兵乱以来，经学废绝，后生进趣，不由典谟。岂训导未洽，将进用者不以德显乎？其郎吏学通一经，才任牧民，博士课试，擢其高第者，亟用；其浮华不务道本者，皆罢退之。

也就是说，以后在魏国，只要你有真才实学，你治一家经典，你能于国有用，你就有出头之日。马钧这下就心安理得地钻研起《木经》《将作法式》等被世人视为百工杂匠之术来。

此后两年，诸葛亮第四次、第五次北伐，依然没能过得了祁山就黯然班师了。魏国上下盛传有大将军司马懿在，诸葛亮根本就进不来。其间，司马懿和曹真还共同出兵主动伐蜀一次。

魏青龙二年（公元234年）八月，诸葛亮第六次北伐，这次虽然打到五丈原，但魏国内地民众已经习惯这样的战况，没有引起什么波澜，一如既往地平静生活着。传言曹睿派司马懿坐镇前线，有妙计拒敌。果然，没过多久，蜀军尽数退回汉中，更传来了蜀丞相诸葛亮病逝的消息。

这些传闻让身处洛阳的马钧、王舒彻底放下心来。就是随后东边传闻吴国进攻合肥，在他们看来，也是蚍蜉撼树，不必放在心上。他们依旧过着清贫的日子，夫妻恩恩爱爱，女儿马缘也早就满地跑了，倒也其乐融融。更令王舒欣慰的是，马钧经过太学府数年苦读，悟透百家经典，终于脱颖而出，犹以《木经》之学独占鳌头，被选拔为博士，成为一名教经授课的官员。虽然俸粮微薄，总算有了个名份。

王舒每年捎回家中的礼物都被王策退了回来，这回马钧已经成了博士，可以回去了吧？但王策一句话就让人把他们堵了回来："回来是准备炫耀给我看是吗？"显然王策这下更加恼火，觉得这是打他的脸。

王舒没想到一次误会竟然弄得这么深，心下凄然，只好再等机会冰释前嫌了。

这样一拖再拖，又过了一个冬天。年后已是魏青龙三年（公元235年），魏主曹睿已过而立之年，其明毅决断，让吴蜀不敢轻视。魏蜀吴暂时相安无事。二月，皇太后郭氏驾崩，于三月葬于文帝首阳陵涧西。南宫嗣坚持不懈地上书，终于看到一线希望。曹睿接受他的建议，开始在许昌、洛阳大兴土木，力求在气势上压倒吴蜀。在全国征调数万工匠和民夫，一时间洛阳东南尘土飞扬，人生鼎沸，好不热闹。

这一年，马钧二十四岁。王舒二十二岁。女儿马缘也已六岁了。荀安、荀定起初还时不时来他家坐坐，后来就越来越少了。只有傅玄时常过来找马钧说话。

洛阳的春深，以清明、谷雨为最，因为这个时候牡丹花渐次盛开了。因为女儿的缘故，王舒在篱笆院角上种了两株牡丹。它们各自有个好听的名字。俏皮地歪着头的那一朵，盛开的时候，花瓣边缘色淡，瓣根色浓，由浅及深，似少女巧手施妆一般，王舒管它叫巧儿。娴静自然的那朵，初开时呈赤红色，随着花瓣的舒展，颜色由深到浅，转而变为娇嫩的粉红牡丹，马钧取名叫云舒。六岁的马缘每天总给它们浇水。

这一日，马缘正在给巧儿和云舒浇水，一个身着官袍的俊秀青年走了进来。马缘一见，扔下水瓢，高兴地扑过去，抱着来人的腿，叫道："傅叔叔!"

傅玄一把抱起她，亲了亲，放下她，从袖中掏出一包蜜枣塞给她，急急地问："你爹呢？在家吗?"

马钧闻声从草屋里迎了出来："哎呀呀，是著作郎大人到了，快请进，快请进。"

傅玄今年已经十七岁，取字休奕，也已成家，娶妻杜氏，不再是"小夫子"了。他已经正式被曹睿征辟入朝，担任著作郎。这是曹睿太和年间新设的一个官职，专掌国史、碑志、祝文、祭文等事务，正得其所长。傅玄人虽然长大了，急躁的性子却一点也没变。还没落座，就急不可耐地道："马先生，你瞒得好紧啊，有这么好的事怎么不告诉我，让我也高兴高兴啊?"

"好事？什么好事?"马钧愣了一下，给他倒了一碗水，问，"傅大人，怎么回事？我能有什么好事?"

"是这样的。"傅玄喝了一口水，道，"今天在府里听到一个消息，说二月春桑生时，皇后率领后宫到蚕室采桑养蚕，举行亲蚕仪式，有人向皇后献了一匹丝绫，经纬细密、质地柔顺、花纹精美，皇后十分喜欢，就让宫中为陛下做了一套常服，穿在身上既舒服又好看，陛下看了十分喜爱，就问起这么好的布是哪里来的？怎么织出来的？中书监刘放查询奏报是河南县进贡的。陛下问以前怎么没有见到过这种绫布？刘放回奏说是一位织布巧手用几年前新改进的织机织造的。陛下闻听，龙颜大悦，口谕要召见织出此种绫布的巾帼妙手和改进织机的能工巧匠，为天下垂范，以奖励耕织。这可是天大好事，我急着找你，就是要你趁此机会，把织机再改进改进，到时一定会被朝廷重用的。说不准就封你个将作大臣当当呢。难道你还没接到朝廷旨意?"

"没有啊，我还是第一次听说呢。"马钧也被傅玄的情绪感染起来，"如此真是太好了。我倒不奢望当什么将作大臣，新织机能被朝廷重视就好了。"他的确没指望凭一架新织机就能封为那么大的官，但能被朝廷认可，就能体现他的机巧非奇技淫巧，是有价值的就行了。这比封他一个什么官，让他惬意得多了。因为从此就没有人因机巧而小觑于他，他也可以理直气壮地钻研机巧了。

王舒听到这个消息，既惊讶又兴奋，一边续水，一边道："要是真的就太好了。你若当上将作大臣，就可以在全国推广织机，那么魏国的布匹生产就不成问题了，这可是大功德啊。"

傅玄不禁叹道："嫂子真是好见识！我们倒没想到这一层呢。"看到王舒，想到什么，道："你们织绫布了吗？送到宫中的布不会正好是嫂子织的吧？你们用这个织机最是纯熟了。"

王舒摇摇头，看着篱笆院角的巧儿和云舒两朵牡丹，微微叹了一口气："不，不是我们。这种提花绫一个人织不好，他又那么忙，我只是织些土布送到布店去。再说，我织得再好也不及我姐的。"看到那两朵牡丹，她就想起姐姐。以前形影不离的姐妹，现在竟然这么生疏了。从那次事情之后，王巧竟然一次也没来过。

傅玄见她的神色，关切地问马钧："马先生，你们和王县丞的误会还没消除吗？"

"没有。"马钧苦笑了一下，愧疚地望着王舒道，"都怪我沉迷机巧，弄成这么一个难解之结，真对不起王舒了。"

王舒回眸一笑，笑容里充满苦涩："要是送到宫里的绫布真是我姐织的就好了。她一高兴，这疙瘩就容易解了。"她心中明镜一样，知道这疙瘩其实不出在父亲，而是在姐姐身上。

傅玄一拍大腿："对啊，这绫布一定出自王巧之手。你们想，她是有名的织布巧手，河南作坊那些女工虽然也会使用新织机，但是要织出让陛下都惊叹的绫布来，一定非同小可。在河南，除了王巧还有谁？"

王舒本来就是这么一说，听傅玄这么一分析，觉得十分有理。原先的幻想变成了希望。她深知姐姐，就是心里憋着一口气。倘若她们就此有了出头之日，就是要在自己和马钧面前炫耀，也会说服爹爹，让他们回去的。

76

如同傅玄分析的那样，天大喜讯的确落到了王巧的头上。

这几年，王归都已经六岁了。王策夫妇看着一天天长大的王归，心中美滋滋的。唯一美中不足的是，王巧总是愁眉紧锁，难得欢欣一下，对儿子也是忽冷忽热，远不及王策夫妇和李牧来得疼爱。王策夫妇始终弄不明白，女儿何以这么不开心。身边就这么一个自小就怜爱的宝贝女儿了，总这样下去怎么行呢？

荀氏有次悄悄对王策说：“老爷啊，有几次我看见闺女老是冲着李牧发脾气啊，骂他没出息什么的？我看啊，这些年闺女总不高兴，怕是嫌李牧吧，你得想办法给李牧弄个前程。论孝顺、勤快，这李牧可真是没选错啊，像我们亲生儿子。好不容易招了个上门女婿，可不能把人家弄跑了哦。”

王策也正为这些事烦恼，听荀氏这么一说，甚觉有理。王巧从小要强，又天生丽质，一定是对嫁给平平常常的李牧不太甘心，又无以言说，只好闷在心里，自然愁上眉头了。王策也想方设法找机会能提携一下李牧，但县里有南宫嗣压着，哪里轮得到他？但今天，有个天大的机会来了，只是他不知道能不能去把握？该不该去把握？有没有风险？他对南宫嗣的话还心存疑虑。

早上，王策到县衙去，南宫嗣一反常态地请他坐下，客气地对他说：“王县丞，大喜啊！你真是养了个了不起的闺女啊？这回可露大脸了，连本县也觉得脸上有光啊！”丁九、郑七、卫笠也齐声道贺。

王策警惕地看了他一眼，小心翼翼地问：“南宫大人，喜从何来啊？”

“看你这神情，好像我要骗你似的？”南宫嗣笑眯眯道，“说起来，你还得感谢我呢。我们河南县每年都送不少贡布上去，这些贡布还是你督办织造的。本官一直希望朝廷能够关注一下河南纺织，你老哥也是河南纺织的有功之臣，本官总希望你能因此受到褒奖，早日升迁。”

“哪里话？本县纺织若是有功，功在大人治理有方。属下不过是在大人指点下，做些小事而已。”王策赶紧声明，他知道这个功劳不会算在自己头上。且等他下面的话。

“错了，这回的的确确是你居功在首。”南宫嗣微笑着朝他摆摆手，“我们每年将贡布送到宫里，过后也没个消息，顶多也就是尹里传下话来，说一声好罢了，还惹得年年增加上缴数量。今年啊，我和卫主簿商量了一下，特地挑选了你女儿王巧所织的上等绫布，专程到洛阳请托了刘中书、孙中书，用这批绫布给皇上、皇后、贵妃们裁制衣裳，这才引起了陛下的注意。陛下对这批绫布质地的精美柔顺、花纹的变化百端、色彩的华丽明艳赞不绝口。就特意问起这绫布的产地？如何织得这样好？出自何人之手？本官托刘大人、孙大人如实禀报陛下，这些绫布出自本县，因为本县改进了织机，加上本县有巧夺天工的妙手，方才织出此间独有的绫布。陛下传下口谕，要召见能工巧匠和织布巧手。你说，这个喜事是不是非你莫属？”

王策听得有些懵，不敢相信这是真的？真有这等好事，南宫嗣会把机会给他？真是太阳从西边出来了。卫笠看他的神色，笑道：“你发什么愣呢？这是真的。王县丞，你马上发达了，可别忘了我们这些同僚啊！”丁九、郑七也纷纷道贺，笑容里看不出真假。

王策苦笑了一声：“一大早，你们就都拿我穷开心。”这几年，王策处处小心伺候着他们，一个也不敢得罪，时常请他们下个馆子，喝个小酒什么的，好歹也算相处了下来。

“难怪王县丞不敢相信啊，这事儿是有些突然。”南宫嗣与卫笠相视一笑，从袖中拿出一封文书递给王策，“来，王县丞，你看看这个。”

王策接过来，展开文书仔细一看，这是一封大司农府转下的文书，上面写道：“……前贡丝绫，深合朕意。织机鼎新，前无古人。织者妙绝，巧夺天工。着即上报，入宫演示。面证其实，为国垂范。以启民智，以励耕织……”

这一看，王策的一颗心经不住怦怦乱跳起来：“这，这，这竟是真的？”

卫笠拍拍他肩膀，笑道：“这回相信了吧？”

王策拼命压住心头的狂喜，向南宫嗣拱手道：“南宫大人，确是喜事。不过，本县能够鼎新织机，大人实怀首倡之功。属下提议还是大人进宫面君最为妥当。”他眼里流露的那种惊喜根本掩饰不了。

“呵呵，本县哪能掠人之美。”南宫嗣心道：你还算识相。跟着道，“朝廷的意思很清楚，是要送改进织机者和织出此布者入宫演示。你回去准备一下，过几天就送你女儿和女婿入宫当面织给陛下看吧。”又特意提醒道，“此次入宫啊，最好让你女婿重新做一架新织机，要做得漂亮些。这是入宫，不是在作场里做。”马钧发明织机时，只是结构和功能做了改进，讲究的是实用，并没有在精致花哨上下功夫。

王策见南宫嗣由衷的样子，感动了起来："哎呀，南宫大人，您这么关心提携在下，叫我说什么好呢?"他心中一动，立马就转悠起来，这不正是一个机会吗? 就顺着刚才的话看似漫不经心地问了一句，"南宫大人，是不是让李牧重新做一架织机，尽量做得漂亮些，然后和王巧一起带上洛阳?"然后自言自语似的道，"唉，其实那织机是李牧和马钧一起改进的。李牧原本就是祖传的木工手艺，马钧还是和他学的呢。"

"对对对，一定要把它做得十分精致、漂亮，木料什么的，都要选上好的。要让陛下一看就喜欢。"南宫嗣特别强调，"皇宫不比别处，一定要好看。"

"好好好。"王策连连点头，"这个李牧最拿手，他原本就是祖传的木工手艺，马钧还是和他学的呢。其实那织机是李牧和马钧一起改进的。"

"谁改进的都一样，反正都是你姑爷嘛!"南宫嗣点点头，难得地抚着他的背道，"王县丞，以前是我关心不够，有什么地方不妥，不要放在心上。以后啊，你有了好的去处，我还指望你关照呢!"

"言重！言重!"王策有些感激涕零，"若能有些微进身处，也不忘大人提携，王某必定厚报。"

丁九、郑七、卫笠相顾一笑，也纷纷上前套近乎。

第12回‖雪旧恨：假夫妻争夺发明权

77

王策走进家门的那一刻还在犹豫，待看到王巧和李牧之后，主意就拿定了。他脸上掩饰不住的激动，谁都看得出来。李牧放下手中的活计，迎上来，殷勤地道："岳父大人，今天遇到什么喜事了？瞧你满面春风的。"

"哈哈，大喜事，大喜事，天大的喜事！"王策憋不住大笑起来，将外边大氅脱下，交给李牧放起来。

王巧刚从织机上下来，漫不经心地道："爹，你是拾到金元宝了，还是当上县太爷了？"

王策笑道："死丫头，爹比拾到金元宝还高兴呢。离当县太爷怕也不远了呢。"又朝房内喊道，"夫人，夫人，快来，快来，咱们家大喜临门啦！"

荀氏闻声从房间里出来，问："老爷，什么大喜事，把你高兴成这样？"

王巧起初并没有介意什么喜事，她心如一潭死水，几年了，心中这口怨气仍旧郁结在心。不让马钧上门，算是对他一个惩戒，但同时也把他推得远远的，想整他还够不着，左右着恼。对于她来说，除了能有在马钧身上出气的机会，其余哪有什么好事？哪里介意王策说的什么喜事。但听着王策兴奋地叙说，越听越入神，觉得这个机会来了。等王策说完了，王巧问："爹，这么说，是要马钧和我入宫邀功去了？"

王策顿了一下，斟酌着道："听南宫大人口气，朝廷并没有指名道姓要马钧去，只是说制作织机之人。你看，当初制作织机的也不只是马钧一个人吧？"

这话正中王巧下怀，立马接口道："当然，李牧和他一起做的嘛。"

李牧连忙道："我是给他打下手的。"

“打什么下手?!”王巧叱道，“他的木工手艺不还是你教的？算来你是他半个师父呢?”

王策点点头，道：“就是嘛。我也听说了，他就是出了一些主意，主要动手的还是你嘛。”

王巧一开口，李牧就不再辩驳，只是心中觉得惭愧。但是只要王巧开心，她说是什么就是什么。王策又强调道：“南宫大人也说了，既然织机是你们两个人做的，谁去都一样，反正都是我王家的姑爷。”他嘴上这样说，心中却是把李牧当成王家的姑爷，马钧就生分了许多。

王巧对李牧道：“李牧，按爹刚才说的，这几天你抓紧时间做一架新织机，用料要好，做工要细，再把它漆画一下，这样才拿得进宫中去。”

李牧心中惴惴然。回到房间的时候，悄悄问：“小姐，这样岂不是抢了马钧的功了?”

王巧粉面含霜，冷笑道：“我就是要气死那个小结巴。你好好做个样品，只要陛下一高兴，没准就封了你个官。看他做个芝麻大的博士又怎么样？你就要比他强。就是不封官，看着自己的发明被人抢，不气得他吐血才怪。”又“哈哈”一笑，“那时就让他们回家，当面气气他。”

李牧明白了王巧的心思，立即道：“小姐，你放心，我一定做个精美漂亮的。”

第二天，李牧就告了假，出去选木料。这回用的木料是选用上好的胡桃木，县令南宫嗣特批由作场购置。李牧就在作场进行制作。选回来的木料是已经蒸煮过的，在风口上晾干了，原来的白木质变成深木质。运回作场后就破料，破成所需规格的木方、木条、木板。胡桃木的木纹大多是直木纹，也带有一些波纹状和曲线状的，经过巧妙搭配，能产生极具装饰感的圆形。李牧又选取了一些上好的浅色木材，准备在小部件上与之搭配，以求产生强烈的对比效果。

对于新织机的结构、部件、运转原理，李牧早就了然于心了。按照既定尺寸，将部件一一准备好，却并不拼装。父亲曾经交给他的手艺和那本书中悟出的技艺，这时全部派上了用场。他将织机中衢盘、称桩、叠助木、的杠、眠牛木等主框架木料，进行装饰性雕刻。王策又请来画师，打上底稿，再由李牧动刀雕刻。衢盘木料两端雕上龙首，中间以流水纹烘托。称桩、叠助木、的杠、眠牛木等，分别雕上奇花异草的隐纹，花楼则以云纹相饰，凤凰飞舞其间。雕刻之后，再请画师涂漆上色，整整弄了十多天，一架华丽的新织机才算完全做好。

给织机雕刻漆画，是王巧的主意。不管怎么说，这新织机的发明权是属于人家马钧的，王巧心知肚明。她就要李牧在花哨上下功夫，这样一来，人们在称赞这架新织机时，目光就会被这精美华丽的装饰吸引过去，问起这么美的织机是谁做的，李牧自承其事，也就心安理得了。待亲眼看到雕刻漆画过的织机，王巧连自己都震惊了，没想到李牧原来还真是深藏不露呢，这下心中更加有底。

雕刻漆画的精美织机送到县衙，立即就震撼了在场官吏，连南宫嗣也赞不绝口，连声道："王县丞，没想到你的姑爷真有两下子，以前都没看出来，陛下见了一定高兴！"转脸问李牧，"听说你祖父曾为前朝张衡张平子做事的？"

李牧躬身回道："是的，我小时候，曾听爷爷这样说过。张平子大人设计的好多机巧，都是我爷爷帮着做出来的。"

南宫嗣问："听说张平子大人做的木鸟能够在天上飞三天三夜不落下，有没有这回事？"

李牧道："有过，我父亲也曾经帮我做过一个，后来被我玩坏了。"

南宫嗣道："那你能做出来吗？"

李牧摇摇头："那时候小，只是好玩，也没留意那是怎么做的，现在哪里还记得？"

南宫嗣惋惜道："你要是把这个做出来，会让陛下更高兴。有空想想看，看能不能记得起来？"

卫笠拍拍李牧，半真半假地笑道："还是王县丞有眼光啊，把这么好巧手招赘到家里来。就凭这功夫，不封个将作大臣还真说不过去。"

王策连忙道："卫主簿见笑了。能有个地方吃饭就满足啦。"

南宫嗣道："好，既然王县丞一切准备就绪，我们就择日送你们入宫面圣。"

78

魏都洛阳。在洛水和邙山之间，座落着一片方圆千余亩的巨大建筑群。高台楼阁，豪放朴拙，气势巍峨。这个城中之城，就是魏国的权力中心所在地——传说中的皇宫。当然，对第一次走入皇宫的王巧、李牧来说，皇宫对于他们来说，不知道有多大。一眼望去，只是看不到尽头的宫墙广场、回廊甬道、高台楼阁和三步一岗、五步一哨，持戟卓立的军士。就是曾在将作府任职、屡次入宫的南宫嗣，到了这里也不禁立刻收敛了神色，谨言慎行，微微弯着腰，跟着前河南尹、现任大司农裴潜的后面，在太监的引领下，从南面东首的开阳门进去，穿过太尉府门前宽阔的巷道，踏上那似乎通天的深阶高台，到了东宫大门。那架新织机也由专人抬着一路跟随。太监入内通报，众人在宫外候见。

一路上，南宫嗣心中总有些忐忑不安。原以为会是中书监刘放直接带领他们入朝面圣的，没料到却是大司农裴潜把他们接来，并亲自领进去。裴潜担任河南尹的时候，南宫嗣就领教过他的亮直秉性。有一次，特进曹洪的奶妈和临汾公主的侍者共同淫祀无涧神，犯了法，被关进了监狱。卞太后派黄门官到府门传令，裴潜竟然不让通报，立即将二人按律处死。而后上奏曹睿，说明原委，请求处罚。曹睿不但没有怪罪他，反而大为嘉许。使得上上下下，都慑服裴潜的正直威严。这也是南宫嗣在河南县上任一直小心翼翼掩饰自己的原因之一。王策也因此得以在县丞位置上侥幸生存下来。

裴潜特别重视农桑，深得曹睿信任，后来司马芝接任河南尹，他就转任大司农，由他过问新织机的事情，也就顺理成章了。入宫之前，谨慎的裴潜让南宫嗣把王巧、李牧以及新织机先行送到大司农府，亲眼看他们当场演示。王巧、李牧轻车熟路，一个在花楼上束综提花，一个在门楼下抛梭织布，十分娴熟地操作起来，配合得相当默契。眼见华丽精美的绫布从王巧手中延伸出来，裴潜不禁心花怒放：这种织机要是全国推广，魏国的纺织业将会跃进一大步。那时，便是以织锦名闻天下的蜀中纺织也将失去优势。这对提升国力大有裨益。发明这个织机的人着实应该大大奖赏。他对亲自送人到大司农府的南宫嗣道："南宫大人，我在河南尹任上时，就听说过贵县改进织机的事，当时忙于为抵抗蜀军犯境筹集军需，没顾上过问。没想到会这么神奇啊。你身为县令，功不可没，不愧是将作府出来的。"

南宫嗣极力抑制内心的激动，拱手道："裴大人一向重视农耕，下官受益匪浅，一直在本县推广改进耕织机巧，没想到还真有如此能工巧匠啊。"顿了一下，又道，"这一点，本县县丞王策带了个好头啊，若论功劳，他才是第一。"

"呵呵，南宫大人有功不居，胸襟可嘉啊。"裴潜对南宫嗣的谦虚很赞赏，满意地看着他道，"以前听说你与县丞王策多有嫌隙，现在看来传言不实啊。"

南宫嗣心中一凛：他居然连这个也知道。暗自庆幸：幸好没有公开拿下王策。随即起身道："裴大人，下官从来不把流言放在心上，与本县同僚一向同心协力，有功必赏，有过必罚，并不问亲疏。若以关系论，王县丞的确非下官亲近之人，但下官也不能掠人之美吧。"看着裴潜鼓励的目光，便继续往下说，"改进织机的确是王县丞一家之功，下官只是提供方便，并极力在本县推广而已。王县丞此番选送他女儿和女婿入宫演示，下官也替他高兴。"他这话暗含伏笔，把改进织机说成"王县丞一家之功"，至于究竟是谁，却不加说明。还刻意用了"选送"一词，精明如裴潜者，也不会注意到这等细节。

"农桑为民生之根，民生为立国之本。"裴潜指着阶下的李牧笑道，"王县丞这位女婿李……叫李牧吧？能改进出如此高明的织机，从小处说，是方便了工户，操作更加简便；从大处说，是提升了魏国实力，其功非小。从远处说，是有益于后世，实乃千秋万代之功啊。"

南宫嗣一副恍然大悟的样子："真没想这么远，裴大人这一说，下官茅塞顿开。既然这样，这个发明过程和原理须得好好向陛下禀报，就有劳大人了。"暗中得意，这几年，辽东暗地里实力大增，他送回去的织机图纸，应该是派上了大作用。那边传来消息，辽东作场里早已大规模使用新织机了，已经囤积了大批布匹，有的还拿到外地去换取其他军需了。这织机的发明地倒还是在小范围用着呢。自己真是有先见之明。

裴潜心中高兴，道："这样吧，这个织机里面的道道，我也说不清楚。你是当事之人，随我一同入宫去，当面向陛下呈述。本官也好保举于你。"

南宫嗣喜出望外，由跪坐改为直跪，长揖道："感谢大人提携！"

"罢了！"裴潜摆了摆手，"我非为你，乃为天下官吏重视农桑树榜样。"

就这样，南宫嗣满怀希冀地跟着裴潜，送王巧、李牧入宫来了。因与"桑织"有关，曹睿特意把召见民间巧匠的地点，放在了东宫毛皇后的居所。

刚过而立之年的曹睿仍旧俊朗清秀，只是更加沉稳老练。此时正在东宫花园里和皇后毛氏饮酒赏花，说着些趣事儿。今年是曹睿登基以来最轻松愉快的时光。自二十三岁继承大统，就一直面临着吴蜀两方的威胁困扰。尤其是蜀国，诸葛亮不依不饶地北伐中原，给他带来巨大的压力，也把他锤炼成一位精明能干的君主。去年，蜀国丞相诸葛亮病死于五丈原，自己最大的威胁解除了，余者皆不足论。总算可以轻松一下了，这才把精力转移到国内来。今年正月上亥日的亲耕籍田，曹睿把这个仪式搞得比往年隆重异常。不仅在京的文武百官尽数到场，而且下令全国各州郡都派司农官吏代表参加。在盛大的先农祖神祭祀活动之后，亲率百官，乘耕车，浩浩荡荡，开赴郊外，举行亲耕籍田的仪式。往年，曹睿只是象征性地用耒耕三下，然后百官依职务高低，依次耕作几下，就交给力田下种，并覆土，完成一系列代耕活动。但今年不同，曹睿兴致勃勃地用耒耕了一圈地，并亲自下种、覆土，百官不敢怠慢，依次耕作完工，弄得一大群力田最后无事可做。曹睿重视农耕的消息，也因为这一场仪式迅速传遍魏国，甚至连敌国东吴和西蜀都听说了。毛皇后出生于农家，对农桑自是非常熟悉。见曹睿如此重视籍田，到了二月春桑生时，自然把亲桑看得无比重要，一定也要拿出个东西给曹睿看看，这个仪式自然也是隆重而热烈的。一个意外的收获是，她从一匹丝绫中发掘出一个能提高魏国纺织的新织机来，得到曹睿的大加赞许。她的皇后地位一直受到其他嫔妃的觊觎，能否进一步巩固自己在曹睿心中的地位至关重要。因而毛皇后对这次召见格外地器重。正和曹睿说笑着，中书监刘放进来禀报："陛下，大司农裴潜携河南县令南宫嗣、河南捕役李牧、民妇王巧在宫外候见。"

曹睿诧异地问："捕役？捕役来干什么？"

刘放禀道："回陛下，据河南县丞王策禀报，这个捕役李牧就是改进织机之人。"

毛皇后笑道："陛下，一个捕役都能改进出这么好的织机，可见我魏国有的是人才啊！这是托陛下洪福，治国有方啊。"

曹睿龙颜甚喜，举杯一饮而下，将酒杯朝案上一顿，道："见！"

79

李牧从跟着王巧进京那一刻起，心中就一直在打鼓，几次想和王巧说，抽身退出来，但看到王巧一脸坚决的神色，没敢说出来，硬着头皮出发了。到了大司农府，王巧如何答裴潜的问话，他就如何随声附和，半点不敢错漏。进了这巍峨庄严的皇宫，高台危墙像一座座巨大山体，压得他心中喘不过气来。他只有暗暗提醒自己：一切为了小姐，小姐就是一切！

梦游一般地跨进东宫后花园，一群太监、宫女簇拥在一个亭子周围。坐在亭子里，由太监侍候把盏对饮的应该就是陛下和皇后了吧？恍惚之间，听到有人叱道："大胆李牧，竟敢不行晋见之礼！"却见裴潜、南宫嗣已经起身立在一旁了。

跪在阶前的王巧急拉李牧衣襟，轻声喝道："快，跪下！"李牧下意识地跪倒磕头，王巧禀告道，"草民不懂宫中礼仪，冒犯陛下，冒犯娘娘，请恕罪。"

曹睿见王巧姿容绝美，举止淡定，言谈从容，暗道：这样的人儿怎么没有征到宫里来？望着王巧直发愣，还是毛皇后拉了他一下，才道："罢了，恕你等无罪。平身。"

王巧拉着李牧叩头道："谢陛下！"缓缓起身立于一旁。

曹睿问裴潜："裴爱卿，你说的能工巧匠和织布能手就是这二人吗？他二人是夫妇？"

裴潜道："是的。河南县令南宫嗣亲自送来的。"

南宫嗣连忙禀道："这是本县县丞王策选送来的，王巧是他女儿、李牧是他女婿。据王策禀报，改进织机的是他女婿，擅长织布的是他女儿。本县织场，也常常请他女儿到场指导的。"

毛皇后上下打量着王巧，问："嗯，这么说，你们倒是天作之合呢。一个改进，一个使用。你们的织机带来了吗？当面织一织看看。"

刘放奏道："织机已在宫外，敬候圣旨。"

曹睿点点头。太监长声叫道："抬织机入内。"

不一会，织机抬到了亭下。曹睿和皇后看去，只见这架织机形体大气，色彩明艳，做工精致，倒不像干活用的。曹睿亲耕的耒具、皇后织室里的机具也未见得这般华丽。曹睿看了看毛皇后，笑盈盈道："皇后，这架织机好看倒是好看啊！"

南宫嗣心中一凛，陛下的话外之意，不言而喻。有些懊悔，不该让他们把这东西做得这般花哨。就听王巧道："回陛下、娘娘，织机本是实用之物，不该做得这般华丽。但想到这是献给陛下、娘娘的，不敢让俗物污了陛下和娘娘的慧眼，所以用心装饰了一下，也是显我大国风采。这架织机绝非中看不中用的物件。陛下和娘娘可以当场验证。"

曹睿听着王巧的声音就是一种享受，笑道："你这民女倒是伶牙俐齿，很会说话，那就现场织来看看。"他不愿以"民妇"称之，觉得这个词对眼前这位佳人来说，简直就是暴殄天物。

王巧却见机得快，拉着李牧，再次跪倒，拜道："民妇谨奉圣旨！"不管曹睿什么心事，先刻意突出自己已为人妇的身份再说，然后起身走向织机。

织机已经穿好经线，准备工作早就做好。李牧此时也已经从恍惚中清醒过来，见陛下并没有查问织机究竟是谁发明的，一颗心放回肚里了，手脚也变得麻利起来。迅速登上花楼。这几年，他闲来就配合王巧织绫，束综提花已经非常熟练。当下娴熟地操作起来。王巧坐在门楼下，灵巧地踏蹑抛梭，华丽的丝绫就魔术般地一寸一寸在曹睿、毛皇后的眼前展开。曹睿看着甚是有趣，特意从亭上下来，走到近前观看。毛皇后也跟着下来，站在曹睿身边，看着王巧灵巧的双手，忍不住啧啧称赞。毛皇后称赞的是花纹变化百端的绫布，曹睿着迷的却是织机本身的结构。他细细观察了这架新织机的结构，对它的构造原理基本看懂了，越发觉得奇巧之至。皇后织室里的织机他也看过，和这台相比，简直一个是笨拙的老妇，一个是灵巧的少女，当真不可同日而语。

裴潜见曹睿对新织机如此感兴趣，也觉得十分高兴。奏道："陛下，臣验证过，那种老织机，织六十综要踏六十蹑，而这种改进过的新织机，织六十综只需要踏二十四蹑，比老织机要快近三倍啊。"

曹睿兴奋地道："哦，那一个人岂不顶得上近三个人劳作了？好，好，好。这个要是推广下去，我们魏国的桑织将会大大提高功效，岂是吴蜀能够比拟的。"

裴潜趁势跪倒叩头："陛下圣明！臣领旨，立即推广全国。"

"平身！"曹睿爽朗地大笑，"裴爱卿不愧是大司农，不放过任何机会啊！"

"有益于国家之事，岂能怠慢。"裴潜神色肃然，看了一眼仍在织机上操作的李牧、王巧道，"陛下，要推行天下，还须树模立范，让百姓学样，重农亲桑者，朝廷自会奖赏。"

毛皇后看着这织机也是满心欢喜，听了裴潜的话，也道："是啊，陛下，县乡善农者，有力田，这善桑织者，也该有个封赏吧。叫'巧织'如何？"力田为汉魏时乡官名，意即努力种田者，虽不食禄米，却免服徭役，为本乡种田者垂范，得此头衔在乡村里是一种名望。

曹睿笑道："好好好，皇后这'巧织'起得好。我看，就叫'巧织'。"

王巧听了这话，心中颇为失望。她此来并不为要个"力田""巧织"之类的空头衔，她是为李牧讨个一官半职来的。一个空头衔哪里能把马钧的"博士"压下去？

正失望间，听裴潜道："你们还不赶快谢恩！"

王巧立即抽身出来，跪下谢恩："民妇王巧谢陛下封赏！"见李牧也忙不迭地下花楼，赶紧拦住，“陛下封我‘巧织’，你下来干什么？你又不是女的。你男子汉大丈夫，要想着为陛下、为国家做大事，不要学我们女人，一天到晚窝在家里。把一身本领献给国家，那才是男子汉大丈夫。”

刘放忍不住喝道：“大胆民妇，你胡说什么？”

曹睿愣了一下，失笑道：“你倒是伶牙俐齿，很会说话么。你说，你要朕如何封赏你丈夫？”他竟然半点没有怪罪她的意思，反而觉得挺有趣。

王巧一向胆大，见曹睿和颜悦色的样子，觉得天子也没有传说中的那么威严可怕，就站起身道：“陛下，不是民妇心存妄想，只是国家当此用人之际，人人都该为国献身。如果身怀才具，就藏私不献，其实也是一种欺君。民妇之夫虽无大才，但他曾得前朝张平子之传，于木工机巧之术，有一二长处。朝廷总有土木之活，想来总会有李牧用武之地。”她认为李牧本来就精于木工，于土木营造这一块，虽不能像马钧那样出新，但复制、建造总是没有问题的。同时，她也想以此把他逼成才。想当初，那马钧改造织机不也是被逼出来的吗？

提到前朝的张衡张平子，曹睿、裴潜都很熟悉。曹睿惊讶地问李牧：“你居然是张衡张平子的传人？”

李牧见王巧越说越离奇，吓得脸色有些发白。他知道王巧一向敢想敢说，却没料到她在皇帝面前也敢信口开河。但她的话既已出口，自己只好圆上去，否则岂不害了她。已经下了花楼的他立即跪倒在地，禀道：“家祖曾经是张平子大人的首席木师，做过一任将作长史。张平子大人的发明，大多是家祖协助打制成器的，因此学得张平子大人的一些衣钵。”

裴潜也惊奇道：“哦，原来你与张平子前贤还有这样的渊源？那当真是堪用之才了。”

刘放狐疑地望了南宫嗣一眼，南宫嗣立即把嘴角泛起的一丝阴笑隐去，巴不得他们越吹越大。

80

傅玄再次得到召见。那是曹睿读书到了妙处，忍不住想与人探讨交流，就传旨立即着著作郎傅玄到偏殿书房觐见，以备咨询。

曹睿以年轻之身荣登大宝，掌控天下。他幼善诗文，时人更以“神童”

许之，后世将他与乃祖曹操、乃父曹丕并称“魏氏三祖”，因而也对世上“神童”倍加青睐。初登帝位时，听时任河南尹裴潜说起河南县神童“小夫子”的种种传闻，让他起了惺惺相惜之意，意欲召“小夫子”入宫伴读。为了给“小夫子”一个能入宫为官的身份，着州郡按律举荐他为孝廉，没想到却被他拒绝了。太尉府闻曹睿如此器重，也抢着征辟他。他自知年少，尚须历练，也婉言拒绝了，只愿在郡里做一个普通的计吏，从头学起。直到近年，才奉诏入宫，担任著作郎，筹集编撰《魏书》。因为编撰国史，所以朝中每有大事，都会通知他参与旁听。而曹睿读书临帖到高兴的时候，也常常会把傅玄找来，咨询讨论。

傅玄正等着觐见曹睿。因为他听到一些传闻，与事实相去甚远，所以急着想弄个清楚。但没有天子的召见，皇宫却不是你想去就去的。他是个急性子，找不到机会，就跺足乱转。此时一听曹睿召见，一撩衣袍，就匆匆往宫中赶。见到曹睿，叩拜之后，不容曹睿开口，先急急地问：“陛下，臣正巧有事启奏。”

侍奉曹睿左右的中书监刘放正要叱责他不懂礼数，曹睿摆摆手，和气地笑了笑：“那是朕召得很及时了？你且先奏来。”

傅玄问：“听说陛下召见了发明新织机的巧匠，可有此事？”

“有啊。”曹睿道，“怎么了，傅爱卿？朕重农桑、奖耕织，有此巧匠，当为天下垂范。朕还赏他一个籍田令，在大司农府任职。”

“陛下远见。为农桑垂范确是好事。区区一个籍田令也发挥不了他的才华。”傅玄先自留了伏笔。

话没说完，刘放插上来道：“傅大人，原来你是嫌他官小，给他讨封来了。区区一介捕役，又没举过孝廉，仅凭奇技淫巧，给他个籍田令，已是皇上格外开恩了，你还想怎么样？”刘放也是身负才学，在朝中很是有名，自傅玄来后，抢了他不少风头，让他心中很不舒服，总想找机会出出气。

“只要有用于国，都该量才录之，岂能以贫贱而论。若真有奇才，便是加个给事中、封个将作大臣又有何不可？”傅玄不同意他这个观点，但也不想和他纠缠在这个上面。急道，“可若是误将其人弄错，‘垂’个假‘范’，可就误导天下名利之徒纷纷效仿了。”

刘放急喝道：“傅玄，你说什么？陛下怎么会‘垂’个假‘范’？”他这一声轻喝，时机把握得很好，一般人会自然跟着他的思路走，那么傅玄的话就是大不敬了。

可曹睿却不是一般人。他没觉得傅玄有什么不敬，知道定有问题，神情一凛，急问："怎么回事？"

傅玄问："河南县选送来的能工巧匠叫什么名字？"

曹睿掉头问刘放："那个女的叫王巧，男的是叫李什么的吧？"

刘放点点头："叫李牧。"

"果然是他。"傅玄叹了一口气道，"陛下，这是谁选送来的？"

刘放道："这是大司农府责令河南县查找的，河南县责成负责仓狱的县丞王策选送的。而这一男一女，便是王策的女儿、女婿。"刘放话中有话道，"傅大人的意思，是这王县丞借机徇私舞弊，把他人功劳揽到自己家人身上了？"他轻轻松松就把责任先推到王策头上了，否则河南县令首先逃不了干系。

"那倒不是。"傅玄道，"发明新织机和织布巧手的确都是王策的女儿、女婿，但是他还是把人送错了。"

曹睿听着有些糊涂："既然的确都是他女儿、女婿，怎么又说是送错了？"

"陛下，是这样。"傅玄被自己绕得有些急，"织布巧手的确是他的大女儿，叫王巧，那是在河南县出了名的。发明织机的也的确是他的女婿，不过不是这个大女婿，而是二女儿王舒的女婿，叫马钧。现在太学任博士。"

"哦。"曹睿听明白了，"你是说这个王县丞用大女婿顶了二女婿的功？"他又不明白了，"都是女婿，他为什么要这么做？"

傅玄道："王策一向喜欢大女儿王巧，又是在家招赘为婿的，李牧便相当于半子。小时候算命，说小女儿与他命犯冲克，于仕途有碍，故此一直不喜欢她。对二女婿马钧更是心存芥蒂，已经数年不让进门了。所以这次就把李牧送进来了。陛下，这件事事关农桑典范，岂能冒名顶替，埋没真正的人才。朝廷倡导农桑，推出个'假垂范'，流传出去，岂不让天下人笑话？"

"这还得了？"刘放转身奏道，"陛下，傅大人说得对。这可是欺君啦。应该立即着河南县令将王策、李牧拿办。"

傅玄此来，只为辩明真相，推荐马钧，倒是没想其他的。正要说话，曹睿皱着眉头问他："且不急，弄清楚再说。傅爱卿，这事你怎么知道得这么详细？"

"说来话长。"傅玄把当初如何打赌、马钧如何改进织机、王舒如何代姐下嫁的故事详细说了一遍，强调道，"我当初可是见证人之一。"

这个故事竟然把曹睿听入了迷，刘放也听得津津有味。听完，竟然同时问："没了？"显得意犹未尽。

曹睿起身来回踱了几步，道："傅爱卿说得不错，此事关乎朝廷对天下农桑的影响，必须弄清楚。真正的巧匠要奖，冒功讨封的要罚，欺君罔上的更要严惩不贷。朕要亲自审问明白。"转脸命令刘放，"起诏：着大司农府解送籍田令李牧、河南县衙解送王策王巧父女入宫受审，宣太学府博士马钧并其妻同日入宫对质。"末了，又严肃地盯着傅玄道，"傅爱卿，你要对你的话负责。若是你出于私心为举荐马钧而出此奏，那也是欺君之罪哦。朕虽爱你之才，也绝不枉法的。"

刘放道："陛下一向赏罚严明，不徇私情的。"

傅玄一脸郑重地道："微臣愿以性命担保！"

81

马钧是下午要回来的时候接到朝廷旨意的，也没明白是怎么回事，但心中很兴奋。到了洛阳好几年了，离皇宫近在咫尺，除了那次选拔博士，就再也没能踏入宫门半步。每次能见到天子，也是太学府祭祀先圣的时候，或者观摩天子亲耕的日子。那是一直站在很远的地方，连天子的面容也看不清楚。这次忽然下诏宣见，当真有种喜从天降的感觉。所以一回到家里，马上把这个消息告诉给正在缝制衣裳的王舒。

王舒听了也很高兴，想来，马钧该是晋升的时候了。小马缘也蹦蹦跳跳地拍手道："哦，爹爹要升官啰，爹爹要升官啰！我也要升官啰！"

马钧抱过女儿，放在腿上，笑问："傻闺女，你升什么官啊？"

马缘歪着头，一本正经地道："妈妈说，我要当姐姐了！姐姐不是家里的官吗？"

"有了？"马钧惊喜地看着王舒。王舒微笑着点点头。马钧把马缘举起来，高兴道，"哈哈，是官，管弟弟妹妹的官。我女儿都要当官了。哈哈！"

正高兴，马缘挣扎着下地，向门外跑去，一边叫道："傅叔叔，傅叔叔，我要当官了，当……"跑得太急，一跤摔倒。

马钧、王舒赶紧站起身，走出来，只见傅玄抱起马缘，正往家里走来，连忙迎上去。王舒接过孩子，放下来，轻声责怪她，不许她再提到当姐姐的事，挺难为情的。傅玄看着马钧高兴的神情，问："接到旨意了？"

马钧点点头："接到了。"又疑惑地问，"傅大人，不知道陛下为何突然召见我？难道，难道是你举荐了我？"

傅玄摇摇头："我倒是想举荐你呢，一直没有机会。不过这次机会来了，你要好好把握。"

马钧一边让座，一边问："什么机会？"

傅玄接过王舒递过的茶碗，喝了一口，道："唉，我没想到你岳父会这么做，陛下召见发明新织机的人，他居然把李牧送了进去。"当下把李牧、王巧受封经过约略说了一遍，又把自己说明真相的经过也说了，听得马钧、王舒目瞪口呆。

马钧长长地呼出一口气，道："原来是这么回事啊？"

王舒失声道："父亲，姐姐……怎……怎么能这样做呢？"

"就是啊。"傅玄道，"我就是看不得这种行为，这样岂不是误国误民么？"

"唉——"马钧从失望中回过神来，叹了一口气，有些埋怨傅玄，"傅大人啊，既然木已成舟了，你干吗要去捅破它呢？这下麻烦大了。"

傅玄急道："这等事岂能将错就错，它关系到朝廷尊严，关系到国计民生，关系到陛下脸面。"

马钧也急了："不就一架织机么，哪有你说得这么玄乎？"

"这不仅仅是一架织机的事。"傅玄道，"这是关乎国家法度和农桑的大事。其一，冒功邀封，坏了国家法度；其二，以伪劣行径垂范天下，将会带坏民风；其三，埋没真正人才，断了机巧之道，有碍民生国事。其四……"

马钧见他一二三四，一下子罗列了这么多，怕吓着王舒，连忙拦住。傅玄见他二人心情不好，也不多留，便起身告辞了。临走还要马钧快些做好准备，王策、王巧、李牧一到，就会宣召他们入宫觐见，到陛下面前呈述实情。傅玄走后，夫妇二人相视发愣。王舒脸色有些发白，忧心忡忡道："这样一来，父亲、姐姐、姐夫岂不都犯了欺君之罪么？"一把抓住马钧的手，急切地问，"要是陛下怪罪下来，这可怎么得了啊？"

马钧轻轻拍拍她的手背，安慰道："不要紧，别怕，不管怎么说，他们总是你我的家里人么。我们在陛下面前不去争辩就是了么。"

王舒与马钧商量，能否赶得上入宫之前，先回河南家中一趟，一起商量这事，也正好借此机会上门，解开与家中的这个疙瘩。计议已定，次日起了个大早，租了辆马车就往河南县里赶。几十里路，不算很远，又赶得急，正午的时候就到了。匆匆推开门，家中只剩荀氏在。荀氏一见是他们，激动地上前拉住王舒的手：“阿弥陀佛，你们可回来了！”

“姥姥——”马缘怯生生地喊了一声荀氏，几年没见，有些生分了。荀氏高兴地抱住她：“乖乖，都这么大了！”

王舒急切地问：“我爹我姐我姐夫呢？”

荀氏忧心忡忡地道：“昨晚南宫县令领人把你爹你姐请到县衙去了，说今天进京面圣。我怎么瞧着和上次进京不大一样啊？我这眼皮子老跳，不会有什么祸事吧？”

马钧见她还不太知情，看了王舒一眼，把带来的礼品放到案儿上，安慰道：“没事的，娘，皇上召见总归是好事了。”

王舒也道：“是啊，上次姐姐、姐夫去了，听说皇上都封赏了。”

荀氏心中安定了许多，点点头道：“是啊。上次去了回来，咱这河南县都轰动了。你姐被皇上金口御言，封为‘巧织’。你姐夫被征召到大司农府当籍田令。南宫县令正在筹备举办一个庆典，让全县都知道咱家受到皇上封赏了，要全县都来学你姐、你姐夫的样儿。南宫县令说你爹也要跟着升职的。你姐乘着你爹高兴，正要去把你们接回来，全家好好团聚的。这不，又要往后拖了。好在你们也知道了，回来了，就在家住些日子，等他们从宫里回来吧——可我总觉哪里不对劲儿啊……”

荀氏絮絮叨叨说个不停。马钧、王舒却心急火燎。劝说了一会儿荀氏，起身道：“娘，你看爹和姐都进京去了，你这么担心，那我们就再赶回去，到宫门外打听打听，有什么好消息，立马赶回来告诉你。”

荀氏道：“你们才刚来，屁股还没坐热呢，就又要走啦？我去做饭，好歹吃一顿再走吧。”

马钧道：“不，娘，我们这就回京去，过几天和爹爹他们一道回来吃吧。”就拉着王舒赶紧上了马车，急急地往洛阳城赶。按照时辰一算，南宫嗣他们的马车也早该到洛阳了。他们可就耽误时辰了。

果然，他们匆匆赶回洛阳城，径直到开阳门外的太学府时，傅玄正焦急地在门口张望。见他们来了，抱怨道："你们哪去了？到你们家里也找不到。陛下召见，你们当儿戏啊？"

马钧道："我们……回了趟河南县。"

傅玄跺脚道："你们回那里干嘛，他们中午就到了。裴大人也带着李牧到了。不是我请裴大人等等，他们早就进去了，现在太尉府等着呢。"

82

已是黄昏时分了，估计此时正是陛下进餐晨光，索性等等。傅玄着人买来三碗汤饼，和马钧、王舒一起就餐。马钧、王舒心中有事，哪里吃得下，勉强喝了半碗。

见时间差不多了，傅玄就领着二人从开阳门进入禁城。太尉府就在南宫墙外，是他们首先经过的地方。裴潜听说他们到了，赶紧派人先去宫中通报求见。然后和县令南宫嗣一起，带着王策、王巧、李牧三人走了出来。

傅玄见到裴潜，恭恭敬敬上前行了一礼："裴大人，晚辈斗胆冒犯，不胜惶恐！"

裴潜叹道："老夫向以识人自诩，没想到此番却误在他们手中，幸好你能站出来，不让此错延续。"

王策、李牧一脸颓废懊丧之色，王巧却是一脸怒气。马钧、王舒一见，连忙上前施礼："岳父（父亲）、姐姐、姐夫……"

王策一见他们俩，脸一沉，扭了过去。李牧面呈羞愧，叫了声："妹妹、马钧……"低下了头。他始终觉得抢了马钧的功劳，心中有愧。

王巧却怒道："小结巴，你得意了是不？"她认定这是马钧得知此事，出面讨公道，才有今天的局面。

王舒上前拉住王巧的衣袖，道："姐，你别这样。都是一家人，什么事不好商量？"

王巧一拂衣袖，摔开她的手："我没你这个妹妹。是福是祸，还说不定呢？有本事到皇上面前分辩去吧。"

南宫嗣喝道："这是在宫中，当是你们家啊。都别在这儿吵，到皇上面前分个是非去。"赶紧上前，把他们隔开。

裴潜冷冷地看了他们一眼，一声不吭地沿着长长的宫道往前走去。于他而言，这本是件有益司农的好事，没曾想竟弄出个真假发明人的风波来。不仅对他是个嘲弄，对朝廷也大大地有失体面。让他感觉无法面对一直信任他的曹睿。也给那些一直暗恨自己的政敌们看笑话。他打定主意，一旦证实这个李牧确是冒功讨封，他一定启奏陛下狠狠予以惩罚。这个可恶的县丞，也得重重处罚。

裴潜在前面走，南宫嗣押着王策、王巧、李牧跟在后面。傅玄见此情景，只好带着马钧、王舒走在后面。马钧暗暗责怪傅玄多事，好端端弄出这么个事来。这下和王策王巧父女的疙瘩就更难解开了。

天色已经昏黄，宫中挂起的灯笼已经点亮。走过两边戳立着枪戟军士的长长宫道，穿过一个又一个不同形状的宫门，来到了一处巍峨宫殿的外面。马钧、王舒第一次来，不知道这里是什么地方。太监进去通报，他们就在外面静静地等着，不知道什么命运在等待着他们。一会儿，太监出来了，高声宣道：“着大司农裴潜、著作郎傅玄带相关人等晋见——”

马钧、王舒就跟着众人一起跨进宫门，记住傅玄的话，不敢东张西望，只低着头往里走。走进殿中，不敢抬头看，只觉很宽敞、很亮堂，烛火辉煌。裴潜、傅玄上前叩拜。前方有个年轻的声音道：“裴爱卿、傅爱卿，平身。”语气平缓，却不怒自威。

裴潜、傅玄谢过起身。马钧这才微微抬起头来，打量着高台上方榻上坐着的曹睿，惊讶他居然这么年轻。虽然早知道他只比自己大五六岁，见了之后，还是觉得意外。在他心目中，皇帝都应该是那种老成持重的中年以上的年纪。

殿中还站着几个人，马钧虽然没有打过交道，却是认识他们的。一个是骁骑将军加给事中秦朗、一个是散骑常侍高堂隆，还有两个是目前最得曹睿信任的中书监刘放、中书令孙资。这个阵势让他心中更加忐忑不安。这四人都不是等闲之辈。

秦朗，字元明，小名阿稣，父亲秦宜禄是吕布部下，当年武皇帝围攻吕布于下邳，见秦朗的母亲杜氏貌美，就自纳为妾。秦宜禄先是归降曹营，担任铚县县长，后刘备大将张飞以夺妻之仇怂恿秦宜禄叛曹，但中途又反悔了，被张飞杀死。秦朗就一直随母亲住在曹府，谨言慎行，十分低调。武皇帝生前特别喜欢秦朗，以继子视之，还曾向人夸耀：“世上还有谁比我更疼爱继子的吗?”因而无论是文皇帝还是当今天子，都对秦朗另眼相看。文皇帝在世时，秦朗四处游历，逍遥不仕。曹睿刚即位，就召命为骁骑将军加给事中，每次召见他，都亲热地叫他小名，这是满朝唯一一个享受这种殊荣的。

高堂隆，字升平，泰山平阳人。少年时为诸生，颇具才名，最初任泰山督邮。黄初年间任堂阳县长。曾被武皇帝任命为丞相军议椽，为人勤俭耿直，政声颇佳。善占天象，精通历法，博学多闻，很受敬重。曹睿为平原王时，高堂隆做过他的王傅，曹睿即位后，任他为博士、驸马都尉、给事中，最近又任他为散骑常侍，甚得曹睿信任。

刘放，字子弃，涿郡人，汉末举孝廉，时值天下大乱，渔阳王松割据本土，刘放前去依附，武皇帝平定冀州，刘放劝说王松归顺，并替王松写了答复武皇帝的信，文辞华美，甚得武皇帝欣赏，又知道他劝王松归顺之事，高兴地将此事比作“班表依附窦融而劝河西归汉”，便召他为官，历任参军事、主簿记室、同时领三处县令。文皇帝时，命为秘书郎，旋改中书监加给事中，职掌中枢机密。曹睿即位后，愈加宠任，现为中书监。武皇帝、文皇帝和当今天子的诏命文书，很多都出自刘放之手，便是辅政大臣曹爽、司马懿也不能忽视他的存在。

孙资，字彦龙，太原中都人。三岁伤双亲，由兄嫂抚养成人，长大后入太学，为同郡王允赏识，荐为县令，后兄为人所害，孙资刺杀仇人后举家避居他乡，好友贾逵将他推荐给武皇帝，先为功曹，后任计吏，参丞相军事。魏国建立后，担任秘书郎，后转右丞，改为中书令、给事中，赐爵关中候。虽然按魏制，中书监居于中书令之前，但监令地位同班，与刘放同掌军机。举朝皆知，孙刘二人几乎一个鼻孔出气。

马钧虽然一心痴迷机巧，不太关心朝中人事，但傅玄经常给他介绍，这四个当今皇上的红人，焉能不知。与他们相比，傅玄的资历就太浅太浅了。这四人同时在场，马钧立时就感受到一种无形的巨大压力。但他生性倔强，不肯让自己怯了，强行定了心神。只听裴潜先道：“陛下，微臣察事不明，贸然举荐能工巧匠，有负陛下所托，恳请责罚。”

刘放望了南宫嗣一眼，南宫嗣连忙上前跪倒，叩头道：“要说察事不明，责任不在裴大人，是微臣举荐有误。”

曹睿道：“这个也怪不得你们。朕不是也被蒙蔽了吗？这件事得从源头查起，且弄清楚再说。”南宫嗣跟在裴潜后面轻轻松松地避开了责任，向刘放递过一个感激的眼神。曹睿又向殿中诸人问，“谁是河南县丞王策？”

王策浑身冷汗直冒，哆哆嗦嗦上前跪下：“河南县丞王策叩见陛下，望陛下明察。”

曹睿冷冷地问：“大胆王策，朕寻觅改进织机的能工巧匠，意图为天下农桑垂范，你因何李代桃僵，欺瞒朝廷？”

王策吓得身子一抖，还没说话，王巧上前跪倒，抢先答道：“回陛下，此事实属冤枉。家父没有欺瞒朝廷，织机的确是我夫婿改进。”

中书监刘放喝道：“大胆刁妇，陛下问你父亲，谁让你说话了？”

曹睿见是王巧，心中生出几分怜惜，摆了摆手，拦住刘放话头，冷冷道：“今天正好还有几位大臣在，你有什么冤枉可以都说出来。王家与马家赌约许婚的事，正好当事人都在场，你们当场对质，看你冤在何处？”

王巧整理了一下裙裾，毫不畏惧，侃侃而谈：“既然提到王家与马家赌约许婚的事，陛下和诸位大人一定已经了解了事情的前后经过，所以认定这织机不是拙夫所为。这是只知其一，不知其二。”马钧、王舒、李牧望着她，都暗暗担心着，不知道她如何把这个谎圆下去。傅玄又好气又好笑，也不言语，静静地看着。王巧掠一下垂到额前的一缕长发，胸有成竹地继续道，“王家与马家的赌约写的是，如果一方能改进织机，另一方就以女许之，反之，则没入工户，沦为贱民。现在我嫁给李牧，就是凭据。证明改进织机的是他，当然马家的马钧也出了力。王家遵守承诺，将我嫁给了主要改进者李牧，将我妹妹下嫁李牧的徒弟马钧。在场的南宫县令、小夫子……哦，就是傅大人，他们都是证人，马钧、王舒都是当事人，你们说是也不是？”

这番话乍听言之成理，南宫嗣与傅玄面面相觑，一时愣住。马钧、王舒相对苦笑，自是不会反驳。王策听在耳内，吊着的心放下一半，竟认为事情本来就是如此，是自己以前没有捋清楚，这才心虚。只有李牧低着头。

傅玄只是楞了一下，就转过弯来：“你这分明是狡辩。李牧不过是给马钧打下手的，岂能强夺发明权。”

王巧冷笑一声，不接他的话，静静地问马钧：“马大博士，你凭良心回答我，你以前有没有学过木工手艺？”

马钧诚实地摇摇头：“没有！”

工巧追问："你现在的木工手艺是不是李牧改进织机时教的？"马钧改进织机时，的确向李牧学了许多木工技巧，她说成是"李牧改进织机时"，就已经预设情境，时间、地点、教与学对象都没变，但效果却变了。"李牧改进织机"在这一语境中不知不觉就灌输给了听众。

马钧迟疑了一下，点点头："姐夫的确教了我很多木工技巧。"

王巧不看傅玄，冲曹睿拜了一拜："陛下都听到了，马钧自己也没有否认。"

曹睿高坐台上，静静地看着，听着。转脸问刘放、孙资："你们怎么看？"

刘放沉吟道："照她这一说，倒也不无道理……"他故意说半句留半句。

孙资接口道："只是这一来，欺君之人就不是这位王县丞了。"

马钧心中一紧：这话好毒辣，矛头直接指向傅玄了。不禁为傅玄捏了一把汗。南宫嗣诧异地看向刘放、孙资。他们原本计议已定，故意让王策冒功讨封，然后再让傅玄揭破真相，河南县丞的位置自然就让出来了。但见刘放、孙资二人忽然调转了矛头，有放过王策之意，大为惊讶。

刘放、孙资不去看南宫嗣。南宫嗣重金拜托他们这件事，在他们原本是件再小不过的事，王策在他们眼里根本无足轻重，随口就答应了。但眼下形势如果能对傅玄打击的话，对他们的意义远比区区一个王策更重要。何况他们对南宫嗣另有打算，想把他调到身边来，只是还没有和他说。

傅玄反应过来了，焦躁起来："陛下，马钧有没有向李牧学艺我不知道，但我知道这织机的确是马钧改进成功。王巧这是移花接木，把事情说混了，她这是浑水摸鱼。"

曹睿摆了摆手，沉静地问马钧："你叫马钧？在太学府任博士？"他隐约记得有这个名字。

马钧跪倒叩拜："正是微臣。"

"抬起头来回话。"曹睿凌厉的眼神扫向马钧的眼睛，令马钧心中一沉，语气裹着寒气，"你身为博士，当熟知大魏律法，小心你下面说的每一句话。因为每一句都关乎你的生死，关乎你岳父、你连襟夫妇的生死，也关乎为你抱不平的傅著作郎的生死——他们两边，必有一方欺君。"

王舒的心骤然紧了起来。如果马钧坦陈真相，父亲和姐姐、姐夫就犯了欺君冒功之罪。如果违心认可王巧所奏，则傅玄难保项上人头。这可如何是好？

马钧果然脸色煞白起来，抬头看看王策，王策用从未有过的哀求目光看着他。看看王巧，正碰上王巧怨愤的眼神盯着他。李牧没有抬头。又看向傅玄，傅玄凛然正气地昂着头，似乎不相信他会违心说话。马钧最后看向王舒，王舒一脸的绝望。马钧叹了一口气，道：“陛下，这件事欺君的只我一人，与他们都没有干系，更与傅大人毫不相干，请陛下拿我治罪，放他们回去吧。”他认为自己不能说明真相，也是欺君。

众人惊愕不已。傅玄大怒，正要责问，王舒直冲上来，“扑”地跪地叫道：“陛下，要说欺君，一切由民妇而起，与他们都无关，拿我问罪，放了他们吧？”

王巧见他二人争相赴死，越发恼恨。李牧忽然也站了出来，跪下道：“陛下，这件事的确说不清楚，就由小民一人承担。小民宁愿赴死，请陛下把他们都放了吧。”

83

王巧见李牧给她挣了脸，面色好转了些。但这件事却已经改不了口，也傲然道：“陛下，看他们个个争相赴死，好似民妇是怕死之人。那就算马钧是这发明之人吧，刚才所言都是民妇欺君，与其他众人无关。陛下拿我问罪便是。”

一直没有说话的秦朗、高堂隆相视一眼，心中都起怜惜之意，故意笑道：“呵呵，第一次见人争相赴死哦，有些英雄气概。”殿中紧张气氛为之一松。

曹睿不动声色。

刘放却叱道：“这里岂是他们逞英雄的地方？一个个目无陛下。”

孙资也道：“他们这么一弄，分明是搅混水嘛。”话锋暗暗带上了秦朗、高堂隆。

秦朗紧了紧肩上的皮甲带，道：“陛下，其实要弄清这件事也很简单。让他们各自再改进或者发明个什么东西不就是了？”

曹睿眼睛一亮，点点头：“好办法。那就想个题目吧。让他们改进什么好？”

刘放道：“当然要出个难的，太容易的谁都能做，分辨不出。”他当然不希望马钧能做出来。都做不出，那就证明马钧也不是像傅玄说的那样机巧，傅玄即便不算欺君，曹睿也会对他有看法。

听到这话王策、李牧、王巧的心往下沉了一沉。但到底出个什么题目，大家一时却想不出来。

马钧见事已至此，只得强行一试："陛下，各位大人，此事本由赌约引起，为辨明真假，我愿意与王巧再赌一次。若是我输了，就证明我犯了欺君之罪。"

秦朗、高堂隆心中没有刘放、孙资二人肚里那些弯弯绕，笑道："这个好，陛下，臣等以为这个不失为有效也有趣的方法。"

刘放、孙资二人看似也来了兴趣，极力撮掇："陛下，这样好。事由赌约起，再由赌约终。真假一目了然。"

曹睿微微点点头，静静地问："那么，你怎么赌呢？"

马钧豁出去了："臣以为古人能造之物，今人也能造。请陛下出题。"

"你口气倒不小啊。"曹睿打量着马钧，脑子在搜索传说中的古人所造之物，问李牧，"你呢？敢赌吗？"

李牧心虚地看了看王巧，硬着头皮道："当然……有什么不敢的？"

马钧坚定地道："我只和王巧赌，不和李牧赌。因为以前也是我和她的赌约。"

王巧白了脸，恨恨地盯着他，心道：你到底冲着我来了。不管不顾地对曹睿道："赌，我就和他赌。"横下一条心，转头冲向马钧，"姓马的，你划出道来，我奉陪就是。大不了一死。"

王舒暗自焦急，不知道姐姐为啥这么恨马钧，命都不顾。也不知马钧为何一反常态，在这个生死关头，直接跟王巧顶上了牛？李牧见王巧被马钧所逼，骇然叫道："小……"被王巧狠瞪一眼，硬生生把"姐"字咽了回去。

曹睿也真博学多才，就这几句话的工夫，他就想到一个题目："古书记载有个东西，叫指南车，无论怎么转动，它始终指着南方，但谁也没有见过——这个你能造出来吗？"

秦朗、高堂隆有些愕然："陛下，这只是传说中的东西，古书上的记载有很多是虚构的，甚至是神话的，根本不存在的。世上哪有一种东西能够始终指向南方啊。这个太为难他了吧？"

马钧却道："古人不会空穴来风，既有这个记载，就一定有过这个东西。"

高堂隆学识的渊博在朝中是有名的，尤其在阴阳、算术、天象、历法方面的，魏国没几个人可以比肩的，见识极广。他对指南车都如此怀疑，让曹睿也吃不准。

刘放、孙资生怕马钧改口，赶忙附和："世无其事，何有记载？""臣也相信古人诚不我欺。”

秦朗作为将军，根本无法想象，什么东西可以一直指向南方呢？这不成神仙了么？又暗暗为马钧着急：这么个没影儿的东西你到哪儿造去？不是找死吗？他本不认识马钧，但刚才马钧那慷慨赴死的气度，让他心生敬意，隐约觉得马钧虽然是博士，是文人，却有着军人的骨气。所以不欲马钧就此赴险，便道：“高大人所言甚是，这个东西根本不可能有，还是换一个吧。”

马钧却不通世故似的毫不领情：“没见过就不能说没有。其实认真想一想，古人离我们其实不算是很远的。”

秦朗有些急了：我这是在救你，你怎么不知道进退呢。正要继续劝解，高堂隆带着惋惜的口吻哂笑道：“我听说先生姓马名钧，字德衡，所谓‘钧’者，器物的模具，而‘衡’者，是用来测定物品的轻重，轻重不准，模具就失效了。我看你的确不识轻重，不知权衡，可惜父母白白给你起了这么个名和字。”

“凭口舌之利，空争无益。”马钧反正豁了出去，道，“不如做出来试试看，就知道真假了。”

秦朗心道：这岂是试一试的事情？做不出来，你哪里还有命在？

王巧见马钧一味求赌，没好气地说：“赌吧，赌吧，反正我这条命迟早也是断送在他手里。”王舒惊异地看了她一眼。

马钧咬牙道：“我们还比照当年赌约。旬月之内，我若做不出指南车，就请陛下按欺君之罪办我。”

秦朗、高堂隆打死也不相信马钧旬月之内就能做出只是传说中的指南车，以为他只是一心求死，实在不愿看马钧白白送了一条性命，暗暗叹息。曹睿皱起眉头沉吟不语。忽见傅玄站了出来，道：“臣愿意陪马钧一赌，为他作保。倘若他复制不出，臣甘愿与他同罪。”

刘放、孙资大喜，立即推波助澜：“傅大人如此舍命作保，必定是胸有成竹。看来马钧的技巧不下于前朝张平子。”傅玄自愿往里跳，刘、孙二人自然巴不得。

曹睿道：“傅爱卿可要想清楚了，这可是性命攸关的事。”

傅玄昂然道：“臣坚信马钧做得出，因为臣知道他的本事，臣只有以此证明臣没有欺君。”

王舒也跪直了身子，道：“也算上民妇一个，马钧若是不能造出指南车，民妇也愿陪他一死。”

王巧看着马钧和王舒，眼睛里几乎冒出了火。只有秦朗、高堂隆又敬佩、又担心地看着他们。

刘放、孙资以才学、见识见宠于曹睿，一直视名儒傅玄为威胁，也时常明里、暗里打压德高望重的高堂隆，此时极力鼓动曹睿：“陛下，既然马博士、傅大人这么有把握，何不就让他们赌一赌，或许成就一段佳话呢。”

曹睿沉吟了一下，他不是那种嗜血的君王，知道这一赌，非同小可，无论谁输谁赢，总有一方要为此丧命的。马钧他当然不是特别介意，但傅玄一直是他比较欣赏的，也是在学术上敢于和他探讨的人。见事已至此，马钧一副自信的模样，曹睿斟酌道：“好，朕就允你一赌。傅爱卿只作为见证人吧。刘爱卿，拟写赌约，阿稣、高、刘、孙、裴、傅诸位爱卿，你们作为见证人。”

刘放见曹睿拒绝傅玄参赌，知道是刻意保护他，不禁大为失望，但也无可奈何，总不能公开逼傅玄入局吧。看南宫嗣神色黯然地站在角落里，不忘拉他一把，道：“陛下，南宫嗣当年也是见证人之一，理应也见证一下。河南县纺织业崛起，他这父母官功不可没啊。”这场合里，根本没有南宫嗣说话的份，刘放这一说，是有意把他往前推。南宫嗣自然是感激万分。

曹睿点点头：“好，南宫爱卿原本就是将作府出来的，算他一个。”他将南宫嗣和毌丘俭贬出京都之后，不断接到南宫嗣的上书，一直压着不表态，是觉得时机未到，但却愈加关注这位前将作长史，此时不失时机地给他一个嘉许的眼神。

就这一个眼神，南宫嗣的心差点没激动得跳出来，立即跪倒谢恩：“臣领旨，谢陛下！”

刘放片刻之间，就把赌约拟好，言语文辞拿捏得恰到好处。曹睿看了一遍，满意地点点头，示意见证人都签上自己的大名。这场赌约就这么定下了。

傅玄道：“陛下，既然赌约已签，就让他们回去准备吧，旬月之后，再来揭晓。”

刘放道：“傅大人，真假未辨，他们还是待罪之身，怎么好回去？”

傅玄呆了一呆，望着曹睿道：“可……莫非陛下要让马钧在大牢里造出古人的指南车吧？”

马钧似乎早有预料，并不吃惊。秦朗对刘放、孙资权倾朝野，很是忧虑，逮住机会总要遏制他一下，但又不能过于明显，让曹睿不快，见刘放之言占着理，不好直接反驳，便道："陛下，法不可废，但约也不可爽，总要提供方便的。"

曹睿点点头，一锤定音："王策、李牧、王巧、马钧一并收监，待赌约揭晓后自可判明真伪。给马钧单独狱舍，制造指南车所需用具物品，由将作府提供，不得刁难。"

三国发明家马钧（下）

孙群◎著

新世界出版社
NEW WORLD PRESS

图书在版编目（CIP）数据

三国发明家——马钧：全 2 册 / 孙群著. -- 北京：新世界出版社，2019.9

ISBN 978-7-5104-6659-5

Ⅰ. ①三… Ⅱ. ①孙… Ⅲ. ①马钧–生平事迹 Ⅳ. ①K826.16

中国版本图书馆 CIP 数据核字（2018）第 280062 号

三国发明家——马钧（全 2 册）

作　　者：孙　群
责任编辑：曲静敏
责任印制：王宝根
责任校对：宣　慧
出版发行：新世界出版社
社　　址：北京西城区百万庄大街 24 号（100037）
发 行 部：（010）6899 5968　（010）6899 8705（传真）
总 编 室：（010）6899 5424　（010）6832 6679（传真）
http://www.nwp.cn
http://www.nwp.com.cn
版 权 部：+8610 6899 6306
版权部电子信箱：nwpcd@sina.com
印　　刷：天津中印联印务有限公司
经　　销：新华书店
开　　本：710mm×1000mm 1/16
字　　数：560 千字　印张：33.75
版　　次：2019 年 9 月第 1 版　2019 年 9 月第 1 次印刷
书　　号：ISBN 978-7-5104-6659-5
定　　价：69.00 元（全 2 册）

第 13 回 ‖ 揭谜底：藏仁心天子输一奏

84

王策没有料到欢天喜地到京城来，原指望得了一场富贵，谁知现在却关到大牢来了。想来都是自己一念之差，冒功讨封。次日一早，见狱卒领着二女儿王舒前来探监送饭，老脸一时搁不住，背过去。李牧见到王舒，也是羞愧不已，但不知王巧在女监怎么样，急得他团团转，只好红着脸问王舒：“二……妹，你姐……咋样了？”

王舒幽幽道：“我给姐姐送过饭了，她还不肯吃，还在赌气。”轻轻叹口气，“都是一家人，干吗要这么赌气呢？”又对背着脸的王策道，“爹，不管怎么样，饭还是要吃的。”

王策头也不回，道：“你们的饭我不敢吃，我就等着二姑爷早些造出指什么车，好把我们送上西天。”

王舒凄然道：“马钧真的不知道傅大人喊他来是为了这事。他一心兜揽什么指南车，只跟我姐赌，不跟姐夫赌，明摆是自己要送死去啊！”

王策猛地掉过头来，一下子也想明白了。马钧如果坚持和李牧赌，那么李牧也得去复原指南车。那时复制不出的一方，显然就是冒功的。而马钧只和王巧赌，而且赌的就是自己能否造得出指南车。实际就是自己和自己赌。明知那是个造不出的东西，不是送死那是为何？即便造得出，他自己故意不造，也就成全他们了。王策一想通这个关节，心中颤抖了一下，生出愧意和不忍来，一下抓住王舒的手道：“这么说……这么说……他是一心要救我们的了？”

李牧也一下子明白过来，惊异得不知说什么好。王舒忍不住凄然泪下：“我知道他是抱定必死之心，夸下海口。真要如此，爹爹，女儿会陪他一起去的。马缘以后就靠爹娘你们了。”

王策硬起心肠道：“女儿，你别自己往死路上去。你还年轻，大不了以后再……再嫁一个。”

“爹……”王舒惊讶地抬起头，透过泪水望着忽然陌生的父亲，一片模糊，不敢相信地道，“你，你怎么能这样说?”

王策结巴起来：“我的意思是……要死死一个，不能死一家。”

王舒万万料不到父亲的心竟会如此凉薄，但终究是她的父亲，也不想多说什么，放下饭菜，抹着泪向狱舍的那一头走去，马钧就单独关在那里，和这边的狱舍正好远远相对。

李牧看着王舒单薄凄凉的背影，心中一阵紧似一阵。王策忧虑的声音从耳边飘来：“他不会突然反悔吧……”李牧有些恍惚，王巧的俏脸又闪上了心头。

这个时候的王巧正在女监冲傅玄大发脾气。王舒过来送饭，王巧没给她好脸色。王舒叹了口气，没多劝她，临走时只凄然地说了一句话：“姐，马缘以后就托付给你了，别辜负了马钧的一片心意。”

王巧愣了半天，直到王舒走了很久，她才突然想明白其中的关节。拍着碗口粗的监舍栅栏，跟女狱卒大叫，要著作郎傅玄立即滚过来见她。女狱卒从来没见过这么胆大的女囚，只晓得是天子命令暂时收押的，也不知道她什么来头，倒也不敢怠慢，立即禀报上去。

傅玄听到王巧这般蛮霸地呼他，不知她又要出什么幺蛾子，还真就巴巴地赶来了。王巧似乎一点都不知道，蔑视朝廷命官会带来什么后果，一见傅玄就杏眉怒睁地斥责道：“姓傅的，王家什么时候得罪你了？你撮哄小结巴跟我赌命，自己却跑到一边当见证人去了。有本事你真的陪赌啊，你这算什么呀……”

傅玄也没好气道：“都是你们自己弄出来的事情。我只是想辨明真相，不要埋没了真正的人才，没想真要谁的命。弄到这一步，也是你们自己咎由自取。”嘴里说着，心中却也暗伤脑筋。他知道王策一家的事，并不希望真的有人为此丧命。但眼下情形，无论是谁赢谁输，总要有人为此付出血的代价。

“小夫子，”王巧“哈哈”一笑，唤起他童年绰号来，“你以为马钧真能造出古人的指南车吗？我告诉你，他就是造得出来，他也不会造的。”

“他是傻子吗?”傅玄冷笑道，“造不出，他就是一个死。”

“我还以为你真的多了解他呢?”王巧不屑地瞪着他，“你就是一个胆小鬼，明知小结巴造不出，所以不敢陪赌。哈哈，小结巴这条小命好歹断送在你手里。”

傅玄怒道：“你这女子也太狠毒，不就是激我陪赌吗，大不了一条命，傅某人几时怕过。”

王巧嘲笑道：“就是激你了，怎么样？说到底，还是拿他人的命不当命，只你自己的命是好的。”

傅玄焦躁起来，明知她是激将，还是忍不住吼道：“我这就去向陛下立军令状。”

王巧撇撇嘴，摇摇头道：“你明知道陛下被你才学所迷，不会舍得让你冒险，才这么说。”

傅玄被气晕了，跺脚道：“小妖女，我这就去跟马钧说，他要是造不出指南车，不待陛下斩了他，我先一头撞死在他面前。”说罢怒气冲天地转身就走。

王巧“哈哈”大笑：“你真要这样逼他，或许他真能造出什么指南车来。那姑奶奶我死得可真值了。”两行清泪却忍不住扑簌簌往下流。看着傅玄气急败坏的背影，慢慢地瘫坐下去，喃喃道：“爹爹，女儿对不起你……”

傅玄气呼呼地赶到单独关押马钧的监舍里，看到马钧正望着一堆木料和木工用具发呆。

这个监舍比较大，特意将三间监舍中间的隔栏拿掉，变成一个很大的空间。这是秦朗、高堂隆受傅玄之托，特意关照监狱方面这么做的。以秦朗、高堂隆的权势和声望，还打着陛下的招牌，自然不难，制作用具和材料自然是一应俱全。但马钧只是闭着眼坐在角落里，手中习惯性地慢慢摩挲翻弄着那支老旧的蛇形小木簪，丝毫看不出摆弄机巧的样子。听到急躁的脚步声，就知道是傅玄来了，微微睁开眼，站起身。

傅玄一见他这样，相信王巧说的是真话，怒道：“马钧，你真的不打算证明自己了？你以为你这样就可以不让自己为王家负疚。可是这样对得起王舒吗？对得起你父母吗？对得起你女儿吗？”

马钧脸色苍白，微觉诧异道：“傅大人，我……没有说不证明自己啊。不是连赌约都签了吗？”

“你以为你打的什么主意，我不知道吗？”傅玄指着他道，“你不就是打算让自己输掉，一了百了，自己去为王家负罪吗？所以你才什么活都应承下来。”

“不……”马钧无力地辩解，“你怎么这样想？”他的确打的是这个主意。

“你的心思连王巧都看得出来，还能瞒过别人吗？”傅玄高声骂道，“以王舒的秉性，你死了，她会独活吗？你还是得对王家负疚。告诉你，我马上就去求陛下恩准我陪赌。倘若陛下不准，我告诉你，到赌约揭晓那一天，如果你拿不出东西，我自己死在你前面——这是我刚刚和王巧定下的赌约。这份罪孽我看你背得起背不起。你知道我脾气，你自己看着办。”说罢转身就走。

狱舍这一头的王策、李牧起先见傅玄在马钧狱舍门口指手画脚，似在斥责马钧。待到傅玄高声喝骂，听清了傅玄是在激马钧必须复制出指南车来，二人均变了脸色。王策担心的是自己性命不保，而李牧的心立马就为王巧吊了起来。

马钧惊讶地看着傅玄的背影，想叫住他，又不知怎么说。他万万没有料到，王巧会激傅玄来逼自己复原指南车，心中陡然一震。

85

傅玄走出狱舍，心中郁闷，也不去府衙，径直往家里走去。他对马钧造出指南车很有信心，但一个现实问题摆在面前，就是马钧的指南车一旦造出来，就证明王策、王巧、李牧在冒功讨封，那可是死罪。他也知道王巧和马钧之间有些纠缠不清的恩怨，王巧鼓动王策、李牧冒功讨封，显然是夹杂着这段恩怨的。其行可恨，但罪不至死。如何让王巧等人免于一死，思来想去，总无两全之策。他昨日也是激于义愤，倒没真的想到后果。现在沉静下来，想到不久，王策、王巧、李牧难免人头落地，血流五步，不禁冒出一身冷汗。走到家门口，又折转身，打算去找小先生张超商量商量。就听院门推开，妻子杜氏叫道：“夫君，单先生、张先生等你好久了。”

张超跳出院门，叫道：“傅兄，好久没找你喝酒下棋了。今天来敲你一顿。”

傅玄脸上一喜，提起袍角，快步走来：“哎呀呀，张兄，哪阵风把你给吹来了？”就见单先生拄着藤杖站在院子里，笑看着他，疾步上前，深深一拜，“原来是先生到了，晚辈疏于问候，还请恕罪。”

单先生道：“我来洛阳采办些米面，听说元直先生辞官归隐，打算今天去拜会，邀他到龙门山小聚几日，碰到张超，听说王家翁婿都被下了大狱，不知怎么回事，就顺便到你这里问一问。”

杜氏赶紧张罗酒菜去了。傅玄叹了一口气，把王巧、李牧冒功讨封，马钧与王巧打赌下狱，王巧激他陪赌等，详细说了一遍。正没个区分处，请单先生、张超帮忙出出主意。

一边说着，一边进入屋里，分宾主入席盘坐。杜氏也把酒菜送到各人案上。张超把一杯酒猛地倒到嘴里，叫道："一定是李牧那小子贪功冒名，害了姐姐。我饶不了他。"张超也已经成家立业，"太守神医"张家在他手下也是声名不坠。他谢绝了朝廷的多次征召，在京城也开着几家药铺，依旧是每逢十五坐堂问诊。朝廷每遇顽疾，太医还得经常找他。但不知为什么，这两年，他慢慢开始酗起酒来，常常酩酊大醉，有时醉酒坐堂，把个病家吓得看病也不是，不看病也不是。渐渐地，那些太医也不来了。这么些年过去了，王巧在他心中，依然是那个超凡脱俗的"神仙姐姐"，是以一听之下，便认定是表兄李牧所累。

单先生又询问了一下赌约的详细情形，皱了皱眉头，想了想问张超："听说你家与张衡张平子有些渊源，技巧方面的藏书应该能找到一些吧？"

张超已经微有醉意："我祖父与张平子先辈有旧，当年就是他介绍了李牧的祖父给张平子先辈做木师。我马上回去找找看。"张超家学渊源，藏书极多，倒不知有无机巧方面的古籍。

单先生道："为今之计，得让马钧把指南车复制出来才行。"

张超狐疑道："先生，织机好歹有个现成的东西在，有个基础，好在这上面改进。这指南车闻所未闻，他真能造得出来？——不过马钧真复原出来，王巧姐姐不也就没救了么？"他为此沮丧起来。这几个人，哪一个走上绝路他都不愿意。

单先生道："既然有此说，必曾有此物。你们尽量给他提供些资料吧。凡事皆有定数，你们也不必过于沮丧。"又微微叹息道，"这王巧倒也是个奇女子。"

张超又一大碗酒倒入口中，道："那是，神仙姐姐本就不是一般女子。"他并没有明白单先生的话。

单先生品着酒，没吭声。倒是傅玄忽地顿悟：敢情王巧激他逼马钧复原指南车，压根就是不想马钧死啊！可是，她不是最恨马钧的么？

正说着，杜氏从门外进来，神色有异，看见他们欲言又止。傅玄不耐烦地道："有什么事干脆说，这么吞吞吐吐的干吗。"

杜氏道："刚才出去买盐，听街坊说，有个女子跪到宫门外请死去了。听传言好像就是马先生的夫人。听你们正说这事，就回来告诉你们。"

张超讶然道：“是王舒。”

傅玄烦躁地站起身，跺脚道：“这个王舒，她又添什么乱！”

单先生叹口气道：“又一个奇女子。可惜……”

上东门近永安宫。王舒正头顶状纸跪在宫门外，边上围了一群人在议论纷纷。看样子，送完朝餐后，王舒就一直在这里跪着。守卫宫门的兵丁枪戟一样地戳在那里，面无表情。

刘放、孙资在宫中得到报告，相互望了望，觉得有些不可思议，怎么会有人真的这么一心求死呢？孙资问：“要不要禀告陛下？”

刘放笑道：“虽然是小事，倒也蛮有趣。你说会不会有人在背后指使她这么做？”

孙资会意一笑：“所以啊，这个事情还是得让陛下知道。”

商议已定，两人便一齐入殿，禀告正在批阅奏章的曹睿：“马钧之妻王舒头顶状子跪在上东门外，说是由她领罪伏法，求陛下取消赌约，放了其他人等。”

曹睿脸沉了下来：“这不是胡闹吗？朕为天下垂范，岂能不辨明真假，就这样糊涂过去？一个民妇不懂律法，难道你们也不知道吗？让她离去便是，还巴巴地跑来禀告。”

刘放道：“陛下不觉得奇怪吗？一介民妇，哪来这么大胆子，敢头顶状子到宫外喊冤？臣怕是其中另有缘故。”

孙资一边研墨，一边道：“也是啊，昨日赌约刚立，今天就宫外喊冤。真是无巧不成书啊。”看似随口道来，矛头却有所指。

曹睿明了他们的心思，淡淡道：“是吗？”

刘放、孙资心中沉了一沉，吃不透曹睿的态度，就当是一件不值一提的小事，随手翻了过去，却将辽东太守公孙渊最近的反常举动拿来转移话题。

86

马钧得知王巧激傅玄来逼他复原指南车，内心也极是震撼。打定主意，一定要把这指南车复制出来。一旦有了斗志，马钧就来了精神。睁开眼，将小木簪在指缝间快速地翻几转，然后用它在地上左一竖、右一横地画起来，时而皱眉沉思，时而豁然开朗。一会儿又将地上的线痕用脚抹掉，再画，再抹。折腾了整整一个下午，叹了一口气，颓然坐在地上。晚上，王舒来送饭时，马钧正在苦思冥想中，也没注意她面色有些苍白，只是告诉她，狱中有牢饭，不用每顿都来送，要她把马缘照顾好就行。王舒没有吭声，待马钧吃好，收拾起碗筷，提着篮子就走了。

月光从高高的小窗口透入，一阵风卷着几片树叶旋落进来，将初夏的闷热驱散了些许，竟有点儿凉爽的感觉。马钧毫无睡意，坐在草席上，倚在角落里，望着高处窗口的亮光遐想，小木簪在指间时而快、时而慢地翻来翻去。

天地仿佛就是一个巨大的机巧装置。月亮每天从东边升起，从西边落下，从来不会有丝毫偏差。他知道，即使乌云密布之日，雷雨交加之夜，月亮也从来都是按照它的轨迹，东升西落，只是地上之人看不见罢了。既然东南西北方位是固定不动的，那么世间就一定有一种机巧装置可以指示它们，只是其中的奥秘在哪里？正是他现在要去探索的。古人既然有此传说，就说明这种东西一定曾经被人发明出来过。古人是人，今人也是人。古人能做到的，相信自己也能做到。自己幼年的时候，心中就有许多稀奇古怪的想法，很想把它雕琢出来，但总是被父亲责骂，认为不务正业，被逼着去死读书，但心中的奇思妙想从来就没有断过，读书之时，只要有便利，就去琢磨字里行间流露出来的许多机巧的蛛丝马迹，尤其是诸子百家文献中隐藏着的许多这方面信息。

记得有一次读《墨子》的《公输》篇，就很为之着迷。文中说：“公输盘为楚造云梯之械，成，将以攻宋。”这是说“云梯之械”古已有之，现在攻城用的云梯应该就是那时流传下来的，几百年了，居然没有改进。而“子墨子解带为城，以牒为械。公输盘九设攻城之机变，子墨子九距之。公输盘之攻械尽，而子墨子守圉有余”这段话就深可玩味了。公输盘的“攻械”当是指各种云梯，而墨子“守圉之械”是什么？虽然墨子当时只是“以牒为械”，但后面强调了“臣弟子禽滑离等三百人持臣之械守城”，便说明这个“守圉之械”肯定是有的，而且多达“九种”以上，只是今人不知道罢了。云梯已成攻城常见武器，也反证了这一点。那时，马钧就曾苦苦思索墨子的“守圉之械”是什么样子？那肯定是针对“云梯之械”的。他对应云梯之械，在心中曾经构想过“守圉之械”，也的确在心中有了雏形。

古人所言的指南车，相传为黄帝所造。那时黄帝正与蚩尤作战。蚩尤施展法术，漫起大雾，黄帝就造了指南车，为士兵领路。《古今注》和《鬼谷子》中又有另一个说法，说因为“越裳氏”来进贡，迷失了归路，周公便造“五乘”指南车，为他们指引方向。无论是民间传说，还是文献记载，对于痴迷机巧的马钧来说，都具有相当大的吸引力。觉得神奇之余，也曾细细想过，到底什么样的车子能够始终指向南方。按照他的设想，这个车子的内部一定有着不为人知的极精巧的机关。他就应该在这个内部机关上着眼。

这一夜，马钧想得入神，毫无睡意，直到天要亮才迷迷糊糊进入迷离状态。

早晨，王舒依旧送来早餐，看着那一堆纹丝没动的木料，没有说什么就走了。马钧知道她无法开口，既不能劝他成功而置王巧、李牧、王策于绝境，也不能劝他放弃复制而自寻死路。她夹在中间其实才十分难过。

王巧见王舒又来送饭，倒不再拒绝，接过饭碗，问她马钧在干什么？王舒淡淡道：“在发呆。”

王巧端着碗的手突然一抖，猛地朝地上一掼，发作起来：“哈哈，小结巴，他这是什么意思？瞧不起我王巧是不？我不会占他便宜。你去告诉他，他若是因为故意想输而不造指南车，就是陷我于不义，我不会苟活于世。十天之内，他若是拿不出指南车，我就先死。”

王舒惊讶地抬起头看着王巧：“姐……”

王巧眼中闪过一丝慌乱，连忙用怒叫来掩饰：“他去充英雄，丢下你和缘儿，让我背负骂名，你说，我还能活得下去吗？还不是害我死吗？我死了还得背负骂名？”

王舒的眼泪下来了，扑过去，隔着栅栏拉着王巧的手道：“姐，我知道你是为我和缘儿好，可是，可是我不能看着你死……”

王巧摔开王舒的手，指着她叫道：“我知道，你不会叫他这么做。我知道你怎么做都难受——狱卒——狱卒——”王舒拦都拦不住。

女狱卒听到叫喊，连忙跑过来，斥责道：“叫什么叫？找死啊？”

“对，我就是找死。”王巧反正豁出去了，手指着她道，“你去向上禀报，就说女犯王巧想通了，要将真相禀明皇上，是我欺君罔上，请皇上拿我处斩……”

女狱卒张大了嘴，嘀咕道：“还真有寻死的。”也不管她，回转身就去向上禀报。

因为这是曹睿亲自关注的案子，狱方不敢怠慢，连忙层层上报，报到刘放、孙资这里，刘放、孙资觉得奇怪，怎么一个个都争着往死路上跑啊？因曹睿最终要当面审问，刘放、孙资也不敢隐瞒什么事，就禀告给曹睿。正在和从长安回朝汇报军情的太尉司马懿商议事情的曹睿，简要地向司马懿说了一下这事，皱了皱眉头，问刘放、孙资：“你们怎么看这事？”

刘放道：“她的话应该是真的。按这样说来，织机的真正发明人应该是马钧。”

曹睿问：“马钧动工了吗？”

孙资道：“据说他这两天都在狱中发呆，什么也没做。”

曹睿道：“看情形，这马钧的确是真正发明织机的人，只是他现在不肯证明自己，是怕害死岳父一家。”

刘放试探道：“既然陛下认为马钧是正主，那还费这个劲儿干吗？直接判了干脆。”

一直没有说话的司马懿笑了：“知道真相是一回事，证明真相又是另一回事。”

曹睿不悦道：“朕要天下归心，凡事岂能凭朕之意擅断？况且这是为天下垂范的大事，必须有理有据，不能一误再误。你们想个法子，让他证明自己，朕也想看看，到底有没有人能造得出指南车。”

刘放、孙资傻了眼。他们本不欲马钧造出指南车，现在还得想办法逼他造，真是窝囊。但看曹睿着意维护傅玄，想凭这件事把傅玄怎么样似乎也不可能。既然这样，那就再回到先前的路子上，帮南宫嗣除了王策吧，还可以连带打击一下秦朗、高隆堂。反正怎么做，自己这方都是有利可图的。于是主动献策道：“陛下，王巧这般寻死，干脆再来一次三堂会审，逼马钧动工。”

曹睿很少亲自审案，难得有这样一个机会，倒也兴趣盎然，点头同意。司马懿见曹睿审案，便要告辞退出，曹睿拉着司马懿的手笑道：“太傅，适逢其会，一起看看吧。”

于是马钧、王巧被提来过堂，王舒因天天跪在宫门外求死，也被宣来陪审。又宣当日见证其事的傅玄、秦朗、高堂隆等到场。裴潜、南宫嗣因各回府衙，也就没去召回。

王巧不等曹睿开口，上前跪倒：“陛下，我把真相告诉你吧。其实马钧才是真正的织机发明人。之前是因为恨马钧害了我，迫使我不得不嫁给李牧，所以我才报复他。至于我父亲，他是真的不知道到底谁发明了织机，李牧也是为我所逼，不得不说假话，所以真正欺君的只我一人，陛下，请拿我问罪吧！”

王舒赶紧上前跪倒，道：“马钧和李牧的确是一起改进织机的，虽然以马钧为主，但李牧也的确参与了，应有一半之功。姐姐是为我和孩子着想，这才独自揽下罪过，民妇当年代姐下嫁，抢了姐姐的风头，才让姐姐一时气糊涂，冒犯了陛下。当年我既能代姐一嫁，今日也该代姐一死。”

曹睿一拍龙案，轻轻喝道：“马钧，你既当着朕的面立下赌约，因何又不动手制造，你知不知道，你这种行为本身就是欺君？”

马钧跪倒禀告：“臣本欺君，愿领死罪。”

曹睿“哼”了一声：“你以为你一心领死，就能免了众人死罪吗？瞧这情形，朕也看得出真伪。既然你不肯复制指南车，自寻死路，那朕就遂你心愿。但是他们如果不能证明自己，那也只好都以欺君论处。”转向傅玄：“傅爱卿，你是马钧保人，他不能复制出指南车，你也同罪。”

傅玄正中下怀，立即昂然道：“马钧旬日之内若造不出指南车，臣愿先他而死！”

马钧霎时脸色苍白。这就是说，即便自己豁出去了，也不过白白一死。王家依然不能幸免，还得搭上一个傅玄。这怎么可以？曹睿再次目光炯炯地看着马钧：“马钧，朕倒是弄不明白了，你是真正的大义赴死，还是你其实根本就没这个本事？”

马钧似是受激不过，冲口而出：“陛下既如此说，臣愿再与陛下一赌。”

司马懿近日染了风寒，正背过身去低声咳嗽，乍听有人竟敢跟陛下打赌，大为不敬，惊异地猛转过头来盯向马钧，身子却依然背着。马钧正好抬起头来，看到这怪异现象，吓了一跳。坊间传说司马太傅有“狼顾”之相，没想到竟然是真的。

没等司马懿开口呵斥，曹睿“哈”的一声气笑了：“你跟朕赌？好啊，赌什么？你造得出来，自然不用死，又何须赌？”

马钧道：“臣若造不出，死而无憾。但臣若造得出，斗胆恳请陛下准我一奏。”

听马钧竟敢和曹睿提条件，司马懿、刘放、孙资正要呵斥，曹睿摆了一下手，止住他们，竟然站起来，走下龙案，到马钧面前，目光炯炯地看着马钧，缓缓道：“伸出手来！”

马钧迟疑地慢慢伸出手，曹睿一掌击了过去："好，朕就跟你击掌立约。"众人均看呆了。

87

司马懿蓦然转头的动作像魔咒一样反复地在马钧的脑中浮现，让他像中了邪一样，连怎么回到狱舍里的都不知道。他冥冥之中觉得这次的发明能否成功和司马懿有着很大的牵扯。但究竟是什么牵扯，自己也不知道。

坐在狱舍的草席上，看着那一堆木料和木工用具，依然理不出一个头绪来，焦躁的情绪不自觉在指间不停翻转的小木簪上透出来。古人的指南车内部究竟是什么机关，他还是没有想出。既然是指南车，主体是车子形状，这一点肯定是毫无疑议的。指方向，肯定和人有关，那么车上就一定是有个人样的物件站在那里，用手臂指着南方。问题是，当车子调转方向时，如何能让车上的那个"人"依然直指南方不变。车上的"人"又不是活的，即便是活人也不对。活人若是能始终辨别方向，又何须制造指南车？那么关键就找到了——车身转动，车上的"人"不动，必然内部有一个能让"人"不动的装置，就像一个人身子转过来而头不动。

"身转而头不动"——想到这个，马钧忽地就跳出司马懿"头转而身不动"的奇异动作来，二者正好相反，道理却是一样的。猛然醒悟，原来自己所中魔咒在这里。想通这个关节，马钧精神一振，似乎找到一个突破口，猛地不停地翻动着右手五指，又用小木簪在地上画了起来，一边画一边用手指量来量去，计算着什么。一会儿又皱起眉头，苦思冥想。晚上，王舒送饭时，马钧要她明天把家中的那套微型木工工具带来。

次日上午，张超前来探监，倒是没有往常那样醉醺醺的。见马钧把玩那套微型工具，十分好奇，特别要过来翻来覆去看了看。马钧没想到这事已惊动了单先生和张超，还特意给他送来了几本古人典籍，当真十分感谢。

张超见马钧的精神不像傅玄说的那样颓废，也充满了信心，拱手道："马先生，小弟相信你一定能造出指南车的。"但对造出指南车之后，王策、王巧、李牧难逃欺君之罪的事却也一筹莫展。所以进门时，明明看到那一端就关着王策和李牧，却不敢去看。虽然很想看看以前的"神仙姐姐"，此时也不敢到女监去，不知道怎么面对王巧。

张超想躲，王策却不让他躲，远远地喊他。张超无奈，只好装作才看到的样子走过去，道："王县丞、李牧，你们也在这里？"

"小先生，"王策想请张超帮忙能否把他们弄出去，明知道这是不可能的，转口问，"刚才看你给马钧带了书，什么书？是造指南车的书吗？"

张超已经从傅玄那里知道这里的情形，不想多说什么，只道："世上哪有造指南车的书啊，就几本古籍给马钧解闷的，王县丞若想要，我也给你带几本来？"

王策哪里有心思看书，摇摇头，不再说什么。李牧其实不想看见张超，看张超眼睛逼视着他，默默地低下头。半天，才鼓足勇气道："她……她在女监，你……去看看她吧。"他知道张超一直视王巧为天人，或许他有什么办法救王巧吧？

张超叹了一口气，转身走了。这一次，张超还是下了决心去探监。以"太守神医"张家的大名，求他的人多得是，所以就像去探视马钧一样，他进入女监也并没有太费曲折。

王巧虽然多年未见张超，再重逢时却丝毫也不觉得生疏，叫着他小时候的外号，叹道："小先生，没想到这个时候，你能来看看我。"

张超已经是个半大小伙子了，也已娶妻生子，但对王巧依然保持着童年时代的感觉，脱口道："姐姐，你瘦了……"怜惜之情不自觉地流露出来。

王巧感动地看着他，幽幽道："姐姐现在在你心中是不是一个坏人？"她没有说"坏女人"，是她还从来没把自己当女人。

张超也没有把她当女人，在他心中，她依然那般纯净。他定定地看着她："姐姐，我知道你不是冒功讨封之人，其实你是因为马阿哥……"

王巧自己都没有弄明白的事情被张超一语道破，心中也一下子雪亮，顿时无力地跌坐下去，抵抗着自己的内心，喃喃道："不，不，不是……你胡说什么？他……他是我妹夫……"

张超话头被打断，知道这话儿只能意会，不能明说，轻轻地叹了一声道："姐姐，我理解你……"

王巧的脸白得像纸一样，挣扎着分辩道："我就是看不过一个小结巴……把……把我妹妹骗了去……"又虚弱地问："他……有没有开始造？"

张超点点头："我想他会造的，为了你……你们，他也会造的。"

王巧没想到压在心底多年，自己也不敢面对的秘密，今朝叫张超忽地说破了，当真是又怨又悔。可一切都已经不能回头了。张超走后，她再也忍不住，伏在草席上放声大哭。女狱卒闻声赶过来看看，冷笑道：“现在知道怕啦？晚啦！”

马钧也是在王巧激傅玄来逼自己造指南车时，才彻底明白王巧隐藏在冷漠、刁蛮、报复后面的真情，内心受到的震撼无以复加。只是这种明白他依然只能装糊涂。这更激起了他要把指南车造出来的斗志，不想再辜负王巧的一片苦心。他盘腿坐在草席上，沉下心来捕捉稍纵即逝的灵感。他相信，刚刚心头的那一丝灵光已经接近古人藏在车腹里的玄机。

他拿过一根巴掌大的小木段，用微型刻刀在上面慢慢地旋削，半天时间，刻成一个小人模样，伸臂举在前面转来转去。

狱卒巡视过来，看了他几眼，十分奇怪。上面特意关照，把三间狱舍改成一间，还搬来这么多木料和木工用具，告诫他需要什么给什么。难道这人是个木匠？木匠怎么会关在这里？还要什么给什么？可他又不动刀斧，这是怎么回事？还有这几天总是有些当官模样的人来看他。这时见他拿刀刻小人，像是百无聊赖打发时间的神情，便越发地想不通。但也知道不能怠慢眼前这个人。

88

刘放、孙资这几天轮流侍奉曹睿，见曹睿一心忙于处理政务，再没提起指南车，也不便总念叨这事。曹睿不提不代表不关心，要是忽然间问起来，可不能卡壳，必须随时掌握动向。所以每天轮流处理完朝廷上的事务，自然有人会把监狱方面报上来的讯息传递过来。可以说，马钧的一举一动都在他们的掌握之中。王舒每天送饭、傅玄探监受激、张超入狱送书，他们都知道。

这会儿，又传来消息，说秦朗和高堂隆又去监狱了，刘放、孙资心中老大不喜。孙资鼻子里哼了一声：“区区一个博士，也值得他们这般拉拢？”

刘放倒不敢轻视：“这小子真的把指南车造出来了，怕是陛下要对他另眼相看，给他个将作大臣做做也未必不能。他们这个时候去卖人情，自然更容易收买他的心。”

孙资不屑道：“我就不信他真的能造出那个没影儿的东西来。造不出来，他就是一个死，卖他的人情又有什么用？”

“即使这样他们也没什么损失啊。”刘放道，“何况他既敢夸下海口，心中总有几分把握的。”

刘放这一说，孙资也凝起神来。二人商量了一下，觉得与其这个人情叫人家做了去，还不如自己来做，反正又没什么损失。

马钧也觉得十分奇怪。刘放、孙资在朝中势力十分强大，大家私下里都对他们敢怒不敢言，自己也够不上等级和这样的权臣打交道，倒也谈不上对他们有多少好恶。但这次入宫以来，尽管刘放、孙资显得平淡，却依然感受得到来自他们的敌意。这会儿忽然看到这两位朝中一等一的权臣一起到监狱里来看他，觉得十分意外。

在这之前，秦朗、高堂隆来看他进展如何，尽管他们观念上有争执，但他们的善意还是感觉得到的。看得出，他们为他随意夸下海口而置自己于险境感到十分地惋惜，但也没有办法，只希望他真的能将指南车造出来。与秦朗、高堂隆怀疑、惋惜又带有期望的态度相比，刘放、孙资一反常态的热情就让马钧十分诧异了。

刘放命人打开狱舍，走进去，看了看简陋的环境，有些歉意地道："马博士，让你在这样的环境里造指南车，真是委屈你了。这也是遵从国家律法，没有办法的事，想来马博士能理解的。”

马钧抱拳谢道：“两位大人言重了，在下一介寒儒，能得大人们提供这样的方便已经是十分幸运了。”

孙资道：“马博士，我们都知道你才是真正改进新织机的人，但是空口无凭，陛下也是有心成全你，你一定要把指南车造出来。这里还缺什么？你尽管提出来。”又对跟在旁边的狱曹说：“马先生但有需要，你们都要满足，不得刁难。”狱曹连连称是。

刘放试探着问：“马先生，这指南车有眉目了吗？”

马钧模棱两可道：“现在还在想，不知什么时候能想出来。”

刘放、孙资做足了姿态就离去了，剩下马钧一个人在狱舍里继续苦思冥想。已经几天过去了，当初抱定求死之心，说出旬月之期，现在就成了悬在他头上的一柄利剑，旬月一到，倘若他不能造出指南车，这柄利剑将毫不留情地斩将下来。

王策、李牧关在这边的狱舍里，看着马钧那边时不时有朝廷重臣过来看他，一颗心始终悬在嗓子眼。几天下来，人就已经瘦掉了一圈。但见马钧始终坐倚在狱舍的栅栏边上，不见他开弓拉锯，想来他是一心求死，成全他们。忐忑的心又稍稍宽慰了些。只要看到马钧起身，王策就紧张。

现在，他们忽然看见马钧站起身，在狱舍里走动，连续做着奇怪的举动。要么是身子不动，头向后转，要么是头不动，身子向后转，但又不能完全转过来，那样子很是滑稽。王策、李牧对望一眼，心道：马钧不会是害怕死，人已经被吓疯了吧？

他们当然不知道，马钧是在模仿司马懿的“狼顾”动作，琢磨其中的玄机，他在捕捉心中闪过的那一丝灵感。这会儿，他相信自己已经抓到了这个一闪即逝的东西，闭上眼，把它捋清楚。这一刻，他似乎天窍洞开，猛地明白了其中的机巧所在。

他从怀中摸出王舒捎来的小布包，里面是那套微型工具。他坐倚在栅栏边，顺手拿过几根零碎木料，开始用手弓锯破料。他是背对着王策、李牧那边，也是有意不给他们瞧见，怕加重他们的心理负担，知道有些话现在还不好和他们说。

他先破成几个木条，用微型刨刨平，一根根备用，又开出一些木片来，准备着用做挡板，然后再开出几根筷子粗细长短不一的木棍来。这个时候，当初“打笨妞”时玩“对对碰”的情景又跳上心头。两个“笨妞”蓦然跳在空中相撞后，落地继续旋转的情景一直以来像梦魇一样不停地袭扰他，内心其实已经成型，只是一直没有机会去试验它，现在正好要派上用处，把它郑重地拣出来，用心地去试一试。

他将一根木棍进一步刨圆，然后截取了两小段，成了两个圆状物，用雕刀细细地在边上均匀地刻出一个个小齿，两个圆状物的齿一模一样。端详了半天，想，这分明是带齿的车轮。心中就给它取了名字叫“齿轮”。这个过程很长，用了整整一个时辰。做好之后，在面前磨出一块巴掌大的平地，把两个齿轮放在平地上，并在一起，让齿轮错开，相互咬合，然后用手轻轻拨动其中一个。不出所料，这个齿轮转动之时，咬合着的“齿”带动另一个齿轮转动起来了。

马钧大喜。立即用微型钻在两个齿轮中间钻个小孔，用事先削好的细木棍穿在孔中固定好，再做两个小木架，把穿在木棍上的齿轮架在上面。两个齿轮和以前一样咬合，转动其中一个时，另一个便跟着转动。马钧抑制住心中的狂喜，细细观察，见两个一模一样大小的齿轮带动以后，转速是一样的。心中又想：如果两个齿轮一大一小的话，转速又会怎么样呢？他立马就做，又花了个把时辰，做了一个两倍大小的齿轮和木架，齿数是小齿轮的双倍。再一试，如果用大齿轮带动小齿轮的话，大齿轮转一圈，小齿轮能转两圈。如果用小齿轮带动大齿轮，小齿轮转两圈，大齿轮才能转一圈。

马钧心中狂喜，一切都如同他的设想一样。但还有一个问题困扰着他：现在的两个齿轮是并排转动的，如果要它们垂直转动，如何能做得到呢？这个问题很关键，解决了这个难题，那么他就可以用齿轮带动任何方向的轴转动了。这个问题不太好解决，就一边想，一边用三个做好的齿轮比画着，试验着。也不知到了什么时候，马钧回到了当初来河南的路上琢磨车轮的现场。马在前面奔跑，车轮在快速滚动，不时带起横在路上的树枝。一个木棍被车轮碾过，在路上滚了几滚，马钧蓦然叫道："我明白了。"翻身而起，竟是南柯一梦。立即拿起微型工具，就着给他特别提供的油灯，又做出好多大大小小的齿轮，然后将两个齿轮垂直咬合，就带动另一端的齿轮转动，再咬合另一个齿轮……一路传动下去，竟然可以带动任意方向的齿轮转动起来。

当清晨的第一缕阳光从高高而窄小的窗口投射进来的时候，马钧的心也豁然敞亮起来。

89

王策每天远远地隔着栅栏看着马钧的背影，也不见他有什么举动。那一堆木料依然如故，已不再担心马钧会造出指南车，期盼着这一劫能就此躲过。李牧的心情则十分复杂。

王舒仍然每天来送饭，马钧造不造得出指南车她都在两难境地，因此也不去询问。王巧自然也从她嘴里打听不到任何动静，便一阵阵胆颤。眼看旬月将至，不觉绝望了。

秦朗、高堂隆忙于事务，偶尔想起来这回事，让人来看一看，说是马钧好像根本就没有动手。秦高二人相互望了望，都觉得这本是意料之中的事，世上怎么能有指南车呢？

刘放、孙资起先还很关注，时间一长，见这边毫无动静，觉得先前的拉拢姿态真是浪费表情，就再也不去关心了，就等着限期一到，就地问斩吧。已在寻思到时如何挤兑傅玄，即使要不了他的命，也要把他从曹睿身边逐出去。

最焦急的自然是傅玄、张超。他们隔天就来打探消息，最后每天都来催问，见马钧依然不动手，由大怒而绝望。傅玄失望之余，叹息一声，竟是做好了殉难的准备，悄悄地安排家中后事。马钧最后一句话又燃起了他的希望：“一切到时自见分晓。”

倒是裴潜、南宫嗣心心念念着这场赌约。

其实真正关心此事的还有一个人，那就是曹睿。曹睿每日处理政事，几乎也是日理万机，没有机会天天关注这事。但偶尔突然想起来，就会随口问一声刘放、孙资。刘放、孙资便如实回答：“马钧在牢中好像没有动手的迹象。”

曹睿眉头皱了皱，想发火又忍住，他是故意送一个机会给马钧，他竟然不珍惜，那就是他自寻死路了。刘放见曹睿不悦，乘机道：“马钧如此藐视陛下，干脆现在就拿他问罪吧。”

曹睿摇摇头：“天子无戏言，朕一言既出，岂容更改。限期到了他拿不出东西，再办他不迟。”也就冷了心，不再问起这件事。

旬月之期转眼就到了。秦朗、高堂隆几乎都已经忘记了，得到曹睿传召，即刻到宫中见证赌约揭晓。他们匆匆赶到宫中时，一干人等均已到场。

王策见马钧两手空空，心中暗自侥幸。李牧心情复杂地望着王巧。王巧脸色煞白，满脸绝望。王舒却神色淡定地站在马钧身边，一副慨然赴死的神态。刘放、孙资、南宫嗣极力隐藏幸灾乐祸的神情看向面色激愤的傅玄。曹睿也一副怒气冲天的样子。裴潜、秦朗、高堂隆暗暗为马钧惋惜，此时却也说不上话了。

曹睿冷冷地问：“马钧，限期已到，朕听说你根本就没有动手做，你这是公然藐视朕，还有什么话说?”

马钧淡定地道：“陛下，我们有赌约在先，做不出，臣愿领罪受死。做得出，陛下准臣一奏，还算数吗?”

“朕为一国之君，岂能戏言。”曹睿冷笑道，用手一指，“现在你输了，那就领死吧。”

马钧上前跪倒，拜了一拜，道：“承蒙圣上眷顾，臣已造出指南车。”

殿前众人一听就楞了，就连王舒也惊异地看着他。只有傅玄、王巧为之一振，觉得这才是应有之意。刘放喝道：“大胆马钧，大白天睁着眼睛说瞎话，你这是公然欺君啦!”

马钧缓缓从宽大的广袖中掏出一件不大不小的东西，托在手上，众人呆了一呆。只见这是一辆小车，小车之上有个木人平举着手指向远方。孙资气乐了：“这，这，这就是指南车？”

傅玄对有些茫然的曹睿道：“陛下，臣料马钧自有道理，是不是指南车，让他分解便是。”

曹睿点点头：“你说，这就是指南车，那好，你证明给朕看。”

马钧示意人搬来一个案几，将微型指南车放在案几上，将木人手臂指向南方，然后道：“陛下，各位大人，这是臣设计的指南车模型，只要依此打造就可以了。现在木人指向的南方，请陛下和各位大人瞧仔细了。”说罢，用手指捏住车柄，前后运动，一边转动车身。奇迹出现了，无论车身转向哪个方向，车上木人始终指着南方。曹睿和众人看得呆了。刘放诧异地失口问：“这……这却是为何啊？”

秦朗、高堂隆、裴潜也看得呆了，相互看了看说：“这世上竟然真有这么神奇的人。”

南宫嗣虽然惊奇，却更加幸灾乐祸，看向王策。王策面如土色，绝望地闭上眼，心中哀叹：完了。李牧也大惊失色，怕是王巧性命不保。王巧却长长地松了一口气。

傅玄兴高采烈地道：“陛下，臣所言不虚吧？”

曹睿点点头，脸色和蔼起来，微微笑道：“马爱卿的手段果然巧妙。好，这场赌约，你赢了！说吧，要什么封赏，朕可以满足你。”

马钧再次跪倒，郑重地道：“臣不要封赏，只请陛下准臣一奏。”

曹睿点点头：“好，朕就准你一奏，你且奏来。”他本就有心成全马钧，但话必须从马钧口中说出。

马钧道：“臣请陛下开恩，赦免王家邀功之罪。他们也是报国心切，也的确参与了臣改进织机之事，的确不是故意欺君。万望陛下恩准，臣粉身碎骨也要报答陛下天恩。”

王策正在绝望中，猛听得马钧这样的奏请，诧异地睁开眼。众人这才明白马钧为何一直坚持立此赌约，就是为了赢得最后的机会，把王家众人从中解救出来。秦朗、高堂隆、裴潜赞许地看着马钧，微微颔首。刘放、孙资心中复杂起来，有被马钧玩弄的感觉，只是这话无法说得出口。

曹睿站起身，朗声说道：“马钧，你身怀机巧，有用于国，朕是守信之君，准你此奏。”又转向王策、王巧、李牧道：“念你等也是热心为国，王巧还有织布之巧，今准马钧之奏，不究前过，望你等以后本分做人，不再行此荒唐之事。”

王策、李牧、王巧从惊异中醒来，跪下谢恩。

裴潜上前奏道：“陛下，臣察事不明，识人有误，致使人才险遭埋没，请陛下责罚。”

曹睿大度地摆摆手：“裴爱卿也是忠心为国，以致失察，朕不也险些上当吗？当年你举荐神童小夫子，毫不藏私，朕才得傅爱卿为著书郎。”曹睿的目光转向傅玄：“也才有今番傅爱卿尽心举荐人才，公忠为国，其诚可嘉，也当封赏。”

刘放、孙资心中不由得嫉恨地看向傅玄，心道：此番又让他讨了巧去。

“陛下，”傅玄急忙奏道，“臣举荐马钧不为封赏，只为国家荐些人才。陛下准马钧一奏是践行赌约。此等机巧之才，正宜为国所用，营造、将作一类正须此等人才，望陛下考虑。”

刘放、孙资对望一眼，心中恨死傅玄。营造、将作都是肥缺，哪里愿意轻易被别人占了去，他们笼络南宫嗣，就是为了有机会再把他拔上这个位置为自己效力。瞧这情形，陛下也是十分欣赏马钧。如何既讨陛下喜欢，又不能让他占了肥缺？刘放脑袋一转便有了主意，上前一步道：“陛下，营造、将作大臣只是规划、监工之才，似此发明创造之智倒是大材小用了。”

傅玄大出意外，原以为他们会阻拦，谁想他们说一个将作大臣还是大材小用，会建议给个什么职位呢？高堂隆与秦朗对望一眼。他们对于马钧的如此机巧确实心存赞许，但终究认为此乃奇巧淫技，终非大才，仅凭此就给他一个将作大臣当当，实在是有些儿戏。原本要出言反对，见刘放已经出口阻止，也就不再多话，静观形势。

曹睿其实心中也认为凭此就给他个将作大臣之类，太过轻率，毕竟对于马钧除了机巧，还有什么才能，尚不知道。听刘放这一说，微微一笑，问：“以爱卿之见，该如何用之？”

刘放揣度圣意，试探着道：“他有如此机巧，不如将他留在宫中，陛下有什么机巧之事，也可随时问问他，岂不方便？”

傅玄有些愤怒，这明明就是要把马钧当做一个公奴使唤嘛。刚要反驳，曹睿摆了摆手，他知道傅玄要说什么，不待他开口，便道：“马钧听旨——”傅玄只得收口。马钧上前跪下。曹睿道："博士马钧长于机巧，为天下农工垂范，今又造出古人指南车，大慰朕心。今特加给事中，备朕咨询。"

众人皆是一愣。这给事中是加官。说大吧，它不是实际职务。说到底，马钧仍然是个博士。说小吧，它是皇帝身边的近侍，那是一般宠臣才有的待遇，也就是说，这对马钧可是重用。所以这一来，傅玄就不好再争什么。秦朗、高堂隆也不好说什么。曹睿又没给马钧实际职位，不算是重用奇巧淫技之徒吧？

刘放、孙资也无话可说。将马钧留在曹睿身边可是他们提出来的。只是马钧轻而易举地就成了曹睿身边的近臣，而且显然与傅玄关系匪浅，心中的警惕就更加深了，只是脸上不会表露出来。刘放心念电闪，立即把这顺水人情做了："呵呵，马先生，陛下已经准了我的奏请，加你为给事中，你就是陛下身边的人了，还不谢恩？"仿佛这给事中是他为马钧讨来的。

马钧此前愣了一下，没反应过来，听刘放说了，才急忙上前跪倒："谢陛下隆恩！"

王策、李牧、王巧、王舒都出乎意料，当真是喜忧参半。最失望的是南宫嗣。这个结果太出乎他的意料了。

第 14 回 ‖ 小抗旱：观钧水马市得灵感

90

王策经过这次教训，思前想后，多少也明白这是南宫嗣给他下的套，但也只能打落牙齿往肚里咽。好在马钧最后化险为夷，让他们有惊无险。马钧现在成了皇帝身边的人，王策知道自己的地位是有了保障了，在马钧面前再也端不起架子了。尽管觉得彼此相见仍很尴尬，毕竟这个死结表面上已经解开了。

马钧、王舒把王策、李牧、王巧接回家，本欲接了荀氏过来，一家人好好聚两天，但王巧坚持要早点回去，马钧、王舒只得悉心款待后，一起把他们送回河南县。

王巧自从在监狱里不顾一切地流露真情，再见到王舒，心中就倍感别扭。王舒可以当着什么事都没有发生过，但是她不能。马钧得知王巧的真情，心中也不知道怎么办，只能揣着明白装糊涂，所以把他们送回河南后，吃了一顿饭，借口第二天要上朝，连夜和王舒带着孩子回到了洛阳。

此后，每有朝会，马钧就按时入宫，说是参与政事，但事实上还插不上嘴。他只是给事中，每次入朝，如果曹睿不向他咨询什么，他也不能随时候在曹睿身边。不像刘放、孙资一个中书令、一个中书监，可以一直侍奉曹睿周围。看得出，刘放、孙资也有意隔开他和曹睿的接触。不知为什么，有时候曹睿也会单独把他留下来，问及营造、百工之事，咨询马钧，似乎有所打算。这时，刘放、孙资就会不经意地流露出警惕的眼神来。马钧待着难受，每次下朝后，还是到太学去传经授道，只有这个时候他才轻松起来。

过了端午节，不知不觉就入夏了，马钧的心情就像这炎热的天气一样又闷又燥。这日下朝时，刘放、孙资神神秘秘地把他拉到一边告诉他一件喜事。马钧听后心中一直在犯嘀咕，在太学也没心情讲课。待到下午，门房通报，说邻居有急事找他，马钧有些诧异，急忙走出来，却见邻居张大伯急急地告诉他，王舒摔伤了，躺在家里呢。

马钧顾不得和太学同仁打招呼，撩起衣袍就往家里奔去。到了门口，就见院子里站着不少汉子和孩子，都是相处甚好的邻居。李牧居然也在，正匆匆忙忙往外走。马钧心往下一沉，跨进院子，院子里人都说："马先生回来了，马先生别着急，就是伤了腰，没有大碍。"

李牧叫道："妹……妹夫回来了？不要急，没什么大事，我去张记药铺看看表少爷在不在。"

马钧点点头："有劳了！"顾不上多说，径直冲进茅屋。只见几个大妈大嫂正围在榻前，旁边的脚桶里堆放着沾满泥污的衣裳，那是王舒的。

见马钧回来了，几个大妈大嫂松口气道："马先生回来了，没事了，没事了。"从榻前散开，却见王巧正坐在榻边，王舒换了衣服躺在榻上，身上盖着被子，脸色苍白。

马钧叫了一声："姐……来了？"就看向王舒："你怎么啦？怎么弄成这个样子？"

王舒见马钧回来了，挣扎要坐起来。王巧按住她："别乱动，你安生些！"头也不抬地冲马钧道："你现在当官了，家中的事你什么也不问是不？这河那么陡，幸好是水浅哎，要不然啊，我妹妹这回是交代给你们马家了……"她一通乱炮先放出去，似乎感觉这样才可以面对马钧。

邻居大妈大嫂相互看了看，低声说笑："这大姨子真厉害啊！"

王舒疼得皱着眉头，拉了拉王巧的衣襟道："这也不能怪他……"

马钧从众人的七嘴八舌中听了半天才弄明白。原来王舒是到后面的河里打水去了，一不小心滑了下去，不仅把腰闪了，还不知道是不是把腿也给摔折了。

马钧每天不是要上朝，就是要入太学，天没亮就走了，比以往更早。屋后的菜地就全靠王舒料理。今年不知谁惹了老天爷，几个月不给雨水，屋后小河的水也快见底了，眼看今年的收成是不会好了。市面上粮价疯涨，还很稀缺，官府又抓得紧，有钱也难以买到。马钧过去当博士的那几担粮食维持生计也紧巴巴的，还要时常节省一些换成钱寄回老家去孝敬爹娘。现在朝廷粮俸也滞后发放了。看着屋后地里的菜慢慢地枯萎，王舒心中十分焦急，就拎着水桶下到河底去打水。

屋后的河不大但很深，水位下降了，河堤就显得陡峭且湿滑，下去打一桶水再拎上河堤要费九牛二虎之力。王舒一上一下，拎了好几趟，才浇了巴掌大一块菜地。最后一桶，刚要提上岸，脚下被一棵残留的树根绊了一下，就一头摔了下去，直滚到河底水中。幸好马缘在岸上，吓得大哭呼救，招来了邻居，才七手八脚把王舒从河底里捞上来。要不是人来得及时，河水虽浅，但头栽在下面的王舒差点就被死神请了去。即使这样，还是闪了腰，现在腿抬不起来，痛得额头冷汗直流，不知道是不是断了。

马钧被王巧一通乱炮轰下来，顿时觉得与王巧之间的那种尴尬悄悄化解了，竟是很享受这种感觉。倒希望她以后仍像以前一样对待他，反而彼此不觉得别扭，就顺势道："姐骂得是，是我没照顾好王舒。"

满屋子大妈大嫂都羡慕不已："你瞧人家马先生，到底是读书人，待娘子多好。哪像我们家那死鬼……"

王巧低声责备他："知道不知道？王舒又有了，都三个月了。"

"啊？"马钧张大了嘴巴。

"啊什么啊？都是你干的好事！"王巧猛地觉得这话有问题，顿时红了脸，连忙打住。她来时，心中就一直犯难，不知怎么面对妹妹和马钧。见妹妹摔成这样，心疼得不行，也顾不得尴尬，就忙着照顾起来。王舒见姐姐这瞬间流露出的姐妹真情，也颇感欣慰。能借此化解心中的疙瘩，那这一跤摔得也值。及至马钧回来，王巧借题发挥，与马钧的关系也就自然起来了，立即拿出姐姐的派头，支使起马钧来："别愣着，赶紧烧些水去。一会儿小先生来了，兴许用得着。"

马钧正不知干什么好，闻听此言，赶紧到灶台烧水去。邻居们见他家中有人料理，安慰了几句，就都陆续告辞了。马钧刚把水烧好，就见李牧领着张超到了，后面居然还跟着荀安、荀定弟兄二人。马钧赶紧上前打招呼。张超满嘴酒气，醉醺醺的样子，也不寒暄，晃晃悠悠上前查看伤情。荀安、荀定一身武官打扮，本是风风火火闯进来，见了马钧，立即收敛了起来，恭恭敬敬地抱拳见礼："表妹夫……博士……给事中大人好……"马钧如今不但是博士，更是给事中，是经常和皇帝在一起的。皇帝有事还得问问他的，自然不是从前那个小结巴了，荀安、荀定再不敢出言不逊。不过看马钧家中依旧贫寒，并无多少改观，不免又流露出一丝不屑来。

马钧淡淡一笑："两位表哥许久不见了，到家了，不用客套，还是叫我妹夫吧。请坐请坐！”赶紧张罗倒水待客。

荀安、荀定不安地道：“妹……妹夫别忙，表妹看伤要紧。”

这才都围过去看张超诊治。王舒的右腿伸在被子外面，下裳也撩了起来，雪白的小腿露在外面，看得荀安、荀定眼睛发直。王巧瞪了他们一眼，他们吓一跳，赶紧收敛起眼神。王巧拍了张超一巴掌：“听说你成醉鬼了，还真的啊？你能看不能看啊？”

张超醉态可掬地一笑，随意用手上下一捏，王舒痛得“哧溜”直吸凉气，张超打了个酒呃：“呃……小腿骨……折了。”

王巧睁大了眼睛：“你……不会是醉话吧？”

“啊？”马钧的心疼了一下，着急地问，“要紧吗？好治吗？”

王巧见马钧关切的样子，自己的心又隐隐作痛起来。扭过头去，不想让人看出来。张超晃晃悠悠地起身到案几边坐下，胡乱抓起毛笔一边开方一边道：“碍事倒是不碍事，跌打损伤一百天，要多躺些日子了。”开好方子打发李牧去他药铺抓药，李牧朝王巧看了看，狐疑不安地走了，王巧也是惊疑不定。张超乜斜着眼睛瞧见榻上特意垫了一床被，又道：“王舒的腰闪了，榻上不要垫软的，就睡在硬板上，把腰放平。早晚用盐炒热了包在布里，在腰疼的地方慢慢磨压，注意不要烫伤。”想到盐颇金贵，又道：“也可以把生姜切成片，用水煮热了，贴在腰上。”

马钧听了，立即就去找盐找姜，王巧站起身，道：“你陪小先生他们说话吧，我去弄。”

王舒一阵疼痛已经过去了，好多了，拉住王巧道：“姐，这个别急，等晚上再弄不迟，都在这里说说话吧。”把王巧拉在自己身边。一见王巧转变了态度，王舒就一刻都舍不得离开，抓着她手问：“姐，我还没问你呢，今儿怎么这么巧啊？”

“来告诉你喜事。爹要当河南县县令了。”王巧抓着王舒的手，话音里透着喜悦：“他一辈子的梦想，现在终于实现了。”

王舒一惊：“你说什么？爹……要当县令了？那南宫县令呢？”

“嗯，是的。”马钧证实了这个消息，“今天刘中书刘大人告诉我，南宫大人马上就要调到京城来，升为中郎将了。刘大人和孙大人特地奏请陛下让咱爹填这个缺，做了河南县令。”马钧今天一直犯嘀咕，不知刘放、孙资凭什么要卖他这么个天大人情?

“你都知道了?”王巧睁大了眼睛,转而一想,就明白了,“若非你做了给事中,爹爹怎么会无缘无故地得到提拔呢?”

“我有这么大面子吗?”马钧对张超苦笑了一下。

王巧道:“南宫县令要从河南带不少自己人过来,还特意把李牧也带来,还说给他一个百夫长的小官做。”看了一眼荀安、荀定道:“听说表哥他们也在这里,马上就都成了南宫大人手下了。我们就先过来找他打探打探。”还不忘挖苦一下:“表哥他们比李牧的官大,都是小都统。”

荀安、荀定咧开嘴笑了笑:“也就是混口饭吃。哪及得表妹夫,一下子就成了陛下身边的红人了。”

王巧冲口道:“人家那是凭学问、凭本事挣来的。”立时觉得维护马钧太过明显,又掩饰道:“当然,你们也是凭武艺才当上小都统的,日后说不定就成将军了。那时,你们可得拉李牧一把。”

荀安“哈哈”大笑:“你家李牧可是深藏不露,武艺比我们高呢,说不得哪天就成我们的上司了,我们还得请他关照呢。”

91

王巧在狱中不经意间流露出情愫后,就一直不知如何面对马钧和王舒,所以尽管隔阂已经消除,仍然很少到洛阳来。即便马钧和王舒偶尔回去,她也是找借口躲开,弄得王舒以为她还在记仇。这次南宫嗣要带李牧到洛阳加入宿卫军,特意跟王策打招呼,王策从内心是不愿意的,但是南宫嗣明白告诉他是自己向中书令刘放、中书监孙资举荐,让他坐上县令位置的。王策虽然怀疑,还是要领这个情的。就一口答应下来,暗地送了不少银子,拜托南宫嗣多多关照。这下王巧正好有借口到洛阳来。

南宫嗣还没上任,王巧等不及,就以打探为名,把儿子王归留给荀氏,自己和李牧一起先到洛阳来,也好寻觅个住处。刚刚租好房子,找到荀安、荀定,就来找王舒,谁知就碰到这样的事。

因大家多年难得相聚,张超又正好在,马钧就从街上的酒店里叫了些酒菜来,招呼大家吃晚饭,晚上不免喝得多了点。荀安、荀定起身告辞,顺便将醉醺醺的张超送回去。王巧让李牧也回去，她留下来照顾王舒。晚上，马钧见王舒有王巧陪着，也不多说什么，就抱着被子，带着马缘去了西头房睡了。

次日，天还没亮，马钧就起床，打算烧好早饭去上朝。谁知王巧早就起来了，已经做好早饭，打扫好庭院，正在院中洗衣服。马钧叫了一声“大……姐……”就不知道说什么了。

“不要叫姐，听着别扭。叫名字。”王巧用力搓着衣服，头也不抬，“马钧，你不是很有机巧吗？想想看，有什么办法把水从河底里弄上来，别弄得我也摔成王舒一样。”

“千万别再去河底取水。”马钧赶紧道，“家中又不是不够吃的。我有空回来会把水缸的水担满的。”

“总不能让那些菜都枯死。”王巧拧着衣服，白了他一眼，“你那些机巧也用些在家里。”

马钧点点头：“你放心，我今天下朝就想想怎么弄。”

不是王巧这么一提醒，马钧还就真没想起来这一茬。存了这个心思，马钧上朝时也有些心不在焉，脑中就想着有什么办法能把水从河底里弄上来？

前一阵，曹睿很伤脑筋。蜀国丞相诸葛亮去年亡故，吴主孙权也息兵修政，彼此相安无事，难得的太平起来。曹睿就想了却一桩心愿。当年文帝以“汉亡于许，魏昌于许”而将许县改为许昌，一直想在那里兴兴土木，建建宫殿。而且洛阳也已经陈旧狭小，难显大国气象，必须要在三国中独占鳌头，但三国一直战事不断，腾不出手来。现在终于消停了，就把它提上议事日程。之前见马钧身为博士，极通机巧，考问之下，也通土木营造之术。破例给他加封给事中，其实心中就是存了这个心思。现在三国各不兴兵，正是大兴土木，彰显国威之时。但老天连续几个月不下雨，洛阳周围收成大减，发生大灾，每天都有告急的，连皇宫里的食用都要从外地急调，这个心思就只得暂时先放一放了。今天司马懿从长安发来奏疏，将运粮五万斛到京都以解燃眉之急。曹睿闻之大喜。一直为京城粮食短缺担忧的马钧也松了一口气，就暗暗琢磨起从河底取水的机巧来。

下朝以后，马钧一边琢磨一边信步沿着宫道往外走，忽地听得一阵人喊马嘶的嘈杂声，一惊，抬头一看，原来走错了方向，直接从中东门出来了。中东门南面是一个很大的马市，洛阳周围最大的马匹交易市场，也是洛阳最繁华的场所之一，北方的马贩子最喜欢往这里跑。马钧已经走出来了，不能再返回宫去，只有从马市上向南穿过去，绕到宫城南面的开阳门去太学。

虽然是干旱，天气炎热，买卖不是很好，但马市仍有很多人。马市有不少中间商俗称“开行的”掘的井，专门取水卖给马贩子饮马的。这些日子，水也涨价了。以前一桶卖一枚五株钱，现在三枚五株钱一桶还得看交情深浅呢。马钧走在马市中，满场的尿骚味夹杂着汗臭味，让习惯了百姓生活的他也经不住要掩鼻而行，赶紧离开。一阵喝叫声吸引了他：

“小兔崽子，你抢生意啊？懂不懂规矩？”

就见东边一个马棚外，一个身穿破烂短褐的少年，身边有两个水桶，正被马棚里的一个黑脸大汉喝骂。一个看似马贩的北方人嘲笑那黑脸大汉：“你他妈辘轳一转，三枚五铢到手了，你挣棺材钱呢。人家从几里外邙河里挑了两桶来，才两枚五铢，你还有脸冲人家喊。”

“做生意有做生意的规矩，”黑脸大汉更火了，“小兔崽子把水挑在我门口降价卖，是有意要打我脸么？”

少年倒也不怕事，不急不慢道：“你卖你的，我卖我的，碍你什么事？”伸手就要接马贩递过来的钱。

“你每天挑几桶来，我都要了。”马贩笑道

黑脸大汉脸上的横肉突地一抖，一下子发作起来，一步跨出，抬起一脚，将少年的水桶踢倒，将另一只水桶也撞翻了。这下事发突然，马贩愣了一下，骂道：“你这厮真是抱烟囱的货，欺负人家小孩算什么本事？”嘴里骂着，却不狠，明显不敢和地头蛇硬碰。

不过那少年倒是不怕死的主，叫了声：“你赔我水来。”跳起来，一头撞向黑脸大汉。

黑脸大汉没想到他这么野，猝不及防，被撞了个四脚朝天。马贩幸灾乐祸地“哈哈”大笑：“这叫现世报。”

黑脸大汉这下跌得不轻，笨拙地爬起来，摸起一根木棍追着少年打。那少年人小灵活，绕着马棚柱子窜东跑西，那黑脸大汉就是打不着。很快围了很多卖马的、买马的、卖水的、开行的、卖零食的过来看热闹。明显分成两派，买马的、卖马的大多骂黑脸大汉黑心，以大欺小。卖水的则站在黑脸大汉一边，谴责少年不懂规矩。见那少年也没吃亏，大家就笑嘻嘻地看热闹，谁也不出头。马钧也饶有兴趣地看这出戏怎么收场。

少年一边躲闪，一边不时拿起土块什么的掷那黑脸大汉，口中还不断叫道："你今天不赔了我水来，我就在你这井里撒尿、拉屎、投马粪……看谁买你的水?"

黑脸大汉变了脸色，恶狠狠地骂道："小兔崽子，你敢!"脚下却慢了下来，像似跑累了，一边倚在柱子上喘气，一边骂个不休。

"我打不过你，就夜里来。今夜不来，我就明夜来。"少年叫道，"我看你是不是日夜不睡觉，就守在外面看着你的井。你们大家听着，他今天不赔我的水，你们明天千万别买他的水，说不准就有了毒，把你们的马毒死了也说不定。"

他这话很厉害。说是报官吧，他只是说说而已。不报官吧，谁知道他什么时候偷偷往里面放点什么。大家都听着呢，还真就不敢买他的水了。黑脸大汉像死了娘似的，无奈地摆摆手："小兔崽子，你有种，老子……老子服你了。"到底不甘心，自个儿找个台阶下："小兔崽子，你……你要是一下子从这井里打两桶水上来，老子就再送……送你两桶水……"

"真的?"少年瞧着井台边上一溜小水桶笑道，"我一次能从这井里打四桶水上来你信不信？你让我打两次。"

"小兔崽子，你吹什么牛呢?"黑脸大汉也不信，又怕上他的当，"你打……反正只给你打两次。"

刚才那挑事的马贩道："好啊，你能一次从这井里打四桶水，我给你双倍的价钱。"

"哈哈。"少年拍手叫道，"好，说定了，我一次打不上四桶水，我送给你两桶，不要钱。"又冲那黑脸大汉笑道："你个大兔崽子，我要是打不上来，我明儿就不挑水来卖了。"

众人都起了兴趣，马钧也好奇起来。他身穿官服，有些显眼，不便凑上前去，就站在远处看着。只见那少年捡起几个石块，走到井旁，将辘轳转起来，提上一只空桶来，又从马棚上抽出一把稻草来，麻利地搓了几根短绳，取过井台边上的水桶，每隔一段就扣一只水桶到井绳上，一共扣了三只，连绳头那只，正好四只小水桶。又把石头用短绳系在水桶耳上，最后提起井绳，把一串水桶垂下去，双脚岔开，站在井台上，两手左试右试，看样子在"钓"水。一会儿，满意地松开井绳，去摇辘轳，果然不多一会儿，四个水桶挨个儿提上了水面，只是因为桶耳上扣着石块，有些倾斜，水桶里的水倒是洒掉了一小半。围观的人发一声欢呼，都为这少年叫好。黑脸大汉看直了眼，没办法，只好看着少年把水倒在另外四个桶里卖给那马贩，又去提一次。

马钧心中也像是倾入了一桶清泉，凉爽到心，忍不住拔下头上的小木簪，一边把玩一边拔脚就往太学快步走去。

92

马钧到了太学，和同僚们寒暄几句，就转身到自己的书房里，立即铺开纸张，提起羊毫，快速地把心中的构想画成草图。虽然是个小机巧，于他而言也是莫大的享受。一番高兴过后，又静下心来，修改了几处，就吹干了墨迹，藏到怀里，才去给太学生们上课。挨到散学，赶紧回家。路上顺便去了木场，买了一些木料和大竹管，让人送到家里来。

王巧正坐在房间榻边，陪着王舒说话，就听外面有响动。王舒直起身坐起来，从窗口看出去，惊讶道："他又拉些木头回来，不知又要捣鼓什么？"

王巧也看见了，笑道："我早上激了他，让他造个取水的东西来，否则屋后那河里我可不敢下去。"

"姐，你可不要去啊。那些菜死了也就死了吧。反正现在你妹夫的粮俸也高了些，总是够吃了。"王舒道，"可不要把你弄出个好歹来，爹娘还不得骂死我。"

姐妹俩正说笑着，马钧进来了，朝她们笑了一笑，就从角落里翻出木工家什走出去。到了院中，就忙碌开了。先断料，将木料一一锯断、破开，将大竹竿截成一个个带底的竹筒，然后开始削、刨、凿、锤、钉，女儿马缘欢喜地跑前跑后帮他拿东西。连王巧喊他们吃饭也顾不上，到太阳下山时，大架子已经搭好了，才去喝两碗稀饭。

第二天一大早，王巧起来就看到院中有个长长的架子，架子两头有两个辘轳，一根绳子拴在两个辘轳上，绳子上每隔尺把长就栓着一个竹筒，桶身直直地贴着绳子，都朝着一个方向。马钧在那里摇动，试验。王巧问："这就是河底取水的东西？"

"是啊！"

"有用吗？"

“不知道，今天不上朝，马上去试试就知道了。”

马钧也不和王巧多说话，扛起这个架子就往屋后走去。王巧克制住跟在后面去看的冲动，转身去做早饭、洗衣服、收拾院子。

天光大亮，王巧忙完了，想到屋后去看看，又觉得单独一人去不太好，就去告诉王舒，说马钧到后面试试取水的东西去了。王舒一听，挣扎着坐起来，担心道：“你……你扶我去看看，别再把他跌下去。”

女儿马缘也醒了，一听说去看爹爹发明的新玩意，嚷着要跟过去。麻利地穿起衣服，洗脸梳头。王舒也在王巧的服侍下洗漱好，拄了一根棍子，在王巧和马缘的搀扶下，慢慢地挪到屋后去。只见菜地的垄沟里已经流进了不少水，马钧身穿短褐，赤着脚，站在河堤上。河堤边上挖了个小水坑，那个取水的架子，一头架在小水坑上，一头架在河底水中。马钧轻松地转动辘轳，辘轳带动绳子往上传，绳子上的竹筒从水中转起，灌满了水，被绳子带动迅速往上传，中途虽然洒掉一点，但也有大半筒水带上了河岸，到河岸这头的辘轳向下转动时，水正好倾倒到小水坑里，一个竹筒大约能带上大半碗水，但竹筒比较多，有一二十个，这样运转一圈下来，就有一大桶水，只是片刻工夫，比之前用桶下去提水再爬上来，要快得多，也轻松得多，又安全得多。王舒笑了笑，对王巧说：“他也真想得出来。”

“比起那个指南车，这算是个小东西吧。”王巧叹道，提到指南车，不免又想起狱中的事，连忙又扯开去，“他天生就是吃这碗饭的吧。”

女儿马缘一见这东西这么好玩，拍着小手，高呼一声：“我也要玩。”挣开妈妈的手，奔过去。

马钧回过身，冲她们笑了笑，用手接住马缘，把她拉到身边，让她转辘轳运水。马缘使劲一摇，那绳子“刷”地往上跑，经过河中的竹筒还没灌满水就被传上来，结果没什么水。

马钧笑道：“悠悠地，不要这么大劲。”马缘又慢慢地摇起来，那水半路上晃晃悠悠地洒掉了一大半。马钧道：“你悠悠地、匀着些，不急不慢地摇。”手把手去教她，很快那水就又不急不缓地摇上来了。

王舒道：“原来这也要个巧劲儿。”看着王巧跃跃欲试，又极力隐忍的样子，笑道：“姐，你也去试试吧，回头马钧不在家，你也好弄。”

王巧点点头，喊道：“喂，你过来，扶着王舒，我去试试。”

马钧知她意思，放开马缘，走过去扶住王舒。王巧走过去，对马缘道：“缘儿，让大姨试试好不？”

“大姨，我教你吧。”马缘自告奋勇。

“好，大姨跟你学。”王巧笑嘻嘻地抱住马缘，把手扶在马缘的小手上，和马缘一起摇辘轳柄，她到底在一旁观察过，马缘的小手又带着她，竟然一次就把水传上来了。看着竹筒里的水接连不停地倒在水坑里，王巧回头对王舒道：“真的很轻巧哎，这下省力多了。缘儿都可以浇菜了。”又对马钧道：“哎，这个叫个什么名儿啊？”

“没什么名儿。”马钧转脸对王舒道，“要不，你取个名字吧。”

王舒想了想，问王巧：“就叫取水筒如何？”

王巧念了两边，摇摇头：“两个辘轳像轮子，我看啦，叫竹筒提水车才对。”她是想到了纺车、指南车，认为带轮子的家伙都应该叫做车。

王舒笑道：“这个名儿好听，就叫竹筒提水车吧。”

看看菜地垄沟里已经流满了水，王巧让马缘继续摇水，自己拿起长柄水瓢，从垄沟里舀水浇菜，一边浇一边感叹：“真是太方便了，这些菜死不了啦，现在这菜一天一个价，这回，你们家发财了！”

93

王舒的伤势一天天见好，马钧的心情也好了起来。一边在太学里授业解惑，一边继续对鲁班的《木经》进行注释。他现在对鲁班的房屋、宫殿建造之学已经有了自己独特的看法，觉得《木经》固然精深，但还留有很大的空间等待他去填补。这一阵，他对张平子的《灵宪》《算罔论》等著述也有了新的领悟。

这日朝会已毕，众臣散去，曹睿特意留下了马钧、刘放和孙资。郑重地说起了许昌和洛阳的建筑，对目前宫殿的规划、样式、进程、质量都不满意，难以显示魏国气象。这件事让曹睿对刘放、孙资的用人似有微词，因为将作大臣是他们推荐的。究其原因，他们根本就不懂营造之术。刘放、孙资暗地商量，本想按预定计划推南宫嗣上位的，但看曹睿似乎属意马钧，便顺水推舟先把马钧抬了出来试试。造得好，是他们举荐有功；造不好，正好拿他顶罪。为了收拢马钧，之前还把他的岳父提为县令。刘放、孙资的举荐正中曹睿下怀。当初破例加封马钧给事中，就存了这样的念头，只是不知道马钧是否胜任，近来有事没事就考问他营造之学，发现马钧正是自己所需要的人才。今天来，就是挑明了把这个任务就交给他，要他在数日之内，拿出一套完整的洛阳宫殿规划图来。将正在兴建的朝阳殿、太极殿、总章观、崇华殿、青霄阁、凤凰楼、九龙池，进一步完善，要求俱高十丈，看上去才气势磅礴。

马钧自研究《木经》以来，心中有许多奇思妙想，只是没有机会付诸现实，突然遇到这样的机会，真是喜出望外，也没有朝别处想，满口应承了下来。见他兴奋的样子，曹睿很高兴，刘放和孙资心中却又生出了一把刀。土木营建一向是肥缺，这次规模如此之巨，其中油水之大，不难想象，刘放、孙资自然不希望曹睿把这美差交给别人。当着曹睿的面，他们自然不会有半点流露的，刘放笑眯眯地对马钧道："马博士精通《木经》，陛下这么恩宠，可要拿出真本事来哦。"

马钧心无别念，由衷地道："刘大人、孙大人放心，下官钻研《木经》多年，一直希望有机会应用，现在陛下给了我这样的机会，我就是肝脑涂地也要把它做好。"

孙资"嘿嘿"一笑："马博士可得小心在意了。"

曹睿朗声一笑："马爱卿，你这几日用心画出图形来让朕看看。待司马太傅五万斛粮食到京，解了洛阳之急，我就在朝上宣示百官，到时许昌、洛阳的宫殿都由你来监造。"又特许道："朕许你半月不用上朝，专心此事。也不用再去讲学。"

刘放、孙资脸颊抽搐了一下。

马钧满心欢喜地告辞出宫，立即赶到太学去，关在书房里，一边把玩小木簪，一边开始构想宫殿结构、造型、规模。他在钻研《木经》时，就曾经构想过无数遍宫殿模样，甚至细到一梁一柱、一卯一隼、一砖一瓦。现在只不过把这些梳理出来，按照曹睿的要求去修改、调整。一连五天，他除了吃饭，连睡觉也关在书房里，已经开始在纸上绘制草图了。王舒有王巧照料着，他也不担心。王舒得知是天子委派了差事，自是不用过问。王舒顶多是每天让王巧送两趟饭来，隔两天再把衣服带来催他换洗。王巧心还是很细的，每次送饭总是牵着马缘一起来。

马钧一门心思扑在图纸上，每天只睡一两个时辰。到了第六日，几十张图纸就画成了。每座宫殿有总图、有分图。一看离曹睿给的日子还有九日，时间很充足，就又转了念头，将图纸收起带回家里。王巧、王舒见他回来，很惊奇：“不是说要半个月吗？”

“还有些事要回家做。”马钧也没有多解释，看了看王舒的伤势，已经好很多了，自己拄拐也能单独挪动两步，心里更踏实了。这才问：“家里还有多少钱？”

“你上个月粮俸换的钱还没动呢。”王舒知道他一定又是买木料去了，从榻上挪到柜子前，翻出一些银子来。

“用不了这许多，就买些黄杨木、胡桃木。”马钧拿了些，其他还回去，吩咐道，“你也该添些衣裳了，我顺便买两块上好布料回来，你和大……大姐每人做身衣裳。”

王巧心中一跳，脸上却不动声色：“不用替我带，买一块就好，我给王舒做。”

王舒本想说家中现成的粗布，买什么呀？但想到要给姐姐做一身，也就没有反对：“不，姐，你顺便做一身，我们好多年没穿一样的衣裳了。”

马钧独自去了市场，先选好黄杨木、胡桃木、黑桃木等雕刻用的上等木料，着人用马车送回，路上顺便去绸缎庄买了两块精美的布料。回到家中，把布料给了王巧，让她剪裁去，自己就在院子里破料开板，将木料破成一根根小木棍、一条条小木板、一块块小木砖，一直忙活到半夜。次日一早又起来忙活。连续两天两晚，弄了一堆的小物件。然后把自己关在西头房里，开始用微型木工工具，按照图纸雕刻搭建模型。除了吃饭出来一下外，基本就没有走出过西头房。

这样一做就是五六天。王舒已经能拄拐单独下地了。半月期限转眼就到了，马钧在前一天的早上，精神抖擞地从西头房里出来，从井里打上一桶水，痛痛快快地洗了一把脸，他的脸上洋溢着完成一件大事后的成就感。做好早饭的王巧淡淡地问：“都做好了？”

昨夜熬了个通宵的马钧伸了个懒腰，丝毫不觉疲倦，神采飞扬地道：“好了，明天就可以向陛下交差了。”

王巧一边收拾院子，一边问：“到底做的什么？也不拿出来显摆显摆。”

马钧笑道：“这是陛下吩咐的事，有什么显摆的？”

王巧见王舒也拄拐出来，就道：“马钧说他做好了，也不知他做的什么宝贝？要不你去看看？”

王舒猜是她想看，就道：“好啊，我们去看看，他又捣鼓出什么好玩东西来？”站起来，拄着棍子就要去，王巧走过来去扶她。

正要往屋里走，院门外一个声音高叫道：“马先生，马先生，你最近在搞什么名堂？”

大家都笑了：“傅大人到了。”

傅玄还是那一副急躁性子，人没进门声音先到：“我刚听裴大人说，陛下交给你办一件大事，你也不告诉我一声。”傅玄进得院子就抱怨：“陛下今年以来，在许昌、洛阳大兴土木，起初我们都没在意，毕竟一国之都，建几个宫殿花园也是应该的。但现在这宫殿越盖越大，越盖越多，不但没有停下的趋势，听说就因为你陛下更要扩大了，这就劳民伤财了。现在虽然暂时不打仗了，但是天下未定，需要休养生息。此时大兴土木，不仅花费巨资，还要征集无数工匠、民夫，这不是劳民伤财嘛。何况，今年京都周围大灾还没过去，陛下怎么会想这事呢？打死我也不信啊。我早上起来一琢磨，不对啊，这阵子你怎么一直没有上朝啊？莫非他们说的是真的？”

傅玄一口气说下来，急躁中带着几分忧虑。正在兴头上的马钧却像被一盆冷水兜头浇下，一直凉到脚。迟疑着道：“说是司马太傅近日就要从长安发粮五万斛，大灾不足为虑了啊。”

傅玄摇头叹息：“五万斛也只能让洛阳人口勉强度过饥荒，京城已经聚集了上万工匠、民夫，要是再一下子添几万工匠、民夫，这粮食从哪来啊？”

王巧见马钧心凉的样子，有些不忍，禁不住道：“小夫子，皇上要做啥，你瞎操什么心啊？”

“陛下的意思是彰显魏国国威，呈现京都气象，提振民心……”马钧说这话时底气有些不足，不过想到多年夙愿得偿，还是不愿放过这个机会。

王巧本想喊傅玄一道看看马钧的杰作是什么样子的，这个时候也觉得不太妥当了，便绝口不提，转移话题：“好了，说这些管不着的事有什么用？皇帝还能听你们的？吃早饭吧，小夫子，一起吃吧？”

“不吃了，吃不下。”傅玄叹口气，一跺脚，“我去找陛下。”转身就走。

94

傅玄是在大司农裴潜那里听到这个消息的。裴潜是他的伯乐，他一直很敬重裴潜。裴潜十分重视农耕，担任颍川典农中郎将时，就不断向朝廷举荐农耕方面的人才，使得大魏近年来农官仕途逐渐通达。这次为了马钧的事，让素来“甄别人品，名实并重”的裴潜着实大大被动了一回，傅玄心中过意不去。昨天才得空，特意备了些薄礼去大司农府表示歉意。

裴潜听说傅玄来访，连忙处理完手头公务，到书房来接待。他已年近六旬，傅玄算是他的子侄辈，但在他眼里，从来就没有把他当晚辈看。讨论事情，如待同辈。他素有雅量，见傅玄道歉，爽朗大笑：“休奕，你这是从何说起，这事本就过在本官，幸好你及时纠正，本官还要好好谢你呢！”

傅玄道：“晚辈自幼得大人关注、举荐、提携，无以为报。倒在这事上让大人处于难堪之境，心中实在难安。”

“老夫一生举荐过无数人才，但很少有为我纠错的，你是第一个，那是成全老夫知错就改的美誉了。”裴潜笑着打趣道，“当年你是名闻遐迩的小夫子、神童，今日是堂堂正正的著作郎，要为魏国修史的。老夫若有过不纠，可真就遗臭万年了。”

傅玄笑道：“我这个神童已成过往，大人家里的神童裴秀可是声名正隆啊。有机会我专程去拜会。”

裴潜不以为意道：“小儿是有几分天资，但性情有些骄纵自负，称神童有些过，不要过早地捧他，把他捧坏了。”

“盛名之下，必定无虚。”傅玄道，“令公子一直在您河东老家，只是无缘，不得一见。但知道令公子许多轶事。令公子叔父裴徽裴先生名满河东，家里经常高朋满座，听说很多有才学的客人拜访裴徽先生时，都要先到令公子处坐坐，和他交流一下看法。”

裴潜微笑道：“倒是有这一说。那是大家抬举他罢了。”沉吟了一下道：“不瞒休奕，今年我已将小儿接到这里来了，就在偏院，只是，只是……”他一时不知道怎么表达才好。

“啊？神童裴秀就在这里？”傅玄惊喜地站起来，见裴潜面有迟疑，倒是知道他内心顾忌。他早就听说裴潜的正房大人宣氏一直对裴潜纳妾不瞒。裴秀乃是偏房所生，其母出身贫贱，一向为宣氏所鄙薄，便是吃饭也不许她上正桌。裴潜拗不过宣氏，只得委屈偏房。怪不得这么多年，裴秀一直跟随生母戚氏住在老家，而不到裴潜府衙来住。此时见裴潜难以言表，连忙接过话来，“我先去拜见夫人，之后再去拜会令公子。回头和大人叙话。”

裴潜微笑点头。傅玄就去了后堂拜见宣氏。宣氏正由丫鬟伺候着翻阅家中度支账本，见是傅玄来见礼，眉开眼笑起来：“是小夫子啊，你可是多日未到府上来了，听说你在陛下跟前很得意啊。”

傅玄施礼道：“托夫人福，侄儿有今天，都是裴大人提携的。”

宣氏对身边的丫鬟道：“你们几个新来的不知道吧，这位就是以前老爷常夸的神童小夫子，孩提时一手文章就了不得呢。现在呢，是堂堂著作郎大人了，皇帝陛下可喜欢他呢。”

几个丫鬟都微微欠身道了万福。傅玄道：“夫人过誉了。傅玄已是昨日黄花，令郎裴秀才是了不得的神童。”见宣氏神色一沉，暗自一笑，“都是裴大人家学渊源，夫人治家严谨，教导有方，他日成就不是傅玄可以比拟的。”

宣氏脸色缓了一缓，淡淡一笑道：“小儿虽得老爷几分天资，也是亲友虚捧，讨老爷欢心而已，岂能和小夫子的真才实学相提并论。”

“非也，非也。”傅玄正色道，“令郎裴秀五岁能吟诗诵经，八岁即写得一手锦绣文章，京都盛传一时，侄儿也有幸得以目睹，还记得那些脍炙人口的锦句。”当下随口将裴秀那些得意文章背来。

宣氏有些吃惊。老家盛传偏房所生的儿子裴秀，文章了得，因为不是自己所生，素来不喜，自然也不信。自裴秀出生之后，老爷拗不过宣氏，就把裴秀和他生母一直放在老家。现在听傅玄这一说，不免有些沉吟：难道这裴秀小儿当真这般厉害？傅玄见宣氏若有所思，便告退，去偏院拜访裴秀。

进得偏院，院中寂静无声，转头四顾，却见一个十一二岁的男童正蹲在巷口里，在地上画什么，似乎沉迷此间。看那神情，不像是在做小儿游戏，好像在思考什么。傅玄好奇心起，悄悄走过去，站在他背后，看他在画什么？却见地面上是画了一些凸凸凹凹的线条，像是山川地形之类，又有些不太准确。男童一边画，一边叉开手去比量，嘴里还在嘀咕：“古人这东西到底按照什么画的呢？却需好好琢磨琢磨。”

傅玄忽然道："履其地而知之，摹其形而得之，何疑之有？"

男童头也不抬，随口反问："仅摹其形，不知其数，安知长短高低？缩千里为分寸，曲细线为河道，何以成图？"

傅玄一时竟语塞。古人画地形图，也就是根据山川地貌，画个大概，却没有想过按什么比例、如何标出方位、高低、起伏、倾斜、曲折等等。傅玄也没在这上面细想过，一下子被他问住了。

男童这才抬起头，只见他眉角上挑，眼角睥睨，嘴角微撇，神色倨傲，对突然出现的陌生人毫不惊讶，大大咧咧地道："这个问题我想了很久也没想通，你答不上，也不算无知，不必发窘。"

傅玄哭笑不得：神童裴秀果然自负得很。看裴秀那一副少年老成的样子，恭恭敬敬道："在下傅玄，特来拜访小，小……"一时不知怎么称呼他。

"哦，原来你就是我爹常常提起的小夫子。"裴秀上下打量了傅玄一眼，挥挥手道，"你呀，那么大名气，怎么也这么扭扭捏捏的。叫我小领袖可以，叫我裴公子也可以。"

傅玄失笑道："小领袖？你倒也不谦虚啊？"

裴秀道："你这么叫是尊重，我婉辞呢是谦虚。这是客主之道，你既称小夫子，自然知道的。"

傅玄见他虽然傲气，却率真可爱，十分喜欢，便逗他："既是客主之道，我来拜访你，你该请我屋里坐下，奉茶待客，然后谈诗论文，才是正道。"

"酸！酸！酸！"裴秀连连摇头，"难怪你叫小夫子，一身的酸气。你既来访我，当是以才学动我，何必斤斤计较俗人之礼。"

傅玄"哈哈"大笑，越发觉得裴秀可爱。当下便抛了俗礼，席地而坐，与裴秀讨论起学问来。裴秀见傅玄毫无腐儒之气，也是放开心思，一见如故，与他天上地下地神侃起来。不觉就到了午间。裴潜使人来找他，他才恋恋不舍地与裴秀告别。

裴潜那里又有几个宾客来访，便让宣氏吩咐下人在正堂准备了酒食。其时庶民一日两餐，士大夫已经一日三餐了。裴潜坐在主案上，客案排在两边，傅玄被推在上首。主客坐定，说起京都近来的新鲜事，自然聊到突然冒出来的给事中马钧。裴潜想起什么似的问傅玄："陛下想在许昌、洛阳兴建宫殿，听说本来规模不大，现在得了马钧，好像要大兴土木。最近派给马钧一个什么重大差事，大约与此有关。你知道不知道？”

“这几天我没见他，没有听说啊。”傅玄摇摇头，“国家刚刚安定几日，怎么就要大兴土木了？这不劳民伤财吗？不行，我得回去问问他，有没有这回事？”他是急躁性子，半刻等不得，就要回去寻马钧。

其他宾客连忙拉住他：“且把裴大人的酒喝了，再去不迟。”

裴潜也道：“我就这么一问，看你急的。酒菜马上上来了，吃过饭再走。”

裴潜这一发话，傅玄只好耐着性子坐下。就见一位布衣素裙的妇人端着食盘往上送菜。看那妇人虽然不施粉黛，却也端庄秀雅，只是神色十分谦恭。傅玄只道是裴潜的家仆，也没十分在意。却听旁边一人小声道：“咦，这不是如夫人吗？”

竟是裴秀的生母戚氏。傅玄一听，连忙从席上站起来，上前接过食盘，连声道：“怎么敢劳动二夫人亲自上菜，折煞我等了，折煞我等了。”放下食盘，拱手为礼：“晚辈傅玄见过二夫人。”

满座宾客一见，都纷纷站起身来，向戚氏行礼。戚氏慌忙还礼，连声道：“妾身是贫贱之人，怎敢承受贵宾大礼！折煞妾身了。”

裴潜见了，知道又是宣氏差遣戚氏做这家仆做的活，微微一叹，对戚氏道：“你且下去吧。”

戚氏捧着食盘躬身退出正堂，正好遇到宣氏身边的大丫鬟。大丫鬟刚好看到刚才的一幕，诧异地对戚氏道：“二夫人，怎么傅大人他们都对你这么敬重啊？”

戚氏低下头，悄悄抹去眼角一滴泪珠，轻轻道：“我这么一个卑微低贱的人，客人对我行礼，应当是因为小儿的缘故吧。”说罢欣慰地一笑，低头走了。

大丫鬟回到宣氏身边，把刚才的一幕和戚氏的话当成稀奇事告诉宣氏。宣氏听罢，竟是愣了半天。据说此后，宣氏再也不把戚氏当家仆使唤了。

95

马钧没想到事情会这个样子，满怀热情一下子冷到冰点，再也提不起兴致。但这一切不是他能改变的，他还是要按时向曹睿复命的。他怏怏地回到西头房，王巧扶着王舒也跟了进来，看着房间平地上放着的一整套精致的宫殿园林模型，看上去就显得气势巍峨，十分壮观。倘若不是傅玄前来放了一通乱炮，看到这套模型，她们也会叹为观止的。现在却都在想，要建成这样的规模得要多少人？得花多少钱啊？当真是一点兴致也提不起来了。王舒更是沉了脸，不知在想什么。

次日一大早，马钧还是怀揣着图纸，将模型拆开打成几个包袱，雇了一辆马车到宫门口候着。按照曹睿事前的吩咐，马钧先到偏殿呈上图纸。经过昨天这一弄，马钧本不想把模型带来的。但是已经做好了，又实在按捺不住想把它展示出来，斗争了一夜，还是把它拿来了。

曹睿正在御书房批阅奏章，司马懿从长安发来的五万斛粮食前日已经抵达京城，曹睿传谕先发一半，让灾民过渡，另一半就近存入库中，供给京城营造宫殿的工匠、民夫。曹睿去掉一个隐忧，心情正好，晦暗的脸色泛起一丝阳光，见到马钧，和蔼地问："马爱卿，图纸都弄好了？"见马钧气色不佳，以为是连日劳累所致，随口道，"看你神态疲倦，怕是费了不少脑筋吧，爱卿辛苦了。"已示嘉勉。刘放、孙资站在一旁面带笑容看着他，仿佛他们比曹睿对他更加期许。

"臣不敢有负陛下信任，日夜赶工，终于画出图形。"马钧双手呈上厚厚一叠图纸，"臣请陛下御览。"

刘放上前接下图纸，在曹睿示意下，就在地板上，一张一张顺势摊开。先看总图，整个布局大气合理，上合天文，下合地理，顺形借势，互为呼应。再看分图，结构合理，细节严谨，清晰分明，一目了然。曹睿原本博学，刘放、孙资二人也是学富五车，自然能看出其中的奥秘。曹睿大喜，频频颔首。刘放、孙资即便不欲马钧专美于前，也没法在曹睿面前对此明目张胆地贬损，何况也是他们举荐的，不得不违心地赞赏附和："马博士手工细致，把陛下规划的一一呈现了出来。陛下大振魏国国威之举，于此可见。"这番话是把功劳说成是曹睿的了。

曹睿听得很舒服，嘉许地看着马钧："也是马爱卿才学出众，把朕心中所想形成图纸，好，好！"见马钧脚下还有几个包袱，好奇地问："马爱卿这几个包袱里，还是图纸吗？"刚才马钧进来背了好几个包袱，曹睿就觉得有些奇怪。

马钧受到嘉许，一时忘了傅玄带来的不快，奏道："陛下，臣想图纸毕竟只是线条，还不直观，臣花数日之功，特地将所有高台宫殿雕成模型，让陛下看得更真切。"

曹睿惊奇道："你怎么不早说，快拿出看看。"

"微臣是想让陛下先看图，有个总体印象，再看模型会更有感觉。"马钧解下包袱，将散装模型灵巧地一一拼装起来。那许多构思奇巧的卯榫各式各样，林林总总，以不可思议的方式穿、插、锁、扣，巧妙地咬合在一起，紧密无缝，纹丝不动。在一向以才情自负的曹睿眼中，单是看马钧双手灵动地穿梭，就已是莫大的艺术享受。

很快一整套很大的宫殿按照京城预定的方位在偏殿的地板上陈列开来。气势巍峨的高台、华美壮观的宫殿、疏密相间的园林立体地呈现在曹睿的脚下。站在一旁看下去，就像站在邙山之巅，俯视整个洛阳城，那种君临天下的气概让曹睿心花怒放。

刘放、孙资也是看直了眼。对视了一下，心中越发地觉得马钧是一个威胁，甚至比傅玄、秦朗、高堂隆等人更大。傅玄遇事急躁，不会拐弯，曹睿虽然欣赏他的才学，但是受不了他的耿直，召见的次数是越来越少，昨天还要来进谏，被挡了回去。秦朗、高堂隆等人多少有些顾忌，不会只斥其非，即便劝谏还讲究个含蓄，有时能不多事也就不多事了，所以他们无事也不会往曹睿身边凑。而马钧不一样，马钧的擅长正是曹睿喜欢的，怪不得曹睿要破格给他加给事中，就是为了把他留在身边收用其才。看这样子，这个宫殿群交给马钧监造是毫无疑议了，马钧也必然会尽心竭力地完成。以马钧之才，会监造得很完美，那马钧以后在曹睿心中的地位就会越来越高，越来越稳固，这是他们不愿意看到的。他们也曾试图把马钧拉入自己的阵营，但显然马钧和他们不是一路人。必须设法清除这个威胁，还不能露出任何破绽来，当然，这要在宫殿园林造得差不多了的时候。

曹睿当然想不到刘放、孙资的心里在翻腾。趁着高兴，宣布临朝。吩咐内侍将模型搬到大殿里去，他想，看到这样气势巍峨的高台宫殿，没有人不希望大魏有这样的国威吧？

今天是大朝，不少地方典农、刺史、州牧、王侯、将军都到了。百官已在大殿等候很久了，正奇怪今天曹睿怎么迟迟不现身，正议论纷纷，内侍高叫道："陛下到——"文武百官立即依次分列两排恭候。却见曹睿从偏殿健步走出，神采飞扬，众人受到感染，不觉都是精神一振。刘放、孙资紧随其后而出，也是见惯不怪，不以为奇。但随后见马钧尾随而出，就大为惊异了，都窃窃议论起来。认识马钧的，奇怪他一个博士加给事中，即便备帝咨询，也不当在这个时候啊。还有不少官员不认识马钧，更是惊异皇帝身边何时多出这么一个人物，他们竟然毫不知情。能够在这个时候从偏殿伴随皇帝上朝的，就意味着深得宠幸，成为又一个权势人物。偏偏马钧对此丝毫没有感觉。站在后面的傅玄目光直逼马钧，马钧抬头看见，觉得脸上一阵火辣辣的，转过视线，不敢接这刺人的目光。低着头站到班列中去。

曹睿到龙椅上坐定，摆了一下手，殿中立时平静了下来。不待曹睿发话，傅玄闪出班列，就要开口。曹睿已经知道他要说什么。昨日他要晋见，刘放事先得到消息，说傅玄不知从哪里知道了朝廷要大兴土木之事，一定是为这事来劝谏的。刘放暗示这消息必然是马钧走漏出去的。曹睿倒是没怀疑到马钧身上，因为这事他私下和其他大臣也隐隐吹过风，试探反应。知道傅玄来意，曹睿自然不想事情还没公布就被搅了，便让刘放把人挡了回去。现在见傅玄急不可耐的的样子，哪里容他开口，目光凌厉地刺过去："傅爱卿不要性急，朕有大事要宣布。"

傅玄只得忍耐住站回班列中去。众人见曹睿神色严厉，都敛起神来，大气不敢出。

"各位爱卿，"曹睿见场子已被压住，这才郑重地道，"大魏立国以来，以统一天下为己任，但吴蜀联盟，狼踞虎视，创业愈艰。吴踞东南，筑殿建邺。蜀霸西南，立宫成都，都欲在气势上压我大魏。京都之筑，关乎气运。魏昌于许而定于洛阳，今年朕趁吴蜀无暇顾我之际，在许昌、洛阳大兴土木，筑高台、建宫殿，壮魏国之气象，盖吴蜀之风头，让他们心生归化之意。但年来所建，不大气、不华美、不壮观，朕甚不满意，常自忧虑。今博士马钧秉朕之意，设计出华美壮观的高台雄殿，大慰朕意。来人——"曹睿轻轻一挥手，"把马爱卿的宫殿模型搬上来。"

几个太监立即将已经分成几块的宫殿模型轻手轻脚地抬了进来，依原样拼好。一座巍峨的宫殿群就展现在百官面前。大家都被这壮观的气势给镇住了。就连傅玄也不得不再次惊叹马钧的工艺之巧，简直举世无双。之前他只见过马钧的一些小机巧，没见过这么大规模的东西。乍乍放在眼前，还是把他震撼到了。一时间竟有些不知道该不该阻拦这巧夺天工的建筑问世，觉得这本来就是一件天物。

曹睿见百官惊羡的神情，得意地微微一笑："古代鲁班、前朝张衡，怕也不过如此吧？马钧降于大魏，实乃天意也，朕岂能辜负上苍。哈哈……"

百官震撼之余，议论纷纷，不少人挑起大拇指：

"大魏有此人才，一定会把吴蜀压了下去。"

“帝宫强，敌国亡，顺时借势，好，好！”

“昌于许、土木举，高台筑、一统速……”

“……”

百官中不乏博学多才者，立即就能找出许多冠冕堂皇的理由，附和着曹睿的旨意，让这个规划更合天理。

“众位爱卿，”曹睿见效果达到了，微微一笑，“朕决意由刘放、孙资负责，各部协办，在全国再征集巧匠、民夫若干，由马钧负责监造……”

马钧正欲站出受命，忽听班部中有人高声道：“且慢——臣有本奏！”

96

傅玄已经从恍然中回过神来，正欲闪出班列启奏，却被别人抢了先，看时却是司徒军议掾董寻。只听董寻上前奏道：“陛下，天下未定，而先兴土木，劳民伤财，实不足取。前者在建也就罢了，现今绝不能再泛滥下去，臣请陛下慎重考虑再做决定。”

曹睿见有人出来泼冷水，非常不快，但他一直自负圣明，也不欲当面压制进谏之言，勉强笑道：“董爱卿所言乃忠心为国之举，朕自当考虑。有什么话，你写个奏折上来，不用在殿中讨论了。司马太尉从长安发来紧急文书，朕要去处理，退朝。”起身径自往偏殿去了。

马钧正欲随众人一起退朝，太监走过来，低声道：“马大人，陛下命你偏殿觐见。”马钧一愣，看了看那边的傅玄，只得低着头往偏殿去。

傅玄压了一肚子的话捞不到机会说，正要拉住马钧，马钧却被太监叫到偏殿去了，急躁地来回走动。其他人都已陆续退出，他仍不甘心。董寻走过来，抱拳道：“著作郎可是有话要说？”

“我正欲说话，却被你抢了先。”傅玄敬佩地拱拱手，叹道，“可惜陛下也没让你把话说完。”

董寻倒还没有失去信心：“陛下说了，可以上奏折的嘛。”他早看出傅玄意思，在拉同盟军：“我回去就写一份奏疏，著作郎是有名的才子，帮我参谋参谋，如何写得更有分量，能让陛下回心转意。”

这话正中傅玄下怀，欣然道：“好好好，如此甚好。到我家里去，我请你浮一大白。”想到马钧如此表现，不禁大失所望。

马钧此时也是进退两难。他还没有考虑其他东西，只是从友情出发，做了傅玄不喜欢的事，觉得于心不安。傅玄一直器重自己，力挺自己。自己今天的地位从某种意义来说，也是傅玄力推的结果。但是圣命难违，他能拒绝曹睿的旨意么？其实他没有意识到的是，真正难以拒绝的是，这么一个浩大的工程于他而言可能一辈子也就这么一次。这个诱惑，对于自负机巧的他来说，实在是无法拒绝的。

曹睿寒着脸在偏殿里坐着。刘放在一旁安慰道：“陛下不必气恼。一桩事总是有人赞成，有人反对的。只要大多数人赞成，就是好事。今日大部分人都是拍手叫好的嘛。至于董寻，匹夫所见，就不必去理他了。”

曹睿脸色稍霁，勉强道：“他的心还是好的。幸好没让毌丘俭来，否则，他更喋喋不休。就这样，他还是不停地上书来。”想到傅玄的神态，心想，只怕反对的不在少数吧，可何人又知道朕的苦衷呢？

刘放道：“何尝不是呢。陛下，这毌丘俭任洛阳典农，近在咫尺，据说他屡次要来进谏陛下，影响着一大批人，这董寻不会就是受他影响也说不定。实在不宜把他放在左近，再说毌丘俭乃是带兵之才，出任这洛阳典农也是委屈了他。现在蜀国没了诸葛亮，暂时不足为虑，但吴国那边一直虎视眈眈。干脆把毌丘俭调任荆州刺史，防范东吴，倒是一举两得。一来免得陛下心烦，二来人尽其用。再说由洛阳典农调任荆州刺史，是升了一大截，没有理由不忠心耿耿啊！”刘放后半句倒是没有私心，毕竟国家社稷与自己命运息息相关，的确是量才推荐的。

曹睿一听，正合自己意思。他虽然不满意毌丘俭老是上书进谏，但知道毌丘俭是个人才，不想闲置不用。刘放这个建议的确合乎国家利益，有毌丘俭坐守荆州，东南局势可就放心得多了。当下立即让刘放拟诏，升毌丘俭为荆州刺史，即日赴任。

孙资又凑上来，出个主意：“陛下，要让大家都亲身参与到宫殿建筑中来，这事就人人有份，自己直接参与的事，总不能再说三道四了吧？”

“你们觉得怎么办合适就怎么办，具体的朕也不想去操心。”曹睿也没当回事，压抑住胸部的气闷，叮嘱道，“征集民夫巧匠的事就你们安排人去办，怎么造，由马爱卿监管。”见马钧已经站在那里，吩咐道，“马爱卿，明日开始，你先去许昌督造，洛阳这边还需要多少工匠、民夫，你再仔细核算一下，交给刘爱卿、孙爱卿督办。未来数年，你要在许昌、洛阳两边奔走，切切给朕用心督造。”马钧躬身领旨。

王舒、王巧在家中正忧心忡忡，坐立不安，见马钧回来，问他情况。马钧说了曹睿的意思，歉意地道：“看来我要很长时间不能在家里待着啦，大……大姐，就烦你照顾王舒，待她伤好了，你再回去。”

王舒总觉得这事儿哪儿不妥，但到底有什么不妥，却也说不上。

“你倒好，家里这就彻底不问了？王舒这腿指望你照顾，还不早废了？你们男人都不是个东西，李牧也是多少天不归个家。”王巧瞪了他一眼，没好气地数落了几句，又叹道，“反正王归在他姥姥那里，我在京城也没个伴，就在这里陪王舒吧。”

马钧已经习惯被王巧数落，也唯有这样，他才觉得少了那层尴尬。

晚上，王舒强撑着给马钧收拾衣物，王巧道：“你就坐着，说东西在哪，我来收拾。”硬拦住王舒，然后根据王舒所说，翻箱倒柜，帮马钧收拾行李。她很享受这种感觉，好像这世上就该是她为马钧收拾才是。

王舒当然不会知道姐姐的这点隐秘心思，特别提醒：“把他那套微型手工工具给带上，那是他的宝贝。”

次日天还没亮，马钧就起身准备出行。王巧做好早饭，王舒也早早起来为他送行。拨给马钧的随从和护卫按照约定的时间，天蒙蒙亮就赶着马车候在院外了。马钧之所以把时间定得这么早，内心也是怕傅玄找过来。他实在没勇气面对傅玄的质问。

傅玄的确是想来问问马钧的。但昨日和董寻一拍即合，喝了一晚上酒，商议着要联名进谏，就把马钧搁下了，及至想起来找马钧，才得知马钧已经奔赴许昌督造宫殿去了，心中倍觉气闷。

董寻回去后，早上酒醒了，想了一想，不对，这事不能这么办。我已经一把年纪了，儿子都七八个了，什么都无所谓了。傅玄才十七八岁，不能因为这事儿去冒险。董寻还在寻思，司徒府传下话来，说陛下有命，京都大小官员，一起到芳林园，负土一抔，植树一棵，以尽人臣之道。董寻赶到正在兴建中的芳林园，只见大大小小数百官员都在现场，在各自上司的指挥下，有的抬，有的挑，有的拖，把一筐筐土往指定的地方运，再背一棵树苗去栽培。有几个实在很老的，弄不动的，就用衣袍兜着土，气喘吁吁地慢慢往返着运土。人人衣袍、脸上都弄得满是泥土。这些人平时当惯了官，什么时候做过这等活，当下手忙脚乱，弄得灰头土脸，内心觉得屈辱不堪，只是胆小谨慎的人丝毫不敢流露在脸上，胆大耿直的人不平之色就溢于言表。

傅玄也来了，在乱糟糟的人群里与高堂隆一边拨土培树，一边在说话，转脸看见董寻，远远地拱手招呼。董寻想了想，既然圣旨已下，总是要尽忠的，就用小背篓背起半篓土，向那边走过去，到了跟前，将土倒下，对高堂隆道："高大人，你在陛下那里说得上话，何不进谏一二？看看这场面，劳民伤财不说，还辱尽斯文。"

高堂隆苦笑道："我已经进谏过多次，陛下固执己见。少府杨阜杨大人也多次劝谏，但陛下丝毫听不进去啊。听说陛下还要把长安铜仙承露盘运到洛阳来，那可是重数百万斤的东西啊，要多少人啊？"前朝汉武帝曾在长安筑起一座高台，叫柏梁台，台上竖起一根巨大的铜柱，高二十丈，七个人合抱之粗，上面铸有一个铜人，铜人举着一个铜盘，用以承接天上的甘露。相传用此甘露和玉屑服之，可以长生不老。

"我也听说了，把它搬来洛阳有何益处？"傅玄道，"我和董大人也决定联名上书劝谏陛下，直陈利害。"

"不可逞一时之快，"高堂隆摇摇头道，"进谏是必要的，但还是要委婉些，别伤了陛下的脸面。"

"我明天就把谏书呈上去，让陛下猛醒。"董寻已经打定主意，单独进谏，不把傅玄拉下水。但这一切不能告诉傅玄，因为他知道傅玄的脾气。

97

没过几日，傅玄就听到宫里传来的消息。司徒军议掾董寻被剥夺官职，废为庶民。傅玄大惊，要进宫问询，曹睿拒绝相见。朝会上也不让众人开口。傅玄闷闷不乐，从高堂隆那里才知道事情的真相。原来董寻上表痛陈利害，早把生死置之度外。表中有这样的话："若今宫室狭小，欲广大之，犹宜随时，不妨农务。况作无益之物乎？陛下既尊群臣，显以冠冕，被以文绣，载以华舆，所以异于小人也。今又使负木担土，沾体涂足，毁国之光，以崇无益：甚无谓也……臣知言出必死；而自比于牛之一毛，生既无益，死亦何损。秉笔流涕，心与世辞。臣有八子，臣死之后，累陛下矣。不胜战栗待命之至！”曹睿大怒，说：“难道董寻真的就不怕死吗？”左右奏请斩了董寻，曹睿盛怒之余，还是放他一条生路，说：“看他一向忠义，算了，朕也不把事情做绝了，让他回去养老吧，不要在朕眼前晃荡。”就这样，董寻被削职为民，一天也不准在洛阳停留，连夜被赶出京城了。

高堂隆没有说出奏请斩了董寻的“左右”是谁，傅玄本能地疑到刘放、孙资身上了。

“我叫他委婉些委婉些，他不听，用词还那么激烈，陛下怎么能不动怒，那毕竟是陛下啊！”高堂隆惋惜之余，仍感万幸，“陛下毕竟还是仁慈之主，给了他一条活路。”

傅玄一听董寻表中言辞，就知道董寻独自把责任承担了，不想把他牵扯进去，悲呼：“董大人啊董大人，你这不是陷我于不义吗？”就要秉笔直书，与董寻做一路去。

高堂隆拦住他：“陛下正在气头上，此时上表，什么用也没有，又把自己再搭进去。你这样一意孤行，不是辜负了董大人的一番好意。又如何对得起董大人？还是等待恰当时机，让陛下惊醒吧。”

傅玄长叹一声，不知如何是好。

又过些时日，一个更让傅玄震惊的消息传来：曹睿诏命马钧从许昌引一万人马径直去了长安，要拆取铜仙承露盘。按传言，承露盘、铜人、铜柱将运到洛阳。傅玄惊讶马钧权势一下子大到这个程度，都可以引一万人马了。但这个消息属不属实，也搞不清，曹睿又不让他入宫。郁闷之极，就跑到马钧家里问问王舒去。

王舒的腿伤已经好了很多，拄拐已经可以单独行走了。张超时不时亲自来给她换药，傅玄来时，张超正好在。一见傅玄就玩笑道：“夫子，你脸色这么不好，我看你是心气郁积所致。在家被弟妹欺负了？”

“你倒是说对了，我真是心气郁积。”傅玄哪有心思和他开玩笑，道，“听没听说，我们的马大博士现在可是红人，带了一万人马去长安拆承露盘去了。”言语中充满揶揄之意。

“马钧前日来信还说是在许昌啊，谁说去长安了？”王舒诧异道，见傅玄狐疑的眼神，指了指王巧，“不信，你问我姐。”

“是啊。”王巧证实道，“去长安取承露盘是南宫嗣他们，不知谁放的风，栽到马钧头上。”

傅玄问：“你们哪里得来的消息？“

王巧道：“李牧和我那两个表哥也去了啊，临行前来这里说过。”

傅玄急道：“他们怎么去做这个事呢？你们怎么能让他们去做这个事呢？”

“哎哎哎，”王巧敲了敲案几，“小夫子，你是站着说话不腰疼。他们只是在南宫嗣手下当差的，南宫嗣调他们去，他们能不去吗？皇上让你们去芳林园负土培树，你怎么也去了啊？”

傅玄一时气结，竟是无语反驳。

“你说也是啊，当今皇帝虽然年轻，但一向名声不错，都说他是一位明君，怎么也做这样的混账事。”王巧说话向来无忌，又对着自己人，就把心中怨气都发出来。

傅玄却吓得站了起来：“这话你也敢说，你不怕杀头啊？”他虽然急躁耿直，但骂皇帝混账还是认为大逆不道的。

王巧也发觉说脱了口，吐了吐舌头，笑道：“看把你吓的，该不会你去告密吧？”

傅玄道：“不管怎么说，这种无父无君的话还是不能说的。这回我只当没听到。”

“其实……”张超欲言又止，“你们都不知道陛下的苦衷。陛下这么做是有原因的，倒不是陛下不再圣明了。”

“苦衷？什么苦衷？”傅玄转脸望着他，不屑道，“不就是看天下太平了，想享受了吗？这天下真就太平了？即便天下太平了，也不可以这么大兴土木，影响农耕嘛，这会动摇魏国的根基。我明儿就再上本启奏，直言劝谏，大不了和董寻一样，削职为民罢了。杀头也无所谓。”

张超叹了口气，似乎下了很大的决心。这个秘密不说，以傅玄的性子，怕是真要犯颜直谏，送了自己的前程，甚至性命。他起身到院外看了看，左右无人，把院门关了，再走回到屋里。傅玄、王舒、王巧见他这般谨慎，不知道有什么天大的秘密要揭开，也紧张起来，聚到张超身边听他压低声音道：“我去年进过一次宫，为陛下号脉，陛下身患隐疾，非药力所能挽回。多则三五年，快则一两年。”

“啊？”三人均是张大了嘴巴。这可是天大的秘密，若是泄露出去，可不得了。

“我不敢奉诏为官，就是因为我也无能为力，所以只好以醉医吓人，让宫中那些太医不敢再来找我。”傅玄他们这才明白张超为何突然酗起酒来，原来竟是避祸之道。张超继续道：“陛下此时在许昌和洛阳大兴土木，我本也不解。直到派人去拆取承露盘，我才猜到陛下用意。陛下一定已经感觉到自己身体有亏，想用前朝汉武帝甘露和玉屑的方子，以求延年益寿吧。魏昌于许而都于洛阳，所以在此两地起高台、筑宫殿，也是为了壮帝王之气，以求国祚绵长。所以，你们想想，这个时候去劝谏陛下，是要陛下自己放弃生命，他怎么能够接受呢？陛下把董寻废为庶民，已是相当圣明了，换了别的皇帝，便是十个董寻也杀了。”

王舒、王巧听得心惊肉跳，想当今皇上才刚过而立之年，怎么就会过不了三五年呢？傅玄更是目瞪口呆，没想到竟然是这么回事。这些虽是张超的推测，但以张超的医术，不可能妄言。而一向圣明的曹睿，今年以来的种种固执行为，除此更无其他合理解释。半天，才道：“那陛下今年又在全国选美，充入后宫，这与延年益寿有什么关系？”

“古书上说采阴补阳也是延年益寿之方啊。”张超笑了笑，“我猜陛下既想采补延寿，也想及时行乐吧，免得到时没有长生不老，又误了及时享受，这些年打仗，都没顾上呢，那岂不是亏大啦？”

“你们男人都一个德行，都是皇帝传染的。”王巧瞪了张超一眼，“我还以为当今陛下真的圣明呢，原来也不过如此。”

傅玄道：“这已经是很难得了。”

王巧望了望王舒道：“莫非马钧也是知道这个秘密的？”她不自觉地想为马钧找借口，希望马钧正是因此而违心奉召的。

只是王舒不这样想，她知道马钧一定是拒绝不了充分发挥机巧的机会。她本已泛红的脸色又变得苍白起来。

第 15 回 ‖ 夺天工：死木偶变成活百戏

98

曹睿的确是想把拆取铜仙承露盘的重任交给马钧的，但刘放、孙资都说："马钧长于机巧出奇、筹划设计，拆取原物这种事，只需派忠心勤恳之人即可。马钧现在许昌督造，还要兼顾洛阳的营建，不宜分身。"刘放见拆取铜仙承露盘须引一万人马，不欲马钧因此彰显气势，便想方设法搅局，他想把马钧的作为始终局限在高级工匠的角色上，至多不过一个督造。

曹睿觉得刘放、孙资的话也不无道理，这事只能派信得过的人，若是派高堂隆、杨阜他们，肯定要聒噪个没完，就采纳了，让刘放、孙资悄悄委派放心之人去干。刘放、孙资乘机进言，南宫嗣本就是将作长史出身，目前又任中郎将，搞这个正合适。曹睿也正想再用南宫嗣，见刘放、孙资这一说，正中下怀，就放心地让他拟诏。南宫嗣便兴高采烈地引一万人马去了长安，这回才觉得自己真正像个威风凛凛的将军了，心知这趟差事完成，少不了又要晋升一次。对刘放、孙资更加感激涕零，让老家赶紧再送些价值连城的珍玩过来，答谢二人。

马钧在许昌日夜守在做工现场，对宫殿、高台的建造重新进行修正，宫殿、高台渐渐显露出巍峨气象来。经过一段时间的督造，许昌土木已经渐渐走上正轨。马钧留下几名能干的工掾指挥各处工曹加紧督造，自己带着随从和护卫昼夜兼程，奔回洛阳，接手洛阳的土木督造。

说实话，马钧这些日子的心情是复杂的。在做工现场，看到征调而来的几万工匠和民夫，他们基本都是破烂短褐，大多数人赤着上身，在满是尘土的工地上艰难地劳作。他们也分出三六九等，手艺高明的工匠担任着大工的活，主要是凿石、砌墙、破料、架梁、竖柱、雕花、描漆之类，他们吃得也稍微好些，而更多的民夫担任的搬运、和泥之类打下手的小工，什么苦脏累重的活儿都是他们去干。负责监工的军士挥舞着皮鞭，有谁偷懒一下，就是一顿暴打。加上入夏以来，天气炎热，工期所限，只能不分昼夜，轮班劳作，每天休息时间都不足两个时辰。每天都有人死伤。或劳累而死、或中暑而死、或患病而死、或失足而死、或碰跌而死、或暴打而死、或斗殴而死……什么情状都有。马钧才深切地感受到什么叫劳民伤财，理解了傅玄、董寻等人为什么那么极力地反对陛下大兴土木。但看到一座座高台、宫殿按照自己设想慢慢露出峥嵘时，心中还是充满了成就感。他就带着这种极其矛盾的心理赶回了洛阳。

一到洛阳，他顾不上回家看看，就立即到朝阳殿、太极殿、总章观、崇华殿、青霄阁、凤凰楼、九龙池的建造现场巡视，发现样式虽然照自己的图纸和模型在改进，但还是存在许多瑕疵，当即要求停下，把每个建筑的监工和工曹找过来，一一指点他们应该如何改进。

这日晌午，一场雷雨过后，酷热的天气稍微有些阴凉下来。马钧站在青霄阁营造现场，拿着图纸在对这里的工掾讲解督造要点，两名随从举着紫罗伞为马钧遮着阳。就听那边有人嚷嚷："营造重地，闲人免进！"守卫军士推搡呵斥的声音传来。马钧已经习惯了这种嘈杂，也没当回事，望也没望，继续和工掾说话。只听一个熟悉的声音高叫道："马钧，马钧，你这官做大了是吧？见你都见不到了啊，你的良心让狗吃了？"

军士喝道："大胆刁妇，马大人的名讳也是你乱叫道的。再喊，把你抓起来。"

马钧已经转过头来，一见是王巧，赶紧走过去，紫罗伞紧紧跟着他移动。马钧呵斥军士："不得无礼，让她进来！"

"嗬——"王巧绷着脸，上下打量他，看着他头上的紫罗伞，讥讽道，"马大人，看不出，你现在好大的威风哦。头上紫罗伞，脚下朝天靴，啧啧，果然是脸一阔，人就变哈，都不记得回家的路怎么走了吧？"

马钧让她数落一番，涨得满脸通红，不觉结巴起来："不……不是的，陛下……限……限期督造，刚回来，这里还没……没上条规，实在是脱……脱不开身……"

工掾想笑不敢笑，只当是博士夫人到了，暗道：原来马博士也是个惧内的主。

“再忙，回家路过一下的空子也没有吗？”王巧杏眉怒竖，“王舒的腿好没好，你不关心，马缘想爹爹怎么难受你不关心，屋后的菜地长没长好你不关心……你是想学大禹三过家门而不入是吧？”

司工掾见王巧那样子，真怕她上前来揪博士大人的耳朵，那可就丢人了。又见王巧泼归泼，却又站得远远地，便有些奇怪。

马钧稍微定下心，说话也顺溜了起来，连连赔礼：“是我不好，我本想把这里的几个地方安排好，过几天就回去看看的，没想到你来了。”

“看我来了，说现成话吧。”王巧鼻子里哼了一声，“我是今儿上街无意中听邻居说你马大人回来好几日了，我正疑惑你怎么不回家，原来是在这青云阁享受威风呢。”

马钧被他冷嘲热讽的，脸上青一阵红一阵，挥挥手，让随从把紫罗伞撤了，司工掾也知情识趣地忙去了。马钧半是解释半是悲叹道：“陛下交给的苦差事，我怎么敢怠慢？没有他们的遮护，我怕是早累趴下了，还要什么威风呢。”

王巧见他的确黑瘦了许多，心中不禁隐隐作痛，但嘴上却不饶人，指着满眼破衣烂衫艰难忙碌的民夫道：“这就是陛下给你的苦差。是苦差，你看看这些老百姓，他们也是人哎，造这么多高台宫殿干什么用？他一个人住得了吗？就算是有三宫六院七十二妃，也用不了这许多房子啊。”

马钧紧张地看看了四周，生怕王巧的话被人听了去，压低声音急道：“姑奶奶，你也不看看这是什么地方，这种话能乱说吗？”

王巧更加生气：“你以前胆子也蛮大的啊，现在怎么这么谨小慎微。你看看人家董寻董大人，全洛阳哪个不知道，即便丢了官回去了，老百姓还念想着他。这么些个劳民伤财的东西，你不去劝谏陛下，反而替他四处张罗，昼夜督造。还是单先生说得对，你就是放不下机巧营造之术，这下正好有你卖弄的地方。可你卖弄一下不打紧，只是苦了这二三十万人啊。”她已经听到傅玄说起这次洛阳所征巧匠和民夫的人数，是以心中有了概念。

“单先生……单先生来过了？”王巧最后这句话像一道鞭子狠狠地抽在马钧的心上：是啊，就为了成就自己的机巧营造才能，把眼前这几十万人置于水深火热之中？他无力地为自己辩解道：“这……这不是我想这么做，圣命难违啊！”

“单先生到洛阳还想到过来看看呢，你倒是不着家了。若不是你拿出那些个图纸、模型来，皇帝他又想得出这么大、这么美的高台、宫殿来么？”王巧也知道这事马钧不做，皇帝也会派其他人做，但她就是不想马钧成为被人唾骂的对象，幽幽道，“总之，别人爱做随他去，你不置身其中，良心就会安些。”

这次许昌、洛阳大规模的宫殿建筑，马钧本就很矛盾，只是强行用“圣命难违”给自己筑起一道良心防线。这下，这道良心防线彻底被王巧击垮了。

99

马钧终于放下手中的活儿，晚上回到家里来。王舒已经听王巧说了白天的情形，站在她姐姐一边，说：“骂得好，他就不该接这样的活，连带家里人都招人指指点点。”破天荒地第一次没给马钧好脸色看。

王舒、王巧还是做了一桌的饭菜，还端上了酒。只有女儿马缘看见爹爹回来，欢天喜地，跳上跳下地嬉闹着。数落归数落，马钧的回来还是为家里带来了无穷的快乐。

王舒的腿伤好得差不多了，除了重事不能做，轻活儿一点不影响。但她已经渐渐显怀了，做事总是不太灵巧。她和王巧除了浇菜，就是织布。现在倒是不用去卖菜了，有菜贩专门上门收。加上马钧现在的粮俸高了，吃穿是不用愁了。王舒平时把省下来的钱，寄回一部分给公公婆婆，再孝敬爹娘一些，日子过得倒还安宁。就是被马钧承接的这活儿闹得心里堵得慌。因为单先生、傅玄、张超等，都明显对马钧这一点有看法。

看着一桌的饭菜，马钧真切地感受到家的温馨，想起李牧此时一定一个人在家呢，不由得说：“做这么多菜，怎么不把姐夫叫过来？我去叫他。”说罢就要起身。

“叫什么叫，他要在洛阳，我还用你说？”王巧端起碗，没好气道。

马钧有些诧异：“怎么啦？李牧不在洛阳去哪儿了？”

王舒叹道：“跟你一样，圣命难违，跟南宫大人去长安拆取什么铜仙承露盘要运到洛阳来。”

马钧惊讶地问：“拆那个东西做什么？那个东西多重啊，单是那铜柱估计就有数百万斤，他们怎么运得回来啊？”

王巧故意问：“要是让你运，你有办法吗？”

马钧想了想，道：“得想个机巧的办法，或许可以吧。”

“就显你能。”王舒知道王巧的用意，瞪了马钧一眼，夹了一块肉放他碗里，道，“那东西没法运，兴许皇上就不运了。你若又掺和进去，正好再让你去做这千人恨、万人骂的活。”

马钧想想也是，叹了口气：“我尽量不到宫里去就是了。只是这宫殿督造之事已经接手了，总不能半路撂下来吧？”

王巧、王舒也拿不出什么好主意来。夜里，王舒靠在马钧耳边悄悄把张超的那番话告诉马钧，马钧吃惊地坐起来：“真的？”

王舒“嘘——”的一声：“这是天大的事，可千万不能捅出去。”

马钧的心冰凉的。觉得上苍真是不公，好不容易降下这么一个仁慈之主，偏偏不给他长寿。心中对曹睿大兴土木之举，不觉多了几分宽容。

次日，马钧只能再次去现场督造，但热情已经没那么高了。隔几日，又抽出空儿主动去找傅玄、张超，想诉说内心的懊悔与苦闷，张超已经不在洛阳，随单先生云游去了，只找到傅玄。傅玄又何尝不是百味交织。只得安慰他，让他尽力把规模、人员、用度压缩到最小，在可能的情况下，再劝谏曹睿适可而止。

虽然马钧没有了先前的劲儿，但在他的指导下，洛阳几座高台、宫殿、园林还是比以前大大改观了。马钧也暗地里将开支压缩下来，减少了工匠、民夫的劳作量，一批服役到期的工匠、民夫主动让他们回去了。

看看夏天就要过去，天气不那么酷热，营造速度明显地加快起来。

这日正好是立秋，马钧正在太极殿营造现场巡视，一匹快马飞驰而来，随从来报：“马大人，宫中来人传旨，陛下召马大人即刻入宫。”

马钧心道：陛下一定是要问营建进展情况。不敢耽搁，立即让随从牵过马，直向宫中奔去。

有了王舒夜间悄悄告诉他的话，这回进宫，马钧就悄悄留意起曹睿的气色来了。曹睿正站在一个精致的高脚案几上欣赏一个大型木雕玩偶，听马钧报名觐见，转过身来，让他平身。马钧起身，抬起头来，注意地看了一下曹睿。

曹睿的脸色果然很苍白，虽然因为心情大好，脸上浮着笑容，但一点也看不出阳光来，满是阴沉之气。那微笑仿佛是惨白的月色勉强透出的一丝亮光而已。马钧的心像沉到了冷水里那样凉。

曹睿似乎已经站了很久，有些疲惫，呼吸中夹带着难以察觉的喘息，才刚刚立秋，他已经把自己裹得很严实了，龙袍之内还加了厚实的中衣。刘放赶紧示意内侍搬来一个方榻，让曹睿坐下说话。曹睿看着黑瘦了的马钧道："马爱卿，受累了。我听说许昌、洛阳的高台、宫殿经过你的督造，现在已经初具规模。前阵子，我也去过一些地方看了看，的确不错。朕没有看错你。咳咳……"曹睿咳嗽两声，接过刘放递过来的茶水，喝了一口。

马钧赶紧道："这是臣份内之事，臣自当恪尽职守，不负陛下知遇之恩。"

"工程交给你督造，朕自然放心得很。叫你来，是有一件为难之事，问问你有没有办法？咳……"曹睿又轻轻咳嗽起来，摆摆手对刘放道，"你跟他说。"

刘放隐藏起目光中的妒意，盯着马钧道："长安有座柏梁台知道吧？"

马钧点点头："知道，那是前朝汉武帝造的，上面有座铜仙承露盘。"

"你知道就好办。"刘放道，"陛下欲把这座铜仙承露盘拆取到洛阳来，派了南宫嗣将军去了。现在铜仙拆了下来，承露盘也拆了下来，但是那铜柱高有二十丈，大有七围，不知道有多重，南宫嗣将军没法把它运回来。你深通机巧之术，陛下召你来，就是问问你用什么办法才能把它运回来？"

如果不是王巧、王舒事先已经挤兑过他，他已经有了思想准备，马钧此时一定会脱口而出，想出办法来。此时发现，这的确是个劳民伤财的事，应该设法阻止。他丝毫没有犹豫，立即道："陛下，这铜柱臣知道，也测算过，重愈数百万斤，实在不是人力所能搬运的。恕臣才智有限，有负圣上厚望。"

曹睿脸上流露一丝失望，但宽容地笑了笑："连你都说没有办法，那当真就没有办法了。罢了，朕也就问一问，你不用自责。"

马钧心中一宽，看来这事就过去了，陛下会改变主意了。看着曹睿瘦弱的身躯，忍不住关切地道："陛下勿虑，其实铜仙承露盘也不一定非要拆取到洛阳来。这里离长安不过千里，要取甘露，也很容易的。"

曹睿似乎不愿被人窥破心思，听马钧这一说，脸色微微一变。刘放心中冷笑：到底也有你办不到的时候。冷冷一笑："不对吧，我怎么听说马博士对陛下拆取铜仙承露盘颇有微词，不是想不出来办法，是不肯想办法吧？"他这一招颇为阴险，明明相信马钧所言此非人力所为，却硬说成是他诚心抵触。这就有欺君之嫌了。

曹睿脸色果然大变。脸上的微笑一旦隐去，剩下的就只有如纸地惨白了。马钧对刘放陡生愤怒，心道：就是你这些人哄着陛下大兴土木，弄得我也跟着受人诟病。现在又在挑唆陛下，把矛头对准自己。不就是看自己受了恩宠吗？不觉语带怒气：“刘大人这是欲加之罪，何患无辞啊？你在哪里听说我对此事颇有微词了？”

刘放冷笑道：“你近来私自放了不少巧匠、民夫回家，有意拖延工程进度，是也不是？还私下会晤傅玄等人，你难道不知道他们反对陛下兴建都城吗？”

100

马钧心中大惊，哪里知道自己的一举一动都在刘放他们的眼里。急切地争辩道：“工匠、民夫服役期满，理应放还，怎么叫私自放了？臣与著作郎乃是故交，正常拜会，有何不妥？不知刘大人为何如此责难？”

孙资见刘放遭到反驳，立即围攻过来：“马博士，你这是什么态度？工匠、民夫到期，再为朝廷服务，朝廷供给吃喝，又没亏待他们，你私下放还，就是收买人心，置陛下于何地？”

马钧这次才深刻体会到官场的险恶，刘放、孙资的这顶大帽子压过来，若是被戴牢了，那可真就万劫不复了。当下也不与他们争辩，只对曹睿昂然道：“陛下，臣奉命督造，依律办事，不敢有丝毫懈怠。到期放还工匠、民夫乃是大魏律法规定，大魏律法便是陛下威严，臣不敢逾期不放而有损陛下之明……”

曹睿厌烦地摆摆手，不让刘放、孙资再反驳下去：“算了，朕还是相信马爱卿的忠诚的。”

“忠诚？”刘放不甘心地嘀咕了一句，“他明明就是有办法运回铜柱，为何就是推托不愿？还忠诚！”他看似不过嘀咕一句，用心却险恶到极顶。

说到这一点，马钧的确有些愧疚，因为自己如果真的动足脑筋的话，总有办法把这庞然大物运回来的，只是要耗时费力。但现在已经明白这是真正的劳民伤财，就万万不愿意做。只是话到此间，便是有主意也不能改口，当下对曹睿辩解道：“臣之机巧实在于精巧，而非蛮力。铜柱重愈百万斤，不是弄个机巧就可以解决的。”

刘放阴阴地一笑：“马博士，若是精小之物，你便能施展妙手了？陛下面前，你可不能出尔反尔哦。”

曹睿不知他说这话是什么意思，转头望着他。马钧傲然道：“当然。陛下若有什么精微之巧需要效力，臣一定竭尽智力去做好它。”

刘放指着刚才曹睿玩赏的那个大型木偶说："这是辽东太守、扬烈将军公孙渊派人刚刚护送入京的，说是北方狄夷进贡给陛下的，叫'百戏木偶'，陛下非常喜欢，你且看看，这样的东西，你做得出么？"

提起"百戏木偶"，曹睿站起身，走过去，想借此转移这些烦恼。这樽刚刚进贡而来的玩偶，还没观赏过瘾呢。马钧这才留意起这尊木雕来。

这尊木偶体型甚大，上面雕有众多玩杂耍的偶像：有奏乐舞蹈的、有敲锣打鼓的、有弄笛吹箫的、有坐堂审案的，有舂米磨面的、有斗鸡玩鹰的、有捞鱼摸虾的、有叠罗汉拿大顶的、有丢木球掷飞剑的，有走绳索翻筋斗的……各种各样的人物、鸟兽栩栩如生。马钧被吸引了过去，凝神细看，不觉频频颔首，微微赞叹。刘放见他惊叹的样子，问："怎么样？这个雕工还可以吧？"

马钧道："的确不错，十分精致，是上品？"

孙资已经猜到刘放要在"百戏木偶"上给马钧下套，就顺势往上引："这东西算是精微吧？"

"当然，精微小巧，不是一日之功。"

"以马博士之巧，这应该也难不倒你吧？"

"还可以做到更巧。"马钧见到这么机巧之物，触动了他的灵感，想了想，叹道，"巧是巧了，看上去像活的，毕竟不是活的。"

刘放见他自己往陷阱里跳，心中大喜，假装惊异地望着曹睿道："马博士的意思是说，可以让它，让它……"故意引而不发。

曹睿自然而然地就顺着他的话问下去："你是说，你可以让它动起来？"

"天，这，这怎么可能？"孙资用一脸难以置信的样子将马钧往陷阱里推，"陛下面前可不能信口开河啊。"

"马博士长于精微之巧，我想他不会无故欺君的，定有把握让这些木偶变成活的。"刘放似乎在为马钧辩解，跟着鼓动曹睿，"陛下，这些木偶虽然耐看，可惜却是死的。若真是活了，那可真是愉悦身心，益寿延年呢？"

曹睿脸上泛起一丝活色，问马钧："你真能让它们动起来？这可不是说着玩的。"

马钧这个时候若是推了，也就推了，曹睿自然也不会强其所难，毕竟不是神仙，吹口气就让木头人活了。偏偏马钧天性喜弄机巧，见到有这样一个机会，既能试验，如己所愿，又能让曹睿高兴，何乐不为？再者也可以躲开营建督造之事，以免被人诟病。当下试探着说："臣既这样说了，当然是有信心的。就是这些东西过于精巧细微，不专心致志，是没法弄出来的。臣现在督造营建之事，怕是分身无术啊。"

刘放乘机道："陛下，马博士已经画出营建之图、做出营建模型，而且现在营建已经一切如常，正常督造就可以了，倒不如让马博士腾身出来，专心把这奇物造出来，那也将是镇国之宝啊。"他正好借此把营建之权收回来。

"如此，你安排人换下马爱卿。"曹睿点点头，不过还是加了一句，"要是营建之中遇到什么难题，还是得马爱卿去看看。"又正色对马钧道，"马爱卿，既然你自信能把百戏木偶制成活的，朕就让你去专门研制。但在未做出来之前，你们——"他指了指三人，"谁都不许泄露出去，连父母妻儿都不行，免得制作不成，反成笑柄。"内心真实想法，是不想让人知道自己喜好这奢靡之物，把治国精力花到这上来，免得傅玄、高堂隆等人又来聒噪。

马钧道："陛下放心，臣以性命担保，一定守口如瓶。"

刘放、孙资自然也跟着保证。曹睿想了想，又对刘放道："你再拨一处僻静的宅院给他，加强守卫，不让闲人接近。"

"陛下放心，臣一定安排妥当，不使马博士有半点闪失。"刘放见马钧已经掉入坑中，便再推一把，看似玩笑地说，"马博士，你看陛下对你多爱护，可不能辜负陛下美意，到时做不出怎么说？"

马钧淡淡一笑："刘大人是不是又要我立下军令状？"

"这可是你说的啊，"孙资赶忙道，"刘大人可没逼你。"

曹睿苍白的脸上泛起一丝笑意，用手摩挲着"百戏木偶"，宽容地道："算了，不要动不动就立军令状。朕知道这东西想弄活了不那么容易。马爱卿，朕给你百日之期，弄得成就弄，弄不成，朕也不会怪罪你。"

马钧感动地一抱拳："谢陛下宽容，臣一定不负厚望，竭尽所能，务必把它弄活了。"

刘放、孙资眼看就要把马钧逼入坑中，谁知曹睿轻轻一语，就给了马钧绝对的安全。不觉有些丧气，此前一番苦心全泡汤了。正失望间，曹睿跟着又叮嘱了一句："只是你小心着意，不要让人触碰这宝贝，免得把它弄坏了，那时朕可不答应。"

刘放、孙资对望一眼，觉得这句话大有用处。

101

王巧见马钧已经回到京城，王舒的腿伤也差不多好了，就寻思着要回去。再待在这里似乎也不妥当，生怕心中那一丝隐秘为王舒察觉，那就真的无法面对了。姐妹俩一边织布，一边说着，王巧就把意思说了："你腿也好了，马钧也回来了，我也放心了。明儿我就回家去。房子租在那里，还一天没住呢。"

"姐，你别走，马钧回来是回来了，可还是不着家啊。"王舒刚与姐姐修复关系，哪里舍得她走，找出理由劝她，"姐夫也不在家，你一个人回去冷冷清清的干吗呢？"

马缘抱着王巧的腿撒娇道："姨别走，我不让姨走。"

王巧不得不找合适的理由："我难不成就老住在你家了？李牧总要回来的，我也得把家里弄得清清爽爽的，他回来才有个家的样子。"

王舒见她态度坚决，想了一下，提议道："要不你就在这附近租个房子，我们靠近些，每天也好串串门，有事也好相互照应。"指了指已经挺得老高的肚子道，"你看我这样子，还是离不开你啊。"

王巧其实早就想过这个问题，甚至暗中留意过附近的房子，只是没好先提出来，怕王舒看出什么来？也是她心存一念，就处处小心着意，倒不似王舒那样心无芥蒂，压根就没想到这一层。王舒这一说，王巧便假装思索了一下，道："嗯，这样也好！"

马缘开心了，这样就不怕她姨走远了，她每天都可以跑来跑去玩。正拍手欢呼着，马钧回来了。王舒诧异地问："今天怎么回来这么早？"

马钧好似卸下了一副千钧重担，轻松地道："督造营建之事，不用我去多管了？我也省得被你们成天的唠叨。"

"真的？"王舒欣喜地给他端过一碗茶，"这样你就可以多回家陪陪马缘了。"

马钧把正亲近他的女儿抱在腿上，说："在家有没有听妈妈和大姨的话？有没有跟大姨学织布？"

"我听话的。"马缘点点头，扳着手指头一样样数，"不但学织布，还学浇菜、学洗衣、学烧锅、学女红、学认字。"

"哈哈，我女儿这么能干。"马钧一笑，对王舒道，"她才六岁哎，你把她当丫头使唤了?”

“去——”王舒道，“她那也叫干活，捣乱还差不多。六岁怎么啦？人家六岁都成神童了！”

王巧一边刮弄着织布机上纱线的结头，一边笑道：“前几天学烧锅，差点没把你家茅屋给燎了。”又不经意地问，“陛下又让你回太学府授经讲课去了?”

“是啊，暂时还做老本行。”马钧只能违心地点点头，先把话说在前面，“不过还会兼顾宫里一些文牍之类的活儿吧。可能不会经常回来，回来得陛下恩准。”

“嗯，没事，你就专心把朝廷的差事办好吧。”王舒习惯了，没当回事。只要马钧不去做那被人指指戳戳的事就行。被陛下信任、重用总归是好事。

马钧陪着王舒恩恩爱爱了一晚上，第二天就去交割督造差事，隔天，就到刘放拨给的一所僻静的院落里开始做准备工作。

这座内外五进的大院落坐落在城西北，原是前朝一位喜欢文墨的京官府邸，叫望山居。后来他投奔了东吴，就被朝廷没收为官产。朝廷有很多这样的房产，常常用来赐给有功之臣。没赐出去的，就会安排临时性用途。这座府邸就是这一种。那块厚重的望山居匾额依然肃穆地高悬在重檐下，诉说着这里曾经的辉煌。

马钧带着随从来时，这里已经警卫森严。上百名军士三步一岗、五步一哨，将院落团团围定。马钧觉得有些小题大做。不过，经过许昌、洛阳营建督造，他身边也是前呼后拥，算见识过大场面的，也适应了。有时想想，还是当官好。却见丁九一身戎装，笑嘻嘻地迎上前来，向马钧拱手报到：“马大人，好久不见了，还记得我吗?”

马钧一愣：“啊，丁县尉，怎么是你啊?”

丁九笑道：“下官现在南宫将军手下做一名都统，昨日奉命调拨到这里，给马大人护卫，有事请吩咐。”看着昔日一名潦倒书生，今日已成高高在上的朝廷宠臣，丁九不得不慨叹人生三十年河东三十年河西啊。

“好，好啊。”马钧露出故人重逢的喜悦，抱拳回礼，“丁县尉都升为都统了，可喜可贺。这次有劳丁都统了。”心中却泛起了警惕。

二人寒暄一番，丁九就带马钧到里面巡视一番，让他熟悉一下。里面管事的见马钧进来，卖力地指挥杂役继续打扫清理，殷勤地上前见礼。里面一切用度都是现成的，不用他操心。他四处转了转，看了看，便确定中间那个院落作为工坊。然后就带着随从去市场选料，购置好一切必须用品，这才到宫中觐见曹睿，小心翼翼地将那樽“百戏木偶”运回来，在厢房内安置好，就再也不出来了。

马钧的奇怪举动很快就传到刘放那里。

丁九站在刘放家的书房里，小心翼翼地向他禀报马钧的奇怪举动：“……都十多天了，他还是这样，一步也不出来，吃饭、睡觉都在里面，这两天，他又突然叫人沿院墙周围挖花池，说是要栽花。又叫人砌水池，说要养鱼。他出来转一下，总是马上就回去，根本无法下手。”见刘放脸色阴沉，丁九胆战心惊道：“下官办事不力，请大人责罚。”

刘放不知道马钧这些古怪的行动是干什么？但有一点能够感觉到：马钧对丁九是有戒心的。他知道南宫嗣之前与王策之间的过节，想想自己是疏忽了，不该调丁九过来。安抚道：“你也不用自责，慢慢找机会吧，反正百日之期呢。”沉吟了一下，转了话题：“你给我说说李牧这个人吧。”

丁九紧张的神经松弛了一下，道：“李牧是马钧的连襟，少年时曾寄居在太守神医家里，是张超的表兄。会木工，和马钧一起弄过织机……”

“说我不知道的，少说这些废话。”刘放不耐烦地打断他。丁九的神经一下子就绷紧了，他也不知道哪些该说，哪那些不该说，愣在那里半天说不出话。刘放恨不得一巴掌掀过去，低沉地吼道，“我是问问他有什么隐私、有什么短处、有什么把柄、有什么见不得人的东西？”

“没……没有，不……不知道……”丁九吃这一吓，脑中一片空白，额头上冷汗涔涔而下。

刘放跺脚恨道：“南宫嗣这个蠢才怎么找了你们这帮没用的货，连句话都说不周全，还能指望你办成什么事？”

丁九以为刘放发怒要他的命，吓得“噗通”跪倒，刚要求饶，忽然想起来，叫道：“有了有了，李牧有个天大的秘密……”

刘放眼睛一亮，踢了他一脚，叱道：“看你这熊样，站起来说。”

想起这件事，丁九如获至宝，连忙爬起来，不管有用没用，这肯定是李牧的一个天大隐私，道：“李牧跟王巧好像……好像只是名义上的夫妻。”

刘放一愣，问：“你怎么知道？”怕他是信口开河，这事可没法证实。

丁九见刘放很重视，知道这回说到点子上了，松了一口气，说话也顺溜起来：“在河南县，他在我手下当捕役，有时晚上不回去，就和我们一起去喝酒。有一次我们把他灌得烂醉，就拿他娘子开玩笑，逗他说了一通醉话。他说什么王巧是天仙，是他的主子，他不过是假丈夫，为了不被选美入宫才假装下嫁于他的，可他宁愿一辈子守护着她……”丁九详详细细地把那天的情形说了一番，最后道：“当时都以为他说的醉话，没当回事，第二天酒醒了，有人拿这话取笑他，他认为是侮辱，差点要拼命，后来也就没人拿这事去说他了。”

刘放听得很仔细，眼珠转个不停，掐指一算，李牧该从长安启程了吧。

102

傅玄得到一个惊异的消息：李牧出事了。

消息是从长安那边传过来的，事情发生在半个多月前。南宫嗣引一万人马去拆取铜仙承露盘，李牧已从一个百夫长升为小都统，也在其中。铜仙和承露盘取下了，那铜柱却无法撼动。李牧有木工手艺，又曾随马钧改进织机，南宫嗣就理所当然地认为他在这方面比较在行，就让他想办法，把铜柱放倒。李牧挖空心思，想了好久，提议在柏梁台正东面筑个高台，高出柏梁台十丈，用铁链、绳索拴住铜柱上端，然后再挖柏梁台西侧的根基，将下面掏空。到一定时候，铜柱会慢慢向挖空了根基的那一侧倾倒，再用数千人在高台上牵引铁链、绳索，慢慢将铜柱放倒下来。谁知这一切都是李牧想当然，根基挖空之后，铜柱并没有按照预设的正西方向倒下去，而是偏向了西南。倾倒之时，那数千人哪里能统一使上劲，又如何拉得动那百万斤重的庞然大物，瞬间就轰然倒下。一声巨响，如天崩地裂，来不及跑的，都被砸成肉饼，上千人就这样连尸首都找不到了。南宫嗣吓得目瞪口呆，李牧更是魂飞魄散。

南宫嗣惊魂初定，就想到如何向朝廷交待。第一个念头就是找个替罪羊，而李牧自然是最佳人选。南宫嗣将消息急报刘放，刘放把密函交给孙资，摇摇头，对南宫嗣似有不满。孙资叹道：“南宫嗣到底没经历过大阵仗，需要摔打。这点事也值得大惊小怪，小题大做。这么重的铜柱要放倒，出点意外也难免，砸死千把人不是正常的吗？陛下真的追究起来，把那李牧绑过来不就得了。”

“呵呵，这事不说，陛下怎么会知道？”刘放摩挲着凸起的大肚皮，阴阴一笑，“李牧是要绑过来，但不是交给陛下，而是给他升官。”

孙资抬起单眼皮笑道：“你又有什么鬼主意？说来听听。”刘放附耳低声说了一番，孙资击节赞道，“高，实在是高。有这两条攥住，不怕他不上套。立即发信给南宫嗣。”

李牧当然不知道他已经掉进了刘放、孙资精心编织的套子里。从铜柱倒下的那一刻，他就几乎绝望了。他知道这一次自己是难逃一死：无论怎么说，这个责任只能是他来背。他不怕死，但一想到这就撒手离王巧而去，心头就是一阵阵的痛。好几年了，王巧一直都郁郁寡欢，背地里从来都没有正眼看过他，仍旧是把他当作奴仆。他对王巧也从没有过非分之想，而是理所当然地认为王巧天生就是他的主人，而他也以做王巧的奴仆为荣。王巧快乐他就喜，王巧难过他就愁。他可以为她牺牲一切，也可以永远做她的奴仆，但唯独不愿意有人能娶王巧。因为在他心里，这世上没有人配得上王巧。她就是个仙女，不是凡人能够亵渎的。他知道她心中的症结在哪里？每次看到王巧闷闷不乐，他的心都是刀割一般的痛。他为王巧惋惜，为什么偏偏为马钧这么折磨？他不就会些奇技淫巧吗，有什么值得痴迷的？有时也暗恨马钧为何要和他们生在同时代？要是没有马钧，王巧就不会这么苦闷，他也不会这么揪心。

一切都是因为马钧——该死的马钧！

这一刻，他想到的仍然是王巧。

南宫嗣很快接到密信，松了一口气，放下心来。把李牧叫来，惋惜地对他说：“李牧，我有心抬举你，没想到事情做成这样。皇上有旨意，要把你押解进京治罪，我也没有办法。”看着李牧苍白的脸色，拿出一封书信递给他：“你看看这个。”

李牧木然地接过书信，看了看，只见信是写给中书监刘放、中书令孙资的，托他们替李牧向皇上求情的。语气十分诚恳，似乎在极力开脱李牧，并说李牧是知恩图报之人，倘若两位大人能保全性命，他必定万死以报。南宫嗣待他看完，拍拍他的肩膀，叮嘱道：“你回去一定要亲手交给刘中书、孙中书。眼下我只能公事公办，把你用囚车遣送洛阳。”

“谢谢南宫大人。”李牧拱手谢道，“无论这条命留不留得住，在下也领大人这份情了。”

南宫嗣叹口气，也不多说，让人送上酒食，端杯为李牧践行。李牧心中犹在寻思：“岳父”老说南宫大人找他茬，我看这情形，南宫大人是挺仗义的一个人啊。慷慨地饮完杯中酒，转身出帐，上了早已等候的囚车。

没几天，李牧被押解到京都，刘放差人在城外用马车把人接走了。马车横冲直闯，直奔刘放府中。到了刘府，却不去大门，绕到后门去，悄悄地进入深宅大院。李牧心中七上八下，不知道什么命运在等待着他。他一路上心中唯一盘算的就是怎么安置好王巧？

走进刘府，李牧就被这座府邸的庞大气派给惊呆了。亭台楼阁回廊百转，假山鱼池随处可见。直到被人带到刘放的书房，李牧的心还没有从震撼中平静下来。一见刘放坐在榻上，赶紧跪下施礼："刘大人，李牧请罪。"

刘放面无表情地淡淡道："听说南宫嗣让你捎书来？"李牧赶紧从怀中掏出南宫嗣的书信呈上。刘放缓缓地打开看了看，随手放在台子上，道："你谋事不周，犯下如此大罪，本官即便看在南宫大人的面子上，有心为你开脱，怕也是保不了你啊。"语气陡然严厉起来："千把人，千把人的性命啊！就葬送在你的手里。这是要灭九族的。"

李牧身子一震，老实说，他已经做了最坏的打算，顶多一个死呗，倒也没报太大希望求生。但一听说要灭九族，就真的惊骇了。自己老家虽然没人了，但小先生张超、王巧一家算来也当在九族之内。尤其这事要涉及到王巧，如何是好？这一盘算，登时额头上的汗就下来了。一头叩了下去："万望大人成全，在下宁可一死抵命，只求保全家人。"

"宁可一死？"刘放揶揄道，"你好大的口气，你的命抵得了千把人的命？你的命好值钱啊！"

李牧结结巴巴道："可我……我家族中已经没……没有人了。"

"家族中没人了？"刘放冷冷道，"你娘子王巧不是人？你岳父一家不是人？小神医张超一家不是人？你倒想得美。"

"大人明鉴！"到了此时，李牧昏了头，顾不得许多，只求和王巧摘清关系，硬着头皮道，"其实……其实在下和王巧没有任何关系，她真的不能算我家族的人。"

"哈——荒唐！"刘放似是气笑了，一拍案儿，"王家招你入赘，也算明媒正娶，你如今说和王巧没有关系，你这是当面欺负老夫啊！"他把李牧渐渐地往深处引。

"真的，真的。"李牧道，"大人容禀。我和王巧其实是假夫妻，真主仆……"当下把王巧如何找他当挡箭牌，如何假招入赘的经过一一说来。最后也说了在张超家只不过是寄居的事，试图和张超也割离关系。

刘放对他和张超的事没多问，知道王巧才是他的七寸。本来丁九说出这件事时，刘放还怕李牧不认账，准备让丁九当面对质的呢，这下好了，连对质都省了，李牧自己招认了。刘放叹口气道："天下原来竟有这样的奇闻。"随手指了指书案上的纸笔："这样吧，你把它写下来，我去陛下那里为你求求情看。"

李牧感激地叩头应诺，赶紧到案前把刚才所言全部写了下来，并按了手印。刘放点点头，拿起纸头浏览了一下，道："好，我明天就去为你求情，看能否撇清你和王巧的关系。"

"反了，反了——"刘放话没说完，孙资瘦猴一般从门外一头窜了进来，惊乍乍地叫道，"我在门外听了半天，这还了得。你以为和王巧不是真夫妻就能免了灭族之罪？王巧届龄不嫁，已违大魏律法；还招赘假婿，更是伤风败俗；居然还躲避全国选美，这可是欺君之罪啊。这还了得，我这就派人把她抓了来，按大魏律条审理。"

李牧心胆俱裂，上前抱住孙资的腿，哀求道："孙大人手下留情，王巧……王巧她……她……您就饶过她吧……"

孙资作势发怒，刘放上前劝道："孙大人，李牧苦苦哀求，南宫大人也为他求情，我们还是替他想想办法吧？"

"要想办法，只有一个可以一试。"孙资决然道。

"哪一个？您说，在下赴汤蹈火也在所不辞。"李牧看到希望，连连给孙资磕头。

孙资道："把王巧带进宫，说明原因，陛下如看她是未破之身，貌美如仙，或许能把她纳入宫中，这样或可免于一死。"

"啊？"李牧惊呆，万没想到这是他更不愿看到的结果，那样他还宁可让王巧不在这个世上呢。何况，王巧自己也不会苟活。他一手抱住孙资的腿，一手拉住刘放的衣襟，苦苦哀求道，"大人，大人，不能啊，那样还是逼她去死啊。大人啊，大人，求你们想想办法吧，做牛做马，我都万死不辞啊。"

刘放见火候差不多了，对孙资使了个眼色。孙资会意道："唉，看你也真是情种。好吧，我问你，如果陛下非要在你和王巧之间，让一个人死，你选谁？"

李牧毫不犹豫道："当然我死。"

"如果陛下在你和马钧之间，让一个人死，你选谁？"

李牧愣了一下，也道："也是我死。"

“为什么?”

“因为马钧死了……”他想说马钧死了，王巧会难过，到了嘴边又改了，“王巧的妹妹王舒就一个人了。”

“如果陛下在王巧和马钧之间，只让一个人活，你选谁?”

“必须选吗?”

“必须选!”

“那……那当然还是王巧!”

103

傅玄第一时间把这个消息通知了王巧，有些懊悔道：“早知如此，还不如马钧去呢，他总有办法不让铜柱砸死这么多人。”

王巧急了，跺脚道：“都是你，一天到晚喋喋不休，要不马钧怎么会把这差事推了。他不去，还不是有人去。现在好了，出事了，李牧怎么办?”她指着傅玄道：“告诉你小夫子，李牧这次若是有个三长两短，我就跟你没完。”

傅玄真是哭笑不得，王巧此时急得口不择言，他也不和她一般见识。王舒也急了：“这怎么办?这怎么办?怎么死这么多人?”

傅玄叹道：“其实这事真正追究起来，板子也不应该打在李牧身上啊，那也是南宫嗣的责任。”想了想道：“说到底那铜柱百万斤重，拆它怎么会不出事?南宫嗣也是陛下所差。怪只怪陛下。”傅玄一时急躁起来，就要进宫去找曹睿进谏。想到张超说的那个秘密，觉得曹睿之举也能理解。这一想，竟不知这件事该怪在谁头上了?一时急躁地来回踱步，不知怎么办才好。

王巧听傅玄这一说，猛醒过来：对啊，这事要追究也当先追究南宫大人啊，怎么先把李牧拉出来垫背啊?跺脚叫道：“我去找陛下，凭什么不追究南宫大人，却先拿李牧垫背啊?他一个小都统哪管得了这么大的事?不行，我要去讨还公道。”

王舒拉着她道：“姐，你别急，我们一起想想办法?那宫中哪里那么容易进去啊?陛下岂是你想见就见的!”

王巧叫道：“我进不去宫中，就学你，跪在宫外喊冤，把动静闹大了，看能不能见?”

傅玄冷静下来道：“你先别冲动了，我再找人打听打听消息，弄确凿了，再想办法。”示意王舒拉住王巧，就急匆匆地走了。

曹睿在宫中正大发脾气，把一群正在翩翩起舞的宫女赶了出去，因为高堂隆上书又来劝谏，痛陈大兴土木的利害，他心中不胜其烦。前几天大臣杨阜也来喋喋不休，他没想到罢了一个董寻，遣走一个毌丘俭，怎么还没让这些人收敛起来。他无法把自己心中的隐忧公之于众，只能一意孤行。倒是更令人头疼的傅玄最近没了动静，让他有些奇怪，也乐得不听他聒噪。还是刘放、孙资体贴他，了解他心中所想。他也知道朝中大臣对刘、孙二人颇有非议，但终究要有自己的心腹之人。况且这二人胸有韬略，论资历、论功劳、论才能，在朝中也是罕有人及。曹睿盛怒之下，将高堂隆的奏本狠狠摔在地上，削瘦苍白的脸上阴沉得能挤出水来，低沉道：“再有类似奏本，一律不收。”

刘放捡起奏本塞入袖中，平静地道：“陛下，把这奏本还给高大人，什么也不说最好。”

曹睿“哼”了一声：“你看着办吧。”

刘放退出大殿，走到二门，正与匆匆路过的孙资相遇，问：“你匆匆忙忙干什么去？”

“正要让人把你叫出来。”孙资沉着脸道：“我到宫门口去，李牧那个假内人，王巧那疯小姐，跪在那里替李牧喊冤呢。”

“怎么让她到这里来了？”刘放急忙道，“切莫让陛下知晓此事。快让李牧把人领回去。”

“我就是回去找李牧的。”孙资道，“这事就怕哪个多事的大臣看见，到宫中多嘴。你还是回陛下那里去，严防别人再去说三道四。”说罢匆匆走了。

刘放想了一想，叫过一名亲随，吩咐他把奏本送回高堂隆府上去，又退回到大殿来，侍奉曹睿。曹睿见刘放回来，遣开左右，问：“刘爱卿，这么快就回来了？”

刘放道：“我已经派人去了高府。刚得到长安消息，赶紧来禀陛下。南宫嗣报来消息，那铜柱太大太重，七八个人围起来才能抱下，重逾数百万斤，听说拆卸过程中还伤了人，根本无法运抵洛阳，南宫嗣差人来请示怎么办？”他把话说得含糊一些，免得日后曹睿知道实情追究，预先做个伏笔。

曹睿绝然道：“好办，将它打碎了运回来。”

刘放吓一跳，继而想了想，除此也没有再好的办法，立即作恍然大悟状："陛下圣明，臣怎么就没想到呢。"

曹睿沉吟了一下，道："运回来也不要再铸成铜柱了，把它铸成铜人一对，叫做翁仲，列于司马门外，替朕挡去聒噪之人，不许再谏。再铸龙凤一对，立于殿前，朕要延年益寿，永享龙凤之乐。"说到此间，不觉神色索然。

刘放听罢后面一句，心中一沉，再细看曹睿面色，竟有不虞之气。他久在曹睿身边，对曹睿的身体微妙变化竟然熟视无睹，这下察觉有异，不觉忧虑起来。又担心起李牧那边，怕长安砸死人的消息传播开来，传到曹睿耳中。

王巧头顶状纸，在宫门口长跪不起。围观的人被军士远远地挡开，王舒牵着马缘的手也焦虑地站在远处。见拦不住姐姐，又怕她这里出事，就一直站在远处不敢离开。现在见既没有人来接受状纸，也没有人赶王巧离开，就牵着马缘的手，赶紧去太学府找马钧想办法。跑到太学府一问，说马博士另有任用，多日未曾来此，也不知到哪里去了。王舒立时懵了，没处去找马钧，只得又回到宫门口来，眼睁睁地看着王巧跪在那里。

正无计可施处，那边来了一队军士，直奔宫门口而来。王舒大惊，以为是来抓王巧的。顾不得许多，拉起马缘，推开挡着她们的军士，冲入圈中，大叫："不许抓人！"要去保护王巧。

挡着她们的军士连忙挺枪追过来，却见她们忽然刹住脚步，待在那里，叫道：

"李牧！"

"姨夫！"

那队奔过来的军士，领头的正是李牧。挎着腰刀，披着铠甲，威风凛凛。一见王舒，挥手让追过来的两个军士离开，道："是我，不用怕，不是来抓你姐的。"急向王巧走去，大庭广众之下，他也不便行主仆之礼，只是低声急叫："小姐，是我，我没事。"

王巧抬头一看，呆了一呆："李牧，是你？你不是……"

李牧拉起王巧，又是心疼又是感动地道："是南宫大人求刘中书、孙中书两位大人保全，不但没有追究责任，还提我当了都统呢。"低声道："小姐这样待我，叫李牧无以为报。"

王巧绷紧的神经松开，又跪得久了，身子一软，险些倒下，李牧急忙扶住，却不敢抱在怀里，觉得那是一种亵渎。忙招呼王舒，一起扶住王巧。又要让手下去找马车。王巧缓过劲来，道："不要去找什么车，你没事就好，先回家吧。"

李牧带着王巧、王舒一起回到王舒家中，遣散手下，细说事情经过，当然不该说的半句也不敢提。王舒也松了一口气，想到马钧，又担忧起来："你这回真是吓死我们了，马钧也不知怎么回事，想找他想想办法的，却怎么也找不到，不知到哪里去了？"

李牧笑道："不必担心，陛下委派妹夫另有重任。"

王舒惊道："他又去营建督造去了？"

"那倒不是。"李牧摇摇头，眉宇间飘上一片愁云，含糊道，"不过这是朝廷机密，不能讲。总之是国家大事呗。"

王巧有些奇怪："你怎么知道的？"

李牧敞开一个笑脸："巧得很，我从小都统升为都统就是奉命保护他的。"

104

马钧正伏在案几上，用刀细细雕刻着一件木偶的手臂，小小的手臂不仅外部栩栩如生，里面也掏空了。肘关节、腕关节处、指关节都是相邻部件投合起来的，可以扭动。身旁榻上堆满了大大小小、各式各样的木偶部件，整个人正沉浸在创造的情境中。有人在外面敲门。马钧沉下脸，他已经定下规矩，不许随便敲门叫他，有事他会出去叫他们。当下抬起头，沉沉地道："什么事？"

"马钧，是我，李牧！"

"李牧？"

马钧讶异地站起身，连忙走过去开门，就见李牧一身戎装，精神抖擞地站在廊檐下，见到马钧，含笑道："马钧，没想到是我吧？"

"李牧，真的是你？你从天上掉下来的啊？"马钧当真惊喜万分，又有些疑惑，"你怎么进来的？"

李牧笑道："如果我是奉调来守卫给事中、博士大人的，你说我进得来进不来？"

马钧有些发愣，上下打量他："看你这样子，是升官了？"

李牧拍拍肋下悬着的腰牌，笑道："托你的福，我升都统了。"

“可喜可贺，可喜可贺!”马钧拱手为贺，“那是你能力、运气所致，跟我有啥关系。”

李牧半开玩笑半认真地道：“你现在是陛下面前的红人，为陛下做大事，一个小都统可不够资格保护你的，所以特地给我升了一级。”见马钧有些疑虑，凑到他身边低声道：“上面说你对丁九他们有些忌讳，怕你多心，倒叫他们在陛下面前交不了差，正好我回洛阳，就调我来了，还给我升了职。”说罢，抬起头，笑道：“你说，是不是你的福?”

原来是这样。马钧心中不禁释然。李牧伸头朝屋内看了一看，笑道：“听说你这里都成禁地了，谁也不能进，连门也不能开。我也不进去了，就来跟你打个招呼。”

马钧摇头笑道：“哪里啊，就是想静下心做事而已。”拉着李牧的手往里走：“谁都不能进，你也能进啊。”又转头叫来管事的：“准备些酒食，晚上我和李都统好好喝两杯。”

李牧走进屋内，一看，到处是截好的木料、木偶部件、木齿轮、木筛子、细丝等，看上去乱七八糟，其实很有规律，这在本就木工出身的李牧眼里一目了然。东墙边一个宽大的木案上，供奉着一个一抱大小的不规则物件，用红绸蒙着。李牧心知这就应该是那尊东北进贡的“百戏木偶”了，马钧不提，他也不问。

二人脱了鞋子，在竹席上坐下，畅谈别后情形。李牧拿起一个拼好的木偶把玩。这是一个玩杂耍的少年，见四肢关节处都可以扭动，李牧好奇地问：“听说你要让他们都变成活的?是真的吗?”

马钧笑道：“活是活不了的，能动起来就不错啦。”

李牧皱起眉头，左看右看，左拧右拧，怎么也无法想象，试探着问：“这些东西都是死的，你怎么让它动起来呢?”

马钧沉吟道：“还在想呢，你也帮我想想看。”

李牧摇摇头，苦笑道：“你就是让我想破脑袋也想不出来啊?”

马钧笑了一笑：“我也是接了个烫手山芋，硬着头皮弄啊。”

李牧见他口风甚紧，理解地点点头：“我知道陛下不许泄露此事，不问你了，免得你为难。”

“还是自家人体贴啊。”马钧感叹道。

不一会儿，酒食上来，马钧、李牧各据一案，相对举觞，心情大好。李牧见马钧至始至终没有揭开那尊“百戏木偶”，也极力忍住不问。饮罢酒，李牧起身告辞：“知道你辰光紧，不打扰你啦，你也不要每天都熬夜熬许久，身体还是要当心的。”

马钧话中有话道：“多谢关照，我自会当心。外面可就拜托你了。陛下的宝物，怕惦记的人不少呢。若有差池，我可就没法向陛下交差了。”

“这个岂敢掉以轻心。”李牧“哈哈”一笑，“若叫贼人偷了去，我这个脑袋也就交代了。”

马钧看着李牧走远，微微一笑，关上门，见天色已晚，便点起纱灯，走到东墙边宽大的木案前，轻轻揭开红绸，又细细端详起这尊形态逼真、栩栩如生的百戏木偶来，他每天晚上都会这样琢磨，有时一站就是个把时辰。现在他已经攻克了几个关键点：木偶的关节可以扭动，丝线可以带动木偶从高处飞下低处，木偶抛丸、舞剑也可以通过内部微小的齿轮带动……但是，一个最关键的问题无法解决——这一切最原始的动力哪里来？

这是一个十分头疼的问题。没有原始动力，木偶内部再机巧也动不起来。马钧已经想了很久了，他每天一边做这些内部暗藏机巧的同时，一刻也没停下思考这个问题。他将竹席移到百戏木偶前，盘腿坐下，继续思虑。不知过了多少时候，天亮了，一个声音叫道：“爹——”

马钧疾步走到门口，打开门，就见李牧牵着马缘的手站在庭中。一见马钧，马缘就扑了过去，哭叫道：“爹——你怎么这么久也不回去？缘儿想你，娘想你……”

马钧抱起马缘一边哄一边问：“你娘呢？”

马缘道：“菜地没有水了，娘把织布机搬过去摇水呢？”

马钧笑了：“胡说八道，织布机怎么摇水呢？”

马缘眨巴着漂亮的大眼睛，脸上还挂着泪花，笑道：“真的啊，不信跟我去看。”挣脱开马钧的怀抱，跳下地，拉着马钧就往家里跑，不一会儿就跑到家。

马缘拉着他径直去了屋后菜地，只见地头上果然架着一架提花织绫机，王舒正站在河堤上，摇着一架竹筒抽水车，抽出来的水哗哗地冲向蹑板，蹑板在水力的冲击下，居然像被王舒踩下去一样，动了起来，带着整个提花织绫机动起来。马缘卖弄似的麻利地爬上花楼，配合着水流冲击的节奏，娴熟地束综提花……王舒这才看到马钧来了，慌了神，连忙撒开手，把马缘赶下来，一边要搬织机回家，一边道："你不在家，我们闹着玩，闹着玩的……"

马钧大叫："别动，就这样闹着玩——你们闹得好哦……"猛地坐起身，倏然从梦中醒来。

105

李牧担任了守卫之职，不敢怠慢，当夜就宿在望山居，一有动静，军士自然便来通报。马钧冥想如梦之时，李牧也在暗自盘算如何下手，完成刘放、孙资交给的任务。他心中有些歉意，暗道：马兄，为了小姐，只好对不起你了！这一夜，他翻来覆去也没有想好一个妥善的计划，只好走一步看一步。

次日天明，李牧刚走出过道，就见马钧兴奋地叫正指挥杂役打扫庭院的管事来，说要在他厢房的后面堆一座假山。图纸已经画好了，让他们照着做就行，务必半月之内弄好。管事的不知这位大人何以突然要弄起假山来，不敢多问，就匆匆准备去了。

李牧也十分稀奇，走过去打了个招呼，问："你怎么忽然来了兴致要做假山啊?"

马钧转过身，神秘地一笑："这个么……天机不可泄露。"

李牧按捺住好奇之心，也不再问，与马钧随意地说说笑笑了一阵，就到院外例行巡查去了。马钧回到屋里，把假山图纸展开，细细看了看，拿起笔，又添了几下，这才满意地笑了。然后拿起锯子，选一根碗口粗的竹段，贴着竹节锯开，再斜斜地截去，形成一个竹槽，用刨子刨光槽口，看了看，满意地放在一边，再做第二个。一个上午，做了十几个这样的竹槽。下午就安静地坐在案前，用刻刀细细地在竹槽上雕上龙凤，普普通通的竹槽一下就变成了十分精致之物，看着也赏心悦目。这时，管事的已经着人把石料运来，在门外请示马钧。马钧拿了图纸出来，关上门，到屋后靠近窗户的位置，指导他们砌石头、堆假山。

刘放、孙资一直在关注着马钧这边的动静，马钧这个奇怪的举动自然也传到他们这里。孙资狐疑地问刘放："李牧说他这几天一直在那里堆假山，晚上闷在房间里摆弄家什，或者就坐在那里把玩他那宝贝簪子。"他抬起右手，用五指翻动比画了一下："总觉有些怪兮兮的——你说，他忽然想起堆假山干什么?"

“谁知道他神神叨叨的干什么？”刘放眉头紧蹙，忧虑道，“他不会真有本事把这东西弄活了吧？”他们见识过指南车的神奇，无论怎么转动那车子，车上那木人就像真的神灵附体一般，始终指着南方。甚至有人还传说，马钧用了法术，把司马太傅魂魄摄取了一些移到指南车上的木人身上去了。他当然不信马钧有胆子对手握军权的司马懿做手脚。但他至今也无法明白那是怎么回事？所以他对此番诱使马钧造会动的百戏木偶，是不是明智，已经后悔起来了——这不是给了机会让他展示本事吗？他现在一点也不怀疑马钧能造出这个活木偶来。

孙资阴沉地说：“这个李牧，到现在也没想出办法来，不会是给我们留一手吧？”

刘放冷笑道：“有王巧这把柄攥在手里，他敢吗？”

“那他怎么还不动手？”

“他在找机会。”

“这个蠢货，他与马钧这么亲近，还找不到机会？”

其实机会李牧已经找到了。就在刘放、孙资发泄对他不满的时候。

马钧屋后的假山已经堆得很高了，超过了后窗户的高度，到檐口了。马钧要求的是与二道梁平齐。按照马钧的设计，几根碗口粗的竹段打通了竹节，七弯八转地砌在石头缝里，一根长长的竹管从窗口伸进去，一直伸向供奉在东墙边的那樽“百戏木偶”。李牧每次巡视完，就过来看热闹，也为砌假山的杂役们出出主意，有时也和出来查看的马钧，谈论一下假山的构思、神韵之类。也就在这个时候，李牧找到了机会，悄悄地做下了手脚。

这天凌晨，熬了半夜的马钧正在熟睡，“哗啦”一声，把马钧惊醒，翻身坐起，屋内一片漆黑，什么也看不见。凭直觉马钧就意识到房间里出了大问题。骇然地跳起来，大声喊道：“来人，抓贼——”

喊声惊动了外面的守卫，都惊叫起来：“抓贼啊——”“抓刺客——”“围住了——”

不一会儿，院内外都晃起了火把。李牧全身披挂，手持佩刀，率领一队军士冲进院中，一见马钧急问：“贼人在哪里？刺客在哪里？”

马钧惊魂未定，一指屋内，道：“不知道是什么，进去看看。”

李牧从一个军士手中拿过火把，喝道：“你们都在外面警戒，没有命令，谁也不准入内。”举着火把，和马钧一起走进屋内，这才发现北面的窗口破了，窗棂散落一地，满屋都是大大小小的石头和竹段。马钧呆了一呆，分明是假山倒了，砸坏了窗棂，穿到屋内来了。

马钧愣了片刻，惊叫一声，扑向东墙边。李牧看到，东墙边供作的物件撞翻在地，已经不成样子了。李牧知道，那就是“百戏木偶”了。显然是假山倾倒之时，伸向“百戏木偶”的竹管正好撞翻了它，又被滚进来的石头和撞倒的木头砸上了，虽然没有粉碎，也已经破损不堪了。马钧扒开碎石和木料，把百戏木偶抱出来，禁不住泪落如雨。李牧心中愧疚，不敢上前。这时有军士站在门外报告：“禀报李都统，没有发现贼人和刺客。”

马钧难过地挥挥手，艰难地道：“没有……没有贼人和刺客，让他们下去吧！”

李牧挥手示意军士撤去，点亮灯笼，灭了火把，这才走到马钧身边问：“怎么样，要紧吗？”

马钧扶起倒在地上的案儿，将破损的百戏木偶放上去，苦笑道：“陛下千叮咛、万嘱咐，不能损坏它，可我还是把它弄坏了，看来，小弟的项上人头不知保得住保不住了。”

李牧的心刺痛地一跳，不得不摆出吃惊着急的样子：“啊？这么严重？这……这怎么办啊？”跺脚道，“我去找傅大人想办法，他说话陛下或许能听。”就要出去。

“算了！”马钧摇摇头，止住他，“没用的，现时他都见不到陛下。”

“那……那怎么办？真是急死人了！”

马钧慢慢拨开竹席上散碎的木偶部件，缓缓地坐了下去。

106

刘放腆着肚子，看着惊魂未定的李牧，拍了拍他的肩膀，安抚道：“做得很好，神不知鬼不觉。这下他是哑巴吃黄连有苦说不出了。”转脸对孙资笑道：“我们没有看错人，李都统还是很有智计的，以后可以委以重任。”

孙资眨巴着细眼点点头：“这一手的确高明，没留下任何痕迹。他现在一定为自己异想天开堆什么假山而后悔呢。李都统，跟着刘大人，你一定会飞黄腾达。你们南宫将军已经回到洛阳，刘大人和我特意保举他加给事中，升任将作大臣，专管宫室、宗庙、陵寝还有其他土木营建之事。这可是个美差。你看，为我们做事的人，不会受亏待吧？”

李牧惶恐地道：“小人不求富贵，但求小姐平安。”他怕刘孙二人忘了诺言。

刘放道：“放心吧，从现在起，你就是我们的人了。你的小姐自然是要保护的。”

“你，我们也是要保护的。”孙资道，“这件事我们现时就当不知道，让那马钧到时自己向陛下交待去，你还要做出帮他的样子。这样，你也就不为难了。”

李牧最怕的就是事情败露后，自己无法面对马钧，更无法向王巧交代。孙资这一说，顿时心中一块石头放下了，感激地道：“谢两位大人。”

刘放挥挥手：“去吧，继续关注他，有什么事及时通报。”

过后几天，刘放、孙资听说马钧沮丧了一阵子，又开始动手雕刻木偶了。只是话少了，饭也不大吃，房间的灯日夜不熄，也不再严格禁止别人进去。屋后的假山仍然按照原先的样子造起来，只是这回，他亲自把关，决不允许再倒塌下来。那樽破损的“百戏木偶”包了起来，放在柜子里。

孙资阴沉地道：“这个马钧，还是不死心，他就是真的弄出个活的‘百戏木偶’来，也顶不了损毁真品之罪。到时让南宫嗣这个将作大臣去当场拆穿他，比我们出面好。”

刘放“哈哈”一笑：“我们的目的已经达到，下面还是要尽力配合他，到时看他如何过这一关。”

又过了半个月，刘放、孙资听到李牧的报告是，马钧把原来损坏的木偶零部件又重新雕刻出来了，只是比原先的大了两三倍。假山也基本造好了，现在又在弄竹筒摇水车。具体做什么用，马钧不说，也不方便追问，以免引起马钧怀疑。

刘放、孙资沉吟不语，不知马钧在搞什么名堂，但都知道他心思灵巧，异于常人，搞出来的东西一定会出人意外。但不管怎么样，他们只须抓住马钧故意损坏朝廷贡品这一件就足够了，便是不杀头，也会贬为庶民，这对一直支持他的傅玄等人是一个很大的打击，以后也会在朝中压制他们的声音。也让别人看一看，与他们站在对立面会是怎么样的下场？

曹睿这一阵让刘放、孙资二人把进谏者都挡在了宫外，耳根子清静了不少。有时会摆驾外出，视察一下宫殿建筑，看到那些设想中的高台飞檐一天天变成现实，就觉得精神振奋了许多，仿佛一个崭新的大魏在中原大地拔地而起了。乘着兴致，还特意浩浩荡荡去了许昌行宫巡视了一回。

曹睿偶尔也去山中围猎，但虚弱的身子禁不起马背上的几下折腾，就气喘吁吁，赶紧还驾返宫。还是在后宫中饮酒赏花、观看歌舞来得轻松惬意。有时想起来，也会问一问马钧改进“百戏木偶”的进展，刘放、孙资均答：“听说在望山居日夜赶造，禁止旁人进出窥视，怕泄露机密，也怕丢失、损坏贡品，没法跟陛下交代。臣等不敢打扰，目前不知进展。”言语之中，再度留下伏笔。

曹睿点点：“嗯，谨慎些好。他做不出能动的百戏木偶朕倒不能过于责备他，但若把朕的宝贝毁了就不可宽恕了。”

刘放、孙资对望一眼，心中的得意不敢流露出来，只是随声附和：“陛下说得是，贡品涉及到邦交大事，倘有遗失、毁损，那对进贡国也是无法交代的。若是对方因此认为我们是不尊重他们，引发战争也是可能的。”

他这一说，曹睿越发地重视起来：“是啊，这东西在宫外终究让人难以安心。早知道，就叫他在宫内找个地方做了。你们再多派些人守卫，一只蚊子也不准放进去。”

“微臣遵旨。”刘放看了孙资一眼，压住心头的得意，应声道，“晚间就去安排。”

晚上，刘放出宫回府，孙资也应邀同归。正要差人召来李牧，加派些人手给他，李牧已经匆匆来了。报告说，马钧昨天关闭屋门，谁都不再允许进入。到了夜间，令杂役摇动竹筒抽水车，从假山上用竹管引水入房，又从房间里用竹管引水出房，不知在搞什么名堂。但见房间里灯火明亮，房中无数人影跳动，很是骇人。没有他的允许，谁也不能进去，连我也只能站在门外。

孙资被他说得有些汗毛耸立，狐疑地问：“这马钧莫不是还通什么邪术吧?”

刘放摇摇头，眉间飘过一丝忧愁，道：“我看不是，大约是他弄成了吧？不过，无论如何，那个‘百戏木偶’的贡品是损坏了，看他如何过这一关?”

说到贡品，李牧想起来了，急忙说：“对了，禀告二位大人，前天我进去，看马钧正用胶粘合破损的‘百戏木偶’，看起来，跟原来的差不多，不注意看还真看不出呢。”

刘放“哈哈”大笑：“他想用胶粘合一下蒙混过关，未免太天真了，这是明目张胆地要当面欺君啊。”

孙资阴阴的脸上难得泛起一丝笑意，道：“现在可别去点穿他，让他大胆地搬到陛下面前去，且看他如何哄弄陛下。”

刘放问李牧：“你是木匠出身，应该知道如何拆穿这粘合起来的东西吧？”

李牧道：“他用的是猪鳔胶，虽然适合木头粘合，但是怕水怕热，用开水一泡，时间一长就会开胶，再一用力，就能拆开。”

“这就是了。你再继续打探。”

刘放、孙资没有想到的是，李牧去而复返，紧急通报他们一个惊人的消息：“我刚走到半道上，手下人来报，说马钧催我回去，保护他立即入宫见驾，呈献‘百戏木偶’。”

刘放、孙资相视一眼，道：“这个马博士，还真会挑辰光啊，选择夜晚入宫，就能蒙混过去了吗？他当陛下……不，不，不，他当我们眼瞎了吗？”吩咐李牧：“你去，听他吩咐就是，我们这就到宫中去见个分晓。”

107

曹睿正被一群后妃簇拥着，坐在殿中看宫女们翩翩起舞呢。洛阳粮食危机已经过去，许昌、洛阳的宫殿进展顺利。长安承露盘已经在方林园安置妥当，铜柱也已打碎运抵洛阳，正在铸就翁仲和龙凤。吴国与蜀国一直以来也没有什么大的动静。现在正是歌舞升平之时，不乐待到何时？只是这身子是一天比一天差了。现在好了，承露盘已经可以承接甘露，伴玉屑服食了，待身体恢复健壮，再振兴农耕，厉兵秣马，东征孙吴，西伐刘蜀，一统天下，完成武帝、文帝未竟事业。让大家看看，我曹睿到底是一个什么样的人？别以为我真的耽于安乐，无复远志了。我这是韬光养晦呢。正陶醉着，内侍来报：“陛下，马博士求见。说是会动的百戏木偶弄成了。”

曹睿喜道：“啊？真的弄成了，快快召见，快快召见。”

不一会马钧步入大殿，见过曹睿，禀道：“托陛下洪福，臣有幸不辱使命。”

曹睿欣喜地左右张望：“咦，马爱卿，会动的百戏木偶呢？在哪里？还不赶快拿进来让朕开开眼界。”

马钧道：“臣请陛下移驾御花园。臣这会动的百戏木偶名叫‘水转百戏’，须借助水力，后花园有假山飞瀑，适合启动观赏。”

曹睿迫不及待道：“好好好，那就赶紧摆驾后花园。”正欲起步，刘放、孙资也匆匆而来，未待二人施礼，曹睿便道：“二卿来得正好，马爱卿做成了‘水转百戏’，你们和朕一块儿去御花园先睹为快。”

刘放、孙资心中冷笑，脸上却显出与曹睿一样的欣喜之情：“哦，那是恭喜马博士，贺喜马博士了！”

马钧微微一笑，和刘、孙一起簇拥着曹睿前往御花园去。“水转百戏”随即运到了御花园，正是李牧押送。在宫外等候时，李牧就想打开包装看看，只因宫门口人多，不敢造次。现在按照吩咐，送到御花园，也就好奇地一起看看，这马钧究竟有什么鬼法子，能让这木头人儿全都动起来。

御花园灯火通明，其中有不少走马灯。园中靠东边围墙处筑有一个层层叠叠的假山，假山上有人工瀑布，是从宫中所筑高台蓄水池引流而来，缺水时，由人工专门担水补满，日夜不息。马钧曾经来过这个地方，知道这一处人工景观，正好可以利用。李牧这时已经指挥手下将几个蒙着绸布的大木笼抬了进来，掀开绸布，打开木笼。只见木笼中装着几件半成品，每件都是放人了的百戏木偶的一部分，看上去倒也形态逼真，和原来的百戏木偶没什么两样。马钧道：“陛下，且宽坐片刻，待臣把这些部件组装一下。”

曹睿微笑着点点头，在太监搬过来的圆凳上坐下。刘放、孙资分立左右伺候。

马钧将袍子撩起，束在腰间，挽起袖子，就开始忙碌起来。先把底座安放在水池中，再将“水转百戏”的每一个部分有条不紊地组装起来，很快一座放大了的“百戏木偶”呈现在众人眼前。与先前不同的是，“百戏木偶”一端，增加了一个很大的轮状物，轮子上装有一个个木槽，结构精巧，只是不知是干什么用的，也不知道它如何动起来。曹睿饶有兴趣地看着马钧忙碌，猜测着这东西如何动?

马钧又将准备好的竹管安放在假山的瀑布处，将水流接了过来。将竹管出水处悬在一边，最后再仔细检查了一遍，回禀曹睿：“陛下，准备好，臣请陛下上前观赏——”

曹睿好奇地站起来，走到近前，道：“马爱卿，你且演来朕看。”众人亦步亦趋，都跟上前来，瞪大眼睛看着。

马钧微微一笑，将竹管出水口轻轻转过，对准轮子上平行的一个木槽，水流冲向木槽，轮子便向下转去，上一个木槽便到了水平处，接受水流的冲击，又向下转去，依次如此，均匀的水流便将轮子慢慢冲得转动起来，而且转动的速度很均匀。这个时候，奇迹出现了，刚刚静止的那些木偶忽然间就像精灵附体似的，全都活了起来：有的双手击鼓，隆隆作响；有的吹奏长箫，沉沉如诉；有的跳丸耍宝，灵活多变；有的挥剑演武，威风凛凛；有的长袖飘飘，翩翩起舞；有的说书讲古，声情并茂；有的策马奔驰，蹄声得得；有的绳上倒立，惊险万状；有的官衙断案，煞有介事；有的捕盗缉匪，神勇异常……

众人只看得呆了——这东西怎么就活了呢？

曹睿看到兴奋处，禁不住击掌喝彩："好，好，你们看，你们快看，那做空翻的女子姿态何其轻灵曼妙！看，看，这里，那爬树的猴子多快，哈哈，它跳到那棵树上去了……"

刘放、孙资也看得入神，兴高采烈地跟着曹睿起哄，一时竟忘了他们来是给马钧下套子的。李牧也看得呆了，想到昨晚马钧的房间里人影幢幢，竟然是这般神奇之技。他看了半天，即便知道这股动力是来自水流，却不知水流又如何能带得这么多木偶进行不同的表演，当真是神乎其技。心下对马钧的敬畏更甚，也暗暗为马钧捏一把汗，但他已经无法挽回这一切，只能看着马钧浑然不觉地掉下自己为他挖好的坑中去。

李牧悄悄向刘放、孙资看去，见他二人也跟着曹睿一起喝彩，一点儿也不像是要置马钧于死地的样子，心中暗暗祈祷，他们要是一高兴，改变主意，不再揭开马钧"欺君"真相就好了，他也免得背负一个良心债。

孙资最先从好奇投入中回过神来，想起了今天来的目的，暗暗用手肘碰了碰刘放，提醒他该是揭露马钧"欺君"的时候了。刘放默默地摇摇头，示意孙资不可造次，继续陪着曹睿开心地观赏下去。这一晚，曹睿玩得非常开心，多次拍拍马钧的肩膀，禁不住赞道："马爱卿，你真算得上是天下名巧了，说，要朕怎么赏赐你？"

马钧跪拜谢道："陛下已经赏赐微臣，微臣谢陛下隆恩！"

曹睿奇怪地笑道："我几时赏赐你了？"

马钧道："陛下金口御赐'天下名巧'美誉，比任何赏赐都珍贵。机巧者，一生所求，唯得认可也。世人都说它是奇技淫巧，今天得陛下正名，臣此生无憾了。臣自当努力报国，以谢陛下！"

曹睿"哈哈"大笑："好，过几日大朝时，朕当众赐你'天下名巧'御匾一块，以让天下人效仿，为国尽智。"

刘放、孙资的脸色顿时阴了下来。

第 16 回 ‖ 怒责夫：醒世言震惊魏君臣

108

从御花园出来，孙资就一直想问刘放为什么不当场揭穿马钧的“欺君”之举，不顾夜深，直接追到刘放府上，要弄个明白。刘放苦笑着问：“马钧弄出个‘水转百戏’，哄得陛下兴高采烈，你觉得这个时候参他一本，会有用吗？”

孙资一想也是，点头道：“陛下正在兴头上，此时一奏，肯定当场就赦他无罪。”佩服地一挑大拇指：“还是刘兄思虑周详。那我们就过一段日子，等陛下这兴头过去再说。这事儿我再和南宫嗣交代一下。”

曹睿的兴头一时半会当然还过不了。每日应付一下小朝，就匆匆回到御花园把玩“水转百戏”。今日大朝，在京的文武大臣都来了，见曹睿今日精神抖擞，神采奕奕，都觉得很奇怪。这半年来，曹睿一直面黄肌瘦，萎靡不振，一脸病容，上朝之时也很少有笑脸，今天像遇到喜事一样，满脸洋溢着发自内心的欢喜。

高堂隆、秦朗、傅玄等人也在班中，见曹睿高兴，不知遇到什么喜事，趁势儿把几件要紧的事儿上奏，曹睿一一准奏。

新加给事中、将作大臣南宫嗣也在班中，这是他完成搬运仙人承露盘和铜柱之后，刘放、孙资保奏的职位，也得以入朝议事，总想再在刘放、孙资面前好好表现一番。他知道，在他们面前表现好了，也就是在曹睿面前表现好了。他站在班中，观察着刘放、孙资的脸色，眼睛滴溜溜地在马钧身上打转。

中领军曹曦、武卫将军曹爽少年时就以宗族身份出入宫中，与曹睿一向交好，曹睿即位之后，自然成为宠臣，就是刘放、孙资也要着意笼络的。今日见曹睿心情大好，也跟着精神一振。

曹睿见大家精神都很好，也没有向往常一样提出谏言来，心情更加大好。见下面再无人启奏，就“呵呵”一笑：“今日朝会之上，朕要特别封赏一人。大家且看看这个。”轻轻一摆手，内侍将“百戏木偶”抬上前来，放置在大殿文武两班中间，见大家都看稀奇，曹睿道：“这是前番北方狄夷进贡的玩偶，制作精巧，朕颇喜欢。众位爱卿看看，是不是很精妙？”

大家细细端详，七嘴八舌议论起来：

“果然灵动，栩栩如生。”

“妙，真是妙！”

“非巧手不能为之。”

就连傅玄、高堂隆、秦朗也看得津津有味。只有曹曦、曹爽不怎么感兴趣，但既然曹睿如此喜欢，他们便也做出饶有兴味的神态来。刘放、孙资知道曹睿是拿这个作引子，下面要把“水转百戏”拉出来大大炫耀一下，以便兑现封马钧为“天下名巧”的许诺，一时脸上阴晴不定，被南宫嗣看在眼里。

南宫嗣也一副兴趣盎然的样子观赏“百戏木偶”，忽然间神色一凛，疾跨一步，上前细看。他的突兀举动牵动了全场，也把曹睿的目光吸引了过去。只见他神色凝重，围着“百戏木偶”转了一圈，曹睿好奇地问：“南宫爱卿，有什么问题吗？”

南宫嗣似是下了决心，转身跪下行大礼，以首叩地，道：“回禀陛下，臣有话不敢说，怕说错了冒犯陛下。”

曹睿脸色一肃：“你说，朕赐你无罪。”

南宫嗣道：“臣，怀疑这樽‘百戏木偶’已经……已经……”

刘放、孙资一见南宫嗣神态，相视一眼，没想到他会在这个时候揭盖子。本来打算过些日子等曹睿兴头过去的，见南宫嗣已经站出来了，只有静观事态发展了。

曹睿问：“已经怎么样了？”

南宫嗣果决地道：“它已经破损了。”

殿中众人俱是一惊。曹睿一拍龙案：“胡说八道！它明明好端端地摆在这里，你怎么说它破损了？”

“陛下，”南宫嗣一头叩了下去，“臣听军士说前阵子望山居堆砌假山倾倒，撞坏了存放在室内的贡品。‘百戏木偶’已经破损不堪，马钧用猪膘胶将它一一粘连起来。臣没有亲眼看到，所以不敢启奏陛下，只能等有机会核实再上达天听。刚才臣细细看了看这个百戏木偶，才发现它真的是粘连之后的破损之物啊。这……这是欺君啊。”

众人均觉惊异，尤其是傅玄，可以用震惊来形容。他倒不是震惊事情的本身，而是震惊南宫嗣竟然会站出来直接指控马钧欺君，而且大有置之死地而后快的决绝。如果这个事情是真的，马钧就很危险了。因为毁坏贡品，不但隐瞒不报，还蒙骗过关，这可就是实实在在的欺君了。这可是要杀头的。傅玄急转脸去看马钧，刘放、孙资也在看向马钧，大家不约而同地都看向马钧。但马钧脸上居然看不出一点异样来，站在那里十分淡定。刘放、孙资心道：他一定是仗着已经发明成功“水转百戏”，陛下应该不会追究损毁贡品之罪。

刘放没有吭声，孙资却语重心长地道：“唉，按说马博士发明出‘水转百戏’，尽管损毁原物，也可将功赎罪了，但……但，马博士，你实不该欺瞒陛下。”语气虽是责备，但满含惋惜，听来似有维护之意，却暗中把马钧往绝路上送了一程，把可能的退路都给封死了。

傅玄、高堂隆、秦朗一时弄不清状况，也不知说什么好。曹爽一听有人敢欺瞒陛下，顿时大怒：“欺君罔上，这还了得?!”

曹睿的脸一下子僵了下来，转过脸来问：“马钧，他说的可是事实?”

“回陛下，南宫大人所言不错。”马钧躬身抱拳道，“臣为引水试验，在屋后堆砌假山，因为不慎，假山倾倒，砸坏窗户，撞坏屋里物件，包括南宫大人所言的‘百戏木偶’，臣的确用猪膘胶粘连过……”

曹睿脸色一寒，压抑住心中的震怒，道：“撞坏了就撞坏了，为何不如实报来？还拿猪膘胶粘连。”

马钧道：“臣不想因此小事坏了陛下的心情。”

“狡辩——”曹睿轻轻一拍龙案，忍不住喝道，“不想坏了朕的心情，就可以欺瞒朕吗？你知道这是什么性质的问题吗?”曹睿虽然生气，但心中还是想为他开脱一二，毕竟他已经发明出了“水转百戏”，只是眼前马钧丝毫没有悔意的淡定态度让曹睿怒气渐生。

109

见曹睿怒起，殿中气氛紧张起来，都看向马钧。马钧不卑不亢地道：“陛下，臣怎敢欺瞒陛下，这尊‘百戏木偶’的确是原先贡品，没有破损过。”

“马钧，”南宫嗣立即抓住马钧的把柄，直呼其名，“你这句话我怎么没听懂。明明你刚才亲口承认了‘百戏木偶’损坏过，用猪膘胶粘连过，怎么转眼又不认账？我知道你精于机巧，如果不是事先听到军士汇报，凭你现在这个‘百戏木偶’，还真的看不出有粘连过的痕迹。”又对曹睿道，“臣以为以机巧手段，意图掩盖真相，更加恶劣十倍。我大魏朝廷，岂容这种人立于庙堂之上。如果人人恃才欺君，那就国将不国了。”他一味上纲上线，那是一定要置马钧于死地了。

曹睿本欲开脱马钧，但当着文武百官的面，势必不能让这种风气滋长下去。冷冷地对马钧道：“马钧，朕一向赏罚分明。有功必赏，有过必罚，有罪必究。你为朕造出‘水转百戏’，朕赐你‘天下名巧’，以示褒奖。但你损毁贡品在前，刻意欺瞒在后，也当严惩不贷，以警效尤。”说到这里，沉吟了一下，似在考虑给予一个什么样的惩戒合适。

刘放知道曹睿仍有回护之意，急忙朝新任御史中丞看了一眼，他是徐庶辞官归隐后刘放推荐上位的，自然唯刘放马首是瞻，立即上前启奏：“陛下，国有国法，马钧理应交由刑部议处。”

曹睿惋惜地看了一眼马钧，势必不能公然袒护，沉吟未语。这时傅玄忽然开腔了：“陛下，臣听到现在，看到现在，好像马博士似有话说。到底真相如何，似乎应该当庭问问清楚，可别冤枉了他。”

刘放心中冷笑：李牧亲眼所见，难道还能假了不成？有心看他笑话，面上却做好人：“陛下，著作郎傅大人说得是，且听马钧如何说。”

孙资不无讥讽地一笑：“对，陛下，马博士乃‘天下名巧’，有物还原状之能也未可知。听他说说也不妨。”

曹睿怜惜地朝马钧看了看，见马钧神色淡定，心中也微觉好奇：难道他当真有起死回生的本事？也实在不欲置马钧于死地，权且给他一个机会试试。便道：“马钧，既然这么多人为你讲话，朕就给你一次机会，让你辩白。你说吧。”

马钧这时才插得上话，冲傅玄、刘放、孙资抱拳一揖，从容地道：“刚才臣正欲细说其中缘由，是南宫大人迫不及待打断了我的话，没让我说完。谢谢陛下给我一个陈述的机会。”见全场目光都集中到他身上，牢记张超教给的讲话秘诀，深吸一口气，长呼出去，不急不慢地道：“臣误毁‘百戏木偶’是真，现在这尊贡品也不假，因为此‘百戏木偶’原本就非彼‘百戏木偶’。”

此言一出，群情大哗。南宫嗣怒极而笑：“马钧，你竟然说这世上有两个‘百戏木偶’？难道说狄夷送了一尊给陛下，也送了一尊给你？”这话当真阴险之极，那是说马钧擅自接受狄夷贡品，自比皇帝，那是等同谋反了。

曹睿果然皱起了眉头。武卫将军曹爽手按剑柄，目光锐利起来。傅玄怒道：“南宫大人，你让马博士把话说完不行吗？什么都没弄清楚，这么急着安罪名，是何居心？”他原先认为南宫嗣为官虽然算不上清正，也还将就，没想到今天他一味把马钧往死路逼，不觉火起，也顺手拿个大帽子丢过去：“陛下还没发话，你就如此僭越？”

南宫嗣一见傅玄跳出来，脸色有些发白，他竟然忘了这个煞星在场，而且立即还给他颜色，连忙向曹睿跪拜道：“陛下，臣一时性急，实在是见不得欺君之行。”

“你们不用争了，”曹睿冷冷地道，“且让马钧把话说完。”

马钧心中暗叹一声，待场中安静，才继续禀告：“陛下容禀。当初陛下将此重任交给臣时，臣唯恐贡品受到损害，不敢有半点疏忽，所以就花了半月时间，仿制了一个，一是方便比照揣摩，二是熟悉此物结构，这样才能为陛下研制出能动的‘水转百戏’来。所以，这一尊‘百戏木偶’是原物，被臣事先在房中挖坑，深藏了起来，其实损坏的只是臣的仿品。”

刘放、孙资相视一眼，心中一紧，没想到事情竟然出现了如此逆转。刘放想追问，为什么丁九、李牧进去都没有发现房中藏着两个“百戏木偶”呢？只是这话他没法问出口。问出来，不就等于承认他们一直在暗中窥视马钧吗？所有这一切不是他们在操控的吗？

南宫嗣愣了：“这，这，这怎么可能？”又俯身盯着殿中的“百戏木偶”细看。

马钧走过去，请内侍端来一盆水，从袖中抽出一条丝巾，沾了水，在“百戏木偶”关节处擦了擦，关节处细微的“粘痕”顿时消失了。南宫嗣有些丧魂落魄。傅玄看了，“哈哈”一笑：“南宫大人，看走眼了吧？”又问马钧：“你如此谨慎，定有缘故，是不是事先就感觉有人要害你？那个假山倾倒之事怕也是有人故意为之吧？”说罢看了南宫嗣一眼。

南宫嗣一下子白了脸，说话欠了底气：“你这是什么意思？难道是我故意要害他？”

刘放一看苗头不对，及时道：“傅大人，马博士这是谨慎为之吧？”似又对曹睿说：“马博士在望山居专心研制之时，南宫大人还远在长安拆取仙人承露盘呢。”又沉吟道：“要说有条件接近马博士的，只有护卫之人了，可我特意安排马博士的连襟李牧李都统护卫望山居的啊？这事一定要调查清楚。”

马钧本就不欲多事，一听还牵扯到李牧，立即道：“陛下，其实并没有人要害微臣。只是微臣生平谨慎，不敢使陛下贡品有损，怕出意外，才防患于未然的。也是陛下有旨，此事无须张扬，才谁都没说，害得大家误会。”他不欲与南宫嗣结下仇冤，主动为他开脱：“南宫大人也是忠心所致，见不得有欺君之举，只是误会微臣而已，并非恶意陷害，恳请陛下明鉴！”

曹睿点点头，事情既然是这样结局，当然再好不过。南宫嗣为他取回仙人承露盘，也是功劳甚大。既非故意为之，也无须追究了，当下道：“南宫爱卿忠心可嘉，马爱卿胸怀广博，既然彼此误会，那就冰释前嫌，携手为国效力。诸位爱卿，等下你们都随朕到御花园欣赏一下‘水转百戏’的神奇，见证我大魏名巧的高超技艺。”

南宫嗣脸上红一阵白一阵，尴尬无已。感觉自己就像一个小丑，也不得不拉下脸来向马钧抱拳道：“马……马博士，对不起，我误会你了。”

马钧回礼道：“不知者不怪，不知者不怪！”

“好，马爱卿，朕兑现承诺，赐你‘天下名巧’之誉，以彰显你的才能。”曹睿“哈哈”大笑，高声喊道，“来人，笔墨伺候——”

110

单先生近来本欲去东海之滨寻访卸官归隐的徐庶先生，谁知偶感风寒，竟未能成行，自己抓了几服药，不仅未能见效，反而越来越严重，便强撑着身子到洛阳来找张超，在张记药铺待了下来。几服汤药下去，没几天，单先生就渐渐恢复了精力，神清气爽起来。傅玄得知单先生在洛阳，得空便来拜访，在一起海阔天空地闲聊。单先生也问起马钧的近况，他们都说不出个所以然来。只知道马钧自推去营建督造之事后，就不知到哪里去了。又闻听南宫嗣引兵拆取仙人承露盘的事，也不禁唏嘘连声。不知道说什么好。单先生身体已经恢复，就打算回山上去，不日践约去访徐庶先生。

立秋已经三天了，天气渐渐转凉。傅玄的心情就像这初秋的天气，凉爽得很。从御花园出来时，傅玄震撼的心犹没平静下来，特意候着马钧，但马钧被曹睿留下了。傅玄急需找人分享喜悦，又记挂着单先生，出了宫门，就径直赶向张超的药铺。

单先生正在药铺后院堂中和张超喝茶聊天，见傅玄风风火火地跑进来，就笑道："休奕，看你脚步轻盈，面带喜气，遇到什么好事了吧？"

傅玄"呵呵"一笑："单先生，浅滞兄，好消息。今天马钧上朝了，原来这么些天，他又搞发明去了。呵呵，还被陛下亲笔御封为'天下名巧'。"

"你这没头没脑地来一句，都把我们听糊涂了。"张超笑道，"你且细细说来，到底是什么发明，竟得皇上御笔亲封？"

"可不得了啊，"傅玄夸张地说了一句，接着道，"原先我只以为马钧是个心灵手巧的巧匠，今天一看，简直是夺天地造化之神啊——他居然把一群木头人生生给弄活了。"

"把木头人弄活了？还一群？"张超哪里肯相信，"你骗鬼呢。"他与傅玄亲密无间，说话还是那么随意。

单先生也是一脸不大相信的神色："你且说说，到底怎么个神奇法？"

傅玄就把在御花园观赏"水转百戏"的情景绘声绘色地说了一遍。张超瞪直了眼，连呼可惜，自己不能亲在现场，得饱眼福。嚷着要让马钧为他也做一个。傅玄"哈哈"大笑："你当那是个小玩具啊？"

单先生眉头耸了耸，微叹一声，见傅玄说得兴高采烈，也没言语。张超道："马钧这时应该回家了吧？我让人去看看，如果回来了，就把他叫过来喝酒。"回头就呼来一个伙计，吩咐他去马钧家看看。

三个人继续喝酒神侃。不一会儿，伙计匆匆跑回来了，说马博士到家了，好像家里在吵架，王家大小姐、二小姐都在。傅玄端着酒杯的手停在半空："咦，他们也会吵架么？"

张超心中"咯噔"一下，暗道：王巧对马钧那份心思终于被王舒发现了。这下热闹了。

单先生皱眉道："王舒一向贤惠淑静，怎么会吵起来呢？"

张超不便说透其中缘由，只道："我们一起去看看吧。"

傅玄正有此意，立即起身穿鞋，就往外面跑。张超苦笑着摇摇头，扶起单先生，跟着往外走去。傅玄性急，已经出去了几丈远，犹回头道："你们快些，去晚了，怕她们真的打起来。"

张超心中一凛，以王巧的性子，这事儿说透了，打起来应该不会，但真能让她羞愤之下，做出什么极端的事也说不定。不由得就加快了脚步。走得急了，不觉就小跑起来。又怕单先生落下，正欲回头招呼单先生，却见单先生不急不慢地跟在他后面呢。

过了几条街，转过一个拐角，就看到马钧家的院子了。果然就传来了娇嫩的呵斥声："……这个家我不待了，我带着缘儿回扶风去，你不回去我回去，你爱怎么着怎么着……我不想让人日后戳脊梁骨。"

傅玄和张超、单先生相互看了看，诧异道："是王舒？她也会发脾气？"

张超心中一紧：果然是这事儿发了。

单先生却道："王舒看似柔弱，其实性子很坚韧，又有见识，否则当年也不会主动代姐下嫁了。这回大约真的是马钧惹着她了。"

就听见王巧的声音也传了过来："有什么事不能慢慢商量？你这样一走了之，事情就算完了吗？你要他怎么办？他能怎么办？你要走，我也走，我在这儿算怎么回事？"嘈杂中夹着马缘低低地啜泣声，似乎王巧在哄她："哦——别哭，别哭，别跟你娘去，跟姨走……"

王舒、王巧在激烈争执，就是听不见马钧说话。想来他自知理亏，夹在中间不知道说什么？王巧明显在偏帮着马钧。在傅玄听来，却又是一种感觉，似乎是王巧在调解妹妹的家务，只能站在妹夫的立场上讲话。张超听在耳内感觉就不一样了，因为他是唯一知道内情的人。

三人推开院门，闯了进去。只见王舒挺着肚子，一手拎着包袱、一手牵着哭泣的小马缘正犹豫着。王巧正蹲下身子抱着马缘，不让王舒拉走。马钧苦着脸站在院中一声不吭。见傅玄、张超、单先生忽然闯进院中，皆是一愣。马钧更是满脸尴尬，恨不得有个地缝钻进去。王舒一见单先生，像见了亲人似的，委屈的眼泪唰地直往下流："先生……"

王巧乘机把她手中的包袱夺下，抱过马缘，这才招呼道：“单先生、小夫子、小先生，把你们都惊动了。”又啧啧连声，抱怨王舒：“唉，你看看，你看看，这事儿弄的。你非要弄出这么大动静来，对马钧有什么好处？”

“王舒，怎么回事啊？”单先生淡定地问，“有什么了不得的事，你还要离家出走啊？”

“你问他！”王舒用手一指马钧，恨声道。

马钧难堪地站在当场，满面通红，一时说不出话来。傅玄急躁起来：“马先生，你到底做了什么对不起王舒的事？”

111

“多大个事啊，就是王舒想得太多了。”王巧见马钧不吭声，王舒又气得不看他，就一边给马缘抹泪，一边接过话。

张超虽然对王巧十分了解，但见她满不在乎的神态还是吓了一跳：这事儿还小啊？但他马上发现是他想多了，恨不得有个地缝自己钻进去。

只听王巧继续道：“马钧这阵子老不回家，一直住在一个什么保密的地方搞发明，今天才知道，搞了个什么‘水转百戏’的玩意儿，还拿回来一张皇帝御赐的‘天下名巧’墨宝，雕成匾挂起来，王舒为这事气不过，就跟他吵了。要他辞了官职，回扶风种田去。马钧不肯，她就发火了——没见她发过火，这火发起来，还真不得了，九头牛都拉不住。”

傅玄奇道：“马先生发明‘水转百戏’，多了不起啊！刚才我还和单先生、浅滞兄说起来。我今天也在现场看了，真是了不得，生生把一群木头人给弄活了。陛下御封‘天下名巧’，那是多么荣耀的事啊，这可是自古以来都没有过的事，真正的光宗耀祖啊！王舒，你怎么会为这件事跟他吵呢？还逼他辞官种田去。”

单先生微微皱眉，也看向王舒。王舒抬起头看向傅玄，似乎十分惊奇：“傅大人，原来你是这么看的？”

傅玄看她的眼神，似乎惊诧中带着莫名所以的鄙薄，心中竟然莫名其妙地一悸，觉得自己忽然就矮了她几分，诧异道：“我……我怎么啦？”

“唉，原来连你也是这样认为，难怪满朝文武官员没有一个反对的。”王舒叹了口气，对单先生道，“我记得先生曾经讲过：‘夫贤巧者，有用于国也，安得以奇巧而专媚其君乎？君惑于戏则丧其志，丧其志则懈于政，懈于政则误其民，如斯之巧，发祸之端也’——今日马钧为陛下造出‘水转百戏’，除了哄陛下高兴开心，沉迷于此外，我想问问，于国于民有何益处？前番为了逞能，弄出个宫殿、高台模型，皇帝大事建筑，广征民夫。虽是皇帝要做，谁也阻拦不了，难道跟他就一点关系没有吗？现在又弄个‘天下名巧’回来，以为是光宗耀祖，这天下明眼人多呢，就不怕日后被人戳破脊梁？这个官趁早辞了，免得日后还不知道被逼着做什么呢？”

傅玄浑身一激灵，脑中像被重锤击开一个洞，霎那间如醍醐灌顶，猛醒过来，脸顿时像泼了血一样通红，不认识一样打量着王舒：“王舒……你，你竟然有这份见识，真是惭愧死我了。”他疾步上前，一揖到地：“傅玄见识浅陋，竟不如你一个布衣裙钗，请受我一拜！”

王舒吓了一跳，红了脸，连忙闪开，急道：“这个如何当得，傅大人这是折煞我么？”

“当得，当得。”单先生微微一笑，“小夫子就是小夫子，知错即改，不失为真丈夫、大丈夫。”

张超也红了脸，对单先生道：“原来先生今天一直沉吟不语，也是这般想的啊！我也真是惭愧，只顾想这东西这么神奇，就想着开开眼界，没想这么深啊。”说罢也上前对王舒深施一礼，道，“我也受益匪浅，这一礼也是必须的。”

这下倒弄得王舒不好意思起来。王巧“哈哈”大笑：“王舒，这下你成大圣人了。”

王舒埋怨道：“姐，你前番在营造现场斥责他的话，多么义正词严，让他猛醒。他也是被你斥责之后，才决意辞去营建督造之职的，这次你怎么会这么为他说话？这下样去，不是害他吗？”

“难不成我就这样看着你吵，看着你走？你也是，好好跟他说不行吗？”王巧笑道，“再说你是单先生的高足，我哪有你那么高深的见解，不过是气他的话。”

这半天，马钧红着脸，窘迫地站在那里，不知所措。心中既为王舒的话震撼，却又拉不下脸来认错。王舒寒起脸来，又对他道：“正好单先生、傅大人、张先生都在，你做个决断，是辞官跟我一起回扶风，还是继续留下哄皇帝高兴去？”

马钧涨红了脸，直搓手，半天道：“我……我先前……先前也没想那么多。陛下要做……我……我就做了。也是……也是为了避开营建督造之事……”他心中的确是这么想的。当初被王巧在工地上一顿斥责，醒悟过来，就想法抽身而退。正好曹睿找他弄这个机巧，他便乘机退出，只顾提防刘放、孙资等人设陷阱，根本就没朝这方面想。今天回来，王舒这一闹，还没觉得有多么严重，待到单先生、傅玄、张超一到，就觉得真的不堪了。再看到傅玄、张超立马对王舒肃然起敬，自己更觉无地自容。现在王舒这一问，他才觉得自己更加无可回避了，便道：“好，我……辞官回扶风去。”语气中犹有诸多不舍。

王舒这才缓下脸色。傅玄、张超一时不知该赞成还是该反对。王巧却变了脸，道：“王舒，你这样做也不妥。马钧身怀天赐机巧，就不该暴殄天物，岂能埋没在草野之中。之前为情势所逼，又未深思，才做出这些举动。现在他知道了，就不会再这样做了。男子汉大丈夫，身怀天赐之才，不为国效力，也是于国不忠，于民无益。无益便是有罪——能利国利民却选择逃避，不是有罪是什么?”

她这一番歪缠竟然把王舒说得哑口无言。傅玄击节喝彩：“王巧说得好，大丈夫身负奇才，不思为国效力，空老于陇亩之上，岂不可惜之至。难道你就希望马先生碌碌无为、默默无闻过一辈子吗?”

王舒无语，期待地看着马钧。马钧精神一振，朗声道：“王舒，我先前虽然因为遇到机会就想进行试验，但也抱着报国之心，现在想来，我是错在君国不分，以为君就是国，国就是君，忠君就是报国，所以陛下要怎么做，我就尽心尽力去做。现在我知道了，报国就是忠君。只有国家所需才是该做之事，才是真的忠君报国。”

单先生欣慰地点点头：“不错，忠君不一定就是报国，报国才是真正的忠君。”

王舒呼出一口气：“单先生、傅大人、张先生，怠慢了，请屋里坐!”

112

李牧没有完成任务，被刘放、孙资狠狠地教训了一通。刘、孙二人再次拿王巧要挟，李牧只得答允继续为他们做事，密切关注马钧动向。回到“家里”时，就有意无意地向王巧打听马钧的消息，就得知了王舒怒责马钧的事，心中巴不得马钧辞官回扶风，自己也好离了这是非之地。因为没把这当回事，也就没有主动向刘放、孙资汇报。只到个把月后，刘放、孙资特意问起马钧的情况，李牧实在没有东西说，才把这事告诉了他们。

刘放、孙资对望一眼，对李牧道："这么重要的情况，你怎么不早说？"

李牧诧异地问："我想不出这事有什么用，就没说。"

刘放也不想让李牧知道太多，责备了几句就让他走了。然后和孙资计议起来，都认为这是一个很好的契机，鼓动陛下召他再做各种玩偶，看他如何自处？于是，他们就留意起来，想找一个自然而然的契机。

洛阳的冬天，苦寒干冷，雨雪稀少。这几日天阴沉沉、莽苍苍的。凌晨时分，竟飘起鹅毛大雪来。不一会，宫殿高台、楼房瓦舍、大街小巷，就都是白茫茫一片了。

今日又逢早朝，马钧像往常一样，起了个大早，往宫里赶去。无心欣赏难得一见的雪景，想着心思。这一阵以来，曹睿沉迷于"水转百戏"，爱不释手。就是移驾许昌，也命人随驾携带。但有外帮使节来朝，也必定拿出来炫耀。回到洛阳之后，隔三差五总会到御花园去观赏一会儿"水转百戏"，再去与新选上来的美人嬉戏，有几次还让马钧陪着，向新人隆重介绍。有的美人惊讶之余，情不自禁地问："马博士这么大本事，什么东西都能做吧？"

曹睿"哈哈"大笑："马爱卿是'天下名巧'，没有什么东西他不能做的。"

美人便一脸沉思状。马钧心里直打鼓，要是她们随口出了个什么题目，他如何推辞？陛下断不容许驳了他的面子。这个时候，他才感受到，自己就像一个歌妓，正靠自己的技艺在讨主子的欢心。哪里谈得上于国于民有所裨益。也就在这个时候，才深刻感受到王舒的话多么地振聋发聩。如果就这样一直在陛下身边待下去，这辈子也甭指望以机巧经世致用，只能当一个高级玩偶而已。曹睿不定什么时候心血来潮，随口就会吩咐他去发明一个嬉戏之物。这几天刘放、孙资高深莫测的眼神时不时扫过他时，马钧就有一种预感，最不愿面对的就要来了。

果不其然，怕什么来什么。朝会结束后，曹睿又把他招到御花园去，牵着一个美人的手，环顾刘放、孙资二人笑着说："马爱卿，虞美人昨日受刘爱卿、孙爱卿启发，给朕出主意，说要是做一个'水转乐工'、一个'水转群舞'，以乐伴舞，定然更加有趣。朕以旬月为期，你为朕做来。"

马钧没有应答，大出曹睿意外。以往这种情形下，马钧是一力担当的。就是有人不相信他能做出来，他也要证明给人看。但这次是怎么回事？曹睿见马钧面色有虞，关心地问：“马爱卿，是期限太短吗？觉得太短朕可以延长。”马钧摇摇头。曹睿又问：“是做不出？”马钧仍旧摇摇头。曹睿脸色沉了下来：“那究是为何？”

刘放一脸真诚地道：“马博士，以前我们老是不信，经常挤兑你，现在不得不佩服你的确有夺天地造化之巧啊。”

孙资也似极力给他打气：“你是陛下御封的‘天下名巧’。以你的本事，这个东西难不住你的，我们对你有信心。”

他们都笑盈盈地看着他，意味无穷。曹睿面无表情地看着他，等他回话。马钧走上前去，撩起衣袍，跪拜了下去，道：“陛下，请治臣误国之罪。”

“误国？误什么国？”曹睿被他这一拜弄得很诧异，“好端端，何来误国之罪。”

刘放、孙资静静地看着他。

“陛下，请听臣一一奏来。”马钧呼了一口气，横下心来，不急不慢地道，“臣蒙陛下恩典，以机巧效国。但近来臣反思自己所作所为，不但无益于国，反而诱使陛下流连于‘百戏木偶’，使陛下治国因之分神，实在是微臣之过，臣不敢一误再误，木偶之戏，恕臣不敢奉诏。请陛下治臣误国之罪……”

说到一半的时候，曹睿的脸就涨得像猪肝似的，冲到马钧面前，指着他想说什么，却半天都说不出一个字，扬起手，衣袖在空中划出一个弧线，背过身去，气恨恨地往回走了两步，又转过身指着马钧，依然说不出一个字。刘放喝道：“大胆马钧，你竟敢亵渎天威，无端指责皇上，来人啦——”

一群侍卫立刻就要上前拿人。

“慢着！”曹睿终于喝出两个字来，后面的话就像闸口被打开，跟着涌了出来，“好好好，好一个马钧……马爱卿……”曹睿手在空中又划了一圈，突然“哈哈”大笑起来。

马钧惊异地抬起头，道是曹睿真的气疯了。刘放、孙资也担心地上前轻唤：“陛下？”

曹睿一甩宽大的袍袖，涨红的脸慢慢平静了下来，俯下身，低着头，眼睛深深地看着马钧：“你……真是这样想？还是有人唆使你？”

“是臣自己觉悟，与他人无涉。”马钧一脸正气，十分决然，“臣感悟已迟，有累陛下，臣甘愿领死。”

“好，既然你甘愿领死，朕就成全你。”曹睿果决地道，“来人，将马钧押入大牢候审。”

“谢陛下！”不待两个侍卫上前，马钧就缓缓地站起来，仿佛卸下了一身重荷，彻底轻松下来，跟着两个侍卫就往外走。

曹睿冷着脸目送马钧从容离开的背影，吩咐刘放：“传旨，明日继续早朝。”

刘放、孙资看着曹睿，心中却泛起一丝不安，究竟是哪儿不安，却想不出。

傅玄是晚上才得知马钧被押下牢的消息。

马钧下朝未归，到了晚上也没回来，王舒就有些急了，到王巧那里问情况，王巧就问李牧。李牧心中有鬼，说话支支吾吾的，也说不出个什么来。王巧就起了疑，莫不是马钧出事了？姐妹俩就一同去傅玄家里问。其实，从怒责马钧那天开始，他们就准备着有这一天了，估计十有八九是因为不肯再为陛下做这些无聊嬉戏之物的缘故，但是不能确定。傅玄就去打听。他虽然秉性耿直，不能容人之短，一般官吏都敬而远之，但还是赢得几个志同道合的正气之友。宫中发生一些什么事，还是能打听得出来的，再说曹睿也没有刻意封锁消息。傅玄回来和王舒、王巧一说，王巧就急了：“这个昏君，怎么这个德性，好赖不分了是不？我去找他。”

王舒黯然道：“我就准备着这一天呢，姐，这事你别管了，我现在就去宫门外跪喊冤情，闹它个满城皆知，看陛下如何自处？大不了我陪他一起死。缘儿就托给姐你了。”

王巧道：“说啥呢，你是我妹妹，他是我妹夫，你们的事就是我的事。”转脸对李牧道：“你也随我一起去。我们一家子在京都，祸福同当。”

李牧胸一挺，也不说话，就欲跟他们去。傅玄急忙拦住：“你们这不是让陛下难堪吗？事情还没有真正弄清楚，现在正是宵禁，你们也出不去。就在这儿待着，我去找陛下。真像说的那样，你们明天白天去也不迟。”又对王舒道：“你这身子不便，就在这好好歇着。”吩咐妻子、丫鬟照应着。

“那就有劳傅大人了。”王舒点点头，见已夜深，迟疑道，“要不，傅大人你和夫人还是歇着吧，天亮再去。”

“这个如何等得。”傅玄哪里按捺得住，道，“我有免禁牌，不妨事。你们一定要等我回来。”说罢披了件厚袍，踏着结了冰的雪，深一脚浅一脚地直往宫中而去。

113

曹睿今夜也是兴味索然，任凭那虞美人百般献媚，也没有兴致和她宽衣解带，只斜倚在榻上喝着闷酒，任堂中鼓乐声声，舞姿翩翩，只是一言不发。这会儿用手推开虞美人递到唇边的一杯酒，看着旋转着炫丽画面的宫灯道：“美人，这个宫灯好看吗？”

虞美人道：“好看，臣妾老是想，这灯怎么会转起来的？像活的一般。”

曹睿道：“你知道这是谁发明的吗？”

“我怎么知道啊？”虞美人娇嗔道，一霎间忽又明白过来，“陛下……陛下是说，这也是那个马……马博士发明的？”

曹睿伸手在虞美人脸上掐了一下：“聪明！”又微微叹了口气，道：“不知道他今天到底吃错啥药了，竟敢抗旨不遵。”

“他胆敢藐视皇上，真是吃了熊心豹子胆了。”虞美人偎在曹睿怀中，腻声问，“那……陛下打算如何处置这个马博士呢？”

“顺我者昌，逆我者——”曹睿用手在虞美人的脖子上比画了一下，“杀！”

“啊？”虞美人故作惊怕状，从曹睿怀中仰起头，看着他的眼睛。曹睿笑了笑，用手指在她鼻子上刮了一下。虞美人手抚心口，只叫，“吓死臣妾了……”一副娇柔可怜的样子，让人不胜怜惜。

正腻歪着，太监来报：“陛下，著作郎傅玄在宫外求见。”

“傅玄？”曹睿转着酒杯，“果然是他第一个跳出来。”悠然道，“传朕旨意，着傅玄觐见。”

太监去了，过了好大一会儿，傅玄才从宫外急急地走到内殿来。见了曹睿，急忙跪倒：“臣傅玄觐见陛下——”

曹睿斜倚着身子，歪着头问他：“傅爱卿，你深夜闯宫，扰朕夜寝，所为何来啊？”

傅玄叩首道：“臣特来恭喜陛下，贺喜陛下！”

曹睿奇怪地坐直了身子，问：“朕……何喜之有啊？”

傅玄朗声道："陛下得忠贞之臣，不再以嬉戏之物误君，而愿以天赐之巧报国，有此人才，岂不是陛下之喜？"

曹睿"哈哈"大笑："傅玄啊傅玄，也就是你敢拿这样的话来套朕。你夤夜匆匆而来，就是为了给朕戴一顶高冠的？朕知道了，你且下去，明日早朝，朕自有话说。"

傅玄还欲争辩，曹睿挥挥手，不许他再说下去。太监上前请他离开。傅玄无奈，只得等到明日早朝，且看曹睿怎么处置。也横下一条心，若是曹睿朝会之上宣布治罪马钧，那自己就直接当着众臣之面，与他争个是非曲直来。

傅玄退出殿外，也不出宫，直接就到候朝房等着。轮值宫官见是他来了，连忙给他让席宽坐，热茶相候。傅玄坐了一会儿，心情烦躁，又站起来，在朝房中走来走去。轮值宫官见他这般神情，不知又是哪位朝中官员给他抓了短处，急着要到陛下面前奏本，也不敢多问。朝中文武百官都知道傅玄脾气急躁，不能容人之短，有话藏不住，非得立时奏报陛下才罢休，因而很多人见到他就躲得远远的，实在躲不过的，客客气气打个招呼，也绝不多言，生怕一语不慎，给他抓了把柄，就当众责难，奏报陛下。

傅玄就这样急躁地等待着早朝。鸡叫头遍，候朝房里就陆续有人来了，见傅玄在房中急躁地转来转去，都觉一愣，不知这回又是谁倒霉了。有的人一声不响，走到一边，站在角落里，当作没看见。有的人走到近前才发现，硬着头皮打声招呼，赶紧躲一边去。还有个别人在大门口瞧见了，就干脆不进去，宁可站在廊檐下，裹紧衣袍御寒，也不愿和此时的傅玄照面。但所有这些人却又有一个共同点，就是都在猜测这回傅玄又是告谁的状？

天蒙蒙亮，开始入朝。傅玄第一个走了进去，其他人陆续跟着进去。按文官武职、品阶高低在大殿两边各自找到自己的位置。傅玄站在文官班部后面的位置上，急躁地不断站出来张望曹睿出来没有。又等了半炷香时间，内殿传来一声高呼："陛下驾到——"

就见曹睿在刘放、孙资和太监的簇拥下，不急不慢地踱到大殿上，上了龙榻，据案而坐，威严地向下扫了一眼。文武两班一起上前一步，给曹睿施礼，山呼万岁。礼毕，曹睿道："众位爱卿，昨日刚刚朝毕，今日又要早朝，扰了大家的清梦，心中有没有怨气啊？"

众大臣一齐道："忠君勤政，臣等本分，请陛下训示！"

刘放、孙资到现在也不知道曹睿为何今天临时增加早朝，心中那丝不安的感觉愈加强烈。看着台下急躁不安的傅玄，隐隐约约觉得跟他有关，也跟自己有关。心中不禁一悸：难道自己有什么把柄落在他手里，他这么迫不及待地要奏报？但看看又不像，因为到现在也没有从曹睿这里看到一丝一毫的端倪。也许正是因为以替皇上拟诏传旨的中书监、中书令角色，而一点不知曹睿今天朝会的打算，才有失控的隐忧吧？就听曹睿正色道："自朕临朝以来，特别注重人才。太和四年，朕曾经下诏说过：'世之质文，随教而变。兵乱以来，经学废绝，后生进趣，不由典谟。岂训导未洽，将进用者不以德显乎？其郎吏学通一经，才任牧民，博士课试，擢其高第者，亟用；其浮华不务道本者，皆罢退之。'"说到这里，他停了一停，让大家有个回忆领悟的过程。

五年前，曹睿下达这个诏令时，魏国才子无不奔走相告，说新君圣明，唯才是举，只要掌握一门学问，过得了博士科考，就选拔任用，凡是华而不实之徒，一律罢免。傅玄也是那个时候，把这个消息告诉马钧，让马钧看到希望，继而苦修《木经》《将作术》，终于成为太学里的一名博士。

傅玄见曹睿开口就说到人才之事上，不知何意，按捺住性子，听曹睿说下去："朕选拔人才，不拘一格，只要身怀奇学，有用于国，朕皆大力提拔。博士马钧，因其机巧之术，天下无双，朕特加其为给事中。他曾发明走马灯、改进织绫机，为博士之后，又筹划许昌、洛阳土木营造，甚有建树，颇得朕欣赏。前番又发明'水转百戏'，堪称巧夺天工。"

傅玄、刘放、孙资听曹睿越说越不对劲，都诧异地看向他，一时不明所以。曹睿继续道："马钧不但机巧无双，而且忠贞无二。就在昨日，朕命他再造'水转乐工''水转群舞'，他竟抗旨不遵。"

听到这里，殿下众臣叽叽喳喳起来。傅玄见话题说到这里，立时戒备起来，就准备着言辞反驳。刘放、孙资不知曹睿接下的话锋如何转折，都凝神细听，不敢接腔。曹睿见傅玄跃跃欲试的样子，淡然一笑道："傅爱卿，是不是有什么话要说？"

傅玄闪出班部道："臣且恭听陛下圣训。"

"'开收谏之路，纳逆己之言。'这是你文章的原话吧？"曹睿笑道，"你看朕能否'纳逆己之言'？"

"以臣观之，陛下亦能亦不能。"傅玄不假思索道。

曹睿笑问："什么叫'亦能亦不能'？"

傅玄朗声道："陛下初登大宝，广开言路，革新政治，选贤任能，外御吴蜀，内平叛乱，鼓励农桑，体恤孤老，海内称颂。是为'亦能'。但自去年以来，大兴土木，劳民伤财，不纳谏言，一意孤行。是为'不能'。"

刘放忍不住喝道："大胆傅玄，你竟敢冒渎天威……"

曹睿挥手止住刘放，面色一沉："这个问题朕已多次阐述，兴建许昌、洛阳乃是大魏气势所在，道理朕不再重复。罢了，朕知你也是一片忠心，就不怪罪于你。但你只知埋头读书，不知实务，你要多方历练，方知治国之艰。你且去安东将军帐下参赞一段军务吧，以后再体验农耕之道，有所感悟了再来跟朕探讨治国之道。"

傅玄愣了一下，觉得有些突然，但迅即就领悟到曹睿的用意。曹睿对自己是寄托厚望的。立即拜道："臣领旨谢恩！"

曹睿涨红的脸色平静了一下，道："你昨夜闯宫进言，朕就让你看看朕是怎么'纳逆己之言'的。"回头对太监道："传马钧。"

太监随即拉长强调喊："传马钧上殿——"

"传马钧上殿——"

……

声音一个接一个传递下去。不一会儿，马钧走上殿来，恭恭敬敬地给曹睿叩礼："微臣马钧觐见陛下，谢陛下不罪之恩！"

刘放、孙资呆了一呆。傅玄也愣了一愣。曹睿对众大臣说到："昨日朕命马爱卿造'水转乐工''水转群戏'之物，马爱卿当面拒绝，说是造此嬉戏之物，怕朕玩物丧志。以后只做于国有利之物。朕当时很生气，但事后想想，很是宽慰。有如此忠心为国之人，乃我大魏之幸。后又与马爱卿长谈一次，得知马爱卿也是受其妻棒喝，才由此领悟。朕更觉快慰——我大魏一民妇尚有如此见地，朕如何能玩物自误。昨日傅爱卿夜闯宫殿，向朕贺喜，便是因我大魏有如此贤臣良民，的确可喜可贺。"说到这里，曹睿精神一振，一种久违的神采张扬出来，感染着殿中诸人："所以今天特意召众爱卿前来，就是要告诉大家，有什么于国有利之言，不要藏着掖着，尽管跟朕道来，纳与不纳，朕自有取舍，但绝不因言治罪。"说到这里，曹睿站起身，一拂袍袖，毅然决然道："朕意已决，立即将'水转百戏'劈碎焚烧，以绝此念。"

“水转百戏”形体庞大，内部齿轮、曲轴、连杆，传动结构之恢弘、复杂、精密、细巧……至今也让人无法想象。曹睿也是矫枉过正，致使“水转百戏”这一古代机械巅峰之作未能流传后世，成为人类发明史上的一大憾事！

众人一阵惊诧、惊喜。站在曹睿身边侍应的刘放反应十分敏捷，立即跪倒，大声道：“陛下如此圣明，大魏臣民之幸也。臣等敢不尽言。据臣所知，马博士虽在朝廷供职，却自甘贫寒。臣以为，马博士夫忠妻贤，该当赏赐，以为示范。”

曹睿点点头，道：“朕特赐马爱卿百两金、百匹布，以资嘉奖。”

“臣冒渎陛下，陛下不但不罪，反加赏赐，臣……谢陛下。”马钧心潮激荡，再拜道，“臣一定极尽心智，继续为国家研制实用机巧，以报陛下恩遇。”

第 17 回 ‖ 思报国：说军情找到用武地

114

马钧安然归来，有惊无险，让王家姐妹一颗心落到肚子里了。事情过后，马钧在王舒、王巧的提议下，特意置下酒席，答谢傅玄。当然也请了张超、李牧作陪。因是家宴，还请了荀安、荀定兄弟俩。荀安、荀定都已经成了家，只是把家眷都扔在涅阳交给母亲照看，他们乐得在京城里当差之余，寻花问柳，无人管束。但再怎么放荡不羁，一到傅玄、张超、马钧、王舒、王巧他们面前，就自动收敛了。

大家已经得知傅玄要到安东将军府做参军去了。虽然参军在官阶上与著作郎差不多，但对傅玄一介文人来说，让他参赞军务实在是有些“文不对题”。这样一想，傅玄是明显被贬了。作为文人，能够参与撰集魏书，那是何等荣耀？但曹睿偏偏不让他如愿。马钧举起酒杯，站起来，歉意地道：“傅大人去做一个小小的参军，实在是受在下连累，马钧真是愧疚之至。”

王舒挺着肚子，端着菜盘上菜，听到这话，也是十分不安。王巧捧着酒壶，笑道：“小夫子，你才学渊博，去军队混一圈，就更加地文武双全了。”

“哈哈，王巧说得对。”傅玄举杯大笑，“马先生，我还要感谢你呢，不然我就真的一辈子做个著作郎了。当今陛下，其实十分圣明，他这是有意让我去军队磨练一下，我也正有此意。近年来，闲暇之余，也读过一些兵书，能有机会实践实践，当真是不错的。你不必为此愧疚。”说罢与马钧一饮而尽。

说到曹睿，马钧也感叹道：“是啊，不管别人怎么看陛下，在我心里，陛下真是一代明主啊。”

张超也道：“就是，我们都读过史书，像马先生这般直接抗旨不遵的，有多少头也砍了。马先生，你当时当真就不害怕？”

“害怕！”马钧看了犹在后怕的王舒，故作轻松地笑道，“是害怕——害怕回来王舒又骂我魅惑陛下。”

众人都笑了起来。王舒面色也缓和了下来，为大家一一斟酒，浅浅一笑：“要我说啊，这官有什么做头？成天跟他担心受怕：一会儿怕他被人戳脊梁骨，一会儿怕他被陛下砍了头——不如辞官回家的好！”

“不成不成。”王巧喊道，“不要老想着辞官回家，既要为国效力，就要不怕冒险。再说，你们刚才还说了，咱这皇帝老兄还是比较圣明的嘛！”她就怕马钧真的辞官就此离她而去，连忙干涉，还要不让人看出来。

李牧轻轻拉了一下她的衣袖，提醒道：“你……不要乱说。”紧张地四下里看了看。

荀安、荀定看着李牧，目光里仍有嫉妒。也惊讶王巧成家这么多年，孩子都那么大了，仍然像做姑娘一样貌美如仙。王巧笑道：“我这不是夸他嘛！”这一笑，又让荀安、荀定的魂魄丢了一些。

“真拿你没办法。”傅玄对王巧的“不恭”不太当回事，笑道，“在外面说话还是要注意些。说实在的，陛下自继位以来，做了许多前朝帝王都做不到的事。他重视真才实学，诏令公卿举贤，不拘一格选拔人才，马先生才有机会崭露头角；他把文皇帝的《典论》刻在石碑上，立于宗庙外，倡导大魏文风；他重礼重义，为汉废帝山阳公素服致哀，赢得天下敬重；他仁慈悲悯，删大辟刑为减死罪……这一切，都说明陛下真是圣明之主。”

王巧承认傅玄说得不错，却偏偏要和他抬杠：“你说的这些都不错。可他不也大兴土木，广选美女，沉迷玩乐……嘿嘿，有时也是昏君一个。”

傅玄一时语塞。张超连忙道：“姐姐，自古人无完人，金无足赤，何况帝王乎？陛下这样做，未必没有苦衷。我们不必求全责备。”

大家都默默点点头。作为一个皇帝，能做到这个份上已经很不错了。马钧见气氛有些沉重，赶紧转移话题：“傅大人，你这一走，撰写《魏史》可就少了一大主力了。”

“说起这个，我倒想起来了。”傅玄道，“你们一定听说过小领袖裴秀的名气。我打算把他推荐给陛下。”

说到裴秀，马钧、张超都知道。王舒、王巧、李牧就没听说过。荀安、荀定对这个话题不感兴趣。工巧最喜欢热闹，连忙道："快说说，快说说。你们一个小夫子、一个小先生，再加一个小领袖，哈哈，凑个什么'魏国三小'什么的，多有意思。可惜，你们已经长大了。"她对小夫子、小先生熟悉已久，对少年早熟的人有着特别的感情，乍听又出来个"小领袖"，自然非常感兴趣。

傅玄就讲了前阵子去裴潜家认识裴秀的事，大家听了"哈哈"大笑。分明又是从前那个小夫子、小先生的再现了，又各有个性。小先生张超顽皮，小夫子傅玄急躁，这个小领袖裴秀呢，十分自负。他们都有一个共同点，就是少年老成。张超道："休奕兄，你打算把小领袖推荐去修《魏书》吗？早了些吧？"

"修《魏书》或许有些早。"傅玄道，"做其他的也不算早吧。今年已经十五岁了。"

马钧问："那是举孝廉还是入太学？"

"举孝廉是地方上的事，我们说了没用。"傅玄道，"陛下曾跟我提过，打算筹建一座宫殿，把天下文章写得好的，都礼聘过来，安安心心地在里面做学问。我想，这裴秀年方十五，文名远播，到这里与天下才子切磋几年，必成一等一的人才。陛下诏令举荐贤才，贤才也是要培养的嘛。"

"傅大人真是好胸襟。"马钧感叹道，又问，"这个宫殿什么时候可以办？"

傅玄道："陛下跟我论学时提到过。我再上书催一催，既是陛下自己有意，估计会很快吧。"

马钧红着脸道："傅大人为国谋才，张先生解民病苦，马某却一味沉迷机巧，讨一人之欢心，想来真是惭愧之至。"

"知错能改，善莫大焉。"王巧洒脱地道，"让小夫子、小先生日后多给你提供点利国利民的机会就是了。"

王舒望着夫君，十分欣慰，忽觉腹中一阵疼痛，端着盘子就要倒下去。王巧眼疾手快，一步跨过去，将她抱在怀中。马钧急问："怎……怎么啦？"

"马先生大喜！"张超笑道，"快去请接生婆！"

115

日子过得飞快，转眼就到了年底。王舒那天生了个大胖小子，把马钧高兴坏了，给儿子取名马器，取成器之意，一语双关。既是成才之意，也有造物之喻。

可见马钧对机巧发明已经深入骨髓。夫妇俩约上李牧与王巧一起回河南县王策家里过年，把皇上赐给的百金分了三分之一给王策夫妇，留三分之一准备带回扶风去。剩余的部分夫妻俩已经商量好，把租住的房子买下来，扩建翻修一下。就算彻底安顿下来了。他们住的地方原本是近郊，洛阳城大兴土木，整个城区都扩大了。马钧翻建好的房子，正好圈到城墙里面来了。只是四周还是农舍和田园，变成街道那是迟早的事。

无论王策心里还留有什么芥蒂，表面上对马钧已经全无敌意了。见女儿又添了个外孙，也是格外高兴。这个年过得真叫团团圆圆，其乐融融。

过了年，就是景初元年（公元 237 年）。洛阳的宫殿还在建，但马钧已经不再参与。难得清闲，就趁着过年当口，租了一辆马车，携带王舒、马缘，还有刚刚满月不久的儿子回了一趟扶风小槐里，自然是把马文一家欢喜坏了，也轰动了整个小槐里——这马家可是出了个大官啊！皇上亲笔御封马钧为“天下名巧”的事早已传遍家乡，乡邻们是从东到西，轮流宴请马钧夫妇。连地方官也忙不迭地上门拜访，套关系。王舒在路上受了些风寒，有些咳嗽，这些人情往来就都婉拒了，就让马钧一个人去应酬。马钧不敢欠下这许多人情，借口归期已到，赶紧带着王舒和孩子，逃也般地回到洛阳来。

到了洛阳，就听说陛下将一座新修的宫殿取名崇文观，正在征召天下文人才子入住，研磨文学。便兴致勃勃地去找傅玄，打算约他一起去崇文观看看，认识些天下才子。傅玄不在家，马钧借了一匹马直接往安东将军府去。到了那里，才得知傅玄今天察看尚武坊去了。马钧想了想，兵器作场应该是个很神秘的地方，自己从来没有见过，他特别想看一看攻城用的云梯，因为那是鲁班的一大发明。他没有经历过战场厮杀，光是听说云梯，就是没见过。兵器作场是军事禁地，戒备森严，到了那里，怕是也进不去。曾经想去看看，但总是没机会。现在傅玄在那里，不是正好吗？想到这里，一高兴，打马便向城西北的尚武坊奔去。

尚武坊是京都最大的兵器作场，供应驻守京师军队的兵器装备，发生战事时，也负责提供大批兵器装备调拨给前线军队。傅玄在军械椽的陪同下在坊间逐个地转悠。作场里按照干戈、弧矢、木械、盔甲、弩机、盾牌……等不同兵器种类分为若干作坊，傅玄也是第一次来这种地方，看什么都觉新奇，问东问西的。正在弧矢坊观看弓箭制作，有人来向军械椽通报：“报——门外有位名叫马钧的博士要见傅参军。”

“咦——”傅玄惊奇道，“他怎么来了？他回来了？”赶紧吩咐道，“快，让马先生进来。”

军械椽犹豫了一下，点头同意。不一会儿，马钧就在护卫的引领下兴高采烈地走了进来。老远就道：“傅参军，我从你家到安东将军府一直追到这里，你怎么到尚武坊来了？”

傅玄道：“将军府需要订购一批军械，我正好想到尚武坊看看，就讨了这差事。来来来，给你介绍一下，这是军械椽郑曹椽。”又对郑曹椽介绍道：“这是太学博士加给事中马钧先生。”

马钧和郑曹椽相互寒暄了几句，就归入正题：“将军府怎么突然要订购军械了？难道又发生战事了？”

“那倒没有。”傅玄道，“不过司马太傅跟陛下提起，虽然现在吴蜀表面看比较平静，但是军备还是要常抓不懈。这两年有点松劲，还是要抓一抓。安东将军府就先整顿起来，以备调用，今年又新征了一批兵，需要军械，还有些军械老旧，需要回炉更新。”

“是要常备不懈啊。”马钧点点头，“我也听说了。蜀国的姜维是诸葛亮的徒弟，一直想继承诸葛遗志，只是现在还未能掌握实权，不知哪一天大权在握，就又要来犯了。”

“是啊，何止蜀国，东吴也不安分啊。”傅玄感叹道，“前一阵听说东吴曾经暗地里派人到辽东活动，辽东太守公孙渊有些心神不宁了。”

郑曹椽接话道：“就是，这两年我们比较轻松，制造兵器任务不是很重，最近忽然活儿就多起来了，就是因为司马太傅发话了，怕哪天一旦要起兵器来，这里拿不出那么多来，所以现在就抓紧赶一批。果然，你们安东将军府就来订购了。”

“是啊，形势逼人啊。”傅玄回了军械椽的话，又对马钧道，“你也没来过兵器作场吧？那就一起看看吧。”

“正有此意。”马钧高兴道，“所以听说你在这里，就追过来了。”

傅玄笑道：“这里是弧矢坊，专门制作弓箭的。我们就从这里看起吧。”对郑曹椽道：“就烦请郑曹椽给我们讲解讲解，让我们长长见识。”

“行，没问题。”郑曹椽爽朗地道，“来，我们进去看。”

弧矢坊是一个很宽大的工棚，有十几间房大。几十个工匠或坐、或蹲、或站、或走，正在忙碌着。弓箭是分开制作的，都是流水线作业。郑曹椽拿起一张刚绷好还没上漆的弓道：“别看这张弓很简单，可是有十几道工序呢。”放下弓，领着傅玄、马钧走到最里面竹堆那儿，几个工匠正在破竹。郑曹椽拿起一个两尺左右的竹片道：“要做弓，先得选上好的竹子。秋天的竹子最好，春夏的竹子容易被虫蛀。”他伸出竹片给傅玄、马钧看：“这是已经破好的弓料，两头宽、中间窄，下面一道工序就是贴牛角、粘牛筋。”又走到另一个工匠那里，指给他们看。那工匠正在破好的竹片上，一面用粘胶贴两段牛角，让两段牛角互相咬合，再用牛筋和胶液固定好，牢牢地加固弓身。听着郑曹椽的介绍，马钧不禁道：“天呐，这得要多少牛角牛筋啊?”

郑曹椽笑道：“牛角牛筋有时也不够的。就找东西替代。羊角也能用，就是不够长，得用四段。羊角弓的强度比起牛角弓自然就差些。”

傅玄俯身从一个工匠身边拿起一根牛筋道：“这个除了绑扎弓身，弓弦也是它做的吧?”

“不不不，”郑曹椽连连摇头，“这种牛筋一般是保护弓身用的，弹棉花的弓弦一般用它，作为弓弦却不是最好，它吸了湿气容易松脱。”他走到做弓弦的工匠那里，拿起一张绷好的弓给他们看，“弓弦用柘蚕丝做，更为坚韧。”

“柘蚕丝?”马钧细看弓弦，轻轻拨动。他知道蚕是吃桑叶的，所以蚕丝一般叫桑蚕丝，不知道还有一种柘蚕丝，禁不住问。

郑曹椽让面前这个老实巴交的工匠解释，工匠道：“回大人，这是专门用柘树叶喂养的蚕吐的丝。这种丝非常有韧劲。”他用满是老茧的手指捻开一段正在缠紧的丝说：“每根弦用二三十根丝做骨，然后用丝线横向缠紧。但也不要一缠到底，每隔六七寸左右空出一两分不缠。这样，在弦不挂上弓时就可以折叠收起来。”

傅玄拿起那张已经绷好的弓，指着两端系弦的部位，一个软木做的粘连在牛角末端的垫子问：“这是什么?”

“这叫弦垫。”工匠解释道，“有时也用最厚的牛皮做。就像琴弦上的轴垫一样。”

马钧立即领悟，道：“这是为了抵消放箭后的反弹力吧?”

工匠点点头：“大人真是行家。”

傅玄笑了笑，刚要介绍马钧的身份，被马钧微笑着摇头制止了。他们继续向前走去，看箭的制作。先看箭杆。箭杆的用料有好几种，有南方的竹子、有北方的薄柳木、桦木。箭杆长约二尺，箭头长约一寸，一般都是铁制。也有竹子直接削成箭尖的。箭羽以雕的羽毛最好，角鹰的羽毛次一些，雀鹰的羽毛更次一等。即使这样，雀鹰的羽毛也是很少的。雕羽就更是凤毛麟角了。这些上好羽箭一般都是供给皇上狩猎，或大将配用的。普通士兵更多的是用雁翎和鹅翎。这些箭射出去，遇到风就会偏，准头不是很好。

马钧凝神细听分说，真是收获匪浅。暗暗寻思：这些也是机巧之物，不同的质材做出的效果竟有这么大的差异。雕和鹰都是猛鸟，其翅毛都是搏击长空，久经风雨历练，自然比雁翎强，更不是那水塘里生长的鹅翎可比的。可见，机巧之作，有了创意之后，选材一等重要。

看罢弧矢坊，天色就已经不早了，郑曹椽命人备下酒食，热情地请傅玄、马钧品尝。马钧道："今天叨扰郑曹椽了。我想请教一下，这里有做云梯的吗？我想先看一下。"

"有啊？"郑曹椽诧异地问，"马博士怎么对云梯这么感兴趣？"

"我读《墨子》，其中一篇《公输》有段话：公输盘为楚造云梯之械，成，将以攻宋。子墨子闻之，起于鲁，行十日十夜，而至于郢，见公输盘。"马钧背了几句，道，"能值得墨子走上十天十夜赶来制止的云梯，我一直觉得是种很了不起的攻城器具，不会是一般的长梯之类。"

郑曹椽大笑道："我觉得没啥了不起啊。就是一般的车梯吧。走，带你们先去看看，再喝酒。"

走进木械坊，这个工棚更大，非常宽敞，有几十间房大。这里主要是制作运粮车、攻城梯、抛石车、撞门车、滚石车等大型攻守器械。这里的工匠大多是木匠和铁匠。郑曹椽直接带着他们走到攻城梯制作处。几十个工匠正在忙碌。攻城梯就两类，一类就是常见的长梯，根据城墙高度的不同，几个、十几个人扛着，冲过去，一头竖起来，众人抬着送向城头。还有一类就是云梯。底座是个大车子，车子上架着梯子，由几个人推着往前跑，跑到城墙近前，迅速拿起梯子，往城墙上搭。这种梯子是几节头的，绳索一拉，可以一节一节伸上去，能迅速升上城头。

马钧看了，对云梯巧妙的结构由衷地佩服。但心里想，鲁班的云梯应该还不只是这样。如果仅仅是这样的话，还不足以让墨子特地赶十天十夜的路来阻止他。那一定有着比这个更强大的攻城威力。恐怕不仅仅是登上城墙那么简单，应该还同时具有杀敌的功能。傅玄见他沉思的样子，问：“你不觉得这个云梯的设计很巧妙吗？”

“是很巧。”马钧点点头，又摇摇头，“但我想，这不是公输盘为楚王造的那种云梯。”

“为什么？”

“这种云梯比起普通梯子，当然方便、快捷，但只能攻城，不能杀敌。公输盘的云梯应该更精巧。《墨子·公输》篇明确地说：公输盘九设攻城之机变，子墨子九拒之。公输盘之攻械尽，而子墨子之守圉有余——也就是说，公输盘的云梯可以‘九设机变’，而现在的云梯呢，不就这一种吗？”

郑曹椽也道：“我也是说，没有什么稀奇嘛。要不就是我们看惯了，看不出稀奇来。”

“有道理。”傅玄点点头，思索起来，“那为什么没有传下来呢？”

马钧肯定道：“一定是公输盘听了子墨子的话，受到感悟，把真正的云梯毁了。”

傅玄、郑曹椽脱口道：“啊？太可惜了！”

116

这次尚武坊的观摩，让马钧对鲁班更加肃然起敬。虽然没有见到真正有“九设机变”的云梯，但也可以想象一下，那是一个怎样了不起的发明。如果有这样的场所，马钧真想试一试，把鲁班的云梯还原出来。但即便没有这样的场所，他还是在太学授经传道之余，悄悄地在纸上画来画去，设计鲁班的云梯，他把它定名为“九攻云梯”，当着一个事存在心里。晚上回去就逗弄一天天长大的儿子。不过这个设计，他对谁都没有说。曹睿很少再召见他，他也乐得不在曹睿面前晃悠，以免曹睿哪天心血来潮，又要他制作什么嬉戏之物。他打算将这个“九攻云梯”设计成功，再献给朝廷，这才是有用于国的一个大机巧。

就这样殚精竭虑，一直到年底，这个可以攻杀兼顾的云梯才有些眉目，但这个发明被意外地打断了，也迎来了一个更大的契机，让他有机会拥有一个单独的试验平台。

又进了腊月门，北风呼啸起来，就在这刺骨的寒冷中，马钧听到一些未经证实的小道消息，让这寒冷的天空多了一层阴云。

辽东那里最近流传了三桩奇闻。

第一桩奇闻很诡异。辽东最热闹的集市上，一天，人们正在交易，忽然所有人都被一阵狗叫声惊呆了。狗叫声从高处传来，大家不约而同地向上看去。只见有条狗，竟然穿着红袄，立起前爪，像人一样站在房顶上，冲着下面学人叫。最恐怖的是，它居然直立着狗身，用两条后腿像人一样在房顶上走来走去。它好像在向人们警告什么，但没人听得懂。很快就惊动了守城的军士，赶过来，举起弓箭对准它，见这情景太过诡异，竟然谁也不敢真射出去。后来那狗叫完了，不急不慢地用前爪扒下红袄，从房顶上大摇大摆地走了，眨眼不见，没有人知道它去了哪里？

第二桩奇闻很骇人。公孙渊府邸不远处住着一户老夫妇，有一天妇人的娘家人来了，家里米不够，因为和公孙渊家里烧饭的老厨子私交很好，老丈就去央老厨子借了几升米。老夫妇淘好米下锅煮饭，又去做了几个菜。老丈陪娘家人喝酒说话，喝得差不多了，老丈就叫老妇人去盛饭，老妇人应声去厨房。正等着吃饭，老丈和满座的娘家人就听到厨房里传出一声惨叫，所有人跌跌撞撞地跑过去一看，都惊骇地颤抖起来。只见刚刚揭开锅盖的大锅中，哪有什么米饭，是一个蒸熟了的小男孩。

第三桩奇闻很神秘。襄平北市，忽然陷了一个大坑，坑中涌出一块大肉，周长有数尺。有头有眼有口，就是没有手脚。古怪的是，这东西是活的，还会移动，但你看不出它是怎么移动的。有个胆大的猎人，认为这是个妖物，就要斩杀它。结果是箭射不穿、刀砍不动。这个胆大的猎人回家后，没几天就死了。有人说是吓死的，有人说是被怪肉报复死的。后来就传出占卜者的话：有形不成，有口无声，国家亡灭，故显其形。这样的事情发生在魏国境内，风传这预示着魏国要亡了。有人说，吴蜀再次结盟，要联合灭魏。也有人说，魏国要改朝换代，就应在辽东，还传出了“异形出辽、公孙代曹”的神秘偈语。

这几个异闻只是在私下里传，越传越神秘，马钧是从王舒那儿听来的，王舒是从王巧那里听来的，王巧不知从哪里听来的。马钧听到这个传言时，心中压上了一片厚重的阴云。他感觉辽东那个地方一定会发生什么。至于具体会发生什么？他也说不清楚。直到再次见到傅玄，马钧才隐约明白了这些传言是有来头的。

傅玄有点神秘兮兮地派人把他请到家中去。在傅玄的书房里，傅玄跟他提起了辽东的这些传闻，忧心忡忡地道：“马先生，我总是担心辽东那里会起什么变故。但这事儿不好明说。我前阵子曾在陛下跟前提了一下，陛下不让我说。我知道，陛下是担心无凭无据的，说了反而不好。毕竟辽东有质子在洛阳，一有风吹草动就会传到辽东去。陛下圣明烛照，年前就已经派荆州刺史毌丘俭调任幽州刺史，加度辽将军、使持节、护乌丸校尉，密切关注辽东事态。”

傅玄这一说，马钧才明白去年人事调动的关窍所在，不禁对曹睿更加佩服，道：“陛下真是圣明，有毌丘俭大人在，辽东应该会有所顾忌的。”但不知道傅玄今天叫他来是何用意，他好像与此事半点关系也没有。

“马先生可对魏蜀吴三国的军事长短有过分析？”傅玄忽然问。

“这个……”马钧犹豫了一下，实话实说，“没有，从来没有比较过这个。你比较过？”他对一向以文章著称的傅玄，忽然间谈论起军事来还有些不习惯。

“在其位谋其政嘛。”傅玄笑道，“我现在参谋军事，不能一点事都不做吧。我注意到，魏蜀吴三方在军事上各有所长。我大魏占据北方，以骑兵最为勇猛。东吴割据东南水泽之地，自然以水军最为厉害。”

“这一说我就知道了。”马钧立即道，“蜀国以弩兵最强，因为有个长于巧思的诸葛亮，改革了弩箭。据说强弓劲弩，一发十箭，百人齐发，箭下如雨，当者莫敌。”

“呵呵，对对对，马先生一点就通。”傅玄轻轻地笑道，“与吴蜀相比，魏国有骑兵之长，不用担心。但若辽东有事，就是内战。所长者必然都是骑兵，而辽东人犹善驭马。你说，若是我们骑兵之外，再具备一种优势，是不是更有必胜的把握？”

“你是说把吴蜀的长处吸收过来，我们就如虎添翼了？”马钧恍然大悟，“辽东与内地之间无水战之所，自然东吴的水上优势我们用不到。那么就只有练就一支强大的弩兵了！”

117

“对，就是这意思。”傅玄这才把话挑明了。

“练就一支强大的弩兵，首先在于拥有强大的弓弩。可是……可是诸葛弩只是听闻，从未见过啊。”马钧不无遗憾地说。

“今天就是让你来见识见识的。”傅玄说着，掀开书橱底下的柜子，拿出一个一抱大小的包袱，一层一层打开，里面竟是两张破损的弩，推到马钧面前，“看，这就是传说中的诸葛连弩，诸葛亮叫它元戎。是一个军士从战场上捡到的，尚武坊竟然弄不明白其中的机巧，照葫芦画瓢做了一个，发出去一点威力也没有，所以我请你看看。”

马钧一见到这张劲弩就两眼发亮。这张弩虽然已经破损，无法发射，但能看出它的基本构造。这是一张与众不同的弩。一般的弩，由臂、弓、机三部分组成。“臂”一般为木制，“弓”横于臂前部，“机”装在臂偏后的地方。“机”是弩最重要的部分，一般为铜制，装在匣状的“郭”内，前方是用于挂弦的“牙”，“牙”后连着用于瞄准的“望山”。“铜郭”下方有“悬刀”，相当于现代的扳机，用于发射箭矢。当弩发射时先张开弦，将其挂于弩机的“牙”上，再将箭矢装于“臂”上的箭槽内，通过“望山”进行瞄准后，扳动“悬刀”使“牙”下缩，弦脱钩，利用张开的弓弦急速回弹形成的动能，高速将箭射出。

但眼前的这两张弩完全是一个不同的构造。这是一种结构奇巧的劲弩，机臂上横着弓，机臂下面装有拿手眼，机臂后端有一个拐状物，马钧一看就知道是柱胸用的，以保持弩的稳定性。弩臂的上方是一个很大的箭函，不同的是，一个箭函是横的，一个箭函是竖的。箭函都可以容纳十支八寸长的特制铁箭。不同的是，横的箭函十支箭排成一排，但分别在十个小箭函里。竖的箭函，十支箭上下叠在一起。

马钧研究了一会，就看出机巧来了。竖函的弩，每扳动一次“悬刃”，就射出一支箭，上面的箭就自然垂落，掉到发射槽里。再扳动“悬刃”，可以自动回弦重射。这样就可以连续发射十次。而横函的弩，十支箭并排躺在箭函里，扳动“悬刃”，就会同时通过箭槽激射而出，气势十分惊人。

马钧看罢，不禁赞叹：“诸葛亮真是巧思无比，这种弩无论连射还是齐射，都是威力巨大。真是一个人抵得上十个人，难怪蜀国弩兵天下无双。”

傅玄见马钧一眼就看出了诸葛连弩的机巧所在，兴奋地问：“怎么样？那你能不能复制出来？这可是大利于国家的事啊！”

“当然能。不过……”马钧把诸葛连弩拿在手里翻来覆去，又细细看了看，傅玄有些紧张地看着他，生怕他说出什么难处来。马钧下面的话却把他震得呆了一呆，“以我看，诸葛亮的这个元戎还没把巧思发挥到极致——我可以造出比它更厉害的连弩来。”

“你还能造出比它更厉害的？”傅玄有些难以置信。诸葛连弩在他过去的耳闻和现在的目睹中，已经是非常了不得了。

“当然。”马钧点点头，轻轻一声不啻于炸雷，“我可以造出比它厉害五倍的连弩来。”

傅玄一把抱住马钧的臂膀，不敢相信地追问：“真的？你真的能造出这样的神弩来？”惊喜之下，脱口道：“那我们大魏军队就真的天下无敌了！你就有大功于国了！”

傅玄夸张的反应让马钧也振奋起来，一时跃跃欲试：“傅大人，我马上回去，就着手研制。”说着站起来就要走。

“慢慢慢。”傅玄连忙拦住他，“别急别急。兵械者，国之利器也，不可轻易示人。这件事，得悄悄地干。”见马钧迷惑的神情，道，“你想想，你要发明出比诸葛连弩还要厉害五倍的神弩，这消息一旦走漏，会引起多少方面的关注？谁也不知道吴蜀两国在这洛阳京都有多少细作。要是你的发明被他们探知了，我们岂不是都白费心机了么？再说，这件事还要取得军方的支持，若是他们不支持，你造出来，他们不用，不也等于白费心思么？还有，此事还得一层层上报，不能贸然报到陛下那里去，否则就得罪了军方，事情就很难做了。”

马钧没想到有这么多说道，他身在官场，这几年耳闻目睹，也了解不少官场规则，此时傅玄这么一说，马钧连连点头，深为自己的不沉稳感到惭愧。就问：“还是傅大人想得周到。以你之见，该当如何？”

“此事要绝对保密，半点风声也不能透露出去，这就是我为什么悄悄把你叫到家里来的原因。”傅玄强调，“这是关系国之利器的大事，虽父母妻儿也不能够说。我与武卫将军曹爽大人的弟弟中领军曹羲私交甚厚，他手中有的是资源，求他私下从军中拨一处僻静的地方给你，派一伍军士为你警戒。你每天公事忙完之后，就到那里去静心研制。你看如何?”

“这样好。”马钧见傅玄考虑得这么仔细，信心十足地道，“我一定为国家研制出‘五倍元戎’来。”

傅玄道：“不仅仅是‘五倍元戎’，其他能够想到的利器，你都可以研制。每成功一样，魏国的军事实力就会增强十分。到时上报陛下，为你请功。”

“我不要什么功，但能为国家做些事，也算不枉这身机巧了。”马钧摇摇头，想到自己一身本领终于真正有了用武之地，心情大好，道，“上次我参观了尚武坊，正琢磨怎么把公输盘攻杀皆备的云梯复制出来。”

“啊——那更好了！你心中先谋划起来。我明天就去找曹羲要地要人要材料。”傅玄精神抖擞地道，“等机会到了，我就直接去找曹爽大将军。能得到他的支持就更好办了。”

118

南宫嗣本是辽东公孙家族的人。公孙度做辽东太守时，正值东汉末年，天下大乱，暗藏雄心抱负的公孙度欲割据一方，曾秘密遣送一批族中心腹，改名换姓，潜入中原，混入朝廷，为辽东打探消息，以便及时掌握天下形势。南宫嗣的父亲公孙琦就是其中之一，为公孙度最终成为辽东王立下了汗马功劳。公孙琦化名南宫琦，虽在中原成家立业，但留在辽东的兄弟姐妹得到了庇荫。南宫琦死后，从小得到灌输的南宫嗣就自然接过了效忠公孙氏的衣钵。公孙氏也不惜金帛，提供给南宫嗣，将他推上仕途，最重要的是打通了朝中最有权势的人物，中书监刘放，中书令孙资。太和二年（公元228年），公孙氏发生内变，公孙度之孙、左将军公孙康之子公孙渊，夺其叔公孙恭之位，被曹睿拜为扬烈将军、辽东太守。野心勃勃的公孙渊当然不会忘记祖父留在中原的这颗棋子，不惜重金，要南宫嗣利用一切可能的因素，搞乱朝廷，暗助辽东。

南宫嗣这阵子正得曹睿宠幸。自打长安取回仙人承露盘以后，曹睿一直对他另眼相看。他也极尽全力加紧督造许昌、洛阳两地的宫殿。他原本做过将作长史，督造宫殿自是得心应手。何况马钧事先已经设计好了详细的图纸和模型，他只需按图索骥，加紧督造就成了。对于马钧，他的心情一直很复杂。最初发现他有这样的奇巧，就利用他为辽东暗中输送了一批军布，后来干脆把他发明的织绫机图纸派人送回到辽东去，让辽东从根本上解决了军布的大问题。但辽东的军备与中原相比，仍然相差甚远。只是军马品种比中原优良了很多。南宫嗣就曾经想着许以高官厚禄，把马钧弄到辽东去，让马钧帮助在军械方面做点改进甚至发明。可以说，他是最早想到让马钧在军事方面有所发明的。但他的很多努力都失败了。在河南，就想先把马钧置于绝境，然后把他裹挟而去，绝其归念，但没能如愿。既然不能为我所用，那就不能为敌而留。马钧在兵器上有所作为，这是迟早的事，早就明白这个道理的南宫嗣才设法一而再再而三地想借刘放孙资之手，置马钧于死地。虽然也没得逞，但也利用马钧成功引诱了曹睿沉迷于嬉戏与营建宫殿之中，使曹魏政权向衰落迈出了第一步。虽然目前曹魏实力仍然很强，但曹睿的奢靡无疑是一种好兆头，南宫嗣对公孙渊总算展示了一个好成绩。

大前年发生的一件事，差点把他吓出癔症来。辽东那边差人来通报，说是准备暗地里与东吴孙权联络，等时机成熟的时候，与孙权南北夹击，一举拿下中原，要他在朝中做好内应。南宫嗣那时就在想，辽东这步棋太急了，曹睿刚刚趁太平之机，贪图享受，大兴土木，广纳美女，耽于机巧，这样下去，有个十年八年，魏国就差不多衰落下去，那时再突然图谋中原易如反掌。如果这个时候就兴风作浪，不是正好把曹睿惊醒吗？毌丘俭由荆州刺史调任幽州刺史，原本就隐含曹睿防着辽东的意思。

他急忙修书暗中派人送回辽东，公孙渊回复说，自会多加小心，目前只是联络而已，并无举事之意。但今年年初，南宫嗣上朝时，突然传来消息，说潜在东吴的细作来报，东吴派使者张弥、许晏带甲万人，携带金银珠宝从海上出使辽东，欲封公孙渊为燕王，大队人马已经在路上了。

满朝惊呼：“公孙渊这是要反了啊？”

南宫嗣当下头皮一炸，直觉大祸临头。以曹睿以往的魄力，必定勃然大怒，御驾亲征都有可能。魏国现时仍旧人才济济，兵力雄厚，岂是辽东能够抵挡的。他想站出来说点什么，但这个节骨眼上，他真的什么也不敢说。弄不好，立即惹人怀疑，引火烧身。正踌躇间，曹睿发话了：“只怕是东吴一厢情愿吧。不管怎么说，公孙渊还没有宣布造反嘛。且看了再说。刘爱卿——”他转头吩咐刘放：“传旨，着幽州刺史毌丘俭密切关注辽东事态，有情况，立即报告。”

南宫嗣暗暗松了一口气，事情还有回旋的余地。

下朝之后，他匆匆回到将作府，与卫笠商议，拟好密信，唤来丁九，让他立即潜出京城，快马奔赴辽东，将这里的一切禀告公孙渊，告诫公孙渊立即切断与东吴的联系，等待时机，不可妄动，否则将大祸临头。

南宫嗣在家焦急地等了近两个月，整天地惶恐不安，就怕辽东那边传来坏消息，总算等到丁九回来了。说公孙渊接到密信，重赏了丁九，要他告诉南宫嗣，他们原本秘密与东吴接洽的，谁知道孙权竟会突然派出这么一支庞大的使团，分明是逼他与曹魏翻脸嘛。接到南宫嗣密信，知道曹睿这里已经有所准备，就更不会轻易做出出格的事了，但到底怎么处理东吴使团的事，正在想办法。在送密信给南宫嗣的同时，也已经快马飞报朝廷了。

南宫嗣一颗心才算放下了一半。还有一半仍然悬着。不知道公孙渊到底如何处理东吴使团来访的事。又到上朝时，南宫嗣就特别注意辽东方面的消息。果然，曹睿当庭宣布："朕昨日收到公孙渊快报，主动奏报东吴使团来访之事，认为东吴居心叵测，离间辽东与朝廷的关系，请求怎么处置。众爱卿说说，朕该怎么回复辽东合适？"

刘放道："公孙渊既然主动奏报，那应该说明他没有反意。让他不接待东吴使团，挡回去得了。"

"又怎么知道公孙渊不是要诈呢？"散骑将军秦朗大声道，"不能听其言，还要观其行，朝廷还是得做好两手准备的。"

"对，还是得做好军备，一旦辽东有反迹，可以立即平叛。"秦朗的话激起一片附和声。马钧也是大声表示赞同，连刘放、孙资也附和这个意见。

南宫嗣暗自心惊，见曹睿信任的目光扫过他，立即闪出班部，奏报道："臣也附议秦将军。可否让毌丘俭统领本部兵马，密切监视辽东。一旦发现有异动，可以立即行动。然后再请曹爽将军统兵平叛。"他知道，他不这样说，别人也会这样提议，而且以曹睿之明，也必然是这么布置。只是曹睿心中平叛的人选不会是武卫将军曹爽，一定是太尉司马懿，而他最担心的就是司马懿。

曹睿赞许地点点头："南宫爱卿所言不错，朕已经密令毌丘俭暗中监视。若是他真敢妄动，朕便召回司马太尉平之。"

曹睿这一说，南宫嗣有意无意地瞟了一眼曹爽，曹爽不觉满脸羞红，却不好发作。南宫嗣就这一眼，便在曹爽心里埋下了对司马懿嫉恨的种子。

下朝之后，南宫嗣第一件事仍旧是把朝中决议飞快地传往辽东，心中日夜忐忑不安，不知那边会发生什么事。

又过月余，辽东专门派来了一队人马，上报曹睿，说是辽东公孙氏对大魏忠心不改，为表其诚，诱斩了东吴使者，特地将使者头颅解送洛阳，呈献朝廷。这下，曹睿放心了，众臣放心了，南宫嗣悬着的心也落了下来。

119

有一个人的心始终悬着。这个人就是傅玄。

傅玄做了安东将军府的参军之后，非受召不再上朝了。但朝廷里的事，他都清清楚楚。何况马钧还有上朝的资格，时时与傅玄通气。傅玄忧虑地对马钧道："我怕事情没那么简单。公孙渊为什么要千里迢迢把东吴使者的头颅送来，不就是去除陛下的戒心嘛。陛下从此可以高枕无忧，又去沉迷享乐去了。"

马钧点点头："我也觉得辽东的事没这么简单。"

"我会密切关注辽东事态。"傅玄道，"你呢，就别管那么多，尽快把'五倍元戎'改进出来，一旦有事，就好派上用场了。"

马钧一口应承。这次他是精神振奋，信心百倍。王巧、王舒见他一改近来的颓废之气，忽然间精神抖擞起来，觉得有些奇怪，问他遇到什么好事了？马钧含糊地笑道："你们不是一直怪我机巧不能用于正途吗？此番真正能为国家效力了，自是好事，但涉及国家机密，你们就不要多问了。反正不是为某个人服务的。"

王巧、王舒见他这一说，放下心来，也不再去追问他。对马钧三天两头不着家也不在意，一心一意带小孩去了。王归也已经七八岁了，年后带到了洛阳，和马缘一起被送到附近一个有名的私塾馆开蒙上学。王巧、王舒反正离得不远，每天就凑到一起，共用一架脚踏织绫机，一个坐在花楼上提综束花，一个坐在门楼下抛梭打纬。姐妹俩一边织绫，一边闲话，其乐融融。

李牧依旧在南宫嗣手下做一名都统，平时就住在营帐里。王巧有事时，着人招呼他，他才会回来。这天，李牧正带人巡视营造现场，王巧托路过的人带话，要他晚上完工后回去一趟，那人说着脸上还带着神秘兮兮的笑，让李牧十分好奇。晚上，安排好营中事务，就匆匆忙忙赶回家来。推开院门，早已散学归来的王归跑了过来，欢呼着抱住他："爹爹，妈妈做了那么多好吃的等你回来。"拉着他手往里走。

进了堂屋，只见自己的几案上放了好几盘佳肴，还烫了酒。王巧的几案上也比平时多了两个菜肴，却没有王归的案儿。一见这阵势，李牧有些蒙，问："今天是……什么好日子？"

王巧盛了些饭菜，放到食盒里，吩咐王归道："给你姨娘和妹妹送过去，你陪妹妹一起吃。"

王归蹦蹦跳跳地拎着食盒走了。李牧更觉奇怪，每回这种情况，两家肯定被叫到一起来的。王巧显然是把王归支出去了。见屋中只剩两个人在场，李牧用回真正的称呼："小姐，你这是？"

王巧过来，笑盈盈地替他斟满了酒，回到自己席上，举杯道："李牧，这些年来让你空担着虚名，实在是委屈你了。我也不知道怎么感谢你？来，我先敬你一杯。"

李牧连忙举杯站起身："小姐，可别这么说。小姐能让我为你效力，已是莫大的恩赐了。在下应该感谢小姐。"二人举杯摇摇示意，一饮而尽。

"坐下坐下。"王巧摆摆手，待李牧坐定，才推心置腹地道，"李牧，你也不小了，这些年都是为我耽误了，是我对不起你。"见李牧又要惶恐地开口，拦住他道，"这两年，我一直在物色一个合适的人儿，让你做个真正的丈夫。现在总算物色了一个……"

"小姐，你怎么这样想？"李牧急忙站起身："李牧说过，愿意就这样侍候小姐一辈子。"

王巧叹口气道："李牧，你不要推辞，否则让你空担虚名，不能为李家延续香火，我终究心中不安。这个女子家境贫寒，人很贤惠，愿意嫁你为妾。我已经想好了，你先娶她进门，过两年，合适的时候，你再名义上休了我，扶她为正房。"王巧从袖中抽出一张文书，递过去："这是你的脱籍文书。当初告别舅舅抱王归回家时，我曾暗地和舅舅说明情况，托舅舅为你脱籍，后来他托人找了扶风太守，办成了。你从此是真正的平民，可以自立门户了！"

"这……怎么可以？我……我愿意一辈子做小姐的奴仆。"李牧一听，只道王巧就要离开他，大急，"李牧若有做得不好处，求小姐责罚。"

见李牧急得额头上汗都冒了出来，王巧心中很是感动，幽幽道："李牧，我不会离开你。只是不想让你一辈子受这份委屈。你要是愿意，你们夫妇就一辈子留在我家里。"

李牧听明白王巧的话意了。他若是愿意，她还是愿意一辈子收他为奴仆的。只要能留在王巧身边，就是李牧最大的心愿。李牧见王巧态度坚决，她是主，自己是仆，她既然决定了，自己也就很难更改了，何况她替自己想得这么周到。当下缓缓坐下，呆呆地望着王巧。他知道王巧心中所属，但马钧已经成为她的妹夫了，还能怎么样？王巧明白李牧眼中的用意，淡淡一笑道："李牧，你不用担心我。我就这样过一辈子，其实挺好。何况，以后还有你们夫妇陪着我。"

说服了李牧，王巧开始把这事透露给王舒。王舒乍听说王巧要为李牧纳妾，吃惊地道："姐，你疯了？好端端，你给姐夫纳什么妾啊？"待到王巧把实情告诉她时，她惊异得张大嘴巴半天没有回过神来。王巧给她足够的时间让她消化。王舒就坐在门楼下，拿着梭子，看着坐在花楼上的姐姐，好半天才道："怎么会这样？姐，你这也太荒唐了吧？"

王巧笑道："你说我当时如果不'嫁'给李牧，能逃得过选美入宫这一劫吗？"

"倒也是。"王舒想想也对，"可是……"仍觉不可思议，"难得姐夫对你一片诚心，都这么多年了，你为何不假戏真做，真嫁了姐夫呢？"她叫李牧为姐夫已经习惯了，一时改不了口。一直以来，在她心中，李牧的确配不上姐姐，不过这是姐姐的选择，自己当然不能把这话说出口。但现在得知实情，见李牧对姐姐竟然如此忠心，倒觉得李牧十分难得，可敬。女人一生得到这样一个男人，还有何求呢？

"我也曾这样想过，但做不到。没办法，勉强不了自己。"王巧叹道，"我们只有主仆之义，难生男女之情。"

王舒陡然又想起一个疑问："那……那归儿是怎么回事？"

"你说我躲到涅阳干什么去了？"王巧苦笑道，"就是在家装不下去了，才躲到涅阳去，找了邻近几个县，好不容易才抱了一个穷人家的婴儿回来。"

第 18 回 ‖ 研神弩：尴尬人欲躲尴尬情

120

洛阳城东南角有一片方圆数里的林场，原是曹家在郊外的一处演兵场，叫林甸子。曹真去世后，曹爽嫌这里偏僻，就把演兵场移到别的地方去了。这里就一直空着，慢慢有些荒芜了。但那些简陋的军营还在，平时很少有人到这里来，只有几个年过半百的老兵在这里守着，是一个再理想不过的隐蔽之地，现在正好也圈到新城墙里来了。这就是傅玄为马钧新找的秘密处所。

说起来，找这个地方还颇费一番周折。要曹羲私下拨地方，总要跟他说明原因吧。曹羲先是奇怪地问他，要这个地方干什么？傅玄只是告诉他，想请马钧帮忙造新云梯，没有告诉他改进“五倍元戎”的事，怕他走漏消息。在傅玄心中，“五倍元戎”那是不得了的兵器，可以一夜之间使魏国军事实力增强数倍。云梯嘛，就是攻城之用，再改进也改进不到哪里去。

曹羲奇怪地问：“要造云梯，干脆到尚武坊不就得了？”

傅玄打着“哈哈”道：“不是怕造不出来，让人笑话嘛。造出来了，再公布也不迟嘛。”

曹羲摇摇头，不以为然道：“我听说马博士这人好弄机巧，不过是些奇巧淫技而已。造个云梯，寻常工匠都会。他顶多弄得漂亮一些，精致一些，难不成还能让人飞上去？我看你就是咸吃萝卜淡操心。”

“你就说吧，借还是不借？！”傅玄不方便告诉他真相，直接拿话挤兑他。

“借借借。”曹羲笑道，“我又没说不借，看你们到时弄出个什么云梯来。”

“多谢多谢，到时自会让你大开眼界。”傅玄笑道，让曹羲写出手令，再三叮嘱道，“现时切不可让别人知道，以免到时弄不成，让人看我的笑话。”

曹羲一笑置之。

就这样，傅玄要到了这个隐秘之所，私下拨出一伍心腹军士，将这里悄悄警戒起来。这里就成了马钧秘密研制新兵器的地方。

马钧对这个地方挺满意，偏僻、安静，又敞阔。他要改进“五倍元戎”和“九攻云梯”，需要有这么个敞阔而又僻静的地方，这样实验的时候才放得开。毕竟这次研制的不是一般的机巧，而是攻城略地、上阵杀敌的兵器，试验时必须在没有人的地方。

傅玄把这里一切都安顿好了，所有工具、竹木、铜铁之类都从尚武坊调配好了过来。马钧只需在这里安静地用心研制就可以了。

来到这里已经一个多月了，每天从太学里散后，就往这里来。饭也在这里吃，觉也在这里睡。每晚都要熬到子夜时分，有时甚至通宵达旦。

诸葛亮发明的元戎他已经研究得很透彻了，对它的连发机制早已明了。他对“五倍元戎”的构想经过无数次草图修改，大致已经成型，就要进入制作实验阶段了。他将元戎的竖函增宽，增加函数，由原来的一个竖函增加到五个竖函，将特制的铁箭再次磨细，这样，每个竖函里十支箭，五个竖函就有五十支箭。他在每个竖函上还设了个机关，打开这个机关，这个竖函里的箭就会依次落到待弦的箭槽里。这样，如果想一支一支地发射，可以连续发射五十次，而不用换箭。也可以两支、三支、四支地射，随心所欲。如果十支连射，可以连续发射五次，几乎在眨眼工夫就可以射出五十支箭。试想，如果上百人同时操作，威力就大得骇人了，当真是箭发如雨，什么样的敌阵能禁受得起这样覆盖性的攻击?

想到这张元戎的强大威力，马钧禁不住十分振奋，闲暇思索时，小木簪就在指间转动得越发轻快。但现在终究是纸上功夫，还不知实际效果，就赶紧开始选材破料，亲手制作起来。他第一步先把弩臂做好。因为箭函增多了，原来的弩臂势必也要加宽，但下面的拿手眼却不能加宽，否则抓不牢。抓不牢就握不稳，握不稳就射不准。所以他反复试验弩臂和拿手眼的位置、比例，以及后端的柱胸拐。必须将它们控制在一个最合理的比例上。忙活了一夜，仍然不太满意。

虽然一夜未眠，但马钧的精神仍旧很足。他相信今天晚上一定能把弩臂做好。天亮之后，洗了一把脸，吃罢早饭，就赶紧到太学去。今天还要给一批新太学生讲授《木经》呢。

上午给太学生们讲完课，马缘拉着王归背着书包一起来找他，说是妈妈叫他有空回去一下。马钧不知道家里有什么事，交代完太学的事，就弯回去看一下，打算晚间再回林中秘密作场去。

一回到家，王舒就神神秘秘地把他拉到房间里去，告诉他，王巧替李牧纳妾的事，已经定好日子，过两天就办事了。要他到时回来一起喝杯喜酒。

猛然听到这消息，马钧吓了一跳，竟然结巴起来：“这这这……怎么回事？她她她……发什么疯，竟竟竟……要给李牧纳纳纳……纳妾？”

“看把你急的，咳咳……”王舒一阵猛烈地咳嗽，脸都憋红了，“李牧纳妾，你急个什么劲？”

“你怎么回事？”马钧赶紧屏住气，深深地呼吸一下，恢复了正常，看着神情异样的王舒，奇怪地问，“大姐为李牧纳妾，你怎么不拦着，还这么起劲？”

“问你啊？”王舒在马钧手臂上拧了一下，“还不是你害的。”

“我？”马钧奇了怪了，“她好端端地发疯，关我什么事了？”

“唉——”王舒叹了口气，又嗔又怨地白了他一眼，“你还不知道吧？我姐和李牧本来就是假夫妻，真主仆。我姐嘴里不说，可我知道她心里其实一直装着你。”说罢，眼泪止不住地往下流。

“啊？”马钧浑身一震，傻在那里了。

王舒扑到马钧的胸前，哀怨地用手捶打着他，抽泣着道：“早知道，我怎么也不能嫁给你。你把我姐一辈子都给耽误了。咳咳……”话没说完，又剧烈地咳嗽起来。

马钧从震惊中回过神来，把咳嗽得弯下腰去的王舒扶起来，问：“你怎么啦？怎么咳得这么厉害？是不是病了？到小先生那里抓服药吧。”

王舒有些发白的脸上挂满泪珠，摇摇头道：“没什么大碍，我回头用红糖熬点姜茶就好了。”收敛了心情，强挤出一丝笑容，把王巧和李牧的事原原本本地告诉了他，叹口气悲切地道：“我姐是觉得对不起李牧，所以主动张罗着为他纳妾。过后再让李牧休了她，她……她……”不觉又抽泣起来，呜咽道：“她这是打算一个人就这么过一辈子啊！我可怜的姐姐啊……”

121

李牧这几天也挣扎在巨大的矛盾漩涡中。王巧对他来说，就是女神。多年以来，他总觉得自己担着丈夫的名，是对王巧的一种亵渎。他很想恢复到主仆身份。这次王巧这么安排，其实正中下怀。多年来压在心头那沉重的负荷终于可以卸下了。但真的要这样做，却又隐隐约约觉得失去了什么，心中有些空落落的。

他也感动，王巧这么一心一意地为他着想，说明在她心中，自己的分量还是很重的。可是他怕一旦自己纳妾之后，她就从此离他而去。但王巧最后那句话给了他莫大的希望。他们可以解除夫妻名分，正式以主仆身份在一起。他可以永远守着她、伺候她了。

李牧的情绪变化引起了卫笠的注意，卫笠告诉南宫嗣："最近看李牧情绪有些不太正常，好像心中藏了什么事?"

南宫嗣就把李牧叫来，直截了当地问："李牧，我看你最近恍恍惚惚的，藏了什么心事?"这事反正瞒不过，李牧也就干干脆脆地告诉他。南宫嗣听罢，倒不觉得惊奇，酸溜溜地道："你小子好福气，虽然是假夫妻，这样的美人天天看着也是福气。难得她还这么体谅你，为你纳妾啊!"

李牧低头道："大人说笑了。"

卫笠一旁道："你好久都没有提供马钧的情况了。大人吩咐你的事都忘了?"

"啊? 那事……不是都已经过去了吗?"李牧原本以为马钧的事早已过去，谁知道他们仍然揪住马钧不放。

卫笠阴沉地目光逼向他："小子，你是不是忘了你家小姐的身份了?"

李牧身上的汗顿时就下来了，无力地道："没有……忘。马钧……马钧最近就是在太学当值，真的没有什么异常。你们……你们不许为难我家小姐。"

"那要看你怎么做?"南宫嗣冷冷地道，"我怎么听说马钧最近行踪诡秘，晚上很少回家，他到底干什么去了? 你要给我弄清楚。记住，你家小姐的路是由你选择的。"见李牧低头就范，又拍了拍他的肩膀道，"等你新婚大喜，我们也去喝一杯酒，给你捧捧场。"

"谢谢……欢迎大人光临。"李牧只想尽早脱身离开，"没别的事我先走了，小姐还要我给二小姐抓药去。"

"王舒怎么啦?"南宫嗣随口问。

"没怎么，小姐说她受了寒凉，咳嗽得厉害。"

"哼，这个马钧，连娘子生病都顾不上照顾，肯定是在搞什么新名堂。你尽快给我弄清楚。去吧。"

李牧如逢大赦，急急忙忙去小先生张超的药铺去抓药。正是临近黄昏的时候，李牧走到太守神医张记药铺时，远远地看见小先生张超送马钧从里面出来。马钧手里拎着药，正在和张超说着什么，见张超回头招了招手，一个伙计从里面跑出来，接过马钧手里的药，朝着他家方向而去。马钧向张超拱拱手，朝自己这边走来。李牧心中一动，急忙掩进墙影里，等马钧过去了，才远远地跟了上去，还装着随意的样子，不让路人看出异样来。

马钧一边走一边想心事，完全没有想到后面会有人跟着。夕阳快要沉没进西天最后的云彩中时，马钧进了林甸子。李牧闪进树后，一棵树换一棵树地跟进去，心中还寻思着万一被马钧发现了，该怎么解释？要是被马钧发现他在跟踪就完了，因为这事必然会闹到王巧那里去，那他就无法和王巧解释了。所以他能不靠近，就不靠近。看得见马钧的背影就成。

荒芜的林中已经踩出一条七弯八拐的小路，李牧不敢循着小路跟踪，在偏离小路的左近慢慢跟进。走了约莫小半个时辰，远远见前面一片开阔，似乎是块很大的空地，李牧正犹豫要不要跟过去，就听远处喝道：“口令？”

马钧答道：“兴曹！回令？”

“强魏！”

李牧心中一惊：乖乖，居然有口令。急忙掩到树后，再不敢过去。等有片刻，不见动静，再伸出头来看时，哪有马钧的影子，也不见警戒的人。李牧不敢造次，轻手轻脚地慢慢退了出去。退到林外，不敢在这荒无人迹的地方停留，一溜小跑，快速离开这个地方，也没有回家，直接回营中去了。到了营地，手下人都去巡逻去了，李牧独自躺在帐中，揣摩马钧到林中做什么去了？也在矛盾要不要把这个情况告诉给南宫嗣？

李牧在这里纠结，马钧在那里纠结。

春夜的林甸子有一种淡淡的草香。马钧独自坐在草地上，与远处的茅屋一起静静地沐浴在柔和的月光下，显得那么安详。但马钧的心里却一直波涛汹涌。王巧与李牧假成家的事像一块巨石投进他的心海里，激起巨大的波澜，久久难以平复。王巧对自己的复杂情愫他已经深切体会到了，只觉得惶恐不已。

过几天就是王巧为李牧纳妾的喜日子了，李牧不肯张扬，可是王巧却坚持要把事情办得红红火火的，王舒也跟着风风火火地忙。马钧上前也不是，退后也不是，不知道自己在这件事中应该怎么做才妥当，他现在就是不敢见王巧，一见王巧就觉得她那双眼睛要把他的心刺穿似的。有王巧在场，马钧看见王舒也是浑身的不自在。

一直坐到夜深，马钧才回到茅屋内，拿出刚做好的弩臂，开始制作弩翼。只有这个时候，他才能全身心投入，把那些剪不断、理还乱的思绪抛到脑后。

弩翼的本质就是弓，是安装在弩臂上的弓。与单纯的弓不同的是，弩翼不能过长，与弩臂难成比例。但短了，弹力又不如弓大，那样射出的箭不仅穿透力弱，而且也射不远。这是马钧最担心的事。他认真查看了诸葛亮发明的元戎，前几天就选好的上等秋竹，做好出汗处理，今晚将它仔细打磨成形，然后将秋竹弯到一个合适的弧度，伸到一只火盆上，对它烘烤定型。这道环节很有讲究，烘烤不到位，难以成型；烘烤过了，弹力又会弱了。马钧凭借自己天生的感悟，恰到好处地拿捏着分寸。春天的夜晚虽然仍有微寒，但坐在火盆边上烘烤竹片的马钧，却热得满头大汗。忙到凌晨时分，终于制成了一张满意的弩翼来。马钧这才浇熄火盆，和衣倒在席上睡了。

122

李牧纳妾之日前一天，南宫嗣让卫笠把他叫了去，追问马钧的动向。李牧没有办法，只得将那天跟踪马钧的经过说了一遍。南宫嗣责问他为何不早禀报？李牧借口还没弄清马钧到底去那里做什么，所以没讲，想等到弄清楚了再说。

“你记住，我不止你一个消息来源。”南宫嗣沉沉地对李牧道，“我让你做，是给你机会，给你家小姐机会。你可不要失了这个机会。陛下的后宫是不拒绝美人的。”

李牧脸色苍白，知道掉进了这个坑里，自己想跳是跳不出来了。

打发李牧走后，南宫嗣就和卫笠分析起来。这马钧每天神神秘秘到那片已经荒废的林甸子干什么？而且还有人警戒，还有口令，看来封锁挺严密啊。难道是陛下又派给他什么机巧之事？不对啊，他那次在朝会上已经明确说过，不再制作这些奢靡玩物，还逼得陛下不得不表态。那又会是什么呢？

卫笠提醒他：“还是到刘大人、孙大人那里打听一下吧。”

中书监刘放、中书令孙资最近也在密切关注辽东那边的动静，加上傅玄、裴潜、高堂隆等人去忙其他的事，曹睿也疏远了马钧，他们也就不再把马钧当回事。倒是辽东那边事关重大。作为曹睿的近臣，遇到重大问题，他们还是得拿出让人信服的主意来的。要是他们不能提供有效决策，而让别人抢了先机，那在曹睿心中就会让人挤进一点，也就意味着他们手中的大权会少掉一点。更重要的是，一旦辽东事发，曹睿必定举兵平叛，那么谁掌这个兵权就至关重要。他们必须和未来能够执掌兵权的人联起手来，至少不能为敌。

就目前朝中形势看来，兵权基本掌握在武卫将军曹爽和太尉司马懿手中。曹爽是大将军曹真之子，也是曹氏家族的嫡系，在曹家的几个族人中，最为冒尖，这是刘放、孙资要着意结交的。但是太尉司马懿也半点不能得罪，连用兵如神的蜀国丞相诸葛亮都奈何不了他，曹睿自然也是非常地倚重。但他毕竟非曹氏嫡系，极有可能功高招忌，所以和他接触必须非常谨慎。再说司马懿本身也不是个好接近的人。这一想，刘放、孙资对司马懿就抱着小心接近，绝不得罪的态度，而着意结纳曹爽弟兄。至于南宫嗣，在他们眼里，不过是一个忠心的门生而已，好多事，就需要让南宫嗣这样的人去干。他们怎么也不会想到，南宫嗣是辽东那边的人。在他们面前的百依百顺，也是为了利用他们罢了。

南宫嗣候准了刘放回府，孙资也在的时候过来的。向刘放、孙资禀报了宫殿营造的进度，顺便和二人“商量”，再寄“存”一批贵重物资到二位大人府上，因为将作府实在没有妥当地方。二人习惯了这种“商量”，坦然受之。然后就是闲谈，自然就扯到辽东的事，刘放、孙资就说了心事。南宫嗣暗暗惊心：没想到朝中这么多人在警惕着辽东，连刘放、孙资都不例外，若是辽东贸然举事，如何能成？最重要的是，曹睿才刚刚沉迷享乐，还没有真的昏聩，魏国还有一个特别会用兵的司马懿手握军事大权。

见刘放、孙资顾忌司马懿，而看重曹爽，南宫嗣也是极力赞成。在他心里，曹爽就是一个草包。魏国若没有司马懿，只剩曹爽之辈，辽东也就没有什么可顾忌的了。

看看扯得差不多了，南宫嗣就把话题引到马钧身上来，装着很随意地样子道：“咦，对了，刚才来的路上，远远看到马钧匆匆忙忙地走过。最近怎么没听说他有什么动静？”

“嗤——他现在能有什么动静？”刘放不屑地道，“那次当朝冲撞了陛下，是陛下仁慈，没跟他计较，他就只能在太学府做他的博士去吧。”

“那他蹦跶不起来了，也就成酸儒一个了。”南宫嗣一听就有数了，不在马钧身上扯下去。又转过话头，压低声音，神秘地道，“二位大人，我怎么听说最近有人在图谋不轨?”

“你是说辽东那边?”刘放不经意地问。

“不是辽东，公孙渊哪有那么大的胆!”南宫嗣摇摇头，不动声色地替公孙渊遮挡一下，继续道，“听说最近有人在悄悄打造兵器，这可是谋反的迹象啊。”

“你说什么?”刘放凝起神来，“是谁?这还得了?”

“具体是谁还不知道。”南宫嗣引而不发，“是手下人在茶坊酒肆里听来的。属下正在暗中派人探查，一有消息，马上禀报大人。”

孙资接口道：“这可是大事，不可放过一点蛛丝马迹，得禀报陛下。”

“且慢!”刘放摇摇头，“没有线索，到时陛下跟你要人，你怎么交代?”又对南宫嗣道，“此事不宜声张，你抓紧暗中查探，等证据确凿，就请曹将军派兵一举捉拿。”

“对对对，大人高见。这事还得调查，万一是那些好事之徒的虚妄之言，提前跟陛下说了，反为不美。”南宫嗣也不欲此时就把没影儿的事捅到曹睿那里去，以免到时收不了场。今天的本意除了试探之外，就是埋个伏笔。孙资这么说，正合他的意。目的达到，就起身告辞了。

回到将作府，南宫嗣就和卫笠关在书房里分析起来：“曹睿既然已经疏远马钧，马钧似乎就没有可能在为宫中制作机巧之物，何况他已经当朝做过声明，曹睿也给了他台阶了。那他神神秘秘的每天到林甸子干什么?还有人把守，还对口令。哼哼!”

“大人以前的担心真是有远见。他真为大魏发明出什么尖兵利器，就成辽东一患了。”卫笠阴阴地道，“当年大人想让他为辽东所用，他不识抬举。既然不能为辽动所用，也不能便宜了中原。”

“是的，我们得尽快弄清楚他到底在干什么?如果真的在发明兵器，那不妨等他发明好了，咱们出其不意夺过来，坐享其成，再借刘放孙资和曹睿之手把他除了。一举两得。”

“大人妙计!这么说来，李牧可以派大用场了!”

“所以明天我们也要道贺李牧的纳妾新喜去。嘿嘿……”

“嘿嘿……”

123

洛阳的春天，桃红李白，一片生机。城北小巷内，王巧、李牧租住的那间院落，张灯结彩，喜气洋洋。李牧纳妾的新房就在这个院落的西厢房。

本来王巧是把东厢房作为洞房的，但李牧坚决不允。说那是上房，王巧是主，他是仆，哪有仆占主卧的道理？再者，就是正常人家纳妾，也不能占了上房。王巧拗不过李牧，也就同意把新房放在西厢房里。

那天，能来的人都来了，傅玄、张超、南宫嗣、卫笠、荀安、荀定等都来参加了婚礼，只是不见马钧的踪影。大家只看到王舒单薄的身影在里里外外地忙。不知内情的人当然很奇怪，不断有人问起，王舒只好说，他被朝廷召去公干了。南宫嗣、卫笠心中有数。

王巧没有看到马钧来，颇觉失望，只是不好流露出来。

过了几天，一切都安定下来。王巧依然每天到王舒家里织布。王舒还在咳嗽，有时还咳出血丝来，马钧上次给她抓回来的药好像也没啥大用。马钧依旧不见踪影，站在花楼上的王巧见王舒虚弱的样子，不觉有些冒火："这个马钧，死哪里去了？家也不要了，也不管你死活了？"从花楼上下来，给王舒端来一碗水。

王舒喝了两口，好了些，一边理丝一边道："姐，他好不容易有机会做点正事，让他忙去吧。"心中却知道马钧是无法面对王巧假嫁的现实，一时转不过弯来。

"什么正事？难道比娘子的命还要紧？"王巧没好气地说，看还剩一包药，就问，"他上次的药是自己抓回来的？"

"是他抓好，让伙计送回来的。"

"不行，这样不行。你还得自己去找小先生看看。莫非不是咳嗽，是其他毛病吧？"

"恐怕是百日咳，要咳一百天呢。吃药也没用的。"

"还是去看看吧，看了再说。"

王巧不由分说地把王舒从织绫机上拉下来，带她去找小先生张超。今天不是开诊之日，张超不在铺里，也不知到哪里去了。王巧、王舒只好到另一条街上去寻郎中。郎中搭搭脉，看了看舌苔，说不要紧，开了一服药让她们回去。此时已是傍晚，王舒无意间一转头，看到一个模糊的身影，掩进一堵破墙的后面，道：“咦，那不是姐夫吗?”

王巧顺着她手指的方向看去，果见李牧从墙后闪出，躲躲藏藏地向前走去，感到非常奇怪：“咦，他这是干什么?”

王舒道：“莫不是做什么公差吧?”

王巧盯着他的背影，疑惑道：“看他那样子，又没披甲，换了布衣，不像公差啊。”略一凝思，道：“你先回去，我过去看看。”硬将王舒推走，然后悄悄地追了上去。

李牧正全神贯注地跟踪着马钧，见马钧仍然向林甸子方向走去，就拉开距离，不急不慢地远远跟着。没走多远，就看见又有一个人影躲躲藏藏地跟在了马钧的后面。一切都按计划在进行着，只是不知道王巧也跟在他后面。

马钧一边走，一边沉思，丝毫没有感觉到被人跟踪了。走近了那片林子，下意识地看了看身后，没见什么动静，就径直走入林子，沿着原来的小径往深处走去，进入了林中甸子时，一如往常地和警戒的军士对过口令，正往里走，那军士忽然回身喝道：“谁? 口令?”

马钧吓一跳，还没回过神来，就见一个黑乎乎的身影凌空而至，“叭——”地摔了进来，倒在他脚下。那军士急持枪指向黑影。马钧吓得魂飞魄散，定睛一看，一个劲装的汉子躺在地上，已经出气多进气少了。林中传来一个声音：“你受惊了，是我。”

马钧惊魂未定，就见李牧走了出来，诧异道：“李牧? 怎么是你?”

那军士口中打个唿哨，另外四个军士闻声向这边跑。李牧指了指躺在地上的人：“我回家路上无意中发现这人鬼鬼祟祟，一路尾随你，刚才他意欲对你不利，我才出手。咦——”转脸看到那些跑过来的军士，诧异地问马钧：“你晚上到这里干吗?”

马钧让军士把倒在地上的劲装汉子抬走，吩咐一人快去通知傅玄来处理此事。然后才对李牧道：“我受傅大人之托，在这里研制一些机巧，准备献给朝廷的，没研制成功之前，不想让人知道。王舒不是老责怪我，机巧不用在正途吗?这回就是好好用一下，只是现在不能公开。你回去可得保密。”

“原来是这样。”李牧点点头，“你放心，我对谁也不说。”看了看抬走的劲装汉子，道，“不过，这地方荒僻得很，我很担心你的安全啊。”

马钧也疑惑："到底是谁想对我不利呢？我没有得罪过谁啊？这里也没人知道啊。"

"是啊，这里挺隐蔽。估计这人也就是跟着你找到这里的。"李牧想了想道，"这样吧，我每晚要在尚林苑营造现场值守巡逻，离这里不是很远。我每天傍晚带人护送你过来吧。"

马钧道："这不行，这哪成啊？怎么能天天麻烦你呢？"

"没事，反正也是顺便。"李牧怕他有顾虑，主动道，"你放心，具体事我不跟手下说，只当是巡逻到此，我不让他们进林子。"

"真是谢谢你了。"马钧感动不已，主动邀请道，"走，到里面去看看吧。"

李牧摇摇头："我知道你这里不方便外人进，我就不凑热闹了。明天开始，我只负责林子外面这一段。里面有这几位兄弟在，我也放心了。你忙吧，我先回去了。"说罢拱拱手，转身就走了。

他们谁都没有察觉，藏在一棵大树后面的王巧，把这一切都看在眼里。见原来是李牧暗中保护着马钧，心中甚是满意，怕被他们发现，有些尴尬，也就不再现身。看着马钧目送李牧的身影，王巧心中那一丝隐秘的情愫又泛上来，想到王舒，暗暗叹息一声，悄悄退了出去。

124

傅玄赶到林甸子的时候，马钧已经投入到"五倍元戎"的制作中去了。他把弩臂上了弦，试试弹力。用大秤勾住弦，用脚踩住弩臂，使劲往上提，很轻易地就将弩臂弓拉满，一手将秤砣往后移动，到正好平衡的状态，捏住秤砣系固定在秤星上，然后松开脚，把秤星到灯笼前一看，才五十斤。马钧泄了气，这个力度太小了，弩箭顶多射出二十步。这样的杀伤力太小了。马钧拿着弩臂在灯影下前后踱步，思考着如何提高弩臂的弹力。又从墙壁上取下弓箭，反复观摩思考。正想着，傅玄匆匆推门进来，问："怎么回事？竟然有人跟踪你？"

马钧把情况详细说了一遍，自责道："都是我不小心。"

"别人要有这个心思，你再注意也是躲不掉的。"傅玄摇摇头，思索道，"关键要弄清楚是什么人在关注这件事？人现在怎么样？在哪里？"

"关在柴房里，一时动不了了。我带你去看看。"

马钧带着傅玄到柴房去，推开板门，柴房里哪里还有人影？

两人怏怏地回到草堂内，分析了半天也不得要领。好在李牧说每天傍晚护送马钧到这里，还会在林外巡逻，这就放心多了。李牧毕竟是自家人，既然已经知道这里了，也就没有必要瞒着他了。有他的配合，这里就多了一分安全。

话题又回到“五倍元戎”上，马钧拿起弩臂和弩翼，以及已成雏形的箭函，把原理讲给傅玄听。傅玄两眼发亮，惊叹连声：“了不起啊，这要是弄成了，乖乖，得多厉害啊。诸葛亮的元戎一人抵十人，你这是一人顶五十人啊。太精巧了。”

马钧忧郁地道：“可是现在这样一来，弹力不强，弩箭射不远，刚才测试了一下，才五十斤。”

傅玄却信心十足：“你以前没接触过兵器。你琢磨琢磨元戎，再参照参照弓箭，总会有办法增强弹力的。”

马钧道：“我刚才就在想，弓的身子长，用竹子做，回弹力很强。但弩翼短，用竹子做，弹力就弱。我想试试，用软木做弩翼，在木条内侧再叠加竹片，这样就会增加拉力。拉力越大，弹力也就越大。”

“对啊。”傅玄一点就通，“拿来的材料不是有软木吗？现在就试试看。”

傅玄来了兴趣，扎起袍袖，兴致勃勃地和马钧一起摆弄起来。很快就做成了一根软木弩翼，穿到弩臂里，上好弦，用力一拉，拉力果然比刚才大多了。用大秤测了一下，拉力整整有九十多斤，快接近一百斤了。马钧又削了几根竹片，一片比一片短，在软木弩翼内侧每贴上一片，弩翼的拉力就增加很多，贴了三片，拉力已经到一百三十斤了。又加了两片，拉力更强了，以他们的单人之力已经拉不动了，得合二人之力才能上得了弦。

傅玄甩了甩酸痛的膀子道：“好了，力道足够了，再加，就拉不动了。”

“暂时就贴五片吧。”马钧皱了皱眉头，“拉力虽然大了，可是上弦又成了问题，用这么大力气上弦，那力气小的就不能用。”

傅玄问：“你的意思还要让它用很小的力就拉上弦？”

“是的。”马钧点点头，“我在想，是不是在扳机上做做功夫，用扳机上弦。”

“呵呵，上弦轻、弹力强、出箭多，那真是神弩了。”傅玄现在很少干体力活，这一阵忙活，累得他够呛，感慨道，“你还别说，摆弄这个机巧啊，还真是费劲，也真难为你了。”走到细席上坐下来，拍拍席面，道，“来来来，歇一歇，我还有话对你说。”

马钧倒了两碗水，递一碗给傅玄，看着他的神情笑道：“呵呵，看来‘五倍元戎’还没做好，你就又给我找活了。”

“是啊，你说对了。”傅玄喝了几口水，道，“今天我在尚武坊遇到曹羲，曹羲是去领发石车的，他们军中订了几台。但我看曹羲好像对发石车很不以为然，只是军中需要，不得不来领似的。我就问他缘由。他告诉我：他们曾经在攻城的时候用过发石车，发石车的确能把石头抛上城楼，给敌方以很大的杀伤力。但后来不行了，敌方找到了办法。他们一看到抛石车上阵，就用木架张起湿牛皮来，抛上去的石头碰到湿牛皮就会和它一起滑下来，根本不起作用。那石头反而成了敌方手中的武器，用它砸向攻城的我方士兵。这样一来，就得不偿失了。所以，曹羲对抛石车一点兴致也没有。你看……”

“这好办。”不待傅玄说完，马钧就道，“如果抛石车连续不断地抛石，敌方在城楼上没法连续张湿牛皮，不就成了？”

“哈哈，我说嘛，到你这里就什么难题都没有了。你说说，抛石车怎么就能连续抛石了呢？”

马钧的眼前立即出现了“笨妞”“走马灯”“滚铁箍”“竹筒水车”……这些过去发明的物件，一个个在他眼前转动起来。幻觉里，又出现马车在泥浆里滚动向前时，轮子甩出泥浆的情景。

轮子——对，轮子。马钧脱口道：“可以造一个大轮子，挂上几十块大石头，用机巧快速转动轮子，轮上悬石的绳子按一定节奏断掉，石头就可以抛射到敌人的城楼上，而且可以迅速地接连抛射。”

傅玄的眼前也立即出现这样的情景，一拍大腿，喝彩道：“对啊。你真是绝了。就按这个方法试试，我觉得能成。”

“这个方法可以试一试，但有个难处。”马钧已经想到了难点在哪儿，“它的最大问题和弩翼一样，如何使转起来的轮子产生足够大的力，才是关键。只有力足够大，才能把石头抛到城楼上。现在的抛石车不是轮子发力的，是撬杆发力的。撬臂越长，抛力越大，足够把石头抛到城楼上去。”

傅玄兴致不减，道：“弩翼的弹力你不是解决了吗？这个轮子的甩力你也一定能解决。”

“呵呵，这和弩翼是两回事。可能不太容易解决。你得容我想想。”

125

南宫嗣对安排李牧成功打入林甸子十分得意，这一切都是卫笠定下的妙计。南宫嗣重奖了那个配合演戏的劲装汉子，打发他到辽东去了。接下来就要求李牧直接进入林甸子，弄清马钧具体发明的是什么物件？如果与原来分析的兵器无关，那就罢了，如果一旦证实他们的确在研制兵器，那就对不起了。就要借李牧之手既要拿到兵器的图纸、模型，又要彻底消除这个隐患。到那时，兵器实力就只有辽东一家独强了。

李牧一直以为他们只是在陛下那里争宠，不欲让马钧出头，倒没有想到他们与辽东有牵连。李牧对马钧的心情始终十分复杂。他知道马钧是王巧心仪之人，但觉得这世上根本就没有人配得上王巧。所以内心对马钧也是颇为抗拒，却又有些愧疚。

李牧正值新婚，每天再晚，也要回到家中休息。按照习俗，得满月之后，才可以自由。一连三天，李牧巡逻时，都故意带着军士在林甸子外围马钧经过的路上转悠，护送着马钧入林，但自己却从来也不提到进去。回到家里时，已经是二更了。新娘子姓冉，出身寒庶之家，是王巧千挑万选来的，十分贤良。虽然为妾，能有一个存身活命之所，于她已是天赐良缘了。她得知又是王巧主动为夫纳妾，更是敬畏有加，每日王巧归来，她便忙前忙后地殷勤侍候。今天已是第四日，冉氏侍候好王巧休息，就一直坐在房中等候李牧回来。

李牧推开院门，冉氏就迎了出来。接过腰刀头盔，将他引进西厢房，帮着卸去披挂，然后端茶倒水，侍候他洗漱。完了，李牧正欲脱衣入榻，冉氏拦住他，施了一礼，道："夫君，今天已满三日，你该陪夫人去了！"

李牧道："还没满月呢，我就在这里睡了。"

冉氏道："夫君，夫人弘德大量，主动纳妾身入门，妾身不能不知好歹，天天留夫君在我身边。既然已满三朝，夫君就去陪伴夫人吧。"

李牧在她的对面坐下，看着她，微微叹道："小姐果然好眼力，选到你这么贤惠的良人，真是难为她一番苦心，寻觅了这么多年。"

"小姐？"冉氏微觉诧异，"夫君叫夫人小姐？"

李牧揽住冉氏的肩膀，定定地看着她，一脸严肃地问："跟我说，你能保证一辈子忠心侍候小姐吗？”

冉氏见他面色严峻，不知出什么事，肯定地点点头：“当然，她是夫人，我是妾身，我知道自己的本分。妾身会一辈子侍奉夫君和夫人的。”

“不，你不是妾。”李牧摇摇头，正色地道，“你是妻，是夫人。”

冉氏大惊失色，吓得一下子跪在地上：“夫君，妾身不敢，妾身一辈子是妾，永远是妾。夫人是主，永远是主。”

李牧没有拉起她，面色严峻道：“你发誓，一辈子要把小姐当主人。我就告诉你实情。”

冉氏不知道夫君为何这么严肃，浑身扑簌簌发抖，低声道：“我发誓，夫人永远是主，我就是妾，不是，是仆，是奴……”

“好，我现在告诉你实情。”李牧看着跪在地上的冉氏，正色道，“她是我的小姐，我不是她的夫君。我只是她的奴仆。我们是假夫妻，从未同过房。”他把当年的故事从头到尾讲了一遍，听得冉氏目瞪口呆，临了，李牧道，“小姐菩萨心肠，为你我缔结良缘，你要和我一辈子侍奉她，不得半点犯上。记住，今日既然告诉了你，就是相信你。也让你知道你是正妻、是夫人，不是妾。但是我们都是小姐的奴仆。日后，你若有半点泄露出去，对小姐有半点不敬，我便休了你。”

冉氏好半天才从震惊中清醒过来，李牧嘱咐什么，都满口答应。生怕答应慢了，冲撞了夫君。

“好了，起来吧。”李牧把她拉了起来，道，“现在，你跟我一起去拜一下小姐。”

冉氏小心翼翼地跟着李牧来到东厢房。东厢房还亮着灯，李牧在帘外轻呼：“小姐，小姐，睡了吗？”

“等一下，归儿刚睡着，我给他盖好被子就来。”不一会儿，门帘一挑，王巧衣衫整齐地走出来，见李牧带着冉氏退回到堂中，便走过去，问，“这么晚了，你们不睡觉，到这儿干吗？”

冉氏上前跪下，恭恭敬敬地道：“小姐在上，请受奴婢一拜！”

王巧看了看李牧，道：“你跟她说了？”

李牧道：“是，小姐以前帮我脱籍，今日帮我娶妻，对我们夫妇恩重如山。小姐永远是我们的主子，我们夫妇永远是你的奴仆。”

王巧长吁了一口气，不觉流下泪来，道：“李牧，感谢你这么多年一直为我遮掩，受了这么多年委屈，保全了我的清白之身。我对你……对你也算有个交待了。”

李牧也跪下流泪道：“是小姐给了李牧很多，李牧感谢小姐！”

王巧又对冉氏道：“前时纳你为妾，委屈你了，还要你担待一些年，日后我还你正室名分。时机合适的时候，我会让李牧‘休’了我。”

冉氏发自内心地道：“谢谢小姐，一切以小姐意愿为主。奴婢不需要名分。能侍奉小姐，是奴婢的福分。”

“我没有选错你。”王巧点点头，把他们从地上拉起，将他们的手放到一起，衷心道，“你们好好过日子，多生几个儿女，为李家承继香火。好了，你们睡去吧。”

冉氏行了个万福：“奴婢侍候小姐先睡吧。”

王巧道：“家不拘常礼。以后在家里，都随便些吧。”说罢就顾自走回东厢房去了。

冉氏待王巧挑帘入内，才和李牧一起到西厢房里去。对于冉氏来说，今天是个很大的变故，躺在床上，仿佛这一切还在梦中一样。直到李牧如狼似虎地翻身上来，才欲拒还迎地回到现实中来。

王巧躺在东厢房里，心从未像现在这样平静过。多年来，严格地和李牧维持着这样的关系，不知道最终如何了局？心就一直难以安宁。现在，和李牧的关系终于有了一个结果，就等以后的一纸“休书”了。

可是，自己以后就这样过一辈子了吗？她想到了道观。

126

“你要出家修道？”

王舒又一次被姐姐惊世骇俗的想法震撼了。自古以来，修道都是男人的事，很少有女子出家的。尽管周有王观香、汉有麻姑、蜀有诸葛果，但都是传闻，谁也没有亲眼见过。偌大的洛阳城，也没听说过有女子出家修道的所在。

“其实……其实我该算早已出家了。”王巧微笑着对大惊小怪的王舒道，“在河南时，我闲得无聊，心中郁闷，就出去瞎跑，曾误入陆沉山，遇到一位道家高人，她教了我修道之法。”

王舒背着不满周岁的儿子马器坐在门楼下停住抛梭，强烈地咳嗽了两声，奇道："姐，你竟然有这样的际遇，太神奇了吧？"

王巧一边提综束花，一边不以为然道："这有什么神奇的，不就是碰巧了嘛。她也是个女的，叫王鲁连，是前城门校尉王刚的女儿，与我们是本家呢。"她把那段子虚乌有的经历煞有介事地讲给王舒听，心中打定主意日后真的去找传说中的王鲁连修道去。此时这样说，是想在王舒心中撇清自己对马钧的情愫，不想让妹妹看扁了她。

王舒停下手中的梭子，捂着嘴咳弯了腰，十分痛苦的样子。王巧从花楼上下来，心疼地道："你近来憔悴多了，到底什么原因，一直咳个不停？不行，还是得找小先生看看。"

王舒拉住她，摆摆手，又咳了几声，喝了几口水，才止住，道："我去看过郎中了，是百日咳，没事，又抓了一些药，已经咳嗽近两个月了，再等个把月，过了百日自然就好了。"

过了个把月，入夏后，天气一天比一天热起来，王舒的咳嗽果然渐渐平复了。但人却一天天消瘦下去，始终没能恢复起来。王巧经常让冉氏熬些鸡汤、莲藕什么的送过来给她补养，仍然不见起色。王舒自己倒是不太介意，只是让王巧很心疼，又很生马钧的气。

马钧十天半月的，也会回来料理一趟，见王舒渐渐病愈，也就没有太上心，只是把领回的禄粮交给王舒，吩咐她换成银两和五铢，多买些东西补补。每次回来，都是晚间，存心错开与王巧的见面，心中的那份尴尬还没有完全去尽。

这段日子，"五倍元戎"已经研制得差不多了，正在进一步的改进中。马钧在此基础上，同时研制新弩车，就是把旧式弩车和"五倍元戎"结合起来，等于是放大了几十倍的五倍元戎，要是做成了，那威力将是无比骇人的。马钧同时还在研制发石车。这种大型兵器，很需要帮手。而本就木工出身的李牧是最佳人选，况且他又非常地爱好这个。于是李牧理所当然地成为林甸子中的常客，隔三差五就到甸子里帮忙。

这天晚间，月色很好，李牧安排好林外警戒，又随马钧进入甸子中，和马钧一起在屋前空地上选料、破料，准备打制发石车和弩车的车架。之前，马钧把初步设计画成图纸之外，又做了一个精巧的模型。发石车和弩车的模型也就和"五倍元戎"大小差不多。李牧看着模型，拿起元戎，若有所思地道："你能把那么大的发石车、新弩车做出这么小的模型，那么也能把‘五倍元戎’做成微式的了。”

马钧笑道：“连弩本来就不大，一只手就拿起来了，哪需要做模型啊？”

李牧左手拿起没有放箭的弩身，右手用扳机上弦，举起来一边朝前方瞄准空射，一边想象道：“要是能做出更小的，可以藏在身上的微弩，那多好啊！特殊时候，也好用的。”

“那才射多远啊？”马钧陷入沉思，又把玩起手中的小木簪，“现在的连弩强度可以射出二百到三百步，弩车要是造出来，能射到八百到一千步。要是造成这种微弩，射程估计顶多不过三五十步。上阵杀敌根本派不上用场。”

“这种微弩不是上阵杀敌用，是近身防护用。”李牧摇摇头，“比如细作潜入敌境，不宜携带长兵器时，这不就可以派大用场嘛？还有平时防身也是方便的。你要是身上备一把，每天来这儿的路上就不用再怕了。”

马钧若有所思道：“你这个想法还真不错。我倒是不需要。但这个东西肯定有地方用得着。”

“你怎么不需要？”李牧想起了南宫嗣的吩咐，提醒道，“对了，忘了告诉你，我得到消息，上次跟踪你的人不是吴国就是蜀国派来的细作，正眼馋你这里的这些宝贝呢。”

“真的？”马钧一听，心中一凛，还真被傅玄说着了，这种神兵利器果然容易引起觊觎。马钧想了想，点头道，“你这个提议很好，不管是不是有吴蜀的细作打这里的主意，我们都要小心些。那我们就先把微弩做出来，特殊时候也有个用处。这种微弩即便不能远距离破阵，近身杀敌还是可以的。”

李牧兴奋地一挽袍袖道：“那我们说干就干，现在就动手。”

“不急不急。”马钧笑道，“这种微弩不需要两个人动手。”用蛇形小木簪指了指地上的木料道，“新车弩和发石车是大家伙，你走了我一个人弄不来。还是先弄这个吧。那玩意，我一个人的时候弄就可以了。”

李牧像被浇了一盆冷水，兴致冷了，以为马钧对他有所保守，心中颇为不悦，但又不敢让马钧看出什么来，勉强一笑道：“好，那还是先做新弩车和发石车吧。”

马钧指着发石车模型道：“我们先做这个大轮子，这个东西是关键。”

李牧光看到这个模型，还不知道它的原理。见主要装置就是一个大轮子，大轮子上带了不少“耳朵”，好奇地问．“我还没问你，这个发石车它怎么发石啊？”

马钧转动模型上的轮子，指着那些“轮耳”比画道：“你看，我在这些‘轮耳’上用绳子拴住石头，然后转动起来，轮子就会产生一种甩力，甩力达到一定程度时，绳子就会断了，石头就会连续不断地抛出去。”那时没有离心力这个定义，通俗说法就是甩力。

李牧看了半天，仍旧摇摇头：“好像没那么简单，这能抛多远啊？”

马钧不说什么，将小木簪插入发髻，拿起一根细绳，捡起一块瓦片，用细绳拴住，然后以臂为轴，转圈甩动，越甩越快，甩到一定程度时，拿捏好角度，突然一松手，那瓦块便“嗖——”的一声飞了出去，飞得又远又高，直飞上百步开外的树梢上，惊得一群宿鸟腾飞而去，消失在月色明朗的夜空中。

第 19 回 ‖ 遭讥讽：真功夫不敌三寸舌

127

洛阳六月，骄阳似火，大地都要被烤干了似的。幸好殿中有陈年寒冰祛暑，凉爽宜人，与殿外形成两个截然不同的世界。马钧站在班部文官最末的地方，靠近殿门口，依然可以感受到门外涌进来的阵阵热浪。

身着黄袍的曹睿高高地坐在厚重威仪的龙案后面，冕前随着头不时摇动的十二旒白玉珠，把他原本白皙的脸映衬得更加苍白。马钧就想起张超的话，暗暗为曹睿担忧。高堂隆、毌丘俭、裴潜等人曾上书过曹睿，要他不要沉迷酒色，保重龙体，但曹睿似乎一直都听不进去，仍然不停地选美入宫。以前的那个开明睿智的仁君跟换了个人似的。难道真如张超所言，知道自己命不遐年，就要及时行乐吗？听到曹睿发话，马钧收敛心神，不敢再胡思乱想下去了。

“众位爱卿，前些日子，辽东太守、扬烈将军公孙渊诱斩吴使，将首级送到洛阳。这段时间，朕一直在慎重考虑，怎么处理这件事？朕想，以前传闻东吴处心积虑策反公孙渊，朕也一直防备事情有变，所以将毌丘俭从荆州任上调到幽州，协调处理辽东事务。”曹睿有些气喘，顿了顿，继续道，“现在，公孙渊用斩使献首的方式，来证明他自己。朕也应该有所表示。朕思前想后，公孙渊既然忠于大魏，朕便该有所封赏。朕决定拜其为大司马，封乐浪公，以结其心，以示恩宠。”虽然龙体欠佳，但曹睿的目光依然明亮，用眼睛扫视了一下群臣，问，“你们谁愿意替朕到辽东宣示？”

辽东苦寒之地，加上公孙渊反复无常，这样的差事实在是有些冒风险的。公孙渊真存反意，他能斩了吴使献到洛阳，就能斩了钦差再献给吴国。很多人身负要职，不便应诏。也有不少顾虑风险，不敢应诏。马钧很想站出来，但他的研制正在关键时期，再说他只是一个博士加给事中，跟这事全然不搭边。就听南宫嗣闪出班部，躬身道："陛下，臣愿往辽东一行，宣示圣恩。"

"南宫爱卿忠心可嘉，咳咳……"曹睿咳了两声，摇摇头，"不过，你不能走开。你是将作大臣，还是安心替朕做好营造之事吧。"

"臣，领旨。"南宫嗣知道不会让他去，只是不失时机地表现一下而已。

"陛下，臣愿往！"

"陛下，臣也愿往！"

众人看时，是大臣傅容、聂夔。

"好，傅爱卿、聂爱卿，朕就派你们为钦差大臣，出使辽东。"

"臣遵旨！"二人齐声领命。

曹睿又问傅容："傅爱卿，朕早就听说你门下有个力气大得不得了的勇士，有这回事吗？"

这傅容以前在雁门一带很有名望，他手下有个闻名遐迩的死士，叫左俊伯。据说此人身高丈余，力大无比，可以双手抓着牛腿，把牛举起来。有他护卫，傅容到哪里都不用担心。见陛下都知道此人，傅容意气风发起来："禀陛下，臣门下确有此人。的确力大无比，不过……不过也没有传闻的那么夸张。"

"既有传闻，必是异人。"曹睿点点头，微笑道，"朕想见见此人，好好封赏。你过后带他入宫见朕。"

曹睿突然派人出使辽东引起了南宫嗣的疑虑，见曹睿还点名要见傅容手下的异人，便更加猜疑。下朝归来，立即把卫笠找来，要他马上暗中调查这位左俊伯何许人也。以前只是听说有这么个人，没当回事，没想到连皇上都关注到了他，岂能等闲视之？

曹睿的确有他的用意。自他上位以来，励精图治，出台了不少惠民之政，深得人心，也降服了一众能臣名将，不仅使吴国难以犯境，更重要的是成功抵御了以诸葛亮为首的蜀国大军的屡次进攻，建立了不朽功勋。诸葛亮一亡，天下还有什么可怕的。自己这根紧绷的神经总算松下来了。趁着现在和平时期，也该大兴土木，重建大魏恢弘巍峨的气象。前些时候忽然冒出辽东问题来，很让自己烦恼了一阵。现在公孙渊诱斩吴使，还千里迢迢送来首级，以示忠心，让自己总算松了一口气，算是虚惊一场。但是事情不怕一万，就怕万一。想来想去，还是安抚为主，不忘防范。这次派傅容、聂夔出使辽东，送给公孙渊一顶大大的官帽，同时刻意让他们带些威猛之士去，对公孙渊也是一种警示。

这也是刘放、孙资二人的主意，要对辽东结之以恩，示之以威。曹睿赞许地对二人道：“二卿所献对辽策略，深合朕意。辽东无事，朕暂时便没有什么担忧的了。”

刘放迟疑了一下，禀报道：“陛下，这一阵为辽东之事筹措，有件事不知道该不该禀报？”

曹睿道：“爱卿有事，尽管奏来。”

刘放凑近曹睿，压低声音道：“臣前一阵接到南宫嗣密报，有人勾结朝中大臣，私造兵器，似乎图谋不轨，因为一时没有证据，故不敢枉奏。”

“什么？竟然有这等事？”曹睿吃了一惊，“什么人这么大胆？”

刘放一脸忧虑道：“这伙人行踪十分诡秘，目前还不知道具体是些什么人，臣命南宫嗣暗中侦查。所以不敢随便禀报，怕到时查无实据，有误陛下圣听。但又怕一旦查到此人，没请示过陛下，与之发生冲突，不好处理。”

“谋反之罪，十恶不赦。一旦查实，可以临机处置。”曹睿断然道，又吩咐道，“此事可以交给河南尹手下去查，他们比较在行。”

孙资接口道：“陛下，此事不宜声张，怕惊动了他们。南宫嗣原为县令，查案、办案是他的本行，现在他又掌握线索，还是交给他办比较稳妥。”

曹睿点点头：“那好，那就让南宫嗣谨慎从事，不可放跑一个谋反之人。”

内侍进来禀报：“陛下，傅荣领属下左俊伯求见。”

“宣见。”

“是，陛下。宣傅荣、左俊伯觐见——”

128

卫笠很快就打听到左俊伯的底细来了。这个左俊伯的确是个异人，力大无穷，武艺绝伦，而且是个忠心不二的死士，颇有春秋战国时的专诸、豫让、聂政、荆轲之风，这也是傅容常常拿出来炫耀的地方，也正因为傅容的炫耀，外面才有那么多传闻。

南宫嗣的心不禁开始收缩，胃有些痉挛。他深深地替公孙渊担起心来：曹睿特别召见了这个左俊伯，会不会让他去效仿专诸、豫让、聂政、荆轲，给公孙渊来个图穷匕见。不行，他必须把这个消息尽快通知公孙渊。他要卫笠收拾一下，明天就动身，亲自赶到辽东去，向公孙渊说明情况，提防这次去的这个使团，尤其要小心这个左俊伯，千万不要让他接近自己。

熟知春秋战国典故的卫笠，听南宫嗣这一分析，也吓出一身冷汗。有些抱怨道："唉，都是主公性急，过早地和吴国纠缠不清。眼下中原奇人辈出，名将如云，还不到觊觎的时候啊。"

"唉，是啊，有什么办法呢。"南宫嗣也有些悲观，"这个时候图谋中原，完全是鸡蛋碰石头啊。曹睿才刚刚沉迷享乐，还远没有昏庸呢。他特意把毌丘俭从荆州调到幽州去，就是看住辽东的。这老家伙哪是好对付的主啊！"

"对了，说起毌丘俭这老家伙，有件事忘了禀报您。"卫笠突然想起什么来，"前段时间，武卫将军曹爽突然征辟裴潜的儿子裴秀为椽属，我就感到奇怪，那裴秀才十五六岁啊，就侧面查访了一下，原来是毌丘俭专门推荐给曹爽的。据说，毌丘俭在推荐书中把这个裴秀夸得很神，说他'生而聪慧，虚静守真，博学强记，无文不通，美名著于乡里，高声闻于远近。日后定将成为明君之辅，位列三公，参赞名幕大府，功德昭化天下。不只堪比子奇、甘罗之才，更兼有颜回、冉求、子游、子夏之德'。您说，这是何等评价啊？这老家伙一向眼高于顶，轻易不肯夸人的。"

"子奇十八岁治县，甘罗十二岁为相，毌丘俭竟拿这些人作比？"南宫嗣倒吸一口凉气，"我也听说过裴潜家有个神童，早有人评价说'后进领袖有裴秀'，可再厉害也是个小孩，就没在意，哪知道毌丘俭把他看得这么高。曹爽居然现在就开始用他了。中原净出这等人才，辽东还折腾什么啊？"不禁感叹起来，"当年那个小夫子，眼一眨，不知不觉就变成我们的对手了。"

卫笠道："是啊，听说最近这个小夫子正和裴秀打得火热呢。"

傅玄最近的确和裴秀走得比较近。得知裴秀被辟为曹爽的椽属，十分高兴。他们在崇文观见过几次，相谈甚欢，但傅玄作为参军，总有不少杂七杂八的军务要做，不能老是去崇文观谈诗论文。裴秀成为武卫将军府的椽属，就同归军队系统，那是何等美事。傅玄在安东将军府没有什么很谈得来的人，见裴秀到了武卫将军府，就思谋着什么时候，也调到这里来，这样就多了一个钻研学问的同道了。虽然裴秀还在少年，但傅玄一点也没有年龄上的悬殊感，只把他当作同辈人一样畅所欲言。原因是他本来也是个早熟的神童，与裴秀在这一点上心灵是相通的。他们都是有学问有主见的人，不会随便附和别人的观点，所以，他们有时候也会激烈争执，一点也没有辈分之分。一大一小在这里高声争吵，不一会儿又哈哈大笑起来，旁观的人觉得非常滑稽有趣。

这一次，他们起先谈得好好的，谈着谈着，又争起来了。这一次争执的话题是关于军事的。讨论《孙子兵法·九地篇》中关于“争地”的意思。《九地篇》中说：“是故散地，吾将一其志；轻地，吾将使之属；争地，吾将趋其后……”前面两句的意思很好理解，就是说，进入散地，我将让军队一心一意固守阵地，不让敌人攻进来；进入轻地，我将让军营密近连属，一来防止敌人进攻，二来防止士卒逃跑。两人的分歧在第三句上。太祖武皇帝曹操当年曾专门对《孙子兵法》做过注，他对“争地，吾将趋其后”的解释是“利地在前，当速进其后也”。

裴秀认为，太祖武皇帝这句话重复了孙子的原话，等于没解释。这句话正确的解释应该是：对于必争之地，我军若已落后，应当急行军去争。这个“后”，是“落后”的意思。

傅玄摇摇头道：“如果敌人已经占据了有利地形，我军后趋而争，那不就成了后趋战地者败了吗？”

“你根本没听明白我的意思。”裴秀不屑道，“我说的是：如果敌人跑到前面去了，我们就要加速赶上去超过他，抢先到达必争之地，并没有说敌人已经把争地占领了啊。”

“不对不对，你这样的解释还是不对。”傅玄道，“争地，先据者胜，不得者负。利地在前，当进其后。”

裴秀“哈哈”一笑：“你前面半句是对的。后面一句还是没说明白——当进其后，到底谁的后啊？这个‘其’到底指谁？”

傅玄急了起来，这一急，倒是急中生智，道：“这个‘其’就是指敌方。这句话完整的意思应该是这样的：必争之地，如果已经被敌人抢先占领了，那么我就不去了，我抄他的后路去，什么后路？就是抄他的老家去。”

“哈哈，你这说法倒也新鲜。”裴秀道，“不过要我说，要明白是什么地？怎么战？关键是得把地图研究透了，所以地图在作战中非常重要，一张好的地图抵得上十万雄兵。”

“地图固然重要，但你说得也太夸张了。”傅玄不认同他的观点，“地图固然是指挥作战必不可少的，可是地图敌我双方都有，是均等的。作战中军力相当的情况下，武器的优劣决定作战的胜负。”

“呵呵……”裴秀用鼻孔笑出两声来，“武器优劣只能说起一定的作用，却不是决定作用的。与地图相比，敌我双方，谁的地图精准，谁获胜的把握就大。岂不闻运筹帷幄之内，决胜千里之外。运筹帷幄靠什么，不就是靠地图吗？”

傅玄气得发躁：“你再运筹帷幄，也得要人拿武器上阵杀敌吧？武器不如人，你再会运筹也没用啊！”

裴秀看着傅玄发急的样子，越发地显示自己的少年老成，不温不火地道：“自古兵器就那么几种，你有的别人也有，武器说来说去都是差不多的。但是地图不一样，我发现过去的地图有很大的差错，不准确，这会让指挥者运筹帷幄时犯错误。制定作战方案一开始就错了，武器再厉害也没用啊。打比方，‘争地’，如果一方地图有误，一方地图精确，那先占‘争地’的肯定是有精确地图的一方。我先占了‘争地’，武器和你差不多，你再赶来也没用啊。”

傅玄怒道：“如果地图都是一样的，我的一张弓弩抵得上你几十张弓弩，一架抛石车抵得上你几十架抛石车，一副云梯抵得上你几十副云梯，你说，我一个人是不是就抵得上你几十人？就算你先到‘争地’，我也不用趋其后，直接攻下你。”

“哈哈”，裴秀大笑，“傅兄，你为了驳倒我，口不择言了吧？这世上哪有这样的弓弩、抛石车和云梯？那不成神器了？就是上古传说里，天兵天将也没有这等神器的啊。”

傅玄一跺脚：“好，我就让你开开眼！”

129

入夏以后，集市上的蔬菜突然贵了起来。这点王舒、王巧还没有意识到。因为她们很少到集市上去。王巧家没有菜地，就过来一起侍弄王舒屋后的那块菜地，芜菁、菘菜、胡豆、苋菜、薯芋、韭菜、茄子、葱、姜、蒜等等，应有尽有，有时一起栽，有时轮换着栽。加上有了冉氏做帮手，三个人就更轻松了。

这些天，她们隔三差五，就要用竹筒提水车，从河里向上提水，浇灌菜园。河水一天天下降，水车一天天往下移，最后得在河腰上挖个水塘，先把水提到水塘里，然后再从水塘里把水提到岸上。冉氏本就贫苦出身，做这些事，抵得上一个壮男，所以她们没觉得太费力。但她们发现了奇怪现象，只要她们把竹筒提水车搬出来，架到河堤上，就不时有人来转悠，先是看她们提水，然后就主动上前帮忙。开始没留意，以为别人是来看稀奇的。后来就觉得不对劲，来的人越来越多，开始研究这东西。她们这才警醒，入夏以来，一场雨没下，河中水位越来越低，大家都想着怎么取水灌溉呢。

王舒一想到这点，暗责自己迟钝。便与他们闲谈，得知今年旱情比较严重，取水十分困难，集市上蔬菜一天一个价，而粮食不仅贵得离谱，还稀缺无比。因为有些余粮的人家，不到万不得已，都留下准备荒年了。他们见王舒家取水甚是奇巧，就想过来借着用一用，又不好意思向博士夫人开口。王舒爽快地说："都是乡里乡亲的，有什么不好意思的，你们搬回去用吧。"

邻居们欣喜若狂，于是商量好，轮流借回去取水浇菜，每次送回来时，不用说，帮着王舒家提一回水，浇一遍菜。王舒她们倒是省力了许多。这样一传十，十传百，除了原乡的乡邻，邻近的街坊也都来观摩，借用。于是越传越广，郊区有些农民也闻讯赶来看看，当然不好意思这么老远的把东西借回去，再说，一架小小的竹筒提水车，也无法让这么多人用。

这几天，王舒的心中处于一种高度兴奋中，王巧好多天都没看到她这么开心过。问她高兴什么？王舒说："姐，你看，马钧发明的这东西这么有用，这么多人来借、来看，比那个什么'水转百戏'有用多啦。"

王巧叹道："是啊，可惜只有一架，根本借不过来。"

"姐，"王舒说了心中的打算，"我们把它画成图，让老乡们自己拿回去照着做一个去。"

散学回来的王归扬起头道："他们家都有了，我们家这个还稀奇吗？不就没人给我们家取水啦？"

"哈哈……"王巧在他头上敲了一记，"你个臭小子，倒是会算计啊。你姨夫做这个不是为了让你藏在家里当宝贝的。"

马缘轻轻地道："好东西应该分享，别人快乐，自己也快乐，对吗？"

王巧一手给马缘理好弄皱了的衣裳，一边对王归笑道："臭小子，你看看缘缘多懂道理。"

王舒一手抱着马器，一手把王归揽到身边，慈爱地道："我们家王归啊，以后是经商之才。但是呢，我们这回不是做生意，有用的东西不派用场，它也就没哈稀奇了。你说，是不？”

王归点点头：“小姨，我知道了。”

晚间，街坊把竹筒提水车还回来了，王舒和王巧嫌油灯亮度不够，破例点起一只小灯笼，把孩子哄睡着了，就把竹筒提水车架在堂屋里，王巧量尺寸，王舒铺开纸张，一笔一画地认认真真地画起来。这竹筒提水车样式比较简单，王舒用了个把时辰就画好了，标明了部件名称、尺寸。然后照着这个样本，又复制了几幅。第二天，街坊借车去取水时，王舒王巧稍后也过去了。几天来一直来转悠的乡民，见水车的正主来了，都过来套近乎。有的就试探着，能不能让他们量个尺寸，回去也试着做一个。王舒拿出图纸，分散给几个人，道：“我和我姐昨晚已经画好了，乡亲们回去照着做就行了，你们做好了，要是别人家还要做，你们就把图纸传下去，让越来越多的乡亲们都有得用。”

乡民们感动道：“博士夫人，你们姐妹真是活菩萨。这是马博士发明的东西，原本以为不会让我们仿制呢。”

“有好东西不能让天下人共享，还发明它干什么？”王巧道，“马博士可不是这样的人。”

“马博士是皇上御封的‘天下名巧’，谁人不知？”乡民们道，“他改进的织绫机，我们现在都有了，真是快多了。”

王舒病怏怏的身子明显振奋起来，高兴地问：“你们现在都用这种织绫机了？”

乡民们七嘴八舌地道：“当然，我们早就用了。不但自己家里的布足够用，还能卖出不少布呢。我们那里现在几乎家家农闲时就织布卖，收入不少呢，马博士可是给天下老百姓赐福啊！”

王舒被乡民们的情绪感染着，也为纷纷嚷嚷的恭维话捧得既高兴，又难为情。王巧见此情景，一高兴，大声道：“各位乡亲，大家先照葫芦画瓢用起来，如果有什么不好使的，来告诉我们，让我妹妹把博士揪回来，再做更好的。”

一个爱说笑的乡民见王舒王巧这般随和，玩笑道：“啊？原来马博士怕娘子啊，好啊，以后我们需要什么就找博士夫人了。”

大家哈哈大笑。王舒嗔怪地白了王巧一眼，飞红了脸，羞道：“她胡说。”

没过几天，那些乡民们真找到王舒家里了，带来了不少礼物，有的拎了半篮鸡蛋、有的背了一小袋粟米、有的称了几斤猪肉，还有的摸了两条鲤鱼带来。王舒、王巧赶紧把大家让进院中的树荫里，铺上竹席，端上茶水，请大家坐下谈。乡民们恳求道：“博士夫人，我们回去照你给的图样做了，的确好用。今天来，一是特意谢谢博士夫人，二是想有个请求……”

王舒一边给大家碗里续水，一边道：“乡亲们有什么事，尽管说。”

大家就推那个爱说笑的乡民说话，他也不怯场，笑呵呵道：“我叫牛顺。马博士发明的这个水车虽然好用，浇灌小小的菜园，那真是便当极了。但是用在大田里，仍旧嫌水少。我们自己想试试用大些的竹筒，不行，没有这么大的竹筒。我们就做了木桶，太笨重，那得做多大的轮子啊？再说轮子太大，河中也没法架，所以啊，我们来想请博士夫人替我们求求马博士，看有没有办法，发明一个取水量更大更快的水车？”

马钧正在为朝廷秘密研制什么机巧，不知道他有没有空？王舒正迟疑着，王巧一口答应：“没问题啊，这个对他来说小菜一碟。”忽然想到有王舒在场，不应该由她抢先回答，这会让人笑话，连忙笑指王舒：“不信问我妹妹。王舒，是吧？”

王舒笑了笑，道：“等他回来了，我一定把乡亲们的意思告诉他。只是……只是拙夫最近在为朝廷办差，很少回来，不知道得不得空，再说，这东西哪里是说做就做得出来的，怕是需要一些时日。”她尽量多留一些余地。

乡民们理解地道：“谢谢博士夫人。要是马博士暂时不得空，我们也不急。反正今年用不上，还有明年。我们也知道不是一时半会的事，今天来是说在夫人心里。等马博士哪天有空了，真发明出来了，那我们后辈子就不用为水担心啦！”

130

马钧最近心情比较郁闷。因上面要核查账目，尚武坊不敢再继续提供材料，而且也难找到符合机巧制作要求的木料。抛石车和云梯需要十丈长的直料做主材，而由于洛阳这两年大兴土木，这样的木料早就被伐光了。民间黑市购买，价格十分昂贵。他和傅玄都把禄粮留下一半，换成银两，用于这边的开销，仍然不能解决问题。

没有经费，就买不成材料。没有材料，实物就无法做出，只能停留在图纸、模型上。马钧非常郁闷，每晚到这里，就只能在图纸上研究，用一些普通材料做模型试验，劲头也没最初那样大了，只能等积余点钱后再深入研制。

李牧将这些情况禀报给南宫嗣，南宫嗣倒有些急了。他急等着马钧研制成功后，以图谋叛乱的罪名置他于死地，再夺取其发明成果，将辽东武装起来。恨不得自己提供一些资金给马钧，但不敢露出破绽，以免前功尽弃。只得让李牧盯紧了，自己用一些话去搪塞不时问起的刘放、孙资。将一根线始终吊着，又不敢断了。

这天，傅玄来了，跟他同来的还有一个人，是个十五六岁的少年，但衣袍打扮、举止神态却老成得很。马钧正奇怪傅玄怎么突然领了个小孩来？没等傅玄介绍，那少年负手而立，神情倨傲，上下打量着他淡淡地笑道："这就是所谓'天下名巧'马钧马博士了？连陛下都夸奖你，可见你把这奇技淫巧玩到极致了。"说得既老气横秋，又不屑一顾。

马钧一听口气，有点来者不善，就转向傅玄："这位是……"

傅玄道："这位就是大司农裴潜裴大人的公子，闻名遐迩的神童裴秀。"

"哦，原来你就是小领袖，久仰了，请多指教。"马钧见裴秀初次见面就神色不善，原本一腔热情顿然淡了许多，勉强拱手问候。心道，这个小领袖和小夫子、小先生那时相比，傲慢多了。

"呵呵，指教不敢，领教倒是真的。"裴秀的娃娃脸上露出挑衅的神色，"听傅参军说，你造的连弩、云梯、抛石车，威力可以增加五倍、十倍乃至数十倍，我不相信，特来领教领教。"

"领教谈不上，傅大人也是过誉了。"马钧淡淡道，"在下哪有那么大本事。不过是一些小机巧罢了，岂能入得了高人法眼。"不欲在这个话题上扯下去，只是不经意地把玩着蛇形小木簪。

傅玄急了，道："马先生，把那个'五倍元戎'和抛石车模型给他看，定让他心服口服。"见马钧反应冷淡，直接走进工棚里，推过一架抛石车。

这架抛石车是马钧最近刚刚研制的模型，因为找不到合适的材料，就暂时用杂木替代，摸索原理用的。传统的抛石车，是在车身上装一个很长的抛石杆，利用杠杆原理，合众人之力，猛地压下一端，而把另一端迅速高高翘起，将石头抛向高处、远处。马钧发明这个抛石车，没有抛石杆，而是装了一个巨大的转轮，转轮上用细绳挂了一圈碎石、瓦片。傅玄用手扳着轮子上的辐射条，转动起来，连连用力，越转越快，"呼呼"作响，傅玄又把一个装有细刃的手柄猛地推上轮子外侧，拴着碎石、瓦片的细绳，碰到细刃，依次断开，碎石、瓦片在离心力的作用下，纷纷向前抛出。傅玄惊喜道：“马先生，又远了很多，有四五十步哩。”

裴秀“哈哈”大笑：“我说傅参军、马博士，这就是你们的神器啊？神，真神。这样的神器，攻城掠地，一定无坚不摧，真是了不起的发明啊！”

傅玄怒道：“马先生，你把这原理讲给他听听。”

马钧见傅玄急躁的样子，也不屑和裴秀斗气，淡淡地道：“小领袖聪明绝顶，能看不出这是利用轮子转起来的甩力，将石头抛出去的？转速越快，甩力越大，自然抛得越远。我现在要琢磨的就是如何提高轮子的转速。”盯着手中飞转的小木簪，不再正眼看他。

“嘿嘿，你这个玩得倒是娴熟。是啊，转速越大，甩力越大，三岁小孩都知道的原理，有什么稀奇，这也叫发明？”裴秀盯着在马钧五指间飞转的小木簪，嘲弄道，“听说你弄了个‘水转百戏’的木偶，从陛下那里混得个‘天下名巧’的封号，是不是也想利用水的冲力，来转动轮子啊？嘿嘿，我看那，该起个名字，就叫‘水转无敌抛石车’吧。只是攻城掠地之时，要先把水引到高处，啧啧啧，真是了不起的创想。”

马钧被他这一番冷嘲热讽，气得不轻，痊愈多年的口吃，竟然一下又犯了起来：“你你你……你懂什么？哪有攻攻攻……攻城之时，先引水再再再……再抛石的……”

裴秀悲悯地看着马钧，摇摇头，叹息道：“你也知道这个不现实，干吗还做这样无用的东西呢？再说了，便是凑巧在山地对阵，正好有飞流直下，占尽地利，你以为那个水力真有将轮子转到把石头抛入敌阵的速度么？”

马钧急道：“我我我……我不需要水水水……水力，我用用用……用人力，我用脚脚脚……脚踏轮……大轮……套小小小……小轮……”越说越结巴，一跺脚，恨恨地将小木簪朝发髻上一插，仰天长叹一声，干脆闭口不言了，看也不看，走到一边大口喘气去了，

“唉，你呀你呀。”傅玄用手指着得意洋洋的裴秀数落道，“就为了证明一下地图比兵器优越，你犯得着这么贬损人吗？”

裴秀今天出场就把皇上御封的“天下名巧”驳得哑口无言，心中甚是得意，轻松地笑道：“傅参军，我可没有欺负他啊。咱们以理服人对不对。他有理由可以说服我，我自然服他。这本来就是奇技淫巧嘛，你偏说得那么厉害，好像国之

兴亡全凭它了似的。”

傅玄强迫自己镇静下来，不要急躁，一急躁根本就找不到理由辩驳他。见裴秀悠然自得的样子，叹了口气道：“你呢，长于口才，短于机巧。他长于机巧，短于口才。你用自己的长处攻击别人的短处，他当然说不过你。有本事，你发掘一套机巧道理来，把他的机巧破解了，那才让人信服。机巧这个东西，是天下最精微奥妙的物件，你自己一点不懂，以为天下机巧你一眼看穿，没什么稀奇的，就出言讥讽，毫无顾忌，你想到过别人的感受吗？”转脸看着坐在远处生闷气的马钧，不禁叹道，“心中装着无穷奥妙，嘴上却说不出来，所以，他没法让你信服啊！还是看事实吧。我相信，日后马先生会把实物放在你面前，让你服的。”

裴秀负手而立，不介意地笑了笑：“那我就恭候吧！”

131

好些天没回家了，马钧有些想儿子了。昨晚无端地被一个倨傲的少年弄得灰头土脸，心中烦闷异常。加上没有合手的材料，今晚也就懒得去林甸子了。回家休息一晚，和家人团聚吧。想到又要碰到王巧，心中又踌躇起来，最后长叹一声：终究不能永远不回家吧？硬着头皮往回走。

西边的太阳还高高地悬着，没到家门口，就听到马器“哇哇”的哭声，似乎在召唤自己。马钧三步并作两步，跨进院中，只见王巧正在给马器换尿布呢。见他回来了，王巧淡淡道：“你还知道回家呢？”冲着屋内喊道：“王舒，马器他爹回来了。”

王舒闻声从屋内出来，身上扎着围裙，正做饭呢。见马钧回来，压住咳，笑道：“今天回来早啊？我再去添把米。”

“嗯，今儿事少，回来看看孩子。”马钧点点头，很想去抱儿子，却不好意思从王巧怀里去抱，只含糊地问候，“你……你们都好吧？”

“好，你儿子最好。”王巧走过来，把马器朝马钧手里一塞，“臭小子，你爹回来了，就不需要大姨啦，快滚吧！”然后拿起尿布就去河边洗，一边对王舒道，“王舒，你不用加米加水了，我回去吃。不打扰你们一家团聚啦！”

“姐，你干吗回去吃啊？”王舒叫道。

“对……大姐还是一起吃。”马钧嘴里这么说着，却巴不得王巧走，省得自己浑身不自在。

王巧笑了笑，端起木盆走了。王舒知道姐姐不会留下，也就随她去了。

晚饭后，王巧打发冉氏过来，把马器抱了过去。上床后，王舒低声道："你看我姐多好，主动把孩子抱走，给你腾地儿呢。你是几世修来的福分，让我姐也……"

马钧不敢让她说下去，"噗——"地吹熄了灯，顾不得闷热，将王舒搂在怀中……深夜，王舒蜷缩在马钧的怀里，瞪大着眼睛望着黑洞洞的空中，毫无睡意。见马钧也没睡着，抚摸着他光洁厚实的胸膛喃喃地说："夫君，要是……要是哪天我不在了，你可得……可得好好待我姐……"

"你胡说八道什么呀？好好的说什么胡话。"马钧捂住她的嘴，有些担心地问，"是不是你生什么大病了？"

"没有，还是那咳嗽，现在好多了。"王舒轻轻地叹了口气，把话题岔开，"对了，夫君，跟你说件事，你发明的那个竹筒提水车啊，可派上大用了，好多街坊都来借去用过，城外郊区的乡亲们都来看稀奇。"

"哦——"马钧一听兴奋起来，翻身坐起，"真的？都借到城外去用了？"

"没有。"王舒摇摇头，"那么多人要用，你一架小水车哪里够？我把它画成图纸让他们拿回去找木匠做去了——没征得你同意，你不会生气吧？"

"怎么会？这是好事啊，你做得对！"马钧搂着王舒躺下来，拍拍她的脸蛋，赞许道，"你比我想得周全。你夫君发明的东西如果不能让天下人用，那还有什么意义？用的人越多，越说明你夫君越有价值。"

"就是嘛。我夫君什么人啊，'天下名巧'嘛！"王舒躺在马钧的胸前，趁机道，"可是，乡亲们说，你那个竹筒水车啊，好是好，就是还嫌小。浇个菜园什么的，很方便。大田引水就不顶事了。乡亲们想请你发明个能够给大田取水的，我说，没问题，我夫君是皇上御封的'天下名巧'，什么东西摆弄不出来？夫君，你说，是不是？"

"啊？你就这么给我应下啦？"马钧笑了，"你怎么知道我就一定造得出来？"

"你连死的木头都能弄活了，这个你当然造得出来。你要是造不出，那天下再也没人造得出了。"王舒撒娇道，"我和我姐都答应乡亲们了啊，你要是弄不出来，我们可没脸见人啦。"

"活该！"马钧羞了一下她的鼻子，疼爱地搂紧她。

王舒幽幽道："其实，我主要想，夫君既有这样的本事，就不要只为陛下做嬉戏之物，那只是讨一人欢心，让他沉迷误政，还得招人唾骂。要是为天下老百姓多做事，做好事。那可是为儿女积德行善，人人都会赞颂。咱不求青史留名，只求后代平安。"

马钧点点头，道："你说得没错。咱们就为积德行善，也要为乡亲们把这大水车弄出来。不过，我与傅大人正在为国家造物，只能有空的时候慢慢摆弄，现在可是来不及啊。"

王舒道："乡亲们知道。他们说，只要博士大人愿意为我们造，不着急，今年不行，明年，明年不行，后年，总之请博士大人放在心上——你看，乡亲们多通情达理。他们还送来了那么多礼物。"

"啊？"马钧一愣，又一头坐起，"我好歹是朝廷官员，怎么可以受他们的礼？"

"别急嘛！"王舒把他按下，靠在榻前，道，"我知道不能收乡亲们的礼，已经回礼了。用这家的礼回那家的礼，用那家的礼回这家的礼，反正啊，我什么也没收下。这下你放心了吧？"

马钧松了一口气。从他第一天担任博士时，他就发誓，这辈子哪怕穷死，也要洁身自好。所以直到现在，从博士到给事中，中间担任过监督营造，大权在握，自己一家虽然衣食不愁，但仍旧清贫得很，却非常的心安理得。

夜深了，王舒了却一桩心事，心满意足地甜甜睡去，马钧却失眠了。一有机巧之事，他就兴奋，马上就会去想象它的形状、结构、用途。忍不住顺手摸起放在榻前的蛇形小木簪在手中翻转。他的心又一次跟着旋转起来。有生以来，他的发明无不与旋转有关。这一次，该怎么让它旋转呢？怎么让水随着旋转滔滔不绝地从低处奔向高处，"哗哗"地流进大田里？不知过了多久，朦胧中，他看到一群乡亲站在田埂上，看看倒流的河水，露出开心的笑脸。那奔流汹涌的水似乎一直流到他的心里，将之前所有的郁闷冲洗得干干净净。

132

傅玄原想让裴秀看了以后，能到武卫将军府敲敲边鼓，争取到曹爽的支持，那经费问题就有着落了，研究就能继续搞下去。谁知裴秀仗着口舌之利，一番冷嘲热讽，让马钧更加郁闷。傅玄想想，曹羲还是比较好说话的，曹爽也比较喜欢他，还是得先说动了他才行。于是隔天一大早，他又来到曹羲府邸。

刚进二门，就听见后院里传来裴秀的声音，敢情他来得更早。傅玄一听就知道，裴秀把他昨天的那一套宏论，已经先自灌输给了曹羲。不禁暗叹：这个小领袖，真是个扫把星。

曹羲正在后院场地上练剑，这是他多年的习惯。作为曹家后代，皇族最亲的一支，练好武艺是他们维护曹魏江山必须的基本技能。只见他剑走游龙，闪转腾挪，身法灵动，一边还回应着裴秀的话："我早说过，他们是瞎折腾。这些兵器都是古已流传的，尚武坊里什么不能造？他们偏要试。试试就试试吧，反正他们有闲工夫。军费这么紧张，哪有钱给他们瞎折腾啊？马钧的确长于机巧，可那毕竟是奇巧淫技，陛下重用这样的人物，岂不误了圣人门生。"

"曹兄说得一点不错。连这样的奇巧淫技之辈也成了国之栋梁了，那还要圣人门下干嘛呢？"裴秀见傅玄走进了，笑道，"你看，马博士的说客又来找你了。"

曹羲看见傅玄，点点头，继续舞剑。

傅玄无奈地笑道："原来'裴领袖'赶在我前面汇报战果来了。"不管事情怎么样，傅玄该说的话还是要说的，他必须说服曹羲。连曹羲都说不服，曹爽那里想都别想了，就一边看曹羲舞剑，一边就着刚才的话题辩驳："好，你们既然都自称是圣人门下，那应该知道圣人一生之中，是具有各种才能德行的。所以他论才选人并无局限。品德优良的可取，口才出色的可取，能力拔众的也可以取……像颜渊之类，不用听他说什么，就能知道他为人的正直诚恳。宰我、子贡都是能言善辩之人，冉有、季路精于政治，子游、子夏长于文学。即使圣人之智，通晓一切，但要知人善任，也会先加考验。因此，他对冉有、季路的政治才能，子游、子夏的文学才能都一一进行考察。这些都是青史留名的大才，对他们的选用尚且如此，何况不如他们的人呢！为什么这样呢？因为说空话没用，尤其是机巧之理，有很多地方不是一句两句就能讲明白的。只有亲手操作，实地验证，才能搞清楚。"

曹羲虚步一点，剑交左手，剑指下垂，缓缓收了剑势，走过来道："你说得当然也有道理，人才是多方面的。但奇淫巧技自古以来就没有人认为是才啊！"

傅玄道："圣人似乎也从来没有认为奇巧淫技就不是才啊。裴老弟，你博览群书，可见孔圣人哪句话说过奇巧淫技非才乎？古代的公输班、墨翟、王尔，近世的张平子，都是擅长机巧之人，难道说他们都不是人才？马先生现在要制作的，是国家精密器械，军用战具，只要人力、物力得到支持，用不了多少时日，就可知道结果。去责难那种很容易验证的事情，仗着自己口才了得，就随便压抑别人的才能。天下事日新月异，老用旧眼光看人家，当然怎么看都不合自己的意。其实，那是自己的观念保守落后了。”

裴秀似在沉思，脸上的傲气收敛了许多，稍顿，心有不甘地辩驳道：“傅参军说得有道理。可是……可是我们昨天在林甸子刚刚验证过啊，马先生的机巧并没有你说的那般神奇啊?”

见裴秀的态度开始松动，傅玄趁热打铁，诚恳道：“马先生研制的，都是前人没有的东西，一开始总会走些弯路。总有个试验的过程嘛。就像你要革新古人绘制地图的方法，难道你一下子就对了？就不需要摸索了？不需要试验了？不需要修修改改了？成功总是从千百回失败中来的。如果因为他一时试验失败，就不去鼓励他、不去支持他、不去信任他，反而百般嘲讽、讥笑、打击，这世上就不会有奇才异士了。俗话说，同行是冤家。因为自己也是喜欢创新之人，就嫉妒别人创新，放在一般人身上，可以理解。可裴老弟你是神童啊，不是一般人啊。你一直有志于地图学的创新，我很敬佩。君子不以私心损人。你和马先生都在做前无古人的事情，应该惺惺相惜才是。”说到这里，傅玄神情落寞，不禁十分痛惜，“唉，一块美玉，如果硬被说成了石头，那也是无可奈何的。难怪当年那个卞和会抱着玉璞痛哭了?”

“说得好。”曹羲点点头，把剑递给拿毛巾给他的亲随，问裴秀，“傅参军这段话的确把我说服了，你呢?”

裴秀若有顿悟，不再固执己见，朗声道：“不能不承认傅参军说得有理。”傅玄的这席话折服了年少自负的裴秀，让他受到很大的震撼。后来，他苦心钻研，终于发明了“制图六体”原则，即分率（比例尺）、准望（方位）、道里（距离）、高下（地势起伏）、方邪（倾斜角度）、迂直（河流、道路的曲直）。这六项原则是互相联系，互相制约的，它把制图学中的主要问题都接触到了。“制图六体”对后世制图的影响十分深远，直到明末西方地图投影方法传入中国，中国的制图学才再一次革新。

“好!”曹羲见裴秀也转变了态度，爽快地对傅玄道，“我这就去找我哥，把你这通道理说给他听，看能不能说服他。”又笑道，“我可把话说在前头啊，我哥这人比我顽固，我可不敢保证一定能说服他，到时你可别失望啊！或者你干脆调到武卫将军府来，给我哥参谋军务，慢慢说服他。”

傅玄拱手道：“有劳曹兄了。能得曹兄认同，已是大快我心了。不管成不成，在下都感激曹兄。”曹羲后一句话让他心中一动，他本就早有此意，尽管常与裴秀争执，但还是喜欢常在一起切磋。

曹羲倒是个爽快人，一旦认同了你的观点，马上就会为你去做。他处理完手头军务，让他们在府上等着，自己就径直上马找曹爽去了。傅玄、裴秀就在这里坐等，等到中午还没回来，就知道事情不顺利了。心中渐渐失望。一直到下午，曹羲才回来，一脸的遗憾。

果然，曹爽听了曹羲的话后，说了一通让傅玄恨不得顿足捶胸地大骂他一顿的话。曹爽说：“从军之人练好武艺才是根本，老是想着弄个机巧什么的，是懒人之举。真有那样的神兵利器，还要练什么武？谁还肯练武？兵不练武，慢慢就废了。军士废了，军队也就废了。军队废了，国家也就废了。”

第 20 回 ‖ 急民需：牛家屯初成翻水车

133

傅玄闷闷不乐地把情况告诉给马钧，马钧对此好似不怎么介意，却出乎意料地邀请傅玄郊游去。傅玄心中烦闷，一时也想不出主意来，就从兵营中牵了两匹马来，早饭后就随马钧一起出城，到远郊去了。

太阳还没有升高，就已感受到天气的闷热了。二人策马没跑多远，身上已经热出汗来了。傅玄不知马钧要把他带到哪里去，也不知道他有什么事，就这么跟着他打马猛跑，仿佛要把心中的郁闷都在马背上发散出去。

晌午时分，他们奔到一处山洼，乡村还在远处。傅玄口渴难耐，打算到附近先找口水喝。转眼四顾，四野里东一块西一块的农田。田里十分干燥，不时见几个老农在地头担水浇田，就和马钧下马走过去讨水喝。一个赤膊老丈从很远的河沟里担着一桶水来，马钧、傅玄迎上去，道："大爷，您好！能讨口水喝吗？"

老丈蹲下身，放下水桶，用汗巾擦擦额头，和气地笑道："河里水位低，有些浑，淀一淀再喝。"

傅玄、马钧渴得很，也不顾水浑，见水桶里有瓢，舀起来就喝。每人喝了大半瓢，才煞住渴。马钧用衣袖擦了一下嘴，歉意道："老丈，不好意思，喝你这么远担上来的水。"

老丈憨厚地笑了笑："没关系，喝能喝多少？"

马钧指了指田中稀稀疏疏半已枯黄的禾苗，问："老丈，这一亩地得挑多少水才能满啊？"

"挑满？"老丈诧异道，"八辈子也挑不满啊。我也就是一棵苗一棵苗去浇吧，能浇透就能活了。"

傅玄叹道："一棵棵浇透，也不容易啊。"对刚才喝了老丈两瓢水不觉愧疚起来，问："老丈，这样一来，今年的收成怕是难好了吧？"

"收成？"老丈面色悲哀起来，"还谈什么收成哦。庄稼收成，靠天帮忙。天不帮忙，哀断肝肠。我们这里还好些，河底深，积水多。前面李村，河底都干成粉了，喝的水也只能从我们这里挑过去。"

傅玄面色凝重地问："就没有别的办法了吗？"心中觉得有什么东西在涌动，很想把它写出来。

老丈用手指着东边远处道："那条大通河倒是有水，但是干旱时水位也低，流不到高处来。那也没有办法。"

马钧问："老丈，这是牛家屯吗？屯里有个叫牛顺的吗？"

老丈道："是啊。你找他？他是我儿子。早上有人找他回村里议事去了，就是把村里的壮劳力都喊上，到大通河刮水去。现在大概在大通河呢。"上下打量马钧，记不得儿子会有这样的朋友。问："你们找他有事吗？"

见老丈目光有些警惕，马钧道："我叫马钧，前几天牛顺到我家里去过，我不在……"

不待马钧说完，老丈欣喜地站起来，拉着马钧的手道："天呐，你就是马博士马大人吧？那竹筒取水车就是你想出来的吧？快帮我们想想，有没有办法把大通河的水翻上来？"

马钧笑道："我来就是找牛顺，到实地看看的。这位是傅大人。"

傅玄这才知道马钧喊他来的目的，朝老丈拱拱手："我是傅玄，陪马先生来看看。"

老丈欣喜地连连作揖，顾不上浇灌禾苗，道："他们一定在大通河，我带你们去。"

马钧赶紧要他把水浇了再走，免得浪费。老丈把水桶朝田里一倾，两桶水"哗——"地一下，大半倒入干裂的田中，转眼就被泥土吸干了，只留下一滩水印。老丈留了小半桶水，挑着桶在前面引路，他们牵着马跟着。走了一会儿，老丈放下桶，舀起水，让他们解渴。再往前走了一会儿，就看到前面河堤树荫下，站了黑魆魆一群人。老丈高声喊道："喂——牛顺——马博士来了——"

喊了几声，那边人听到了，先是愣了一下，跟着一声齐呼："马博士来了——皇上御封的'天下名巧'来了——"一齐向前涌来。

马钧心中一震，对他们出乎寻常的反应有些意外。傅玄看了他一眼，笑道："看来，'天下名巧'的封号真不是虚的！"

说话间，一群乡民就涌到跟前来，领头的青年抱拳道："牛顺见过博士大人！"

马钧拱手笑道："牛顺，这是傅玄傅大人，一直帮我出主意的。"

牛顺见过傅玄，就和乡民们簇拥着二人一起到河堤的树荫里。河中的水位很低，河腰上挖了个方圆一丈的水塘。马钧问："你们这是准备把水翻上来？"

牛顺道："是啊，水太低，只好用笨办法。"

"这怎么翻啊？"傅玄好奇地问，"难道把水挑进水塘里，再往上挑？这……这不多此一举吗？"

牛顺憨厚地笑了笑："不是，不是，是用小桶往上兜。"

马钧笑道："来，乡亲们，给我们开开眼吧。"

"好嘞！"牛顺答应一声，手一挥，"兄弟们，我们兜几下水给马博士、傅大人看看。"

立时又有三个汉子站出来。有两个汉子拎起水桶直走到河底下近水位置，一左一右面对面站好，两脚分开大约与肩同宽。马钧注意到那个水桶。水桶如小笆斗大小，上下系着四根长绳，一边两根，攥在二人手中，二人根据身高调节好长度。牛顺和另一个汉子也拎起一个水桶，走到河腰水塘两侧，如法炮制，撑开双脚站好。只见河堤那两个汉子身体微微后仰，将绳拽紧，水桶便悬在半空中，两人配合起来，悠起水桶，水桶便像秋千一样荡了起来。荡了两下，两个汉子同时腿一蹲、腰一弯、下面的手一沉，上面的手一提，那水桶便口斜斜地朝下，向水中兜去，然后两人同时腿一蹬、腰一挺、下面的手一提，上面手一沉，水桶便兜满了水，顺势向上悠起，到了河腰水塘处，二人手巧妙往回一带，水就倒进了水塘里，水桶就自然落回水面上，重复起第二个轮回。就这样，水被送到了河腰水塘里。送了三四桶后，水塘里就有了一半积水，牛顺和另一个汉子如法炮制，悠起水桶，将水从水塘里兜到河堤上面的引水沟里。这样，河底的水就一桶一桶被传到了河堤上。

傅玄看到四人配合默契，动作熟练，仿佛久经演练一样，不禁喝彩："好！"

马钧注意看他们的动作，看着那桶在空中悠来荡去，心中在想：要是水桶能像竹筒那样直接往上传送，不是就方便多了吗？

134

从牛家屯回来，傅玄心潮激荡。晚上就着油灯挥笔写了一首《炎旱诗》：

炎旱历三时，天运失其道。
河中飞尘起，野田无生草。
一夕重丘山，哀哀以终老。
君无半粒储，形影不相保。

第二天心情犹不平静，特意拿给马钧看，并从家中挤出一点钱，支持马钧先把水车搞起来。马钧想跟王舒开口，傅玄知道马钧新添了人口，家中也是捉襟见肘，就坚持不让他告诉王舒。见马钧迟疑，就道："你索性不告诉王舒，等做成了，给她个惊喜。要是弄不成，也省得她失望。"

马钧一想有道理，说："只是又让你一人破费了。"

这样一来，就不方便在家中研制。林甸子那里没有河沟，做好了没法试验。傅玄出主意道："干脆就到牛家屯现场试验，也知道乡民们的需求。"这话正合马钧之意，当天下午，跟太学府告了假，去林甸子取了工具，就直接骑马去了牛家屯，找到牛顺家里。

牛顺见马钧把家什都带来了，欣喜万分，特意把上房打扫出来给马钧住。马钧将太学的授课与同僚协商，调整到每天上午，下去就出城去了牛家屯，查看沟河，购置材料，苦思冥想，一门心思钻研起翻水车来，把研制兵器暂且搁下了。

他们这一停，可把南宫嗣这边急死了。得到李牧的禀报，南宫嗣跺脚道："这个酸才，怎么半路撒篙子？搞什么水车去。"卫笠去了辽东还没回来，不知辽东那边的情况，只好把这边先放下，苦等着卫笠回来，同时还要敷衍着刘放那里来自曹睿的查问。

卫笠悄悄地出现在南宫嗣的府中，带回来一个令人震惊的消息：

曹睿派出的使团到了襄平后，住在驿馆里等候公孙渊的召见。由于卫笠先一步抵达襄平，把使团的情况禀报了公孙渊，并着重禀报了大力士左俊伯的情况，本意是提醒公孙渊注意提防，会见使者时可以要求此人回避，那样左俊伯真有什么企图，那也无可奈何了。谁知公孙渊一听就火了：“他娘的，这是要拿老子当秦王啊，荆轲都派来了。”

公孙渊一不做二不休，带了一彪人马就把驿馆给围了个水泄不通。弓箭手里三层、外三层引弓待发，然后才大摇大摆出来会见傅容和聂夔，责问他们为何带着大力士到这里来？傅容和聂夔百般解释，公孙渊勉强接受了乐浪公的封号，却又找茬呵斥随团宾客，口出恶言，故意给傅容、聂夔颜色看。傅容、聂夔只得忍气吞声，好不容易脱身踏上归程。

公孙渊自知这回把朝廷得罪得不轻，急忙要卫笠赶回洛阳，传命南宫嗣收集情报，做好内应。说起以前传递过去的消息，得知那个把狄夷进贡的“百戏木偶”变活了的“天下名巧”在发明威力巨大的新兵器，要南宫嗣千方百计把兵器图纸和实物样品弄到手，最好连人也掳到辽东来。

南宫嗣听罢顿足道：“主公真是成事不足，败事有余啊，怎么轻易就把使团给得罪了呢？这下可怎么收场啊？”又长叹一声告诉卫笠，马钧因经费不足，新兵器暂时搁浅了，在弄什么翻水车呢。忧心忡忡道：“眼看这仗非打不可，辽东如果有新兵器助阵，实力可能会大大增强。但如果新兵器弄不到，反而装配到魏军身上，那实力悬殊就更大了。”

卫笠一手作刀，向下一劈，狠狠道：“实在不行时，只好杀了姓马的，也不能让魏军得到新兵器。”

南宫嗣忽然眼珠一转，计上心头，低声道：“他不是没有研究经费嘛，咱们提供给他。”

卫笠道：“这怎么可能？我们若出面，还怎么查他的谋反？”

南宫嗣诡谲地一笑，低声附耳，如此这般说了一条妙计。

事情果如南宫嗣预料的一样，傅容、聂夔带着使团又过了半个多月才狼狈地回到洛阳，向曹睿禀报了一切。曹睿大怒，立即传旨给幽州刺史毌丘俭，要他携带书信印章去征召公孙渊，让公孙渊立即到洛阳来。南宫嗣在朝中亲耳听曹睿下旨后，就知道事情已经无可挽回了，对卫笠长叹道：“这下主公不反也得反了，谋事在人，成事在天，一切看天意吧。那件事，你去安排吧。”

马钧、傅玄自然也了解目前的形势，但严重的旱情就在眼前，是燃眉之急，必须先解决。马钧便埋头研制起翻水车来。

这日晚间，牛家屯风清月朗，倒是凉爽起来。马钧就着灯光，用小木簪在地上画着翻水车草图。设计了几种方案，都不满意。到目前为止，还是竹筒提水车的结构最为机巧。做一个改进放大版的竹筒提水车如何？把竹筒改为木桶试试？

马钧按捺不住，将小木簪往头上一插，便到院中，搬过木料，取出工具，噼噼啪啪地干了起来。牛顺父子见他兴致这么高，都过来帮忙打下手。

做木桶太费时，马钧决定还是先把辘轳做好。与竹筒提水车不同的是，他这回上下做了两个辘轳。赶到凌晨之时，终于把两个辘轳做好了，马钧这才兴犹未尽地和衣躺倒榻上去睡了。

次日下午，马钧回到牛家屯，就和牛顺父子一起，准备到大田的河沟里试一试木桶提水车。牛顺按马钧建议，到村中借了十几只大小差不多的木桶。乡民们听说马博士要实验翻水车，都跟着到现场看热闹。到了河堤上，牛顺让马钧指挥，他和一帮乡民将两个辘轳分别架在河底和河沿上，又用一根很粗的麻绳，按马钧所言将水桶一个接一个拴起来。

一切准备就绪，牛顺站到河底下，一个乡民站在河沿上，准备摇动辘轳。马钧见两人已经准备好了，手一挥，喊了声“开始”，二人就用力摇动把手。辘轳缓缓转动起来，最底端的小桶从水中转上来，果然带起满满一桶水，往上传送，只是转动非常吃力。两个壮汉上下一起用力，仍然很慢，那桶左右摇晃一下，水就洒了个干净。后面一只桶带满水跟着上来，没传两尺远，水又洒了。马钧皱起了眉头，叫牛顺让开，自己亲自上前试了一试，有些沮丧道：“唉——这不行，哪里摇得动？”

乡民们纷纷安慰道：“没事，什么事哪里一下子能成的！”

135

马钧自钻研机巧以来，还从来没有经历过这样的失败。一连好几天才从沮丧的泥潭中拔出来，想想这个问题出在哪里？之前自己是过于乐观了。竹筒提水车为啥行？水桶提水为啥不行？他重新比较审视起来。很快就明白问题的关键所在。竹筒细巧，容易固定，上传快速，水来不及洒掉。木桶粗笨，难以稳定，人力转动过于费力，上传缓慢根本盛不住水。改竹筒为木桶的办法根本行不通。还得另想新招。

正当马钧心绪不佳时，傅玄却给他带来了好消息。这个好消息源于李牧。

李牧带了一个锦衣华服的中年人来找傅玄。这个人看上去就非同凡响，腰宽体胖，方面大耳，显得十分富贵。见了傅玄就主动自我介绍："傅大人，我叫慕容非，与李都统是朋友，一向仰慕傅大人的才华和马博士的机巧。前几天和李都统在一起饮酒叙谈，无意中听说傅大人和马博士在为国家研制机巧，只是缺少经费，在下略有家资，愿意献五百金以资用度。"

傅玄微含责备地看了李牧一眼。李牧忙道："慕容先生乃是豫州义士，特别喜欢机巧，对马博士'水转百戏'尤为神往，就自愿无偿资助，希望马博士多多研制出利国利民的机巧。"

见没有涉及到机密，傅玄大喜，拱手道："国多义士，大魏之幸，先生请坐！"吩咐家人，"快，奉茶——"

慕容非也不落座，道："傅大人，区区五百金，于在下九牛一毛罢了，不足挂齿。在下有俗务在身，须即刻赶回豫州去，这就告辞了。"当下让随从将五百金献上，便告辞而去。傅玄只呆了一呆，便兴奋起来。三国时代，颇多散财义举，傅玄没想到这回竟让自己和马钧碰到了。这下林甸子里的研制难题便迎刃而解了。当下收好五百金，与李牧一起骑马出城去牛家屯寻马钧，把这大好消息告诉他。

此时的马钧研制翻水车也已经有了突破。他见水桶上传时无法固定，必须想个法子不让它晃动，就做了一个水槽。这个水槽就是以一块长板为底，两边各竖一块高度与木桶直径差不多的长板，这样，水桶就在水槽里上传，水自然也就洒不出来了。这个关键问题一解决，再着重解决第二个关键点——辘轳。水桶比竹筒粗大，重得多，一连串的水桶装满水，那该多重啊，用手转动辘轳肯定是非常费力，虽然能把水提上来，但是效果还不如人工担水呢。机巧的目的就是省力，那么如何才能轻巧地转动辘轳呢？

马钧已经想了好久。前天傍晚，牛顺那个调皮的儿子小石头玩耍时，给了他很大启发。小石头和几个小儿打赌，看谁能把打麦场上的小碌碡踩得滚起来？那个碌碡有小斗粗、六尺长，比寻常的辘轳细长，又叫小磙子。几个小孩轮流上去试试，有的踩了几下，碌碡一转，人就掉下来了。有的很有技巧，能在上面踩十几下，站稳了，再踩。小石头见碌碡已经滚到晾衣架下，就偷机取巧，两手吊着晾衣架，两脚踩动，碌碡一直向前滚动，小石头的双手就跟着在晾衣架上移动。几个小儿大叫："你耍赖，你耍赖。"

牛顺见他们吵吵，就要轰开他们。马钧急忙拦住他，对小石头道："石头，来来来，你再踩一遍我看。"

孩子们哄笑道："小石头，干脆给你搭个架子，你趴在上面踩，还算本事嘞。"

马钧"哈哈"一笑："对对对，给你们搭个架子，你们趴着踩。"

牛顺以为他逗孩子玩的，谁知马钧真的转身就去拿木棍。三下五除二，用几根木棍扎了两个架子，将一根木棍横架在上面。又让牛顺找来两个高木墩，在上面凿开一个凹槽。在木架下一左一右放好，将碌碡两端的铁杆架在高木墩的凹槽上，然后道："石头，你现在趴上去踩踩看。"

石头笑嘻嘻地站上去，趴在木棍上，两脚踩动起来，悬空的碌碡就原地滚动起来。小石头笑道："哈哈，这个踩起来轻巧。"

马钧又叫其他两个孩子也上去踩。三个孩子一起踩，起初配合不好，手忙脚乱，只几下，就步调一致了。碌碡转动得更加轻巧了。牛顺似乎看出什么来，问："马博士，你这是试验翻水车啊？"

马钧笑道："是啊。你看，这碌碡多重啊，用脚踩就非常轻松。如果我们的辘轳不用手摇，把轮轴加粗加长，上面加上踏脚拐，用脚踩会怎么样？"马钧一边说，一边用树枝在地上画。

牛顺看着眼睛一亮，一拍后脑勺，惊喜道："对啊，我怎么就想不到呢？"

两个人都兴奋起来，于是说动手就动手，马钧就开始打制木架和轮轴，牛顺又去叫来村上的木工一起帮忙，忙活到半夜，一个木架和大小两个轮轴就做好了。大轮轴上十字对穿了两个木桩，木桩上加个拐，方便脚踩。上去一踩，果然很轻松。次日，他们又一起按照马钧的设计，打好一张水槽，然后就把从邻居家借来十几只木桶，像先前一样串起来，小轮轴和大轮子在水槽两端固定好，串起来的木桶就在大小轮轴和水槽上形成一个循环。大轮轴架在木架下面，这样正好形成两端一高一低的形状。

今天下午，傅玄到的时候，马钧正带着乡民们在大田的河边试验呢。大家的注意力都集中在翻水车上，没在意到傅玄的到来。傅玄把马拴在远处，也不吭声，悄悄走过来站到围观的人群里观看。只见在马钧的指挥下，木桶翻水车，已经架好。小轮轴的那一端埋在水里，大轮轴架在岸上。大轮轴水槽口前面挖了一个小水塘，小水塘通向田间的小水沟。大轮轴大约有一丈多长，在水槽两边延伸出来，一边长，一边短，有三组脚踏拐。马钧、牛顺、还有一个乡民站在了脚踏拐上，手扶着木架上的横木杆上。马钧一声口令，三人同时踩动脚踏拐。就像在原地走路一样，两脚轮换着将大轮轴踩得转动起来。开始有人不太适应，三人配合不到一起，甚至一脚踩空，但几下之后，就协调起来了。这时奇迹出现了：大轮轴一转，绷紧的绳子就带动小轮轴转起来，小轮轴下面的木桶就从水中带满水被拖进水槽，向上传动，木桶由水槽护住，不再摇晃，水就被带上来，到了大轮轴上一转，木桶口朝下自动把水倒下，空桶就被传到水槽底部，带向小轮轴。后面的水桶又连续地带着水上来了，这样周而复始，一桶一桶水，被快速传上来，速度大大加快。人群中爆发一阵欢呼："成了，成了，马博士，你真了不起！"

牛顺和那个乡民也是兴奋不已，越踩越快。但马钧最担心的事情却发生了。

三人正踩得带劲，水源源不断地灌到大田里，忽觉轮轴一滑，三人仍在踩动，木桶却传不动了。人群"咦——"的一声，潮水一样的欢声骤然退落。

马钧让大家下来，细细查看。不待马钧说明，牛顺也看明白了，是绳子松了下来，打滑了。牛顺说着就动手去紧绳子，马钧拦住道："算了，绳子紧了，踩几下又会松了，还得想其他办法。"

几个老乡民也道："马博士说得对，弄紧了一踩绳子还会松。"又怕马钧沮丧，安慰道："现在路道对了，把这个问题解决了，就好了。马博士，你可是为我们解决大问题了。"

马钧已经想到了办法，跟几位老乡民还有木工商量道："你们看，这样行不行？"他指着木桶道："我们在木桶一侧加上一个带凹槽的附件，在大轮轴上加四个凸隼，凸隼正好可以插进木桶凹槽，轮轴一转，凸隼就可以强力带动木桶上行。不过木桶与木桶之间的凹槽距离要算好，要正好与四个凸隼的间距一致，这样才能让轮番转动的凸隼准确插进每一个木桶的凹槽里。"

老乡们拍手叫绝："马博士，还是你的主意高。"

牛顺有疑问："但是，这些木桶大小不同，哪里能这么均匀啊。"

"你总不能天天把各家木桶借来吧？"马钧笑了，"这样的设计，木桶自然做成一样的。"

牛顺发觉自己问了个很愚蠢的问题，不好意思地笑了，又为难地道："只是，这得需要多少木料啊！"这些乡民们生活艰难，盖间小草房都是件了不得的大事，哪里有钱买木料，做这么大的工具呢？

不待马钧答话，有人高声道："没问题，需要多少木料，我都包了。"

大家闻声一看，却是傅玄。纷纷惊喜道："傅大人，你也来了？"

傅玄向大家拱拱手，满面春风地走过来，对马钧道："马先生，大喜事，问题都解决了，你需要多少材料都不成问题。"

马钧惊喜地问："曹将军同意了？经费解决了？"

"呵呵！"傅玄当着众人之面，不便细说，只笑道，"解决了，统统解决了。"

136

傅玄当然不知道此时此刻，那位无偿捐赠的义士慕容非正在南宫嗣府中汇报情况呢。卫笠得意地笑道："这下，马钧该一门心思弄他的'五倍元戎''抛石车'和'九攻云梯'了吧。"

南宫嗣满意地拍了拍慕容非的肩膀，道："好，你立了一功，我给主公的书信中已经替你说了。现在就回辽东，不要再回来了。"

"谢大人！"慕容非按照事先的安排，告别了南宫嗣，就悄然离开洛阳，回辽东复命去了。

南宫嗣对卫笠道："你要盯紧李牧，随时掌握马钧研制兵器的进度。"

卫笠点点头，道："这下，刘大人、孙大人那里问起，就好应对了。"

"是啊，"南宫嗣道，"这阵子我一直躲着他们，一见面就问起这事，现在我们可以把这条线慢慢地引下去了。这回我主动去找他们去。你先去约一下，看他们什么时候在？"

南宫嗣见到刘放的时候，刘放一脸的不高兴："你是怎么搞的？这阵子都见不着影儿。陛下又查问起谋反迹象的事，你让我怎么回答？"

"大人息怒！"南宫嗣陪着笑道，"下官不就是分身去追查的嘛。陛下交给的营造任务那么重，我手下人手又这么少，那伙人的行踪又那么诡秘，很难追查啊。有时刚抓到点线索，他们就给掐断了。这不，刚查出点眉目，不就给您来禀报了嘛！"

刘放问："哦？什么线索？"

南宫嗣压低声音，故作神秘又迟疑地道："这事可能和傅玄、马钧有些牵连。"

刘放凝起神来："你说这事是傅玄、马钧干的？"

"不不不。"南宫嗣连连摆手，"目前只是发现有些迹象表明他们或多或少有些关系，但还没有证据证明他们参与其中。"

"唉，你这不是白说嘛！"刘放埋怨道，"你是知道傅玄、马钧在陛下心中的地位的，没有证据，可不要轻易下结论，不要没打着狐狸反惹一身骚。陛下龙体欠安，心情正不好，谋反这等大事，不是闹着玩的，一定要查实了才能上报。陛下是担心这事跟辽东有关。"

南宫嗣心中一紧，连忙留下余地道："下官就是怕其中出现什么误会，不查实了，不敢轻易上报，又不敢隐瞒不报。"又试探着问："大人，刚才说陛下龙体欠安，太医诊治了吗？应该不会有问题吧？愿陛下龙体康安！"

"你也不是外人，有些话你知道了可不能外传。"刘放神情有些呆滞，叹口气道，"陛下龙体怕不是一般违和啊，太子年幼，一旦，一旦……"摇摇头，有些悲切，竟不敢想象。

南宫嗣心中一紧：难道……他也不敢直接问，震惊地道："陛下正值春秋鼎盛，上天不会不眷顾陛下的。"

刘放神情显得十分落寞："我私下问过太医，太医不敢直说，看那语气，陛下没几年……"忽地身子一颤，改口道："但我看陛下只是微恙，只要有名医调理，定会很快好起来的。"

南宫嗣能够理解刘放的心情。刘放历事曹家三代，备受信任。自曹睿登基以来，刘放、孙资一个担任中书令、一个担任中书监，直接负责曹睿内庭机要。这二人又的确极有才干，很得曹睿宠幸，几乎到了言听计从的程度，当然不愿意曹睿的龙体出现任何闪失。但南宫嗣听来，心中却是一阵狂喜。他要把这个消息及时报到辽东。目前太子年幼，辽东那边要是能忍耐几年，待曹睿一亡，魏国换代之际，朝政必定出现混乱，那时再乘机进取中原，把握就更大了。某种程度上说起来，他这几年在曹睿身上苦心经营，还是卓有成效的。奢靡淫乐果然将这位沉着刚毅、明识善断的一位明主慢慢置于死地。其实，这两年他已经注意到曹睿气色的晦暗，但不敢想象已经到了这个程度。

南宫嗣压住内心的狂喜，想把这件事弄得更确切些，便一脸忧虑地问："朝廷那么多太医，难道都束手无策吗？"

刘放心中烦闷，既然视南宫嗣为心腹，也不瞒他："所有太医都看过了，没用，有人都吓得自缢了。这个消息封锁着，不敢透露出去，陛下正让我们悄悄地在全国范围内征集名医，可惜华佗的医术没有留下啊！”

南宫嗣想到了太守神医张家，觉得自己不提醒，他们也会想到的，不如主动些，道：“大人，除了华家，不是还有太守神医张仲景张家吗？我听说张家后人，当年号称‘小先生’的张超就在洛阳啊。”

“唉……”刘放摇摇头道，“你说的我们能没有想到吗？那个张超已经不是从前的神童‘小先生’了，朝廷本打算把他征召到太医馆为官，可他到了洛阳，就放浪形骸，说要做什么醉医，不饮酒不能诊脉，你说，谁敢让一个酒徒诊治啊？到涅阳张家，找他父辈，谁想到自己也得了疯魔之症，哪里还能看病啊？唉，张家，张家也败落了。这世上，已经没有神医了。”

他们不知道，好久没有露面的张超，此时正和单先生在东山对饮，此时的他，一丝醉意也没有，只是面色十分沉重。单先生捋着白须沉吟道：“这么说，陛下当真是病入膏肓，无可救药了？”

张超沉重地点点头：“几年前我应诏入宫时，就借故把过陛下的脉，那时我就知道他患了不治之症，除非神仙下凡。”

单先生道：“所以你就辞召不就，在洛阳佯狂假醉，就是怕最后找到你头上？”

张超叹息一声：“陛下正值盛年，若有半点办法，我不至于让父亲也佯病避祸啊。”

“唉，可惜啊！”单先生雪白的长须在山风中微微拂动，惋惜道，“说实话，陛下倒是雄才大略，英明仁慈，实施了好多仁政，魏国也才保持着强大的势头啊。我一直奇怪，这么一位明慧之主，这几年怎么突然就奢靡享乐起来，你这一说，应该是他自己也感觉到命不永年，要及时享乐了。人啊，再雄也雄不过命啊！”

“我也是这么想的。我跟马钧、傅玄他们也是这么说的。”张超沉重地叹了口气，一脸悲切地道，“还有一件事没告诉先生，王舒也患了不治之症。”

“什么？”单先生一震，“王舒？王舒怎么啦？”

张超将一杯酒倒进口中，神情落寞地道：“王舒病在肺里，肺有积淤，也不会太久了。”

单先生沉默半晌，叹了口气，问：“马钧呢？马钧这阵子在忙什么？”

张超道：“今年大旱，听说这阵子和傅玄在乡下捣鼓什么翻水车呢。”

“这是好事啊！”单先生点点头道，“王舒的病这么重，他也没在家守着她？”

张超道：“王舒不让我告诉马钧，怕马钧担心。可这……可这最终瞒不了他的啊。她也不让我告诉王巧。”张超忽然神色黯然：“要是王巧知道了，该多伤心啊！”

137

因为突然有了充足的资金，马钧非常兴奋，本来准备和傅玄一块返回林甸子的，但是木桶翻水车正弄成个半吊子，就决定在牛家屯再待一晚上。牛顺赶紧把村里的木匠都找了来当下手，连夜赶工。马钧画出图样，让他们打制带有凹槽的木桶，自己则试制带有凸榫的木链，几经试验调整，终于做成了。忙了大半夜，十几个一侧带有凹槽、大小一致的小木桶也打好了。和轮轴、踏拐、木架一起组装起来，平地上一踩，果然翻转自如，不再出现打滑的情况。马钧又让他们各家凑来两杯菜籽油，涂在轮轴转动处，踩踏起来，更加轻便。大家都在兴头上，也等不及天亮，就趁着月色，一起动手，把翻水车搬到大田河堤上，架好它，上去一踩，只见轮轴一转，木链带动小木桶，小木桶带着水，一桶一桶，周而复始地往大田里翻水。大家欢呼起来：“成了，成了，出水啰，出水啰！”

欢呼声惊动了村里人，一个传一个，很快，有的打着灯笼，有的举着火把，都跑过来看稀奇。不一会儿工夫，最靠边上的两块大田已经翻满了水，水开始沿着大田、垄沟往其他大田里流淌，人们欢呼着，到想起要好好感谢发明这翻水车的马博士时，牛顺才发现马钧早已不见踪影。

此时天色已明，马钧立马在山坡上，望着远处欢声雷动的乡民们，心中涌起一股说不出的成就感，虽然一夜不眠，但仍一身轻松，神清气爽。想到林甸子那边有了充裕的资金，马钧精神抖擞起来，策马向洛阳城飞奔而去。

上午，马钧给太学生们授课，引经据典之时，忍不住讲起鲁班、墨子、王尔、张平子等前辈机巧大师的生平，推崇之意，溢于言表。太学生们也听得津津有味，尤其想不到墨家之祖墨子居然也是一代机巧巨匠。

下午一散学，马钧也顾不上回家，就直接打马去了林甸子。在林甸子外面碰到正等着他的李牧，一向稳重的马钧兴奋地在他胸前擂了一拳：“好你个李都统，哪儿找来这么个大主顾，把我们的问题一下子就全解决了。”

“凑巧呗！”李牧不自然地笑了笑，“中原多义士，这回让我给碰上了。”举起手中提着的酒食道，“听傅大人说你在牛家屯弄成了新式翻水车，特来为你庆贺。”

马钧高兴地拉着李牧一起进了林甸子，傅玄已经着人开始把先前准备购置的材料往甸子里运了。马钧到了这里就可以开始动起来。李牧把酒食分了一半给其他人，自己和马钧一边吃，一边摊开图纸，听马钧讲起“抛石车”和“九攻云梯”的结构来。

说起“抛石车”，原先一直困扰马钧的就是如何使巨轮高速运转，以提高甩力。这次发明木桶翻水车给了他很大的启发。他决定把脚踏转轴的原理转换到抛石车上来。这样，同时用数个乃至十数个军士，一同发力，巨轮的转速就会成倍增加，甩力自然也会越增越大，抛出的石头就会越高越远，越快越密，敌人的湿牛皮根本就来不及挂起。

李牧听罢，拍案叫绝。吃罢晚饭，主动表示，每天来给马钧当下手，协助马钧一起干。又试探着问马钧，那个“五倍元戎”做好没有？

马钧告诉他，“五倍元戎”已经设计完成，就等着有上好的材料，正式做成样品。李牧高兴道：“这样吧，我按照你的模型打制‘五倍元戎’，你专心研究‘抛石车’和‘九攻云梯’。”

马钧认为这样也好，可以速度更快一些。就从屋内密柜里取出图纸和模型，让李牧按照这个，取上等材料打制。

李牧细细审视了“五倍元戎”的结构，很快就了解它的发射原理，心中震撼异常。马钧的“五倍元戎”不仅可以一次同时发射十支箭，连续可以发射五次，而且扳动一下机关，可以一支接一支连射五十次，更为奇妙的是，换箭之快。它预设备用箭函，箭函里压满十支箭，元戎上哪个箭函射空之后，立即取下，换上备用箭函，继续发射。换装箭函不过在眨眼之间。他当然想不到，后世连发枪的弹匣就是运用这样的原理。

一个箭手，这样的箭函，身上可以轻松佩戴十个。用于单兵作战，那是真正的以一当百。若是协同作战，配备一个副射手，专门为换下的箭函压箭，那就可以不间断地连续射击。如果将这样的射手组成一个十人箭阵，较之一箭一射的寻常箭阵来说，射箭频率甚至在千人以上。如果组成百人箭阵、千人箭阵，那威力之巨简直是骇人听闻。李牧不敢想下去，只觉得自己的每一个汗毛都竖了起来，像一支支压在箭函里的利箭。难怪南宫嗣他们处心积虑要把这个东西弄到手。他隐隐约约觉得南宫嗣他们谋取这个东西，不只为一己之私，而是另有他图，好像在为背后的什么势力服务。但到底是哪个势力，却模模糊糊，看不清，反正不是为朝廷。

不为朝廷为谁？吴国？蜀国？这两年皆无战事。近期传得最多的，是辽东太守公孙渊。难道他这是要送给公孙渊？李牧这一路想下去，种种迹象冒上心头，越想越觉得像，但却没有半点证据。现在，他们以王巧为筹码，自己不得不就范，但内心实在纠结矛盾得很。

当晚，李牧在草屋内灯下按照图纸尺寸，照着模型认真打制“五倍元戎”。马钧要弄的“抛石车”比较大，就在院中，借着月色锯、削、刨、凿，护甸人给他打下手，直做到深夜才和衣而睡。

一连数日夜间奋战，终于大功告成。李牧成功地将马钧设计的“五倍元戎”打制出来，马钧的“抛石车”也已经打制完成。便通知傅玄前来看试验。

试验的这晚，天气非常晴朗，皎洁的月光把甸子里照得清亮异常。他们把“抛石车”推出院子，来到一片空地上。空地远处竖起一排缚扎很紧、与真人一般大小的草人。试验开始，马钧手持装好箭函的“五倍元戎”，先试试单发连射。只见他扳动扳机，“嗖”的一声，看不见箭影，只听“夺”的一声，已钉在远处草人身上。马钧又继续扳动扳机，只听“嗖”“嗖”“嗖”之声连续不断，“夺”“夺”“夺”之声呼应不绝，仿佛几十人在一个接一个连续不断地射击。不大一会儿，五个箭函均已射空。马钧又以最快的速度，取下元戎上的箭函，从身上抽出备用箭函，迅速换上。然后扭动机关，这回以十支连射的方式发射，只听“嗖嗖嗖”“嗖嗖嗖”“嗖嗖嗖”……连续扳动五次扳机，五十支箭便倾巢而出，月色明亮的夜空中，看到一阵黑黑的细雨疾飞而过，跑上前定睛一看，五十支细小的利箭全都射在了数百步远的草人身上，密密麻麻地钉满了。

林中有人低呼：“啊——太厉害了……”但处于激动中的众人谁也没有听见，跟着这人又娇喝道：“谁？”远处一个黑影滑下树丫，往林外逸去。刚才这人娇躯一跃，紧追而去。

傅玄激动异常，低声疾呼：“天哪，这是什么样的威力啊？如果我大魏军队都配备这种武器，那真是天下无敌了。”

李牧也看得呆了。他本已想象到这“五倍元戎”的威力，但毕竟没有亲身体验。这时亲眼看到它的效果，心头的震撼无以复加。

“五倍元戎”的威力如此巨大，他们都迫不及待要试“抛石车”了。“抛石车”已经雄踞在草地上，巨轮上系着数十块砖石，每块砖石都有十多斤重。一个辘轳连接着轮轴，辘轳又连着另一根轮轴，另一根轮轴置于一个横杆下方，轮轴上有踏拐，这个踏拐与翻出车的踏拐又有不同，只有一左一右两个，双的，人可以骑在横杆上踩动双拐，循环往复，有点类似后世的自行车。巨轮两侧延伸下去，有十几个这样的双拐。

马钧把所有人都叫来，一齐上去，按照他的口令，同时踩踏，系着砖石的巨轮虽然巨大，结构却十分轻巧，各个转动轴都上了油，一旦转动起来，十分轻便。十几个人同时发力，越转越快，砖石也跟着转动起来，好似平地上起了大风，“呼呼”作响，那气势十分骇人，所有人使出浑身力气，巨轮在月光下转成一团模糊的影子，外围的砖石形成一个另一个圈影，马钧看准时机和角度，轻轻将装作利刃的机关推入这团光影中，系着砖石的细绳在巨大的旋转力下，逢刃而断，一块块砖石夹带着骇人的呼啸声抛向远处，越过数百步外的草人，直接砸向林梢，跟着就是一阵“噼噼啪啪”的巨响。他们停下转动，跑过去一看，只见那一片林子被砸得七零八落，很多粗壮的树枝也被砸断了。傅玄笑道：“成了，成了。若是用这个东西攻城，再多的湿牛皮他也来不及挂啊！马先生，你为魏国可立了大功了。”

李牧道：“东西虽然好，但是国家如果不用也是枉然。听说曹爽大将军就不喜欢。”

傅玄道：“东西就在眼前，由不得他不喜欢。再说了，他不喜欢，不代表别人不喜欢。我们可以把他献给司马太尉，他是个真正知道兵机的人。”

138

次日，李牧被南宫嗣召了去，问他马钧兵器研制进展情况。李牧说，还没有大的进展，还在实验中。他想拖一日是一日。南宫嗣的脸沉了下来，忽然一拍案儿，喝道：“大胆李牧，你居然敢欺骗本官?!”

李牧一惊，忙道：“南宫大人，下官并不敢有半点隐瞒，的确还在试验中，效果没有想象的那么好！”

“是吗？”站在一旁的卫笠阴沉沉地道，“昨天夜里那‘五倍元戎’和‘抛石车’好大的威力啊，你不就在现场吗？”

李牧倏地变了脸色：“大人……那，那，那只是试验。”话中已经没了底气。

南宫嗣冷笑道：“李牧，你休要在我这里耍滑头，你以为我只是派了你一个人吗？告诉你，你的一举一动都在我的掌握之中。我现在就去禀告刘中书，让他启奏陛下，王巧为了逃避选美，假嫁于你，欺君罔上。”一甩袍袖就要往外走。

李牧大惊失色，急忙上前，单膝跪地，双手抱拳，道：“大人，属下并非有意欺瞒，想等拿到图纸和模型，有百分之百的把握，再禀告大人。”

南宫嗣停住脚步，冷冷地盯着他，半天才道：“果真如此？”

李牧道：“他们防范很严，我一时难以得手，怕引起他们的怀疑。”

南宫嗣缓了脸色，道：“好，你真有难处我也不逼你，我自有办法让你拿到图纸和模型，但你必须密切配合。”

李牧忙道：“是，属下愿听大人吩咐。”

“起来吧。”南宫嗣换了一副面孔，露出一丝微笑，“我去见刘中书，你在这等着。待我回来，自有安排。”回头对卫笠道，“卫主簿，你陪李都统喝几杯。”

李牧连忙起身致意：“谢大人！”

南宫嗣带着从人去了刘府。刘放不在府中，说是在宫中侍奉着曹睿呢。南宫嗣想了想，就直接去了宫中求见。刘放和孙资侍奉在曹睿左右，正在讨论辽东的事情。估计这几天，命令已经传到幽州，到了毌丘俭的手中了。不知道毌丘俭去征召公孙渊，公孙渊会是什么反应。听说南宫嗣找他，估计是那事有眉目了，就请示了一下曹睿，曹睿正想问问情况，无力地挥了挥手：“让他进来吧。”

南宫嗣在太监的引领下，走进深宫。已经好久没有到这里来了。曹睿也已经好多天没有上朝，此时乍进深宫，只觉这里空旷、寂寥，尽管此时天气仍然炎热，这里却阴嗖嗖的，不断泛起丝丝寒气。南宫嗣就觉得有一股阴森之气，无形地充斥着这里。待见到曹睿，才知道这种感觉的由来。

曹睿半坐半倚在龙案后面的靠背上，面如枯槁，透着一股死灰之气，才三十四岁的人，就已经完全失去昔日沉静明朗、君临天下的风采了。

这些日子，曹睿心中的沮丧越来越重。鉴于辽东公孙渊尾大不掉的教训，今年他想着手把相关郡县做个调整，以便朝廷更好地掌控。前些时候，刚从魏兴郡中分出魏阳、锡郡中分出安富、上庸等地，新设上庸郡。同时撤销锡郡建制，把锡县划归魏兴郡。这样一来，这一块的管理就理得更顺了。

他还在想，如果公孙渊能够应诏来朝，就给他个高职位养起来。然后把辽东郡分割成三部分，襄平就近划入玄菟郡，北丰、平郭、安市、辽隧一线划入昌黎郡，西安平划入乐浪郡。这样来，辽东郡就不复存在，公孙家族自然也就无可作为了。

只是这公孙渊会这样甘心臣服吗？辽东地处东北一隅，地形狭长，如果公孙渊沿辽口、辽隧、辽阳一线筑起一道屏障，一旦反叛，他有着乐浪郡、带方郡为战略后方，是很难攻进去的。如果不能攻克，他就会形成割据辽东、乐浪、带方的危险，甚至把他北边的玄菟郡也顺手牵羊给吞了。而且他可以从海上与东吴勾搭起来。这样的割据局面一旦形成，日后再想平定就很难了。

曹睿心中纵有千般韬略，奈何身子是一天不如一天。他已经不指望太医了。曾经想征召张家小先生张超入宫诊治，但听说他变成了一个醉医，人不敢近。心中就明镜一般，知道他是佯狂避祸。也就是说，自己的年月的确不会太多了，顶多也就是这三五年间的事。他现在最重要的就是这三五年内，要把后事安排好。只是不知前世作的什么孽，自己的儿子竟然全部夭折。只有养子齐王曹芳、秦王曹询承欢膝下，都只有六岁，什么也不懂呢。这是最让曹睿头疼的一件事。这一阵，除了牵扯到辽东的事，他才勉强过问一下，其余杂务，一律放手让刘放、孙资二人办理。

龙案上堆了一堆文书，刘放、孙资二人的面前还架着狼毫笔，看得出刘放、孙资一直在帮曹睿处理政务。南宫嗣上前跪拜曹睿，曹睿有气无力地挥挥手道：“平身。南宫爱卿听……听刘爱卿、孙爱卿说，你一直在追查私……私造兵器意图谋反的人，查……查得怎么样了？是不是辽东那边有……有什么牵扯？”

南宫嗣道：“回陛下，据臣多方查探，已经获知这伙人的踪迹。这伙人狡诈异常，神出鬼没，臣本想顺手成擒，但又越出臣的职权，欲待通报卫尉，又怕走漏消息，惊走了他们，刘大人、孙大人忠心谋国，足智多谋，所以想向二位大人讨个主意。现在有幸见了陛下，就请陛下定夺。”

不待曹睿回话，刘放献计道：“陛下，兵者，贵在使人不测。南宫大人熟悉情况，就让他密捕这伙反贼最好。”

孙资也赞同：“对，此事不宜惊动他人，若叫这伙人惊觉，怕把他们吓跑了。”

曹睿点点头：“好，南宫爱卿，你去办吧。”

南宫嗣故作迟疑道：“陛下，这伙人一定凶残异常，如果遇到反抗怎么办?”

刘放果断地道：“陛下，罪莫大于篡逆谋反，如其反抗，格杀勿论!”

曹睿摆摆手：“一定要……查，查实，非不得已，不要轻易杀……杀戮……”一阵猛烈地咳嗽，想说话，说不出来，只挥挥手，让他斟酌处置。南宫嗣明白意思，躬身而退。

回到将作府，李牧还在与卫笠饮酒呢。见他回来，正要起身，南宫嗣伸手按住，走到主案前坐下，下人立即上了酒菜。南宫嗣举杯对李牧道：“李都统，该是你建功立业的时候到了，来，干完这杯，我告诉你该怎么做。”

第 21 回 ‖ 毁兵器：撼人心百姓跪亡妇

139

李牧领了任务心情沉重地走了。晚上，他没有马上去林甸子，而是先回到家里，想去见见王巧。想到要去给马钧挖一个陷阱，心中就不是滋味。走到家门口，又踌躇着不敢进门。正欲转身离开，碰巧冉氏出来，看见他，惊讶道：“夫君，你回来了？怎么不进屋？”

李牧没奈何，只得跨进院中，见东厢房黑着，松了一口气，又有些失望，问：“小姐不在？”

冉氏道：“二小姐最近身体越发不好，马先生又常不在家，小姐大多数在那边照顾二小姐呢。”把李牧让进屋，冉氏就欢欢喜喜地去做饭，李牧说吃过了。冉氏就去打水，服侍李牧洗漱，李牧说一会儿还要出去。冉氏就把他拉到房间，坐在榻边，偎进他怀里，含羞低语道：“夫君，我好像有了。”

“有了，什么有了？”李牧心思还在王巧和马钧身上纠结，没反应过来。

冉氏嗔道：“死鬼，能有什么？有你儿子了呗。”

“啊？”李牧这才回过神来，欢喜地一把抱住冉氏，“我真要有儿子了？”忙把脑袋贴到冉氏的肚子上去听。

冉氏揽住他的头，感叹道：“夫君，我们有今天，一定是前世修来的福分，才能遇到小姐。你要多做善事，为我们的儿子积德。”

李牧心中一震，冉氏这句不经意的心里话正击中他心中最薄弱的地方。一下子沮丧起来，身子竟然簌簌发抖。

冉氏惊觉，问：“夫君，你怎么啦？”

李牧掩饰道：“我……我是欢喜的。”

冉氏紧紧抱住李牧，生怕这好不容易得来的幸福溜走。正相拥无语，门外传来一声骄喝：“李牧，你给我出来！”

李牧一听是王巧的声音，而且是以从未有过的口吻叫他，赶紧站起来，往外走。冉氏不知出了什么事，也跟着出来。只见王巧抱着马器、牵着马缘站在堂屋里，一脸寒霜。李牧赶紧上前单膝跪地：“李牧见过小姐……”

冉氏不知所措，也跟着跪下。

“没你的事，烦你把这两孩子带好。”王巧挥挥手，叫冉氏起来，把马器塞到冉氏手里，让她带着马缘回屋。然后转脸问有些慌乱和迷惑的李牧，“李牧，你现在是越来越不把我放在眼里了。你说，你有多少事瞒着我？”

李牧头皮一乍，以为王巧知道了全部内情，身上的冷汗涔涔而下，嗫嚅道：“我……我没有事情瞒……瞒着小姐啊！”

“没有？”王巧杏眼圆瞪，“我问你，这一阵子，你每天到林甸子干什么去了？”

果然是这事。李牧以为他去林甸子的目的已经被王巧知道，心里慌乱起来，支吾道：“就是去……去给马钧打……打下手。”

王巧没好气道：“你去帮他是好事，干吗一直瞒着我？”

一听这话，李牧暗暗嘘了一口气，原来王巧只是知道他的行踪，并不了解他的目的。口齿又流利起来：“傅大人说，这是国家机密，不能往外说，所以没敢讲……当然，小姐不是外人，我应该告诉小姐的。”

“你们这还什么机密？”王巧冷笑道，“我几次到了现场，就在树梢上看着，你们有谁发觉了？就这样还保密？”

李牧惊异道：“小姐，你去过林甸子？”

王巧道：“前天我上街去，无意中发现有人好像在跟踪你和马钧，就跟在后面看个究竟。到了林子里，那人就不见了踪影，我就隐在树上守着。正好看到你们在试验兵器。那人也看到了，被我发现就逃了，我追他也没追上。你知道什么人在盯着你们？为什么盯着你们？”

李牧打了个冷战，心知必是南宫嗣派去的人。但只能拿南宫嗣今天的话来搪塞王巧了：“听说吴国、蜀国的细作都盯上了马钧的新发明。不知道会不会是他们？”

王巧脸色一变，道：“这么说，马钧岂不是时刻处于危险当中？”

李牧老实承认："是的，如果各方都想得到马钧的发明，就必定会打他的主意。"

王巧恨声道："他没事发明这个劳什子干什么？"一指李牧："你，要还认我是小姐的话，给我保护好马钧。你是都统，那一带的巡视护卫本就是你的职责，多带些人。"

李牧不敢迟疑，道："是，小姐，我一定保护好他。"

"你还愣在这儿干什么，去啊！"王巧跺脚道，"这个小结巴，不行，我得告诉王舒去。不让他再做这个劳什子。"转身就往外走。

此时的马钧正在家中，见王舒病得不轻，内疚地坐在她身边，已经陪她说了许久的话。见马钧依旧愧疚不安，王舒温言安慰道："夫君，不要自责，生死有命，你能为国为民做些事情，为妻很高兴。今天牛顺他们来过家里，说你发明的木桶取水车很好用，今年虽然大旱，收成不会受到太多影响。现在附近村上的人都来他们这里取样，很多地方的乡民们都开始用它了。大家都在传你的大名。我心中不知有多高兴。陛下封你是'天下名巧'，那也只是陛下一人受你之用、封你之名。等这翻水车传遍天下了，那时人人受你之用、传你之名，那才算是真正的'天下名巧'。"

"王舒，你说得太好了。幸亏你上回当头棒喝，我才知道发明是为了什么。"马钧诚挚地道，"那木桶翻水车虽然可以用了，这两天我想了想，还可以改进。等我手头的事办完了，我就把它再改善一下。但现在，我要陪着你，等你完全好了，我再去做那些。我明天就去找小先生。"

王舒幸福地笑了笑，又一次偎进马钧怀里，轻声道："我的病我知道，药正吃着，你该忙什么还是去忙什么吧？那些机巧，国家等着用，乡民等着用，不要耽搁了。等你弄好了，再回来陪我，我等着你！"

"什么国家等着用？乡民等着用？怕是敌人等着用吧？就怕你把脑袋也弄没了！"房门帘一掀，王巧怒气冲冲地闯了进来，气乎乎地嚷开了。

王舒赶紧从马钧怀里起身躲开，埋怨道："姐，你怎么就突然闯进来了？"又剧烈咳嗽起来。

马钧也觉尴尬。虽知王巧什么事都敢做，但哪里能想到一个招呼不打就突然闯到他们的私密领地里来了。王巧这才觉得唐突了，飞红了脸，却不肯认错，依旧怒道："马钧，你干的好事！王舒，你还鼓动他去做机巧，命都快没了！"

140

“什么命没了？”王舒一头雾水，“姐，你说清楚！”

王巧见马钧也是一脸迷惑，道：“王舒，你知道马钧在搞什么机巧吗？”

王舒摇摇头：“不知道啊，不说是国家机密吗？我们不该问的。”

“还机密？”王巧鼻子里“嗤”了一声，“人家早一清二楚了，就你还蒙在鼓里。你知道他在做什么机巧？——他在做新兵器。在做‘五倍元戎’，在做抛石车，还要做‘九攻云梯’。你知道那兵器有多厉害吗？单说这‘五倍元戎’，一个人可以顶得上几十个人乃至上百人。杀伤力这么大的兵器，怎么能不引得人家眼馋？”见王舒惊骇地张大嘴巴，王巧把前天晚上看见的试验不无夸张地形容了一遍，着急道，“现在也不知道是吴国还是蜀国的细作，已经盯上了他。他们一定会想方设法把这个机巧的图纸和模型弄走的，弄不好还会加害到他。”又把前天晚上跟踪神秘人的事情讲了一遍。

马钧听得目瞪口呆。他是第一次听到这事。一开始他们很注意保密，后来也没发现什么大问题，时间一长的确慢慢松懈了。

“天哪！”王舒刚刚从震惊中反应过来，一反刚才的温柔，娇弱的身躯猛地坐直了，用一种从来没有过的眼神不认识一样地盯着马钧。

马钧被王舒惊异的眼神吓了一跳：“王舒……你怎么啦？”去拉王舒的衣袖。

“别叫我！”王舒奋力打开他的手，声嘶力竭地吼了一声，把马钧和王巧都惊呆了，就听王舒怒责道，“这就是你的好发明？啊？你马钧本事太大了，太了不起了，都可以杀人啦！”

马钧莫名所以：“我……我什么时候杀人了？”

王舒颤颤巍巍地站起来，一手扶着柜子，一手指着他道：“君子天赋机巧，是为了利国利民。如今你费尽心力，却是去发明杀人利器。你没杀人，你发明的这些利器，它杀不杀人？它杀人不就是你在杀人吗？你不过借了别人的手罢了。居然一个顶几十个、上百个，你好大的本事啊？马钧！难道你不知道，就算是上阵杀敌，那敌人在他国不也是寻常老百姓吗？”

这下不仅马钧震惊了，连王巧也被震撼了，都没想到王舒会想这么深。一时不知道说什么好。

王舒不管不顾地继续一口气说下去："单先生说过，兵者，国之凶器也。圣人不得已而用之。你怎么能用你天生的智巧去发明这些杀人的东西呢？姐，记得单先生说过，如果以人的智巧专门研制这些杀戮新器，会一代比一代更新奇、更厉害。马钧，你想想，如果每一代智巧之人都跟你一样，不去发明有利民生的物件，而去研制杀戮生灵的利器。代代更新，层出不穷，千年相叠，无穷相加，那时威力之大，我简直无法想象。照这样下去，一百年、一千年、一万年以后，人还在吗？人最终不都是被自己发明的东西杀戮殆尽吗？"

说到伤心处，王舒禁不住泪如泉涌。马钧呆呆地愣在那里，只觉脊梁上冷汗如雨。王巧也仿佛第一次认识妹妹似的，惊讶地看着她。

王舒猛烈地咳嗽了一阵，捂住心口，伤心地道："夫君，我今天再叫你一声夫君，我告诉你，当今天下不缺少杀人的兵器，缺少的是让人活命的粮食。老百姓现在最需要的是什么，是吃的，是粮食。你如果以智巧为民所用，那是救人于饥馑，拔人于水火，是存大德、积大善、得大名。一救一杀，善恶立判……"王舒只觉得屋内狭小仄憋，一口气憋在胸口出不去，难受地低头冲出屋外。

王巧恨恨地瞪了愣在那里的马钧一眼，顿足道："你呀！"跟着追出屋去。

马钧呆坐在榻上，睁着空洞的双眼，茫然地望着屋顶，脑中一片空白。不知过了多久，马钧才从震撼中回过神来，跑到屋外。夜幕沉沉，远近零零星星的灯火使洛阳城越发显得清冷孤寂。举目四顾，哪里还有王舒和王巧的身影。马钧的一颗心吊了起来，马上就要宵禁了，这个时候哪里能乱跑呢？想了一想，她们别无去处，只有去王巧家里。马钧不放心，连院门也顾不上关，就匆匆向王巧家里跑去。

王巧家里，冉氏安顿好王归、马缘，正在哄马器睡觉。见马钧匆匆而来，找王巧、王舒，就觉得一定发生什么大事了，吓得哆哆嗦嗦的，说王巧走了就没回来，李牧晚上回来，被王巧训斥一顿，也匆匆走了，不知去了哪里。

马钧一时没了方向，怕与王巧、王舒走岔了，又折回去找。回到自家院中，仍旧踪影皆无。马钧瘫坐在门槛上，丧魂落魄地不知所措。坐了半天，想再骑马去找时，发觉自己的马也不见了。他哪里想得到此时的王舒正和王巧骑着他的马，直向林甸子奔去。

原来王舒冲出屋外，把憋着的一口气呼出来，胸闷才觉得好多了。王巧跟出来，见她脸色如此难看，急道："你看你，再急出个好歹来，怎么得了？走，我带你去找小先生去。”

王舒连连摆手，说不出话来，王巧瞥见马钧的马拴在院内，急忙过去解了缰绳，牵了过来，也不管王舒同不同意，抱起她就上了马，直奔张超的药铺而去。跑出去一截路，王舒才缓过劲来，挣扎着拉住马缰，道：“姐，我没事了。停一停，我有话说。”王巧带住马，听她说：“姐，你带我去那个什么甸子吧。”

王巧道：“你去那里干什么？”

王舒喘息道：“我要保他的命，保他的名。”

王巧问：“怎么保啊？”

王舒急道：“问那么多干什么，快去啊！”

王巧一听不但要保马钧的命，还要保马钧的名。不再多话，让王舒坐好，策马向林甸子飞驰而去。马匹奔驰在空旷的大街上，得得蹄声分外清脆。远处传来更声。初更起，宵禁始。王巧来过林甸子，知道哪条路上能避开巡逻的军士。穿街越巷，快到林甸子的时候，还是被一群军士喝住了：“什么人，竟敢夜晚城中骤马？”

王巧见躲不过，赶紧勒住马，道：“军爷，我小妹急病，去寻郎中，迟了要出人命。”

领头地上前仔细查看，见王舒面色苍白，气息虚弱，咳喘不停，的确是生急病的样子，便挥手让她们过去了。又奔了一会儿，到了林甸子边上，又一队军士如临大敌般拦住了去路。

141

傅玄今天本来没有打算到林甸子来，他已经如愿以偿地调到武卫将军府任参军，希望找机会能慢慢说服这位在魏国军界举足轻重的人物，让魏国兵器来一次大改革。初到曹爽麾下，想尽快熟悉这里的军务文书，吃完晚饭就在书房里伏案浏览起来。忽听窗外“夺”的一声，窗棂震动了一下。赶紧站起身，问外面发生什么事？就听家人急急惶惶地在窗外叫道：“老爷，快，这……这是什么？”

傅玄忙跑出来，家人指着窗棂，哆嗦道：“老爷，你看——”

只见窗棂上赫然插着一柄匕首，将一封书信钉在窗棂上。傅玄道：“快快快，取下来，看看到底是什么？”

家人壮着胆上前用力拔下匕首，取下书信，递给傅玄。傅玄拆开书信一看，眉头皱了起来，赶紧吩咐家人备马，也不解释什么，立即向林甸子奔去。到了甸子里一问，说马钧今天没来。傅玄二话没说，吩咐几个军士加强看护，又上马向马钧家中奔去。因为王巧一路避开巡逻军士，走街穿巷，绕了一段路，便恰好与傅玄走岔了道。王巧她们遇到这队军士时，傅玄刚刚离开。

王巧正欲用刚才找郎中看急病的托辞应付这队军士时，却见领头的原来是李牧。李牧见是她俩，惊诧道："小姐，是你们?！你们这是去哪里?"

王舒见是他，放下心来，道："你在就好，我们进甸子。"

李牧迟疑道："你们进甸子干吗？马钧不在，傅大人也刚刚离开，去找马钧了。"

王巧杏眼一瞪，道："我们不找他，你带我们进去，我们有事。"

李牧不敢多说什么，吩咐副手带队继续巡逻，自己则领着她们循着林中小道，七弯八拐地来到甸中。

今宵无月，甸子里幽暗得很，只有屋中透出的一点灯光，让这寂静的林子有了灵气。一踏入甸子空地，就见几个黑影围过来，轻声喝问："谁?"手中似乎都掂着刀枪。

李牧应道："是我，李牧。"

"原来是李都统。"几个守卫的军士见是李牧带的人，不疑有他，立刻散去，各归本位，也不多问。

王巧扶着王舒走进偌大的篱笆院中，只见地上果然架着几樽黑魆魆的东西，看上去很是威武，王巧告诉王舒："诺，这几个就是'抛石机'。那边那个还没弄好的是'九攻云梯'。"

王舒定下神来细看，苍茫的夜色中犹能看清这些威武的兵器，想到王巧形容的攻城杀敌之状，浑身就禁不住一阵阵打战。王巧又扶着她走进亮着灯的屋内，俨然就是一个很大的木工间。到处都是工具和散落的材料。王舒问："那个什么'五倍元戎'呢?"

李牧不知道该不该应声。见王巧拿眼瞪他，只好道："锁在柜子里呢。"用手朝山墙边上一溜木柜一指。

王舒也不答话，见工具箱里有把斧头，便挣脱王巧的手，走过去，也不知哪来的力气，抄起斧头，用斧背用力朝锁上砸去。李牧和王巧都被惊呆了。李牧不知所措。王巧上前要拉她：“王舒，你疯了？”

王舒一手推开她，一边砸一边恨恨地道：“要想保住他的命，只有把这劳什子毁了，断了祸根，也就断了别人的念想。”

那枚铜锁不禁砸，只几下就砸开了。王舒打开柜子，把几张大小不同的“五倍元戎”的模型和实物都翻出来，扔在木工台上，然后举起斧头，一阵乱劈。

王巧这时才明白王舒的用意，顿觉热血上涌：对啊，把这劳什子都砸了，那些细作也就死心了啊！不禁喝彩道：“王舒，真有你的。我和你一起砸。”说罢也去找来一把斧头，就要和王舒一起痛痛快快地大砸一通。

“别动，你们谁也别动！”王舒举起斧头指向王巧、李牧，将他们逼退两步，叫道，“姐，姐夫，你们听着，这事和你们无关，只是我一人所为。”

王巧霎那间就明白了王舒的意思，叫道：“王舒，我是你姐，我们有福同享，有难同当。我岂能让你一个人做这事。”

几个守护的兵丁听到屋内动静，不知出了什么事，都跑到屋内来，正看见王舒又用斧头逼退王巧，在大声喊道：“别过来。”见几个兵丁也进来，不待他们发问，大声道：“你们听着，我是马钧的妻子王舒。我不许他发明这些杀人的东西。你们谁都别过来。今天的事，只我王舒一人所为，跟我姐、我姐夫都无关，跟我夫君也无关。你们都做个见证。”

兵丁们见此阵仗，也不知道怎么办？都愣在那里。王巧还要上前，王舒倒转斧头逼在自己的脖子上，喊道：“姐，你再过来，我就不活了。”王巧只得站住，知道她一向敢作敢为，也被这个从来娴静的妹妹突然之间爆发的疯狂举动吓住了。正不知怎么劝解，就听王舒道：“姐，我跟你说，反正我病已成真，好不了了，犯不着搭上你们。倘若朝廷问罪，我一人担着就行了。姐，你替我照顾好两个孩子和……和……和小结巴……”

王巧心中大震：“小妹，你……”

王舒逼退众人，举起斧头一阵乱劈乱砸，将所有“五倍元戎”的模型和实物砸了个一干二净。又跑到院中，举起斧头砍砸那些“抛石车”。“抛石车”那么巨大，哪里砍得动，加上刚才一阵乱劈，气力用过了头，王舒没砸几下，就扑倒在“抛石车”上。王巧见状，飞步上前，王舒猛地一转身，倚在“抛石车”上，用斧头逼向王巧，大口大口地喘息，中间还夹杂着剧烈的咳嗽。王巧急得直跺脚，不觉哭出声来：“小妹……”

王舒神态决绝，似乎一定要把这件事做到底。眼见得这“抛石车”无法砸动，便把目光投向了屋内的油灯。只是身上气力不佳，就将斧头横在脖子上，倚在那里，慢慢地等待气力恢复。僵持半晌，王舒似乎恢复了气力，跑进屋内，找团破布裹在木棍上，将几盏空油灯砸碎，沾了油，在灯上点着，回到院中，又将一捆干草，踢向抛石车，然后举着火把就欲点起。忽听林外火光四起，一阵喊杀声从四面传来。几个兵丁大惊失色，张皇四顾。王巧、王舒心道：“果然来了，果然来了！”

李牧见王巧望向自己，脸色一变，道：“一定……一定是敌国细作来了。”

142

马钧瘫坐在门槛上，心如火煎。他本想为国家好好做件大事，根本就没想这么复杂。王舒的一席话让他非常震撼。他到现在都没有从震惊中清醒过来，只觉得自己的确变成了杀人凶手。不，是杀人魔王。自己发明的“五倍元戎”“抛石车”，还有设计中的“九攻云梯”，都是前所未有的杀戮奇兵。实验时，他看到的都是这些兵器的神奇功效。看到的，都是远方那一个个人影成片倒下的样子。那些人影对他而然，是远景，是物件，再具体些，也就是敌人。但经王舒当头棒喝，现在马钧眼前的幻象里，他的目光追随着这些无数的箭头、砖石，一齐飞到了人群里。人群不再是一些虚无的影像，而是一个个活生生的人。他们都和他一样，是普普通通的人，是普普通通的老百姓。只是他和他们的国籍不同，但都是被人驱赶到战场上来的。他们在他发明的超级利器下，一排排绝望地倒下。一个个鲜活的生命就在他发明的杀戮利器下，泥人一般地轻轻崩坍了。天哪，这哪是杀人，这分明是屠戮啊！

马钧浑身颤抖了起来，不敢再想象下去。无力地倚到门框上，连骤马而来的傅玄急急地呼他，他也毫无反应，把个傅玄吓得七魄离体，三魂出窍，以为马钧已经遭到了暗算，顿足悲道：“晚了，晚了！完了，完了！”

傅玄上前试图探探马钧的气息，这才发现马钧眼睛依然是活的，只是出了神，对眼前事视若无睹。傅玄不知出了什么事？又怀疑中了迷药，推了推他，急唤道：“马先生，马先生——”仍旧毫无反应，又向屋内大呼：“王舒，王舒——”

听有人在呼“王舒”的名字，马钧腾地一下跳起来，转头四顾：“王舒，王舒，你在哪儿?”

傅玄摇摇他的胳膊：“马先生，你怎么啦？我是休奕啊。”

马钧茫然地望着傅玄。傅玄转眼看见井栏上有个小水桶，走过去一看，有半桶水，拎过来，陡然泼在马钧脸上。马钧一个激灵，清醒过来，瞪大眼睛：“傅大人，怎么是你?”

傅玄道：“出什么事了？你怎么这么失魂落魄的?”

马钧这才长呼一声：“傅大人，王舒不见了!”

傅玄急问：“怎么回事？王舒被人绑架了？”最担心的事果然发生了，但没想到会落在王舒身上。

“不是!”马钧顿足摇头，半晌才把事情说清楚。

傅玄松了一口气，安慰道：“还好，我还以为王舒被绑架了呢。看样子不是。我估计八成她们跑到甸子里去了。”

“她们去甸子干吗?”马钧茫然地问，又不解地看着傅玄，“傅大人，你怎么到这里来了?”

“不管她们去干吗，现在就当她们已经去了。”傅玄按耐不住焦躁，道，“傍晚有人飞刀传书给我，说是近期有敌国细作携带高手，要潜入林甸子抢夺新兵器模型图纸，还要刺杀你。我就急急忙忙到甸子里通知你躲避一下。没想到你今天没去甸子。”

马钧倒吸一口凉气：“那王舒王巧岂不危险了？怎么办？怎么办?”

“别慌!”傅玄冷静下来，想了一想道，“这样，曹羲离这里最近，我们快马去找他调兵，速去救援。”

马钧急道：“你去调兵，我先去林甸子。”

傅玄道：“你一个人去有什么用。快上马，别耽误。”

马钧只得与傅玄共乘一骑，向曹羲府中疾驰。路上遇到巡夜的军士，说明情况。傅玄便单身独骑去调兵，马钧则和巡夜的一队军士直扑林甸子。

但一切都已经晚了。

林甸子那边已经被人围了个水泄不通。几个守护的军士惊慌之中，分散开来，引弓搭箭，守护在篱笆院内。李牧将腰刀拔出半截，又推了回去。对也惊慌失措的王巧道：“小姐，看来，只有拼死抵抗，等待援军吧。”

王巧急问：“他们人多，我们人少，你说，怎么抵抗?”

李牧叹道：“要是刚才‘五倍元戎’没毁，我们人手一只，便是千百人围攻，一时也未必敢闯进来。”说着有些埋怨地看了王舒一眼，继续道：“幸好‘抛石车’还可以用，我们用它可以抵挡一阵。二小姐，你让开!”

“不!”王舒坚决地说，“我决不让马钧发明的东西杀害一个人。”

李牧无奈地望着王巧，急得直搓手。

甸子外面的攻势也很奇怪，只在外面鼓噪呐喊，就是不往里面攻。似乎一定要逼着里面先反抗。但由于王舒苦苦坚持，李牧也无可奈何。那几个军士更不敢没事找事，主动放箭。

林子深处，军士围了两层，后面一层举着火把，高声呐喊：“抓反贼啊！抓奸细啊！”前面一层单膝跪地，张弓搭箭，只等命令。火光里，南宫嗣骑在马上，指挥着这场蓄谋已久的抓捕战。在他边上，赫然竟是曹睿最宠幸的骁骑将军秦朗。

南宫嗣此时心中正恼怒。按照预定计划，李牧此时应该带动里面的人，使用“五倍元戎”和“抛石车”进行保卫阻击，他好坐实了马钧、傅玄秘制兵器意图谋反的罪名，然后一举攻进去，杀人夺物，丝毫不留破绽，届时顺便将李牧在混战中一同灭口。为此，他特意说动刘放，奏请曹睿，让秦朗亲自带兵督阵。但许久也不见里面人动作，正自踌躇，忽见甸子里着起火来。鼓噪的军士停了下来，等待下一步命令。

秦朗愣了一下，自语道：“难道他们还真动手反抗?”

南宫嗣听在耳内，立即高声命令：“秦将军判断，他们要动手了。快，放箭——”

甸子内，王舒不管不顾地将抛石车点着了，火很快就烧了起来。林子里的鼓噪声忽然停了一下，甸子里除了越来越大的火光，就是一片可怕寂静。李牧惊呼：“不好，快进屋!”一把就将王巧推到屋内。那箭果然如密雨一般射来。只是甸中空地太大，一般箭的射程没这么远，但这么大的声势，足以骇人。几个守护的兵丁一边拨打着来箭，一边退向屋内，只有王舒仍然不管不顾地焚烧“抛石车”。

王巧惊呼：“快救王舒!”又扑出门来。

李牧吼道：“快进去，我去救她!”拔出佩刀，冲向王舒。有几支强弓射来的箭竟然射到近前，但力道弱了许多，李牧舞起刀花，轻易将它们打落。乘王舒下意识地躲箭，一把夺过她手中的斧头，拉住她的胳膊就往屋里走。王巧紧张地大呼："快进来，快进来！"

射到近前的箭越发多起来，王巧怕他们有失，夺过一个军士的腰刀，跃出屋来，拨打来箭。李牧更急，一把拉过王舒，直向屋内推去。口中犹喊道："小姐，快进去！"

王巧正要给王舒让路，却见一支箭带着啸声激飞而至，直指李牧的后心，骇然大叫："李牧当心……"不顾危险，直接扑过去。

说是迟，那时快，眼看李牧避无可避，扑过来的王巧也势必殃及，却见王舒骤然转身正好和李牧换了个位置，伸开双臂挡住了李牧和王巧，那支箭就结结实实地扎进了王舒的胸膛。

王巧撕心裂肺地一声大喊："王舒——"

143

马钧跟着巡逻的军士奔向林甸子，远远就看见林甸子被团团火把围住，又见甸中烟火冲天，不知道出了什么事，心中惊骇无比，只暗暗祈求王舒、王巧不在这里。正急急奔走间，斜刺里，一彪人马赶到，领头的正是傅玄和曹羲。他们马快，赶上了马钧他们。

傅玄见林甸子火光照人，喊杀阵阵，一颗心直往下沉。跑到马钧跟前，将他拉上马，直向前扑去。曹羲已经一马当先，奔在前面，冲入林中火把最集中的一块。远远就见南宫嗣、秦朗骑在马上指挥射箭，正要往甸子里攻，曹羲高叫："且慢，你们在干什么？"

南宫嗣一见曹羲带着人马来到，心中一喜，又多一个见证人，拍马迎上前来，欠身道："曹将军，我们奉陛下旨意，在捉拿吴蜀奸细和反贼，曹将军来得正好，一起立功受奖。"

秦朗也策马上前："听说有吴蜀细作潜入，勾结内贼谋反，陛下命我同来。"

曹羲急道："什么吴蜀奸细？什么内贼？到底怎么回事？"

秦朗并不知道内贼是谁，转脸看向南宫嗣。傅玄和马钧共乘一骑，纵马赶到，未及下马，便急急地问："南宫大人、秦将军，怎么回事？"

南宫嗣一见是傅玄、马钧，脑袋“嗡”的一下，他们怎么不在甸子里？有些发晕，知道事情糟了，急中生智，瞎话随口而出：“我们接到情报，说有吴蜀细作潜入洛阳，联合内贼，要刺杀马博士，夺取他发明的最新机巧。刚刚还袭击我们，秦将军果断下令攻击，这会儿不见动静，我担心他们寡不敌众，趁黑逃跑了。”

傅玄、马钧闻听此言，悬着的心放下一半，便一起举着火把，向甸内走去。远远就听到王巧惨烈的哭喊声，听得马钧浑身毛发都乍了开来，惊叫一声：“王舒——”直扑过去。

草屋门打开了，几个兵丁从里面出来，默默地站立在一旁。只见王巧抱着胸口中箭的王舒，哭得死去活来。李牧傻子一样跪在边上。鲜血已经染红了王舒的胸口，她已经奄奄一息了。马钧“噗”地跪倒在她面前，凄绝地喊道：“王舒……”

王舒吃力地缓缓睁开眼，轻轻唤道：“夫君……”

马钧赶紧握住她的手，痛苦地道：“王舒，你不能死，你挺住，我这就去找小先生……”

“不，不行了。”王舒轻轻摇摇头，嘴角露出一丝笑意，“夫君，别难过，反正……反正我也得了不治之症，本来……本来也活不了多久的。”王舒握住马钧的手，缓缓道，“我把那祸根断了，保……你的命，保……你的名。记住，再不要做这些……这些杀人的东西了。你说那水车……那水车……把它改好……天下百姓……百姓会记住你的……”王舒的声音渐渐地低了下去。

马钧涕泪俱下，哭着点头：“王舒，我听你的，我听你的，你放心……你不能死啊!”

王舒又用另一只手拉住王巧，缓缓道：“姐……我知道你心里……心里……孩子托付给你了……小……小结巴，也托付给你了……”王舒将二人的手慢慢拉近，两手在马钧和王巧的手上同时一握，蓦然一松，溘然而逝。

王巧发出撕裂肝胆的哭喊：“王舒——小妹——”

马钧眼前一黑，一头倒了下去。

用胆小如鼠，狡猾如狐形容南宫嗣当真一点不冤枉他。眼前发生的一切让他的脑子急剧地转动着，马上就有了新的计划。次日，当着傅玄、秦朗、曹羲的面，他是这样回禀曹睿的：

“前一阵听说有人密谋造反，在下奉旨侦查，现已查明真相，纯属敌国栽赃。给事中马钧博士忠心谋国，为国家研制新兵器，即将有成，谁知吴蜀细作图谋行刺，已被秦将军和我惊走，正在缉捕中，马钧夫人为细作所害，不幸身亡。”

他把事情的经过详细叙述了一遍，事情就变成了敌国细作觊觎马钧发明，先行栽赃离间，后谋暗中刺杀，结果误认王舒，导致王舒遭遇不幸。

秦朗不明所以，只是跟随行动，南宫嗣说什么便是什么了。傅玄恰巧接到过飞刀传书，与此吻合，一时也找不出疑点来。曹羲是后去的，更不知真相了。南宫嗣就把这样一个破绽百出的故事圆得滴水不漏。倒是曹睿病怏怏地追问起来：“到底是吴国细作还是蜀国细作？有没有其他方面的活动迹象？”

南宫嗣此番肯定地说：“臣在追查中发现两股人马，既有吴国细作，也有蜀国细作。”

曹睿最担心的就是辽东卷入此事，那是他最不希望的。他之所以对辽东一再安抚，就是不希望自己的后院起火，让吴蜀有可乘之机。既然查清此事与辽东无关，心中的忧虑便少了一些。这时才问起马钧的事来：“马爱卿新遭不幸，朕很同情。着南宫爱卿替朕转达哀悼之意。”提起御笔，写了一幅挽幛。

南宫嗣捧着曹睿的挽幛，隔日前往马钧府上吊唁。

马钧家里挂起了丧仪，哀乐声呜呜咽咽地响着，院内院外站满了人。除了邻里街坊，城郊的乡民得知讯息的，也从老远处赶来看丧。消息自然很快传到了牛家屯，牛顺一听就急了，直往城里赶，许多人跟着他一起来了。马钧极度悲伤，几乎不能料理后事，全赖傅玄调度，众人帮忙。牛家屯的人与马钧最熟，自告奋勇地帮着张罗，打制棺木，派腿脚利索的四处报丧。

荀安、荀定兄弟俩就在京城，得着信儿马上就赶来了。河南县离此不远，王策和荀氏闻讯手脚冰凉，匆匆赶来奔丧。王策尽管不是很喜欢这个二女儿，但毕竟是亲生，此时想起了王舒的种种好处来，坐在堂前不禁老泪纵横。荀氏哭得几番昏死过去。王巧、李牧怕出问题，寸步不离地侍候左右。

马钧跪在亡妻灵前，向王策和荀氏哭诉事情经过，发誓要完成王舒的夙愿，再不做任何与军事相关的发明，一定要为乡民们把翻水车做好，让大家年年都有好收成。王策身为县令，听到女儿如此胸襟，自叹不如，唏嘘着勉励马钧，不要辜负王舒厚望。

围观的乡民们听到王舒临终时还不忘督促丈夫改进翻水车，感动得不知说什么好。个个跟着呜咽起来，起初只是压抑着抽泣，渐渐控制不住，有的禁不住跑到灵前，扑地跪倒，大哭起来。一个看一个，起初只是几个人上前跪倒哭悼，跟着就是一群人上前，最后竟是齐刷刷在院内院外跪倒一片。这场景不仅让傅玄震惊，也让马钧惊异非常，停止了哭泣，站了起来。王策也被这场景震撼了，也跟着站了起来。王巧、李牧同样不知所措。

马钧上前几步，“扑通”在院中跪倒，拱手向四周作揖，感激道：“各位高邻、各位乡亲，我们当不起啊！快快请起吧！”

乡民们纷纷哭泣道：“马博士，马夫人贤德啊，她是大贤德啊……”

王策激动得老泪横流，忽然牵着荀氏的手，上前几步，也是“扑通”跪倒，王巧、李牧见状，也上前跪成一排。乡民们见状，纷纷大喊：“王大人、王县令、王老爷，使不得啊！我们受不起啊……”

王策高声大喊：“谢谢大家啊！王舒啊，我的好女儿啊，你这辈子值啦！爹爹不如你啊！你放心吧，爹爹一定督促马钧为乡民们多行善举啊！”

正在这时，有两个人从跪倒一片的人群中疾步走入，有人认出是单先生和小先生。二人走到灵前，也是扑地跪倒。马钧跪爬几步，冲着单先生连连叩首：“单先生，王舒是晚辈，当不得啊！当不得啊！”

王策也惶恐地道：“单先生啊，她是你的学生啊，当不得啊！”

单先生的目光悲伤而坚毅，苍劲的声音回荡在每个人耳边：“王舒过去是我的学生，但现在是我的老师。闻道有先后，达者为师。她是个有大智、大怀、大情、大爱的圣女，当得起老夫一拜！”

跪在旁边的傅玄看着眼前的情景，心中卷起了狂澜。

这一幕让刚刚走进院门奉旨吊唁的南宫嗣惊骇得无以名状，一看这场景，双膝一软，不由自主地也跪了下去。

第22回 || 还妻愿：龙骨车终于现人间

144

再悲伤的时刻终究是要过去的。这些天，王巧在李牧和冉氏的悉心照料下，总算挺了过来，开始担负起抚养马器，照料马缘的责任，也才开始担心起马钧来。只是现在不像王舒在的时候，可以随便进出那里，毕竟男女有别，容易惹出闲话来。只是更加担心马钧，不知他能不能挺过去。

想起王舒临终之时对她讲的话，才知道妹妹其实早已自知身患绝症，不久于人世了。而且得知她与李牧是假夫妻之后，就已经对后事有了打算。她明白妹妹的心意，可是，她能这么做吗？她原本就觉得心系马钧很对不起妹妹，何况王舒最后为她和李牧挡了那一箭的，那是替他们死的。

李牧的心中更是无法安宁。如果不是他为南宫嗣所逼，也许这一切就不会发生，王舒就不会死。王舒生生地把射向他的箭用孱弱的血肉之躯挡住了，而他呢，还在一步一步地跟着人家算计着王舒的丈夫。这不是作孽是什么？那天，满场乡亲跪成一片，王舒在李牧心中霎那间又成了另一尊女神。如果说王巧之前在他心里是一种无可亵渎的美丽，那王舒如今在他心里就是一种至高无上的圣洁。王舒临终时对王巧的托付，除了王巧，就只有他懂。

丧事过后，李牧见王巧已经慢慢平静下来了，就把早已写好的一纸休书跪着递给了王巧。王巧平静地接过来，道："李牧，谢谢你了，这么多年，委屈你了！"

李牧双目含泪："小姐，是我委屈你了。我这条命是二小姐给的，如今二小姐走了，你也该……也该完成二小姐的遗愿了。"

"胡说什么？"王巧的眼泪也忍不住流下来，"我要为王舒守墓三年，过后我会把归儿、缘儿、器儿带到陆沉山抚养长大的。”

“小姐!”李牧叫道，“你不要辜负了二小姐的遗愿。你如今已是自由之身，丧期一过就可以……”他现在就是巴不得王巧能早些嫁给马钧，也就了却他一块心病。他也就不用再顾忌南宫嗣他们了。

“不说这个了。”王巧止住泪，摆了摆手，不让他说下去，叹息一声问道，“他……现在怎么样?”

“马大人前天上朝回来之后，就一直把自己关在屋内，也不出来，也不让人进去。我给他送吃的去，也只好放在门口了。”冉氏担心地说，“小姐，这样下去，他恐怕会憋坏的。怎么办啊?”

马钧是亡妻头七过后，由南宫嗣传旨，被召到宫里去的。曹睿细加抚慰，见马钧还在居丧期间，不忍催促他抓紧研制新兵器。只是南宫嗣一力撺掇，刘放、孙资也极力怂恿，曹睿才温言下旨，要马钧旬月之内，研制出“五倍连弩”“抛石车”和“九攻云梯”，迅速装备军队，以备外敌入寇，内逆叛乱。马钧知道这种情势之下，他无法拒绝曹睿的旨意，默然而归。曹睿怜他丧妻之痛，也不计较他失礼之处。只有南宫嗣心中明白，暗暗自喜。

马钧知道，留给他的时间不多了。他把巨大的悲痛压在心底，没日没夜地投入到翻水车的改进中。渴了，从缸里舀瓢水；饿了，啃几块山芋干；困了，就和衣倒在木料堆上睡一会。冉氏每天给他送来吃的，也让他的体力恢复得更快。王策临走时流着泪叮嘱他的话，一遍一遍在耳边响起：“马钧，你要记住所有人的那一跪，一定要把翻水车改进好，王舒泉下有知，才能得以安息!”

马钧发誓，一定要完成王舒的遗愿。他时而趴在案上，修改图纸；时而拿起木料，雕刻模型；时而把玩起小木簪，陷入沉思。逐渐地，蛇形小木簪在指间越转越快，那个在心中沉浮已久的构思逐渐清晰起来。他把木桶翻水车的模型放在案上，一头垫高，取下微型木桶，将一片雕刻好的小木板插入水槽底端，大小正合适。然后从缸里舀起半瓢水，慢慢倒进水槽。水槽底部有木板挡着，虽然木板和木槽之间仍有缝隙，但水漏得仍然很慢。一会儿，他又把同样的几片木板均匀地插在木槽的每一段，再倒满水，水就漏得更慢了。他的心中豁然一亮，也就是说，如果这些木板能够连续不断地上行的话，就可以把水连续不断地带上来。这就取代了木桶的功能，比木桶简单，而提水量更大。现在的关键是，如何把这些木板串起来？又如何让它们运转?

马钧觉得自己已经接近那谜底了。他先是用绳索穿起来，试了试，那木板一动，水的反作用力马上就把它们冲得东倒西歪。他又用木条一块一块固定好穿起来，试了试，很稳定，那水顺着木槽，就被木板提了上来。但木条是直的，无法弯曲，也就无法旋转起来。他明白，现在要做的，就是把木条和木板如何链接起来，让它们好循环运转，那就真正成功了。

有了方向，就好办了。马钧一鼓作气，熬了几个夜晚，终于研制出一种木链来，不仅可以把每片木板牢牢锁定，还可以自由弯曲。他将一根方形木条制成一头宽、一头窄。宽的这头开成一个深深的凹槽。窄的这头削成一个长长的凸隼。每个这样的木条从一块木板的中间穿过，形成一个组件，几十个这样的组件首尾衔接，凸隼插入凹槽，用木钉锁住，就形成一个可以自由弯曲的木链条，放在水槽里。又将原先木桶取水车的十字凸榫改进了一下，转动时正好抵住木链链接处，这样就轻松带动整条木链转动起来。与木桶取水车从木槽底下循环不同的是，木链带动木板直接在木槽上面循环，转动方向与之正好相反。木板从上端向下传动，到底部转入木槽，正好将水刮进水槽，一直带到顶端，然后自然流入高处。空木板再由上端向下传动，如此周而复始，水槽就源源不断地向上端送水。转动越快，翻水越多。马钧的这个模型做得十分精致漂亮，大约有半条案几那么大。他将一个大脚桶放满水，又将一个空桶放在合适的高处，把翻水车模型架在两桶之间，然后用右手食中二指模拟两脚，开始“踩”动木拐，木拐带动大轮轴转动起来，木链便带着木板传动起来，水便“哗哗”地从大脚桶翻到高处的空桶里。马钧二指“踩”动越快，翻水也越快，非常轻松。马钧心情激动起来，长呼一口气，打开屋门，冲到院子里，对着夜空大叫：“王舒，我终于做成了——”

145

南宫嗣这些天非常憋屈。在他的计划里，拿到证据后，以拒捕为名直接灭了马钧、傅玄，绝了后患，然后拿上新兵器和模型，迅速送到辽东。这时候的李牧也利用完了，也该杀了灭口。再把王巧举报出来，献给曹睿，继续把曹睿往死路引。但这么好一局棋，布了很久了，却在收局时不经意地给黄了。还误杀了一个无辜的王舒，让这个已经丧命的民妇赢得这么大的民望。那天数百乡民齐跪痛悼的场面至今让他不寒而栗。在林甸子里，如果不是急中生智，一切就都露馅了。

还好，不仅把事情圆过去了，而且还给马钧再次挖下了一个陷阱。

这日在将作府的书房内，卫笠忍不住问：“大人，现在大家都知道马钧在为国家研制新兵器，我们怎么办？”

南宫嗣悠然道：“到陛下面前保奏马钧，献上新兵器。”

卫笠道：“朝廷得了新兵器，不是对辽东大不利么？”

南宫嗣冷笑一声，咬牙切齿道：“朝廷得不到新兵器，马钧也非死不可。”

卫笠没明白：“此话怎么讲？”

南宫嗣得意道：“王舒怒毁新兵器，不许马钧再发明杀人利器，要他只发明民用物件，百姓视她为菩萨，竟然齐刷刷跪了一片。这就堵了马钧的后路，他断不会违背王舒遗愿再去发明兵器的。”

卫笠有些明白了：“而大人就到陛下面前力荐马钧发明新兵器，马钧不从，就是抗旨，抗旨就是死罪。高，实在是高！”然后又不无惋惜地道：“马钧一死，这世上也就不会再有这种神奇的兵器了。唉，可惜了，我们到底没得到。”

南宫嗣阴森地一笑：“马钧一死，这个新兵器就只能是我们的啦。”

“啊？”卫笠糊涂了。

南宫嗣压低声音道：“你忘了，李牧也是木工出身，还是张平子首席木师的后人，又和马钧是连襟，马钧不会戒备他，如果我所料不差，他应该已经知道新兵器的结构原理了。”

“他如果故作不知，我们又有什么法子？”

“哼哼，别忘了，他的致命弱点是王巧。有这一条攥在手里，他敢不认？”

“好，那现在就把他找来，让他做出来。”

“不着急，先把姓马的解决掉，再找他更稳妥。”

傅玄当然想不到南宫嗣是这样的居心，当南宫嗣一反常态在朝会上大赞马钧研制的新兵器时，还觉得十分诧异呢。傅玄因为是当事人之一，今天被特召入朝。只听南宫嗣启奏道：“陛下，臣近日在营建之中，颇有心得。营建之妙，在于匠术，匠术之妙，在于机巧，机巧之妙，在于更新。世间百工，无不如此。陛下誉马钧为‘天下名巧’，实在是深明此理，深知其人也。此番吴蜀如此觊觎马钧的新发明，竟然派细作力图谋夺，可见马钧发明的新兵器的确是厉害无比，如果装备到魏军手里，那一定会实力大增。吴国以水兵自恃，蜀国以弩兵为傲，我魏国以骑兵纵横天下。听说马钧的新弩比诸葛亮的连弩还要强五倍，堪称神弩，如果装备全军，我大魏军队岂不是如虎添翼，雄霸当世了？统一天下，也指日可待也！”

他这一番话说得慷慨激昂，别说病怏怏的曹睿被他说得有些热血沸腾，众大臣也被吊起了胃口，就连傅玄也被感染了。这也是他之前一贯的想法，也是他鼓动马钧研制新兵器的动力所在。但经历王舒一事以后，他对自己以前的想法已经有些动摇了。故此，这一回他没有附和。

班部中曹爽皱了皱眉头，神情有些不屑。曹睿看了，问：“昭伯将军，你怎么看？”

曹爽扫了一眼殿中交头接耳低声议论的众臣，道：“陛下，臣有不同看法。军人么，靠的是勇武，不能靠取巧。人有惰性，有了机巧利器，军士便不肯下苦功习武，军士不下苦功习武，战力便会削弱。如此有机巧不如无机巧。”

殿中众臣均觉得曹爽此言似是而非，连曹睿都觉得有些荒谬，根本站不住脚。傅玄已经听说过曹爽的这一番高论，没觉稀奇。本来他是可以和曹爽当殿辩驳一番的，但现在不想让马钧为难，也就闭口不言。

南宫嗣没想到曹爽会提出这样的反对意见，大出意外。他对这样的实权人物一向小心攀附，轻易不会拂逆他们的意见，但这回事关自己的布局，便难得地当殿反驳起曹爽来：“曹将军所言也成一理。不过蜀国军队拥有诸葛连弩之后，没听说军士懈怠习武啊。他们的无当飞军、薄甲神兵、白旄上兵不都持有诸葛连弩，又个个勇武异常。难道我堂堂大魏，有了神兵利器，不能如虎添翼，反而不如南蛮之人了么？”

曹爽是武将，本就不善口舌之争，加上肚子里的干货实在不多，一时竟无从回击，只冷笑着道：“南宫大人所言，并非实情。本将麾下裴秀曾亲往观看，并没有南宫大人说的那般厉害。如果真用了这样的装备，既让我军无神兵之利，又让军士生懈怠之心，不要也罢。”

南宫嗣对傅玄笑道：“我们都是听人所言，没有亲眼所见。傅大人是亲身参与者，马钧发明的‘五倍元戎’‘抛石车’厉害不厉害，应该最有发言权了。傅大人，你说是不是？”

傅玄就觉得喉咙里堵了什么，迟疑了一下，清了清嗓子，按照他的个性，让他在皇帝面前说假话，那无疑是欺君。南宫嗣就是认准了他这一点。傅玄躲不过，只得实话实说：“是的，陛下。马钧发明的‘五倍元戎’和‘抛石车’，虽然还在实验之中，但是威力的确惊人。不过……”他顿了一下：“不过毕竟是杀戮之器，用之不仁，不用也罢。”

“咦——”南宫嗣打断傅玄的话，“傅大人，这是哪里话？天下有地必有国，有国必有兵，有兵必杀敌。杀敌乃为平天下，平天下乃为安民，安民必须保国，保国必须杀敌。杀敌不是杀戮，你不杀敌，难道静等敌人来杀你？敌之所持难道不也是杀戮利器？何况，你们当初发明新兵器不就想为国所用么？”

南宫嗣这一番话头头是道，环环相扣，竟让一向有雄辩口才的傅玄也无从反驳。终究不便在这大殿之上，把王舒所言及其乡民跪祭的事说出来。于朝廷而言，兵者，国之大事也。王舒的妇人之言怎么能拿到这里来说呢？其实也是他心中仍在徘徊所致。

曹睿一直担心辽东一旦有事，朝廷又要从吴蜀边境上分兵平乱，现在马钧有这等发明，能够让军队战力成倍增加，当然是好事了。再说了，到底有没有，试一试总没坏处。当下，将已经瘦弱的病躯提振了一下，断然道：“是与不是，好与不好，试试便知。传旨，着马钧明日九龙殿觐见。”

146

初秋的牛家屯正处于一片沸腾之中，马钧把水车模型送来后，牛顺立即招呼几个木匠，连夜打制翻水车。只一天一夜工夫，几个熟练木工在马钧的指导下，就把翻水车做成了。这架翻水车十分精致，所有的木工都拿出了最好的手艺，哪怕一根小小的木钉，钉头都削成圆顶状。每一片刮板、每一环链木、每一根拐木大小、形状、厚薄都如同一个模子里出来的。主木槽、大小轮轴、搁手架都做工精细，看上去，不像是个劳动工具，倒像是送到皇宫里欣赏把玩的贡品。

做好之后，大家兴致不减，天一亮，就搬到大田去试用。

初秋时节，水田里的庄稼属于后期灌溉，需水量比盛夏时要少些，但是田多水低，要灌注一遍水，依旧很费气力。往年夏季大旱，庄稼枯死者十之七八，有的甚至颗粒无收。今年，由于马钧发明了木桶取水车，很快就从牛家屯传开去，可谓无脚行千里，短短两个月便几乎传遍洛阳四周的乡村。哪个村庄一旦有了这个东西，四乡八镇的人马上赶来看稀奇，然后就几家或十几家凑起来，找木工仿制一个。他们仿制起来十分简陋，不求做工精细，只求实用，能够把水取上来即可。所以，今年虽然大旱，洛阳四周乡村庄稼的长势还是蛮旺的，虽然谈不上大丰收，但基本保证和往年一样的收成了，这已经是很了不起的事了。大家都知道，这个水车是皇帝亲口御封的“天下名巧”马钧博士发明的。在车水时，都忘不了向围观的人介绍一番。这时的马钧真是无人不知，无人不晓了。尤其王舒葬礼上那激动人心的一幕，更是声名远播，可以说是轰动性的。

大家一直在关注“天下名巧”马博士什么时候造出更好用的翻水车。所以，当马钧把新水车模型送到牛家屯的时候，消息就像长了翅膀似的，很快附近的几个乡村就知道了，三三两两地白天抽空跑过来看，尤其一些木工，来了就不走了，一边观赏，一边打下手，到今天水车打制好搬到大田上试用时，邻近村子不少人过来看稀奇。

这个季节，田里的庄稼已经长高了。这么多人围观，很容易踩踏到庄稼。牛家屯的老人们就自动站出来维持秩序。这边站满人后，其他人就安排在高坡，或者河对岸。附近几个大柳树的树丫上都爬满了人。

这架做工精良的新式水车昂首雄踞在河堤上，尾部伸入河腰水中。马钧、牛顺和另一个乡民登上拐木，伏在横木上，同时开始踩动拐木，水车轻巧地转动起来，一片片刮水板带着水，接连不断地向上传动，水“哗哗”地从木槽上端流进大田。三人稍微磨合一下，便步调一致，轻松踩动起来。就像走路一样，可以快，可以慢，比木桶取水车不仅要轻灵得多，而且翻水量要快上好几倍。因为木槽时刻都处在满水状态。围观的乡民们见这翻水车这般神奇，禁不住齐声欢呼起来，觉得这简直是太神奇了。

马钧也激动得难以自已，脚下生风，越踩越快，牛顺他们也自然跟上他的节奏，把低处的水滔滔不绝地翻到大田里。这时，旁边一棵柳树上，不知是谁说了一声：“咦——你们看，这像不像一条龙？”

他这一提醒，很多人都附和道：“对啊，真的很像龙哎——不过……不过倒更像龙的骨架！”

牛顺听了稀奇，一边踩动，一边对马钧道：“马博士，他们说像龙……龙骨，你说像不像？”

马钧也听到了，他心里一动。模型做好的时候，他心中也有一种感觉，好像这水车就是一个活的东西，到底像什么？一下子却也说不上。现在听到有人这么一说，立时觉得真的像龙骨。他招呼牛顺他们停下踩动，自己下去，退后几步，从不远不近的地方，蹲下身子看水车。牛顺他们二人则继续踩动，虽然少了一个人，水车却一点也不吃力的“哗哗”地向高处翻着水。马钧的眼里，这水车正如乡民们所言，就是一条雄踞河堤的龙，下端从河中吸水，上端如口，一刻不停地向高处吐水。那木链就像龙脊，一片片刮板，就像骨骼，说它像龙的骨架，真是再形象不过了。马钧不禁脱口而出：“龙骨水车！”

牛顺没有听得清，问：“马博士，你说这叫什么车？”

马钧身边的乡民欢叫起来：

“龙骨水车！龙骨水车！”

“这个名字好听，这个名字真是神像。”

“龙骨水车——这可不就是一条龙嘛！”

……

很快，这个名字就被围观的乡民接受了。大家指指点点，更加兴致盎然。这情景被刚刚赶到这里的傅玄看在眼里，也是十分振奋。只是这振奋马上又被忧虑替代了，他走到马钧的身后，叹了一口气道：“龙骨水车？的确很形象，很新鲜，很好听——但是，麻烦来了！”

“傅大人？”马钧站起身，转过脸，见傅玄一脸忧虑的样子，似乎早有预感，平静地道，“是不是该我去了？”

傅玄担心地望着他：“你已经料到了？”

马钧淡淡地道：“这一阵我想明白很多事。我知道这一天一定会来的。但是，我该做的都已经做了。”

牛顺他们见傅玄面色凝重，早已下了水车，走过来，不知出了什么事？看这情形，应该与马钧有关。傅玄明白了：“所以你这些天把自己关在屋内，就是为了抢在这之前，把‘龙骨水车’做出来？”

马钧道：“我必须对王舒有个交代。”

傅玄叹口气道：“其实……其实为了国家，那些东西……”

“不！”马钧打断傅玄的话，毅然决然地道，“王舒的话让我猛省。别人怎么做我不管，但我是坚决不会做了。这回入宫见驾，我就没打算再回家了。”马钧的神情语气不无悲壮，“我也该去陪陪王舒了。”

牛顺急迫而又惶恐地问：“傅大人、马博士，出什么事了？”

马钧抚着牛顺的肩膀，对周围的乡亲们高声道：“没事。大家听着，‘龙骨水车’是我夫人嘱咐我给天下人造的，不是给一家一姓造的。图样我画了几份，留给牛顺了，请你们把它传开，让需要的人复制了去。你们记住，谁要都可以给，哪怕是敌国索要，也不要吝啬，他们也有老百姓。天下老百姓，都是一家人。我心愿已了，再无遗憾，就此别过！”

147

王舒的墓在洛阳城东的一处小山岗上。今天又逢烧七，到坟上祭奠须在正午时分。王巧早早就备好祭品，晌午就赶到山岗上。她想提早一些，以避开与马钧的祭奠时辰。但提着篮子，走近王舒墓时，却见马钧早就到了。

马钧将三牲、果品供奉在王舒墓前，点上大蜡、粗香、金银斗，这是头七和六七的祭奠规模，现在才是四七，不知道马钧为何这样重祭？王巧不想此时与马钧相见，就隐在树后看着。马钧又从怀中掏出那个水车模型，抚摸良久，将它供奉在王舒墓前，一边烧纸钱，一边流泪诉说：“王舒，今天四七，我来看你了。这辈子，你跟着我，没享几天福，吃了很多苦。我一心扑在机巧上，对你照顾不够，我真是悔不当初啊。早知如此，我该多用些时间陪陪你啊！”马钧泪如雨下，“王舒啊，直到现在我才真正的认识你啊，单先生说得对，你是个了不起的女子啊，比我马钧见识强多了。曾经羡慕古代那么多贤德之妇，偏偏没意识到我就拥有一位啊。王舒，你叮嘱我改进的水车已经做好了，大家叫它‘龙骨水车’，今天我把它带来了。这是你的心愿，我把它一起烧给你，你好好看看吧……”将“龙骨水车”模型拿起来，凝视片刻，郑重地放入纸钱堆里一起焚烧。

王巧句句听在耳内，见马钧对王舒情深意重，既欢喜、羡慕又微微有些酸楚。只是马钧下面的话让她心惊起来：

“王舒啊，今天是四七，五七、六七和尾七的纸就怕没机会烧给你啦，今天一起烧给你！陛下召我进宫，怕是有人蛊惑陛下让我拿出新兵器。拿出来，我对不起你；不拿出来，怕是躲不过这一劫。所以啊，我今天给你多烧点，准备着和你在那边相见啦！”王巧听到此话，大惊失色，原来马钧这是做好一死的准备了。一时不知道该不该现身出来问个究竟，就听马钧说到了她，“王舒啊，孩子在王巧那里，你就放心吧。王巧是个好女子啊，只是……只是这辈子被我耽误啦，我对不起她啊，对不起你们姐妹啊！我知道王巧是因为我才假嫁李牧的，我不知道怎么补偿她啊。现在我也要走了，准备陪你去了，我这辈子没法报答王巧了，还要把孩子留给她，如果有下辈子，我给你们姐妹做牛做马都愿意啊……”

王巧听到这里，差点哭出声来，急忙捂住嘴，低声啜泣，削瘦的肩膀剧烈地颤动着。此时，她真想冲出来，抱住马钧，在妹妹墓前哭个痛快。这么多年的情感突然喷泻而出，又不得不拼命地压抑着。她抱住树干，掩面饮泣，许久才平静下来，再伸出头看时，马钧不知何时已经走了。

王巧从树后走出来，将祭品供在王舒墓前，看着纸灰中已变成灰烬，影形犹存的龙骨水车，一时悲从中来，这才放声大哭，让情感宣泄出来：“小妹啊，你怎么就这么去了啊？你好狠的心啊！他现在应召入宫，一心求死。你们都走了，扔下我一个人可怎么办啊？小妹啊，你在天有灵，可得保佑他啊！他要是有个三长两短，孩子就连爹都没了啊……”王巧痛哭了一阵，渐渐平静下来，给王舒烧化纸钱，擦干了眼泪，在墓前磕了三个头，道：“不行，王舒，我不能让他死，我要去救他！王舒，你在那边要助我一臂之力啊！”

王巧站起身，拎起篮子，再望一眼王舒墓，转身走下山岗，就见李牧拎着几刀纸钱默默地站在一棵树下。王巧静静地问：“你早来了？”

李牧点点头，道：“我的命是二小姐救下的，我来给她烧点纸，磕个头。”

“嗯，去磕个头吧！”王巧知道他是不放心自己，一有机会总是在暗中守护着。

李牧走到王舒墓前，点上香，烧了纸，默默地磕了三个头。

王巧走过来，静静地望着他，问：“李牧，今天在王舒墓前，我有话要问你。”

李牧心中一紧：“嗯！”

“很长一段时间，我总感觉你看我的眼神躲躲闪闪的，直觉告诉我，你一定有什么心事瞒着我。而且好像与他有关，与林甸子有关，与王舒的死有关。是不是？”王巧说出了早前的疑惑，“我好端端的，你老是在暗中跟着我，分明是怕我有什么危险。这个危险似乎还和他有关，是不是？”

李牧沉默半晌，点点头：“是。我怕别人对小姐不利，我不会让小姐受到任何伤害。”

王巧急了，问：“你正面回答我，到底是谁想对我不利？我什么地方碍着谁了？这事跟他又有什么关系？你给我说清楚了！”

“不，我不能说！”李牧痛苦地摇摇头，“小姐，你别问了。说出来，你会有危险，他也更有危险。我在二小姐墓前发誓，坚决不让任何人伤害到小姐，也……也坚决不让任何人伤害到他。”

王巧怒道：“李牧，你想急死我啊？”

“小姐，李牧实在是有难言之隐。待这件事过后，你们都平平安安的了，我再把事情原原本本地告诉你。你现在就是打死我，我也不敢说。”李牧的脸上浮起一层决绝的神色，又对着王舒墓轻轻道，“二小姐，有件事还要请你原谅，我知道你不想让他的发明用来杀戮，但现在他和大小姐都遇到危险了，如果万不得已的情况下，我只能用它来换取他们的平安了。我不是故意要违背你的遗愿，你也希望他们平安吧。但是你放心，不到万不得已，我不会这么做的。”

王巧惊问：“李牧，你什么意思？他的发明你手里还有？真有人拿我们逼着你这么做的？谁这么大胆子？”

李牧叹了一口气道：“我也是祖传的木工手艺，虽然不能发明什么，看过的东西，复制出来还是可以的。何况我一直在林甸子给他打下手的。”

王巧怒道：“王舒不惜丢了性命，也要绝了这祸根，你这么做怎么对得起她？”

“已经失去了二小姐，难道还要我眼睁睁地看着再失去小姐吗？”李牧惨然一笑，“放心吧，小姐，我会对得起二小姐的。”

148

秋天的龙门山沉静而肃穆，伊水河切谷中流，将龙门山分成东山和西山。两山隔水对峙，两岸崖石壁立，形似天然门阙，春秋时即有“阙塞”之称。立于绝壁之上北眺，二十多里外的洛阳城隐约可见。对于既想脱俗归隐却又放不下红尘牵挂的人来说，这里进退两便，绝对是个好去处。傅玄以前经常来，入仕之后，就难得再抽出空。今天特意到这里，就是为了找单先生化解心结的。

单先生手执尘尾，盘坐在西山临水一棵巨松下的岩石上，他的须发都已经白了，在山风吹拂下飘然欲飞，微笑着看着张超和傅玄唇枪舌剑，你来我往。张超斜倚树根，手搁药篓，拿着酒葫芦，兀自在小饮，一边眯起眼看着傅玄，有些醉意朦胧地道：“你的意思，王舒竟然大谬？可我觉得她虽是一介女子，悟道却在我等之先。她有大悲悯之心，令我小先生惭愧不已。没想到堂堂小夫子倒念念不忘杀戮。我本医者，以拯救为己任。你是参军，以杀敌为天职。拯救与杀戮本就天然对立，很奇怪，我们竟然做了这么多年朋友！”

“你这是什么话？”傅玄被他说得焦躁起来，“我不过说出心中的疑问，求个两全之策而已。你怎么就把我说得像杀人不眨眼的屠夫似的。你说，自古以来，兵器也是一样一样发明出来的，也是越来越厉害的。发明兵器，为的是什么？不就为的保家卫国吗？一个国家，兵器弱必战力乏，战力乏则难抵敌。再说，纵使我们不发展武力，敌国也一定会发展。敌国发展则必然强大，强大则自然会生亡我之心。倘若敌持利器来犯，我们何以当之？”

张超鼻子里“嗤”了一声：“你知道这些杀人兵器是如何一代代厉害起来的吗？就是因为有你们这种想法在。个个都想自己的国家强大起来，个个都怕别国发明出新武器来，所以个个都绞尽脑汁，一定要比别国强。于是一个个你追我赶。这世上武力竞赛就是这样来的。孙子曰：凡用兵之法，驰车千驷，革车千乘，带甲十万，千里馈粮，则内外之费，兵客之用，胶漆之材，车甲之奉，日费千金，然后十万之师举矣！你看，胶漆之材、车甲之奉，不都是军备之费吗？‘日费千金’啊！这些钱要是都用于百姓民生，将去除天下多少黎民疾苦啊？”

“你这是强词夺理。”傅玄按捺住性子，辩驳道，“我们现在说的研制新兵器，孙子这些话说的是用兵之法。”

“哈哈，小夫子，你身为参军，岂能把兵器摒于兵法之外？”张超仰面倒下一口酒，大笑道，“研制新兵器，难道就不耗费钱粮？你和马先生研制‘五倍连弩’‘抛石车’和‘九攻云梯’曾一度搁浅，不就是因为没有经费吗？这些仅仅是研制。你想，你们要是发明出来了，装备到军队里，就需大量制作。你说说，装备几十万军队，需要多少胶漆、竹木、铜铁、人工？国之钱粮从何而来？还不是老百姓千滴汗一粒粮挤出来的？”

“照你这么一说，我们就只有坐以待毙了？”傅玄没好气地说。

“哈哈，谁让你坐以待毙了？”张超见傅玄焦躁不安地来回走动，故意大掉书袋逗他，“我只是不赞成杀戮。孙子曰：凡用兵之法，全国为上，破国次之；全军为上，破军次之；全旅为上，破旅次之；全卒为上，破卒次之；全伍为上，破伍次之。是故百战百胜，非善之善者也。不战而屈人之兵，善之善者也！”他虽悬壶济世，以医入道，但也旁观杂学，融会贯通。这回被傅玄惹起话题，心中有好多块垒，一吐为快，“世人读《孙子兵法》以为它就是一本教你怎样用兵杀戮的奇书，而我独不以为然。《孙子兵法》了不起，就了不起在它不是教你战法，而是教你不战之法。不是教你杀戮之法，而是教你拯救之法。拯救自己，也拯救对手。所以，他反复强调‘全……为上’‘破……次之’。‘全’就是不战、不杀、拯救。‘破’就是杀戮，那是不得已才这样做，所以‘次之’……”

“等等，等等!”傅玄被他一通书袋掉晕了，猛然听出一丝破绽，急忙打断了他的话，“你这样一说，《孙子兵法》的确含着大悲悯之心。但你忘了一件事，这个‘用兵之法’，你能‘全……为上’‘破……次之’有一个前提，就是你必须有必胜的把握。你占主动，对方占被动。所以，到底‘全’还是‘破’完全由自己选择。那么我问你，你凭什么占主动？那是你有优势；你凭什么有优势？那是因为你战力强；你凭什么战力强？那是你兵精、粮足、器利——你看看，说来说去，兵器之利还是不可或缺的!”

张超眯着醉眼笑道：“依你之见，我们就该大造神兵利器？让天下个个都可劲儿赛着造?”

“那倒也不是。”傅玄摇摇头，“我只是想，魏蜀吴，魏国最强。我们发展兵器，只用于威慑，威而不用，维持战略平衡，确保鼎足之势，那么天下也就太平了。”

“你想得太天真了吧?”张超“哈哈”一笑，“你有了神兵利器，你不用？能由你说了算？你不用，能保证其他人也不用？你有了神兵利器，你能保证他人就不会马上拥有？他人拥有，你能保证他人也像你一样，威而不用?”

二人唇枪舌剑，谁也说服不了谁。见单先生一直微笑不语，就一起把头转向他：

张超道：“单先生，谁是谁非，你给评评!”

傅玄道：“单先生那么推崇王舒，自然偏向你了!”

“你们说的都有道理。”单先生微微一笑，声音不高，但很清亮，“王舒之举、张超之言，皆悲悯之心使然；傅玄之言，也非徒欲杀戮，乃是现实，不得不为。”轻轻叹息一声，坦然道，“唉，说实话，老夫内心也颇纠结，此理实难评判。”单先生心中叹道：武器问题怕是世人永远的纠结吧？

傅玄有些失望，他到这里来图解心结，没想到与张超一番辩驳，心结却越发紧系，连一向睿智的单先生也无解。

“但也并非完全无解。”正愁闷间，却听单先生话锋一转，道，“我曾在陆浑山胡昭先生那里看过蜀国将军向宠的一篇《归民策》，记得几句：窃以为夺国者，出师为下，归民为上。不用刀兵而天下平，此圣人之所愿也。归民者，奉民为尊，使民来归。空敌之民，实吾之邦。其民归吾，其国自亡。不用刀兵，可平天下……”

“不用刀兵而天下平？”傅玄摇摇头道，“说得容易。如何‘空敌之民，实吾之邦’？这个向宠，难道就是诸葛亮《出师表》里提到过的‘将军向宠’？”诸葛亮逝后不久，《出师表》就流传于世，不分敌我，都敬仰不已。

“是的，就是他。不是孔明的一篇《出师表》，很少有人知道他。”单先生点点头，“你刚才这个疑问他也说了：‘奉民为尊，使民来归……其法有八：一以有食，有食则能活命；二以有衣，有衣则能蔽体；三以有屋，有屋则能安居；四以有礼，有礼则能睦处；五以有信，有信则能守德；六以有巧，有巧则能工造；七以有学，有学则能养才；八以有言，有言则能知怨。’这样，就会‘民殷实而国力增，天下之民皆向往之。’《归民策》也说到‘军旅之用，止于慑敌。凡边境相持，俘其兵而还之，征其粮而购之，损其物而赔之，得其猎而赠之……凡此种种，久而久之，其心岂有不归者。’”说到这里，单先生惋惜地叹道，“这篇《归民策》实在是治国良方，平天下之奇策也，可惜蜀国未能用之。”

傅玄、张超同时道：“先生既知此策，何不献于朝廷？”

“老夫早就托御史中丞徐庶先生上达天听。”单先生脸上掩不住的悲凉，“如向宠所言：‘归民之策，实百年之计，非一蹴可就也。须持之以恒，顺之以势，证之以实，方能使万民归心，天下一统也。’——你们想，哪个朝廷有这样的耐心啊？徐庶先生之所以辞官而去，归隐东海，就是因此而冷心的啊！”

第23回 || 下天狱：遭构陷谋反成铁案

149

九龙殿里，曹睿正强撑着孱弱的身躯，在批阅案头积累的许多奏章。一些不怎么重要的奏章，他都扔给了中书令刘放、中书监孙资处理了。有一份奏章，他是亲自过目的。那是幽州刺史毌丘俭呈送的。毌丘俭近来每隔几天就有奏报送来，不间断地汇报事情进展情况。今天这份奏报，说是已经派人入襄平，宣召公孙渊，公孙渊已经应诏，许诺这两月安排好辽东事务，就择日进京。

曹睿暗暗松了一口气，公孙渊一旦来朝，辽东也就翻不起大浪了。但毌丘俭最后还是有些担心，怕公孙渊使诈，正在密切监视辽东的一举一动。这让曹睿感觉很欣慰，得意自己走了一步好棋，把这样一个精明的封疆大吏放在这个十分重要的地方。但这个感觉很快就被一阵剧烈的头痛淹没了，赶紧叫内侍拿酒来。这种情况已经持续不少日子了，以至于曹睿经常要把自己灌得晕晕乎乎的，才能抵消掉阵阵袭来的疼痛。偏偏这时，又有内侍来奏："陛下，将作大臣南宫嗣引太学博士加给事中马钧觐见！"

曹睿灌了一大口酒，抚着额头，呻吟道："刘爱卿、孙爱卿，朕本欲亲眼看看……看看马钧新兵器的厉害，奈何……奈何头痛欲裂，你们先代朕验看。待朕好转时再去……再去观赏……"说到后面已经有气无力了。

"臣领旨！"刘放、孙资赶紧上前一起扶住曹睿，对内侍道，"快，叫桂美人来给陛下按摩！"待曹睿近来最喜欢的桂美人来了，刘放、孙资才告退。叫人将马钧引到偏殿，传达曹睿的旨意。

马钧一脸疲惫地跟着南宫嗣走进来，见只有刘放、孙资，微觉诧异，上前和南宫嗣一起施礼："见过刘大人、孙大人！咦——陛下不在这里？"

南宫嗣打过招呼，就寒着脸站在一旁，但嘴角还是忍不住流露出一丝幸灾乐祸之意来。

“陛下有重要奏章批阅，下旨让我和孙大人接待你们。”刘放面露笑容，“你的‘五倍连弩’‘抛石车’和‘九攻云梯’带了吧？是实物、还是模型？让我们欣赏一下吧。陛下说了，有此神兵利器，魏国将无敌天下，马博士，你立大功了！”

“回大人，下官愚钝，辜负皇恩，没能发明出新兵器，特来请罪！”马钧一脸平静地道。

“什么？”刘放、孙资诧异地相视一眼，道，“怎么可能？以你马博士的智巧，怎么会没发明出来？”转脸问南宫嗣，“怎么回事？”

南宫嗣脸上泛起怒意：“你自己说吧！”

马钧昂然道：“请两位大人代为回禀陛下，马钧未能奉召！在下有生之年，不再发明任何兵器！”他现在已经想通了公输盘真正的“云梯”为什么没有传下，一定是公输盘经墨子点化后主动把它毁了。

刘放、孙资对望一眼，同时喝道：“大胆马钧，故意有力不出，你知道不知道，这是抗旨？”

马钧一脸坚毅的神色：“请回禀陛下，在下亡妻临终之时，有言与我，要我多多发明民用之物，切莫制造杀戮之器。在下不敢隐瞒陛下，望陛下能够成全。”

“既然不能奉诏，上次陛下降旨，你为何不当面说明，事到临头，你却以亡妻之言搪塞。”刘放怒极而笑，“你知道不知道，这是欺君？”

南宫嗣心中暗喜，脸上却都是不忿之色，趁势又给马钧戴上一顶重盔：“为臣之道，在乎食君之禄，分君之忧。国有所需，臣竭所力。天赐机巧，藏而不用。你知道不知道，这是误国？”

孙资阴沉的脸上浮起了杀气：“抗旨、欺君、误国，这都是杀头之罪！”

抗旨、欺君、误国，这三顶重盔压下来，没有压弯马钧的脊梁，他反而把脊背挺得更直了：“在下前番并未领命，何来抗旨？坦陈亡妻之言，何来欺君？发明利民之物，何来误国？在下只是不忍造杀戮之器，无端荼毒生灵罢了，你们既然认为有罪，就请上奏陛下，在下听凭处置！”

“你还狡辩，你是不是看陛下仁慈，倡导执法宽松，你就胆大妄为？”南宫嗣冷笑道，“我告诉你，陛下再宽大为怀，也容不得叛逆之臣的。”

“叛逆？”刘放愣了一下，“什么叛逆？”

南宫嗣从袖中掏出一封文书，递给刘放：“大人看看这个。”

刘放展开一看，脸色大变，递给孙资，孙资一看，也是吃惊不小。马钧不知道怎么回事，茫然地看着他们。刘放转过脸来，冷冷地问：“马钧，你们暗中研制新兵器，花费不少吧？这些花费哪来的？”

“花费？”马钧心中一惊，意识到出了什么问题，怕是要连累傅玄了，赶紧把事情往自己身上揽，“花费自然是我自己想办法，我托人带信给一个经商的朋友，请他资助的。”

刘放冷笑一声道：“经商的朋友，什么地方的？”

马钧记得傅玄说的情况，应声答道：“他是豫州人，我少年时在豫州游学认识的。”

“他叫什么名字？”

“慕容非。”

“他资助你多少？”

“五百金。”

“怎么给你的？”

马钧怒道：“你这不成审问了吗？”

刘放冷笑道：“你有勾结敌国的重大嫌疑，难道不能审问吗？”

“你……你血口喷人！”

“南宫大人已经查实，这个慕容非是吴国奸细，他提供资金让你研制新兵器。好啊，马钧，你做的好事！是你联合傅玄做的吧？”

“无稽之谈。你们有什么证据？”

“证据？南宫大人抓到慕容非心腹手下，把这一切都供出来了。”刘放抖着手中的文书，“这就是他的亲笔供词。陛下这么器重你，你居然和傅玄勾结吴国，图谋不轨！”

马钧晕了，本以为只是抗旨之罪，已存一死之念，万没料到竟会背上叛逆的罪名，而且还把傅玄给牵扯了进来。他一急，口齿便不能伶俐了：“这……这事和傅……傅大人没……没有关系。”他这一说等于承认了下来。

孙资阴沉沉地道：“这么说，这事是真的了。没有什么犹豫的了，立即启奏陛下吧！”

马钧急辩：“不……不是真的，是……他是义士……”却怎么也说不清到底怎么回事。

150

在见曹睿之前，刘放、孙资单独商议了一番。眼见曹睿的身体一天不如一天，作为天天伺候左右的宠臣，他们深知曹睿命不久长，最多也就几年工夫吧。有些事，他们要提前布局了，要不然，曹睿一走，新主登基，他们是不是还能牢牢把握朝中大权，可就很难说了。没准，那些政治对手，瞅准机会连他们的命都要了去。

他们分析过，朝廷若是换代，还是得重用曹家嫡系。他们必须在曹家有所选择。燕王曹宇跟他们不是一路人，曹爽、曹羲兄弟和他们才走得近，值得大肆结交。将军秦朗是曹家三代宠爱之人，轻易不去得罪，但也没啥威胁，小心周旋就是。太尉司马懿将兵在外，曹家嫡系内心对他颇多忌惮，是个不能惹也不可近的主。大司农裴潜、散骑常侍高堂隆等在朝中威望素著，一直是个威胁。傅玄、马钧，一个博士、一个参军，虽然现在还是小角色，但这种人有真材实料，说不得哪天某人心血来潮，就青睐上了，而他们又绝不会成为自己这个阵营里的一分子。所以，一旦有机会，还是早些排除的好。何况现在这样一个叛逆把柄抓在手里，于公于私，都要当机立断。凭心而论，这个时候的刘放和孙资，倒是真心为魏国后怕起来：一旦这些奇兵利器落入吴国之手，怎么得了？

他们决定立即启奏陛下，务必清除掉这样的威胁。

曹睿正依偎在桂美人的怀里。他的头在桂美人嫩如莲藕的柔胰轻轻按摩下，已经好多了。围绕左右的宫女殷勤地奉上奇珍异果、玉液琼浆。只有这个时候，他才会忘记一切烦恼和病痛，沉浸在这世间最美妙的温柔乡里。

刘放、孙资日日侍奉在曹睿身边，进出内殿不用通报。曹睿见他们面带忧惶之色走进来，也不起身，张开嘴，含过一个宫女送到口边的珍果，淡淡地看着他们。刘放趋前拱手道：“陛下，臣等有要事启奏！”

“什么事这么等不及？说吧！”

“臣等奉旨接待马钧，验证‘五倍连弩’等新兵器，孰料马钧根本就没有奉召，说是亡妻遗言，不让他制造兵器。陛下，他这是公然抗旨，又以亡妻之言欺君，是可忍孰不可忍。”

曹睿从桂美人怀里坐起身，沉沉地道：“他说了什么理由没有?”

孙资接口道：“什么理由？就说陛下令他造的是杀戮之器，有不仁之嫌。”

曹睿叹口气道：“兵器的确是杀戮之器，不得已而用之，这个……算了……他不造就不造吧……”

“陛下，这怎么行?”刘放急了，“马钧公然抗旨，如果听之任之，陛下威信何在？朝廷尊严何在?”

曹睿点点头：“明天把他叫来，朕要当面责问。然后交部议处，该罚则罚，该贬则贬。”

“陛下，没这么简单。”刘放见曹睿这般轻描淡写，真的发急，“马钧不只是抗旨不遵，欺君误国，还有更大阴谋。”

“阴谋？他能有什么阴谋?”曹睿不经意道，“朕知道你们不喜欢他，但也不至于要朕因为他不肯做兵器，就杀他的头吧？其实，朕也是不喜杀戮之人，他的心朕能体会，所以将他贬黜以示惩戒也就够了。”

刘放脸上有些挂不住，道：“陛下，臣等不是妒贤嫉能之人，实在是事关重大。马钧不但抗旨欺君，还勾连敌国，意图叛逆，罪在不赦啊!”

“马钧叛逆?”曹睿淡淡一笑，“他勾连敌国？不会吧？他拿什么勾连敌国?”

孙资道：“陛下，已经查明，马钧与吴国细作暗通款曲，吴国提供资金，由他研制兵器，暗中将发明提供给吴国。陛下，马钧之能，我们都见识过。一旦他帮助吴国研制出威力强大的新兵器，我大魏国危矣啊!”

曹睿这才凝了神：“真有这等事?”

“陛下，千真万确啊!”刘放把南宫嗣所言叙述了一遍，从袖中掏出那份文书呈上，“这是那奸细的口供，人证物证俱在啊!”

曹睿接过文书一看，勃然大怒：“大胆马钧，朕只当你真的心存善念，不忍杀戮，原来你是把杀戮之器提供给吴国，欲屠戮我大魏子民，是可忍孰不可忍。”愤然将文书朝地下一掷，喝道：“马钧现在何处?”

刘放道：“臣见事关大魏安危，怕他畏罪潜逃，已着人把他看住，特来启奏陛下，以求严惩。”

孙资道：“当今吴主孙权虎视眈眈，蜀将姜维蠢蠢欲动，辽东公孙渊情态不明。多事之秋，此等资敌兵器之行乃是重罪，陛下千万不能姑息啊，否则魏国真的就危险啦!”孙资削瘦的脸上居然流下两行浊泪。

此等危及社稷安危之事，曹睿当然不会纵容。他站起身，挥手让桂美人和宫女们退下，来回踱了几步，从最初的震怒中冷静下来，问：“南宫嗣何在?”

刘放道：“南宫嗣还在偏殿候着消息呢。”

“叫他进来，朕要当面问问情况。”

不一会，南宫嗣躬着身子进来觐见。把如何查得蛛丝马迹，如何拿获奸细心腹，如何与马钧对质的情况细细作了禀报。曹睿听罢，不禁吸了一口凉气：“这么说，傅玄也牵涉其中?”

“是的，臣不敢隐瞒，可以传傅玄来当面对质。”南宫嗣还是留了余地，“不过，马钧倒是一力承揽此事，依他所言，傅大人似是被他利用了。此事还得再行查证。”

曹睿的盛怒渐渐平复了下去，叹了口气说：“朕六月刚刚颁发诏令，把过去法令中一些苛刻条文予以免除，也是朕救百姓性命的一片诚意。过去，有些向我请求宽恕的犯人，来不及申诉就判决了，往往就会弄不清事实，冤杀了无辜之人。朕待马钧不薄，不知他为何背叛于朕，也罢，如果他认罪求恕，朕可以尽量保全他的性命!”

南宫嗣趋前一步道：“陛下，臣斗胆进言。陛下诏令天下，议处案件，宽松为本，但陛下诏令里也说了，谋反大逆和亲手杀人均是大罪，罪不可赦。马钧勾连敌国，资敌利器，危及社稷，这是大逆大叛之行啊，如果不加严惩，只怕后人效尤啊!”

刘放道：“是啊，辽东公孙渊一直在徘徊观望，就是在观察陛下态度。如果这等资敌大罪都不严惩的话，朝廷又如何威慑辽东？岂不是误导纵容他们吗?”

这句话正打在曹睿的软肋上，曹睿愤然道：“爱卿所言甚是，叛逆之行，朕不会宽容。”尽管如此，还是强调了一句，“但你们必须把案情查实查准，不可有半点偏差。”

151

马钧入宫一去不回，没了下落，王巧就急了。到处打探不到消息，就领着李牧直奔傅玄家中。她不知道，此时的傅玄，正遭到刘放、南宫嗣的盘问。

傅玄辞别单先生、张超，刚刚从龙门山回到家中，刘放、南宫嗣就突然造访来了。傅玄觉得很诧异，尽管相处不是很好，但当朝大员来访，总是要以礼相待的。寒暄过后，话题七弯八绕地就扯到马钧发明新兵器上来了。此事既然已经公开，傅玄也就不再保密了，将事情的前前后后说了一遍。自然也说到慕容非义赠五百金资助发明的事。刘放道：“傅参军，我想问一问，这慕容非与马博士什么关系？为什么无缘无故要送这么多金给他？”

“什么意思？”傅玄听出了话外之音，克制着怒气，反问道，“义士赠金，所在多有，这有什么奇怪的？昔年鲁肃指囤赠粮与周瑜，义商送马捐铁与刘备，都是一时佳话，难道我堂堂魏国就不能出一二义士吗？”

“不不不，不是这意思。”南宫嗣打着圆场，说明今天的来意，“不瞒傅参军，是陛下要问清楚这件事，所以我就陪刘大人来随便问问，也好向陛下交差。”

傅玄心中一紧：果然马钧的事来了！坦荡地道：“好，既然是陛下要知道，那你们问吧。”

“傅参军能理解就好。”刘放已经发现了“破绽”，就直追下去，“傅参军，我有一事不明，李都统与马博士是连襟，有这等好事，为啥不直接带他去找马博士，反而先来找你，这不是多此一举吗？”

“这……”傅玄一愣，倒真没多想过。一时倒不知怎么回答。

南宫嗣不经意地主导着话题的走向：“莫不是谁故意把傅参军牵扯进来吧？”

“你们想多了吧？”傅玄这才回过神来，“对了，那天马钧正好不在城内，在牛家屯，所以李牧就带他来找我了。”

刘放摇摇头：“这个也说不通，那他直接交给李牧就是了，何必非得要从你这里绕一圈呢？”

傅玄有些火了：“你们到底什么意思？”

“傅参军别激动。”南宫嗣拱拱手，笑道，“我与你也算是故交，有些事问清楚也是为你好。现已查明，慕容非乃是吴国细作，他的心腹手下已被拿获，据他交待，慕容非此举意在马钧的新兵器，他故意经你之手，转送赠金，就是要把你也拉下水。”

傅玄顿觉脊背上冒出冷汗，他当然丝毫不怀疑马钧有什么，但这个慕容非若真是吴国细作，那他就居心叵测了，而且自己和马钧就真的说不清了。他焦躁地站起来：“真的？这个慕容非真是吴国细作？这怎么可能呢？”

刘放见傅玄神情不似做伪，沉沉道："傅参军，这个人的手下已经被抓获了，口供就在陛下的龙案上，找你来，就是因为相信你是被利用的。你要把握好自己，不要再掺和马钧的事了。"

傅玄有些发晕，急问："你们把马钧怎么样了？他不可能与吴国细作有什么瓜葛。即便那个慕容非真是吴国细作，那……那他也是别有用心。"

"别有用心？"刘放反问："别有什么用心？他好端端地送五百金给马钧发明新兵器去，日后去对付吴国？"

傅玄一时语塞。他被这突如其来的状况弄懵了，隐隐约约觉得掉进了一个陷阱里。

"我一直奇怪呢，王舒为什么会出现在林甸子？为什么会义无反顾地毁了新兵器？为什么坚决不准马钧再发明新兵器？"南宫嗣一副若有所思的样子，"她一定是发现了什么，又无法对外说。为了保证新兵器不落入敌国细作之手，才如此奋不顾身。所以吴国细作才痛下杀手，要了王舒的命。她这是在用生命挽救马钧啊！真是了不起的巾帼英雄！唉，只是马钧，可惜了！"他这一说用心十分险恶，用王舒之举反证马钧与吴国细作勾连，同时王舒之事即便传到曹睿耳中，这个解释也正好说得通。

"怎么回事？王舒毁了新兵器？"刘放还不清楚这些过程，只知道王舒那晚被吴国细作的箭射中，死在了林甸子里。他也一直奇怪呢，王舒怎么会死在林甸子里？

南宫嗣把当晚的事很有技巧地当着傅玄的面叙说了一遍，临了还道："傅参军，我说的没有出入吧？"这让刘放更加坚信不疑。

傅玄也听不出哪里不对，又觉得处处不对。这样一来，马钧的通敌嫌疑就被坐实了。他急忙道："事情是没错，但王舒之意不是如此，她是不想让马钧制造杀戮之器罢了。"

南宫嗣问："这是王舒亲口对你说的？"

傅玄道："不是，但这个大家都知道。那天众人跪祭的场面你也看到了。南宫大人不也拜祭了吗？"

南宫嗣笑道："这些都是马钧事后的一面之词，博得了不明真相的乡民们同情，你怎么就相信了？我之所以拜祭，敬的是王舒阻止马钧、挽救马钧、勇斗吴国细作的精神。"他舒了一口气，到此，他最担心无法解释的地方，现在已经理顺了。一切都是那么合乎逻辑。心道：马钧，这回你死定了！

“不，不是这样的。你们一定弄错了！”傅玄急得额头上直冒汗，却又拿不出证据来辩驳。王舒的话现在的确死无对证。

南宫嗣看看此行目的已经达到，暗示刘放可以走了。刘放起身告辞：“傅参军，马钧抗旨欺君、误国叛逆，虽未定案，已有铁证。你好自为之，不要再掺和他的事了。我这是为你好！”

傅玄心中焦躁，一时不知怎么办，机械地把他们送出大门，就坐下来苦思冥想，看问题出在哪里。本来他算定这回马钧不肯再发明新兵器，必定违逆了陛下的旨意，有抗旨不遵之罪。这放在其他帝王之手，当场斩杀也有可能。但当今天子颇为圣明，只要阐述缘由，说服他接受王舒的观点不是没有可能，顶多把马钧贬为庶民。而且今年六月刚刚颁发宽松刑罚的诏令，不至于将马钧判罪处刑，所以尽管也很担心，但心下还稳得住，正在准备说辞，到时为马钧开解呢。没想到，这下马钧牵涉到大逆大叛的案子里去了，这就麻烦了。

傅玄正焦躁地在书房里来回踱步，家人领着王巧和李牧匆匆走了进来。王巧一见傅玄眼泪就下来了：“小夫子，马……马钧他被下狱了！”

152

马钧被关在天子大牢单人狱舍里，一脸憔悴，心如死灰。王舒的猝然离去对他打击很大。现在翻水车也已做好，孩子有王巧照看，他已经了无生念了。光线从高处狭窄的窗口射进来，有时是阳光，有时是月光，不知变了几轮。

狱舍门猝然打开，刘放、南宫嗣将侍从摒在外面，带着一个主簿模样的人走了进来。马钧坐直了身子，淡淡地看了他们一眼。南宫嗣道：“马钧，我和刘大人奉陛下之命来问你几个问题。你要如实回答。”顿了一下，见马钧没有反应，继续道：“所谓‘豫州义士’慕容非的确给你资助了五百金吗？”

马钧漠然地点点头：“是。”

主簿模样的人开始记录。

“慕容非为何不直接交给你，非得经傅玄之手？”

“我不在城内。”

“你和李牧是连襟，为何不直接让李牧转给你？”

“我……我不知道。”

“好，再问下一个问题。王舒为何会出现在林甸子？为什么要烧毁你发明好的新兵器？”

“她……她是不让我发明杀戮之器。”

“她这话是对你一个人说的？”

“不，还有她姐王巧。”

“傅玄知道吗？”

“知道，后来我告诉他的。”

“也就是说，他是听你说的？”

“是的。这事跟傅大人一点关系都没有。一切由我承担。”

“好，最后一个问题。你愿意继续为陛下发明新兵器吗？陛下允你将功赎罪。”

“不，我承诺过王舒，我不能食言。否则我良心不安。我对不起陛下，请陛下治罪。”

“你是宁可违抗陛下旨意，也不愿违背亡妻遗言？”

“是！”

“这么说，你也不想向陛下请求宽恕了？”

“马钧……马钧不敢奢望！”

……

这一场非正式的审问在南宫嗣的主导下，一步一步在预定方向上进行。南宫嗣非常满意。刘放拿过主簿手中的记录，递给马钧：“你看看，有无出入？如没有差错，还烦你画个押，我们好去向陛下交差。”

马钧接过，约略看了一眼，接过笔，签上了名，按了手印。南宫嗣心中狂喜：马钧，这回你是彻底完了！

这份被视为马钧认罪领死的口供，以最快的速度呈给了曹睿。曹睿看罢，勃然大怒：“大胆马钧，竟然真的勾连敌国，抗旨欺君，竟然宁死都不求饶，真……真是气死朕了，枉朕那么器重他，千方百计想保住他的命。”

刘放怒道：“陛下，他是铁了心要背叛陛下，不知吴国到底给了他什么好处。”

南宫嗣道：“臣查过马钧履历，此人少年时曾游学豫州，那一带离吴国近，定是那时就被吴国策反了。”又一脸忧虑道：“只怕他把图纸早已交给吴国细作了。”

曹睿的头又剧烈疼痛起来，仰天长叹一声：“罢罢罢，他既然一心求死，朕就成全他吧！秋后已至，你们……你们去办吧！”

南宫嗣赶紧奏道：“此等大叛大逆之罪，应该诛灭九族。现在他妻姐全家、妻子的表兄、表弟全家正在洛阳，应该先抓起来，防止他们脱逃，回去报讯。然后再分别去河南和扶风捕捉其亲属、家族，永绝后患，以儆效尤！”

曹睿一甩龙袖，南宫嗣知道圣意已决，心中狂喜，谁知曹睿忍住头痛，停住要走的脚步，有气无力地道：“罢了，马钧有罪，罪不及家人。上天有好生之德，朕不想做杀戮之君。”

南宫嗣还想再坚持一下，刘放拦住了他。他只得领旨谢恩。南宫嗣的心愿只偿了一半，快快不乐地回到府中，卫笠提醒道：“大人，虽然不能连根拔除，但能除掉马钧，已经绝了朝廷兵器鼎新之路。现在要紧的是，赶紧把李牧控制起来，让他尽快画出图纸，做出模型来，或者直接把他弄到辽东去。还有一点，他知道一些秘密，一旦反水，我们不仅前功尽弃，也会死无葬身之地。”

“有王巧这根软肋，倒不担心他反水。”南宫嗣点点头，“但要他尽快拿出图纸和模型的确很重要，夜长梦多，你这就派人把他找来。”

这回李牧倒是没用他们找。卫笠还没出门，门下前来通报，说李牧求见，南宫嗣和卫笠对望一眼，冷冷一笑：“他倒自己来了。”

李牧脸色不太好看，像是霜打过的茄子一样。行过礼后，端坐席上的南宫嗣冷冷地问：“李牧，你是来献图和模型的？”

“不，不是。”李牧低着头，低声道，“大人，我只知道它的外形，但到底什么结构，真的不知道。”

“哼，你当我们是傻子么？”卫笠喝道，“我们一直替你遮掩着王巧的事，你就这么回报我们的？”

“大人——”李牧突然双膝一弯，跪倒在地，一头叩到地上，“求大人开恩，放过马钧吧！只要大人放过马钧，我……我设法从他那里弄来图纸。”

“大胆李牧，你居然敢跟我谈起条件来了？”南宫嗣怒了，“你别忘了，你有今天都是谁提携你的！”

李牧再次叩首：“大人栽培之恩，没齿难忘。只要大人放过马钧，李牧一定献给大人图纸和模型。”

南宫嗣一拍案几，叱道：“马钧勾连细作，犯了叛逆大罪，岂是我能救得了的。告诉你，今天陛下还准备株连九族，先拿下你和荀安兄弟几家，是被我苦苦求情，才免于株连。你现在自身都难保了，还想救马钧?!”

卫笠一旁帮腔：“李都统啊，要不是大人，你和王巧今天就得下大狱。你不为自己着想，难道就不为王巧着想了?”

“这么说，大人是一定要将我逼上绝路了?”李牧忽然站起身，冷冷地道。

南宫嗣被他身上忽然显现的一股寒气惊了一下。卫笠喝道：“李牧，放肆，你怎么跟大人说话呢?!”

“什么勾连吴国细作？明明是你们让我带慕容非去的。”李牧的目光忽然冰冷起来，“别以为你们的事我不知道，把我逼急了，我全给你们抖搂出来。”

南宫嗣惊异地看着李牧，愣了一下，叱道：“我们什么事？我们有什么事？你竟然敢威胁我们?! 你真不怕我把王巧交给陛下?”

“你们有什么事，我不管。我不会坏你们的事。但是你们不能害死马钧!”李牧软下口气，半是恳求地道，“你们知道，马钧一死，王巧就不会独生，王巧若有个三长两短，你们说我还怕什么?”

南宫嗣与卫笠对望一眼，见李牧说的也是实情，没了王巧这个软肋，也就无法要挟他了。便顺着李牧的语气道：“好，你说的。马钧的事我尽力。但你必须先把图纸、模型给我弄出来。从现在起，你就待在这里，什么时候把图纸画出来，模型做出来，你就什么时候回去。我把所有用度都提供给你，三天之内，你若是做不出来，哼哼，不用等马钧死，我就先把王巧交给陛下发落。来人——请李都统客房歇息，没有我的命令，他不能离开半步。”

153

“什么？你说那个王巧是假嫁，就是为了逃避朕的全国选美?”曹睿正懒懒地依偎在桂美人怀里欣赏殿中翩翩歌舞，听到南宫嗣的禀报，竟惊讶得猛地坐了起来。

“正是，臣刚刚查清楚。”南宫嗣小心地观察着曹睿的反应，“李牧纳妾原是王巧的金蝉脱壳之计。她其实一直觊觎着马钧，现在妹妹王舒一死，她正好图谋鸠占鹊巢。听说现在正为马钧的事到处奔走呢！”

“简直是岂有此理！”曹睿一拍龙案，一股热血上冲，竟把苍白的脸涨得通红。他自负圣明，的确宽法爱民，却断断容不得有人刻意逃避全国大选，而且还是以这种极其荒谬的方式。这简直是在扇他的脸，严重触犯了他的帝王尊严。立即下旨，“刘放、南宫嗣，立即缉捕王巧、李牧！”

南宫嗣道：“禀陛下，李牧已经畏罪潜逃了。”

刘放诧异地问：“李牧不是在你府下任都统吗？他怎会潜逃啊？”

南宫嗣道：“是啊，就是因为发现他突然不见了，我才想着去查他。原来马钧的事情，他也参与了。怕陛下查到他头上，就畏罪逃了。”一副惋惜的样子，“其实他哪里知道，陛下仁爱宽厚，只究马钧，不及其余。他这是自我暴露啊！”

曹睿的眼前浮现出王巧那张俏丽的面容，沉沉道：“不要伤了他们，朕要亲自审问。”

刘放、南宫嗣明白曹睿的用意，伤了李牧不要紧，重要的是不要伤了王巧。

此时的王巧哪里知道南宫嗣正在施展毒计，既要除了李牧灭口，又要献上王巧媚君。她正焦急地等待着李牧的消息呢。那天去傅玄家里打探马钧的情况，才知道傅玄也差点被牵连进去。傅玄说了情况之后，就匆匆出去，设法到曹睿那里申辩。

回来的路上，见王巧绝望的样子，李牧心疼之至，决心找南宫嗣，以其人之道还治其人之身，用手中的把柄来和南宫嗣谈判，期望他能放过马钧。王巧当然不知道这中间有这么多隐情，只是听李牧说找南宫嗣可能会救出马钧，至于为什么，李牧说不方便透露，但一副很有把握的样子。王巧病急乱投医，就抱着试试看的心理，让他去了。

王巧在家急得团团乱转，又不敢让王归、马缘知道，怕吓着孩子。直到第二天晚上，李牧仍然没有消息。王巧就真的绝望了。这时，冉氏抱着马器走到王巧面前，忐忑不安地递给她一封书信，道：“小姐，这是李牧昨天走的时候留下的，说，今晚如果他不回来，就把这个交给你！还说……还说……”话音里已经带了哭腔。

“说什么呀？”王巧意识到不妙，一边接过书信，一边急问。

冉氏抽泣着道：“李牧说，如果他今晚不回来，叫我明天就把三个孩子带回乡下去，日后……日后一定……一定要送到马家和李家去，小姐……呜呜……小姐——是不是马大人他……”

王巧毕竟经过世面，虽然心中火急火燎，还是要先把冉氏安抚好：“没事，就是一时有些麻烦，总会有办法的。你只管把孩子带好就行了，其他你别多想。”

“是，小姐!”冉氏抹去了泪，低头回房哄孩子去了。

王巧打开书信一看，立时觉得眼前发黑。李牧告诉她，如果他今晚还是回不来，那事情多半难办了，要王巧立即躲到陆沉山，找王鲁连出家修道去，不要再回来。他会留在这里做最后的努力。

王巧颓然瘫坐在席上。

这一夜，王巧根本就没合眼。第二天，她整理收拾好东西，把剩余的积蓄都交给冉氏，雇了一辆马车，让冉氏带了孩子回娘家去了。

冉氏一走，王巧就没了后顾之忧，豁了出去，决定像先前那样，去宫门外喊冤。南宫嗣就怕有人演出上次那一幕，在他进宫面见曹睿时，就已经安排下心腹之人，各带一路，把住去宫中的几个要道。得到曹睿拿人的圣旨，南宫嗣立即出宫，亲自带队去缉捕王巧，没想到王巧自投罗网来了。

王巧没能到得宫门，就被人拿住，送到将作府来。这个时候的李牧正在将作府后院里完成了他的最后一道工序。他前天晚上被软禁在这里的时候，就已经拿定了主意，将计就计，用这里的提供材料打制了一批精细弩箭和一张“五倍元戎”。这是他第二次打制马钧的“五倍元戎”，已经得心应手了，所以复制得很快。卫笠不时来转转，见他很投入地在打制，只道他已经降服，不疑有他。李牧是先打制精细弩箭，后打制“五倍元戎”，而且“五倍元戎”的零部件一直是零散的，不到最后关头，不让人知道是如何组装的。卫笠问他得多久，他说快则十天，慢则半月。其实以他的手艺，一天就够了。

一切在按他的计划来。他还想再打制更多一些的精细弩箭。但没想到，就在这个时候，他听到了王巧的叫骂声：

“南宫嗣，你凭什么抓我?”

“马钧被抓，一定是你搞的鬼!”

“你把李牧弄到哪里去了?”

……

“快，快把她的嘴给我堵上!”院外传来丁九惊慌的声音。

李牧大惊，最担心的事情还是发生了。现在想来，自己做了个愚蠢之极的安排：以王巧的个性，她怎么会就这样抛下马钧和他，独自去陆沉山修道避祸去呢？一股热血冲上李牧的心头。他迅速地把“五倍连弩”的零部件组装起来，立马就要冲出去，纵然粉身碎骨，也不能让他们伤了王巧一根毫发。但马上想到，这个时候冲出去，反而会伤了王巧。他强迫自己冷静下来，又把“五倍元戎”拆散了，扔在一旁，将一些关键的零部件藏入怀中。

一会儿，卫笠和丁九一行走了进来，见李牧正在一心一意地刨、削、铲、刻，神态非常投入，暗暗松了一口气。如果李牧有异动，只好强行拿下了。

丁九许久没见李牧，装着热切的样子，拍拍他的肩膀大大咧咧道：“李都统，听说你得了马钧真传，发明了十分厉害的神弩啊？到底有多厉害啊？”

李牧淡淡道：“也没什么厉害的。一张‘五倍元戎’，抵得五十张单弩吧！”

“吹吧？”丁九不敢相信地道，“你是说，使用这张弩，一个人岂不是就抵五十个人？”

“不知道一个人是不是能敌五十个，但可以说个数你来算。”李牧冷冷道，“诸葛亮发明的元戎，一次可以射出十支箭，马钧发明的这个是它的五倍，你自己算吧！”

“天！”丁九睁大了眼睛，“它一次真的能连射五十支？那不是在下箭雨么？”

154

构陷了马钧，软禁了李牧，捕获了王巧，一切都在南宫嗣精心预设的步骤上推进。南宫嗣心中悬着的石头放下了一大半。丁九提议饮酒小小庆贺一番，他也想让近来绷紧的神经稍稍放松一下，也就没有拒绝。就在他的书房里，加上卫笠，三个人就对饮起来，一边继续进行下一步密谋。直到四更天，仍无睡意。

正谈得起劲，忽听后院一片叫嚷声，三人惊得跳了起来，第一个念头就是：出事了！跑出去一看，只见后院火光冲天，喊声阵阵，负责看守的小队长跌跌撞撞地冲进来报告：“禀……禀大人，李……李都统打伤多人，把……把那个……那个王巧救走了！”

丁九暴跳如雷，一脚踢翻那个小队长，吼道：“你们他妈干什么吃的？死人啊，连个人都看不住！”

小队长惊惶地道：“他……他……他手里的什么弩，箭像雨……雨一样，无……无法近身……”

南宫嗣、卫笠倒吸一口凉气。千算万算，就是忘了李牧一旦造出“五倍元戎”，首先会调转箭头对付他们。更让他们担心的是，这李牧已经知道他们的底细，一旦通过什么渠道上达天听，那他们就彻底暴露了。南宫嗣急切之间，立即下令派出多路人马，务必追杀李牧、王巧，这个时候，他也顾不上把王巧献给曹睿了。李牧既然反水，难保不把他知道的秘密和盘托给王巧。

南宫嗣将一队队人手派出去，首先把通向宫中的要道封死，然后对李牧、王巧可能逃去的河南县、扶风县、涅阳县、幽州等方向进行追击。分派出去之后，又细思还有什么地方有疏漏？

卫笠的老鼠眼突然睁大，手一抖，差点把唇下那根长毛扯断，叫道：“单先生，单先生……”

南宫嗣一惊：对了，单先生朝中故旧甚多，又与马钧、王舒、傅玄渊源颇深，王巧很可能会带着李牧去龙门山找单先生，一旦单先生得知他们是辽东卧底，肯定会想尽一切方法向曹睿揭露真相的，那他们就死无葬身之地了。南宫嗣脊梁上冷汗直流，连忙派丁九亲自带一队人赶往龙门山，截住去路，隔断他们见面的可能，尽量不要惊动单先生。如果发现王巧、李牧已经与单先生汇合，那就只能连单先生一起灭了。

李牧乘四更天守卫疲倦时，迅速组装好“五倍元戎”，打晕正在打瞌睡的看守，潜到关押王巧的柴房，以同样的手法打晕看守，救出王巧，穿廊绕巷，直向侧门奔去，但还是被巡逻的兵丁发现了，发一声喊，围追了过来。李牧举起“五倍元戎”，连扣扳机，十支箭带着啸声几乎一齐射出，声势骇人，齐刷刷地钉在众人脚前三步远。没等众人反应过来，李牧再扣动扳机，又一轮十支箭呼啸而去，围堵的军士一下子镇住了。李牧高声叫道：“兄弟们，我手中是马钧博士发明的神弩，连发连射，无须换箭。都是朝夕相处的兄弟，我只想逃命，不想伤人。”他这一叫，军士便犹豫起来。

王巧不管三七二十一，将廊下一个灯笼拽下，用烛火点起来，挂在廊檐下，将木质走廊点燃，乘着军士都在犹豫发愣，冲出侧门。李牧冲出门时，又发了一轮箭，震慑追兵。然后在漫起的烟雾里，消失在清秋寒冷的夜色中。

刚冲出去，王巧一时也不知往哪里去，只跟着李牧跑。李牧似乎早已拿定主意，直奔林甸子。他熟悉城中军士巡逻的规律，轻易地就避开了他们。到了林甸子，王巧才知道李牧为什么要到这里来。“五倍元戎”厉害是厉害，但箭的消耗太大。他在将作府造的箭远远不够用。这里先前试制时，李牧有心多造了些，放在不起眼处。那天出事之后，这里就荒废了。王舒毁了这里的兵器，自然也没有人理会这些了。李牧就是要把这些箭全部收起来，以备不时之需。

这个时候王巧已经冷静了下来，见李牧收起这些箭，喝道：“李牧，我正要问你。你为什么要复原出‘五倍元戎’，你忘了王舒是为什么死的？赶紧把它给我砸了！”

李牧道：“小姐，我不会忘记二小姐的。但我们目前处境危险，暂时要靠它保护呢。”

“不行！”王巧斩钉截铁地道，“我宁可死，也不愿用它杀人！否则王舒就白死了，马钧也白坐大牢了！”说着就要去夺李牧手中的“五倍元戎”。

李牧一跃退开，跪下，含着泪道：“小姐，你听我说。我发誓不会用它杀一个人，也绝不会把它留在世上。但现在我要用它保护小姐，还要用它去救马钧！”

提到要救马钧，王巧的态度就软下来了，叹口气道：“好吧，记住你说的话！你起来吧。接下来，你说我们应该去哪儿？”

李牧道：“我正要和小姐商量。我知道他们一些事情，要是能有个渠道捅到皇上那里去，他们就完了，或许马钧就能有救了。所以他们肯定会到处通缉我们。”

王巧一听有门，急忙追问：“真的？你知道他们什么事情？”

李牧道：“小姐还是不知道的好。知道越多越危险。”其实他就算不告诉王巧，王巧也与他一样被认定为知情者了，怎么会不危险？

王巧想了一下道：“要想奏报到陛下那里去，有三个渠道。一是涅阳我舅舅那里，不过他无法直接上书朝廷；二是幽州毌丘俭毌大人那里，但路途遥远，往返得许多时日，救马钧怕是来不及；三是龙门山单先生，他朝中故旧多，威望高，应该有办法直达天听。”

李牧听罢分析，十分赞同：“这么一说，还是上龙门山找单先生最好。”

王巧立即道：“那事不宜迟，我们现在就走。”

一旦下定决心，他们立即付诸行动。黎明时分，他们抵达伊水河边西山脚下，但是发现上山的路道上已经有军士把守了，火把还没全部熄灭，赶早上山的人都在这里被一一盘查。想从僻静的山坳里偷偷绕上去，也无可能。因为他们放了警戒线，把山脚下能通行的地方全给围了。

他们知道这一切都是冲他们来的，因为每隔几棵树干，就贴着一张他们的画影图形。

王巧怒从心头起，忘了王舒的遗愿，伸手就去夺李牧手中的“五倍元戎”，打算硬冲上山。被李牧死死地拦住。李牧低声道：“小姐，不能硬拼。我们都搭进去了，谁去救马钧?”

这话最灵，王巧恨恨地按捺下来，问：“那，你说怎么办?”

李牧眼睛转了一转，道：“走，我们去牛家屯找牛顺。那里他们不一定想得到。我们藏在那边，然后让牛顺上这里给单先生报信。”

王巧眼睛一亮，这绝对是个好主意。

第24回 || 撼天地：断头台血染不了情

155

曹睿这几天心头一会儿喜一会儿怒。自打第一次见到王巧，就十分中意王巧不同凡俗的俏丽和那股掩不住的野性。但王巧已是有夫之妇，自己自诩圣明，总不能强抢民妇吧？只得按捺住心动，到后宫中寻欢觅爱。日子久了，才慢慢把王巧给忘了。这回乍听说王巧其实是假嫁，心中禁不住一荡，觉得这是天意，天下真美人终究是属于天子的。但一喜过后，又十分恼怒：这王巧为了逃避选美，竟然使出这种荒谬绝伦的招数。欺君不说，更重要的是伤了他的自尊：天下美女应该都爱他，而他可以选择喜欢和不喜欢才对。喜怒两种感觉就这样交织在心头，折磨着他。以至于每天都要过问一下王巧、李牧的案子。

南宫嗣没法交差，只得奏报："陛下，李牧胆大妄为，不知哪里听到风声，在臣派人缉捕之前就偕同王巧，畏罪潜逃了。特来奏报陛下。如果二人公然拒捕，怎么办？"

"狂徒竟敢如此！"曹睿怒道，"给朕全城通缉！"

南宫嗣道："怕他们此时已经逃出洛阳城，臣已经发下海捕文书。只是……只是怕他们公然拒捕。"

孙资阴阴地道："公然拒捕，格杀勿论。"这是南宫嗣最想要的一句话，最好从曹睿口中说出。

刘放看了曹睿一眼，抢着道："王巧务必生擒，她的事得好好审一审。"

孙资一听，连忙附和："对，她一介女流，不会拒捕，一定是被狂徒劫持的。"

南宫嗣有些心惊肉跳，他怎么敢让王巧活着见到天子呢，赶紧留下伏笔：

“好，我得赶快吩咐下去，免得刀剑无眼，误伤了王巧。只是……只是此时他们不知逃到哪里去了呢。”

“他们逃不了。”刘放眼珠一转，拦住正欲告退的南宫嗣，“南宫大人且等等。”转脸对曹睿奏道，“陛下，眼下已是秋后，正是往年开刀问斩的日子。这两年陛下布施仁政，宽狱减刑，死刑犯不多，今年更少。马钧通敌叛国，罪在不赦，可以广告天下，三日后问斩。王巧、李牧必定露面，那时一举成擒，省得多费周章，请陛下圣裁！”

南宫嗣心中一惊，这引蛇出洞之计，正适合王巧、李牧。如此一来，自己当真就危险了。但转念一下，这样一来，王巧、李牧必然露面，自己的人哪里能让他们接近法场？便附和道：“刘中书真是妙计，请陛下圣裁。”

“就这样把马钧斩了，是不是太仓促了。”曹睿沉吟道，“毕竟马钧的通敌谋叛之罪，还须细细审查。”

刘放不以为然道：“他自己都不肯向陛下求恕，那是铁了心和陛下作对，陛下又何必过于仁慈？”

“陛下，要不能否这样，”孙资阴沉沉地建议，“可以将马钧押赴刑场，明言问斩，实是诱敌。如果那天王巧、李牧露面，则将他们一举生擒，与马钧一并收监再审。如果真有敌国细作敢劫法场，那就证实马钧之罪，当场问斩，也就不会冤枉了他。”

南宫嗣心中电转，无数个应对方案已从心头掠过，击节道：“这样最是稳妥。不过最好陛下拟道旨意，否则臣等不敢动马钧。”

不待曹睿吩咐，孙资铺开锦绫，刘放拿起笔，替曹睿拟好诏书。曹睿仍然有些犹豫不决，刘放把笔塞到曹睿手中，催道：“陛下，当断不断，反受其乱。请陛下御批！”

南宫嗣不禁骇然：这刘放、孙资在曹睿面前竟可以随便到这种程度，幸好自己没有投靠错了人。他当然无法知道，后来曹睿病危之时，刘放、孙资也是这般将笔硬塞到曹睿手中，逼他签字，免去了曹宇、夏侯献、曹肇、秦朗等人的既定官职，而改任曹爽、司马懿辅政，终致魏国亡于内乱，而被司马氏篡代。此是后话了。

曹睿挡不住刘放、孙资的一再建议，在诏书上签了字，却仍旧道：“嗯，此计虽可行，你们还是要小心谨慎些，再细细商榷一下，不要真的让敌国细作劫了法场去。”

南宫嗣回府后，卫笠听他说起刘放、孙资这一连串的计策时，有些惶惑：“这样一来，不就危险了吗？那马钧还是除不了。”

南宫嗣得意地一笑：“你说，我们会让王巧、李牧有接近法场的机会吗？至于马钧，”南宫嗣压低声音，阴恻恻地道：“弄几个‘敌国细作’去劫法场，给他们一个‘斩立决’的理由不就成了？”

“妙，实在是妙！”卫笠由衷地叹道。

三日后处斩马钧的布告一经贴出，王巧、李牧当天晚上就知道了。

他们一路潜行，中午时分到了牛家屯，这里是偏僻乡村，果然没有军士把守。他们还是小心谨慎地悄悄进了村，找到了牛顺。牛顺见是他们，喜出望外，连忙迎进屋内，就要去割肉沽酒，款待贵客，被王巧拦住了，这才发现事情有些不寻常。待听说马钧被诬陷下狱，他们二人奔逃至此，立马就炸了：“马博士，马博士怎么会通敌谋反？一定是奸臣陷害，走，我们替他喊冤去！”

“牛兄，这事不能鲁莽。”李牧连忙拉住他。

王巧道：“牛大哥，我们来此，就是和你商量的，想请你帮个忙。”

牛顺冷静下来，道：“大小姐，你说，只要能救出马博士，我们牛家屯的人赴汤蹈火在所不辞。”听王巧低声说了打算，连连点头：“好，这里离龙门山不算远，我这就去，晚上就能赶回来。你们在这里待着，我让家里给你们准备吃的。”

牛顺安顿好他们，去邻居家借了一匹马，直往龙门山奔去。

王巧、李牧闷在屋内，心神不宁。天黑了下来，牛顺家人端上饭菜，殷勤招待他们，他们无法下咽，焦急地等待着牛顺的消息。

村子里忽然有了动静，凭直觉，就觉得很不寻常。王巧、李牧先是感觉外面有人在窃窃私语，继而好像有什么消息在村中飞快地传播一样。透过窗户看去，村民们一个个从家里走出来，交头接耳，议论纷纷。王巧、李牧对望一眼：莫非他们的行踪已经泄露了？但看看又不像。因为没有人对这里指指点点的，压根儿就不知道他们在这里。

院外有人走过来，喊：“牛顺，牛顺，这么大的事你听说了没有？”

有人道：“别喊了，牛顺中午借了俺家的马出去了，还没回来呢！你们这么神神秘秘的，到底什么事？”

那人压低声音道："给我们发明'龙骨水车'的马博士，三日后要被问斩啦！"

王巧拉开门栓，一下冲出来："你，你说什么？马钧三日后问斩？"

李牧也跟着冲出来，扶住差点摔倒的王巧。院外的乡民一愣，有人认出他们来："咦——这不是马博士的大姨子和大连襟吗？你们怎么在这里？"他们中有人去吊唁过王舒，所以认得。

人们七嘴八言道：

"对了，李都统、李夫人，洛阳城贴着你们的画影图形呢，你们犯什么事了，要捉拿你们？朝廷还贴出告示，说三日后处斩马博士。说马博士通敌谋叛……"

"马博士那么好的人，怎么会通敌谋叛呢？"

"一定是有奸臣陷害。朝廷有奸臣。"

"苍天有眼，救救好人吧。"

"……"

王巧"扑通"一声跪在地上，含泪道："父老乡亲们，我妹妹王舒为了让马钧多发明民用之物，不发明杀人兵器，得罪了朝中奸臣。他们要斩杀马钧，还要追捕我们，这是要斩草除根啊。父老乡亲们，我们死不足惜，可怜马钧若是不在了，以后谁给大家发明农具啊……"

"对啊，马博士不能死！"

"我们都给马博士喊冤去！"

"李夫人，你说怎么办？只要能救出马博士，我们上刀山下火海，都跟你去！"

……

156

南宫嗣这两天精神高度紧张。不把王巧、李牧灭了口，心中的这块石头就始终无法落地。派出去的人马不断传回消息：

"河南方向没有发现二人踪迹！"

"涅阳方向没有……"

"扶风方向没有……"

“幽州方向没有……”

“龙门山方向没有……”

“通向宫中各处要道均未发现王、李二人影踪。”

“……”

仿佛永远低头沉思的南宫嗣，一改往日的沉稳，焦躁不安地对卫笠道：“怪了，这王、李二人难道会隐身术?”

卫笠眨巴着老鼠眼，捻动唇下那根长毛，胸有成竹道：“不管他们藏到哪里，我们只要守住几个要道，还怕他们掀起什么大浪不成?”

又有人来报：“报，单先生和小先生下山了，但没发现王巧、李牧和他们接触过。抓不抓?”

南宫嗣看向卫笠，卫笠道：“单先生乃世外高人，抓他不那么容易，而且动他影响会很大啊!”

南宫嗣咬咬牙，传令：“密切监视二人动向，一旦往京城来，立即把他们‘请’到这里!”

又一拨快马来报：“单先生、小先生往城郊乡村去了。军士询问，说是到乡村诊治病人去了。”

南宫嗣立即撤了前番命令：“暗地跟踪，不要惊动，看王、李二人是否露面。”

第二日，又有消息传来：“单先生、小先生往平县访友去了。王巧、李牧依旧毫无踪影。”

南宫嗣长舒了一口气，稍稍放下心来。看样子单先生、小先生毫不知情，那就不用顾忌他们，多一事不如少一事。只是王巧、李牧毫无消息，让他如坐针毡。卫笠分析道：“看样子，他们要么藏起来不敢出来了，要么就是等到明日马钧问斩，来个鱼死网破。”

南宫嗣皱眉道：“我就是担心他们从此不露面，那就成了卡在喉咙里的刺，拔不出，咽不下，成天让人提心吊胆的!”

卫笠道：“只要明日斩了马钧，我们就先去了一患。他们即使不露面，也掀不起大浪了。我们的人紧盯着，他们迟早跑不掉。”

南宫嗣点点头：“更重要的，猎杀李牧之后，一定要把那张‘五倍元戎’夺到手——眼下看来，这世上只剩下李牧手中这张了。”还不住地惋惜：“可惜明日斩了马钧之后，这世上再也不会有‘抛石车’和‘九攻云梯’了！”

卫笠见南宫嗣神情疲惫的样子，道：“大人，你还是好好休息一下吧，明天还要会同廷尉府李大人一起监斩呢，得养足精神啊！我在这里盯着各路来报，有要紧的我再请大人起来。”

“好！”南宫嗣伸了伸懒腰，还不忘叮嘱，“明天劫法场的‘细作’再叮嘱一下，时机要把握好，不可出半点纰漏。”

“放心吧，都安排好了！”

正是深秋季节，万木凋零，天地间一派萧杀之气。洛阳皇宫。中东门外。马市。空旷的马市口搭起了高高的断头台，对面是搭了棚子的监斩台。晌午时分，就见几队手持长矛、腰挎大刀、身着铠甲的军士，里三层、外三层，将刑场团团围住，将已经渐渐聚集的市民百姓挡在了外围。

南宫嗣与廷尉府属官李正各带护卫，寒暄着一起登上监斩台，一番推让之后，分主次坐下。李正传令：“带犯人马钧——”

一辆囚车在两队军士的押送下，缓缓从后街驶出，马钧憔悴地站在囚笼里，茫然地望着前方，一言不发。与以前死囚游街，群情汹涌不一样的是，人们默默地看着，跟着，跟着，一直跟到马钧被押上断头台待斩。

从马钧下狱的消息传出后，坊间便流传出关于马钧的种种传说来。这位皇上御赐的“天下名巧”种种神奇的发明，成为街头巷尾的谈资。有些东西越传越神，说马钧不仅能做跳舞耍杂的活木人，随便用木头做个鸟儿都能在天上飞三天，说去哪里就去哪里，即便在大海上，也绝不会迷失方向。人们都想一睹这位“天下名巧”的真容，现在看到他落寞地站在囚车的木笼里，怎么也想不出，他一个专治机巧的博士，用什么东西去通敌谋逆？也有一种说法在暗中流传：朝中有奸臣，马钧是忠良。当然，还有人心头很疑惑：自本朝皇上即位以来，魏国宽刑省法，轻易不判死刑的，这马钧既然问斩，定然罪不容赦。

不仅市民百姓纷纷猜疑，朝中大臣更是忐忑不安。马钧在朝中交往不深，他的事情大多数人不明就里，虽然疑惑，却也不便多加置喙。只有几个与马钧偶尔有过交往的大臣忍不住打探情况，想到曹睿面前为他求个情。只有傅玄急得像热锅上的蚂蚁，到处乱转。以他此时武卫将军参军的身份，不是说能入宫就能入宫的。他去找过曹爽，曹爽不以为然道：“就那个做事不思脚踏实地，一味思谋讨巧的博士？这样的人在这里讨不了进身，就企图另谋高就，也不奇怪，陛下圣明，断不会冤枉了他。你怎么还要为他去冲撞陛下?!”说什么也不愿出头。

傅玄怒气冲冲出了曹府，又去找秦朗。秦朗与傅玄关系一向不错，当日与马钧为指南车当殿争论过，后来马钧真的造出指南车，心中十分佩服，觉得机巧也是一种才能，对马钧虽然说不上亲近，但还是很敬重的。这次听说马钧勾敌谋逆，心底里并不相信，却又没有证据，因此一直在观望。傅玄来找他，向他讲述一切，他当然相信傅玄的话，愿意助傅玄一臂之力。他身份特殊，曹氏三代帝王都对他十分亲近，又经常护卫御辇，入宫见驾比一般大臣要方便得多。当下，便带傅玄入宫求见曹睿。

曹睿听说傅玄来了，知道他必然是为马钧之事而来，就宣他觐见，看他怎么说。

傅玄随秦朗走入殿中，行罢大礼，竟发现大殿里，除了中书令刘放、中书监孙资、散骑常侍高堂隆，武卫将军府掾蜀裴秀与他父亲大司农裴潜也在，心中微觉诧异。不待曹睿发问，傅玄便急急地道：“陛下，臣有要事启奏。”

曹睿削瘦的脸上，苍白如纸，对裴潜、高堂隆笑道：“裴爱卿、高爱卿，你看，在军营里待上一段日子，这脾气更急躁了啊？他和你们一样，肯定也是为马钧的案子来的。”

傅玄奏道：“陛下，马钧研制兵器一事，本是臣的主意，这其中曲折，臣最是清楚……”

刘放截过话头：“傅参军，马钧正是利用你的主意，暗中与敌国勾连，可怜你还蒙在鼓里。若非陛下明察，你也脱不了干系，知道么?”

傅玄怒道：“你这般说，有何证据?”

刘放见他公然顶撞，淡淡道：“傅玄，皇上在此，你这是什么态度？马钧勾敌谋逆，人证物证俱在。陛下有心给他机会悔过，让他将功折罪，为国家发明兵器，他却又以亡妻遗愿为由，公然抗旨。陛下仁慈，又给他机会求恕，他竟然丝毫也不把陛下放在眼里。你说，这样的逆臣，留他何用?”

傅玄一急躁，便口不择言，直呼其名：“刘放、孙资，什么人证物证俱在，分明是你们蒙蔽陛下，构陷忠良，你当我真的什么都不知道么?”

孙资阴阴地对曹睿道：“陛下，整件事陛下亲眼所见，臣无须多言。”

曹睿见刘放、孙资二人被当殿呵斥，直觉得自己的脸上发烫，一拍龙案，喝道：“傅玄，朕当面审过马钧，他自己都无以为辩，你这般污蔑大臣，到底是何居心？难道你真的和马钧有什么瓜葛？”

裴潜见曹睿发怒，连忙打圆场：“陛下，傅参军也是一时性急，并无意冒犯刘大人、孙大人。”转向傅玄道：“傅参军，有话慢慢说，不要急躁。”

刘放见此，淡淡一笑，躬身对曹睿作揖道：“陛下，臣认为傅参军只是被马钧利用，不知真情罢了。他们素来交好，但要说他真与马钧合伙谋逆，臣不敢相信。”他越是为傅玄开脱，就越坐实马钧之罪，更在曹睿面前显得光明磊落。

裴秀上前拉了拉傅玄衣袖，低声劝道：“我们也来求情，但那些人证物证，我们没法否决。就不要再惹陛下生气了！”

傅玄脚一跺，仰面悲怆道：“天啊，失了马钧，天下哪里再去找这样一位天才巧匠啊？”踉踉跄跄地往殿外绝望地走去。

孙资咬牙切齿道：“太过无礼，太过无礼了！”

曹睿气得脸色更加苍白。裴秀上前跪倒：“陛下，傅参军一时心神失定，并非有意狂悖，望陛下宽恕！”

高堂隆也道：“陛下知道这个小夫子就是个急躁脾气，请陛下宽容。”

曹睿看了一眼裴秀，憋了好半天才道：“朕念他才学难得，一时失态，依你所奏，就不追究了。但下不为例！”又轻轻叹了一口气道：“朕又何尝舍得杀了天赐之巧？是他自己冥顽不化，唉……”

正在这时，内侍匆匆来报：“启奏陛下，宫外传来消息，城外大批百姓成群结队，向城中蜂拥而来。”

157

南宫嗣坐在监斩台上的木棚里，和李正寒暄着，大赞今年陛下推行的宽法省刑之政，对马钧在此德政之下，犹甘谋逆表示愤懑。他指着马市口上越聚越多的百姓道：“李大人，你看，往年犯人多，行刑哪有这么多人看？现在陛下推行仁政，死刑犯少了，看的人反而越来越多了。”

李正点头，分析道：“物以稀为贵嘛。现在杀头的少了，就稀奇了，寻常看不着了，老百姓就不肯错过了。”

卫笠看着越来越多人的，有些异乎寻常，担心地道：“大人，这人是不是太多了？”

南宫嗣笑道：“多了好啊，让大家看看，虽然刑法宽松了，但还是有死罪的。让百姓有所警戒不好吗？”心中盘算，人越多，到时越好办。时辰一到，那些安排好的“敌国细作”劫法场声势就越大，他越有借口当场斩杀马钧；“敌国细作”也越好趁乱脱身。

这时有人来报：“报——城外有大批百姓涌进城来，说是来看杀犯人，城门校尉怕出事，拦不住，要两位大人小心监斩，他正向宫中急奏。”

南宫嗣这才凝起神来，吩咐左右：“快，再调一屯军士，守住各个路口，不要再让人接近这里了。刑场再增加两队守卫。”又转身低声对丁九道：“快传下去，防止他们混进来，一旦发现……”手在袖中做了个“杀”的动作。

丁九点点头，立即离去。南宫嗣又对卫笠使了个眼色：可以发信号让“敌国细作”动手了！

城门校尉将消息一波接一波地紧急报入宫中：大批百姓扛着纺车、织绫机、翻水车从四面城门涌进，守门军士已经阻挡不住，连城门也无法关闭。曹睿先是觉得稀奇，继而有些震惊。这在汉魏两朝历史上也闻所未闻。

刘放、孙资的脸色严峻起来。刘放怒道：“陛下，这分明是造反啦！”

孙资阴沉着脸道：“纺车、织绫机，还有什么翻水车，这分明都是马钧的发明之物，显然是冲着马钧的事来的，幕后定然有主使啊！”

高堂隆有不同意见：“刘大人、孙大人，事情还没弄清，就断言造反，未免操之过急了吧？”

刘放冷哼道：“就算不是造反，他一个博士，身在刑场，居然就有成千上万的百姓为他而来，这……这也太可怕了吧？”

这话正打在曹睿心坎上，苍白的脸上陡然坚毅起来，一霎间恢复了往日那种明毅决断之气，目光也陡然凌厉起来，简洁明了地下旨：“骁骑将军秦朗，传朕旨意，立即调集禁军，沿街警戒，维持秩序，但不得轻易伤人。如有人乘机作乱，立即拘捕。”秦朗领旨，立即去找中领军紧急部署去了。曹睿又道：“散骑常侍高堂隆，你随朕即刻出宫，前去马市口，朕要亲自监斩！”

高堂隆领旨，立即去布置车驾护卫。刘放、孙资同声阻拦：“陛下，目前情势不明，陛下万金之躯不可身临险境。”

“哈哈——”曹睿仰首一笑，羸弱之态尽去，恢复了当年意气，“朕少年时便统兵临敌，御驾亲征，如今皇城脚下，面对自家子民，难道还怕有人杀了朕不成?”

裴秀被曹睿这一霎间的气度倾倒，脱口道：“这才是臣想象中的陛下!”崇敬之色溢于言表。

曹睿竟是上前揽住裴秀的肩膀，大笑道：“这才是朕的臣子，走!”

傅玄漫无目的地往外走去，不由自主地就来到了马市口。见这里已经挤满了人，远远望去，马钧正被绑在高高的断头台上。他心中大痛，分开众人，往里挤去。有军士认得是武卫将军府的参军，就没有阻拦。傅玄缓步走进刑场，正欲示意卫笠发信号的南宫嗣望见，不禁一愣，喝道：“傅参军，你来干什么?”

傅玄不理他，兀自登上断头台，在马钧前面站定，大声道：“马先生，是我害了你！黄泉路上，我来陪你!”

断头台上闭目沉静，等待最后那一刻到来的马钧，突然听到傅玄的声音，吃惊地睁开眼，急道：“傅大人，你这是干什么？这事与你无关，你快下去!”

傅玄决绝道：“陛下受人蒙蔽，傅玄伸冤不得，也了无生趣。”一改往日急躁的性子，竟然“嘿嘿”一笑：“我陪你到那边继续搞发明吧!”

卫笠对南宫嗣附耳道：“大人，只怕夜长梦多啊！“

南宫嗣牙一咬：那就乱中将他们都杀了！示意卫笠立即发出信号。

刑场外面的茶楼、酒肆、巷口突然传来大呼声：“劫法场啊！劫法场啊！杀啊！冲啊!”围观的人群顿时大乱。守卫的军士紧张了起来，举起长矛大刀，形成一个防守队形，守护住刑场。却不见有人冲杀进来，只是先前围观的人拼命往外跑。南宫嗣立即起身道：“李大人，有人劫法场，立即行刑!”

李正比较冷静，注意着刑场外围纷乱的人群，搜寻着劫法场之人，沉着地指挥军士保持队形。听到南宫嗣的话，道：“南宫大人，别急，时辰还没到。区区几个人就想劫法场，笑话！你看，这伙人很奇怪，只是虚张声势，并不敢冲进来。定是人手不多，正好把他们一举捕获。”

南宫嗣急道：“李大人，陛下有旨，一旦有人真敢劫法场，那就证实马钧勾敌谋逆大罪，立即斩杀。”

李正犹豫了一下，下面突然起了变化，原先跑散的百姓被几股巨大的力量又带了回来。通往马市口的几条大街同时涌出了一股如洪水般的人流，不知是哪里来的这么多百姓。人流之上是一架架木制物件，细看之下，认得是很多纺车、织布机之类，还有几样叫不出名字的家什，他当然不知道，那就是“龙骨水车”。

正面大街最宽，来的人流也最大，成千上百，走在最前面的三个人高高地举着一块匾额，上书“天下名巧”。南宫嗣看得愣住了，指着下面结结巴巴道：“王……王巧、李……李牧……”

正是王巧和李牧，中间那人是牛顺。三人高举匾额，领头高呼：“天下名巧，马钧无罪！”一声呼，百声应：“——天下名巧，马钧无罪！”

“国有奸佞，构陷忠良！——国有奸佞，构陷忠良！”

“查明真相，还民公道！——查明真相，还民公道！”

“发明无罪，有益民生！——发明无罪，有益民生！”

……

呼声汇成一股洪流，排山倒海，从四面八方向刑场压来。马钧、傅玄也被这宏大的场景惊呆了。待明白是怎么回事时，二人不禁热泪盈眶。傅玄大声道：“民意，民意，这就是民意啊！哈哈……”

马钧仰天长呼：“王舒，你值了，——马钧，你也值了，——王舒，我今天就来陪你了——”

刚才还一阵高过一阵的声浪，刹那间平息了下去，大地一片寂静，成千上万人的十字大街上，静得似乎连一根针掉到地上都能听见，只有马钧的长呼在回荡。

廷尉府属官李正和众军士从来没有见过这样的场面，深深地被震撼了，还没回过神来，就听南宫嗣声嘶力竭地叫喊一声：“皇上有旨，立斩马钧。”一把从李正案前拔起令牌，抛到台下，喝令：“刽子手，行刑！”

158

断头台上，扎着红带、赤着上身、满是胸毛的刽子手一见令牌落地，便高高举起屠刀，就要斩下。只听一声娇喝：“住手，谁敢动刀?!”

王巧声音未落，手中突然多了一张“五倍元戎”，“嗖嗖嗖——”连续三箭，射在刽子手高举的屠刀上。刽子手猝不及防，手松刀落。王巧又把元戎一抬，对准挡在前面的一队军士脚下，连续扣动扳机，十支箭又十支箭齐刷刷地钉在军士的脚下，军士们吓了一跳，曾听说过蜀国诸葛亮的连弩，一次可射十支箭，这张弩竟然可以连续十支十支地射，尽皆震惊。未得命令，谁也不敢乱动。

牛顺和李牧高举着“天下名巧”的匾额，上前与王巧站成一排，三人一齐迎着长矛，向前逼进，李牧大叫：“天下名巧，皇上御封。天威在此，谁敢擅动?!”

军士们无人敢碰皇上御匾，自动散开一条通道，让王巧、李牧、牛顺进去。

南宫嗣气急败坏地命令道：“放箭，放箭!”监斩台下的一队军士上前张弓搭箭，却谁也不敢射出，生怕射中御匾。

三人就这样举着“天下名巧”的御匾登上断头台。刽子手在王巧“五倍元戎”的威逼下，狼狈地逃下台去。李正到底见过阵仗，沉静地问：“你们知道不知道，劫法场是大罪?”

王巧昂然道：“我们不劫法场，我们求见皇上，我们要申冤!”

马钧一见王巧手中拿着的“五倍元戎”，又急又怒：“李牧，这是你做出来的？王巧，这会让王舒死不瞑目的啊！你们，你们快拉傅大人下去!”

王巧静静地道：“你放心，我们不会辜负了王舒，我们只是用它申冤。”又对傅玄道：“小夫子，你已经尽力了，就不要和我们搅在一起了，快下去吧!”

傅玄本已抱定必死之心，又被眼前这一幕激发得意气昂扬，“哈哈”大笑：“得此民意，虽死何憾？这份荣光，岂能让你们独占!”

所有人都被这一幕震撼着，连监斩台上的廷尉府属官李正也被感染了。南宫嗣又急又怒，心知此时不趁势斩草除根，更待何时？弄出现在这个局面，虽然危险，却也为斩杀马钧、王巧、李牧提供了最佳借口。见李正态度犹豫，急对自己的护卫们道：“快，你们去，格杀勿论!”

众护卫个个面面相觑，不敢上前。李正道：“南宫大人，我看还是快禀报皇上吧?”

南宫嗣再也顾不得礼貌，怒道：“敢劫法场，格杀勿论。天塌下来，本官顶着!”忽地拔出靠得最近的一位护卫的腰刀，一刀将他砍倒，喝道：“养兵千日，用兵一时。临阵退缩，立斩不赦!”刀锋一指众护卫：“上——”

众护卫只得拔出腰刀，跳下监斩台，一步步向断头台逼去。

王巧抬起“五倍元戎”，连扣扳机，“嗖嗖嗖”，又射出两轮箭雨，二十支箭带着短促的啸声齐刷刷地钉在众护卫脚下。众护卫见识过这支神弩的厉害，停在那里，不敢轻动。王巧迅速换上一组箭函，高叫：“守护御匾，万死不辞。再敢上前者死!”

南宫嗣站在监斩台上，怒道："再敢犹豫退缩者，斩!"一边喝令众护卫冲杀，一边看向李正，意在求援。

李正被他刚才那一冲撞，心中正自气恼，冷着脸，不接他的眼神，却命令身边副将："快向皇上急报!"

南宫嗣惶急无奈，举起腰刀硬逼着众护卫往前冲。王巧杏眉倒竖，蓦然抬高"五倍元戎"的射口，就要扣动扳机。被绑在行刑柱上的马钧两眼赤红，挣扎着吼道："此弩不能杀人！你们快走!"一口鲜血蓦然喷出。

傅玄急忙侧身扶住，对王巧叹道："王巧，算了!"

王巧气愤地一跺足，只得缓缓垂下手臂。南宫嗣一见，更加催逼众护卫。众护卫这才胆战心惊，勉强一步步上前。王巧绝望地跌坐在马钧身边。

只听远处一声高叫："皇上驾到——"满场全部寂静下来。南宫嗣头一晕，身子晃了晃，好不容易才镇定下来。只见中东门内，一队人马鱼贯而出，戟戈林立，杏旗招展，禁军前开道、后殿压，中间是富丽巍峨的御辇，高堂隆和中领军全身披挂，骑在马上，一左一右地护卫，刘放、孙资、裴潜、裴秀等人车后相随，满街的人群自动闪出一条通道。

曹睿的车队缓缓进入刑场。高堂隆靠近御辇，在马上俯身道："陛下，到了!"

内侍上前撩起车帘，伺候曹睿走下御辇。扶着他缓缓登上监斩台。南宫嗣、李正赶紧觐见，然后退在一旁。曹睿在内侍搬上摆好的龙榻上据案而坐，威严地扫视一眼成千上万的人群。满场鸦雀无声。曹睿缓缓道："朕好几年没见过这样的阵势了，能有人告诉朕，这是怎么一回事吗?"

南宫嗣急忙上前跪倒："陛下，臣奉旨监斩马钧，岂料果真有人敢劫法场，臣正准备缉拿匪众。"

断头台上，王巧高声叫道："陛下，我等并非劫法场，乃是求见陛下，为马钧喊冤来了!"

刘放喝道："马钧抗旨欺君、勾敌谋逆，证据确凿，何冤之有？你们擅入刑场，罪同刑犯!"

曹睿威严地审视着，暗将王巧婀娜的身姿、娇俏地容颜，收入眼底。王巧高声道："马钧没有抗旨，他的确造出'五倍元戎'。"她缓缓举起手中的神弩。

南宫嗣立即喝道："你干什么？你敢刺杀皇上?"

众侍卫立即护在曹睿身前。曹睿轻轻喝道：“退下！朕于百万军中指挥若定，岂能惧怕一介民女？”

王巧冷笑道：“南宫大人，你是欲加之罪，何患无辞啊！众目睽睽之下，我一个民女岂能刺杀得了皇上？”转而对曹睿大声道：“陛下，我只不过是向你证明一件事，马钧没有抗旨，他的确已经把‘五倍元戎’造出来了，我这就证明给你看！”抬起手中“五倍元戎”，对着一处高高的楼塔，连连扣动扳机。

只听“嗖嗖嗖”“嗖嗖嗖”“嗖嗖嗖”……空中似掠过一阵又一阵细细的黑雨，向楼塔射去，眨眼之间，五十支箭都落在了楼塔上。

众人惊异地睁大眼睛。久经战阵的曹睿也不禁骇然：这是何等威力啊？当真一人顶得数十人。

王巧发射完毕，举起“五倍元戎”，使劲在台上砸了几下，在众人诧异的目光中将它彻底砸毁。然后高声道：“陛下，马钧也没有欺君。我妹妹王舒的确留有遗言：此等杀戮之器不能留在世上，要多多发明民用之物。王舒临终之时，有数百乡民在场，可以作证。南宫大人，满场跪拜之人，不也有你一个吗？”

南宫嗣的脊背上冒出冷汗。台下忽然有数百人齐声高喊：“的确如此，我们愿意作证。”“马夫人贤德，万民感念。”“……”

待众人声音一落，王巧又高声道：“陛下仁心，天下皆知，当能理解我妹妹临终遗愿！”

牛顺与李牧缓缓放下“天下名巧”的御匾，朝前站了一步，冲着监斩台上的曹睿跪下拜了一拜，从怀中掏出一份万民书高举过头：“陛下，这是我们四方乡民呈上的万民书，保马钧无罪，请陛下开恩。”

曹睿微微动容，示意内侍过去取过万民书。裴秀上前，低声将听来的当日情景简要地对曹睿说了一遍。曹睿不知道，就在自己的都城里，竟然发生过这样一幕。王巧举手投足之间透出的英气，让他心中有了不一样的愉悦之感。他不想中断这份美妙的享受，注视着她，看她还有什么话说。

王巧的眼睛从人群中一一扫过，一字一句道：“至于勾敌谋逆之事，的确有之。”台上台下，均是一愣。王巧霍然转身，纤手直指站在监斩台上的南宫嗣，“不过不是马钧，而是这个阴险狡诈的将作大臣南宫嗣——他才是细作！”

南宫嗣吓得脸色煞白，指着王巧结结巴巴道：“你……你……你血口喷人！”转身朝曹睿跪下：“陛下，她这是倒打一耙啊！请陛下替微臣做主！”

刘放喝道：“大胆王巧，污蔑朝中大臣，你该当何罪？”

“污蔑？”王巧冷笑一声，叫道，“李牧，你来把真相当众禀报陛下！”

159

李牧向曹睿行罢大礼，站起身，用手一指，大声道：“陛下，将作大臣南宫嗣乃是辽东奸细！”

只此一句，满场哗然。南宫嗣脸色惨白，身子一晃，差点倒下，卫笠赶紧扶住，附在他耳边低语一声：“不要乱了分寸，他没有证据！”

刘放怎么也不相信，气恼地喝道：“李牧，你一个小小的都统，怎么知道他是奸细？若是胡言乱语，可是欺君之罪！”

李牧道：“我原本也不知道，是他胁迫我监视马钧，才被我一步一步发觉的。”当下将南宫嗣如何以王巧为把柄胁迫自己，自己如何被迫监视马钧，南宫嗣又是如何设计命自己将“假义士”慕容非介绍给傅玄，自己如何偶然听到他们的密议，他们如何逼迫自己复原“五倍元戎”等，一一道来，只听得现场所有人目瞪口呆，连刘放都动摇起来。

孙资忽然沉沉地问：“这么说，你假娶、她假嫁是真的了？”

李牧坦然道：“是真的。我们名为夫妻，实为主仆！”

台下又是一阵骚动，人们觉得王巧假嫁之事真是匪夷所思。曹睿心中却有几分欢喜。孙资阴阴地对曹睿道：“陛下，这二人以此逃避选美，实属欺君。欺君之人，所言能有几分可信？”

南宫嗣似抓到一根救命稻草，扑到曹睿面前，跪下哭诉道：“陛下，孙大人所言正是微臣想说的。他们恨臣窥破他们的阴谋，如今倒打一耙，是欲置臣于死地而后快啊！请陛下为臣做主！”

曹睿苍白的脸上阴晴不定，皱起了眉头，问：“李牧，你说的这些，可有证据？”

李牧摇摇头：“没有！我就是人证！”

南宫嗣一下子跳了起来，失态地叫道：“你没有证据，你没有证据，你凭什么说我是辽东奸细？”他的脑子此时也转了过来，“嘿嘿”冷笑道：“辽东也是大魏国土，辽东之人也是陛下臣民，所谓‘辽东奸细’一词从何说起？你们分明是心存分裂，不是谋逆是什么？”他一回过气，又伶牙俐齿起来。

这一说，还真就把李牧、王巧问住了。

一个声音陡然响起：“如果辽东心存叛逆，与之勾连之人算不算奸细？”一人转到前面，正是大司农裴潜。裴潜走到前面，向曹睿奏报：“陛下，请看这个。”双手将一封书信呈上。

曹睿接过书信，展开一看，不觉站了起来，神情凝重地问：“裴爱卿，这是哪里来的？”

裴潜禀道：“陛下，平县典农校尉石韬刚刚派人送来的。是先帝旧臣、当今隐士单先生托他请微臣转呈的！”平县典农都尉快马加鞭赶赴京城，到大司农府没找到裴潜，一直追到宫外，正要求见入宫，却听说陛下御驾亲临刑场，便转到这里来，果然见裴潜也在陪驾，这才挤到监斩台一侧，让军士把裴潜悄悄叫了下来，跟他说了单先生的请托。

原来单先生在朝中任御史中丞时，便与徐庶、毌丘俭、裴潜、石韬关系密切。不久前，毌丘俭截获了一份辽东发往洛阳的密函，送信之人当场受伤而死，没能拿到口供。密函赞许了洛阳方面事前密告左俊伯之事，使辽东方面掌握了主动。要洛阳方面加紧拿到马钧发明的新兵器，并设法把马钧弄到辽东来。如果弄不来，就设法借朝廷之手除了他。密函没有署名，不知道朝中是谁和辽东勾连。正好隐居海岛的徐庶云游访友，路过幽州，会晤了毌丘俭。毌丘俭便托徐庶先生到洛阳访单先生时，请单先生暗中调查，免得惊动对方，等掌握证据再一举上奏曹睿。一直怀疑这个辽东卧底在刘放、孙资、南宫嗣三人之中，或者三人都是。鉴于刘放、孙资二人专宠于朝，权势熏天，没有证据是万万不能触碰的，这才一直暗中调查。前日得牛顺报信，彼此印证，才确认就是南宫嗣。

得知通往宫中的道路已被封死，单先生便装着若无其事的样子，安排牛顺联络各处乡民，上万民书。又和张超一起去了平县，找老友典农校尉石韬石广元，请他将书信紧急送给裴潜，转呈皇上。没想到的是，牛顺到各处一转，大家除了在万民书上摁手印外，都响应牛顺的提议，扛着马钧发明的物件从四面八方涌入城中，为马钧喊冤。

曹睿霍然转脸，病恹恹的眼神突然凌厉无比，直逼南宫嗣：“你——能不能告诉朕，为何要把左俊伯在使团中的消息密告辽东？”

跪在地上的南宫嗣头皮发麻，结结巴巴道：“臣……臣……臣没有……”

刘放、孙资也惊出一身冷汗，如果南宫嗣真是辽东卧底，那，那，那自己岂不是也要受他所累。这时也转了风向，逼问南宫嗣："南宫嗣，马钧的事都是你一手在操办的，难道你真的是心怀不轨，有意构陷忠良？"

孙资也惊问："原来你一直在蒙蔽陛下和我们?!"他这话很巧妙：陛下，连你也被他骗了，何况我们？

南宫嗣的心像是一下子掉到冰窟里，还在拼命捞取最后一根稻草："陛下，臣……臣……臣真的冤枉啊。是有人离间……离间……离间朝廷与辽东啊，陛下，这一定是……是……是吴蜀细作所为啊！李牧空口无凭，是在为马钧翻……翻……翻案啊！"他熟知帝王心思，忽然手指台下黑压压的人群，叫道："陛下，你看，谁能鼓动……鼓动……鼓动这么多老百姓，这不是造……造……造反是什么？"又扯住刘放的衣袍，哀求道："刘大人，我的事你都知道啊，你帮我说说话吧！"

曹睿面色难堪。刘放像被开水烫了似的，一脚踢开他的手，喝道："南宫嗣，我怎么知道你暗中做了这么多勾当？"眼看今天的情势已经无法逆转，赶紧把握主动，索性送他一程："马钧发明，造福乡民，万民齐至，乃是喜兆。魏国民心如此，乃是皇上之福。你死到临头，还企图挑拨离间，真正罪不容赦！"

孙资也赶紧道："陛下，刘大人说得好。我大魏有如此忠义子民，实在是陛下仁政所致。"

裴潜、高堂隆等人也纷纷为百姓开解，曹睿的脸色也渐渐浮起了一丝自豪之气，正要开腔说话，忽然一阵急促的马蹄声由远而近，一个声音高叫："报——幽州急报——"人群自动闪开一条通道，一匹快马冲进刑场，一个黄门侍郎跳下马来，跪倒在地："陛下，幽州急报，辽东公孙渊不服朝廷征召，正调动兵马，入寇中原，目前在辽隧一线构筑工事。毌丘俭毌大人请求征讨！"

曹睿腾地站了起来，面色铁青："公孙渊——公孙渊到底反了?!"

卫笠见势不妙，悄悄地往后移动，打算趁人不备，溜之大吉。被高堂隆发现，一把将他揪住，掼到前面："奸贼，还想逃走？"

卫笠慌忙往前爬了几步，被高堂隆用脚踩住，生怕他靠近曹睿。卫笠叩头如捣蒜："陛下饶命，陛下饶命，我揭发，我检举，南宫嗣他……他……他的确是公孙渊的人，真名叫公孙嗣。他刚才还安排了几十个人假装'敌国细作'劫法场，好有借口斩了马钧……"

曹睿气得发抖，抬手直指南宫嗣：“你，你，你……你这个奸贼……”竟说不下去。

高堂隆立即派人押了卫笠，去找秦朗，迅速抓捕假装的“敌国细作”。傅玄看着瘫在对面台上的南宫嗣，心中十分解气，大声叫道：“害国奸贼，罪不容赦！”

台下忽然疾风暴雨似的响起一阵愤怒的吼声：“害国奸贼，罪不容赦！”“害国奸贼，罪不容赦！”先是数十人怒吼，继而数百人怒吼，继而数千人怒吼，连警戒的军士也振臂齐呼：“害国奸贼，罪不容赦！”“害国奸贼，罪不容赦！”这怒吼汇成一股巨流，一浪高过一浪，最后变成一个巨大的吼声：“杀奸贼！杀奸贼！杀奸贼！”

南宫嗣看看下面愤怒的人潮，再哀求地看向曹睿。曹睿凌厉的目光正像一把利剑刺向他。南宫嗣心胆俱裂，眼睛一黑，身子一歪，一头从高高的监斩台上栽了下去。场中一下子静了一下来，沉闷而短促的人体坠地之声清晰可闻。军士上前看时，南宫嗣睁着惊恐的眼睛，已然气绝。军士高声奏报：“禀陛下，奸贼南宫嗣吓死了！”

台下顿时欢呼起来，有人振臂高呼：“皇上龙威，吓死奸贼！”数千人一起回应：“皇上龙威，吓死奸贼！”

“奸贼毙命，忠良得救！——奸贼毙命，忠良得救！”

“天子圣明，陛下万岁！——天子圣明，陛下万岁！”

“平叛辽东，朝廷必胜！——平叛辽东，朝廷必胜！”

……

曹睿看着眼前沸腾的景象，也振奋起来，脸上竟然有了血色。他站起来，一挥龙袖，人群顿时安静下来。曹睿高声道：“忠奸已辨，奸贼自灭。民意可用，朕心大慰。传朕旨意：马钧造福民众，代朕泽民，功在国家，无罪释放。朕另有封赏！”

台下一片欢呼：“陛下圣明！陛下万岁！”

王巧、李牧、傅玄、牛顺露出笑容，立即上前为马钧松绑。曹睿望着王巧、李牧，迟疑了一下，正欲开口，刘放瞥见，连忙秉道：“陛下，王巧、李牧之事回头赦免不迟，现在万民都在为马钧欢呼呢！”

曹睿点点头，满意地看了刘放一眼。

160

裴潜、高堂隆正想奏请曹睿当场赦免了王巧、李牧，曹睿却岔开了话头：“辽东事急，起驾回宫，群臣廷议，献计平叛。”

与辽东叛乱相比，王巧、李牧的事实在不值一提，裴潜、高堂隆只得收住话头，惋惜地看了一眼断头台上的王巧、李牧等人，跟着曹睿起驾回宫了。台上台下，皆恭送御辇起行。

曹睿回到宫中，立即召集群臣，商议已定，曹睿传旨，着幽州刺史毌丘俭讨伐公孙渊。高堂隆担心道：“幽州兵微将寡，恐怕难以平定公孙逆贼啊！”

“朕知道。”曹睿点点头，羸弱的身躯透着明毅果决的气度，简洁有力地道，“毌丘俭可先将公孙渊堵在辽隧一线，迟缓他入寇中原的步子。平辽要竟全功，非司马仲达不可——立即传司马太尉入京议事。”数月之后，公孙渊与毌丘俭战于辽隧。次年春，司马懿率兵东征。公孙渊失去南宫嗣内应，消息闭塞，指挥失灵，兵败被杀。司马懿去三月，战三月，还三月，休整三月，正好一年，成功平辽。此是后话。

裴潜、高堂隆一直等待一个时机，能最后为王巧、李牧求个情。但一切都已经无可挽回了。

就在曹睿一行离去以后，断头台上又出现了让人始料不及的变化。原本马钧无罪释放，大家都沉浸在一片欢腾中，廷尉府属官李正也开始准备疏散人群，突然有人惊叫起来：“王巧，你干什么？”

众人停下脚步，转头看去，只见王巧突然抄起台上刽子手掉下的大刀，横在脖子上，马钧、傅玄、李牧、牛顺都失声惊呼起来，李牧就想扑过去抢刀。王巧将刀一横，雪白的脖颈上立时出现一道血印。傅玄急忙拉住李牧，急急地道：“王巧，你这是干什么？马钧现在已经没事了！”

王巧淡然一笑，当着台上台下黑压压的人群大声道：“李牧，我对不起你。当时情势所逼，被迫假嫁，害你空担其名。”

李牧一下子跪倒在地，泣道：“小姐，你……你待李牧恩重如山。李牧永远是你的奴仆！”

“好，李牧，你发誓，永远忠于我！”

“我发誓，此生惟小姐之命是从，若有违拗，天打雷劈！”

“你听着，我要你好好活下去，好好对待冉氏。你要是做不到，我做鬼也不放过你！”

“小姐……”王巧若死，李牧势必也了无生念，李牧知道这是王巧不想让他死，不禁又急又痛，大哭失声，“你……你不能走……”

“你发誓！”

“我……我……我发誓……”

马钧、傅玄已经明了王巧的心思，竟都愣在那里。曹睿刚才没有当众赦免他们，他们心知肚明，曹睿就是以此为由，打算再次征选王巧入宫。以王巧的秉性，她如何还肯活在这个世上？

马钧像傻了一样愣愣地看着王巧，也跟着李牧跪了下去，一句话不知怎么就冲口而出：“王巧，我对不起你……你们姐妹！我……我……我可以立刻娶、娶——‘去’想办法的……”他想立即娶了王巧，让曹睿的心思再度落空，却没有勇气把话说到底。

王巧明白了他的意思，脸上露出幸福的笑意，柔声道：“小结巴……是我先欺负了你，怪我自己……你好好活着……我不想再害了你，请替我把归儿养大，为我爹娘送终。”王巧心中明镜一样，马钧如今若再娶自己，曹睿定然不会放过。她陡然又提高了声音，大声道：“马钧，你记住我妹妹的话，继续发明民生之物，不要辜负今日为你来此申冤的乡亲们！”说完，用力一抹，一股艳若桃花的鲜血飘散在夕阳里，王巧带着一脸满足的微笑，最后望了一眼马钧，缓缓地倒了下去！

马钧、李牧同时撕心裂肺地大喊一声：“王巧——”“小姐——”

“王大小姐——”台下上千百姓目睹着这一幕，震撼无比，尤其听到最后一句，禁不住齐声大叫。前面有人禁不住双膝“扑通”跪地，跟着一排一排的百姓相继跪了下去，无数的声音在大叫，

“王大小姐，你不能走啊！”

“王家姐妹真是圣德之人啊！”

“老天啊，你怎么就不保佑好人啊！”

……

天边燃起血红的晚霞，大地沉静在一片肃穆的庄严中。洛阳城马市口，无数

悲伤的百姓汇成一股无声的人流，跟着马钧、傅玄、李牧在两边林立的枪戟中往长街那头走去。马钧抱着王巧的遗体走在最前面，左边是傅玄，右边是李牧。牛顺和牛家屯的乡亲们扛着龙骨水车跟在他们的后面。再后面，是长长的人流，纺车、织绫机、竹筒水车、龙骨水车在他们的肩上随处可见。所有的军士也以无限敬意目送着这股默默无声的人流往前走去，走去。

他们的背影越走越远，却一直清晰可见……

尾声‖非蛇足：祸与福并行未可知

后来，马钧又发明了包括记里鼓车、耘田双耙、扬谷风车、搓绳机、风箱在内的许多民用之物，达到了那个时代可能达到的最高机械水平，却再也没有发明过一件与军事相关的东西。

马钧发明的龙骨水车沿用了一千多年，直到水泵出现，它才逐步退出历史舞台，至今，除了博物馆和风景区，在偏僻的乡村偶尔还能看到它的身影。

再后来，人类的发明越来越多，越来越快：活字印刷、火药、枪炮、飞机……

2017年6月15日

附录 || 马钧传

傅　玄

马先生钧，字德衡，天下之名巧也。少而游豫，不自知其为巧也。当此之时，言不及巧，焉可以言知乎？

为博士，居贫，乃思绫机之变，不言而世人知其巧矣。旧绫机五十综者五十蹑，六十综者六十蹑，先生患其丧功费日，乃皆易以十二蹑。其奇文异变因感而作者，犹自然之成形，阴阳之无穷。此轮扁之对，不可以言言者，又焉可以言校也？

先生为给事中，与常侍高堂隆、骁骑将军秦朗争论于朝，言及指南车。二子谓古无指南车，记言之虚也。先生曰："古有之。未之思耳，夫何远之有？"二子哂之曰："先生名钧，字德衡，钧者器之模，而衡者所以定物之轻重，轻重无准而莫不模哉!"先生曰："虚争空言，不如试之易效也。"于是二子遂以白明帝，诏先生作之，而指南车成。此一异也。又不可以言者也。从是天下服其巧矣。

居京都，城内有地可以为园，患无水以溉。先生乃作翻车，令童儿转之，而灌水自覆，更入更出，其功百倍于常。此二异也。

其后有人上百戏者，能设而不能动也。帝以问先生："可动否？"对曰："可动。"帝曰："其巧可益否？"对曰："可益。"受诏作之。以大木雕构，使其形若轮，平地施之，潜以水发焉。设为女乐舞象，至令木人击鼓吹箫；作山岳，使木人跳丸、掷剑，缘垣、倒立，出入自在，百官行署，舂磨、斗鸡，变化百端。此三异也。

先生见诸葛亮连弩，曰："巧则巧矣，未尽善也。"言作之可令加五倍。又患发石车，敌人于楼边悬湿牛皮，中之则堕，石不能连属而至。欲作一轮，悬大石数十，以机鼓轮，为常则以断悬石，飞击敌城，使首尾电至。尝试以车轮悬瓴甓数十，飞之数百步矣。

有裴子者，上国之士也，精通见理，闻而哂之。乃难先生，先生口屈不能对，裴子自以为难得其要，言之不已。傅子谓裴子曰："子所长者，言也；所短者，巧也。马氏所长者，巧也；所短者，言也。以子所长，击彼所短，则不得不屈；以子所短，难彼所长，则必有所不解者矣。夫巧者，天下之微事也，有所不解而难之不已，其相击刺，必已远矣。心乖于内，口屈于外，此马氏之所以不对也。"

傅子见安乡侯，言及裴子之论，安乡侯又与裴子同。傅子曰："圣人具体备物，取人不以一揆也。有以神取之者，有以言取之者，有以事取之者。有以神取之者，不言而诚心先达，德行颜渊之伦是也。以言取之者，以变辩是非，言语宰我、子贡是也。以事取之者，着政事冉有、季路，文学子游、子夏。且圣人之明尽物，如有所用，必有所试。然则试冉、季以政，试游、夏以学矣。游、夏犹然，况自此而降者乎？何者？悬言物理，不可以言尽也；施之于事，言之难尽，而试之易知也。今若马氏所欲作者，国之精器、军之要用也。费十寻之木，劳二人之力，不经时而是非定。难试易验之事，而轻以言抑人异能，此犹以己智任天下之事，不易其道以御难尽之物，此所以多废也。马氏所作，因变而得，是则初所言者不皆是矣。其不皆是，因不用之，是不世之巧无由出也。夫同情者相妒，同事者相害，中人所不能免也。故君子不以人害人，必以考试为衡石。废衡石而不用，此美玉所以见诬为石，荆和所以抱璞而哭之也。"

于是安乡侯悟，遂言之武安侯；武安侯忽之，不果试也。此既易试之事，又马氏之巧名已定，此既易试之事，犹忽而不察，况幽深之才，无名之璞乎？后之君子，其鉴之哉！

马先生之巧，虽古公输般、墨翟、王尔，近汉世张平子，不能过也。公输般、墨翟皆见用于时，乃有益于世。平子虽为侍中，马先生虽给事省中，俱不典工官，巧无益于世，用人不当其才，闻贤不试以事，良可恨也。

裴子者，裴秀。安乡侯者，曹羲。武乡侯者，曹爽也。